제3세대	제4세대	제5세대
LAVnet(랩넷)=YouTube의 시대		
2014 ○ Red Velvet 2016 ● NCT U 2016 ● NCT 127 2016 ● NCT Dream 2012 ● EXO	2020 ○ aespa 2019 ● SuperM	2023 ● RIIZE
2014 ● WINNER 2015 ● iKON 2016 ○ BLACKPINK 2016 ● Sechs Kies (재결성)	2019 ● TREASURE	
2015 ○ TWICE 2018 ● Stray Kids 2014 ● GOT7	2019 ○ ITZY 2020 ○ NiziU 2022 ○ NMIXX	2024 ○ VCHA
2013 ● BTS(방탄소년단) 2 ● NU'EST 2018 ○ fromis_9 2015 ● SEVENTEEN	2019 ● TOMORROW X TOGETHER 2020 ● ENHYPEN 2022 ○ LE SSERAFIM 2022 ○ NewJeans	2023 ● BOYNEXTDOOR 2024 ● TWS 2024 ○ ILLIT
2012 ○ Ailee 2018 ○ (G)I-DLE 2012 ○ EXID 2018 ● ATEEZ 2016 ● ASTRO 2016 ◎ KARD 2016 ○ CHUNG HA 2012 ● B.A.P 2016 ○ LOONA 2016 ○ 우주소녀 2015 ● MONSTA X 2012 ○ AOA 2014 ○ Heize 2014 ○ MAMAMOO 2014 ○ Dream catcher 2018 ○ IZ*ONE	2020 ○ STAYC 2020 ○ BLACKSWAN 2020 ○ SECRET NUMBER 2020 ○ WOOAH 2020 ○ CRAXY 2021 ○ IVE 2021 ○ TRI.BE 2021 ○ PURPLE KISS 2021 ○ Billlie 2019 ● ONEUS 2019 ○ AleXa 2019 ○ EVERGLOW 2019 ○ Cherry Bullet 2019 ○ 이영지 2019 ○ bibi 2022 ○ CSR 2022 ○ Kep1er 2022 ○ Lapillus 2022 ○ XG	2023 ● xikers 2023 ● n.SSign 2023 ● ZEROBASEONE 2023 ○ LIMELIGHT 2023 ○ KISS OF LIFE 2023 ○ EL7Z UP 2023 ○ YOUNG POSSE 2024 ● ALL(H)OURS 2024 ○ BADVILLAIN 2024 ○ tripleS

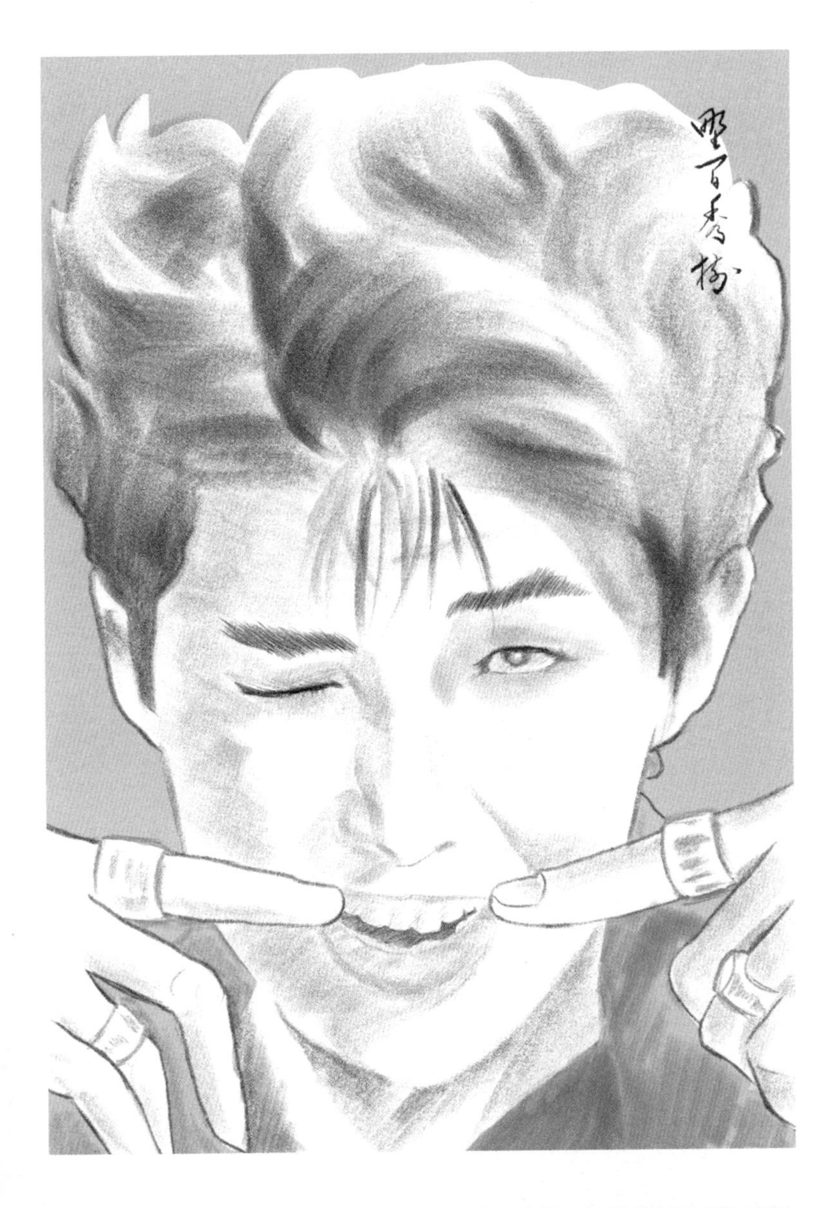

중·근세 동아시아에서 문인화는 화조풍월花鳥風月을 그렸다.
21세기 문인화는 케이팝을 그린다.
— 노마 히데키

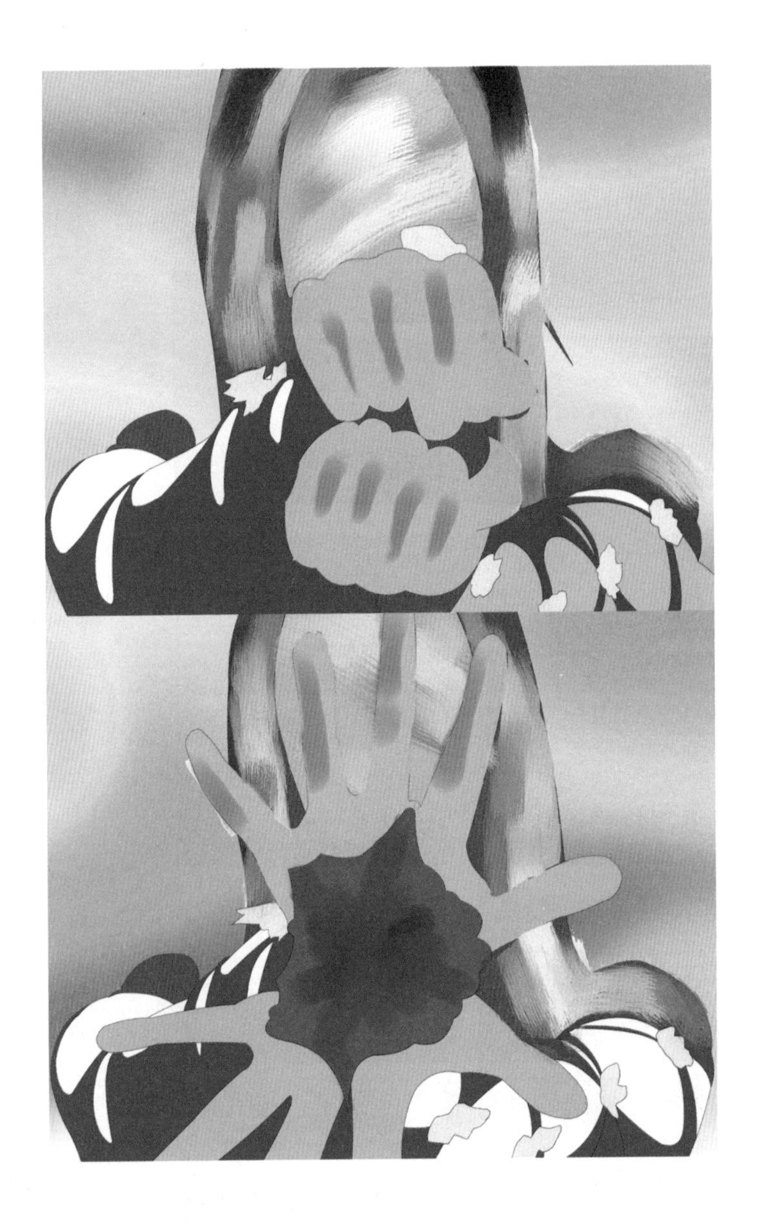

섬세하게 조절된 색채 변화를 보여주는 K-POP MV의 사례
: f(x)의 〈첫 사랑니〉(2013) MV의 몇 장면을 시간대별로 추출하여 작성한 컬러 팔레트(381~382쪽 참조).

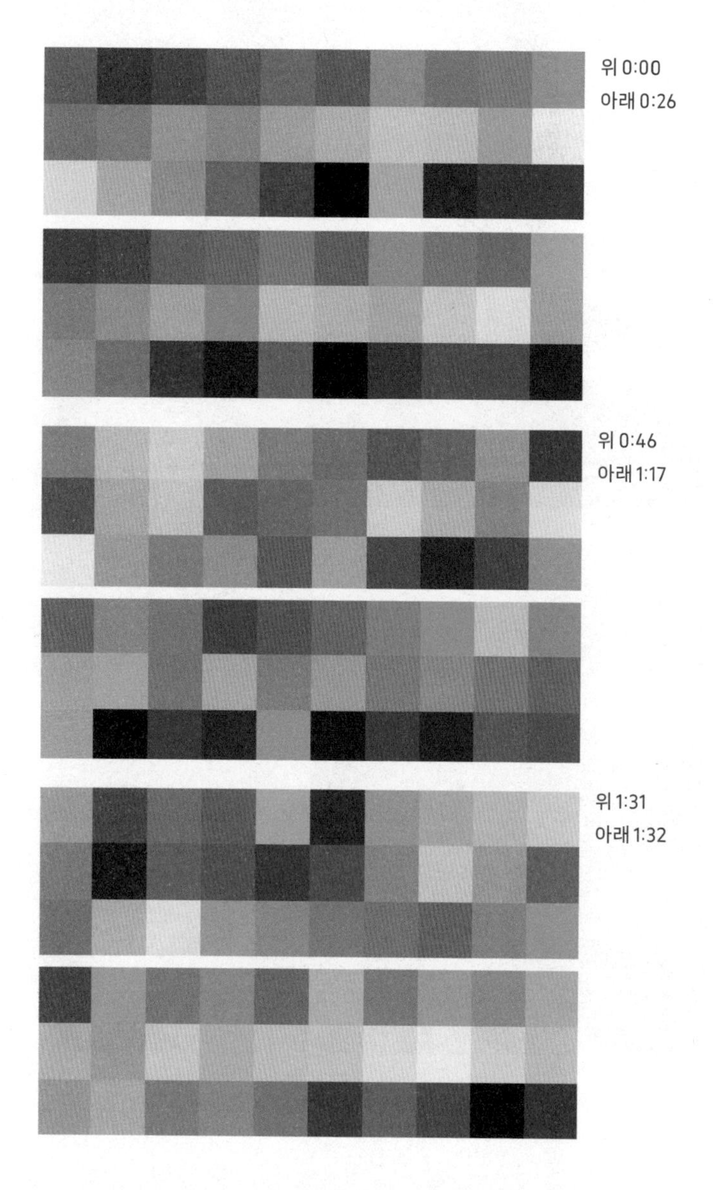

K-POP 원론

K-POP 원론

말, 소리, 빛, 신체성이 어우러진 21세기형 종합예술

초판 1쇄 발행 2024년 9월 30일

지은이 노마 히데키

편집 최재혁 정진라 박현정

디자인 이수정 박대성

제작 세걸음

펴낸이 박현정

펴낸곳 연립서가

출판등록 2020년 1월 17일 제2022-000024호

주소 경기도 양평군 서종면 북한강로648번길 4, 4층

전자우편 yeonrip@naver.com

페이스북 facebook.com/yeonripseoga

인스타그램 instagram.com/yeonrip_seoga

ISBN 979-11-93598-02-3 (03670)

값 33,000원

K-POP 원론

말, 소리, 빛, 신체성이 어우러진 21세기형 종합 예술

노마 히데키 쓰고 그리다

연립서가

일러두기

1. 이 책은 일본에서 출간된 『K-POP 原論』(Haza, 2022)을 대폭 가필, 수정, 보완하여 한국어로 다시 쓴 것이다.
2. 본문 중 ● 표기는 YouTube에 기재된 동영상의 제목이다. 표시된 동영상은 왼쪽에 배치한 QR코드와 대응한다. 동영상은 기본적으로 각 기업이나 단체가 YouTube에 정식으로 공개한 것에 한정했다. 따라서 링크된 동영상이 예고 없이 삭제될 가능성도 있다.

예)
●★★
BTS (방탄소년단)
'피 땀 눈물(Blood Sweat & Tears)' Official MV

3. 원어를 병기할 때는 위 첨자를 사용했다. 본문에서 가사의 인용을 비롯한 직접 인용을 할 때는 " "를, 어떤 개념이나 용어를 구분, 강조하거나 부각시킬 때는 ' '를 사용했다. 그밖에 논지 전개상 필요한 경우 이유를 밝히고 굵은 글씨체(고딕체)를 써서 강조한 경우도 있다. 작품명(곡명)은 〈 〉를 사용해 구분했다. 곡명을 표기한 〈 〉 안에 ( )가 들어가는 경우도 많은데 그 역시 공식적인 제목의 일부이기 때문이다. 영화와 방송 프로그램 제목에는 《 》를 사용했다. 단행본이나 정기간행물은 『 』를, 논문이나 시, 단편소설 등 개별 문헌은 「 」를 사용했다. [ ] 안은 발음기호를 적고 발음을 표시한 것이다. 단, YouTube상의 제목에 [ ]가 사용된 경우는 발음기호와 상관이 없다.
4. 현재 K-POP은 국제적으로 널리 수용되고 있어 아티스트명은 로마자 표기가 공통으로 사용되고 있다. 이 책에서는 기본적으로 처음 등장할 때 한글 표기와 로마자 표기를 함께 제시하고 이후 한글 표기만 사용했다. 단 로마자 표기가 일반화되어 있거나 의미를 담은 아티스트는 로마자 표기를 사용한 경우도 있다.
   예) 블랙핑크 BLACKPINK, ITZY 있지, (G)I-DLE (여자)아이들
5. K-POP에 관한 담론에서는 아티스트의 개인 이름에 '씨'나 '님' 등의 경칭을 붙이지 않는 것이 일반적이다. 필자는 '님'이라는 호칭을 붙이고 싶으나 관행으로서 아직 일반화되었다고는 할 수 없는 상황이므로 표기하지 않았다. 독자 여러분께서 필자의 마음만은 알아주셨으면 한다.

| 차례 |

책머리에

이 책은 K-POP케이팝을 K아트로서 자리매김하고 그 작품들을 마음껏 즐기기 위해 쓰여졌다. 동시에 'K아트'라는 새로운 사상과 감성으로 K-POP에 다가가는 책이기도 하다.

K-POP이 무엇인지 알고 싶으신 분부터 "K-POP? 아, 젊은 사람들이 노래하고 춤추는 그거?"와 같은 인식을 가지고 계신 분, K-POP 관련 직업을 지망하시는 분, 그리고 아티스트와 크리에이터에 이르기까지 다양한 분들이 즐길 수 있을 것이다.

주된 논의의 대상으로 삼는 것은 MV뮤직비디오를 비롯한 동영상 형태로 형상화된 K-POP 작품이다. '어떻게 **실현되고 있는가**'라는 존재양식의 관점과 '어떻게 **표현하고 있는가**'라는 표현양식의 관점에서 보면, K-POP은 기존의 '음악'이라는 테두리를 훌쩍 넘어서 지금까지 지구상에 없었던 완전히 새로운 모습을 보여 주고 있다.

19세기 독일어권의 게잠트쿤스트베르크Gesamtkunstwerk(종합예술)라는 말을 빌린다면, K-POP은 '21세기형 게잠트쿤스트베르크'라고 부를 만한 새롭고 통합적인 아트로 성장하고 있다. 종합예술이라는 말을 사용한 작곡가 리하르트 바그너Richard Wagner(1813-1883)가 주목한 예술 형식 '오페라Opera'에 비유해서 말한다면, K-POP은 극장을 '떠난' 예술의 형태다. K-POP은 이미 좁은 극장을 부수고 무대와 객석의 경계도 없애며 24시간 지구상을 극장화하고 때로는 손바닥 안 조그마한 디바이스=스마트폰까지 극장으로 만들고 있다. 실로 '21세기의 지구형 공유 오페라'라고 할 수 있다.

'공유'라는 말을 썼는데 K-POP MV는 공개되자마자 순식간에 지구상 방방곡곡에서 공유된다. 또 사람들은 K-POP 동영상을 보며 따라서 함께 춤을 추고, 그것을 동영상으로 만들어서 다시 공유한다. 20세기 초에 역시 독일어권의 발터 벤야민Walter Benjamin(1892-1940)이 착목한 '기술 복제 시대의 예술작품Das Kunstwerk im Zeitalter seiner technischen Reproduzierbarkeit', 줄여서 '복제 예술'이라는 생태로까지 폭발적으로 확장되고 있는 셈이다. 이런 식으로 작품을 공유하는 문화는 적어도 K-POP이 나타나기 이전에는 존재하지 않았다. 20세기까지 지속되었던 아트의 사적私的 소유 형태까지 완전히 바꿔 버린 것이다.

K-POP을 논의한 담론은 넘쳐난다. 지금도 인터넷상에는 시시각각 긴 논설부터 짧은 댓글에 이르기까지, 다양한 언어로 수많은 말들이 축적되고 소비되며 또 공유되고 있다. 하지만 불행하게도 K-POP은 작품 그 '자체'보다 작품의 '주변' 담론에 휩쓸려 왔다. K-POP 작품, 특히 MV처럼 동영상으로 형상화되는 작품에 관한 담론은, 작품 자체가 아니라 미디어론, 저널리즘론, 연예론, 마케

팅론, 사회학 이론 등 작품의 주변부를 논의하는 쪽이 주류를 이루고 있었다. 한마디로 말해 작품을 통합적으로 바라보는 사상과 감성이 희박했다.

미술을 예로 들어 설명하면, 그림 자체를 평가하는 것이 아니라 화가의 사생활이나 옥션에서의 화젯거리, 작품의 가격 랭킹, 갤러리스트의 경제 상태 같은 미술 시장의 차원, 그리고 화가를 둘러싼 사회학이나 국가의 미술 행정 등을 화제로 삼는 일이 많았던 것과 마찬가지다. 물론 모두 필요한 논의이기는 하지만 그림 자체, 작품 그 자체를 보는 시점은 결여되어 있다.

특히 일본어권의 담론에서 K-POP에 관해 이야기할 때 "K-POP은 국가 주도로 발전했다."라든가 "K-POP은 한국 정부의 힘 덕택에 성공했다."와 같은 말을 자주 접하게 된다. K-POP론에는 '국책'이라는 말도 흔히 등장한다. 질투심 어린 이런 담론은 숨은 국가주의 이데올로기의 변종 중 하나일 뿐, 거의 일고의 가치도 없는 주장이다. 한마디만 덧붙여 둔다. 국가는 가사를 써 주지 않고 곡을 만들어 주지도 않는다. 팬들과의 교류에 마음을 쓰지도 않는다. 국가는 노래를 부르지 못하며 춤도 추지 못한다. '빈Wein 회의'처럼 쓸데없는 '회의'라면 춤을 출지도 모르겠지만. 우리가 자주 접하게 되는 "무릇 한국은", "도대체가 일본은"과 같은 화법에 상징적으로 나타나 있듯이 '국가'나 '민족'과 같은 개념에 매몰되는 환상은 종종 큰 질곡이 되어 작품 그 자체를 응시하는 눈길을 가로막는다.

이미 많이 나와 있는 훌륭한 담론과 동일한 관점으로 옥상가옥

屋上架屋, 즉 지붕에 지붕을 더 얹는 듯한 불필요한 반복을 범할 필요는 없다. 이 책이 주시하는 것은 아티스트와 크리에이터가 심혈을 기울여 만든 'K아트로서의 작품' 그 자체다. 완전히 새로운 존재양식과 표현양식을 가진 작품을 통합적으로 논의하는 데 이 책의 핵심이 있다. K-POP은 통합적인 아트로서 자리매김되어야 하며 그에 걸맞은 비판과 평가가 절실하다.

K-POP을 논의한 기존의 책과 달리 이 책의 이론적인 토대는 주로 필자가 관여해 온 (1)언어학과 (2)미학, 두 가지 분야이다. 음악에 빗대서 말한다면 이 토대에서 이뤄지는 논의야말로 가장 고양감을 불러일으키는 '후렴구'와 같은 부분일지도 모른다.

'언어학'은 '언어와 말에 대한 학문이나 사상'이다. 이 책이 기반을 두고 있는 언어학적 토대는 "왜 한국어 랩이 다른 언어권 사람들의 마음을 사로잡는가?"와 같은 의문에 답해 줄 중요한 비밀을 밝혀 줄 것이다. 두 가지 이상의 언어를 전제로 하는 복수언어성plurilingualism은 오늘날 K-POP의 중요한 특징 중 하나이다. 이러한 '복수언어성의 양상'과, '언어가 K-POP을 지탱하는 중요한 역할을 한다'는 점도 언어학적 접근으로 비춰 보겠다.

'미학'은 '아트에 대한 철학과 사상' 정도로 유연하게 생각하면 된다. 말과 목소리, 소리와 빛, 신체성에 이르는 미학의 내실은 각각의 'K아트 작품'과 마주하면서 더욱 구체적으로 밝혀질 것이다.

K아트를 통합적인 아트라고 말했는데, 이 책을 읽는 독서 체험 역시 기존과는 다른 통합적인 독서가 될 것이다. 많은 표와 그림이 통합적인 장치 중 하나이며, 또 중요한 통합적 장치가 YouTube

의 동영상으로 연결되는 QR코드다. ●표로 제시한 링크는 **400 작품**이 넘는다. 독자 여러분은 QR코드를 통해 원하는 동영상으로 순식간에 이동할 수 있다. 책을 읽다가 링크로 동영상을 시청하고, 또 책으로 돌아와 읽는 식으로 육감六感을 총동원한 4차원적인 새로운 독서 체험, 즉 '**육감 독서**'가 기다리고 있다.

"다른 언어권에서는 K-POP을 어떻게 바라보고 있는가?"라는 물음에 대한 해답을 찾아가는 즐거움도 느껴 볼 수 있다. 해외의 다른 언어권, 그중에서도 일본어권 K-POP 지지자들의 뜨거운 팬심은 잘 알려져 있다. 도대체 일본어권에서는 K-POP의 어떤 점에 그토록 감탄하고 눈물을 흘리는가? 또는 K-POP의 무엇이, 어떤 점이 어렵게 느껴지는가? 웹상에서는 칭찬 일색이라 거의 찾아볼 수 없지만 K-POP에 대한 비판은 정말 없는 것인가? 등등의 물음에 대한 즐거운 해답을 함께 찾아가고 싶다.

필자가 'K아트'라고 불렀는데, 너무 강하게 주장하면 야단을 맞을지 모르니 머리말에서만 살짝 이야기하자면, 사실 '파인 아트fine art(순수 예술/미술)'라고 불리는 분야는 오랜 세월 '팝 컬처'를 '질투'해 왔다고 할 수 있다. 팝 컬처를 전면적으로 섭렵하며 1950년대 이후에 전개된 팝아트Pop art는 질투를 보여 주는 전형적인 예이며, 그 질투를 기반으로 큰 성과를 얻어 냈다. 이러한 질투의 흐름은 지금까지도 이어진다. 지금은 파인 아트가 K-POP을 부러워하는 시대가 되었다. 파인 아트뿐인가? 이제는 국가들도 K-POP의 성공을 질투하고 있다. 그리고 경제까지도 K-POP을 질투하는 지경에 이르렀다.

K-POP, K아트의 'K'란 무엇인가? K-POP은 앞으로 어떤 방향으로 나아갈 것인가? 또는 K-POP은 붕괴할 것인가? 이 책은 이러한 물음에 대해서도 논의한다. 작품에 대한 비판도 있다. 그러나 이 책이 제기하는 비판은 어디까지나 기도와 비슷한 것이다. 아티스트와 크리에이터를 향한 간절한 소망을 담은.

독자 여러분이 이 책을 함께 즐겨 주신다면 더 이상의 영광은 없겠다. 말과 목소리, 소리와 빛, 그리고 신체가 엮어 내는 축복과도 같은 K아트로부터, 가슴이 벅차오르고 때로는 뜨거워지는 아름다운 감동과 행복이 독자 여러분들께 가득 전해지길 기원한다.

이제 『K-POP 원론』의 막을 연다.

노마 히데키野間秀樹

⓪ 樂章

전주곡

이것이 K-POP이다
— K-POP 입문을 위하여

K-POP은 동아시아의 한구석에 태어나 지구상을 뒤덮고 있다.
K-POP이 존재하는 모습, 즉 존재양식은 음악을 비롯하여 미술, 춤, 오페라, 영화 등 지금까지 지구상에 존재했던 어떤 아트와도 결정적으로 다르다.
그것은 완전히 새로운 종합예술인 'K아트'다.
K-POP의 한구석에서 태어나, K-POP의 상징이 되어,
이미 K-POP을 넘어서려고 하고 있는 BTS.
그리고 세계를 뒤흔든 BLACKPINK.
물론 K-POP은 출발점이자 터전이었던 노래도 잊는 법이 없다.
K-POP은 노래를 부른다. 노래만으로도 우리를 매료시키는 MAMAMOO.
이제 K-POP 작품의 세계로 떠나 보자.

⓪
---
①

K-POP은
21세기형 종합예술이다

K-POP은 혁명이다, 이미 음악의 한 장르가 아니다

이 책은 K-POP이 기존의 '음악'이라는 영역을 훨씬 넘어선 'K아트K-art 즉, 21세기형의 종합적인 아트(독일어: Gesamtkunstwerk게잠트쿤스트베르크, 영어: total work of art)로서 성립되었음을 소리 높이 선언한다.

K-POP은 지금까지 역사상 존재하지 않았던 완전히 새로운 아트의 존재양식을 보여 준다. '목소리+시詩+소리+빛+신체성'이 통합된 세계상世界像이 인터넷(온라인) 세계에 나타나는 순간, 지구상의 수많은 사람들이 다양한 방법으로 공유하는 것이다. K-POP이 실질적으로 등장하는 모습과 그 작품에 참여하는 모습

은 지금까지 우리가 접해 온 양상과는 전혀 다른 형태를 취하고 있다. 즉 오늘날 우리가 접하고 있는 K-POP의 존재양식은 20세기에는 아무도 본 적이 없는 것이었다.

K-POP은 작품 하나하나가 '목소리+시+소리+빛+신체성' 등등, 다양한 성격을 지니고 있으므로 단순히 '음악'이라는 테두리 안에서는 작품의 전모를 파악할 수조차 없다. '음악'을 접해 왔던 사상과 감성으로는 작품의 극히 일부밖에 맛볼 수 없는 것이다. 음악이라는 관점에서만 보아도 충분히 즐길 수 있다는 점도 놀랍지만 "이것이 음악이다."라고 말해 온 기존의 담론, 기존의 미학으로 K-POP이 차지하고 있는 위상을 설명하기에는 역부족이다. 기존의 사상과 감성은 K-POP의 온전한 자리매김도, 평가도 할 수 없다. 우리 눈 앞에서 펼쳐지고 있는 이 작품들은 단순한 음악도 춤도 아니기 때문이다.

K-POP의 존재양식은 아트의 사적 소유를 변혁했다
— 지구상의 문화가 움직인다

작품이 뮤직비디오, 즉 MV로 공개되자마자 자기도 직접 춤을 추거나 통기타를 들고 노래를 따라 부르는 동영상이 올라온다. MV를 감상한 후 자신의 감동을 토로하거나 작품의 사상으로 파고들어 개인적인 의견을 피력하는 글을 투고하기도 한다. 주로 인터넷을 이용하는 가지각색의 방법으로 사람들은 작품을 공유하고

fig. 0-1 K-POP은 음악의 한 장르에서 출발하여 음악의 영역을 넘어선 K아트로 성장했다

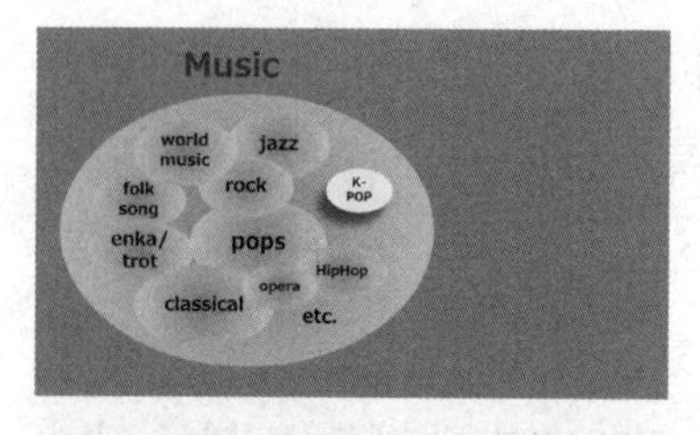

K-POP은 음악이라는 우주 안에서 동아시아 한구석의 수많은 음악 장르 중 하나로 태어났다.

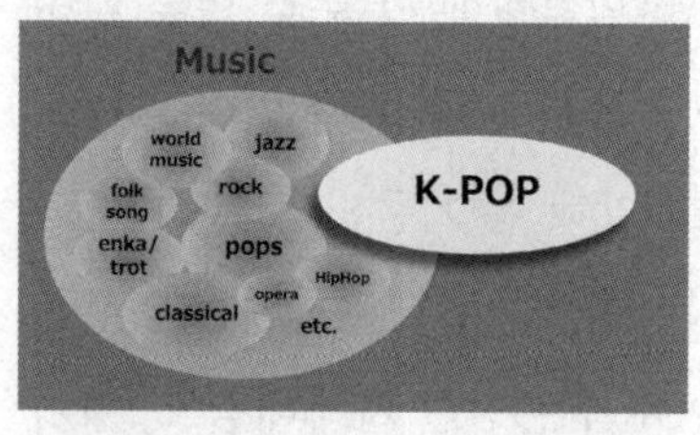

이윽고 K-POP은 음악이라는 우주의 테두리를 넘어서서 발전해 갔다. 이 그림은 테두리를 벗어났음을 상징적으로 나타냈을 뿐, 크기는 문제가 아니다.

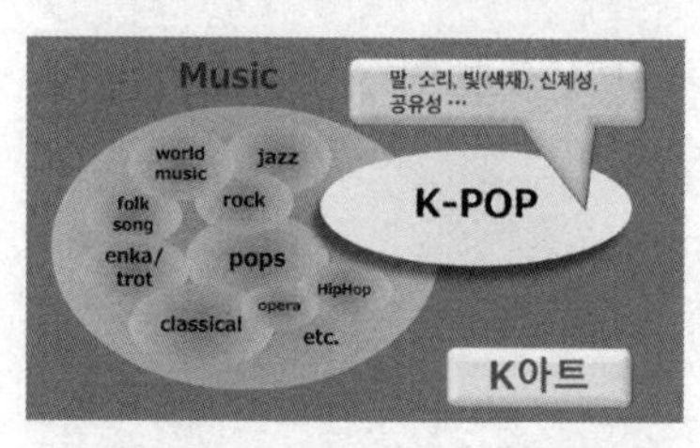

말, 소리, 빛(색채), 신체성, 공유성 등 많은 요소가 음악을 벗어나서 K-POP과 그 작품을 구성하고 있다. K-POP은 기존의 '음악'과는 전혀 다른, 완전히 새로운 존재양식을 가진 아트로서 음악의 우주와는 또 다른 우주로서 발전하고 있다.

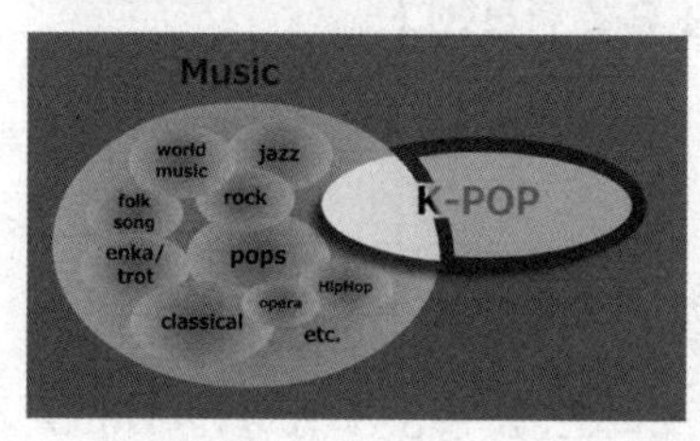

음악의 영역을 벗어난 부분에 대해서는 이 영역이 어떤 위치에 서 있는지 세계는 아직도 정확히 꿰뚫어 파악하지 못하고 있다. 당연히 음악을 포함한 K-POP 전체에 대한 자리매김도 하지 못한다. 완전히 새로운 아트의 존재양식이기에 K-POP 같은 아트를 지칭할 이름조차 짓지 못하고 있는 것이다. 이 책은 지금까지 지구상에 존재하지 않았던 이 아트를 우선 'K아트'라 부르고자 한다. 이때 'K'란 '한국의'라는 뜻을 훌쩍 넘어서서 완전히 새롭고 거대한 '코레아네스크Koreanesque'라는 의미를 갖고 있음을 제6악장에서 밝힐 것이다.

K-POP 공간에 참여한다. 이런 식으로 작품을 공유하는 방식은 이제껏 지구상에는 없었다. 다시 말해 K-POP은 이 지구상에서 오랫동안 계속되어 온 아트를 즐기는 방식과 아트가 사적私的으로 소유되어 왔던 방식을 완전히 바꿔 버린 것이다. 극장이나 미술관처럼 닫힌 공간에서, 또는 자신만의 숨겨진 공간에서 개인에 의해 소유되거나, 부유함의 상징으로 즐기던 음악과 미술 같은 예술의 형태가 허물어지면서 우리 앞에 새로운 세계가 열리고 있다. 경우에 따라서는 손바닥 안에 쏙 들어가는 스마트폰이 극장이 되기도 한다. 얼마나 놀라운 사태인지 우리는 아직 그 무서움을 모르고 있다. 지구상에 펼쳐지는 문화의 모습이 완전히 바뀌고 있는 것이다.

이 책은 그러한 아트의 '혁명'을 함께하고자 한다.

⓪
②

우선 체험하라!
— 입문을 위한 네 편의 동영상

K-POP이란 어떤 것인가

이 책은 K-POP이 주제이므로 우선 K-POP 자체를 직접 체험하는 것이 가장 효과적인 독서 방법이 될 것이다. 혹시 K-POP을 처음 접하는 독자라면, 제0악장 전주곡을 먼저 훑어보고 본론으로 들어가면 더욱더 흥미로운 체험이 가능하다. 이제 막 K-POP에 입문하는 분들께 K-POP의 진가를 느끼게 해 줄 수 있는 동영상은 무엇일까? 너무 어렵지만 또한 흥미로운 물음이다. 동시에 이러한 물음이야말로 K-POP의 존재양상과 위상을 파악할 수 있는 길잡이가 된다.

K-POP 입문과 체험을 위한 물음에 대한 답으로 이 책에서는 네

편의 YouTube 동영상을 준비했다. K-POP과 관련된 동영상은 몇 가지 유형으로 분류될 수 있는데 그중 전형적이면서 K-POP의 진수를 보여 준다고 생각하는 작품을 골랐다. 왜 이들 네 작품인지는 읽어 가며 함께 확인해 보도록 하자. 중요한 것은 이들 작품 외에도 K-POP의 전형으로 꼽을 수 있는 작품이 수없이 존재한다는 점이다.

이 책에서는 410개의 동영상 작품을 선정하여 QR코드를 함께 실었다. 각각의 동영상에는 기호 ●를 붙였다. 동영상 제목은 원칙적으로 각 저작권자가 YouTube상에서 공식적으로 공개하고 있는 명칭을 그대로 사용한다. 동영상을 표시하는 ●와 함께, 필자가 선정한 베스트 동영상을 ★로 표시했다:

● ★★ 베스트 19

● ★ 베스트 86

● 베스트 410

사례로 든 동영상은 이 책의 논지에 따라 선택했다. 요즘 우리는 YouTube 덕분에 시간에 구애 받지 않고 과거와 현재의 작품을 왕래하며 볼 수 있게 되었다. 이 책에서는 이러한 특징을 살려서 이야기를 풀어 간다.

QR코드를 스마트폰으로 스캔하면 바로 감상할 수 있다. 물론 큰 화면으로 시청하면 섬세한 부분까지 놓치지 않고 파악할 수 있어 더 깊은 재미를 느낄 수 있을 것이다.

K-POP이냐 K-pop이냐 — 그 명칭과 표기

사실은 K-POP이라는 표기 자체도 아직 통일되어 있지 않다. 일본어권에서도 영어권에서도 K-pop, K-Pop, K-POP 등 몇 가지 표기가 있다. 한국어권에서는 '케이팝'과 'K팝'이 많이 사용된다. 일본어권에서는 가타카나를 이용한 Kポップ[ke:poppu]나 ケー·ポップ[ke:poppu]도 사용되지만 K-POP 등 로마자 표기가 많다. 한국어로는 [케이팝]이라는 3음절, 또는 줄여서 [케팝]처럼 2음절로 발음되는 데 비해, 일본어로 ケーポップ[ke:poppu]처럼 천천히 발음하면 음절syllable 수는 3음절이지만 5박拍의 단어가 된다.

박拍, mora이라는 개념에 대해서는 제3악장에서 자세히 다룬다. 음절과 박은 음악의 성격을 좌우할 수 있는 매우 흥미로운 요소로 작용한다.

일본어권에서는 ケーポップ[ke:poppu]를 Kぽ[ke:po]나 ケーポ[ke:po]처럼 축약해서 부르는 경우도 많다. 한국어권과 마찬가지로 일본어권에서도 긴 단어는 줄여서 부르는 경향이 강하다.

●에 표시된 제목을 YouTube에서 검색해도 쉽게 동영상을 찾을 수 있다. 부록으로 수록한 찾아보기에서 아티스트명 항목을 실마리 삼아 읽어 나가는 독서도 가능하니 시도해 주면 기쁘겠다.

K-POP 동영상의 유형

방대한 K-POP 동영상은 주로 다음과 같은 유형으로 나눌 수 있다. 동시에 이러한 유형들 가운데 중간적인 성격을 띠는 동영상도 많이 발견할 수 있다:

fig. 0-2 동영상의 유형

① MV(뮤직비디오)

② 댄스 동영상

③ 콘서트 동영상

④ 무대 동영상

⑤ PV(프로모션 비디오)

⑥ 리액션 동영상

⑦ 2차 파생적 동영상

① MV(뮤직비디오)

② 댄스 동영상

③ 콘서트 동영상

④ 무대 동영상

⑤ PV(프로모션 비디오)

⑥ 리액션 동영상

⑦ 2차 파생적 동영상

①~③은 아티스트가 소속되어 있는 기획사나 기업체가 공개하는 동영상이다. ① MV는 제일 먼저 공개된다는 의미에서 K-POP의 최전선을 이룬다. ①~③은 대부분이 무료지만, ③ 콘서트 동영상 가운데는 기획사나 TV 방송국 등이 프로그램 녹화를 공개하는 경우가 많으므로, 한국 드라마 등과 마찬가지로 정해진 사이트에서 구독, 시청하는 형태도 적지 않다.

④ 무대 동영상은 음악 프로그램이나 DVD 영상 등을 비롯하여 다양한 형식이 있다.

⑤ PV는 아티스트들의 노래와 댄스 이외의 모습을 그린 영상을 비롯해, 무대 뒤에서의 모습 등을 담은 다양한 형태로 제공되는 프로모션 비디오Promotion Video를 뜻한다. 이 책 2-3에서 논의할 앤틱스antics 즉 장난, 희롱, 유머러스한 동작과 몸짓을 담은 동영상도 여기에 속한다. 넓은 의미에서는 ①~⑤ 가운데 유료 이외의 모든 것이 PV라고 할 수 있다. 참고로 일본의 오랜 K-POP 팬들 사이에는 MV도 PV라고 부르는 사람이 많다.

⑥ 리액션 동영상과 ⑦ 2차 파생적 동영상은 아티스트의 소속사나 기업체가 아닌 사람들이 업로드하는 것이다. 아티스트가 스스로 공개하는 동영상도 있다. ⑥은 공식적인 동영상에 대한 사적인 반응을 다양한 사람들이 영상화해서 보여 주는 것을 뜻한다. K-POP의 팬, 보컬 트레이너, 댄서, 크리에이터 등이 일본어와 영어, 그밖의 다양한 언어로 영상을 만들고 있다. 그런 영상 자체가 놀라운 조회수를 기록하기도 한다.

⑦ 2차 파생적 동영상은 기존 MV를 재료로 가수의 파트별 비율을 분석하거나, 아티스트를 해설하거나, 이런저런 가십gossip을 다루거나, 여러 MV를 모아 재편집하는 등, 2차적으로 가능한 모든 발상의 동영상을 의미한다. 그중에는 사실 저작권법상 위험한 것도 매우 많지만 이러한 방대한 2차적 동영상이 강력한 프로모션 매체가 되어 K-POP을 뒷받침해 주고 있다는 점도 부인할 수 없다. 이러한 사정 때문에 저작권자들이 굳이 동영상 삭제를 원하지 않는 경우도 꽤 많다.

이 가운데 이 책의 논의 대상은 주로 ① 유형인 MV이다. 차차 이야기하겠지만 MV를 분석의 대상으로 삼는 데에는 물론 이유가 있다. 필요에 따라 ② 댄스, ③ 콘서트, ④ 무대 동영상도 언급할 것이다.

① MV도 몇 가지 유형으로 나눌 수 있다. 처음 소개할 입문 동영상 작품 〈피 땀 눈물〉과 같이, 뭔가 뚜렷한 콘셉트나 스토리를 설정하고 전체를 구성하고 조형하면서 거기에 아티스트의 노래나 댄스를 집어 넣는 것이 MV 작법의 대표적인 유형 중 하나이다.

어떠한 주제를 두고 드라마처럼 스토리를 풀어 가는 내러티브, 즉 이야기적인 성격(→제6악장)이 농후한 MV도 있고 희박한 MV도 있다.

MV에서는 보통 노래는 따로 녹음해 나중에 편집하는 것이 일반적이다. 따라서 MV를 보고 '립싱크'라고 비판하는 것은 난센스다.

① MV 중, 노래와 댄스만을 수록하는 타입은 요즘은 소수파이다. 다만 댄스만으로 구성되는 ② 댄스 동영상 유형이나 ⑤ PV 중에서 노래 부분만 수록한 동영상은 많다.

거의 편집하지 않은, 예를 들면 라디오 프로그램에 출연하며 녹음한 장면은 '라이브'라 불리며, K-POP에서는 종종 MV와는 다른 ⑤ PV 등의 유형으로 제공되기도 한다. 댄스의 '라이브'에 해당하는 버전, 즉 춤만으로 이루어진 동영상이 ② 댄스 동영상인데 '댄스 프랙티스dance practice' 등으로 불리며 이 역시 종종 MV와는 다른 동영상이 제공된다. 보통 한국에서는 이런 유형을 MV라고는 부르지 않는다. 프로모션 영상의 일종이기 때문이다. 아티스트나 기획사의 공식 사이트에서는 물론 SNS나 인터넷상의 사이트에서도 YouTube상의 링크가 붙어 있는 경우가 매우 일반적이다. 물론 틱톡TikTok이나 인스타그램instagram에도 동영상은 셀 수 없을 정도로 유포되고 있다.

K-POP MV의 금자탑 — BTS로부터

K-POP의 상징이 되어 버린, 말 그대로 국제적인 아티스트 BTS 방탄소년단가 2016년 발표한 〈피 땀 눈물〉의 MV부터 시청하자. 2013년에 데뷔한 BTS는 K-POP의 한쪽 구석에서 태어나 K-POP을 상징하는 자리에까지 올라섰고, 이제는 K-POP을 넘어섰다고도 할 법한, 말하자면 격이 다른 대우를 받는 그룹이다. 이 작품은 노래를 부르고 춤을 추는 아티스트를 찍은 단순한 동영상이 아니라, 단편 영화처럼 독립된 하나의 작품으로 영상을 '조형'하는 스타일의 전형적인 예이다. 이 책에서는 '조형한다'라는 말을 자주 사용하는데, 빛의 조형, 소리의 조형처럼 시각적이든 음악적이든 어떤 '형태를 만든다'는 의미라는 점을 밝혀 둔다. 목소리, 시=가사, 음악, 소리와 빛이 혼연일체가 되어 변용해 나가는 〈피 땀 눈물〉 MV는 K-POP MV가 이루어 낸 하나의 금자탑이다. 조회수는 9.8억 회(2024년 8월)에 이른다.

●★★
BTS(방탄소년단)
피 땀 눈물(Blood Sweat & Tears)
official MV

●★★
BLACKPINK
〈뚜두뚜두(DDU-DU DDU-DU)〉
M/V

BTS라는 명칭과 그 발음

BTS라는 명칭은 '방탄소년단防彈少年團'이라는 한국어의 로마자 표기인 Bang Tan Sonyeondan에서 따온 것이며 이런 조어법으로 만든 단어를 두문자어頭文字語, initialism라 한다. 한국어식으로 발음하면 [paŋtʰansonjɔndan]. 국제적으로는 이미 BTS라는 이름으로 널리 받아들여지고 있다. BTS의 영어식 발음인 3음절어 [biːtʰiːes]를 한글로 쓰면 '비티에스'[pitʰiesɯ]가 된다. 발음도 이대로 4음절로 발음되는 경우가 많다.

한국어는 어두에 /b d g dʒ/와 같은 유성음有聲音의 파열음破裂音이 나오지 않는다. 즉 [ba]나 [de]나 [go] 등의 음으로 시작되는 단어는 없다. 또 [biː]에 나타나는 [iː]처럼 길게 발음하는 장모음도 서울말에서는 기본적으로 사라지고 있다. 그러므로 많은 경우에 [baŋtʰan]이 아니라[paŋtʰan]으로, [biːtʰiːesɯ]가 아니라 [pitʰiesɯ]처럼 발음된다.

/s/ 발음은 [es]가 아니라 [에스] [esɯ]처럼 모음 'ㅡ'[ɯ]가 나타나는 것도 한국어의 특징이다. 이 점은 /s/를 [エス], [esɯ]처럼 발음하는 일본어도 마찬가지인데 도쿄말이나 요코하마말에서는 어말 [ɯ]는 성대의 진동이 없어지는, 무성화無聲化라 불리는 현상이 일어나서 모음이 거의 안 들리는 경우가 일반적이다. 그리고 재미있게도, 두문자어로 모처럼 줄인 BTS라는 단어를 일본어(도쿄말) 식으로 정확하게 발음하면 [비**이티이에**스](굵은 글자로 강조한 부분은 높게, 가는 글자는 낮게 발음한다)와 같이 6박, 즉 6개 모라로 발음되는 단어가 되어 버린다. 단, 일본어권에서도 한국어권에서도 BTS를 그대로 영어식으로 [biːtiːes]라고 3음절로 발음하는 경우가 있는 것은 마찬가지다. 이러한 음절 수나 박의 수는 음악과 깊이 연관되어 있다는 점도 이 책에서 확인할 수 있다.

로마자 표기에 대한 이해와 오해

한국어권, 일본어권, 영어권 등, 각각의 언어권의 로마자=라틴 문자 표기는 기본적으로는 그 언어권의 모어 화자native speaker만이 제대로 읽을 수 있다. 즉 비모어 화자는 로마자 표기를 봐도 모어 화자처럼 제대로 발음을 할 수가 없다. 언어마다 모음의 수도, 자음의 수도, 소리의 성질도 완전히 다르기 때문이다. 다른 언어를 발음하면 아무래도 그 사람이 태어나 자라면서 습득한 언어=모어母語, native language의 영향이 나타나는 것이 매우 자연스러운 일이다. 로마자 표기에 세계적인 기준 같은 것은 당연히 없기 때문에, 영어 화자를 포함해 어떤 언어의 화자라도, 다른 언어의 로마자 표기는 '약간은 비슷하게 발음할 수 있다' 정도로 생각해 두면 좋다. "이렇게 쓰면, '외국인'이 읽을 수 없다."라는 등, 영어 화자만을 생각하고 말하는 것은 논외이다. '영어=외국어'가 아니라는 점을 항상 염두에 두어야 한다. 동시에 한국어의 로마자 표기를 '영어'라고 부르는 것도 삼가야 한다. 로마자로 표기를 해도 한국어는 어디까지나 한국어이기 때문이다.

당연한 이야기겠지만, 수천 개 존재하는 다양한 언어의 발음을 일본어 가나假名로 표기해도 정확하게 그 언어의 발음을 재현할 수는 없다. '약간은 비슷하게 발음할 수 있다' 정도로 생각하는 것이 좋다. 그리고 한국어권에서 종종 보이는 오해인데, 한글이라고 해도 모든 언어의 발음을 나타낼 수 있는 것은 아니다. 우선 한국어보다 모음이 더 많은 언어는 한글의 모음자로 구별할 수가 없다. 자음도 마찬가지다. 일본어의 가나가 한국어를 제대로 재현하지 못하는 것과 마찬가지로 한글도 일본어를 정확히 재현할 수는 없다. 아까 말한 [k]와 [g]와 같은 어두의 유성음과 무성음의 구별은 한글이 표기를 못하는 사례 중 하나이다.

덧붙여 말해 두거니와 일본어권에서는 문자인 '한글'을 언어명처럼 사용하는 오용이 매우 많다. '한글 회화' '한글로 이야기를 한다'처럼. 심지어 한국어권에서조차 종종 "한글은 15세기에 창제된 문자다."라고 해야 할 문장을 "한글은 15세기에 창제된 언어다."라고 한다든지, "이건 한자 이름이 아니라 순 한글 이름이다."와 같은 오용이 나타난다. 문자의 평면인 '한글'과 언어의 평면인 '한국어'는 서로 다른 차원에서 존재한다는 사실은 아무리 강조해도 모자라지 않다.

유성음이 노래의 음정을 지탱한다

'유성음'이란, 발음할 때에 성대가 진동하는 소리이다. 한국어 표준어의 기초가 되고 있는 서울 방언의 모음 /ㅏ ㅓ ㅗ ㅜ ㅡ ㅣ ㅔ ㅐ/나, 일본어 도쿄 방언의 모음 /아이우에오/는 단독으로 발음하면, 모두 유성음이다. 예컨대 목의 울대뼈 위치에 손가락을 가져다 대고, [아]라고 소리를 내면, 목의 떨림을 느낄 수 있다. 바로 성대의 울림과 진동이다. 반면 /p t k s tʃ h/ 등의 자음은 성대가 진동하지 않는 무성음이다. 성대가 진동하지 않으면 기본적으로 소리의 높이pitch는 나타낼 수 없다. 따라서 두 음 사이의 간격, 즉 음정音程, interval은 기본적으로 성대의 울림을 수반하는 유성음이 지탱하고 있다. /m b n d g dʒ/ 등의 자음은 유성음이다.

온 지구가 요구하는 K-POP — BLACKPINK

2018년 발표된 〈뚜두뚜두〉는 5년 누계 조회수 22억 회. K-POP MV 중 세계에서 두 번째로 많이 시청한 MV이다. 세계가 무엇을 원하는지를 알기 위해서도, 지금 절대로 빼놓을 수 없는 작품이다. 문자 그대로 관록 있고 명실상부한 대표 K-POP MV이다.

이 MV에는 K-POP 표현양식의 몇 가지 중요한 특징들이 잘 나타나 있다:

(1) 서로가 서로의 존재감을 두드러지게 부각시키는 비전체주의적이자 비획일적인 집단성

(2) 멀티에스닉multiethnic(다민족, 다민속, 다문화)적 성격
(3) 오노마토페(프)onomatopée, 즉 의성의태어와 감탄사를 많이 사용하는 한국어
(4) 눈부시게 다양한 패션
(5) 완성도 높은 노래와 랩
(6) 절묘한 카메라 워크와 영상 편집
(7) 세부까지 섬세하고 치밀하게 계산된 영상
(8) 고도로 통제된 매력적인 색채와 그 변화
(9) 은박을 씌운 탱크로 반전反戰 사상을 넌지시 전하는 식의 은근한 메시지성
(10) 빠른 속도로 변용되는 완성미 있는 영상 조형

이러한 K-POP의 표현양식에 대해서는 제2악장~제5악장에서 상세하게 논의한다.

블랙핑크BLACKPINK는 2016년에 등장한 유니크한 여성 4인조 그룹이다. 네 멤버는 특히 고급 패션 브랜드의 홍보 대사, 즉 앰배서더를 맡아 세계 패션의 정점에 서 있기도 하다. K-POP이 음악뿐 아니라 다양한 인접 문화 영역에도 영향을 주고 있는 점을 알 수 있다:

0:35 리사의 랩: CELINE, BVLGARI, MAC
1:35 제니의 랩: CHANEL, Calvin Klein
1:06 지수의 노래: DIOR, Cartier
2:04 로제의 노래: SAINT LAURENT, Tiffany & Co.

온 지구가 요구하는 또 하나의 K-POP — 다시, BLACKPINK

세계가 K-POP에 이목을 집중하게 된 또 하나의 이유는 댄스의 힘이다. 앞서 설명한 동영상 유형 ②에 해당하는 〈How You Like That〉 댄스 퍼포먼스 비디오는 공개 후 3년 동안 무려 16억 뷰를 달성했다.

배경은 핑크빛 일색으로 둔 채 불필요한 것은 모두 배제하고, 곡과 댄스만으로 그려 낸 영상의 결정체다. 네 명의 의상이 통일감을 잃지 않으면서도 서로 다르며, 무엇보다 댄스에서 멤버 각각의 존재감이 두드러진다. 동영상 끝부분(2: 30 무렵)에서 블랙핑크 네 멤버와 함께 다른 댄서들이 합류하는 장면이 주는 고양감은 압권이다. 이 MV에 대해서는 제5악장~제6악장에서 상세히 검토한다.

'노래'를 잊지 않는 K-POP — MAMAMOO

마마무MAMAMOO는 2014년에 등장한 네 명의 여성 그룹이다. 단적으로 말하면 K-POP 중 최고 수준의 가창력을 지닌 네 명을 모

●★★
BLACKPINK
〈How You Like That〉
DANCE PERFORMANCE
VIDEO

●★★
마마무(MAMAMOO)의 킬링보이스를 라이브로! - Mr.애매모호, 너나 해, 데칼코마니, 별빛밤, I miss you, HIP, 고고베베, 딩가딩가, AYA

은 것 같다. 노래 실력으로 이들에게 필적할 만한 가수는 현재 많지 않다. 가창력 면에서 마마무는 멤버 전원이 확실한 힘과 기교를 자랑한다.

이 동영상은 앞에서 본 세 작품과는 달리 MV가 아니라 ④ 무대 동영상 중 이른바 '라이브' 유형이다. YouTube에서 메이크어스MAKEUS가 운영하는 딩고뮤직dingo music의 채널에서 발신 중인 '킬링보이스' 시리즈를 검색하면 기존 MV에서는 보기 힘들었던 K-POP 가창력의 경이로움과 파워를 느낄 수 있다. K-POP이 노래 자체의 힘을 놓치지 않고 있다는 점을 충분히 납득할 수 있는 영상이다. 간단한 작업처럼 보일지 몰라도 마이크 앞에서 노래하는 모습을 찍은 영상의 조명이나 카메라 워크의 기교 또한 주목할 만하다.

⓪

③

K아트
— 목소리와 말, 소리와 빛, 그리고 신체성

K-POP MV의 즐거움 전략

입문을 위한 네 개의 동영상을 시청했다면, 이제 어떤 점에 주목해야 더 효율적이고 재미있게 K-POP을 즐길 수 있는지 간단히 서술해 보고자 한다.

우선 제1악장에서는 "K-POP은 어디에 있는가—왜 YouTube인가? 왜 MV인가?"라는 물음을 던져 본다. 한마디로 K-POP은 언제 어디서나 누군가와 이어지며 존재하고 있다. 이 점이 20세기 '전前/pre K-POP 단계'와 결정적으로 다른 점이다. 현재의 K-POP은 'LAVnet랩넷 시대의 음악'이라고 할 수 있다. LAVnet이 무엇인가를 살펴보면 K-POP의 MV가 목소리, 말, 소리, 빛, 신체성이 통합된 'K아트'라는 사실이 선명하게 보이기 시작할 것이다.

제2악장부터 제5악장까지는 K-POP 표현양식의 특징을 논의한다. 제2악장에서는 말과 소리와 빛과 신체성이 눈부신 '세계상世界像'으로서 생동감 있게 펼쳐지는 K-POP MV를 만끽해 보고자 한다. 또한 "왜 지금 춤인가?" "그 춤에서 나타나는 '신체성'이란 무엇인가?"를 살펴볼 것이다. 그리고 K-POP의 전 단계에서 시작하여 K-POP의 역사도 간단하게 짚고 넘어가고 싶다.

제3악장에서는 K-POP의 언어, 즉 말 자체에 주목한다. 특히 언어학적 관점에서 한국어권의 K-POP을 세계가 함께 즐기고 있는 이유와 비밀을 파헤쳐 볼 것이다. 구체적으로는 말소리, 어휘, 문법, 표현과 같은 여러 가지 위상에서 K-POP에 다가가 보려고 한다. K-POP의 랩에는 한국어 언어음의 밀도가 지닌 힘이 드러난다. 한국어와 일본어의 소리 차이는, 예컨대 '랩'이라는 단어와 '라ㅂ푸ラップ[rappu]'라는 단어 자체에서 이미 나타남을 알 수 있을 것이다.

제4악장에서는 다성성多聲性과 복수언어성이라는 문제를 다룬다. 그리고 제5악장에서는 'K아트'의 시간, 즉 K-POP의 소리와 빛의 시간에 주목한다. 제5악장의 부제를 "변화를, 또 변화를, 더 많은 변화를"이라고 붙인 이유도 밝힐 것이다. 이 책에서 필자가 K-POP에게 바라는 가장 큰 소망 중 하나를 아주 알기 쉽게 표현한다면 다음과 같이 말할 수 있다:

"제발, 네 소절 이상 같은 것을 반복하지 말자!"

언뜻 들으면 철없는 아이의 투정같이 들리겠지만, 선율이든 리듬이든 영상이든 똑같은 것을 반복하지 말라는 뜻이다. 대수롭지 않은 바람일 수도 있으나 이러한 소망은 K-POP의 고질적인 문제를 해결할 수 있는 열쇠가 될 것이다.

제6악장에서는, K-POP의 존재양상을 총괄한다. 이를테면 이러한 물음을 던질 수 있다. K-POP이란 궁극적으로 어떠한 것인가, 혹은 어떠한 것이었는가?

제7악장에서는 쉽지 않은 질문을 던진다. K-POP은 어떻게 존재해야 하는가? K-POP은 앞으로 어떤 길을 갈 것인가? 또는 K-POP은 붕괴될 것인가?

제8악장은 우리의 '삶'이라는 관점에서 K-POP을 조명함으로써 K-POP=K아트를 총괄하려고 한다.

① 樂章

K-POP은 어디에 있는가

— 왜 YouTube인가, 왜 MV인가

21세기 K-POP 은, Language말: 언어와 Audio소리: 청각와 Visual빛: 시각이 혼연일체가 되어 자유자재로 변용하면서, 인터넷INTERnet상을 날아다니는 LAVnet랩넷이라는 새로운 동태動態: dynamics 위에서 성장했다. K-POP은 작품이 공개되자마자 세계가 공유한다. 그리고 얼마 지나지 않아 댄스를 비롯하여 그 작품에 공감한 많은 동영상이 등장한다. K-POP은 언제나 세계와 이어져 있다는 점에서 20세기의 음악과는 존재양식에서부터 결정적으로 다르다. 표현양식도 20세기 음악과는 달리 '말, 노래, 곡, 댄스, 영상…'이라는 다양한 실체로 구성되어 있다.

K-POP은 이미 음악의 테두리를 넘어, 말이나 영상 등 다양한 요소가 통합된 'K아트'라는 21세기형 종합예술, 종합적인 'K아트'로 성립되었다. K-POP MV가 그 전위, 최전선이며 YouTube야말로 K-POP의 주된 서식지, 즉 'K아트'의 현장이다.

①

---

①

K-POP,
그 자극의 체험

K-POP은 어디에 '있는가' — 4종의 자극 체험

K-POP이라고 불리는 세계는 과연 어디에 '있는' 것일까? 도대체 사람들이 어디에서 어떤 모습으로 즐기고 있는 것일까? 그 답은 다음 네 가지 자극 체험으로 집약할 수 있다:

(1) YouTube MV 등 동영상이나 음악을 접하는 '사태'로서의 체험
(2) CD나 DVD, 포토카드 등 다양한 상품을 접하는 '물체'의 체험
(3) 콘서트 참가, 댄스 커버, 한국 방문 등 '신체'의 체험
(4) 아티스트와 팬, 혹은 팬들 사이에서 일어나는 '이어짐'의 체험

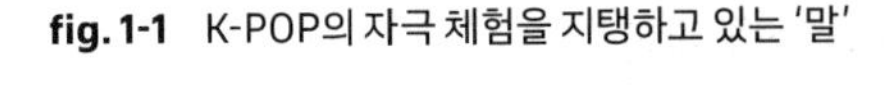
fig. 1-1 K-POP의 자극 체험을 지탱하고 있는 '말'

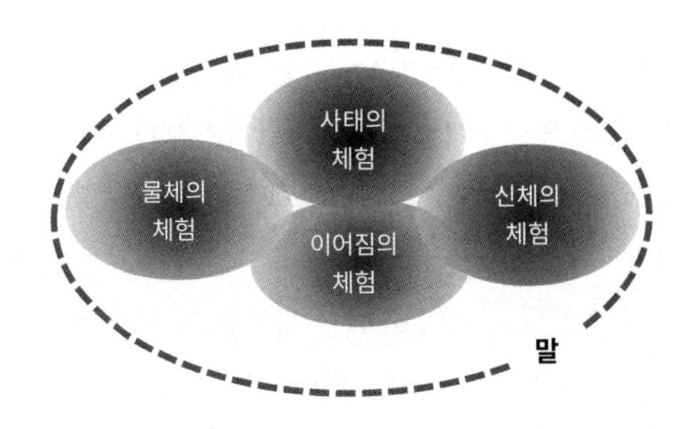

(1)은 주로 작품을 즐기는, 이른바 우리가 '감상鑑賞'이라고 부르는, 지각知覺을 통한 자극 체험이다. (2)는 넓은 의미의 페티시즘fetishism이나 소유의 욕망에 관여하는 자극 체험이다. (3)은 스스로 몸을 크게 움직이거나 이동시키는 운동과 관련된 체험이고 (4)는 사람과 사람 사이에서 공유되는 연대감의 체험이다.

대개는 이들 체험이 섞여 있거나 융합되어 있다. 성격이 각각 다른 체험이 우리 '마음'에 살게 되는 것이다. 어떤 사람들은 말할 것이다, K-POP은 나의 마음속에 있다고. 여기서 놓칠 수 없는 것은 모든 체험에 우리의 언어, 즉 '말'이 관여하고 있다는 점이다.

'말'이 지탱하고 있는 K-POP의 자극 체험

K-POP MV가 서식하는 YouTube는 거대한 동영상 사이트이기 때문에 동영상만으로 이루어져 있다고 착각하기 쉽다. 혹은 어디까지나 동영상이 본체이지, 말=언어는 참고하기 위해 추가된 것이며 말은 어디까지나 동영상에 종속되어 있다고 착각할지도 모른다.

그러나 만약 동영상 타이틀이나 '개요란'에 말이 전혀 쓰여져 있지 않으면 어떻게 될까. 동영상만이 나열된 기묘한 세계가 드러날 것이다. 마치 인기척 하나 없는 거대 도시 같을 것이다. 인간이 멸망한 지구상의 도시들이 떠오르기도 한다. 말이 없으면 거대한 YouTube 자체도 성립되지 않고 순식간에 붕괴될 것이다. 방대한 동영상 역시 방대한 말들이 지탱하고 있다.

애플 뮤직Apple Music이나 스포티파이Spotify 같은 음악 수용 방식도 오늘날에는 YouTube 같은 동영상과 연결되는 경우가 드물지 않다. "MV를 **봤으니** 이제 음악도 **들어** 보자."라는 식으로, 시각적인 세계가 음악으로도 연결된다. 이런 이어짐은 K-POP MV가 오늘날처럼 보급되지 않았던 20세기에는 존재하지 않았다.

(2)에서 말한 CD나 DVD와 포토카드, 이른바 트레카(트레이드카드), 응원봉 등 다양한 상품, 그러니까 '물체'에도 말이 박혀 있다. 종종 그 위에 '쓰여진 글' 자체도 디자인화되어 마치 전체가 아름다운 '물체'인 듯한 모습으로 드러난다.

BLΛƆKPIИK처럼 K-POP MV에 사용되는 각각의 타이포그래피가 지닌 존재감은 우리 기억 속에 확실히 각인된다. '귀여운' '아

k-POP을 이해하기 위한 물체와 말

 # 응원봉 일본어로는 '펜라이트', 줄여서 '펜라' 등으로 불려도 보통은 펜의 형태는 아니다. 원래 그룹마다 '공식 펜라이트' '공식 팬라이트' 등으로 부르는데 고전적인 예로서는, 빅뱅BIGBANG의 펜라이트처럼 왕관 모양이 붙어 있는가 하면, 큰 마이크 같은 모양을 비롯하여 여러 가지 정교한 형태를 하고 있다. 무게도 가격도 꽤 나가는 것이 많다. 무게를 보면 NCT 127의 공식 펜라이트는 식물처럼 보이지만, 사람을 때리는 흉기도 될 만한 무게를 가졌다는 점에서 '초둔기草鈍器'라는 별명까지 붙었다. '펜'과는 너무나 거리가 있는, 두꺼운 사전 같은 굿즈다.

한국에서는 펜라이트를 '야광봉'이나 '응원봉'으로 부른다. BTS의 응원봉에는 'BTS ARMY BOMB'처럼 박력 넘치는 이름이 붙어 있다. 잘 알려졌듯 'ARMY아미'는 팬클럽 이름이다. 블랙핑크의 응원봉은 '뿅망치' 형태다.

 # BLɅƆKPIИK, BLACK PINK, 블랙핑크 BLɅƆKPIИK라는 문자열을 보고 블랙핑크라는 아티스트를 떠올린다면, 이미 K-POP에 꽤 깊이 파고들어 가신 분들이다. 참고로 일본어권에서는 가장 유명한 패션잡지의 표지를 블랙핑크의 제니가 장식했는데, 그 표지에서는 'BLACK PINK'와 같이 띄어쓰기가 되어 있었다. 물론 사실은 두 단어가 아니다. 즉 '검은 핑크'라는 뜻이 아니다. 직역하면 '검-복숭아색' '검정핑크' 정도의 한 단어이다. 일본어로는 줄여서 '부라핀' '불핀'이라고도 한다.

이런 예와 비교하면 재미있다. a white house[waɪt háʊs]와 같이 뒤에 있는 house 쪽에 악센트를 두고, white house를 두 단어로 발음하면 아무데나 있는 '흰 집'을 뜻하고 the White House와 같이 앞에 악센트를 두고 white house를 한 단어처럼 발음하면 무시무시한(?) 사람들이 모인 워싱턴의 '화이트 하우스' 즉 '백악관'이 된다. 그런데 BLACKPINK의 MV에서는 보통 두 단어처럼 [blǽk píŋk]로 발음되고 있다.

름다운' '물체'에 대한 페티시는 K-POP 상품이 가진 중요한 모멘트다.

(3)'신체'의 체험 중에는 팬들이 춤을 추는 것뿐만 아니라, 예를 들어 공항에서 아티스트들을 우연히 만났다는 식의 체험도 있을 것이다. 팬미팅에 참가하는 체험도 여기에 속한다. 요컨대 스스로의 신체 체험이며, 아티스트와 팬의 신체가 같은 시공간에 존재하는 체험이다. 아티스트를 직접 만날 수는 없어도 아티스트의 고향이라든가 그가 자주 가는 장소를 찾아가는 것도 이 연장선상에 있는 자극 체험이라 하겠다.

(4)'이어짐'의 체험이야말로 오늘날 K-POP의 중요한 특징이다. 조금 과장되게 말하자면 K-POP의 정체성 같은 것이기도 하다.

(3)과 같은 신체의 체험에서조차 '말'을 빼놓을 수 없음은 말할 것도 없다. 노래도, MC의 사회도, 공연장의 안내 멘트도, 공감하며 보내는 성원도 그 모든 것을 '말'이 지탱하고 있다. 일본에는 아티스트와의 만남을 꿈꾸며 한국어 공부를 시작했다는 한국어 학습자를 이제는 셀 수 없을 정도다. (4)'이어짐'의 체험 역시 말 없이는 성립되지 않는다.

K-POP의 모든 체험을 '말'이 지탱하고 있다

K-POP은 세계와 단절된 음악이 결코 아니다. 세계 속에 확고하게 뿌리내려, 세계와 함께 존재하며 항상 세계와 이어져 있다.

K-POP에서 말은 그저 덤이 아니다. 동영상에서 '말'은 지금 만나는 사람이 누구인가를 나에게 전해 주고, 이것이 무슨 동영상인가를 알려 주며, 다음에는 어떤 동영상을 봐야 하는지까지 가르쳐 준다. 동영상에 '말'이 함께 존재하지 않으면 눈앞의 그 사람이 아티스트인지 아닌지조차 알 수 없다. 물론 '이름'도 알 길이 없다. '이름'도 '말'의 한 형태이기 때문이다. 사람이든 직업이든 물건이든 사태든 '말'이 그 각각의 대상에 이름을 부여하고, 그 이름을 통해 우리가 대상을 소유하고 공감하는 일련의 작업이 개시된다. '말'이야말로 K-POP이라는 체험의 전제를 설정하고 근간을 뒷받침하며 방향까지도 가리켜 주는 것이다. 시간의 관점에서는 이렇게 말할 수 있다:

K-POP 체험의 과거도 현재도 미래도 '말'이 지탱하고 있다

노래의 실체인 언어음 역시 '말'이다. '말'로 조형되는 의미 차원이 아니라 모음이나 자음, 억양intonation을 비롯한 언어음 자체가 우리의 감동과 유난히 깊은 관계를 맺는다. 말하자면 '의미'까지 가기 전에 엄연히 '말'이 먼저 존재하며 '말' 그 자체만으로도 이미 감동을 가져다줄 수 있다. K-POP이 지닌 언어음의 위력은 제3악장에서 상세히 관찰한다. 가사처럼 작품을 구성하는 '말'뿐 아니라, 곡의 제목이라든가 입소문으로 들은 이야기라든가 음악 비평이라든가 K-POP을 둘러싼 노래 외부의 '말' 역시 종종 우리의 사상과 감성을 좌우한다. 물론 이것은 K-POP에만 국한된 것

K-POP과 언어, 세계와 언어

언어학만으로도 기호론만으로도 세계의 전부를 파악할 수는 없다. 우리가 K-POP을 응시하는 데 있어서도 이 점을 확실히 짚고 넘어가야 한다. 세계의 전부는 언어로 만들어져 있다? 아무리 은유라고 해도 이 말은 거짓이다. 한국어와 대조를 해서 독일어권에서 자란 철학자 루트비히 비트겐슈타인Ludwig Wittgenstein(1889-1951)에게는 조금 미안하지만, 그의 말만 살펴보아도 세계는 '말'로만 구성되어 있지는 않은 듯하다. 아래서 보는 바와 같이 '일' 아니면 '것'으로도 만들어져 있으니 말이다.

독일어와 영어, 두 가지 언어로 발표된 비트겐슈타인의 저서 『논리철학 논고』(1922)의 원문과 한국어 번역을 대조해 보면 재미있는 사실이 많이 드러난다:

> Die Welt ist alles, was der Fall ist.
> The world is everything that is the case.
>
> 세계는 일어나는 모든 것이다.
> 세계는 일어나는 모든 일이다.
> 세계는 일어나는 전부이다.

영어와 독일어의 관계대명사 that과 was로 만들어지는 '일어나는 것' '생겨나는 것'이라는 뜻의 관계절을, 일부러 한국어의 '일'이나 '것'이라는 단어를 사용해서 번역해 보면 위의 문장들이 된다. 세 번째 한국어 문장처럼 '일어나는 전부'로 번역하면 '것'도 '일'도 없어진다. 어쨌든 세계도 K-POP도 '언어만'으로 구성되어 있는 것이 아니다.

그런데 주로 제3악장·제4악장에서 언급하겠지만, '번역'은 K-POP에 있어서 매우 중요한 위치에 있다. 번역은 오늘날 K-POP 발전의 날개라고도 할 수 있다. 『논리철학 논고』의 문장 등을 단서로 논의한 번역론을 노마 히데키

의 『언어, 이 희망에 찬 것(言語 この希望に満ちいたもの)』(홋카이도대학출판회, 2021) 제5장에서, 어떤 대상에 대해 '말'로 이름을 짓는 명명론命名論에 관해서는 노마 히데키의 『언어존재론』(도쿄대학출판회, 2018/ 2025년 연립서가에서 한국어판 출간 예정) 제8장에서 참조할 수 있다.

은 아니다. 뉴스 등을 포함해, 인터넷상에 존재하는 동영상은 모두 마찬가지다. 전쟁 영상을 틀어 놓고 "이들이 적이다."라고 우리를 부추기는 구조는 바로 말이 선동하고 있는 것이다.

YouTube에서뿐 아니라 현대 사회에서는 은유적으로 이렇게 말할 수 있다:

세계의 절반은 언어로 만들어진다

그래서 우리는 언제나 언어에 대한 감성을 갈고 닦아야 한다. K-POP을 정면에서 응시하고 온몸으로 즐기고 싶으면 불가결의 태도라고 할 수 있다. 다만 언어가 세계의 '전부'가 아니라 어디까지나 '절반'이라는 점에 각별히 유의해야 한다. 20세기에는 세계의 전부가 언어로 구성되어 있는 듯 이야기하는 '언어지상주의자'가 많았다. '음악 언어' '미술 언어' '영상 언어' 등등 언어가 아닌 것까지 아무런 전제도 없이 언어와 동일시되었다. 오늘날 기세등등한 '영화라는 텍스트' 혹은 'K-POP이라는 텍스트'와 같은 식의 텍스트론text論도 마찬가지다. 세계는 언어를 기호의 일부로 파악하는 기호론으로 넘쳐흘렀다. 20세기 사상은 '기호론 버블 semiotics bubble'의 세계였던 셈이다.

소리의 세계에서 형성된 '말해진 언어',
빛의 세계에서 형성된 '쓰여진 언어'

'말'의 형태에는 그 존재양식에서 볼 때, '말해진 언어spoken language'와 '쓰여진 언어written language'가 있다. 이것은 표현양식으로서의 '입말체'나 '글말체' 등과는 엄밀히 구별된다. K-POP에 관한 우리의 고찰에서는 이 점도 빠트릴 수 없다. '말해진 언어'는 소리=청각의 세계에서 실현된다. '쓰여진 언어'는 빛=시각의 세계에서 실현된다. 각각 언어음과 문자라는 형태를 취한다.

문자가 빛의 조형이라는 점은, 어둠 속에서는 문자의 기능이 소실된다는 점을 생각하면 분명하다. 촉각을 매개하지 않는 형태인 수화手話 역시 빛의 세계에서 실현된다.

오늘날 인터넷상에서는 '말해진 언어'와 '쓰여진 언어'가 아주 쉽게 상호 전환된다. YouTube 자막에서는 '말해진 언어'가 잇달아 '쓰여진 언어'로 변환되어 나타날 것이다. 덧붙이지만 변환된 말이 잘못되었다든지 적절하지 않다든지 하는 것은 언어의 존재양식 자체의 문제에서 본질적인 것은 아니다. '쓰여진 언어'를 음성으로 읽어 주는 기능도 '말해진 언어'와 '쓰여진 언어'의 상호 전환=상호 침투의 예이다.

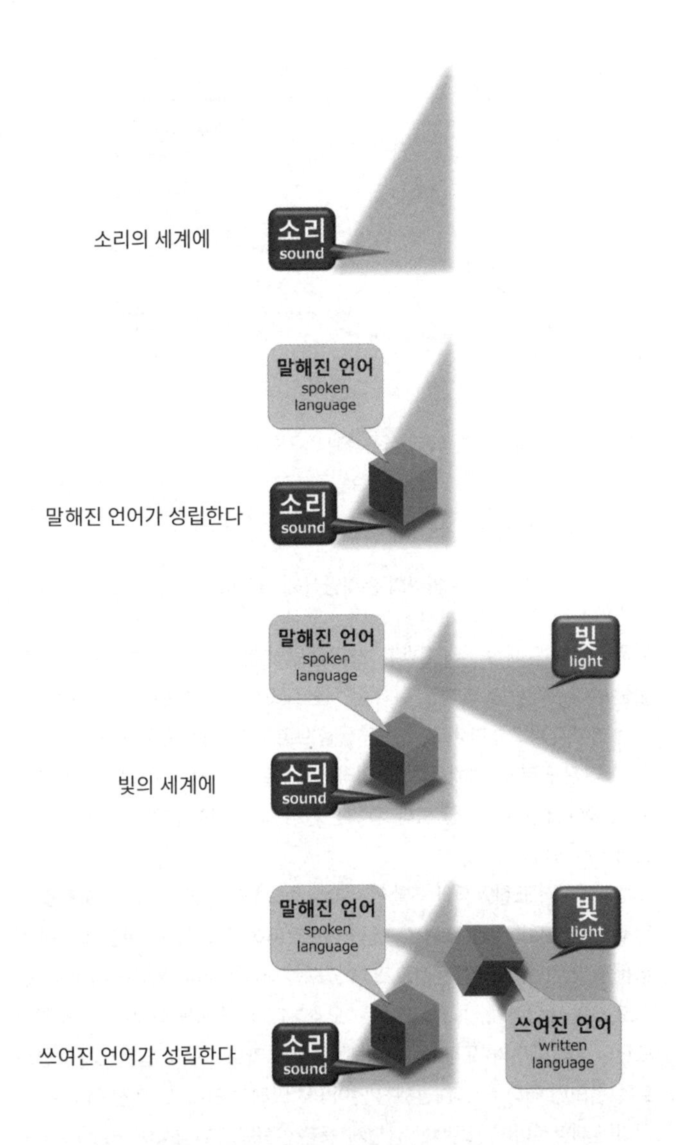

fig. 1-2 '쓰여진 언어'는 '말해진 언어'의 단순한 대응이거나 사상寫像, mapping이 아니다. 그 실체가 소리와 빛이라는 것을 보아도 존재양식이 근본적으로 서로 다름을 알 수 있다.

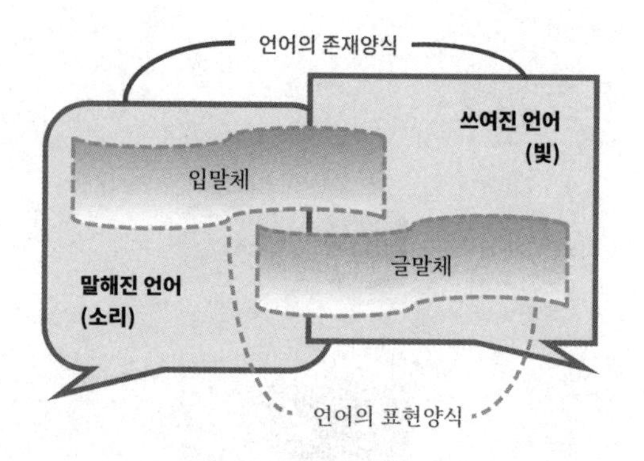

fig. 1-3 언어의 존재양식과 표현양식은 엄밀히 구별된다.

언어의 존재양식에 대하여

한국어에는 '말해진 언어'를 '말', '쓰여진 언어'를 '글'이라고 부르는, 아주 적절한 쌍이 존재한다. 하지만 '말과 글'처럼 대조할 경우에는 매우 편리하나 실제 용법까지 파고들어 가면, 쓰여진 글을 보고도 "이게 무슨 말이야?"라고 하듯 '쓰여진 언어'에 대해서도 '말'이라는 단어를 사용하는 용법이 있다. 그래서 이 책에서는 '말'과 '글'보다 '말해진 언어'와 '쓰여진 언어'라는 용어를 사용하기로 한다.

존재양식과 표현양식의 구별 역시 매우 중요하다. "근데 있잖아, 까짓것 나랑 같이 해치워!" 같은 표현은 표현양식으로서야 '회화체' 아니면 '입말체'라 부를 수 있지만, 그것이 문자로 쓰여 있으면 어디까지나 '쓰여진 언어'다. 반대로 쓰여진 언어에 많이 나타나는 "오호통재라, 내 이를 어찌하리."와 같이 표현양식이 아무리 '문장체' '문어체' '글말체'라도 그것이 입말로서 음성으로 실현되면 어디까지나 '말해진 언어'다. '말해진 언어' '쓰여진 언어'는 언어의 존재양식이며, '입말체' '글말체' 등은 언어의 표현양식이다(노마 히데키, 『언어존재론』 제2~4장을 참조).

①

②

K-POP은 LAVnet 시대의 음악 형태이자 아트의 형태다

우리 눈앞의 계면은 '레이어 오리엔티드'다

K-POP을 가장 깊이 만끽하려는 지금, 오늘날에는 너무 당연해서 아무도 재미있어 하지도 않는 메커니즘에 다시금 주목해 보자. 인터넷상의 인터페이스, 즉 인터넷을 눈앞에서 접할 때 '사람'과 '인터넷' 사이의 계면界面은 한 폭의 그림처럼 캔버스 하나로만 존재하지 않는다. 다시 말해 눈앞의 캔버스 뒤에 몇 겹의 캔버스가 숨어 있는 꼴이다. 층은 하나가 아니라 언제나 다층 구조를 이루고 있다. 그것도 순간적으로 바꿀 수 있는 다층의 레이어layer=막로 만들어져 있는 것이다. 우리는 클릭 한 번으로 순식간에 다른 레이어=계층의 화면을 불러낼 수 있다. 이러한 '레이어 오리엔티

드layer-oriented(=레이어 지향)'의 계면이야말로 20세기 말에 출현해 21세기를 맞아 더욱 성숙해지고 있다.

우리가 일상 속에서 스마트폰이나 PC로 마주하고 있는 그 계면에는 얼마나 여러 겹의 레이어가 있는지 알 수 없다. '어둠 상자' 같은 이러한 계층을 안에 품고 있으면서, 동시에 눈앞의 모습이 언제나 순식간에 바뀔 수 있다. 세계가 찰나적인 레이어라는 얄팍한 피막에 아주 아슬아슬하게 얹혀 있을 존재일지도 모르는 시대를 맞이한 것이다. 우리의 눈앞이 언제나 부질없이 얇은, 종이 같은 존재일지도 모르는 그런 시대 말이다. K-POP은 물론, 소리와 빛을 다루는 모든 아트가 이러한 사태에 직면하고 있다. K-POP은 이러한 시대를 어떻게 살아가는가?

fig. 1-4 레이어 오리엔티드 — 우리와 '말, 소리, 빛' 사이의 계면

언어의 새로운 자리, 아트의 새로운 자리 LAVnet

필자는 이 책에서 '언어'인 Language, 다양한 '소리'의 형태인 Audio, 그리고 시각적인 '빛'의 형태인 Visual이 혼연일체가 되어 서로 변용하면서 인터넷상을 순식간에 고속으로 날아다니는 동태動態를 LAVnet랩넷이라고 부른다. LAVnet은 21세기의 새로운 언어장言語場이자 음악장音樂場이자 예술장藝術場이 되었다. YouTube야말로 LAVnet 시대의 산물이며, K-POP은 바로 그러한 LAVnet 시대의 아트인 셈이다(언어가 실제로 형태를 취하여 실현되는 자리를 '언어장'이라고 한다. 노마 히데키, 『언어존재론』 제1장 참조).

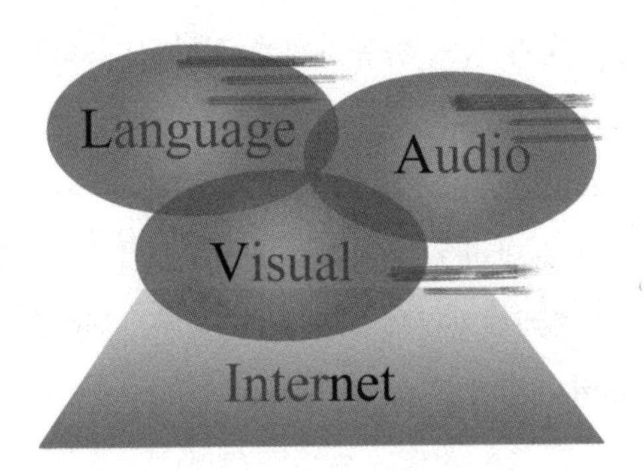

fig. 1-5 Language, Audio, Visual이 통합되어 서로 자유자재로 변용하면서 인터넷상을 고속으로 움직이는 동태 공간인 LAVnet

LAVnet, TAVnet

일본어판에서는 TAVnet탭넷이라는 말을 사용했다. Language보다 Text의 머리글자를 쓴 것인데 Text는 원래 '쓰여진 글'을 뜻하는 용어이며 '말해진 언어'까지를 포함하지 않으니 Language의 머리글자를 사용하여 LAVnet이라고 부르는 쪽이 정확하다. 하지만 일본어로는 발음이 '라브넷토'가 되는 바람에 LAV와 Love가 구별이 되지 않아 TAVnet이라는 용어를 사용했다. 이런 곳에서도 언어음이 가진 비애감이 나타난다.

K-POP은 21세기형 종합예술이다

(1)언어=랭귀지, (2)청각적 요소=오디오, (3)시각적 요소=비주얼, 이 세 가지가 서로 자유자재로 결합, 변용하면서 인터넷상에서 고속으로 움직인다.

LAVnet이라 부르는 이 같은 동태는 20세기 말에 싹트기 시작하여 2010년대를 맞아 성숙해졌다. YouTube는 그 전형적인 생태계다. 작품이 공개되자마자 세계가 공유한다. 따라서 K-POP은 다음과 같이 자리매김할 수 있다:

K-POP은 21세기형 종합예술이다

물론 20세기에도 이미 뮤지컬 영화나 퍼포먼스 아트를 비롯해서 넓은 의미의 믹스드 미디어mixed media(여러 매체를 동시에 사용하는 혼합 기법)로 제작된 아트는 다양하게 존재했다. 그러나 위에서 말한 바와 같이 LAVnet이라는 존재양식을 보인다는 점에서 K-POP은 20세기 아트와는 결정적으로 다르다. 팬의 입장에서 보면 함께 춤을 춘다든지, 리액션 동영상을 공유한다든지 가지각색의 방법으로 '참여하는participate' 아트이다. 아티스트의 입장에서 보면 팬을 단순히 관람석의 관객으로 두는 게 아니라 춤을 배우기 쉬운 동영상을 따로 만들어 주고 한국어 이외의 언어로 가사를 제공하며 팬과 직접 대화까지 하면서 적극적으로 팬을 '끌어들이는involve' 아트이다. 이런 '참여'와 '끌어들임'은 이미 아트 영역의 확고한 일부가 되어 있다. 말하자면 K-POP은 단순히 공간적으로 확대된 글로벌 오페라global opera가 아니라 사람들에게 항상 공유되는share 것, 바로 '세계가 공유하는 오페라global sharing opera'이다. 이런 성격은 절대 간과해서는 안 되는 K-POP의 특징이다. 이 책은 이런 특성에 입각해서 K-POP을 '21세기형 종합예술'이라 부른다. '세계가 공유하는 오페라'의 즐거움은 제2악장 이후에 구체적으로 살펴보기로 한다.

①

③

왜 YouTube인가

K-POP, YouTube라는 날개를 달다

이 책은 K-POP을 말하는 데 있어서, YouTube상의 MV를 주된 타깃으로 하고 있다. 그밖에도 많은 매체나 수단이 있는데 왜 YouTube인가? 특히 K-POP 입문을 위해서는 어째서 YouTube를 선택하는가? 'K-POP이 바로 YouTube 시대의 음악 형태'이기 때문이다. YouTube는 2005년 미국에서 시작되어 2006년 구글Google이 인수했고, 한국에서는 2008년 1월부터 서비스가 시작됐다. 그리하여 세계 최대급의 동영상 사이트로 성장했고 바로 뒤이어 K-POP이 날개를 펼치며 세계로 날아올랐다.

예를 들면 2024년 7월 19일 시점에서 다음 K-POP 작품 동영상

의 조회수를 살펴보자:

남성 솔로 가수	**싸이PSY**	**〈GANGNAM STYLE〉**	**52억 회**
여성 4인조 그룹	**블랙핑크**	**〈DDU-DU DDU-DU〉**	**22억 회**
남성 7인조 그룹	**BTS**	**〈Boy With Luv〉**	**17억 회**

확실히 어마어마한 숫자다. 싸이나 BTS, 블랙핑크 등은 말 그대로 전全 지구적 규모의 아티스트라고 할 수 있다.

이들은 음악 관련이 아닌 동영상, 예컨대 재생 횟수가 어마어마한 유아용 동영상과 비교해도 만만치 않은 숫자다. 작품에 집중하고 싶은 이 책에서는 주제로 삼지 않지만, YouTube상의 이러한 숫자에는 음악 시장 등 거대한 경제의 움직임, 돈의 움직임이 당연히 수반되어 있다. 그것도 한국 국내 시장뿐 아니라 세계 시장이다.

YouTube에 K-POP의 거대한 핵심인 MV가 서식하고 있다. 언어와 소리와 빛이 통합되어 세계와 언제나 고속으로 연대하고 있는 셈이다. K-POP은 YouTube의 성장과 함께 세계로 비상한 아트의 형태다. "왜 YouTube인가?"라는 물음에 대한 답은 바로 K-POP의 존재양식과 그 방대한 공유 양상에 있는 것이다.

새로운 곡을 만들어 발표하고 20세기처럼 음악으로서만, 소리의 세계에서만 즐기는 스타일은 완전히 과거의 것이 되었다. 현재는 이렇다. 새로운 작품이 YouTube상에 MV로서 공개된다. 공개되자마자 온 지구가 그것을 공유한다. 머지않아 그 작품의 댄스 동영상들이 세계 각지에서 투고된다. 집 안에서, 거리에서, 바닷가에서 작품에 대한 감상을 담은, 이른바 '리액션' 동영상도 여기저기서 나타난다. 이들 동영상에서 사용되는 언어는 한국어, 영어, 일본어, 스페인어 등등 가지각색이다. 이렇게 작품은 순식간에 공유된다. 그것도 팬이 직접 참여하는 형태로. 다시금 강조하지만 이러한 공유 형식과 공유성은 20세기에는 존재하지 않았다. 이런 점에서 K-POP은 과거에 지구상에서 아무도 본 적이 없는 작품의 새로운 존재양식을 개척해 낸 것이다. 이 존재양식의 탄생을 우리는 결코 과소평가해서는 안 된다. 아트의 표현양식 차원의 변화에 머무르지 않고 아트가 존재하는 그 자리에서 일어난, 존재양식의 혁명임에 틀림없기 때문이다.

K-POP은 동아시아 끝 작은 땅에서 음악의 한 장르로서 탄생했다. 그러나 지금은 이미 존재양식 자체가 음악이라는 한 장르의 테두리를 훨씬 크게 넘어섰다. 더 이상 음악이라는 명칭으로 부를 수도 없다. 우리는 아직 이 놀라운 생태에 붙일 이름조차 가지고 있지 않다. 우리가 이미 아는 단어로는 '아트' 정도밖에 없다. 그러니 우선 'K아트'라 부르도록 하자. K아트는 새로운 존재양식을 드러내 보였고, 동시에 이 지구상을 덮어씌울 정도로 공유되는 광범위한 아트가 된 것이다.

20세기적인 음악의 생태, 과거에는 그 상징이 라디오였고 레코드였으며, 지금은 이름마저 잊혀진 소니SONY의 금자탑, 워크맨Walkman이었다.

이를테면 이렇다. 꽤 예전의 기억이다. 필자의 지인이 허리에 워크맨을 차고, 헤드폰으로 무언가를 들으며 공원 너머에서 걸어왔다. 헤드폰을 실외에서 사용하는 모습을 보고 '이런 조그만 것으로 음악을 듣다니'라고 놀라면서 헤드폰을 빌린 것도 잠깐, 거기서 들려오는 음악 소리에 온몸이 전율했다. 오로지 소리만의 세계였다. 그렇게 세상은 워크맨이 개척한 음악 세계에 도취해 갔다.

LAVnet은 음악의 모습도, 그 존재양식도, 가장 깊은 곳에서 변혁했다

세계가 도취된 워크맨 시대 음악의 모습은 YouTube로 상징되는 LAVnet의 출현으로 근본적으로 변혁되었다. 이제 음악은 시각적인 세계와 분리되어 소리의 세계만으로 존재하는 아트가 아니라, 동영상이라는 시청각적인 세계로서 존재하게 되었다. 그뿐만이 아니다. 그러한 작품들이 지구상에서 존재하는 방식도 바꾸어 버렸다. 그 존재양상, 즉 음악이 어떻게 실현되는가 하는 점에서 볼 때, 이제 혼자서 비밀리에 즐기는 모습에서 크게 벗어나 사람들과 함께 즐기는 성격이 아주 강해졌다. 이 점에서 20세기 음악의 존재와 LAVnet 이후 음악의 양상은 완전히 다르다:

음악은 언제나 어딘가에서 누군가와 이어져 있다

그 누군가란, 아직 본 적도 없는 낯선 친구일 수도, 거대한 자본일 수도 있다. 음악이 언제나 누군가와 어딘가에서 이어져 있다는 인식의 뿌리는 인터넷이 말 그대로 지구상에 망net을 두르고 있다는 사실이 뒷받침하고 있다. 아티스트의 등장 방식까지 변했다. 예를 들어 북미 캐나다의 저스틴 비버Justin Bieber(1994-) 같은 아티스트가 바로 YouTube에 등장하면서 스타가 되었다. 그리고 유라시아에서 LAVnet과 함께 가장 격렬히 진전한 것이 바로 K-POP이었다. 한국에서는 고속 인터넷의 급속한 보급과 삼성의 스마트폰인 갤럭시로 상징되는 IT산업의 발달이 그 플랫폼을 뒷받침했다.

YouTube에 의해 LAVnet은 극적으로 성장했고 이에 따라 음악은 '말과 소리와 빛이 통합된 모습'으로, 지구상을 뛰어다니면서 우리를 찾아오게 되었다. 종종 음악은 우리의 손바닥 위에도 모습을 드러냈다. K-POP이 선택한 가장 앞선 전위부대가 바로 MV였다. K-POP MV는 이미 단순한 '음원'이 아니다. '노래를 부르고 있는 모습을 촬영한 비디오'처럼 단순한 매체도 물론 아니다. 동영상 자체가 완성된 '작품'으로서 모습을 취하고 있기 때문이다. 그 자체가 우리의 마음과 신체를 때로는 격렬하게 흔드는 '작품'이 되었다.

작품이라고는 하지만 '물건'은 아니다. 레코드나 CD와 같은 기록=재생 장치도 아니다. K-POP MV는 언제나 하나의 '사태'처럼 나타난다. 우리 몸에 스며들듯이. 때때로 K-POP MV는 낡은 레코드처럼, 혹은 콘서트장처럼, 또 어떤 때는 미술관처럼 자유자재로 음향과 영상을, 즉 자신의 옷차림을 바꾸어 가면서 우리 앞에 나타난다.

① — ④

'K아트'가 아트의 세계까지 변혁하고 있다

'K'로 형용되는 새로운 LAVnet 아트의 형태

이미 말했지만 사실 K-POP MV를 있는 그대로 명명할 수 있는 이름은 아직 없다. '음악'이라 해도 너무 품이 좁고, '영화'라고 하기에도 마땅치 않다. '댄스'라는 이름도 작품의 일부분을 지칭하는 데 지나지 않는다. '시'이기도 하고, '회화'이기도, '사진'이기도, '패션'이기도 한 '무엇'이다. 어쨌든 우리가 아는 예술과 문예, 엔터테인먼트의 모든 것이 K-POP MV로 통합되어 있다.

'작품' 그 자체에 한정하여 우리가 아는 기존의 단어로 부른다면 그것은 '아트' 혹은 '아트 워크art work' 정도가 될까. 그렇지만 '아트'라는 명칭을 사용해도 '작품' 그 자체를 명명할 수 있을 뿐이지 '작품'의 존재양식까지는 설명하지 못한다. 그런데 '작품'의 존재양식이야말로 K-POP을 특징짓는 것이다. 이 점에 주목해서 다시금 확인하자:

K-POP은 LAVnet 아트다

즉 작품이 LAV(랭귀지, 오디오, 비주얼)이 통합된 모습으로 어떤 시간과 장소에 단독으로 출현할 뿐만 아니라 '누군가와, 어딘가와, 항상 이어져 있는' 존재양식을 보여 주는 것이다. 이러한 존재양식이 오늘날의 K-POP을 지탱하고 있다.

그러나 이상하게도 K-POP에서 'K'를 뺄 수 없는 것은 놀라운 일이다. 모두가 생각할 것이다. 그것은 그저 예술일 뿐만 아니라 어디까지나 'K'로 형용되는 아트라고. 물론 이 'K'는 '대한민국Korea'이라는 국가의 전유물이 아니다. 이제는 '한국인Korean'의 것이라고도 말하기 어려울 정도로 아티스트도 크리에이터도 멀티에스닉multi-ethnic한, 즉 다민족적 양상을 띠고 있다. 태국, 호주, 중국, 베트남, 일본 출신의 아티스트, 오키나와 출신의 코레오그래퍼choreographer(안무가), 일본어권이나 영어권 출신의 싱어송라이터, 미국이나 북유럽의 작곡가 등등이 가세한다.

아무도 온전하게 언어화하지 못하지만 누구나 공감할 수 있는 'K'. 그것을 지탱하는 기반은 무엇일까? 답은 나중에 밝혀질 것이다. 어쨌든 'K'는 엄격하게 정의하기 어려운 어렴풋함과 희미한 베일에 둘러싸여 있으면서도, 실은 아주 강인한 정체성이다:

K-POP MV는 바로 'K아트'다

그런 K아트의 존재론적인 모습이 LAVnet 아트인 셈이다. 말과 소리와 빛이 통합되어 세계와 이어져 있는 LAVnet 위에 서식하는 K-POP의 실현 형태=존재양식이 기존의 음악이 지닌 존재양식을 변혁했다. 즉 이러한 사태는 회화나 조각 같은 미술품의 사적 소유의 체계를 무너트렸다. 라디오나 텔레비전처럼 어느 한 지점에서 각각의 지역으로 일방적이고 방사상으로 뻗어 나가는, 20세기의 확산형 음악 송신의 구조도 바꾸어 버렸다. K-POP의 특징 중 하나는 '이어짐'의 체험에 있다고 말한 바 있다. 아티스트와 팬과의 연계뿐 아니라, 팬끼리의 연계가 '팬덤fandom'을 형성하여 K-POP을 뒷받침하는 것이다. 일방통행이 아니라 아티스트와 팬 사이의 '쌍방향'이며, 게다가 '팬끼리' 그물눈처럼 종횡무진 퍼져가는 '다방향'이다. 팬덤에서 전형적으로 나타나는 이러한 '이어짐'이라는 공유 양식은 K아트가 창조하는 내용 그 자체에도 큰 영향을 미친다. 예를 들어 너무 비도덕적인 콘텐츠가 순식간에 비판의 소용돌이에 휩싸이는 식의 사태는 오늘날에는 드문 일이 아니다. 결과적으로 기존 팝 문화의 '작품'의 질도 순화시켰고, '음악'이라는 카테고리의 내실도 극적으로 확장시켜 버렸다.

그리고 이 사태는 팝 문화의 세계에만 머무르지 않았다. '음악'이라는 기존 카테고리에 얽매여서 자칫하면 그 온전한 모습을 보기도 힘든 '미술'이나 '현대미술'이라고 불리는 파인 아트fine art의 수준조차도 K-POP MV와, K아트는 종종 가뿐하게 넘고 있다.

파인 아트는 아직 그 사실을 알지 못한다.

'아이돌'이라는 낡은 테두리와 편견을 넘어

K-POP을 뒤덮고 있는, 무서우리만큼 구시대적인 호칭 '아이돌'에 대해서도 짚고 넘어가자.

이 책은 K-POP의 스타들을 '아이돌'이라는 낡은 관념으로 좁은 테두리 안에 묶어 놓는 '올드 아이돌론'에 가담하지 않는다. 그렇게 불리고 있는 사람들도 '아이돌'이라는 단어를 기꺼이 감수하며 "그렇게 부르고 싶으면 부르세요. 우리는 하고 싶은 대로 할 테니."라고 말하듯, 굳이 정면에서 반론하지 않았다. 예컨대 BTS는 아예 〈IDOL〉을 제목으로 내세우며 작품으로 승화시켜(→392쪽) 올드 아이돌론자의 사상과 감정을 거꾸로 이용하면서 우리를 압도했다.

바로 문자 그대로의 '아이돌'인, 실비 바르탕Sylvie Vartan(1944-)의 《아이돌을 찾아라Cherchez l'idole》(1964) 시대부터 끊임없이 이어져 온 '아이돌'상像을, K-POP은 실질적인 내용에서부터 완전히 무너뜨렸다. '아이돌은 미남이다' '아이돌은 멋지다'라는 식으로 특정 부분에 초점을 맞춰 강한 인상을 부여하며 소비하는, 구태의연한 사상의 한계를 K-POP 작품 자체가 실질적으로 넘어선 바 있다. 다만 '아이돌'이라는 말 그 자체는 한국어권에서도 일본어권에서도 여전히 많이 사용되고 있는 것이 현실이다.

'아이돌'의 기원, 실비 바르탕

실비 바르탕이야말로 '올드 아이돌'상에는 전혀 포함될 수 없는 팔면육비의 활약을 하고 있는 사람이다. 불가리아 출생이며 모친은 헝가리 사람이라는 다민족적인 점에도 주목해 두자. '아이돌'은 그 기원부터 인터내셔널리즘과 다민족의 한복판에서 출발한 것이다. 실비 바르탕은 파리 등에서 활약하다가 1964년 공개된 영화 《아이돌을 찾아라》의 주제곡 〈La plus belle pour aller danser(춤을 추기 위해 가장 아름다운 나)〉로 전 세계의 '아이돌'이 되었다. 다민족적인 내력뿐 아니라 여러 언어를 구사해 많은 노래를 남겼다.

'비주얼 담당'이라는 말에 담긴 인간 소외 사상

YouTube는 물론, 특히 일본어권의 K-POP 주변에서 흔히 쓰이는 '비주얼 담당'이라는 어리석은 말이 있다. 이른바 '잘생기고 예쁜' 멤버를 지목하여 '이 그룹에서는 이 사람이 비주얼 담당이다' 하는 식으로 말한다. '비주얼'이라는 명칭으로 외모를 왈가왈부하는 루키즘lookism(=외모지상주의)으로는 모자라, 당치 않게도 거기에 '담당'이라는 단어까지 결합시키고 있다. 여기서 말하는 '담당'은 "김 대리는 이 파트를 담당합니다."라고 할 때의 소박한 '담당' 따위가 아니라는 점을 알아야 한다. 무릇 단어는 단독으로 사용할 때에도 위험하지만, 특히 다른 단어와 같이 쓰일 때, 은근히 또는 공공연하게 그 용법과 기능이 달라지기 때문이다.

'비주얼 담당'의 '담당'이란 사실상 분명히 '그것을 빌미 삼아

판다'는 엄청난 자본주의적 마케팅 용어이다. 물론 우리는 사람에게도 '아름답다'는 감정을 품곤 한다. 하지만 그것은 우리의 아주 주관적인, 그러니 소중한 나만의 감정에 지나지 않는다. 당연하겠지만, 사람에 따라 느끼는 바는 각각 다르고 일일이 타자에게 강요할 수도 없다. 다시 말해 쓸데없는 참견이다. 우리의 감정은 고정된 것이 아니고, 시시각각 끊임없이 변한다. 여기까지는 일단 참을 수 있다고 하자. 하지만 그것을 아티스트라는 개인이 가지는 절대적인 속성이나 된 것처럼 '비주얼'이라는 단어로 절대화, 고정화시켜서 떠받든다. 심지어 외모에 경제적인 가치를 부여하면서 '미'라는 인식의 본질에 관여하는 '변화'라는 동인動因을 배제한다. 게다가 그 '아름다움'을 아티스트=사람에게서 물건처럼 분리시키고 있다. 말하자면 사람의 얼굴을 벗겨서 그 벗긴 가죽을 '비주얼'이라는 상품명으로 팔고 있는 셈이다. 그야말로 자본주의적인 상품화의 전형이라고나 할까. '비주얼 담당'이라는 말 속에 담긴 것은 그런 사상과 감성이다. 맙소사!

원래 '비주얼'은 '시각적인' 것, 즉 빛의 형태로 우리가 접하는 모든 것을 뜻한다. 예를 들어 MV에서 진정으로 '비주얼'을 말하고 싶으면, 아티스트의 외모뿐 아니라 아티스트 뒤의 공간까지 포함한 화면의 구석구석에 이르는, 모든 시각적인 요소까지 따져야 한다. 우리가 사람에게 '아름답다'는 감회를 품는 것과, 그 아름다움을 마치 물건이나 된 것처럼 분리시켜 상품화하고 팔려는 생각에 빠지는 것은 완전히 다른 차원이다. '비주얼 담당'이라는 말은 자본주의적 인간 소외의 언사이며 사람을 사람으로 취급하지 않고 인간 소외를 부추기는 일을 적극적으로 '담당'하는 말이다.

이 책에서 '비주얼'이라는 말은 '시각적인' '빛의 세계에 실현되는 전부'를 가리키는 뜻으로 사용한다는 점을 기억하자.

아이돌에서 아티스트로

이 책에서는 MV에서 노래를 부르고 춤추는 사람들을 기본적으로 '아티스트artist'라 부른다. 이 단어도 '아트'와 마찬가지로, 낡고 모호한 외래어이기는 하다. 하지만 '퍼포머performer'라 부르더라도 어쩐지 표면적인 인상에 머무는 듯하다. '실천자practitioner' 역시 깊은 산속에서 수행이나 하고 있는 도인이 떠올라 어색하다. '표현자'라는 말에는 '아트는 무엇인가를 표현하는 것이다'라는 매우 위험한 오해를 초래하기 쉬운 도식이 숨어 있어서 원리론적으로 좋지 않다. 이 도식이 가진 미학적인 오류에 관해서는 제2악장에서 논의하려고 한다. 또한 '표현주의자Expressionist'라는 단어와 혼동을 일으킬 수 있다는 점에서도 적당하지 않다. 좋든 싫든 지금 시점에서는 '아티스트' 정도밖에 없다. 그러므로 이 책에서는 소극적인 선택으로서 '아티스트'라는 용어를 사용한다.

다만 '아티스트'라는 명칭이 소극적인 선택의 결과라고 해도, 이 책에 등장하는 사람들은 '그냥' 아티스트가 아니다. 이들을 통해 우리는 사람의 목소리가 노래로 도약하는 순간을 만날 수 있고, 사람의 신체가 춤이 되는 순간을 목격할 수 있으며, 우리의 몸과 마음이 떨리는 순간을 체험할 수 있다. 그런 모든 것을 가능케 하는 '무서운' 아티스트들이다.

덧붙여 말하지만, K-POP MV 전부가 훌륭한 것은 아니다. J-POP은 물론 트로트나 재즈 등 어떤 장르에서도 압도적인 작품은 극히 일부에 지나지 않는다. 어떤 시대라도, 어떤 아트라도 어느 일부분이 그 장르를 석권한다. 마찬가지로 K-POP 역시 압도적인 작품은 사실상 매우 적다. 방대한 수의 작품이 생산되고 사라진다. 작품이 사라지는 데는 아티스트보다 노래, 곡, 동영상 등의 힘이 작용하고 있는 것 같다. 수없는 작품들 속에서 빛나는, 극소수의 주옥 같은 작품이 지구상을 뛰어다니고 있는 셈이다. 수많은 MV 작품 중에서 이 책에서 언급하는 'K아트' 작품들은 기본적으로 상당한 수준의 작품군이라고 생각하면 좋겠다.

주변이 아니라 작품 그 자체를 응시한다
— '작품론'으로서의 K-POP 원론

이 책은 MV를 하나의 독립된 작품으로서 자리매김하는 '작품론'을 지향한다. 영화나 연극이나 소설이나 시가 지금까지 자리매김되어 온 것처럼 우리 시대의 아트로서, 우리 시대의 세계상世界像으로서 K-POP MV를 바라본다. 방송연예학, 저널리즘론, 마케팅론, 사회학적 관점이나 경제 활동으로서의 관점 등은 거의 언급하지 않을 것이다. 참고 문헌으로도 수록했듯 각각의 관점에서 다룬 웹사이트나 책, 잡지는 이미 넘쳐난다. 뛰어난 논고도 적지 않다. 따라서 이 책은 이른바 '기획사'의 성격이나 행태에 대해서는 신경쓰지 않는다. 물론 음악산업 자본과도 결탁하지 않는다. 아티스트 개개인의 생활이나 스캔들, 추문에도 관심을 돌리지 않는다. 오로지 작품으로서의 MV를 직시한다. 랭킹 등도 부차적으로만 참조한다. 요컨대 이 책의 사상은 다음과 같다:

『K-POP 원론』은 돈이나 집계표로 K아트를 말하지 않는다

K-POP론을 이야기할 때 흔히 "한국은 이렇다, 또 일본은 저렇다." 하며 금방 '일본'이나 '한국'이라는 국가명을 거론하는 취향을 특히 일본어권 담론에서 많이 접할 수 있다. 이 책은 그러한 취향에도 전혀 동조하지 않는다. 취향이라고 했지만, 사실 그것은 명실상부한 '이데올로기'다. 국가 등과는 무관한 것처럼 가장하고, 음악을 이야기하는 듯한 자세를 보이지만 그 속에는 국가주의나 전체주의로 물들이려는 이데올로기가 숨어 있다. 그중에는 '국가'라는 환상에 도취한 나머지 말하는 본인조차 그러한 이데올로기에 빠져 있음을 깨닫지 못하는 경우도 적지 않다:

K-POP 원론은 '숨겨진 국가주의 이데올로기'와도 결별을 고한다

'비교한다'는 명목으로 논의되는 K-POP론이 얼마나 많은가? 한국어권 독자는 상상하기가 약간 어려울지도 모르겠으나, 일본어권에서 거론되는 K-POP론에는 '한국과 일본'이라는 도식이 즐겨 사용된다. 물론 일본어권에서는 본 적도 없는 아트를 접하면 '그럼 일본에서는 어떨까?' 하는 식으로 무심코 그런 도식이 떠오를지도 모른다. 하지만 생각해 보자. 그리 쉽게 '일본의 음악' '한국의 음악'을 논의할 수 있을까? 일본의 음악만 보아도 얼마나 넓고 다양한가? 한국도, 미국도, 어디든 마찬가지다. '음악'이든 '팝'이든 역시 마찬가지다. 이토록 다채롭고 다양한 아티스트들의 성취를 '한국'이니 '일본'이니 하는 말로 묶으려고 하는 것은 결례를 범하는 짓이다. '일본은 말이야' '한국은 말이야' 하는 식의 화법으로 이야기되는 K-POP 담론은 대체로 아트보다 돈과 집계표 쪽으로 정신의 바늘이 기울어 결국 눈금 밖으로 벗어나 버리는 경우가 많다. 미술관에서 그림을 보지 않고 갤러리 주인의 주머니나 미술 시장만 보고 있는 것과 마찬가지다.

피겨 스케이팅의 세계를 떠올려 보자. 김연아와 아사다 마오를 비롯해 '개개인'이 도달한 극한의 모습을 보고도 사람들은 뭐라고 했는가? 메달이 어떻다느니 '일본'은 어쩌느니 '한국'은 어쩌느니 떠들며 국가주의 이데올로기로 뼛속까지 물든 사상을 우리는 과거에 수없이 목격했다. '숨은 국가주의 사상'이란 그러한 사상을 말한다. 개인이 도달한 압도적인 지평을 국가든 자본이든 민족이든, 혹은 다른 개념—흔히 배타적이기만 한 개념들—으로 덧칠할 필요는 없다. 아트 역시 마찬가지다. 우리는 무엇보다도 먼저 압도적인 지평에 올라선 개인을 향해 온몸으로 뜨겁게 성원과 찬사를 보내면 된다. 찬사는—혹시 있다면 비판조차도—무엇보다도 먼저 국가나 자본이나 민족이 아니라 당신이 좋아하는 사람들, 예컨대 BTS를, 블랙핑크를, 마마무를 향한 것이어야 한다. 바로 이것이 그들이 이뤄 낸 일에 대한 예의다. 우리의 사상도 감성도, 현대식으로 말한다면 '세계관'까지도 국가라는 이데올로기에 모르는 사이에 침범되어 있다. 늘 조심해야 한다.

'팬덤 전쟁'이라는 수탈 형태

이른바 '팬덤 전쟁'에 엮이는 것도 적이 만든 함정에 빠지는 꼴이니 조심할 필요가 있다. 팬덤 전쟁은 어떤 아티스트의 열렬한 팬이라는 점을 내걸고서 다른 아티스트들에게는 비난과 욕설을 퍼붓는 일이다. 아트를 향한 비판 행위가 허용될 수 없다는 뜻이 아니다. 응원하는 마음과 제대로 된 비판이 '팬덤 전쟁'이라는 형태로 수탈당하며 자본을 위한 춤을 추게 되는 것이 좋지 않다는 말이다. 아트를 즐긴다는, 우리에게 주어진 이 귀한 감성까지 수탈해 버리는 무서운 소모전으로 인해 피폐해지는 것은 언제나 팬이지 자본이 아니다. 누군가가 반한 아티스트의 매력을, 다른 사람이 부정하는 것이 가능할 리 없다. 왜냐하면 사랑이라는 마음의 영역이니까.

비판해야 할 대상이 있다면 무엇보다 먼저 작품이어야 하며, 작품에 투영되어 있는 사상이나 작품에 관여한 사람들의 감성이다. 실제로 감상하면 알겠지만, 아티스트가 펼치는 무대와는 달리,

K-POP MV 작품의 경우 비판해야 할 대상은 아티스트 자체가 아닌 경우가 많다. 오히려 MV를 제작한 제작자나 크리에이터의 사상과 감성이 문제가 되는 경우가 적지 않다.

이 책에 담긴 비판에 대해서도 한마디 덧붙여 본다. 작품 자체를 응시하는 책이니만큼 당연히 비판도 이루어지며, 종종 엄격한 잣대를 적용할지도 모른다. 하지만 이 비판은 아티스트들을 향해 보내는 압도적인 감사를 토대로 한 공감의 탄식과도 같은, 어쩌면 소원이나 기도에 가까운 것이다.

② 樂章

K-POP MV의 세계상

시와 이마주와 신체성

K-POP은 디지털적 가상현실의 한계를 깨부수고,
아티스트가 춤을 추고 팬이 함께 춤을 추는
'신체성'으로 진격했다.
댄스를 앤틱스antics가 뒷받침했다.
카메라는 이미 단순한 눈의 역할에 그치지 않고,
아티스트와 함께 춤을 춘다.
이리하여,
말과 노래와 이마주(프)image와 신체성이 통합되고,
선명한 'K아트'의 세계상世界像이 난무한다.
'K아트'의 표현양식은 다원적인 공생성을 자랑하며,
고속으로 변용하는 조형의 미학으로 나아간다.

②
①

K-POP MV의 특징

K-POP MV의 표현양식

제1악장에서 우리는 K-POP MV가 음악이라는 장르를 넘어서서 LAVnet상에 서식하며 공유하는 체험을 지향하고 있음을 확인했다. 그럼으로써 동시에 기존의 사적 소유, 사적 소비의 형태조차 변혁하는 '존재양식'을 가진다는 점을 살펴보았다. 즉 K-POP MV가 어느 곳에, 어떤 식으로 존재하는가를 이야기했다. 그 거대한 공유성, 다시 말해 지구상에 사는 사람들이 '아트를 함께한다'는 특징이야말로 20세기까지 존재했던 지구상의 모든 아트와 K-POP이 결정적으로 다른 점이었다. 많은 담론들이 이 의의를 제대로 직시하지 못했다.

이제 제2악장에서는 K-POP이 가진 표현양식상의 특징을 정리해 보자. K-POP MV 작품들이 구체적으로 어떤 식으로 조형되는가를 살펴보려 한다. K-POP MV의 수는 방대하지만, 흥미롭게도 오늘날 뛰어난 K-POP MV는 표현양식에서 매우 강렬한 공통적인 경향을 발견할 수 있다. 바로 다음과 같은 특징이다. 새로 나오는 용어에 대해서는 차근차근 풀어 나갈 테니 우선 전체상을 파악해 보자 :

(1) 서로가 서로의 존재감을 두드러지게 부각시키는 비전체주의적, 비획일적인 집단성

(2) 다채롭고 변화가 풍부한 의상과 메이크업

(3) 다민족·다민속multi-ethnic, 다문화multicultural적인 성격

(4) 다성적多聲的, polyphony인 성격

(5) 한국어가 중심이 된 복수언어성複數言語性

(6) 한국어가 가진 음성학적, 음운론적 특성의 미학

(7) 오노마토페onomatopée, 즉 의성의태어와 음상징어音象徵語, 감탄사를 빈번하게 사용하는 어휘론적 특성

(8) '말' 자체의 조형이 가진 유희성과 페티시즘

(9) '이야기'성性의 단열斷裂 = 상징시象徵詩의 조각으로 집적화하는 구성

(10) 시詩=가사의 자기언급성

(11) 완성도 높은 가창력

(12) 능숙한 카메라 워크와 영상 편집

(13) 영상의 세부까지 미치는 치밀한 사유

(14) 고도로 통제된 색채와 변화
(15) 반전사상을 표현하기 위해 은박으로 탱크를 덮는 등 화면에 숨겨 놓은 메시지성
(16) 고속으로 변용하는 소리와 빛의 조형들
(17) LAVnet상에 서식하고 공유 체험을 지향하는 존재양식(제1악장에서 언급)

이들 특징 중 (1)~(4)나 (9)는 '**다원주의**polycentrism'라는 키워드로 묶을 수 있다. 반전체주의적 K-POP은 반획일주의적이며 다원적인 공생성을 지향하는 선명한 경향을 보인다. 그리고 그런 식으로 만들어진 조형들이 고속으로 변용한다. 약간 과감하게 정리한다면 K-POP MV의 특징은 이렇게 말할 수 있다:

고속으로 변용하는 다원적 브리콜라주

브리콜라주bricolage는 프랑스어로, 긁어 모아서 스스로 만든다는 뜻이다. 지구상에 존재하는 온갖 소리, 선율, 말, 사물, 영상 등에서 다양한 대상을 골라 수집하여 그것들을 단순히 배열하는 게 아니라, 위에서 언급한 특징에 맞춰 조형하고 고속으로 변용시켜 간다. 그리하여 소리와 빛의 새로운 동적 조형을 창출해 내는 것이다. 미술사라면 인상파나 추상표현주의 등으로 부르는 유파와 스타일이 있고, 언어라면 문체가 있듯이, 오늘날의 K-POP MV에는 청각적으로는 물론 시각적으로도 '누가 보아도 K-POP'이라는 선명한 인상을 받을 만한, 표현양식상의 스타일과 문체가 존재한다.

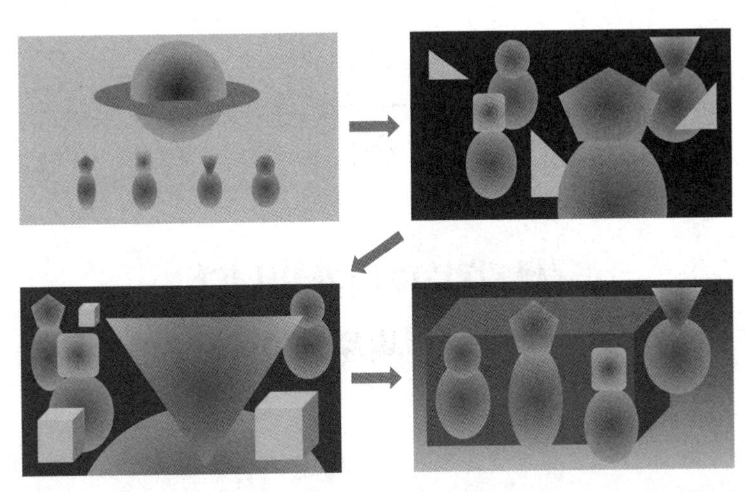

fig. 2-1 K-POP MV 표현양식의 특징은 고속으로 변용하는 다원적인 브리콜라주라는 데 있다.

원래 위의 각 항목 하나하나는 K-POP 이외에도 볼 수 있는 특징이다. 하지만 이러한 특징들이 통합되어 나타난다는 점에서 K-POP과 다른 아트 사이에 표현양식의 차이가 크게 나타난다.

②

②

'세계관' 따위가 아니다, 눈부신 '세계상'이다

IZTY의 작품이 가르쳐 주는 옳은 '세계관'

K-POP을 말하는 담론에는 '세계관世界觀'이라는 단어가 자주 등장한다. 이 말은 게임론이나 판타지론, SF론 등에서 널리 사용될 뿐 아니라 K-POP론에서도 많이 쓰인다. 요즘은 아티스트는 물론 한국의 초등학생도 익숙하게 사용하는 단어가 되었다.

'세계관'이라는 단어는 K-POP의 가사에도 등장한다. 5인조 여성 그룹 ITZY있지의 〈Voltage〉라는 걸작 MV가 있다. 처음 들었을 때, 0:28 무렵 가사에 "sekaikan-no seidamon世界観のせいだもん(세계관 탓인데 뭐)"라고 들리는 구절이 있었다. 굉장한 가사구나 싶었다. 자기 자신이 아니라 자신의 '세계관' 때문이라고? 자신이

아닌 '세계관'이 자신 안에 따로 있다고? 나중에 확인하니 아니었다. 가사는 "sekaikan세계관 Upside down"이었다. 세계관이 '뒤집힐' 정도로 더욱더 놀랐다.

두 가지 이상의 언어를 함께 사용하는 K-POP 가사의 복수언어성이 여기서도 나타난다. 〈Voltage〉의 가사는 영어가 섞여 있지만 기본적으로 일본어이며 한국어 가사는 없다. 한국어가 아니기 때문에 아무래도 K-POP이라는 인상이 약간 희미해진다. 하지만 J-POP과도 상당히 거리가 멀다. 〈Voltage〉는 "훌륭하지만 K-POP적이지 않다."라고 말하기보다, "일본어로 어떻게 이렇게 K-POP을 잘 만들었을까?"라고 말해야 할 정도로 완성도가 높다.

아무튼 우리 의식의 'Voltage전압'를 엄청나게 올려 주는 작품이므로 우선 시청하고 나서 논의를 진행하자.

ITZY의 MV는 다섯 명의 아티스트 각각의 존재감이 두드러지는데, 그중에서도 날카롭고도 자극적인 작품이다. 일본어와 영어로 된 이 곡의 작사가는 〈24hours〉나 〈Once〉 같은 아름다운 곡으로도 잘 알려진 싱어송라이터 마유 와키사카Mayu Wakisaka다. 작곡은 여러 명이 함께 작업했다. 오늘날의 K-POP은 이렇게 매우 멀티에

●★
ITZY 〈Voltage〉
Music Video

●
ITZY 〈Voltage〉
Special Dance Clip

●
ITZY 〈Voltage〉 Special Performance Movie(YouTube ver.)

(세 동영상 모두 2022년 작품)

스닉한 특징을 갖는다는 점을 다시 한 번 주목해 두자. 다원성을 지향한다는 의미에서 K-POP에 자주 나타나는 다성적인 성격과도 궤를 같이한다.

주제는 곡 첫머리의 "amaku minaide甘くみないで(깔보지 마)"라는 말에 응축되어 있다. 이른바 '걸크러시girl crush' 노선이다. 내러티브로 '이야기'를 꾸며 나가는 수법이 아니다. 시=가사의 부분적인 조각들을 가득 그러모은 듯한 상징시적象徵詩的 작법이다. 작품의 질서가 미리 주어져 있어 마치 우리가 신이라도 된 것처럼 다음 순간에 무엇이 일어나는지 예측이 가능한 조화, 즉 '예정조화'에 빠지지 않고 우리의 예측을 뛰어넘는 변화로 가득하다. 감탄사와 의성어, 의태어를 풍부하게 사용하는 K-POP의 중요한 특징도 잘 드러난다.

곡의 비트도 자극적이고 선율의 높낮이 변화도 아주 심하다. 무엇보다 다섯 명의 '목소리'가 압도적이고, 예지YEJI와 유나YUNA가 외치는 "아아우" 같은 소절이 F5, 즉 3옥타브 파 정도의 하이노트=고음으로 울려 우리의 심장에 비수처럼 꽂혀 관통할 것 같다. 춤과 동선도 격렬하고 변화가 풍부해 우린 이 정도까지 가능하다며 보란 듯이 자신의 신체성을 밀어붙인다. 무엇보다 이들을 화면 속에 정착시키는 카메라 워크에 주목해야 한다. 손으로 들고 찍는 핸드헬드handheld 기법과 크레인을 적극적으로 이용하여 현기증이 일어날 만큼 극한까지 뒤흔든다. 그러면서도 산만하지 않아 아티스트들의 존재감은 극대화된다.

매달 새로 쏟아져 나오는 K-POP MV를 자세히 보면 알겠지만,

카메라 흔들기는 최근 거의 모든 MV가 쓰는 방법이다. 그런데 문제는 대부분의 작품이 아티스트의 존재감을 거의 제대로 조형화—지금까지 여러 번 사용했듯 이 책에서 말하는 '조형화'란 소리와 빛, 말 등을 통해 이루어지는 모든 '형태 만들기'를 뜻한다—하지 못하고 그저 빤한 영상으로 흘러 버린다는 점이다. 그만큼 우리의 눈길을 끄는 일은 쉽지 않고 더더구나 마음을 사로잡는 것은 거의 기적에 가깝다. 그 정도로 '카메라 흔들기'는 영상 조형에 있어서 위험한 모험이다. 하지만 〈Voltage〉의 2:38 무렵, 다섯 명이 행진하는 모습을 로low 앵글에서 카메라를 흔들면서 쫓는 영상은 경이롭다고 말할 정도다. 이 'Voltage 행진'은 나중에 다룰 뉴진스NewJeans의 'ETA 행진'(2023)과 재미있는 대비를 보여 줄 것이다.(→566쪽) 0:45 자동차의 깨진 앞 유리창에 바짝 붙은 예지가 보여 주는 손과 손가락의 조형, 그리고 시선과 눈길만으로 만들어 내는 존재감. 예지와 대치하는 광각 렌즈의 대각선 구도 역시 불안정감을 주며 우리를 자극한다. 류진RYUJIN의 댄스는 빠르다. 그녀의 랩은 굵고 깊게 울린다. 그러면서도 한편으로는 따스하고 보드라워 놀랍다. 이런 식으로 랩을 구사할 수 있는 사람이 K-POP 현장에 얼마나 있을까. 1:51부터 흘러나오는 리아LIA의 파트를 들으면 중저음의 매력이 진가를 발휘한다. '목소리'에는 존재감이 충만하다. "틱톡틱톡"이라는 가사에 맞춰 시계를 본뜬 듯한 코레오그래피choreography(안무)도 즐겁다. 춤선에 맞춰 자신도 비틀거리면서 멤버에게 육박하는 능숙한 카메라 워크를 보면 벌어진 입이 다물어지지 않는다. 의상과 헤어 메이크업도 서로의 차이가 선명하게 돋보이며 다섯 명 각각의 존재감이 두드러진다. 무대 배경과 색채의 변용도 속도감 있게 이뤄진다.

다만 장식물로 전락해 버린 오토바이와 라이더 패션은 아쉽다. 이러한 장치로 멋을 내겠다는 발상은 아무리 생각해도 20세기적이다. 크리에이터가 라이더 패션을 골라 입힌 상대가 누구인가? K-POP계에서는 댄스의 귀재로 어린 시절부터 유명했던 채령CHAERYEONG이다. 또 다른 매력을 발산하는 유나가 이런 의상을 입은 모습에도 마찬가지 생각이 든다. 이렇게 뛰어난 두 아티스트

를 오토바이라는 소품에 그냥 기대게 만들다니 너무나 아쉽다. 대신 춤을 추는 영상으로 이 귀한 시간을 조형했다면, 오토바이와는 비할 바 없는 몇 배의 매력을 자아냈을 것이다.

〈Voltage〉에는 MV와는 별도로 〈Special Dance Clip스페셜 댄스 클립〉, 〈Special Performance Movie스페셜 퍼포먼스 무비〉가 공개되어 댄스만으로도 뛰어넘기 힘든 높은 경지에 다다르고 있다는 걸 보여 준다. 세 가지 동영상을 비교하면 공식 MV가 얼마나 높은 수준의 조형을 창출하고 있는지를 엿볼 수 있다.

'일본어 K-POP'의 전극

그런데 일본어로 부른 K-POP MV는 한국어 가사로 된 곡에 비해 일반적으로 조회수가 훨씬 낮다. ITZY의 경우도 조회수가 2억이나 3억을 넘는 MV가 여러 편 있지만, 〈Voltage〉는 공개 후 11개월 동안 2,058만 회 정도에 그쳤다. 물론 충분히 많은 조회수라고도 할 수 있지만 세상이 더 널리 알아주었으면 하는 마음에서는 아무래도 조금 아쉽다. 예를 들어 한국어에 일부 영어 가사가 섞인 〈Cheshire〉의 MV(2022년 11월 발표)는 공개 후 3개월밖에 지나지 않은 시점에서 조회수 1.1억 회를 기록했다. 이 작품 역시 '목소리'와 패션은 물론, 카메라가 다섯 명의 존재감을 부각시키는 역량이 뛰어나고 멤버들의 매력이 충분히 드러난다. 또 다른 일본어판 작품 〈Blah Blah Blah〉(2022년 9월 발표)는 러시아-우크라이나 전쟁이 일어난 상황에서 짧게나마 명확한 반전 메시지를 담는 등 주목할 만한 작품이지만, 공개된 지 5개월 동안 조회수 1,298만 회에 머물렀다. 〈Voltage〉나 〈Blah Blah Blah〉가 한국어로 만들어졌다면—그리고 〈Voltage〉의 오토바이 파트가 전혀 다른 미학으로 조형되었다면 더 기쁘겠지만—아마 전 세계의 훨씬 많은 사람들이 환호성을 보냈을 것이다. '일본어 K-POP'은 다른 언어권의 사람들에게는 '한국어 K-POP'보다는 아무래도 더 먼 곳에 존재하는 것이다.

당연하겠지만 지구상의 K-POP 팬 주변을 살펴보면 다른 어떤 언어보다 한국어에 친숙함을 느끼는 사람이 많다. 그들에게는 애초부터 한국어로 부르는 것이 K-POP이었다. K-POP의 한국어 가사는 순식간에 여러 언어로 번역이 이루어져 공유된다. 덧붙여 두지만, 번역이란 각각 다른 언어의 화자들이 주어진 조건과 상황

ITZY 〈Cheshire〉 M/V @ITZY

ITZY 〈Blah Blah Blah〉 Music Video

아래 그때그때 어느 언어에 번역 충동을 더 강하게 느끼는가 하는 문제이지, 언어의 '우열'이 좌우하는 문제는 아니다. 번역물의 생산 수를 언어 자체의 '우열'과 결부하려는 시도는 100퍼센트 잘못인 동시에, 200퍼센트 죄악이다. 영어로 번역되는 책이 많다고 해서 곧 영어가 '우수한' 언어라는 것을 의미하지 않는 것과 같다. 언어—문자도 마찬가지인데—자체에 언어 간의 우열을 결정짓는 요인은 존재하지 않는다. 사람들이 어떤 언어나 문자가 가진 우수성이라고 믿고 있는 대부분의 조건은 정치적, 경제적, 사회적, 교육적인 여러 조건, 즉 언어 바깥의 조건에 의거한다.

아무튼 현재 우리에게 주어진 조건하에서는 시=가사가 한국어인가 아닌가에 따라 조회수에서 큰 차이가 나타나기는 하지만, ITZY의 〈Voltage〉는 제목 그대로 우리의 감성을 찌릿찌릿 자극한다. 말하자면 우리의 심장을 자극해 주는 '일본어 K-POP'의 강력한 전극電極 중 하나다. 이렇게 여러 언어로 만들어진 K-POP, 예컨대 '○○어 K-POP'이라는 것이 있으면 더 즐겁겠지만, 그런 작업까지 파고들기 시작하면 아티스트들의 부담이 너무 커질 테니 아쉽지만 여기까지만.

세계관이란 '세계를 보는 관점'이다

다시 〈Voltage〉 속에도 등장했던 '세계관'이라는 가사로 돌아가 보자. '세계관'이란 독일어 Weltanschauung[ˈvɛltaːnˌʃaʊ̯ʊŋ][벨트

안샤우웅]의 번역어이다. 영어로는 world view 정도로 쓸 수 있다. 철학자 임마누엘 칸트Immanuel Kant(1724-1804)가 『판단력 비판』(1790)에서 사용하여 나중에 철학의 세계로 침투하게 되었다. 칸트의 저서에서는 큰 비중을 두지 않고 딱 한 번밖에 사용되지 않았지만.

Welt는 '세계'를 뜻하고, anschauen는 '보다'의 우아하고 약간 고상한 말이다. 명사형 Anschauung에는 '관상觀想' '견해' '-관' 등의 번역어를 쓰기도 한다. an-은 '접근'의 뜻을 담은 접두사다. schauen은 널리 사용되는 '보다'라는 뜻의 동사로, 재미있게도 영어의 show보이다와 뿌리가 같다. -ung는 영어의 -ing에 해당하는, 동명사를 만드는 접미사이다. 영어와는 달리 독일어에서는 명사는 항상 대문자로 시작한다.

단적으로 말해 Weltanschauung은 '세계를 어떻게 보는가?'라는 '세계에 대한 관점' '세계를 보는 방식'이다. 기본적으로는 어떤 개인이 세계를 보는 견해로서, 소박하게 생각하면 알 수 있겠지만 개인의 세계관이라는 것을 굳이 세어 본다면 '하나'밖에 없다. 주체를 개인이 아니라 집단으로 바꾸어도 역시 세계를 보는 견해라는 점에서는 차이가 없기 때문에 그때의 세계관도 하나라고 말할 수밖에 없다. 1960년대 무렵에는 "세계관을 변혁한다."와 같은 말이 사용되기는 했지만 이 말은 사실상 '사상을 변혁한다'는 뜻이다.

칸트 이후에는 역시 독일어권의 철학자 빌헬름 딜타이Wilhelm Dilthey(1833-1911)가 저서 『세계관학』에서 고금의 세계관≒사상을 체계적으로 분류하려고 시도했다. 세계를 보는 관점의 분류이기에 사실상 사상의 분류와 같다. 우리가 K-POP을 고찰하는 데에 있어서 참조할 만한 내용은 『세계관학』에서는 별로 보이지 않는다.

세계관? 칸트는 그런 말을 하지 않았다

이런 '세계관'이라는 말이 오늘날은 '이 작품의 세계관이'라든가, '새로운 세계관을 만들었다'라든가 '이번 세계관은' 같은 식으로 쓰이게 되었다. 칸트류의 사고방식을 따라서 그대로 생각한다면, 작품을 만든 사람의 세계관은 당연히 '하나'다. 작품을 만든 사람들의 세계관 중 극히 일부가 작품에 투영되는 일은 있어도, 작품 그 자체가 세계관을 가지고 있는 것은 아니다. 무릇 작품 자체가 세계관을 가지는 주체가 되는 것은 아니라는 뜻이다. 이 점이 중요하다. 작품이 세계관을, 또 사상을 가진다고 착각하는 것은 일종의 물신숭배다. 사실은 작품 앞에 서 있는 우리가 작품에서 '사상을 읽는' 것이다. 즉 작품 앞에서 우리가 의미=사상을 조형한다. 그리고 거기서 조형되는 사상은 사람마다 다르다. 이것이 서로 다른 우리가 '하나의 작품을 함께할 수 있는' 근거이자 '작품을 함께한다'는 것의 본질이며 결국 미학의 본질이다.

2021년, 일본에서는 『데카르트는 그런 말을 하지 않았다(デカルトはそんなこと言ってない)』(드니 캉부슈네Denis Kambouchner 지음, 쓰자키 요시노리津崎良典 옮김, 쇼분샤)라는 책이 번역 출판되었는데, 이

책의 제목을 보는 순간 무릎을 탁 쳤다. 이 책의 제목에 기댄다면 우리의 주장은 이렇게 말할 수 있을 것이다:

세계관? 칸트는 그런 말을 하지 않았다

물론 딜타이도 그런 말은 하지 않았다. 따라서 〈Voltage〉의 가사에 등장하는 "Sekaikan Upside Down세계관을 뒤집어 봐"처럼 지향성을 가지는 '세계관'이라는 단어의 용법이야말로 압도적으로 옳다. 바로 'upside down할＝뒤집힐' 수 있는 것이 우리의 세계관이기 때문이다. 하지만 요즘 흔히 이야기하는 '이 작품의 세계관'과 같은 용법은 조금 수긍하기 어렵다. 물론 아무리 '수긍하기 어렵다'고 중얼거린들, 온 세계를 상대로 하는 쓸데없는 저항이며 또 일일이 부정할 필요도 없고, 부정한다 한들 그만한 효과도 없음도 잘 알고 있다.

그러나 필자가 하고 싶은 말은 이런 것이다. 우리가 K-POP을, K아트를 생각할 때는 그야말로 이렇게 고리타분하고 낡은 '세계관'과는 결별해야 한다는 것.

'세계관'의 코페르니쿠스적 전회는,
우리 미학의 코페르니쿠스적 전회이기도 하다

우선 선명하게 해 두자. 세계관에 관한 코페르니쿠스적인 전회를

도모할 필요가 있다:

작품을 만드는 사람들이 작품이라는 세계관을 만드는 것이 아니다

어떤 세계관을 가진 사람들이 그 세계관으로 작품을 만든다

작품이 세계관이나 사상을 갖는 것은 아니다

만들어진 작품에서 우리가 세계관이나 사상을 '읽는=조형하는' 것이다

그러므로 작품은 세계관이 아니다. 세계관을 지니는 주체도 아니다. 주체는 언제나 우리다. 그렇다면 작품은 세계관이 아니고 무엇일까? 여기에 딱 걸맞은 용어가 있다. 바로 '세계상'이다. 역시 독일어로 Weltbild[ˈvɛltbɪlt][벨트빌트]. '세계의 그림' '세계의 상像' 정도의 뜻을 가지는 말이다. 바로 사람들이 별개의 세계상을 작품으로 하나하나 만들어 내는 것이다. K-POP MV는 작품마다 새로운 '세계상'을 조형한다. 그러한 수많은 세계상이 K-POP이라는 눈부신 우주를 구성해 나간다. K-POP의 우주는 지금 엄청나게 확대되고 있다. 이것이 이 책이 말하는 미학의 근간이기도 하다. 정리하자:

사람들은 작품이라는 세계상을 만든다

세계상들이 K-POP이라는 새로운 우주를 구성하여 K-POP 우주가 팽창해 간다

만들어진 작품, 즉 세계상에 우리가 저마다의 의미를 조형하거나 그 세계상으로부터 자극을 받는 것이다. 의미와 자극도 사람마다 다르며 결코 동일하지는 않다. 작품의 의미도 가치도 사람에 따라서 다르며, 어떤 사람에게는 전혀 의미를 갖지 않는 경우도 얼마든지 있다. 똑같은 하나의 MV에 대해 가지각색의 다양한 해석을 하는 블로그나 '리액션 동영상'이 나타나는 까닭은, 의미나 가치를 조형하는 것이 바로 우리들이라는 데서 기인한다. 자극도, 가치도, 세상이 '세계관'이라고 불러 온 것들도 모두 작품 그 자체가 아니라, 작품 앞에 서 있는 우리가 우리 안에서 조형하는 것이다.

'말'과 '의미'의 관계에서

작품과 그 앞에 선 우리 안에서 형성되는 자극이나 가치가 맺는 관계는 언어가 실현될 때의 '말'과 '의미'의 관계와 매우 비슷하다. 우리는 종종 '말은 의미를 가지고 있다'고 생각한다. 그러나 현실은 그렇지 않다. 말 그 자체가 뭔가 불변의 의미 따위를 가지고 있는 것은 결코 아니다. 우리는 말을 하면서 그때마다 말에 의미를 조형하고 있는 것이다. 그리고 말의 '발화자addresser'는 발화자 나름의, '수화자addressee'는 수화자 나름의 의미를 각각 따로 조형한다. 발화자는 첫 번째의 수화자이기도 하다. 의미가 각각 다르기 때문에 "나는 그런 뜻으로 말한 게 아니야."와 같은 발화가 어떤 언어에서도 난무하는 것이다:

말은 의미를 가지지 않는다

말이란 소리나 빛의 형태이기 때문이다

우리가 말에 의미를 조형한다

말은 사람에 의해 의미가 '되는' 것이다

말에 조형되는 의미는 사람마다 다르다

말에 조형되는 의미는 언어장마다 다르다

그리고 말이 의미가 되지 않을 수도 있다

사람이 관여함으로써 '언어장'이나 '음악장'을 구동시킨다

언어장言語場, linguistic field이란 언어가 실제로 행해지는 시공간을 말한다. 누군가가 누군가를 향해 말을 하거나 듣는 곳이다. '말해진 언어' '쓰여진 언어' 각각에 다양한 언어장이 존재한다. 이 도식은 음악과 매우 유사하다. 이에 따라 음악이 형성되는 시공간을 '음악장音樂場'이라고 부를 수 있다. 여기서 중요한 것은, '언어장'이나 '음악장'은 처음부터 설치되어 있는 것이 아니라, 반드시 사람이 거기에 참여해야 그 자리가 구동된다는 점이다. 아무도 없는 시공간에서는 MV가 흐르고 있어도 그것은 단순한 소리나 빛에 지나지 않는다. 아무도 없는 어둡고 머나먼 우주 공간에서 MV가 저 홀로 소리와 빛을 발하고 있는 것과 마찬가지다. 그것은 MV도 아니고 음악도 아니다. 즉 '음악장'이 아직 구동되고 있지 않은 상태다. 사람이 그것을 MV라고 인지함으로써 비로소 '음악장'이 구동하기 시작한다. 바꿔 말하면 음악이란 우리 인간에 의해 완성되는 것이다. 음악은 당신을 만남으로써 완성된다. K-POP은 당신을 만남으로써 완성된다. 덧붙여 말한다면 이른바 챗봇chatbot 등 대규모 AI 역시 마찬가지다. 언어의 형태=말의 형태에 의미를 조형하는 것은 우리 인간의 몫이다.

음악, 아트를 함께한다는 것 — 언어의 공생성과 아트의 공생성

'음악장'은 '언어장'을 통해 비춰 보면 많은 것들이 보인다. 우리가 '음악을 함께할 수 있다'는 것은 생각해 보면 실로 놀라운 체험이다. 어떻게 그런 일이 가능해질까? 하나의 음악은 누구에게나 통하는 보편적인 '의미'나 '가치' 같은 것을 가지고 있기 때문일까? 그렇지 않다. 우리가 말을 함께할 수 있다는 체험에 비춰 보면 답을 찾을 수 있다. 왜 우리는 말을 함께할 수 있을까? 말이 불변의 의미를 가지고 있기 때문일까? 그렇지 않다. 완전히 반대다. 같은 말을 앞에 놓고도 사람에 따라서 의미가 다르게 나타난다는 사실이 언어가 '공생성共生性'을 가졌다는 명확한 근거가 된다. 말이 불변의 의미를 가지고 있어서 누구나 공유할 수 있는 것이 아니라, 같은 말에 사람에 따라 다른 의미를 조형할 수 있기 때문에 말을 공유할 수 있는 것이다. 이른바 '감상의 자유'도 이 지점에 존립한다.

발화자는 발화자 나름의 의미를 조형하면서 말을 형태로 만든다. 그러면 거기에 언어장이 구동된다. 수화자는 그 말에 각각 자신만의 의미를 조형한다. 의미를 선명하게 조형해 낼 수 있는 수

fig. 2-2 언어장과 음악장의 구조

언어가 실천될 때는 반드시 누군가가 누군가에게 어떤 시공간에서 말을 조형하게 된다. 말을 하는 사람, 글을 쓰는 사람을 발화자라 하고, 말을 듣는 사람, 읽는 사람을 수화자라 한다. '말해진 언어'의 경우에는 언어음으로 소리의 세계에서, '쓰여진 언어'의 경우에는 문자로 빛의 세계에서 말의 형태가 조형된다. 이러한 시공간이 '언어장'이다. 언어장은 항상 일회성이라는 성격을 띠며 똑같은 언어장은 두 번 다시 존재하지 않는다. '말해진 언어'는 발화자와 수화자가 같은 언어장에 존재하는 경우가 많으나 '쓰여진 언어'는 발화자와 수화자의 언어장이 같은 시공간이 아닌 경우가 많다.

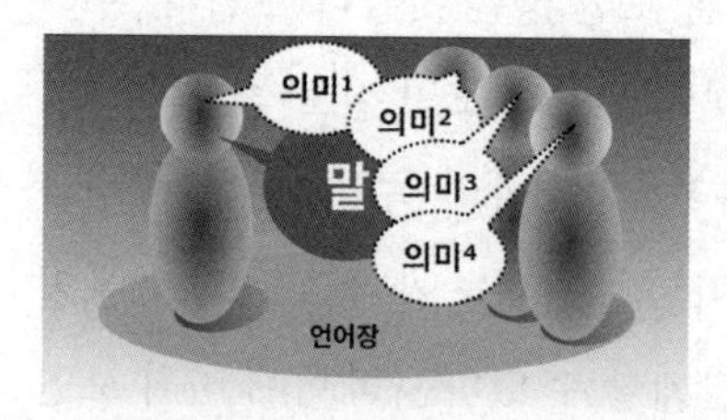

같은 언어장에 네 명이 존재하면 똑같은 말에 의미1, 의미2 …하는 식으로 네 가지 의미가 조형된다. 말이라는 것을 인식은 해도 의미의 조형에는 실패할 경우도 있다. 발화자는 첫 번째 수화자이기도 하지만, 발화자 안에서 조형되는 의미는 특권적인 것이 아니다. 의미는 항상 수화자들에게 해방되어 있다.

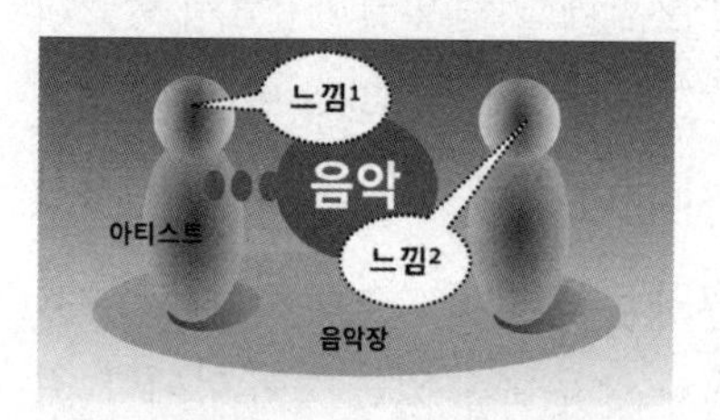

언어장과 마찬가지로 음악이 실현되는 시공간을 '음악장'이라 부를 수 있다. 아티스트가 조형하는 음악에 관해 아티스트와 수화자가 각각 가지는 인상과 느낌은 항상 다르다. 아티스트의 느낌, 인상이라 해도 특권적인 것이 아니라 항상 수화자에게 해방되어 있다. 즉 음악은 수화자 안에서 완성된다. 음악을 넘어선 K아트 역시 마찬가지다.

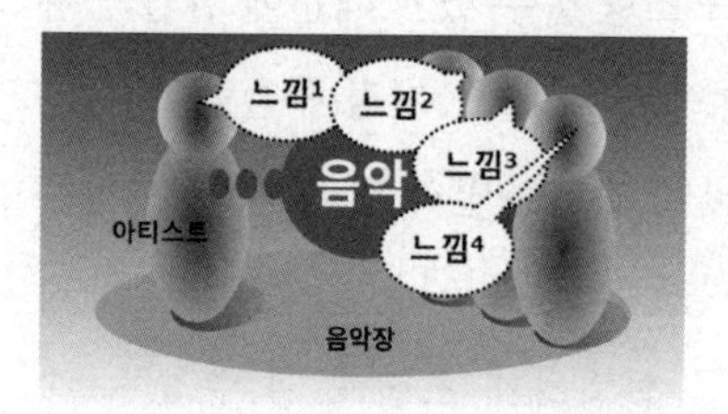

음악장에서는 하나의 똑같은 음악에 수화자의 숫자만큼의 다른 느낌, 다른 인상이 조형된다. 음악을 넘어선 아트의 경우에는 이런 '장'을 '아트장'이라 부르면 된다.

화자가 있는가 하면, 희미한 의미밖에 조형하지 못하는 수화자도 있다. 어떤 수화자는 아무런 의미도 조형하지 못한다. 언어 경험이 각각 다른, 지구상에 존재하는 많은 한국어 화자가 '다방' '나 두 야 간다' '믿듣맘무' '경계의 침범: 양자중력의 변형 해석학을 위하여'와 같은 말들에 모두 똑같은 의미를 조형한다고 생각하는 것 자체가 무리다. '다방'은 차를 파는 가게를 뜻하지만, 한때는 청소년에게는 권장할 수 없는 성인들이 이용하는 업소라는 의미로 통했다. 요즘은 실제로 보기 어려워졌기에 방을 구하는 부동산 중개 사이트의 이름으로 이해하는 젊은이가 많을 정도다. 이렇게 말의 뜻과 용도도 시대에 따라 변한다. 박용철朴龍喆(1904-1938) 시인의 시 「떠나가는 배」(1930)의 한 구절인 "나 두 야 간다"는 가수 김수철이 차용하여 노래 가사로 알고 있는 사람이 많다. '믿듣맘무'라는 말을 모르는 사람도 많겠지만, K-POP 팬들 사이에서는 '믿고 듣는 마마무'의 준말이라는 설명이 필요치 않을 정도다. '경계의 침범' 운운은 『지적 사기』의 저자인 물리학자 앨런 소칼Alan Sokal(1955-)이 포스트모더니즘을 비판하기 위해 일으킨 학계의 '사건'으로 유명해진 말로 이른바 전문적 지식인들 사이에서 잘 알려져 있다. 언어장에 관한 더 신중하고 섬세한 논의는 필자의 저서 『언어존재론』을 참조해 주면 좋겠다.

다시 음악의 논의로 돌아가면, 아티스트는 아티스트 나름대로 의미를 조형하면서 작품을 형태화한다. 그러면 거기에 음악장이 구동된다. 관객은 그 작품에 자신만의 각각의 의미를 조형한다. 의미의 조형이 선명한 관객도 있고 희미한 관객도 있다. '의미'라

언어에 관한 원리론과 실천론
— '기호론 버블'과 결별하자

여기서 잠깐 언어가 실현되는 양상을 아주 간단하게 말하고자 한다. 이 책에서 펼치는 '언어장'론을 비롯하여 언어 원리에 대한 논의는 기본적으로는 '말은 의미를 가지고 있다'고 생각하는 20세기적 언어학과는 완전히 다른 지평에 서 있다. 즉 '언어는 어떻게 존재하는가?'를 묻는 언어에 대한 원리론이다(자세한 논의는 노마 히데키, 『언어존재론』 제1장~제4장에서 밝혔다). 이러한 언어의 원리론은 음악이나 미술, 아트, 미학에 대한 사고와도 관련이 깊다. '음악언어'라든지 '영상언어'라든지 '미술이라는 언어'라든지 20세기에는 '언어와 언어가 아닌 것'의 본질적인 구별을 발견하지 못하는 담론이 너무나 많았다. 그 혼탁한 밑바닥에는 '기호론 지상주의'가 몸을 도사리고 있었다.

말하자면, 20세기 인문학은 '기호론 버블semiotics bubble'의 세계였다. 우리는 언어를 응시하기 위해서도, 언어가 아닌 것을 응시하기 위해서도, 그 두 대상의 혼탁 속에서 무엇이든 언어로 처리하려는 사고로부터 탈피해야 한다. K아트를 응시하는 데에도 필요한 절차다. K-POP은 '신체성'을 내세우는 존재론을 통해 '기호론 버블'을 실천적으로 타파해 왔다. 다름 아닌 가상의 기호에서 육체의 신체성으로의 변화다.

또한, '말해진 언어' '쓰여진 언어' 각각의 구체적인 '형태'를 '말'이라 부르며, 말을 포함한 총체나 체계를 말할 경우에는 '언어'라고 부른다. 이러한 말과 언어의 용법에 관해서는 노마 히데키, 『언어, 이 희망에 가득 찬 것』 제1장을 참조 바란다. 이 책은 원리론인 『언어존재론』의 실천론에 해당한다.

고 썼지만 언어장에서 구축되는 언어적인 의미와는 다르며 일반적으로는 훨씬 감성적인 조형이 된다. 문학이든 음악이든 '고전'이라 불리는 작품이 오랫동안 살아 있는 까닭도 고전이 변하지 않는 동일한 의미를 가지고 있어서가 아니라, 사람들이 각각 날마다 새로운 의미를 그 작품에 조형해 나가기 때문이다. 같은 사람이라도 말에 무언가를 조형하는 의미는 그때그때의 언어장마다 변화할 수 있다. 사람의 경험치도 바뀌기 때문이다. 어제 읽었을 때에는 아무렇지도 않았던 문장에 오늘은 마음이 흔들리는 식의 경험은 바로 언어장의 차이에서 기인한다. 음악도 마찬가지다. 어제는 무감히 흘려들었던 곡에 오늘 우리는 눈물을 흘리곤 한다. 그토록 많은 사람들이 똑같은 K-POP의 곡을 함께 즐길 수 있는 까닭은 그 곡에 우리가 각각 다른 '정情'이나 '가치'나 '미'를 조형할 수 있기 때문이다. 그러한 정이나 가치는 언어적인 '의미'가 아니다. 오히려 말로 표현할 수 없는 어떤 것, 그것도 종종 아주 소중한 무엇이다.

②

③

가상현실의 꿈은 후쿠시마 3·11로 붕괴됐다 — 그럼 K-POP은?

20세기는 가상현실의 꿈을 꿨다

'가상현실'이라는 말이 20세기 말미를 장식했다. 사람들은 디지털 세계의 가상현실에 열광했다. 마치 새로운 세계를 얻을 수 있을 것처럼. 가상현실virtual reality, 그것은 리얼리티라기보다 리얼 그 자체였다. 그러던 중 2011년 3월 11일에 일본 도호쿠東北 지방을 덮친 '동일본대지진'이 일어났다. 가상현실의 꿈은 한순간에 무너져 내렸다. 지진, 쓰나미, 그리고 핵의 피해로 인한 사태였다.

도로 위를 달리던 최신형 자동차가 순식간에 파도에 휩쓸리는 동영상이 온 세계를 뒤흔들었다. 이전까지는 너무도 당연하게 존재하던 인터넷이 모조리 끊겼고 세상은 원전=핵의 공포에 떨었

무너져야 할 체제는 민족배외주의로 살아남았다

일본 내부에서는 "힘내라! 도호쿠"라는 구호가 언제부터인가 '힘내라! 닛폰 日本'이라는 내셔널리즘으로 바뀌어 갔다. 물론 세계는 그런 사정을 모른다. 우리는 이러한 이데올로기 조작을 확실히 기억해야 한다. 말할 필요도 없이, 원전의 위기, 즉 핵의 위기는 원전을 계속 추진해 온 기존의 체제를 그 기초에서부터 뒤엎을 만큼 심각했다. 그럼에도 불구하고 체제는 교묘하게 위기를 빠져나간 것이다. 그 가장 큰 수법이 '민족배외주의'라는 강력한 화살을 쏘는 일이었다. 우리 의식의 과녁을 배외주의 쪽으로 향하게 만드는 수법이다. 민족배외주의는 일본 사상의 아킬레스건이다. 경우에 따라서는, 말하자면 '극우'로부터 '극좌'까지 단번에 꿰뚫는 화살이다. '영토 문제'라는 이름으로 한국과 일본, 그리고 중국과 일본 사이의 대립을 부추기는 체제의 프로파간다는 그런 민족배외주의의 최선봉이 되었다.

'반일'과 '친일' — K-POP이 역사를 직시할 때

이 무렵부터 일본어권에서는 저널리즘이나 SNS 등에서 '반일'이니 '친일'이니 하는 말이 눈에 띄게 늘어나 활발하게 유포되었고 K-POP을 말하는 담론에까지 파고들어 왔다. 일본어에서는 '반일'과 '친일'이라는 말이 내실을 바꾸어 일본의 민족주의, 국가주의 이데올로기를 단단하게 만드는, 발군의 장치로서 기능하게 되었다. "나쁜 건, 한국이고 중국이야."라는 식으로.

일본어권에서는 '일본에 친근감을 가지는 사람'을 '친일', 반감을 가지는 사람을 '반일'이라는 식으로 거의 대부분의 언론이 지금도 선전하고 있다. 여기에는 '일본'이라는 국가나 정권과, 거기에 사는 사람들을 동일시하려는 국가주의 이데올로기가 아주 교묘하게 숨어 있다. 당연히 민족배외주의의 상투적인 수단이다. 한국의 독자들에게는 공자 앞에서 문자 쓰기가 되겠지만, 이 책의 일본어판에서는 이 문제를 어떤 식으로 설명했는지 궁금하실 수도 있으니 아래에 잠깐 옮겨 본다 :

"여기에서 확실히 확인해 두지 않으면, 우리는 큰 실수를 저지른다. 한국어로 '친일파'란, 단순히 '일본과 친한 사람'이라든가, '일본을 좋아하는 사람'이라는 의미가 아니다. 일본은 1910년부터 1945년에 이르기까지 한반도를 식민지 지배 아래에 두었다. 이때의 '친일파'란 일본 식민지 시대에 침략과 지배를 지지하고 옹호한, 이른바 자기 민족을 배반하며 살아온 사람들이다. 그렇기 때문에 한국에서는 이들을 격렬하게 규탄해 온 것이다. '친일'이란 그렇게 사는 방식, 사상을 말한다. '반일' 역시 일본이 단순히 싫다는 것을 의미하지 않는다. '친일'과는 반대로 '반일본제국주의'나 '대일본제국에 반대한다' 정도로 자리매김할 수 있는 사상이다. 즉 침략이나 지배에 저항하는 사상이다.

요컨대, 현재 일본인의 상당수가, 예를 들면 이 책을 손에 들고 계시는 적지 않은 분들도 '친일'이 아니라, '반일' 쪽에 공감하고 계실 테니 그렇게 생각하면 된다. 그러니 "일본의 애니메이션을 좋아하면서도 반일을 외치다니!"와 같이 비난하는 것은 완전히 논점에서 빗나간 사고 방식이다. '일본 문화를 좋아하는 것'과 '반일적인 사상을 품는 것'은 전혀 모순되지 않는다. 거꾸로 한국인들은 '이런 놀라운 문화를 만들어 낼 수 있는 사람들이 어떻게 침략 같은 걸 했던 걸까?'라고 의아해할지도 모른다."

다. 후쿠시마는 로마자 'Fukushima'라는 이름으로 세계로 확산되었다. 적지 않은 지식인들이 도쿄에서 도망치려고 했다. 피해 동영상은 세계로 퍼졌고 한국에서도 몇 번씩이나 반복되어 흘렀다. 한국을 비롯해 세계 각지에서 일본을 지원하는 움직임이 생겨났다. 한국의 한 신문은 "지금, 나는 일본인이다."라는 표제를 내걸었다. 드라마 《겨울연가》의 배우 배용준, K-POP 그룹 카라KARA, JYJ의 김준수 등 몇몇 한국 스타들이 의연금을 기부했다. 한국에서 '일본'을 향한 공감과 연대가 이만큼이나 뜨거웠던 것은 역사상 처음이라는 말까지 나왔다.

아티스트가 여는 역사 인식의 문 — BTS RM의 발언

아시다시피 한국어권에서는 식민지 시대를 예전에는 일제시대, 요즘은 일제강점기라 부르고 있다. 일본에서 '일제'나 '일본제국주의'라는 단어는 반체제 운동권에서 주로 사용된다. 최근에는 '제국주의'라는 개념 자체를 학계나 인문서에서도 기피하는 것 같기도 하다.

2023년 3월에 BTS RM의 스페인 인터뷰 기사가 나왔다. 한국어권에서는 언론을 중심으로 K-POP의 'K'에 관한 질문을 비롯해 여러모로 화제가 되었다. 일본어권에서는 관심의 중점이 조금 달랐다. 일본에서는 RM[Rap Monster, 김남준]의 발언 중 "한국은 침략당하고, 박해를 당했고, 둘로 갈라진 나라"라는 부분이 화제가 되었다. 일본의 K-POP 팬 중에는 특히 젊은 층에서 일제강점기를 비롯하여 역사에 대한 의식이 희박한 경우가 많다. 영어권이나 스페인어권에서도 마찬가지일 것이다. 대다수의 반응은 기본적으로는 "나무 상(RM의 이름 '김남준'의 '남'을 따서 일본어식 발음으로 종종 '나무 상ナムさん'이라는 애칭으로 부른다) 말이 의미하는 것을 나도 배워야"겠다는 방향이었다. 일본어권에서 역사를 직시하려는 이들, 예를 들어 필자와 같이 그렇잖아도 힘이 없는 소수파에게 RM의 발언이 얼마나 든든한 힘이 돼 주는지 모른다. 말하자면

RM의 발언, 그리고 K-POP이 일본어권 팬들에게 역사 인식의 문을 여는 계기를 만들어 준 셈이다.

디지털 환상의 붕괴와 한국의 디지털 혁명 — 그럼 K-POP은?

정치적, 경제적인 동요뿐만 아니라 3·11 동일본대지진과 핵의 위기가 초래한 IT계의 피해도 심각했다. 기업은 정보 시스템의 피해 조사와 대책 마련에 쫓겼다. 사람들은 휴대전화는 물론, 태블릿이나 스마트폰에 이미 친숙했기 때문에 네트워크가 붕괴되자 국가조차 위기를 숨길 수 없게 되었다. IT 영역에서 일어난 피해는 사람들이 일상생활 속에서 리얼하게 체감할 수 있었다. 단적으로 말해 네트워크의 붕괴는 디지털 환상의 붕괴이기도 했다. 디지털은 언제 어디서나 거기에 있는 것이 아니라는, 당연한 사실을 사람들은 그제야 뼈저리게 느꼈다. 디지털의 '가상현실'이란 어디까지나 '현실 가상'에 불과하다는 사실이 만천하에 드러났다. 요컨대 우리는 가상현실의 세계로, 디지털이 만들어 내는 세계로 더이상 도피할 수 없다는 점을 모두가 알아 버린 셈이다. 물론 음악도 마찬가지였다. 디지털 세계가 음악에 장밋빛 미래를 제공해 주는 것은 아니다. 그 누구도 그 사실을 입에 올리지 않지만 우리는 몸으로 알아차렸다.

K-POP에서 중요한 것은, K-POP 본거지인 한국이야말로 IT 붕괴의 심각한 충격을 정면으로 받아들여야 했다는 점이다. 한국은

바로 디지털 혁명, IT 혁명의 최전위로 세계에서 비약하고 있었기 때문이다.

앞서 말했듯, 한국에서 YouTube가 공개된 것이 2008년이었다. 삼성의 갤럭시S라는 스마트폰이 등장한 해는 2010년이다. 2011-2012년에는 전자책 등장에 대한 논의가 활발했고 영상기술 혁신도 대단했다. 1997년의 IMF 위기를 벗어난 한국 경제는 20세기의 IT 혁명이야말로 한국의 미래라고 생각했다. 사실, 그 후 오랫동안 삼성 갤럭시는 미국의 아이폰과 함께 지금까지 세계 스마트폰 시장을 견인하고 있다.

디지털 세계가 환상이자 가상이라고 판명나자 이제 우리는 TV로 대표되는 기존의 아날로그로는 물론, 디지털 속에서도 살아갈 수 없게 되었다. 이제는 더욱 현실에 발 딛고 우리의 삶 가까운 곳에 디지털을 자리매김해야 한다. 삶과 디지털의 관계는 스마트폰의 방수 기능 따위로 이야기될 수준이 아니다. 우리는 깨어 있어야 한다. K-POP도 그렇다. 앞으로 디지털의 힘을 입어 단순히 장밋빛 미래를 꽃밭처럼 즐기려고 해도 금방 한계가 찾아올 것이다. 아무래도 우리의 존재를 시시각각 확인시켜 주는 결정적인 무언가가 필요하다. 우리 인간의 존재를 소중히 안아 줄 수 있는 무언가가.

K-POP은 '신체성'으로 향했다

그렇다면 K-POP은 이 과제에 어떻게 맞섰을까? 다름 아니라 '신체성'이라는 방향으로 나아갔다. K-POP은 디지털 가상현실 같은 세계를 추구하는 것이 아니라, 철저히 디지털을 이용하면서도 그와는 전혀 상반되는 사람의 '몸' '신체'를 극한까지 추구했다. 아니 정확하게 말하면, '신체' 그 자체가 아니라 한 단계 추상화된 '신체성'이라는 성격으로 자리바꿈을 꾀했다.

우리의 존재 그 자체와 함께 살아가는 좀더 확실한 '무엇'이 필요해진 시기, 위기를 극복하고 생존해야 하는 지금 상황에서 우리에게 주어진 극한의 과제는 무엇일까? 해답은 몸, 신체를 둘러싸고 찾아가야 한다. 바로 몸과 신체의 존재감, 그 소중함을 깨닫는 것이다. 몸 그 자체를 여럿이 함께할 수 없다면 디지털과 LAVnet을 이용해서 '몸이 살아 있다'는 존재감과 소중함을 함께 누리면 된다. 즉 우리에게 필요한 것은 신체성을 추구하며 함께하는 것, 가장 깊은 곳에 숨어 있는 신체성의 즐거움을 추구하는 것이다.

사람의 육체를 이용하는 것이기 때문에, '몸' '신체'는 디지털적 요소와는 정면으로 맞서며 대극을 이루는 위치에 있다. '현실을 가장'하는 디지털 세계와 '현실의 근원'인 우리의 몸과 신체. 이런 모순을 어떻게 지양할 수 있을까? 그런 과제가 우리 앞에 놓였다.

그렇기에 K-POP이 택한 것은 신체로의 단순한 회귀가 아니었다. 어디까지나 새로운, IT 시대의 또 하나 생태였던 것이다. 그래서 단순히 신체 그 자체로 돌아가지는 않았다. 이 점이 새로운 아트로서의 결정적인 분기점이 된다. 예를 들어 20세기에는 히지카타 다쓰미土方巽(1928-1986)의 안코쿠부토暗黑舞蹈처럼 '신체 그 자체'를 희구하는 아트의 압도적인 모델이 존재했다. 그러나 K-POP은 '신체 그 자체'가 아니라 '신체성을 공유'하는 생태를 선택하여 실현해 갔다. 버추얼 동영상에서의 신체와, 현실의 신체. 존재양식으로서는 원리적으로 완전히 별개의 두 신체를 당치 않게도 '링크'시킨다는 놀라운 묘기를 보여 준 것이다. 이를 가능케 한 것이 우리 삶에 뿌리를 내린 LAVnet이라는 큰 무대였다.

K-POP은 마치 모두가 약속이라도 한 것처럼, 아무도 입에 올리지 않았지만 '신체성'을 음악에 융합해서 'K-POP MV 아트'라는 형태로 강력하게 진화했다. 게다가 미술품 같은 고립된 '작품'으로 만들지도 않았다. 왜냐하면 이미 세계의 언어가, 그리고 음악이 LAVnet의 세계 어딘가에서 누군가와 반드시 이어져 있다는 점을 알고 있었기 때문이다.

K-POP MV 아트는 '신체성'을 극한까지 살려 냈다. 또한 그 '신체성'을 세계와 공유할 수 있는 존재론적 연계를 가진 LAVnet 아트로서의 강인한 자기변혁을 이뤄 낸 것이다. LAVnet에 기초를 두는 다양한 SNS는 아티스트와 팬을 잇는 결정적인 장치로서 작동했다. 그렇게 K-POP 팬덤도 더욱 굳건하게 성장해 나갔다.

안코쿠부토

한국어로 번역하면 '암흑무도'가 되는 안코쿠부토는 1960년대 이후 일본을 거점으로 전개된 전위무용을 가리킨다. 댄서는 삭발을 하거나 몸을 하얗게 칠하는 등 특유의 형식을 취한다. 히지카타 다쓰미, 오노 가즈오大野一雄(1906-2010), 이토 미카伊藤ミカ(1936-1970), 마로 아카지麿赤兒(1943-), 가사이 아키라笠井叡(1943-) 등 많은 무도가가 나타났다. 무도는 일본어권의 문학자, 지식인 들에게 높은 평가를 받고 있다. 암흑무도를 비유적으로나마 날카롭게 묘사한 "무도란 목숨을 걸고 서 있는 시체"라는 히지카타 다쓰미의 말이 잘 알려져 있다. 국제적으로 활발한 활동을 펼치는 SANKAI JUKU山海塾, 산카이주쿠 등의 무도는 YouTube에서도 볼 수 있다. 안코쿠부토의 춤사위와 몸짓에서는 표현주의적인 성격을 엿볼 수 있다.

•
SANKAI JUKU Official movie
"UTSUSHI" 山海塾
- Butoh Dance 舞踏 -

②

---

④

'신체성'이라는 존재 형태가 벽을 허문다
— 댄스와 앤틱스

다가오는 '신체성'의 발소리

2013년 발표된 BTS의 초기작을 하나 감상하고 이야기를 이어 가자. 거의 춤만으로 구성된 MV이며 〈We Are Bulletproof Pt. 2〉라는 제목 속 'Bulletproof'는 방탄防彈이라는 뜻이다.

"나, 보여 줄게 칼을 갈아왔던 만큼"이라는 가사 그대로 선명한 마니페스토이다. 0:29 "이름은 정국, 스케일은 전국"이라는 정국Jung Kook, 전정국의 파트가 상징하듯 가수가 자기 자신을 노래

●★
BTS(방탄소년단)
〈We Are Bulletproof Pt.2〉 Official MV

하는 자기언급성을 강하게 띠고 있는 작품이기도 하다. 스케이트보드에서 펜, 카메라, 모자에 이르기까지 모든 소품을 신체성 속에 융합하고 있다. 카메라를 비중 있게 다루고 있는 점은 K-POP이 가진 신체성의 역사를 생각할 때 의미심장하다. '방탄', 즉 무언가를 막는다는 수동적인 이름과는 정반대로, 말하자면 '갈아왔던 칼'을 우리에게 능동적으로 들이미는 화면이 연속된다. MV 내내 채도와 명도를 억제한 색채로 신체성을 극대화하고 카메라도

라이팅 효과lighting effect를 써 아티스트 각각의 존재를 놓치지 않고 부각한다.

"click"이나 "bang" 같은 영어 오노마토페=의성의태어나 "WE ARE BULLETPROOF(우리는 방탄)"이라는 메시지를 '쓰여진 언어'의 형태로 일부러 화면상에 형상화한다. '말해진 언어'와 '쓰여진 언어'를 함께 배치하여 서로의 효과를 극대화하는 것도 LAVnet 시대의 특징이다. 강한 비트와 랩이 교차한다. 패션은 아직 2000년대의 정서를 품고 있는 것이 눈에 띈다. K-POP에서 패션의 극적인 진화는 신체성보다 약간 늦게 태동했다고 할 수 있다.

BTS의 이런 마니페스토가 그랬듯 K-POP MV 아트는 신체성이라는 무기를 들고서 벌판에 번지는 불길처럼 여기저기서 봉기한 것이다. 3:34부터 BTS가 발로 땅을 밟는 모습과 동시에 들려오는 "쿵, 쿵, 쿵"이라는 무게감 넘치는 발소리야말로 빛과 소리를 통해 신체성을 형상화하며 뚜벅뚜벅 세계로 걸어나가는, 새로운 시대를 상징하는 것이었다. 스케일은 이미 '전국'이 아니라 만국萬國이 되어 있다.

신체성은 '댄스'가 기둥이 되고 '앤틱스'가 그 주변을 지탱한다

'몸'을 요구하고 '신체성'을 희구하는 최강의 형태가 '댄스'라면, 또 하나의 형태는 아티스트가 신체로 부리는 작은 몸짓, 장난, 익살, 표정과 같은, 아무렇지도 않은 듯한 동작을 뜻하는 '앤틱스'다.

콘서트에서 노래와 노래 사이, 그 틈새에 보여 주는 앤틱스는 물론, 무대 뒤나 공연이 끝난 후 숙소, 그리고 이동하는 시간처럼 무대와는 또 다른 시공간에서 아티스트가 애드리브처럼 피력하는 무수한 앤틱스가 YouTube 등 LAVnet에서 팬들과 공유되어 갔다.

LAVnet 시대에서 가능해진 '앤틱스 공유'도 K-POP 세계의 중요한 특징이다. 아티스트와 팬은 댄스뿐 아니라 앤틱스로도 서로 이어진 것이다. 공적으로는 댄스, 사적으로는 앤틱스. 댄스가 완벽하게 완성된 모습으로 이른바 공식적인 자리에서 나타나고, 다른 한편에서는 앤틱스가 보다 자유로운 모습으로, 이른바 사적인 자리를 중심으로 나타났다. 댄스와 앤틱스의 세계 모두에서 아티스트는 팬과 함께 있다. 팬들은 아티스트가 잠에서 깨는 모습까지 공유했다. 여기서 정말로 '잠에서 깨는 모습'인가 아닌가는 본질적인 문제가 아니다. 원래 카메라를 통해 '무언가를 보여 준다'는 것은 '다른 무언가는 숨긴다'는 뜻이기 때문이다. 중요한 것은 그것이 공동 환상이든 아니든, '잠에서 깨는 모습'으로서 팬들이 공

fig. 2-3 앤틱스가 지탱하고 댄스가 기둥이 되는 K-POP의 신체성

유할 수 있게 되었다는 바로 그 점에 있다. 물론 20세기에는 '잠에서 깨는 모습'은 공유할 수 없었던 것이다.

아티스트들이 춤을 추고 팬들이 춤을 추는 K-POP

댄스라는 아트가 얼마나 힘이 있는지는 1990년대에 마이클 잭슨Michael Jackson(1958-2009)이 세계를 향해 이미 가르쳐 주었다. LAVnet의 시대가 열린 2010년, 밴쿠버 올림픽에서는 피겨 스케이팅의 김연아가 금메달이라는 선물과 함께 음악과 신체성의 멋진 통합을 K-POP과는 또 다른 모습으로 사람들에게 보여 주었다. YouTube에서도 그 우아하고 강인한 모습이 반복해서 재생됐다.

이러한 사례를 통해 우리는 음악과 함께 움직이는 '몸'의 미학을 새삼스럽게 알게 됐다. K-POP은 더욱더 '몸'을 찾아 '신체성'을 추구해 간다. '춤'은 K-POP이라는 무대에서 뛰어놀 뿐만 아니라 무대 밖으로까지 튀어나온다. 무대에서 사방팔방으로 튀어나온 춤들은 세계 곳곳에서 요동을 친다.

이리하여 마이클 잭슨의 시대와는 크게 다르게 K-POP이 '신체성'을 겉으로 드러내는 양상은 두 가지 형태로 지탱된다:

① 아티스트가 춤을 추고

② 팬들이 춤을 춘다

공유하는 춤, 공생하는 춤 — 신체성이 구축하는 연대

이미 아티스트는 고립되어 춤을 추고 있는 것이 아니다. 아티스트와 팬들 사이의 연결, 공명 및 연대는 아트의 새로운 존재양식에서는 허브이자 초석이 된다. 이 점이 LAVnet 이전과 이후를 결정적으로 나눈다. LAVnet이 일상생활의 인프라스트럭처infrastructure(사회적 생산 기반)가 된 이후로 춤은 어른들이 추고, 아이들이 추며, 세상이 추는 것이 되었다. 일부 전문가들이 영화나 비디오로 댄스를 연구하는 시대는 오래전에 끝났다. 이제 누구나 YouTube에서 춤을 배울 수 있게 되었고 게다가 대부분 무료를 표방한다. 물론 네트워크, 스마트폰, PC 등은 결코 무료가 아니지만.

춤이 지닌 공명과 연대라는 성격은, 예를 들자면 기타의 연주기술, 서예의 붓 놀림, 다이어트 운동 같은 영상과도 궤를 같이한다. 즉 우리는 언제 어디서나 '움직이는 몸'과 '신체'를—여기서도 '말과 함께'라는 단서를 빼놓을 수 없다—접할 수 있게 된 것이다. 요컨대 알고 싶은 것이 있으면 YouTube에서 배우면 된다. 덕분에 소년 소녀 들의 기타 테크닉이 극적으로 향상되었다. 기술 향상의 모습도 전 세계 각지에서 동영상으로 업로드되고 공유되었다. 선진국에서는 이른바 '다이어트 전문가'도 급격히 늘어났다. 이리하여 '공유되는 댄스' '공생하는 댄스' 즉 '나눔의 춤'도 전 세계에서 실현된다.

압도적인 신체성 — '칼군무'의 등장

K-POP에서 춤을 추는 모습은 아티스트들이 먼저 보여 주었다. 한 치의 흐트러짐도 없이 여러 사람이 손끝까지 칼처럼 동일하게 맞추는 춤을 사람들은 '칼군무'라고 불렀다. 일본어에서는 '칼'이라는 말에 이런 식의 비유를 쓰는 경우는 별로 없지만 한국어 음 그대로 일본어식 발음으로 직역해서 '카루군부カル君舞'라는 말을 사용하게 되었다.

한국의 인터넷 지식백과 사전 중 하나인 나무위키에서는 '칼군무'의 시초에 대해 몇 가지 설을 소개하면서 소녀시대의 〈다시 만난 세계Into The New World〉(2007, MV는 2010)의 팬들이 이 곡의 안무를 지칭한 데서 시작되었다고 설명했다. 같은 해인 2010년에는 인피니트INFINITE의 〈다시 돌아와〉가 등장해 '군무돌'이라 불렸다. 7월에 등장한 남성 그룹 틴탑TEEN TOP이 칼군무라는 말을 일반화시켰다고도 한다. 그 밖에도 슈퍼주니어SUPER JUNIOR도 칼군무로 알려졌다. 2005년 결성 당시 12명, 이후 13명으로 활동한 슈

fig. 2-4 칼군무의 등장

퍼주니어는 노래뿐만 아니라 연기와 예능 프로그램 활동도 활발하다. 그리고 EXO엑소, BTS 등으로 칼군무의 계보가 완성되어 갔다. 그중 고전이 된 몇 작품을 살펴보자.

그룹명 '인피니트[inp^{h}ini^{t}]'는 INFINITE[ˈɪnfənət] 즉 '무한, 무한한 것'의 한국어식 발음이다. 한국어에도 일본어에도 /f/ 음이 없으므로 한국어에서는 /ㅍ/으로, 일본어에서는 /ㅎ/으로 옮긴다. 일본어식 발음을 억지로 한글로 표기하면 [잉휘닛토]에 가깝다. 남성 7인조로 시작해 6인조로 바뀌었다.

2010년 발표한 〈다시 돌아와〉에서는 "한 번만 다시 기회를 줘."라고 외친다. 이미 고전이 된 MV이지만 근사한 군무를 확인할 수 있는 작품이다. 또한 기타의 커팅 주법이 전면에 등장하고 이렇게 길게 사용된 방식은 K-POP에서는 비교적 보기 드문 예이다. 록과 일렉트로닉스가 융합된 '로카트로닉'이라는 새로운 장르를 표방한 노래다. 20세기의 록 음악에서는 기타가 주인공이었다면, K-POP은 고도의 전자적 편집이 애초의 전제이자 총악보score이며 오케스트레이터(종합 편성곡의 편곡자)이기도 하다. 다시 말해 보이지 않는 이 주인공이 필요에 따라 악기를 더함으로써 전면적인 배역 교체가 일어난다.

다음 MV 〈내꺼하자(Be Mine) DANCE VER.〉는 2011년 곡의 '댄스 버전'이다. 역시 고전 반열에 오른 작품인데 스토리적 요소는

Infinite, 〈다시 돌아와〉 MV

INFINITE, 〈내꺼하자(Be mine)〉 MV, Dance Ver.

생략하고 멤버들의 춤만 나오기 때문에 군무가 더욱 잘 드러난다. 후렴구의 "내 거 하자"(발음으로는 [내꺼하자])는 20세기적인 애절함을 띤 선율로 널리 알려졌다. 제목 〈내꺼하자〉는 표준어 표기로는 '내 거 하자'라고 써야 하는데, 발음 그대로 한글로 표기한 것이다. 한글은 표음문자인데, 실은 일부 발음대로 표기되지 않는 경우가 불쑥불쑥 나타나 비한국어권 학습자에게는 어렵기도 하지만 지적인 재미를 주기도 한다.

틴탑$[\text{t}^{\text{h}}\text{int}^{\text{h}}\text{a}^{\text{p}}]$은 TEEN TOP의 한국어식 읽기이다. 현대 서울말에서는 [tiːn]의 [iː] 같은 장모음은 거의 사라졌다. 참고로 일본어로 읽을 때는 [티인톳푸][ティ・イ・ン・ト・ッ・プ] 정도의 4음절, 무려 6박拍의 긴 단어가 된다. 게다가 그 6개 박에, 예를 들면 도쿄 방언에서는 '저고고고저저'처럼 방언마다 음의 높낮이 차이까지 수반된다. 한국어와 일본어의 음 차이를 뚜렷하게 보여 주는 그룹명이 바로 틴탑이다. 여기서 관찰할 수 있는 한국어의 단축성과 고밀도성은 뒤에서 말하겠지만 K-POP 가사와 곡에 무척 큰 특징과 매력을 더해 준다.

그룹 틴탑은 1992년부터 1995년 사이에 태어난 남성 다섯 명으로 구성되었고, 2010년 데뷔 당시 평균 연령 16.3세였다. 초기에

● TEEN TOP(틴탑), 〈Crazy(미치겠어)〉 MV

● TEEN TOP(틴탑), 〈Crazy(미치겠어)〉 (Dance ver.) MV

● TEEN TOP(틴탑), 〈사각지대(Warning Sign)〉 M/V

● [MV] TEEN TOP(틴탑), 〈Love is(재밌어?)〉

는 어린 나이와 완벽한 '싱크로율'을 자랑하는 군무로 알려졌다. TV에서는 눈가리개를 하고 다섯 명이 춤을 추는 모습을 보여 주며 '칼군무돌'이라 불렸다.

〈미치겠어〉는 2012년 발표된 곡으로, 같은 제목으로 길거리를 배경으로 한 댄스 버전 MV와, 10대의 사랑을 스토리텔링으로 그려낸 MV가 있는데 후자가 훨씬 더 볼만하다. 고백을 거절당했지만 실은 행복한 결말이다. 3:14 부분에 "바보, 친구들 앞에서 부끄럽게."라고 말하며 여자친구가 다시 등장한다. 그렇다. 우리는 그 중요한 고백을 친구들 앞에서는 하지 말자. 여자 친구 역을 맡은 여성은 2009년부터 2016년까지 활동한 4minute포미닛의 멤버이자 배우이기도 한 권소현이다.

〈사각지대〉는 2016년 작품으로 곡은 다성적인 구성이 도입되어 있고, 〈재밌어?〉는 2017년 작품이다.

세 작품 모두 칼군무의 일면을 엿볼 수 있다. 불과 몇 년 사이에 동영상이 극적으로 진화하고 있음을 알 수 있는데 특히 〈사각지대〉의 화면은 전체가 흑백이 중심을 이루고 부분적으로 채색 효과를 사용하여 세련된 아름다움을 추구했다. 색채에 대한 이러한 절제된 감각과 신체성을 살리기 위해 과감하게 움직이는 카메라워크는 오늘날에는 흔하지만 K-POP 세계에서 처음부터 존재했던 것은 아니었다.

②

⑤

'춤추는' 카메라

K-POP, 새로운 신체성의 포효 — EXO의 〈으르렁(Growl)〉

여기, 전설이 된 상징적인 동영상이 있다. '전설'이란 필자만의 평가가 아니다. 『K-POP 원론』 일본어판 출간 후 많은 사람과 대화를 나누었는데 일본에서도 적지 않은 팬들이 이 동영상을 보고 놀라움을 금치 못했다며 당시의 충격을 여전히 기억했다. 바로 홍콩에서 열린 MAMA에서 남성 그룹 EXO의 기념비적인 퍼포먼스를 담은 동영상이다. MAMA는 《Mnet Asian Music Awards》의 약칭인데,

●★★
엑소(EXO)
- 으르렁(Growl) + 늑대와 미녀(Beauty and the Beast) at 2013 MAMA

시상식 형식의 이 콘서트는 1999년 이래 계속 열리고 있는 한국 최대급의 음악 행사다.

이 동영상은 〈으르렁〉과 〈늑대와 미녀〉의 메들리 무대를 담았다. 〈으르렁〉은 호랑이처럼 크고 거친 짐승이 내는 오노마토페를 작품의 제목으로 가져왔다. 제목에까지 의성의태어를 사용하는 것이 지금은 일반화되었는데 앞서 잠깐 언급했듯이 이러한 오노마토페를 풍부히 쓰는 것도 한국어와 K-POP의 두드러진 특징 중 하나다. 제3악장에서 자세히 살펴볼 것이다.

〈늑대와 미녀〉 무대는 프랑스의 가브리엘 수잔 드 빌레느브 Gabrielle-Suzanne de Villeneuve(1685-1755)가 쓴 동화 『La Belle et la Bête미녀와 야수』와, 이를 바탕으로 한 영화와 뮤지컬 작품 등을 떠올리게 하는 구조이다. 물론 원제 'La Belle et la Bête'[라 벨 에 라 베트]는 [벨]과 [베]로 두운의 효과를 살리고 있다.

〈으르렁〉의 동영상 앞부분에서 보여 주는 '원 테이크one take 카메라' 작업은 주목할 만하다. 이 장면은 카메라가 EXO를 객관적인 대상으로서 찍는 방식이 아니다:

EXO와 함께 카메라도 '춤추고' 있다

'춤을 추다'라는 단어의 결합은 동사 '추다'와 같은 어근의 명사형 '춤'이 목적어가 되어 있는데 일본어에서도 같은 구조이다. 동사 'odor-u(踊る)의 명사형 'odor-i(踊り)'가 목적어가 되어 'odor-i-o odor-u(踊りを踊る; 춤을 추다)'가 된다. 이러한 구조의 목적어, 즉 대상어를 '동족同族목적어'라고 한다. 영어 'dance a beautiful dance' 'dream a strange dream' 등도 동족목적어 구조다. 일본어권에서는 K-POP 같은 춤에 관해서는 고유어로 '춤을 추다'라는 표현보다 외래어를 써서 '댄스를 하다ダンスをする'에 해당되는 표현을 즐겨 사용한다. 이 책의 일본어판에서는 '카메라가 춤을 춘다'는 이 새로운 사태를, 한국어 '춤chum'에서 가져온 'chum-ruチュムる'라는 일본어 동사를 신조어로 만들어 '카메라가 chum-ru'라고 표현했다. 이 역시 말의 앤틱스다.

'지금, 이곳'에서 'meta-하는' 아티스트들과 'meta-하는' 카메라

1:12에 아티스트 EXO의 루한LUHAN이 카메라를 향해 눈짓을 한다. 마치 〈늑대와 미녀〉 속 '미녀'의 혼에 씌인 듯한 카메라는 멤버들을 향해 차례차례 시선을 옮긴다. 3:22 무렵, 이번엔 카이KAI가 카메라(=미녀)의 턱을 들어 올린다. 이때 우리는 '그래, 카메라에도 얼굴이 있고 턱이 있었구나'라고 깨닫게 된다. 거의 무채색에 가까운 색깔로 통일된 무대와 의상 속에서 단 하나 빨간색으로 빛나는 모자. 멤버들끼리 건네받는 이 모자가 우리 시선을 유도하는 마커marker(표시, 표지물)이다.

볼거리와 들을 거리는 끝이 없이 이어진다. 모노톤 위주의 무대 배경, 화면과는 대칭적으로 다양한 목소리와 리듬, 북소리를 비롯한 저음의 브라스brass(관악기), 고음의 기타 커팅 주법, 그리고 펄

쳐지는 군무에서는 EXO의 춤과 카메라의 수련을 동시에 엿볼 수 있다. 이것이 바로 칼군무다. 슬쩍 관객과 카메라의 그림자까지 찍음으로써 은근히 '메타meta하는' 것도 잊지 않는다. "맞아, 우리는 지금 함께 있는 거야."라고. 우리 몸도 어느새 EXO와 율동을 함께 하고 있다. 앞으로 지금 우리가 속한 차원에서 더 높은 차원으로 도약하는 것을 '메타한다'라고 표현해 본다. 책을 읽는 동안 이 용어를 기억해 두었으면 한다.

2013년 MAMA 무대와 동영상은 EXO에게는 영광을 선사했고 동시에 K-POP 역사에 한 획을 그으며 우뚝 솟은 기념비로서 사람들의 가슴에 새겨졌다. EXO가 만들어 낸 무대에는 단순히 노래하고 춤추는 것이 아니라, 디지털 세계 안에서 우리가 잊어버리기 시작했던 압도적인 신체성이 들끓어 오르고 있었던 것이다. 게다가 우리를 디지털 세계로 끌고 들어가는 입구 정도로 인식되던 카메라마저도, '신체성'을 함께하는 장치가 되어 버렸다. 카메라는 춤추는 신체로 변모하면서 단순히 '찍는' 도구를 넘어서고 말았다.

노래하는 사람을 포착하고, 춤추는 사람의 모습을 잡아내는 것, 그것이 기존의 눈=카메라의 역할이었다. 춤은 언제나 춤 그 자체였고, 내부에서 스스로 완성되는 것이었다. 보통 우리는 춤을 객체로서, 즉 춤의 외부에서 보고 있었다. 언제나 카메라는 노래하고 춤추는 사람의 '지금·이곳'의 외부에 존재했다.

그러나 이 동영상에서는 노래하고 춤추는 사람이 춤의 외부 세계로 순간적으로 튀어나옴(=메타함)으로써, 내부에서 완결되어야 할 춤의 모습을 간단히 파쇄해 버린다. 노래하고 춤추는 사람과 눈=카메라의 관계마저 부숴 버린다. 카메라는 단순히 보는 눈이 아니다. 카메라 자체가 춤추는 신체로 변한 것이다.

댄서와 카메라의 오래된 관계성을 이렇게 깨트리고 부숴 버림으로써 우리는 원래 '노래하고 춤추는, 지금·이곳'보다 더 고차원으로 끌려 들어가게 된다. '그저 외부 세계에서 바라보고 있었을 우리'가 '노래하고 춤추는 사람의 숨결까지 닿을 수 있을 듯한 내부'로 끌려 들어가게 된다. 아티스트가 손목을 까딱하는 작은 몸짓으로 카메라의 위치를 내리고 카메라의 시점까지 옮긴다. 이런 연출은 오늘날에는 그리 특별할 것 없이 여겨진다. 그러나 '노래하고 춤추는, 지금·이곳'이라는 K-POP의 세계에서는 바로 이때가 혁명의 순간이었다. 카메라가 더 이상 단순한 눈=장치가 아니게 된.

니콘, 캐논 같은 일안 반사식SLR 카메라 제조사의 이름은 한국에서도 20세기부터 널리 알려져 있었다. MV 크리에이터 성원모 감독이 잡지 『씨네21』 1392호(2023년 2월 14일자) 인터뷰에서 한 대답이 아주 흥미롭다. "16년간 업계에서 일하면서 어떤 변화를 체감했나?"라는 질문에 "중요한 분기점이 있었다. 2010년을 전후로 캐논의 EOD 5D Mark II가 나오고 중국의 각종 스테비라이저 장비가 상용화됐던 때다."라고 하여 분기점을 4G 시대로 접어드는 시기로 증언한 것이다. 이 책이 주목하는 LAVnet의 태동 시기와도 겹치기 때문이다. 카메라가 신체가 된 상황도 이렇게 큰 진화가 뒷받침하고 있었던 것이다. 다만 기사에 언급된 EOD 5D Mark II라는 기종명은 존재하지 않으므로 아마 캐논 EOS 5D

Mark II(2008년 출시)의 오기일 것이다.

재미있는 것은 오늘날 K-POP 세계에서는 촬영자가 몸에 착용하고 촬영하는 스테디캠steady-cam이라는 대형 촬영 장비와 그 상품명인 로닌Ronin 같은 이름까지 한국 YouTube 팬들의 글이나 방송에서 사용되고 있다는 점이다. 참고로 로닌은 중국 광둥성 선전深圳에 있는, 드론으로 유명한 제조사 DJI가 만든 제품이다. 음악 프로그램 촬영 감독에게 팬들이 "로닌, 멋지게 찍어 주세요!"라며 응원을 보내기도 한다. 팬들의 관심과 지식에 놀라지 않을 수 없다. 그 밖에도 지미집Jimmy Jib이라는 이름의 크레인이 달린 촬영 장비 등도 종종 언급된다. 워낙 격렬한 아티스트의 '움직임'에 맞설 수 있는 새로운 시대의 '춤추는' 카메라가 요구되었던 것이다. 이제 촬영에는 평소에 볼 기회도 없어 어떻게 생겼는지 상상도 힘들었던, 수평을 유지하기 위한 짐벌gimbal이라는 나침반까지 필요하다. 과거에는 누가 이런 상황을 예측할 수 있었을까.

확인할 것이 하나 더 있다. 카메라는 이제 크리에이터만의 점유물이 아니라는 점이다. 스마트폰의 보급으로 누구나 언제든지 아티스트를 동영상으로 찍어 공유할 수 있게 된 점을 잊어서는 안 된다. 큰 망원 렌즈가 달린 DSLR로 아티스트의 모습을 잡으려는 '대포누나'라는 호칭까지 나타났다. 다만 왜 여기서 남성이 아니라 굳이 '누나'라는 말로 희화화해야 하는가, 라는 문제를 제기할 수 있으니 이 말의 사용은 추천하고 싶지 않다. 이렇듯 일본이나 한국에서 생겨나는 신조어도 하나하나 따져 보면 종종 문젯거리가 숨어 있다.

EXO의 〈으르렁〉으로 인해 오늘날 K-POP의 영광이 어떻게 만들어졌는지 뚜렷하게 살펴볼 수 있었다. '으르렁'이라는 의성어는 세계를 향한 새로운 K-POP의 포효였다. 〈으르렁〉의 가사처럼, 그 '목소리'처럼 조금씩 거칠어지면서 기존의 시각 세계를 무너뜨렸던 것이다.

거의 무채색 속에 붉은 모자와 신발이 살짝살짝 빛나는 MAMA의 이 동영상과는 별개로, 나중에 공개된 〈으르렁〉의 댄스 동영상 역시 원 테이크 카메라의 시선으로 찍혀 카메라가 함께 춤을 추고 있음은 두말할 나위가 없다. 여기서도 모노톤의 영상이 신체성을 강조하고 있다.

〈으르렁〉에서는 아직 없었던 것들

오늘날의 관점에서 EXO의 MAMA 동영상을 보면, 카메라의 위치가 사람의 눈높이에만 국한되어 있다는 식의 지적은 얼마든지 가능하다. 〈으르렁〉과 〈늑대와 미녀〉라는 설정이 그렇게 만들었던 것이다. "그런데 바닥을 아슬아슬하게 가로지르는 로low 포지션, 로 앵글로도 이 군무를 꼭 보고 싶다." 카메라의 모든 시점을 섭렵하고 K-POP의 다양한 카메라 워크에 익숙해진 지금의 우리라면

●★
EXO 엑소
'으르렁(Growl)' MV(Korean Ver.)

그렇게 말하고 싶은 것도 당연하다. 로 앵글로 보면 EXO의 '사나움'을 더욱더 실감할 수 있을 것이다. 하지만 착각해서는 안 된다. 지금 우리가 보고 있는 동영상은 놀랍게도 2013년, 그러니까 10년도 더 전에 만든 것이다. 이 책에서 다루고 있는 'K-POP MV 아트' 중에서는 이미 고전으로 회자되는 작품에서도 이런 일을 벌이고 있었던 것이다.

곡명이 된 〈늑대와 미녀〉라는 모티프는 분명히 카메라를 '메타하는' 계기가 되었을 것이다. "그래, 카메라를 '미녀'의 역할로 만들어 보자."라고. 그와 동시에 '카메라=미녀의 시각'이라는 자리매김은 카메라=눈이 가져야 할 시각에서 '해방된 신체로서의 카메라의 시각'까지 제한해 버린다. 카메라는 '미녀'라는 말로 한정된 역할을 떠맡기 때문이다. 지금 시점에서 보면 그러한 역할이 빤히 드러나 보인다. 따라서 시선은 '미녀', 즉 사람의 높이에 계속 머물러 있었던 것이다. 자유롭게 풀려난 카메라였다면, 무대 바닥에서 훑는 로 포지션처럼 훨씬 더 자유로운 시점을 확보하는 것도 기술적인 문제만 극복할 수 있으면 얼마든지 가능했을 것이다. 하지만 아마도 '미녀의 역할'이라는 전혀 불필요한 자리매김으로 인해 '카메라라는 눈=신체'의 자유로움을 빼앗아 버린 셈이다.

작품은 말로 명명할 수 있는 무엇인가를 표현하는 것이 아니다

카메라의 자유를 빼앗는 이러한 한계는 작품을 만드는 미학의 근본적인 자세에서 비롯된다. 이러한 한계는 지금도 많은 MV에서 종종 드러난다. 즉 "이러이러한 것을 표현하자."라는 지향성, "○○을 표현하자."라는 방향성이 결국 거꾸로 한계를 초래하는 것이다. 여기에는 "내 안에 있는 것을 'ex-로(=밖으로) press하는(=밀어내는) 것이 expression이다."라는 표현론이 도사리고 있다. "이 작품은 무엇을 표현한 것인가?"라는 식의 질문도 모두 이러한 표현론에 근거한다.

여기서 결정적인 문제는 안에 있다고 규정되는 그 '무언가'가 '말'로 지칭되어 있다는 점이다. 작가의 주관적인 믿음이 "○○(무언가)를 표현한다."라는 형태로 작품이 만들어지기도 하고, 혹은 작가가 나중에 "이것은 ○○을 표현했다."라고 표명하는(밝히는) 경우도 있다. 예컨대 영화감독이 인터뷰에서 "이 영화에서는 ○○을 표현했습니다."와 같이 말하기도 한다. 그러나 그것은 말로밖에 할 수 없기 때문에 어쩔 수 없이 그렇게 말하는 것뿐이다. 사람의 마음을 움직이지 못하면 영화를 만들 수 없기 때문에 작가도 감독도 억지로 마치 처음부터 무엇인가를 표현하기 위해 만드는 것처럼 이야기한다. 하지만 작품은 결코 말로 이름이 주어진 그런 '○○'을 표현하는 것이 아니다. 완전히 반대다. 작품을 접하는 사람들이 필요하다면 그 작품에 '○○'라는 '말'로 조형화를 하는 것이다. 감동을 언어화할지 여부도 작품이 아니라 '우리'가 결정하는 것이다. 음악 작품이든 미술 작품이든 영화든, 예술과 표현 미학의 근간은 바로 이런 것이다:

작품은 '말'로 명명할 수 있는 것을 '표현'하는 것이 아니다. 반대로 작품을 접하는 우리가 경우에 따라서 거기서 무언가를 만나서 찾아내고, 그것을 '말'로 조형하고 싶어질지도 모른다. 바로 그것이 표현에서 언어를 둘러싼 구조다.

'○○을 표현한다'는 식의 주객이 전도된 발상은 버려야 한다. '○○을 표현하고 싶다'면 '○○'이라는 '말'로 형상화하면 된다. 말의 힘은 '슬픔'과 같은 한 마디만으로도 그 말의 의미와 느낌을 충분히 상기시킬 수 있다. '슬픔'이라는 한 마디로는 모자란다면 그때 '표현'하고 싶었던 것은 '슬픔'이 아니었던 것이다.

세계상은 '○○을 표현하기 위해' 만들어진 것이 아니다. 우리는 이미 만들어진 세계상에 어떨 때는 '말'을 덧붙이고, 어떨 때는 '말'을 곁들이지 못한 채 이리저리 떠밀리는 것이다. 이것이 작품이라는 세계상을 앞에 두고 우리가 경험하는 '표현'과 '감동'의 본 모습이다.

그러나 EXO의 〈으르렁〉을 둘러싼 이러한 비평은 현대의 K-POP 뮤직비디오에 익숙한 우리의, '그때는 아직 없었던 것들'에 대한 사후적인 영탄과 아쉬움에 불과하다. 중요한 것은 이 점이다. EXO의 〈으르렁〉과 카메라 워크는 분명 K-POP을 형상화하는 방법의 혁명이었던 동시에 K-POP을 공유하는 방식의 혁명이었다는 것. 다시 말하지만 카메라는 단순한 장치에 머물지 않고 춤을 추기 시작했고, K-POP은 '몸'과 '신체성'을 향하여 대담한 진격을 개시했다.

우리는 이미 이소룡과 오야마 마스타쓰=최영의를 알아 버렸다

그런데 이렇게 '메타하는 카메라'에 의해 새롭게 나타나기 시작한 관계성은 멤버들이 무술 장면 연기를 시작하는 순간인 06:00 무렵부터 아주 쉽게 깨져 버린다. 무술 동작, 무술 신scene을 '찍는다'는 전통적인 카메라의 역할로 되돌아가기 때문이다. 객체로서의 무술 연기와 그것을 찍는 카메라. 무술 동작을 삽입한 이 연출은 썩 훌륭하다고는 할 수 없다. 동작은 결코 서툴지 않고 나름대로 멋지다. 그러나 그들의 연기를 보며 '아, 이건 무술이구나' 하는 생각, 즉 댄스가 아니라는 상념이 우리의 머릿속에서 오락가락하기 시작한다.

우리는 쿵푸의 이소룡이나 가라테의 오야마 마스타쓰(최영의) 이후, 영화나 만화를 통해서 무술이 어떤 것인지 이미 충분히 알게 되었다. 무술은 적의 전투 능력을 빼앗는, 경우에 따라서는 생사를 가르는 찌르기이고 발차기이지, 결코 춤이 아니다. 애초에 '댄스 가라테'라는 말 자체가 방어 용구를 착용하지 않는 직접타격제 '풀 컨택트 가라테full contact karate'의 반대말이 아니었던가. 뼈와 뼈가 맞부딪혀 꺾이고 삐걱거리는 것이 무술이다. 상대의 몸에 닿지 않는 찌르기나 발차기 흉내는 칼군무의 에너지에는 도저히 미치지 못한다. 바로 뒤에 이어지는 두 사람의 춤이 겨루기보다 훨씬 정교하고 힘이 넘치는 점이 그 증거다. 쿵푸든 가라테든 태권도든, '보는 것' '보여 주는 것'이 되는 순간 무武로서의 성격을 잃는다. 그러니 무술을 K아트에서 이용하고 싶으면 무술 자체를 보여 주는 게 아니라 또 다른 형태로 처리해야 한다. 그것을 〈으르렁〉에서 11년 후, 2024년에 여성 그룹 IVE아이브가 MV에서 실현해 주었다. 바로 〈Accendio〉다.

●
IVE 아이브
'Accendio' MV

무술의 신체성과 K-POP의 신체성 — 이소룡의 후예들

21세기인 오늘날 K-POP 스타들의 세대에게는 이제 이전 세기의 신화처럼 희미해졌을지도 모르지만, 이소룡Bruce Lee(1940-1973)은 중국 이름 리샤오룽李小龍으로 알려진 무예가이자 배우다. 한국에서는 [이소룡]이라는 한국식 발음으로, 일본어에서는 [부루우스 리이]에 가까운 발음으로 알려져 있다. 《용쟁호투龍争虎鬪(Enter the Dragon)》(1973) 등으로 전 세계에 중국 무술을 알리며 큰 영향을 끼쳤다. 영화 《말죽거리 잔혹사》(감독: 유하, 2004)에서도 권상우가 쿵푸와 쌍절곤으로 싸우는 이소룡을 동경하는 고등학생 역을 맡은 바 있다. 무협영화에는 훗날 성룡Jackie Chan(1954-) 등 적지 않은 스타들이 등장해서 한국, 일본의 영화는 물론 태국과 베트남 영화 등에도 폭넓은 영향을 미쳤다.

K-POP에서는 NCT 127이 무예 동작을 살려 21세기적 감성으로 조형화한 〈영웅(英雄; Kick It)〉 MV가 2020년에 발표되어 눈길을 끌었다. Performance

Video에는 없지만, MV에는 역시 쌍절곤 장면도 슬쩍슬쩍 나온다. 배경이 된 가두 전광판에는 '無限的我'('무한한 나'라는 뜻의 중국어식 표현을 한국어 한자음 '무한적아'로 썼다)라는 2017년 발표한 명곡의 제목을 넌지시 보여 준다. 가사에도 "소리치면 돼 내겐 no more trauma"이라는 긍정적인 선언이 나오며 '브루스 리'라는 이름도 몇 번이나 등장한다.

가라테와 한민족 — 최영의, 또는 오야마 마스타쓰의 경우

오야마 마스타쓰大山倍達(1923-1994)는 일본을 중심으로 활동한 가라테空手道 무도인이다. 본명은 최영의崔永宜로 알려져 있다. 생전에 만화 《가라테바카이치다이空手バカ一代》(가지와라 잇키梶原一騎 원작, 쓰노다 지로つのだじろう, 가게마루 조야影丸譲也 작화, 1971년부터 1977년까지 연재)의 주인공으로 등장했다(단 만화에서는 일본인으로 그려져 있다). 일본에서는 널리 알려진 작품이고 필자도 고등학생 시절에 무술을 배운 경험이 있기도 해서 대학생 시절에 애독했으나 주인공이 한국인이라는 사실은 나중에 알았다. 차별 때문에 출신을 공개하지 않고 일본인으로 활동하는 연예인은 많아서 흔한 일이었지만, 그래도 충격이었다. 극진極真회관을 창설한 오야마는 일본뿐만 아니라 세계에 가라테를 전파했다. 맨손, 맨발로 얼굴 등을 제외하고 실제로 상대방의 몸을 타격하는 '풀 컨택트 가라테'로 알려졌다. 한국에서는 최영의, 그리고 마스타쓰의 독음인 최배달이라는 이름으로 고우영이 만화 『대야망』(1972)에서 그렸고(물론 이 책도 읽었다) 방학기 원작의 만화를 동명의 영화로 제작한 《바람의 파이터》(감독: 양윤호, 2004)의 주인공으로도 등장했다. '배달 민족'이라는 말도 있듯이 '배달'은 한민족을 아름답게 부르는 이름이다.

한편, 만화에는 등장하지 않았지만 나카무라 히데오中村日出夫(1993-2013)도 일본에서 활약한 한민족 가라테인으로 종종 전설처럼 언급되기도 한다. 민족명은 강창수姜昌秀. 이른바 '오키나와 가라테' 등을 비롯해 일본어권에서 언급되는 무술과 격투기, 그리고 스포츠와 연예계에는 한민족뿐만 아니라 다양한 다민족적 인사들이 활약하고 있다.

댄스와 신체성의 가능성

우리는 지금 K-POP의 춤을 살펴보고 있다. 이 춤에서는 배울 점이 너무나 많다. 신체성의 공유라는 관점에서 보더라도 춤의 가능성은 매우 크다. YouTube를 통해서도 세계 각지에서 정말 다양한 춤이 시도되는 양상을 볼 수 있다. K-POP의 춤이 하나의 극한이라면, 또 다른 극한들이 하나가 아니라 여러 개 존재하는 것이다. 한국에서는 『실격당한 자들을 위한 변론』(사계절, 2018), 『사이보그가 되다』(김초엽과 공저, 사계절, 2021), 『온전히 평등하고 지극히 차별적인』(문학동네, 2024) 등의 저서로 유명한 변호사 김원영의 댄스가 그 예이며, 일본의 사례로는 『K-POP 원론』 일본어판 출판사인 하자Haza와도 이벤트를 함께한 댄서이자 안무가인 자레오 오사무砂連尾理의 국제적인 활동을 살펴보아도 좋을 것이다. 휠체어를 탄 사람과 춤추기, 노인과 춤추기, 간병의 역할과 의미를 지닌 춤 등을 주제로 다룬 그의 저서로 『양로원에서 탄생한 '더듬더듬댄스' 춤처럼, 간호처럼(老人ホームで生まれた〈とつとつダンス〉ダンスのような, 介護のような)』(쇼분샤, 2016)이라는 책도 있다. 제목에서 '더듬더듬'이라 번역한 부분은 일본어의 한자어 오노마토페인 '도쓰도쓰訥訥'이다.

●
[PAMS Choice] Kim Wonyoung x Project YYIN
"Becoming-dancer" / 김원영x프로젝트 이인 "무용수-되기"

●
KYOTO EXPERIMENT 2012
- Osamu Jareo / Thikwa + Junkan Project 予告編 [Trailer]

② — ⑥

pre K-POP에서 K-POP 고전 단계로

K-POP 세대론 — 제1세대부터 제5세대까지

지금 살펴본 MAMA의 EXO 무대 객석에는 지드래곤과 소녀시대 서현과 효연의 모습이 보인다. 2012년에 데뷔한 EXO에게 세 사람은 대선배다(책 앞 면지에 수록한 〈K-POP 역사지도〉를 참조). 지드래곤G-DRAGON 권지용이야말로 2006년 데뷔한 압도적인 남성 5인조(현재 4인) 그룹 빅뱅BIGBANG에서 많은 곡을 만들고 노래, 랩, 춤을 담당하여 말 그대로 'King of K-POP'이라 불리며 K-POP의 기초를 다진 인물이다. 패션의 아이콘 역할도 했고 MAMA를 비롯해 수많은 음악상을 수상하며 많은 기록을 남겼다.

2007년에 데뷔한 그룹 소녀시대GIRL'S GENERATION 역시 여성

9명(현재 8명)으로 구성된 K-POP의 대명사 같은 그룹이다. 약칭 인 SNSD와 '소시'는 일본어권에서도 많이 사용된다. 빅뱅과 소녀시대는 BTS 이전의 거성이라고 할 수 있다. 이들을 필두로 2004년 결성된 5인조(현재 2인조) 동방신기東方神起, TVXQ!부터 2010년경까지 데뷔한 슈퍼주니어, 원더걸스Wonder Girls, KARA카라, 2NE1투애니원, 샤이니SHINee, f(x)에프엑스, 솔로 가수 아이유IU 등이 K-POP '제2세대'로 불리고 있다.

제2세대는 한국어권을 넘어 일본어권에서도 널리 알려졌다. 제2세대가 일군 지평은 2008년 한국에서 시작된 YouTube를 중요한 계기로 삼아 다음 제3세대의 LAVnet형 활동을 개척했다. 오늘날의 K-POP의 번영은 이들 제2세대 아티스트들이 모델을 제시해 준 셈이다. 이 책이 다루는 것은 주로 제3세대, 그리고 현재의 제4, 제5세대 아티스트이다.

한국 가요의 음악 혁명, 서태지와 아이들

세대론을 언급했으니 한국 팬들에게는 익숙하겠지만 한국 현대 대중음악사를 간단히 살펴보자.

한국 가요의 음악 혁명은 모든 대중 음악 담론이 이구동성으로 말하듯, 1992년부터 1996년까지 활동한 서태지, 이주노, 양현석으로 구성된 '서태지와 아이들'로부터 시작되었다. 서태지의 사회적인 영향력은 대단해서 그의 은퇴는 9시 뉴스에서 톱 기사로 다뤄질 정도였다. 양현석은 1996년 YG엔터테인먼트를 설립하고 이후 K-POP의 거대한 설계도를 그린 프로듀서이다.

음악 혁명은 1993년에 등장한 DEUX듀스도 함께했다. 서태지와 아이들의 혁명적 위치는 문자 그대로 모두가 인정하는 바이기에 더 말할 필요도 없다. 하지만 노래하고 춤추고 랩을 들려주는 DEUX 두 멤버의 공로도 결코 과소평가되어서는 안 된다. DEUX는 일본어와 영어를 구사하는 장신 래퍼 김성재와 그가 세상을 떠난 후 솔로로 활동한 이현도로 구성되었다. 서태지와 아이들, DEUX 등 혁명가들의 음악 혁명으로 한국 음악계에 랩이 큰 자리를 차지하게 되면서 한편으로는 춤도 빼놓을 수 없는 요소로 자리 잡았다.

한국의 음악 혁명은 '힙합 혁명'이기도 했다

힙합HipHop도 급속도로 사람들의 입에 오르내렸다. 랩과 브레이크댄스, 버킷햇과 굵은 골드체인, 큼직하고 헐렁헐렁한 데님 같은 스트리트 패션이나 벽에 그리는 낙서 그림=그래피티 등 다양한 힙합 문화가 어린아이까지 모르는 사람이 없을 정도로 보편화되었다. 타투가 점차 퍼져 나간 것은 일본과 크게 다른 점이다. 이와 함께 미국 힙합을 통해 영어의 속어 등도 곡명이나 가사에 즐겨 사용되었다. 다만 한국 사회에서 널리 받아들여지지 않는 것은 이른바 갱gang 관련 문화였다. 더 나아가 K-POP에서는 필터로 걸러진 힙합을 수용한 측면이 있다고도 볼 수 있다. 어쨌든 한국의 음악 혁명은 '힙합 혁명'이라고 불러야 할 성격을 짙게 띠고 있었다. 특히 힙합을 둘러싼 양상은 일본 사회와는 많이 차이가 있었다.

랩과 춤은 한국 음악을 K-POP이라는 완전히 새로운 차원, 전 세계가 공유하는 음악으로 재구성하는 표현양식상의 장치가 된 것이다. K-POP의 존재양상을 만든 장치가 LAVnet이었다는 점은 이미 제1악장에서 논의했다. 랩에 대해서는 3-1에서 자세히 언급할 것이다. 랩을 추진한 혁명가들 없이는 오늘날의 K-POP은 존재하지 않았다는 점은 말할 필요도 없다. BTS도 출발은 힙합을 지향하는 그룹이었다.

참고로 음악 혁명이 출발하던 당시와 비교하면 오늘날의 춤은 고도로 짜여진 구성주의적 춤을 비롯해서 매우 다양해졌다. 기술적으로도 오늘날의 많은 작품은 말하자면 춤의 '초절기교 연습곡' 같은 것이 되고 있다.

장대한 K-POP 문화의 기획자들

남성 5인조 그룹 H.O.T.High-five Of Teenagers는 포스트서태지 시대에 유행의 최전선에 서서 구성주의적 요소를 많이 도입한 춤을 췄고, 곧이어 아티스트들이 직접 곡을 만들기도 했다. 랩이 중요한 위치를 차지했음은 두말할 나위도 없다. 제목에서도 알 수 있듯이 〈We are the future〉 등은 자기주장이 강한 성격의 곡이었다.

H.O.T.가 소속된 SM엔터테인먼트는 오늘날 HYBE, YG, JYP와 함께 4대 기획사 중 하나다. 한국어에서는 '4대 기획사'나 '대형 연예기획사'처럼 '기획사企劃社'라는 말이 많이 쓰이는 데 비해 일본어권에서는 '사무소事務所'라는 말이 널리 쓰인다.

1970년대 포크 가수로 알려진 이수만이 1989년 SM기획을, 뒤이어 1995년 SM엔터테인먼트를 설립한 이후 SM은 사실상 K-POP을 견인하는 압도적인 중핵이자 기치가 되었다. 이 점에서 이수만의 이름은 불멸이다. SM의 이수만, 그리고 YG의 양현석, JYP의 박진영과 HYBE의 방시혁의 이름은 4대 기획사를 세운 기업인에 머물지 않고, K-POP이라는 장엄한 문화의 '4대 기획자'로서 역사에 남을 것이다.

서태지와 아이들 출신의 이주노가 프로듀싱한 남녀 혼성 5인조 그룹 영턱스클럽Young Turks Club의 등장도 1996년이었다. 현재 K-POP 곡은 누구나 노래방에서 쉽게 부를 수 없을 정도로 복잡하고 고도로 계획된 멜로디로 이루어진 곡이 많다. 하지만 영턱스클럽은 마치 1960년대식 트로트 멜로디를 그대로 댄스곡으로 만든 듯한 〈정情(위험한 이별)〉이 히트하며 알려졌다. 오래된 곡이지만 YouTube에도 많은 영상이 남아 있다. 그야말로 20세기적인 춤, 회고적인 가사와 선율로 자극하는 구성이었다.

K-POP의 태동 — 프레pre K-POP 시대

1997년에는 바다Sea, 유진Eugene, 슈Shoo라는 재기발랄한 여성 세 명으로 구성된 S.E.S.에스이에스가 등장해 일본에서도 알려졌다. 같은 해 YG엔터테인먼트에서 등장한 남성 2인조 그룹 지누션JinuSean은 배우이자 가수였던 엄정화와 컬래버레이션으로 명곡 〈말해줘〉를 남겼다. 엄정화의 〈초대(Invitation)〉는 20세기 MV 걸작 중의 걸작이다.

1998년, 남성 6인조 신화SHINHWA가 발표한 〈해결사(The Solver)〉는 멜로디와 랩의 조합, 그리고 흔들리는 진자 위에서 노래하고 춤을 추는 MV도 인상적이었다. 참고로 신화는 현재까지도 활동하고 있어 장수 그룹으로도 유명하다.

1998년에는 유승준Steve Yoo의 〈나나나〉도 크게 히트했다. 여자 교생 선생님을 향한 남자 고등학생의 사랑이라는 스토리를 선명하게 내세운 이 MV는 7분이 넘는 긴 작품이었지만, 한국 TV의 음악 프로그램에서도 자르지 않고 거의 끝까지 방영되었다. 교생 역으로 등장한 배우는 훗날 《겨울연가》(2002)로 이름을 알리게 된 최지우였다. MV 안의 신입 교생 소개 장면에서는 칠판에 한글로 "교생 최지우"라고 적혀 있다. 교생이 독일산 자동차 아우디를 타고 다니는 것도 당시 한국 드라마풍의 설정이며, MV 말미에는 뉴스 보도의 형태로 주인공이 앞으로 세계적인 인물이 될 것이라고 암시하는 장면도 나온다. K-POP의 세계적 성공은 오늘날 BTS가 실현해 주고 있다. 유승준의 병역 거부 문제로 〈나나나〉는 사람들 입에 더 이상 오르지 않게 되고 말았지만, 이 MV 역시 시대를 구가한 20세기의 걸작 중 하나임에 틀림없다. 2014년에 알리Ali가 TV 음악 프로그램《불후의 명곡》에서 리메이크한 적이 있다. 알리의 뛰어난 가창력은 대부분의 노래를 원곡보다 훨씬 더 근사하게 만드는데, 역시 이 곡만은 MV의 **'이야기'**성性이 만들어 내는 서정과 속도감이라는 점까지는 다다르지 못했던 것 같다. 〈초대〉도 〈나나나〉도 꼭 DVD로 감상해 보길 바란다.

S.E.S.의 MV는 SM에서 리마스터판을 제공하고 있다. 1997년의 〈('Cause) I'm Your Girl〉은 리듬이나 선율에서 시간의 흐름을 느끼게 한다. 그렇지만 3:00 이후 멤버들의 존재감을 부각하는 클로즈업 장면에서는 노래의 역량과 다성성을 최대화하는 오늘날 K-POP 경향의 징조를 발견할 수 있다. 클로즈업 영상은 무비가 아니라 각각의 스틸 인물 사진으로 보아도 걸작이다.

요즘 YouTube에서 엄정화의 멋진 모습을 만나고 싶으면 MBC 예능 프로그램《놀면 뭐하니?》에서 만든 프로젝트 그룹 '환불원정대'를 찾아보자. 엄정화를 비롯해, 제1세대 4인조 그룹 Fin.K.L.핑클의 리더였던 이효리, 제시JESSI, 마마무의 화사HWASA까지, 세대를 초월한 최강의 가수 4명이 함께하는 〈DON'T TOUCH ME〉 MV를 볼 수 있다. 이런 분들이 요구하는 '환불'이라면 우리는 아무 말 없이 응할 수밖에 없다. 어떤 '환불'일까? 지금까지 남성만이 누

S.E.S.
('Cause) I'm Your Girl' MV

(Eng sub) [환불원정대]
'DON'T TOUCH ME' M/V
(Hangout with Yoo - Refund Sisters)

리던 혜택에 대한 환불이다. 2020년에 히트친 걸작 MV에서 4명 각각의 목소리가 각인해 주는 존재감을 만끽하자.

K-POP의 시기를 크게 나눌 때 20세기까지는 태동기, '프레pre K-POP'의 시대, 또는 전 단계라고 부를 수 있다.

21세기를 향하여 — 새 시대가 열린다

일본에서도 잘 알려진 솔로 가수 BoA보아의 데뷔는 2000년이었다. 1집은 〈ID; Peace B〉. 노래도 잘하고 춤도 잘 추는 재기발랄한 열네 살 소녀의 등장이었다. 일본에서는 아직 한국의 노래도, 음식도, 물론 한글도 모르는 사람이 많던 시대였다. '친선대사'라는 말이 있는데, 그야말로 BoA에게 꼭 어울리는 말이다. BoA야말로 K-POP이 아직도 생소했던 일본이라는 땅에서 오늘날의 K-POP을 개척한 아티스트다. 현재까지도 일선에서 활약하며 많은 작품을 발표하고 있다. 현재 YouTube에서 감상할 수 있는 〈ID; Peace B〉는 2021년의 리마스터판이며 〈Sara〉도 같은 앨범에 수록되었다. 후자는 고등학교를 무대로 하고 있어 14세 당시의 BoA의 모습을 만날 수 있다. "사라 사라"라며 부르는 애수 띤 코러스의 선율이 아름답다. 〈Jazzclub〉은 일본어 노래로 동영상은 소박한 구성이다. 〈CAMO〉는 한국어 작품으로 동영상은 시각적으로 인공적인 다양한 작업이 들어간 작품이다. 2017년, BoA가 30대에 접어든 시기의 작품이니 그 변화와 함께 비교해 보자. 무엇보다 작품의 속도감에 큰 차이가 있을 것이다.

2022년에 BoA는 중국의 류위신刘雨昕과 함께 〈Better对峙〉 MV에서 중국어로 노래를 불렀다. BoA 등이 활약하기 시작한 시기부터 YouTube가 등장하기 전까지의 21세기는 K-POP의 '고전 단계'라고 할 수 있다. 이때 활동한 아티스트는 일반적으로 '제1세대'로 분류된다. 제1세대는 YouTube 이전, LAVnet 이전의 그룹이다. 제1세대라면 상당히 제한적이지만 제2세대 정도가 되면YouTube에 동영상도 꽤 남아 있다.

이런 식으로 과거를 현재와 함께 볼 수 있다는 점에서도 YouTube, LAVnet은 우리의 시간 감각을 완전히 바꿔 버렸다. LAVnet은 눈과 귀로, 시간을 통제하면서 현재와 과거를 동시에 경험할 수 있는 토대를 대대적으로 마련해 주었다. 시간에 관한 변용은 나중에 우리가 살펴볼 논의에도 결정적인 무게감으로 작용할 것이다. 제5악장에서 다시 논의한다.

지금까지 살펴본 바와 같이, K-POP의 역사를 돌이켜 보면 알 수 있듯, 2003년 MAMA에서 EXO가 우리에게 들려준 〈으르렁〉이라는 울부짖음과, 이름 그대로 "우리는 방탄"이라고 선언한 BTS가 MV 〈We Are Bulletproof Pt2〉에서 들려준 '쿵쿵' 하는 발소리

BoA 보아
'ID; Peace B' MV

BoA 보아
'Sara' MV

BoA ボア
'Jazzclub' MV

BoA 보아
'CAMO' MV

야말로 새로운 제3세대 시대가 도래했음을 알리는 함성이었다. 〈으르렁〉에서 EXO가 했던 말을 기억할 수 있을까? "이젠 조금씩 사나워진다." 그렇다. 새로운 시대는 이렇게 확실히 예견되었던 것이다.

일본의 편의점에서

필자가 1996-1997년 서울 체류를 마치고 돌아온 이듬해인 1998년의 일이다. 어느 편의점에서 R&B의 향기가 나는 매우 그리운 한국 가요 같은 노래가 흐르고 있었다. 이 무렵 한국 음악은 R&B적인 감성이나 힙합 감성을 이미 반쯤은 자기화하고 있었다.

하지만 이 노래는 새로웠다. 게다가 가사는 일본어가 아닌가? 영어도 섞여 있지만 일본어식 영어가 아니었다. 또 한국어 같은 영어도 아니었다. 그렇다고 영어권 화자의 일본어도 아닌데 왜 일본어로 한국 가요를 부르는 걸까, 이런 대단한 가수가 도대체 어디에 있었나? 누구일까? 편의점의 젊은 점원 직원에게 물었다. 그는 근처에 있는 동료에게 물어보며 확인을 했다. 아직 이름이 널리 알려지지는 않은 모양이었다. "이거, 우타다 히카루죠?" 이것이 천재 소녀 아티스트, 우타다 히카루宇多田ヒカル(1983-)의 데뷔곡 〈Automatic〉과의 만남이었다. 완전히 개인적인 경험이지만, 필자에게 우타다 히카루의 곡들은 한국 음악과—그 당시는 아직 K-POP이라는 단어가 일반적으로 널리 사용되지 않던 때다—멀지 않은 곳에 있었다. 우타다 히카루는 그 후 일본을 대표하는 거물급 가수, 싱어송라이터가 되었다.

그리고 편의점에서 S.E.S.의 CD를 팔고 있는 것을 보고도 놀랐다. 왜 편의점에서 팔고 있었는지는 모르지만, 당시 힙합에서 독기를 뺀 듯한 노래가 각광을 받았기 때문에 일본어권에서도 크게 공감할 수 있으리라 생각했다. 21세기로 넘어오면서 시대는 매우 바쁘게 돌아갔다. 일본 학생들의 입에서 제1세대 K-POP 아티스트들의 이름을 듣는 것도 흔한 일이 되었다.

한국의 대중 음악사—또 하나의 K 무브먼트

한국어권의 대중 가요는 당연히 K-POP의 흐름만 있었던 것은 아니다. 그 원류를 추적하면 또 다른 'K 무브먼트'라고 할 수 있는 몇 가지 굵직한 물줄기를 발견할 수 있다.

하나는 일본에서 말하는 '엔카演歌', 한국어로 '트로트(트롯)'라고 부르는 흐름이다. 원래 영어 trot은 말의 빠른 걸음걸이를 뜻한다. 이 네 박자 리듬의 음악은 '뽕짝'이라는 오노마토페 속어로도 불리고 있다. 트로트의 특징인 도레미파솔라시도 음계에서 4도(파), 7도(시)를 뺀, 말하자면 '사칠 빼기'의 5음계(=펜타토닉 음계)도 선호되었다. 해방 이전부터 트로트의 전통이 한국어권에는 뿌리를 내리고 있었다고 할 수 있다. 1934년 이난영李蘭影이 부른 〈목포의 눈물〉, 1954년 한국전쟁의 이별을 노래한 남인수南仁樹의 〈이별의 부산 정거장〉 등은 트로트의 고전적 명곡이다. 일본에서도 잘 알려진 조용필은 트로트뿐만 아니라 팝과 록까지 폭넓게 불렀다. 트로트만으로도 한 권의 책을 써야 할 정도로 중요한 장르이고 기록되어야 할 가수도 많지만 아쉽게도 이 책의 주제는 아니다.

두 번째는 해방 후 미군의 주둔과 맞물려 대량으로 유입된 미국식 팝과 재즈다. 이때 팝의 음계도 리듬도 대량으로 유입되었다. 장조 음계에서 3도(미)를 반음 낮추면 단조가 되는데, 이런 음을 블루스 등에서는 장조에서도 사용한다. 3도나 7도를 반음 낮추는 '블루 노트blue note' 등도 한국 팝송에서 조금씩 일반화되었다. 밴드 계열의 음악이나 K-POP의 전신은 이런 계열의 팝송이라고 할 수 있다. 김건모 등이 이 분야의 대표격 인물 중 하나다. 그 후예로 디바 알리가 있다. 판소리와 바이올린도 배우고 다양한 분야의 노래를 소화하는 가창의 귀재인 이 가수는 모하메드 알리에서 이름을 따왔다고 한다. 《불후의 명곡》 등의 프로그램에서 알리의 폭넓은 역량을 확인할 수 있다. 최백호와 함께한 〈낭만에 대하여〉, 혹은 조용필의 〈고추잠자리〉, 양희은의 〈아침 이슬〉 등을 커버한 버전을 추천한다.

1996년에는 길거리 어디에서나 들려왔던 일기예보의 히트곡 〈좋아 좋아〉

와 같은 포크송 유형의 노래도 간간히 나타났다. 그 당시 필자가 일본의 대학에서 담당한 한국어 수업에서도 이 노래와 가사를 활용하여 아주 평이—선생님이 아니라 노래에 대한 평이—좋았다. "니가 좋아 너무 좋아"라는 가사가 인상적인 이 노래는 2021년 드라마 《슬기로운 의사생활》에서도 리메이크되어 일본에서도 일부 시청자들 사이에서 화제가 됐다. EXO가 랩을 덧붙여 리메이크한 경쾌한 버전도 들을 만하다. "룰루랄라 신촌을~."

세 번째는 서울대학교 미대 출신의 김민기金敏基와 서강대학교 인문대 출신 양희은의 노래로 대표할 수 있는, 대학을 하나의 근거지로 태어난 '민중가요'다. 김민기의 한자가 일본에서는 처음에 '金民基'로 알려졌던 것도 시대적 갈망을 상징하는 듯하다. 〈아침 이슬〉은 널리 알려진 명곡이다. 필자가 한국어 수업에서 활용한 것은 말할 나위도 없다. 양희은이 1996년 《MBC 대학가요제》 무대에 초대되어 부른 〈아침 이슬〉과 《불후의 명곡》에서 알리가 커버한 〈아침 이슬〉을 비교해서 감상해 보자.

김민기의 작품으로는 〈상록수〉를 비롯한 명곡이 많다. 공식 MV가 없어서 링크를 올릴 수 없으나 김민기의 목소리로 많은 명곡들을 들어 보시기를 강력 추천한다. 《JTBC 뉴스룸》에서 앵커 손석희와 나눈 2018년 인터뷰도 YouTube에서 볼 수 있다.

〈상록수〉는 COVID-19 시대에 많은 가수가 참여하여 부르기도 했다.

한편 K-POP의 아이유가 양희은의 다정다감한 소품 〈가을 아침〉을 아카펠라로 부르는 것을 들으면 이 다재다능한 아티스트가 2008년에 데뷔한 이래 오늘날까지 압도적인 지지를 받는 이유를 알 수 있을 것이다.

민중가요의 핵심은 학생운동, 노동운동에서 널리 공유되면서 '프로테스트

●
Yang Hee-eun - Morning Dew, 양희은
- 아침 이슬, MBC College Musicians Festival 19961019

●
불후의 명곡
- 알리, 가슴 먹먹해지는 읊조림 '아침 이슬'.20160625

송protest song'(저항 가요)의 성격을 띠었다는 데 있다. 연세대 사회사업학과를 졸업한 안치환은 민중가요의 다음 세대를 대표하는 가수다. 그가 즐겨 부른 노래로는 바로 민주화 투쟁 한가운데에서 태어났다고 할, 백기완 작사, 김종률 작곡의 〈임을 위한 행진곡〉이 널리 알려졌다. "앞서서 나가니 산 자여 따르라."

네 번째는 '국악'이라고 불리는, 전통 음악과 민요를 아우르는 대중적인 노래를 들 수 있다. 이 분야에서는 '국악소녀'로 불리는 송소희가 등장했다.

이러한 큰 흐름이 있은 후, 앞서 언급한 K-POP의 전 단계인 한국 가요가 꽃을 피운 것이다.

참고로 언급하면 한국어권에서는 '민중가요'라고 불리는 저항의 노래, 시위 포크송이 반체제 운동의 현장에서도 널리 불렸다. 노동운동, 학생운동, 민주화운동 등 반체제 운동을 아시다시피 한국어로 '운동권'이라는 말로 부르기도 하는데, 일본어에서는 찾아볼 수 없는 매우 귀중한 단어라 할 수 있다.

'민중가요'의 반대말은 놀랍게도 '건전가요'라는 말이었다. '비건전'한 민중가요는 〈아침 이슬〉처럼 공개되자마자 금지곡이 되었고, 카세트테이프나 레코드 같은 건 아무도 본 적이 없는데도 누구나 아는 노래가 되었다. 그 노래 소리는 멀리 일본까지 들려왔다. 〈임을 위한 행진곡〉이 아시아 각지의 투쟁 현장에서 공유되며 불린 점도 기억해 둘 만하다. 종종 절망적으로 고독하지만 그 가장 깊은 곳에서는 반드시 누군가가 함께하고 있는 것이 투쟁이라는 점을 음악은 우리에게 가르쳐 주는 듯하다.

민중가요는 일본에서도 해적판 카세트테이프 등으로 조금씩 유통되었다. 시인 김지하金芝河(1941-2022)의 시를 노래로 만든 〈금관의 예수〉라는 레코드

● 다시 부르는 '상록수 2020' 뮤직비디오

● 아이유 - 가을 아침(With. 유희열) [유희열의 스케치북/You Heeyeol's Sketchbook] | KBS 200918 방송

음반은 당시 재일한국청년동맹이 제작한 것으로 기억한다. 음반에는 김민기와 양희은의 노래가 많이 수록되어 있었고, 복제에 복제를 거듭한 듯한 잡음투성이의 음원이었지만, 실로 귀중한 것이었다. 필자도 그것을 보물처럼 들었다. 이후 김지하는 사실상의 사상적 전향에 가까운 행태로 사람들에게 알려졌고, 이후 2022년 5월에 세상을 떠났다. 그가 투쟁하던 시대에는 많은 인사들이 공감했던 것에 비해 김지하의 이러한 전향은 일본어권에서는 그렇게 널리 알려져 있지 않다. 현재 한국의 운동권에서는 김지하에 대한 평가가 현저히 낮아져 운동사에서 그의 위치가 거의 언급되지 않거나, 반대로 우파 언론으로부터 높이 평가받는 경우도 있다. 그렇다고 해서 두 차례에 걸쳐 사형선고를 받았던 1960-1970년대 김지하의 투쟁을 없었던 일로 할 수는 없다. 오히려 그러한 사상적 전회와 변용을 어떻게 자리매김할 것인가가 역사에 있어서는 과제가 될 것이다. 역사는 "끝이 좋으면 다 좋다."라는 식의 단순한 것이 아니기 때문이다. 죽음만이 삶을 결정하지 않는다. 역사가 우리에게 먼저 묻는 것은 항상 '지금, 이곳'의 삶이다. 음악사도 마찬가지다. 압도적인 공감을 얻으며 분명히 존재했던 음악과 그것이 잊혀진다는 것은 전혀 다른 문제이다. '지금, 이곳'에서 우리는 어느 쪽으로 나아갈 것인가.

1996년의 어느날, 서울대 도서관에서 책을 읽고 있었을 때 〈아침 이슬〉 노래 소리가 들려왔다. 몹시 그리운 마음이 들어 캠퍼스를 둘러보니 200명 가까운 학생들이 모여서 노래를 부르고 있었다. 이런 때면 바로 인원수를 눈으로 세거나 헬멧의 색깔을 확인하려 드는 것도—참고로 한국에서는 데모를 할 때 시위대가 헬멧을 착용하지 않지만 일본에서는 헬멧의 색깔과 그려진 선으로 당파를 구분했다—투쟁을 하던 시대의 사람들이 지닌 습성 같은 것이다. 이 부분까지 읽는 일본 독자라면 연령에 따라서는 필자를 두고 "이 녀석, 헬멧 색깔이 뭐지?"라고 경계하는 사람도 적지 않을 것이다. 일본에서는 운동권 내부의 당파 투쟁이 처참할 정도로 격렬했기 때문이다. 혹시 당신이 그런 데 관여한 분이었다 하더라도 경계하실 필요는 없다(이 책은 K-POP 책이니까 일단 안심하고 읽어 주시길). 서둘러 도서관을 나오니, 대학 캠퍼스 한가운데서 벌어지고 있는 집회 현장 바로 위로 이번에는 경찰 헬리콥터가 날아왔다. 영화에서 보던 베트남 전쟁 당시 미군 헬리콥터의 공포가 떠올랐다. 헬리콥터는 갑자기 빨강, 파랑, 노랑 가루 같은 것, 형광 물질이 섞인 최루액을 학생들 머리 위로 뿌리기 시작했다. 김영삼 대통령 시절이었다. 여담이 길었다.

운동권에서 부르는 K-POP — 이 세상에서 반복되는 슬픔, 이젠 안녕

K-POP과 운동권의 관계를 살펴볼 때 한 가지 상징적인 사건이 있었다. 바로 2016년 이화여대 투쟁 현장에서 학생들이 소녀시대의 2007년 데뷔곡 〈다시 만난 세계〉를 부른 사건이다. 민중가요가 주된 역할을 지녔던 시위 현장에서 K-POP이 불린 것이다. 이 사건은 사회적으로도 널리 알려졌고 사람들을 놀라게 했다.

가사는 이렇게 말한다. "이 세상에서 반복되는 슬픔, 이젠 안녕" 그렇다, 슬픔이 반복되어서는 안 된다. 이 노래의 MV는 2011년 공개되었다. 전술했듯이 한국에서의 YouTube 시작은 2008년이었다. 2024년 7월의 조회수가 7,096만 회인데 영어, 스페인어 등을 포함한 6만 8,000개가 넘는 댓글이 붙어 있어 놀랍다.

●
Girls' Generation 소녀시대
'다시 만난 세계(Into The New World)' MV

일본의 운동권과 노래

일본의 운동권은 어땠을까? 한국에서는 그다지 알려지지 않아 궁금하신 독자도 많을 것이다. 이 책에서 일본의 운동권을 언급할 때는 특히 1967년의 '10·8', 이른바 '하네다羽田투쟁' 이후의 운동권을 상정하고 이야기한다. 그 이전의, 예를 들어 '우타고에うたごえ 운동(노랫소리 운동이라는 뜻)' 등은 이 책이 현실감을 가지고 이야기할 수 있는 범위를 벗어나기 때문이다. 덧붙여 세상에서 흔히 말하는 1968년을 기준으로 삼지 않은 것도 이해해 주었으면 한다. 국제적인 운동권의 상징성이라는 측면에서는 1968년을 꼽아야 하겠지만, 일본 운동권의 현실에서는 1967년이 결정적이고 획기적인 해였다. '하네다투쟁'이라고 불린 투쟁과 거기서 스러져 간 생명은 학생, 노동자, 농민은 물론이고 고등학생, 때로는 중학생들에게까지 충격을 주었고 일본을 각성시켰다고 해도 과언이 아니다.

한편, 대학의 전공투全共闘 운동을 비롯한 일본 운동권의 투쟁을 '학생만의 운동'으로 운동 주체를 왜소화하는 담론에는 주의해야 한다. '일본의 고도 경제성장 속에서 한가한 학생들은 여가시간에 놀고, 운동하고, 모두 약삭빠르게 취업했다'는 식의 담론에도 조심, 또 조심할 필요가 있다. 이러한 생각은 위험하다. 절반은 거짓이다.

사실 일본 운동권에서 펼친 투쟁은 정말 다양한 사람들이 모여 온갖 차별과 억압을 거부하려는 것이기도 했다. 물론 운동 주체가 현실을 따라가지 못하는 경우도 얼마든지 있었다. 패배를 거듭했고 얻어 낸 성과도 극히 미미했을지도 모른다. 너무나 심한 전향 같은 일도 빈번했다. 돌이켜 보면 오히려 그러한 나쁜 기억만이 남아 있을지도 모른다. 그러나 적어도 운동이라는 과제를 진지하게 짊어졌던 사람들은 아무리 머나먼 곳일지라도 앞을 응시하려고 했다. 그들이 추구한 이념은 모든 차별과 억압을 단호히 거부하려는 것이었다. 운동권 내부에서조차 꿈틀거리며 도사리고 있던 민족 차별, 여성 차별 같은 모든 차별을 도려내기 위해, 다양한 차별 속에서 살아가는 사람들이 다양한 장소에서 해방을 희구하고 자신의 모든 것을 걸었다는 사실만은 잊어서는 안 될 것이다.

한편 일본에서는, '폭력'을 뜻하는 독일어 Gewalt를 사용한 '내부 게바르트Gewalt'의 준말로 '우치게바内ゲバ'라고 불리는 '당파투쟁'이 격화됐다. 운동권 내부의 당파투쟁으로 아마 수백 명의 사람들이 목숨을 잃거나 스스로 목숨을 끊은 사람들이 생겼고, 더 많은 사람들이 심한 상처를 입었다. 크게 보도되는 일도 아니라서 한국을 비롯한 일본 국외에서는 상상도 못할 것이다. 우리는 이러한 역사 또한 기억해야 한다. 많은 희생을 치르며 민주화를 쟁취한 한국의 운동권에서는 노선 투쟁은 있었을지라도 놀랍게도 일본처럼 당파 싸움으로 인한 심각한 희생까지는 없었다. 이 점에서 일본의 운동권은 한국의 운동권에서부터 배워야 할 것이다. 역사란 잊혀져야 할 것이 아니라 기억되어야 할뿐더러, 종종 고개를 숙이고 겸허히 배워야 할 그러한 경험이다.

일본의 프로테스트 송은 운동권과 인접하거나 교류하는 '음악의 장場'에서 불렸다고 할 수 있다. 콘서트나 또는 '신주쿠 포크 게릴라'라고 불리는 집회 형식을 포함한 '음악의 장'에서다. 일본의 포크송은 집단 투쟁 그 자체의 노래라기보다 개인이 자신의 생각을 형상화하는 형태로 불려졌다. 많은 사람들이 함께해도 그것은 집단이 투쟁하는 장에서의 노래가 아니라, 말하자면 개인의 집합적 의지를 표현하는 것이었다.

일본 운동권의 음악은 기본적으로 혁명가, 노동가요의 세계였다. 집회를 마무리하면서는 어깨동무를 하고 〈인터내셔널가L'Internationale〉를 부르며 가두 투쟁에 나서곤 했다. 〈바르샤바 시민Warszawianka〉(일본어는 바르샤바 노동가) 같은 노래도 알려졌다.

마지막으로 시위 노래와 운동권의 상관 관계를 두고 드러나는 한일의 차이는 "좋다, 나쁘다"와 같은 가치 판단과는 직접적인 연관이 없음을 일러두고 싶다.

②
⑦

등장하는
새로운 세계상들

나는 노래하리

K-POP MV 아트 전위들은 제1세대에서 제5세대로 이어지는 동안 새롭게 고동치면서 LAVnet 아트로서 강인한 자기 변혁을 이뤄 냈다. 목소리와 말, 이마주, 그리고 신체성이 난무하는 강렬한 세계상이 연달아 만들어졌다. 그 세계상들은 때로는 빛나는 별들이 되기도 하고, 또는 광속으로 질주하는 혜성이 되었고 드디어 K-POP 우주의 팽창을 가속화했다.

그렇다면 세계상들은 어떤 모습으로 등장했을까. BTS의 다음 작품을 사례로 살펴보자.

〈Airplane pt.2 -Japanese ver.〉은 아티스트들이 춤추는 신체성

을 디지털 화상 속에서 어떻게 살려 낼 것인가? 라는 문제에 대한 K아트의 도달점 중 하나다. 2-1에서 "고속으로 변용하는 다원적 브리콜라주"라고 정리한 K-POP MV의 특징이 많이 나타나 있는 BTS의 2018년 걸작이다. 이 곡의 공식 MV는 일본어 버전밖에 존재하지 않기 때문에 가사와 관련해서는 다른 버전 동영상과 한국어 버전의 음원을 참조하여 언급하려 한다. 이 작품을 여러 관점에서 관찰해 보자.

작품은 아련한 애수로부터 시작된다. 살사풍의 라틴계 리듬과 타건 수가 많지 않아 과묵하게 느껴지는 피아노 소리. 거기에 중고등학교 교정에서 방과후 여학생들이 운동 연습을 하는 듯한 희미한 목소리가 겹친다. 절묘한 도입부다. 이때 화면의 색채를 보자. 전체적으로는 채도를 억누르고 회색톤이 가미되어 흐릿한 베이지색, 혹은 녹색이 주조를 이룬다. 원색을 피함으로써 아주 짧은 시간에 우리의 시선을 환상적인 먼 기억 속으로 데려간다. 그런 애수에 찬 분위기 속에서 시작되는 정국의 목소리는 더 이상 부드러울 수 없는 음색이다. 간혹 K-POP 남성 가수들의 목소리가 따끔따끔하게 느껴질 정도로 우리의 감성을 불에 지지듯 자극하는 경우가 적지 않은데, 이에 비해 BTS는 좀처럼 만나기 쉽지 않은 감미로운 목소리다. 그렇게 노래가 시작된다. "이상한 꼬마 숨쉬듯 노래했네. 어디든 좋아 음악이 하고 싶었네 / 오직 노래". 이렇게 가수

●★★
BTS(防弾少年団)
'Airplane pt.2 -Japanese ver.-' Official MV

가 자기 자신을 노래하는 '자기언급적'인 내용이 많은 것도 오늘날 K-POP 시＝가사의 특징이다. 이 점도 확실히 힙합의 핏줄임을 말해 준다.

지민Jimin, 박지민의 목소리도 마찬가지다. 부드럽게 우리를 안아 주는 듯한 목소리다. 이어지는 뷔V—일본에서는 본명 김태형에서 음을 따온 '태태'라는 애칭이 즐겨 사용된다—는 불과 네 마디 정도 안에서 you와 but이라는 단어 직전에 성문 폐쇄(→3-4 에서 본격적으로 언급한다)를 교묘하게 넣어 눈치채지 못할 만큼의 긴장감을 살짝 묻히듯 유발한다. 하지만 이 또한 부드럽다. 그리고 진JIN, 김석진과 RM이 또 다른 목소리로 마이크 스탠드를 잡고 고음과 저음을 주고받는 장면이 이어진다. 1:00에 이르면 RM이 카운터 너머로 들려주는 랩, 여기서도 자기언급적인 가사가 쏟아진다. "오늘은 뭐로 살지 김남준 아님 RM? 스물다섯. 잘 사는 법은 아직도 모르겠어." RM의 랩은 말의 조형도 뛰어나지만, 특히 목소리가 돋보인다. 이 장면의 랩은 일본어 버전과 한국어 버전을 비교해 보는 것도 재미있을 것이다. 언어음 구조 차이로 말소리의 밀도가 완전히 달라지기 때문이다.

1:13쯤부터 일곱 명이 모여 춤을 춘다. 남국 어느 곳을 배경으로 삼고 있는데도 옅은 색채로 무더움과 열기를 억제하니 실내로 들어오는 햇빛은 뜨겁다기보다 보드랍게 느껴진다. 런던, 파리, 도쿄, 홍콩 등 몇 개의 도시 이름이 연이어 불린다. 그리고 '브라질'.

멤버들은 각자 다른 의상을 입고 춤을 춘다. 중앙에 서 있는 지민의 돋보이는 신체성에 주목하자. 동영상은 신체성을 극대화시켜 준다. 놀라운 것은 카메라다. 마치 지민에게 영감이라도 얻은 듯, 천장에서 돌아가는 커다란 선풍기 날개 너머로 BTS의 춤사위를 찍는다. 보통은 이런 구도를 피한다. 상식적으로는 춤을 향해 가야 할 시선을 선풍기가 가려 버리기 때문이다. 하지만 이 영상은 어떨까? 1:17쯤엔 로 앵글로 천장 선풍기까지 함께 찍는다. 선풍기도 빙빙 돌아가고 있다는 복선을 깔아 둔다. 정면에서, 그리고 위에서 멤버 모두를 파악한 후, 이번에는 카메라를 비스듬히 위로 끌어올려 선풍기 날개 너머로 춤을 찍는다. 햇빛, 그리고 일곱 명의 그림자와 함께 선풍기까지 춤을 춘다. 1:22쯤 숨이 막힐 듯한, 아니 반대로 우리 폐부의 모든 괴로움을 해방시켜 주는 듯한 아름다움이 펼쳐진다. 이어지는 정국의 표정.

1:56 무렵, 카운터 위에 올라가 자유분방하게 춤을 추는 제이홉J-HOPE, 정호석, 그 뒤 선반은 분홍색에서 아주 연한 주황색까지 그라데이션을 이루는 몇 개의 줄이 배경을 가로지른다. 그 주위는 옅은 녹색이고 제이홉이 걸친 옷도 녹색 계열이다. 물론 이 배합은 배경의 색채와 채도를 억누르며 보색으로 대비하려는 심산이다. 바닥으로 내려온 제이홉을 가운데에 두고, 정국과 뷔 세 사람이 그 바닥을 수평으로 이동하는 모습은 우리를 다시 흥분시킨다. 제이홉이 이동하면서 카메라를 반대편으로 끌어당길 때쯤에는 우리의 몸도 따라 들썩이고 있을 것이다. 너무 멋진 안무다.

이어서 "깔깔깔깔깔"이라는 웃음소리와 함께 우리를 깜짝 놀라게 해 주는 슈가SUGA, 민윤기의 랩이 다가온다. 남미풍의 태양빛 아래 이번에는 실외를 배경으로 다 같이 군무를 즐기는 조형이 펼쳐진다. 의상도 일곱 사람 각각이 다름은 말할 나위도 없다. 햇볕에 흠뻑 젖은 다음에는 아주 짧은 시간을 단비가 적셔 준다.

"이 세계 어디서라도 난 노래하리."라는 한국어 가사. 하지만 인터넷상 대부분의 일본어 번역에서는 "노래하리."라는 문어체 어형이 주는 문체적 묘미까지는 관심을 갖지 못하는 듯하다. 영어나 프랑스어, 독일어 등과는 달리 한국어와 마찬가지로 일본어에도 용언의 어형으로 '한다/해/해요/합니다'와 같이 구별짓는, 스피치 레벨speech level(6-1, 435쪽)이라 불리는 문체의 단계가 존재한다. 글말체와 입말체의 구별도 있기에 일본어에서도 어느 정도까지는 번역에 반영시킬 수는 있겠지만, 팬 분들에게 거기까지 바랄 수는 없다.

〈Airplane pt.2〉는 무엇보다 곡 자체가 걸작이다. 라틴 음악이나 아프로-라틴적 요소를 가미한 곡은 얼마든지 있지만, 라틴음악적인 성격을 전면에 대대적으로 내세웠다는 점에서 2018년의 이 작품은 K-POP 역사에서도 흔치 않은 소수파에 속한다. 또한 K-POP MV 아트로서도 압도적인 걸작이다. 참고로 다른 버전의 영상에서도 이 곡의 장점은 여지없이 발휘된다.

음악제에서도 돋보이는 신체성

특별히 언급해 둘 만한 영상은 2018년 홍콩 MAMA 무대에서 선보인 〈Airplane pt.2〉이다.

곡명과 MAMA라는 검색어만 조합해도 쉽게 찾을 수 있을 것이다. 모두 흰색 의상을 입고 무대에서 노래하고 춤을 춘다. 정국, 지민, 그리고 뷔가 각자의 존재감을 유감없이 발휘한다. 빛에 비춰진 모습이 우리의 시선에 스며든다.

그런데 마이크 앞에서 랩을 하는 RM을 보면 이 아티스트가 BTS에서 얼마나 중요한 존재인지 절실하게 느낄 수 있다. 다른 멤버들과 이질적인 목소리로 다른 여섯 명을 모두 돋보이게 해 주는 독보적인 멤버라고 할 수 있다.

일곱 명의 춤을 살펴보면 여섯 명이 정장처럼 비교적 탄탄하고 두꺼운 소재의 의상을 입고 있는 반면, 지민만 유난히 얇고 하늘하늘거리는 의상을 입고 있다. 이렇게 함으로써 그의 신체성이 부각된다. 마치 근육의 흐름처럼 의상이 어깨와 가슴 위를 흐른다.

아마도 이 무대에서 펼친 춤은 방대한 BTS 댄스 동영상 역사상 다섯 손가락 안에 드는 걸작 중의 걸작이다. 2013년 MAMA에서 EXO가 보여 주었던 갈고닦은 칼군무와는 전혀 다른 모습이, 그리고 완전히 새로운 시대의 아름다운 에로티시즘의 군무가 여기에 있다.

〈Airplane pt.2〉 중에는 〈Summer ver.〉이라는 부제의 한국어 버전이 2020년에 공개되었다. 풀 사이드에서 일곱 명이 거의 앤틱스만으로 꾸려 가는 MV로, 방금 소개한 〈Japanese ver.〉과는 전혀

●★
BTS
_Airplane pt.2 | 2018 MAMA in HONG KONG 181214

다른 노선을 취했다. 그 외에는 공식적으로 공개된 한국어 버전의 〈Airplane pt.2〉 MV는 유감스럽게도 존재하지 않는다.

신체성이 춤을 추고, 목소리가 춤을 춘다

〈Sherlock–셜록〉 동영상은 2012년에 샤이니SHINee가 발표한, 군무와 '셜록 홈즈'풍의 작은 스토리를 융합시킨 MV다. 곡의 흥겨움과 군무의 신체성이 뚜렷하게 살아 있다. 채도를 억제한 회색 내지 베이지색 계통으로 화면을 통일하면서, 멤버 다섯 명이 만들어 내는 동적인 조형의 변화와 안무의 자신만만한 힘이 드러난다. 처음부터 끝까지 멤버 각각의 존재감이 잘 부각되어 있다. 등장하는 여성은 소녀시대의 멤버였던 제시카Jessica다. 이러한 가작을 바탕으로 2021년 〈Don't Call Me〉라는 최고 걸작이 결실을 맺게 된다.

〈Don't Call Me〉의 시작 부분의 키는 Dm, 그리고 곡이 진행되면서 D7에서 갑자기 "Don't call me"의 Cm Dm E♭m로 올라간다. "끝났어, 너의 사랑"의 Dm D7은 우리를 깜짝 놀라게 하며 감정을 직접적으로 자극한다. 그리고 Gm D7에서 Gm로 부분적으로 전조轉調를 하기 때문인지 너무나 절묘하다. 최고 난이도의 춤을

●
SHINee 샤이니 'Sherlock-셜록(Clue + Note)' MV

●★★
SHINee 샤이니 'Don't Call Me' MV

추고 있는 태민Taemin이 우리를 응시하며 왼손 검지를 드는 순간에 맞춰 카메라가 접근하는 것을 보자. 샤이니란 어떤 그룹이며, K-POP이란 어떤 것인지 이 짧은 시공간만으로 선명하게 알려 주는 충격적인 구도다. 카메라는 아티스트들의 존재감을 절대로 놓치지 않는다. 어떻게? 객관적인 대상으로서 아티스트를 향하는 것이 아니라, 아티스트와 함께 춤을 추면서.

다시 〈Don't Call Me〉로 돌아가 보자. 키Key, 온유ONEW, 민호MINHO 그리고 태민, 각기 다른 '목소리'와 그 목소리'들'의 교차가 만들어 내는 존재감이 시공간을 가득 채운다. 1:28-1:57 부근의 노래와 춤도 우리의 영혼을 찌르듯 다가온다. 압도적인 신체성을 보여 주는 에너지, 함께 춤을 추는 역동적인 카메라 워크의 절묘함, 3:25부터 울려퍼지는 피아노 연주도 감성을 자극하는 장치이며 MV로 드라마를 만드는 방법 체계, 즉 드라마투르기(독) Dramaturugie(극작법)의 결정체다. 참고로 항상 느끼지만 샤이니의 MV 속 의상은 아티스트의 매력을 조금 더 끌어낼 수 있도록 더 신경 써도 좋을 요소가 아닐까 싶다.

"느껴봐, 넌 최악이야." 그렇다, 이렇게 격렬하게 부르면 이런 말도 마치 반어법처럼 승화된다. '너를 잊을 수 없다'는 뜻으로. 그렇다, 우리는 이 노래를 잊을 수 없다. 노래가 끝나도 바로 2009년의 명작 〈Ring Ding Dong〉(6-3)에 쓰인 오노마토페처럼 '딩딩딩딩…' 하며 오래도록 가슴에 울려 퍼질 것이다.

샤이니의 실력은 콘서트 동영상에서도 유감없이 발휘된다. 일본 도쿄돔 콘서트의 동영상을 한번 감상하자. 2017년 12월, 안타

코드와 악보의 21세기

Dm 등의 부호를 코드명이라고 부른다. 코드chord=화음에 붙여진 명칭으로, CDEFGAB는 각각 이탈리아어식 음명의 도레미파솔라시에 해당한다. 예를 들어 C라는 코드는 도, 즉 C를 기본적인 음으로, 미와 솔의 세 음으로 이루어져 있고, Cm씨 마이너는 도, 미 플랫, 즉 미가 반음 낮아진 음, 그리고 솔의 세 음으로 이루어져 있다. 현대의 팝송은 대부분 이러한 코드를 이용해 구성되며 그 동적인 전개를 코드 진행이라고 한다. 주 선율은 코드를 구성하는 음을 중심으로 만들어져 있고, 반주 역시 해당 코드 음을 주로 사용하면서 만든다. 거꾸로 말하면, 하나의 선율에 대해 몇 가지 다른 코드를 매길 수도 있다.

20세기 한국가요 시대까지는 팝이든 포크든 악보가 즉시 공개되거나 히트곡집으로 출판되는 등 악보는 언제나 우리 주위에 있었다. 그러나 K-POP의 세계는 악보와는 상대적으로 거리가 멀다. 기타나 피아노 연주 등 개인이 쉽게 흉내 낼 수 없는, 고도로 편집된 음악적 조형이 K-POP에 압도적으로 많기 때문이다. 무엇보다도 비트beat와 같은 리듬 섹션부터 기타 한 대나 피아노 한 대로는 도저히 재현하기 어려운 곡들이 많다.

예를 들면 일본에서는 재즈 스탠더드 1001곡을 모은 악보집이 널리 보급되어 있었다. 일본어로 '센 이치'('천 하나'라는 뜻)라는 애칭으로 불린 이 책에 재즈 애호가들은 많은 도움을 받았다. 악보의 관점에서 보면 K-POP은 "이제 악보 같은 건 버려! 외롭게 혼자 연습하지 말고 다 같이 즐겁게 춤을 추자!"라는 방향으로 걸어왔다고도 할 수 있다.

K-POP은 영화처럼, 정확히는 다층의 영화처럼 만들어진다

참고로 말하면, 이제 K-POP은 '작곡'에서도 20세기적 스타일의 흔적을 찾아볼 수 없게 되었다. 나무 그늘 밑에서 멜로디를 읊조리며 오선지에 적는다든지, 피아노 앞에 앉아 선율을 만들어 오선지에 옮기는 식의 목가적인 모습은 이미 오래전에 사라졌다. 현재의 '작곡'은 완전히 디지털 세계 속에서 이뤄지며 대체로 철저한 집단 작업, 그것도 종종 국제적인 분업화의 결실이다. 비트를 만드는 비트메이커beat maker가 있고, 이를 바탕으로 이른바 메인 멜로디를 만드는 탑 라이너top liner가 있고, 래퍼rapper는 또 따로 있다. 작사가들은 물론이고, 해외에서 활동하는 작곡가가 참여하는 모습도 YouTube를 통해 알 수 있다. 아티스트에게 파트를 배정하는 것은 대부분 국내 크리에이터의 몫인 것 같고, 이를 프로듀서가 총괄한다. 편집은 결정적으로 중요한 작업이다. 모든 편집 작업은 기본적으로 책상 위에서 하는 DTMDeskTop Music이다. 비트 등은 디지털 샘플을 잘라 내어 DAWDigital Audio Workstation라는 소프트웨어에서 구성된다. 이런 DTM 방식이 K-POP에서도 압도적으로 주류가 되었다. 21세기 초의 DAW 소프트웨어는 아직도 사용하기가 번거롭고 소프트웨어마다 장단점이 있었다. 필자도 사용해 보았지만 솔직히 말해서 컴퓨터 소프트웨어 중에서도 음악 관련은 매우 불편하고 가격도 비싼 편이었다. 간단한 작업 하나만 보아도 21세기 초의 소프트웨어는 아직 발전 단계에 있었다고 보아야 한다. 하지만 지금은 크게 발전했다. 마침 출판의 영역, 즉 DTPDeskTop Publishing의 세계에서 일어난 혁명과 비슷하다. 20세기에는 쿼익스프레스QuarkXPress라는 아주 값비싼 소프트웨어가 조판을 독점하고 있었는데, 1999년에 등장한 어도비Adobe사의 인디자인InDesign이 저렴하고 사용하기에도 편리해서 2010년대에는 일본어권은 물론 한국어권에서도 시장을 장악해 버렸다. 어도비의 포토숍photoshop이 토탈 이미지 편집 소프트웨어로 성장하면서 널리 일반화되어 영어로는 photoshop이 '포토샵하다' 즉 '이미지를 디지털로 가공하다'라는 동사로도 일상적으로 쓰이게 되었다. 한국에서는 더 줄여서 '포샵하다'라는 동사까지 사용되고 있다. 음악의 세계도 마찬가지다. 맹렬한 진화가 진행된 것이다. 한국어에서는 멀티 트랙 에디터를 가리키는 시퀀서sequencer라는 호칭도 보급되었다. 2-1에서 K-POP 음악의 특징으로서 다성성을 언급했으나 음악을 형상화하는 근본부터가 멀티 트랙이 된 것이다.

이제 음악은 '편집'된다. 말하자면 K-POP은 영화처럼 편집되며 만들어진다. 단 20세기의 필름 영화처럼 하나의 줄기로 편집되는 것이 아니라 필름이 처음부터 끝까지 몇 개나 존재하는 듯한, 다층의 멀티 트랙 영화로서 만들어지는 셈이다. K아트는 '말해진 언어'가 그렇듯 시간선상에 순서대로 나타나고는 사라지는 한 줄의 선조성線條性을 벗어나 여러 층이 동시에 진행하는 구조를 지닌다. 그러니 K-POP을 이것저것 모아서 만든 '조립식'이라는 말로 비판한다면 그 자체가 논점을 벗어난 비판이다. 영화를 '조립식'이라고 비판하는 사람은 없지 않은가? 반대로 K-POP, 그리고 K아트는 지극히 정교하게 구성된 다층의 아트인 것이다.

국제 분업이라고 했지만 이를 가능하게 만든 것도 말과 소리와 빛이 자유자재로 변형되어 인터넷상에서 순식간에 돌아다니는 LAVnet이라는 완전히 새로운 존재양식이었다. 물론 이와 관련된 소프트웨어를 배우는 일도 YouTube와 같은 LAVnet이 극적으로 진화시켰다. K-POP 아티스트를 꿈꾸는 사람들뿐만 아니라 DTMer라 불리는 DTM 작업을 하는 사람들이 21세기에 들어서면서 증가했다. 디지털과 AI의 진화 속도는 매우 빠르므로 여기서 말한 디지털 관련 이야기도 금방 과거의 것이 될 것이다.

깝게도 우리는 '종현'이라는 걸출한 아티스트를 잃게 되지만, 아직 다섯 명이 건재하던 2014년의 동영상이다. 놀라운 것은 팬들과의 일체감이 압도적이라 할 만큼 넘쳐흐르고 있다는 점이다. YouTube에 올라온 콘서트 영상 〈Everybody〉는 MV에 비하면 미적인 측면에서는 아쉬운 점이 많지만 예외적으로 이 작품은 카메라와 조명 기술이 팬들의 존재감까지 살리는 기법이 매우 훌륭하다.

2022년 발표된 MV 아트를 한 편 더 살펴보자. 그룹명 ENHYPEN

●★
SHINee – Everybody (SHINee WORLD 2014~I'm Your Boy~ Special Edition in TOKYO DOME ver.)

은 한국어식으로 발음하면 '엔하이픈', 일본에서도 한국어식으로 발음하는 경우도 많으나 일본어식이라면 [엥하이풍] 정도로 발음된다. [에나푸]라는 애칭으로도 불리는 남성 7인조 그룹이다.

〈Blessed-Cursed〉는 팬데믹 시대를 반영해서인지 여기저기서 촬영한 로케이션 장면 없이, 대부분 약간의 무대장치와 카메라 워크, 조명만으로 일곱 명의 아티스트를 그려 내고 있다. 이 작품에서 특징적인 점은 초광각 렌즈와 어안 렌즈의 사용이다. 이런 유형의 구도는 이미 수없이 많았기 때문에 자칫하면 아티스트들의 매력에만 기댄 평범한 MV가 되어 수많은 작품들 속에 묻혀 버리기 쉽다. 하지만 이 작품은 곡과 카메라, 색채의 변화, 무엇보다도 '목소리'의 전개가 탄탄히 뒷받침하고 있으며, 신체성과 아티스트들의 매력을 살리는 데 성공하고 있다.

도입부의 기타는 20세기와 작별을 고하기 위한, 지난 세기의 록 풍의 곡이 아닐까 하는 인상을 우리에게 전해 주기 무섭게 처음부터 "Wake Up 이제 눈을 떠!"라는 구호로 시작된다. 게으르게 잠을 자고 있는 우리를 "가짜 축복 속에서" 깨어나라고 각성시킨다. 0:49 "마리오네트의 사각 안에서"라는 구절의 저음에서 튀어 오르는 목소리엔 경악을 금치 못하겠다. 이 파트를 맡은 니키Ni-Ki는 놀랍게도 일본어권에서 자란 아티스트다. 그리고 다른 멤버 제이Jay는 영어권 출신인 것을 보니 엔하이픈에서도 멀티에

ENHYPEN(엔하이픈)
'Blessed-Cursed' Official MV

ENHYPEN(엔하이픈)
'Blessed-Cursed'
Dance Performance Video

스닉이라는 특징이 보인다. "나를 가두는 경계선"이라는 가사처럼 이제는 K-POP을 가두는 경계선도 넘을 수 있는 시대가 되었다. 정원JUNGWON이나 선우SUNOO가 목소리를 가성으로 전환시키는 절묘함이나 후렴구 등 들을 만한 부분이 많다. 키는 Em로 계속 E(미) 음을 중심으로 하면서도 전편에 걸쳐 어떻게 이런 선율을 만들었을까 싶을 정도로 소리는 무자비하게 도약한다. 또 빠르게 전개되는 가사는 한국어와 영어가 섞여 있어서 아마 보컬 파트도 최고 난이도에 속할 것이다. 콘서트 영상으로 들어 보면 역시 그런 어려움도 엿보인다. 이 MV에서는 소리를 자유자재로 구사하는 아티스트들 각자의 어질리티agility(민첩성)를 교묘하면서도 면밀하게 살렸다. 말과 소리와 빛과 그리고 몸까지 융합되어 칼군무를 넘어 이미 '칼 아트'에 도달하고 있다.

MV 공개 닷새 후인 2022년 1월 15일에 〈Dance Practice〉라는 동영상도 공개되었다. 춤을 관찰하면 민첩한 신체의 매력이 넘쳐 흘러 이들이 얼마나 역량이 있는 아티스트인지 또 다른 시각에서 알 수 있다. MV도 좋지만 댄스 동영상 자체만으로도 손꼽을 만한 걸작이다. 별도로 〈Choreography ver.〉라는 영상도 다음 날인 1월 16일에 공개되었는데, 신기하게도 카메라가 고정되어 있는 〈Dance Practice〉 쪽이 힘찬 군무의 느낌이 더욱 살아 있다. 패션과 배경 때문이라고 생각하고 있던 차에 1월 18일에는 〈Dance Performance Video〉라는 동영상이 하나 더 공개됐다. 안무의 아름다움이 가장 잘 살아 있는 동영상이다. 배경에는 '경계선'의 상징처럼 한 줄의 긴 빛이 보이고 조명이 변화하며 넘치는 힘이 느껴진다. 때로는 가까이서 때로는 멀리서 공간을 자유자재로 움직이면서 춤추는 카메라가 만들어 내는 조형이 실로 아름답다.

〈ParadoXXX Invasion〉 역시 가사와 영상이 율동적으로 어울리면서 전개되는 모습이 즐거운 작품이다. 끊임없이 움직이는 카메라와 색채의 변용도 볼만하다. 배경에 자주 나타나는 손글씨들이 효과적이다. 거대한 칠판이 출현하는 1:26의 배경을 보자. 물론 자세히 보면 합성이지만 재미있지 않은가. 화려함을 억제하면서도 자유로운 패션에도 호감이 간다. 가사 중에는 이런 구절이 있다. "무질서가 아닌 새 시대의 논리." K-POP은 이제 '감성'과 가장 거리가 먼 것처럼 보이는 '논리'까지 노래로 만들게 된 것이다. 이 역시 2022년 발표된 작품이다.

소품도 함께 춤을 춘다

소녀시대가 2013년 발표한 〈LOVE&GIRLS Dance ver.〉은 밝은 색으로 가득 찬 화면 속을 가지각색의 의상과 머리 모양을 한 여성 1,000명이 낮부터 밤까지 쉴 새 없이 춤을 추는 설정을 한 작품이다. 팔과 손을 교묘하게 이용한 잔기술을 연속적으로 보여주는 안무가 눈길을 끈다. 역사를 회고하는 관점에서 보면, pre-

•
ENHYPEN(엔하이픈)
'ParadoXXX Invasion' Official MV

LAVnet 시대의 여운을 잔뜩 담고 이전 시대의 마지막을 화려하게 장식하는, 그것이야말로 문답무용問答無用, 묻고 따지며 답할 필요도 없는 춤의 축체처럼 보인다.

춤이 구성주의적 치밀함을 가지고 구축되어 가면서 다양한 소품props도 춤에 도입되었다. 소품은 단순한 장식으로 사용되는 것은 아니다. 그렇다고 소박한 이화효과異化效果, 즉 낯선 시각으로 바라보게 하여 새로운 시각을 자아내기 위한 것도 아니다. 어디까지나 신체성을 강화하고 극대화하는 방향으로 사용되고 있음을 여러 MV에서도 확인할 수 있다.

2010년부터 2019년까지 주로 4인조로 활동한 걸스데이GIRL'S DAY의 2013년 MV 〈Expect(기대해)〉와 EXO의 〈Christmas Day〉 무대에서는 어깨에 걸친 서스펜더(멜빵)가 사용되었다.

연상 게임 같지만 서스펜더로 말할 것 같으면 바로 세븐틴SEVENTEEN의 작품 〈VERY NICE〉가 떠오른다. 2016년 등장한 새 시대의 서스펜더를 보자. 남성 13명으로 구성된 그룹 세븐틴은 일본어로 '세부치'라는 귀여운 별명으로 불리는데, 1995년부터 1999년 사이에 태어난 20대의 아티스트들이다. 미국이나 중국 출신 멤버도 있다.

순정 연애 드라마풍 구성 속에 다양한 소품들과 함께 빨간 색과 검정색 서스펜더가 신체성을 돋보이게 하기 위해 춤에 활용되고

Girls' Generation 少女時代
'LOVE&GIRLS' MV Dance ver.

MV] SEVENTEEN(세븐틴)
_ VERY NICE(아주 NICE)

있는 MV다. 무대 동영상을 보면 알겠지만 안무는 꽤 잘 짜여진 구성으로 인상적인 군무가 펼쳐진다. 요즘 MV는 너무 강하다고 느끼시는 분들에게 특히 추천하고 싶다.

MV 안에서 절묘한 표정을 보여 주는 여성은 모델 이하은이다. 드라마 《스파이》(2015)에서 JYJ의 김재중이 연기한 주인공의 여동생 역으로 빛났던 사람이다.

투쟁에서 축제까지, 보시다시피 청춘의 '좌절'도 '위로'도, K-POP에는 A에서 Z까지 모두 들어 있다. 멤버가 13명이나 되면—사실은 훨씬 더 적더라도—K-POP MV에서는 아무래도 군상을 그려 내는 것으로 끝나 버리는 작품이 아주 많다. 멤버 하나하나를 제대로 만나기도 전에 MV가 끝나서 어쩐지 우리가 소외당하는 듯한 느낌이 들기도 한다. 그룹의 인원수 문제에 대해서는 8-1에서 자세히 논의한다. 그런데 〈VERY NICE〉는 멤버 각각의 매력을 절묘하게 잘 조형하고 있다. 이하은을 허브 내지는 교차축으로 삼은 구성이 신선한 감각을 계속 전해 준다. 배경은 소품 하나하나까지 밝은 색채로 통일하고 있다.

아티스트들이 노래하듯 외치는 "아주 NICE"라는 말과 함께 0:38, 0:50 등의 장면에서 등장하는 표현처럼 말 그대로 가슴이 '팡' 하고 터져 버리는 듯한 모습이 재미있다. 이러한 시각적인 장치나 효과도 풋풋함이 느껴져 사랑스럽다.

B.A.P(비에이피)
- POWER MV

B.A.P
- WARRIOR(워리어) M/V

6인조 그룹 B.A.P비에이피의 이름은 Best, Absolute, Perfect에서 따왔다고 한다. 〈POWER〉는 2012년이라고는 도무지 믿기지 않을 정도로 높은 밀도와 박력, 강렬한 메시지를 전해 준다. 주기적인 비트가 만들어 낸 율동이지만 그럼에도 선율의 아름다움까지 함께 담아내고 있다. 아무리 그해 '올해의 신작'으로 뽑혔다고는 해도 지금 시점으로 보면 안무는 역시 시대를 느끼게 한다. 하지만 이 작품에 비견할 만한 MV는 많지 않을 것이다.

"부조리한 사회에 분노하는 여섯 명의 전사 B.A.P의 격렬한 경고!"라는 문구가 적힌 앨범의 타이틀 곡이 바로 〈Power〉다. 도입부는 'Fight for Freedom(자유를 위한 투쟁)'이다. 가사에는 "남들이 yes하면 우리는 no하네"라는 문장이 있다. 그 밖에도 "더는 없어, 정의는 없어" "내가 왔어 우리가 왔어" "우린 이 세상에 새 바람을 일으켜"라는 가사를 담고 있다. 정체를 알 수 없는 근미래적인 기계장치에 물과 흙먼지와 불꽃을 입히는 장면이 인상적이다.

엄청난 기세로 확성기를 통해 쏟아내는 젤로ZELO의 고속 랩에 주목할 필요가 있다. 이 작품은 그래피티에 많이 쓰이는 스프레이 캔으로 벽에 그저 그림을 '그리는' 것으로 만족하지 않는다. 세상을 향해 '뿌려 댄다'는 편이 적당해 보인다. 스프레이 캔까지 춤을 춘다. 화면의 색채도 주로 앰버(호박색) 계열과 마린 블루 계열로 구분되어 색채로 율동을 구성했다.

B.A.P의 곡은 노여움으로 가득 찬 듯한 2012년의 데뷔작 〈Warrior(워리어)〉가 더 많이 알려져 있는데, MV로서도 잘 만든 작품이다. '전사'라는 제목답게 힘이 넘쳐 흐르는 안무와 목소리,

그리고 마찬가지로 젤로의 랩이 특기할 만하다. 아쉽게도 B.A.P는 2019년에 활동을 종료했다.

의자나 소파류도 소품이나 소도구로 자주 사용된다. 2014년, 젊은 시기 BTS가 발표한 〈Just One Day(하루만)〉는 부드러운 선율과 안무를 보여 준다. 배경부터 의상까지 거의 전체를 부드러운 색조로 뒤덮은 아름다운 MV다. 저녁 햇살처럼 비스듬히 비추는 청춘의 빛. 그리고 3:03, 3:18에 찰나적으로 나타나는 붉은 장미 한 송이. "하루만 너와 내가 함께할 수 있다면" 0:41에 어렴풋이 들려오는 '너'의 목소리. 슈가, RM, 제이홉이 부르는 청춘의 랩이 애달프다.

신체성을 보강하는 형태로 소품을 효과적으로 사용한 사례로는 여성 그룹 AOA에이오에이(7인조에서 현재는 3인조)의 사프란 옐로와 은색 화면이 인상적인 2013년 작품 〈흔들려(Confused)〉 MV와 세븐틴이 2016년 발표한 〈예쁘다 - Pretty U〉의 〈Dancecal 'LOVE ver.'〉을 들 수 있다. 후자는 멤버를 롱 테이크로 잡으며 카메라를 앞뒤로 약간만 움직일 뿐, 거의 고정된 카메라 워크이기에 군무와 더불어 전원이 펼치는 동선의 아름다움을 맛볼 수 있다.

다음으로 씨스타SISTAR가 발표한 2013년의 걸작을 보자. 화려

●★
[MV] BTS(방탄소년단)
_ Just One Day(하루만)

●
AOA
- 흔들려(Confused) M/V

●
[Dance Practice] SEVENTEEN(세븐틴)
- 예쁘다(Pretty U) Dancecal 'LOVE ver.'

한 배경 장치 앞에서 추는 춤에 의자와 공중으로 던지는 모자, 지팡이까지 동원된다. 씨스타의 〈Give It To Me〉 MV는 노래와 춤, 그리고 뛰어난 가창력과 목소리가 만들어 낸 명작이다. 색채의 명도를 억제하면서 채도를 살려 화려한 화면을 만들고 있다. 이만큼 신선했던 작품도 10년이 지나 K-POP 세계에서는 이미 고전적 풍모를 띠고 있다.

팀 이름의 영문 SISTAR는 오타가 아니다. Sister와 Star의 합성어라고 한다. 첫 부분부터, 소유SOYOU와 효린HYORYN의 허스키한 목소리는 압권이다. 후반부에서는 다솜DASOM의 노래와 보라BORA의 랩이 곱게 장식해 준다.

씨스타는 2017년에 해산했다. 다솜은 배우로서 영화와 드라마에서도 활약하고 있다. 효린은 〈LONELY〉(2013)와 같은 고운 노래를 담은 작품을 발표하며 해산 후에도 솔로 가수로서 여전히 압도적인 목소리를 들려주고 있고, 춤도 더욱 고도의 기법을 보여 주고 있다. 2021년에는 다솜과 효린이 함께 〈둘 중에 골라(Summer or Summer)〉를 발표했다. 2022년 효린이 발표한 작품 〈Layin' Low〉도 들어 볼 만하다.

SISTAR(씨스타)
- Give It To Me
(HD Music Video)

HYOLYN(효린)
'Layin' Low(feat. Jooyoung)'
Official MV

새로운 전통적 무대와 소품들, 의상들—코레아네스크의 탄생

춤과 소품이라면 빼놓을 수 없는 두 작품이 있다. 먼저 〈월하미인(月下美人 : LUNA)〉은 2021년, 원어스ONEUS라는 6인조(현재는 5인조) 남성 그룹이 발표한 곡이다. 2019년 데뷔한 원어스는 〈월하미인〉에서 현대와 사극풍의 배경 장치를 혼합하고, 부채와 천 등 전통적인 소품도 춤에 도입해 신체성을 뒷받침했다. 다만 군무를 실루엣으로 표현한 것이 아쉽다. 아티스트들 개개인의 존재감이 집단의 도형처럼 변질되기 쉽기 때문이다.

원어스가 취한 전통 노선의 결정체가 〈가자(LIT)〉이다. 2019년 발표했는데 배경 장치와 소품류의 치밀한 구성이 대단하고 색채도 주목할 만하다. 단색과 다색을 오가는 변화무쌍한 패션은 깊이 있는 중후함으로 우리를 자극한다. 의상을 흰색으로 통일하면서도 각각의 질감을 살짝 바꾸거나 한 명만 옅은 회색 의상을 입는 등의 세심한 배려가 춤을 더욱 돋보이게 만든다. 가사는 "풍악을 울려 피리를 불어"라고 시작하는데 가사에도 지화자, 옹헤야, 얼쑤 같은 한국어 감탄사가 지닌 전통의 맛을 품고 있어 지루할 틈이 없다.

'전통 노선'이라고 볼 수 있지만, 단순히 옛것을 끌고 와서 늘어놓는 식은 아니다. 이 점이 진정한 K아트가 될지 진부한 작품에 머

●
ONEUS(원어스) '월하미인(月下美人 : LUNA)' MV

●★
ONEUS(원어스) '가자(LIT)' MV

물지를 구별 짓는 시금석이 된다. 전통적 미학은 모두 '21세기의 코레아네스크Koreanesque'의 경지라고 할 수 있을 정도로 메타모르포제(독)Metamorphose, 즉 변형되어 현대적 미학으로 순화한 후 치밀하게 배치해 두었다. 여기서 코레아네스크란 간단히 '코리아풍' 정도라고 이해해 두면 좋겠다. 이에 대해서는 6-3에서 더 자세히 논의한다(→457쪽). 무대 장치, 의상, 그림 등은 물론 소품, 화면 구석구석까지 우리의 눈과 귀를 즐겁게 해 준다. 원어스의 코레아네스크는 다양한 댄스 동영상에서도 발휘된다. 빛도 의상도 코레아네스크적인 정서를 잔뜩 담았다.

원어스의 2020년 작품 〈쉽게 쓰여진 노래(A Song Written Easily)〉는 이제까지와는 전혀 다른 곡과 동영상의 아름다움을 보여 준다. 〈가자(LIT)〉나 〈Same Scent〉가 코레아네스크적으로 현대화된 전통이었다면, 이 곡은 지구와 자연의 전통을 지향한다. 물론 여기서도 색채는 철저히 제어되고 있다. 대지를 배경으로 이도LEE DO, 환웅HWAN WOONG을 비롯한 멤버들이 목소리를 변화무쌍하게 전개하여 자신들의 존재감을 한껏 뽐낸다. 여섯 명의 슬픔이 압축되어 율동으로 승화된 "널 생각하며 쉽게 쓰여진 노래"다.

전통을 거론한다면 BTS가 2018년 MMAMelon Music Awards에서 펼친 〈IDOL〉 무대 또한 주목할 수 있다. 국악 요소를 대대적으로 도입하고, 패션 역시 새로운 '전통'을 보여 주며 시대의 한 획을

원어스(ONEUS)
'Same Scent'(Traditional ver.) Performance Video

ONEUS(원어스)
'쉽게 쓰여진 노래(A Song Written Easily)' MV

긋는 무대가 되었다.

의상에 전통적 요소를 도입하는 시도는 더 많이 실천되어도 좋다. 저고리를 입으면 블랙핑크 흉내를 냈다는 말이 나올 정도로 블랙핑크가 2020년 〈How You Like That〉(→MV는 339쪽)에서 입은 전통의상=한복을 살린 패션은 강렬했다. 그러나 전통적인 의상은 누구나 입을 수 있어야 한다. 오늘날 '개량 한복'이라 불리는 의상 중에 아주 매력적인 작품을 볼 수 있듯, 디자인 측면에서 한복은 매우 풍부한 가능성을 품고 있다. 그토록 많은 사람이 입었던 힙합 패션을 모방이라고 말하지 않으면서, 한복만 모방이라 비판한다면 너무나 편협한 생각이라고 할 수밖에 없다. 핵심은 각각의 의상 디자인과, 그것을 누가 어디서 어떻게 입느냐에 달려 있다. 2023년 추석에 즈음하여 뉴진스가 한복을 입은 사진을 공개하여 신선한 놀라움을 준 것도 기억에 새롭다. 한복에는 더 큰 미적 가능성이 숨어 있다.

전통과 관련해서 말한다면, 2021년에는 스트레이 키즈Stray Kids의 〈소리꾼Thunderous〉이라는 걸작이 등장한다(→MV는 475쪽).

2021년 발표된 〈Peaches〉 MV에서는 EXO의 카이와 댄서들이 전통의 아름다움을 보여 주는 의상을 입고 춤을 춘다. 제목인 '복숭아'처럼 부드러운 선율에 맞춰 목소리와 몸과 의상이 어우러져 춤을 춘다. 색채도 부드럽게 절제되어 있어 보는 내내 편안함 속

●★
KAI 카이 'Peaches' MV

으로 빠져든다. 옷이 단순히 전통에서 빌려온 것이 아니라는 점에 주목하고 싶다. 어디까지나 현대적 감성으로 변용을 가하고 있다. K-POP은 앞서 말했듯이 '브리콜라주'이지만 뛰어난 작품은 기존에 있었던 것 그대로를 모아 오는 것이 결코 아니다. 명작이란 반드시 새로운 무엇인가가 더해지는 것이다. 이 작품은 전통 의상이 가진 가능성을 충분히 보여 주는 수준에 도달했다.

진화하는 MV 아트

그룹명 'LOONA'는 '이달의 소녀'라고 부른다. 11명으로 이루어진 여성 그룹이다. 2021년 작품인 〈PTT(Paint The Town)〉의 MV는 춤을 축으로 삼았지만, 이야기를 연상시키는 상징적 영상을 중간중간 섞는다. 힘이 넘치는 곡이니 목소리의 존재감에 주목해 보자. 특히 2:43-2:52에서 선율이 그윽한 대위법을 이루면서 찾아오는 고양감에 압도당한다. 노래에서 랩으로의 전환도 효과적이다. 신비성을 띤 몽환적인 이마주가 전개된다.

사종邪宗, 즉 금지되고 비밀스런 이교의 은밀한 의식儀式 같은 상징성을 띠는 구성인데 말하자면 '사종문 비곡邪宗門 秘曲' 노선이다. '사종문 비곡'은 일본의 시인 기타하라 하쿠슈北原白秋(1885-

[MV] 이달의 소녀(LOONA) "PTT(Paint The Town)"

[MV] 이달의 소녀 (LOONA) "Flip That"

1942)의 시집 『사종문』의 권두시 제목이다. 이국 취미, 신비, 몽환, 관능 같은 말로 논의되는 상징시로 유명하다. 이런 '사종문 비곡' 노선을 취한 작품이 오늘날의 K아트에서 의외로 많다. 〈PTT(Paint The Town)〉는 종교적 반란을 형상화한 듯하면서도 모든 사람이 일률적으로 검은 옷을 입는 등 끝부분이 약간 전체주의적인 방향으로 흘러가는 듯하여 아쉽다.

2022년 작품인 〈Flip That〉은 전혀 다른 색채이다. 식물로 장식된 기차 객실 안, 숲속의 공간 등에서 꽃의 향연이 펼쳐진다. 같은 아티스트의 작품이지만 인상이 이렇게나 달라진다. 동영상의 대부분은 명도 높은 색으로 통제되어 있어 노래 자체에도 투명감이 넘친다.

2022년, 9인조 여성 그룹 프로미스나인fromis_9이 발표한 〈Stay This Way〉는 언뜻 보면 바닷가 잔디밭이나 모래사장에서 그저 노래하고 춤추는 작품인 것 같지만, 사실 꽤나 정교하고 색채의 통제가 뛰어나며, 종종 놀랍도록 인상적인 색채 배색을 만날 수 있는 작품이다. 목소리의 변화, 곡의 변화가 나타나는 부분이 인상적이다. 아티스트들의 매력, 안무와 의상, 그리고 원색을 피하고 얇은 베일을 통해 보는 듯한 색채가 만드는 시원한 여름 바람이 불어온다.

6인조 그룹 STAYC스테이씨의 대표작 중 하나인 〈RUN2U〉(2022)의 여러 버전도 살펴보자.

재이J의 랩 파트 중 1:34, "I never 절대로"라는 부분의 저음에서 "도도"라고 슬쩍 힘을 빼는 기법은 '아, 랩으로도 이런 것을 할 수 있구나' 하는 작은 놀라움을 주어 마음을 설레게 한다. 재이, 수민Sumin, 시은Sieun, 윤Yoon, 아이사ISA, 세은Seeun 모두가 비트에 맞춰 여기저기에서 성문 폐쇄(→3-4)를 구사한다. 목소리를 자유롭게 변용하는 방식도 재미있다. MV 영상도 좋지만 〈Performance Ver.〉을 보면 색채의 코디네이션과 목소리의 얽힘이 특히 신선하다. 오피셜 MV는 언뜻 보면 어디선가 본 듯한 기시감이 많이 느껴질지도 모르지만 자세히 관찰하면 2:03 무렵 화살을 맞아 유리가 산산조각 나는 장면처럼 여러 곳에 정교하고 교묘한 구성을 의도했음이 엿보인다. 명도는 높아서 화면은 밝은데 채도는 억누르고 있으며, 배색과 콜라주성이 강한 의상 디자인이 의외로 새로운 감각을 전해 준다. 흰색 배경에서 춤추는 〈Dance Practice〉에서는 몸의 좌우, 앞뒤뿐만 아니라 위아래로 높이 변화까지 잘 살려 대형을 변화시키는 안무 동선이 곱다. 적당한 속도감과 비트가 기분을 상쾌하게 만들어 주는 작품이다.

• fromis_9(프로미스나인)
'Stay This Way' Official MV

• STAYC(스테이씨)
'RUN2U' MV

• STAYC(스테이씨) 'RUN2U' MV
Performance Ver.

• STAYC(스테이씨)
'RUN2U' Dance Practice

②

⑧

목소리와 말과 이마주와 신체성, 선명한 세계상의 최전선

힘, 열량, 밀도 그리고 속도감 — 제4세대의 포효

6인조 여성 그룹 에버글로우의 로마자 이름 EVERGLOW는 EVER언제나와 GLOW빛나다를 합성한 조어다. 일본에서는 가타카나로 표기한 'エバグロ에바그로'라는 준말 애칭으로도 충분히 검색이 가능하다. 〈FIRST〉는 2021년 작품으로 아래 두 영상은 MV와 댄스 영상이다.

열량과 힘, 밀도, 속도감이 압도적이다. "이 세상 어디에도 빛

●★
EVERGLOW(onda)
- FIRST MV

●★
[스폿라이트] [4K] EVERGLOW (에버글로우) - FIRST | Stone PERFORMANCE

이 없다는 말에 속지 마, 우리 함께 / 본 적 없는 꿈을 꾸는 거야 / 가로막는 벽을 부수고 나는 선을 넘는다." "희망이라는 열쇠를 훔쳐서" "보여 줄게, 본 적 없는 First" 가사부터가 마치 K-POP의 현재를 선언하는 것 같은 힘이 넘쳐 흐른다.

MV의 첫 부분 몇 초는, 소도구로 사용된 멤버들이 얼굴에 쓴 마스크가 순간적으로 밀리터리즘militarism을 떠올리게 하여 약간 저항감이 생기지만, 그럼에도 불구하고 작품 전체는 자유를 희구하는 힘으로 가득 차 있다.

MV는 일곱이 아니라 여섯 개의 별로만 빛나는 북두칠성이 뜨고 벼락이 치는 밤, 커다란 배가 뒤로 보이는 부두에 아나키anarchy한 의상을 입은 아티스트들이 힘찬 음악과 함께 등장하며 시작한다. 밀리터리즘과 관련해 이야기한다면 MV 속 의상도 주목할 만하다. 모든 멤버가 똑같은 옷을 입고 있으면 밀리터리즘과 전체주의totalitarianism로 전락하기 쉽다. 약간 차이가 있는 옷이라도 안 된다. 하지만 이 작품에서는 의상에서도 각각의 존재감을 효과 있게 묘사하여 위험성을 불식하고 있다. 오히려 아나키하고 미래파적인 감성을 지향하고 있어 호감이 간다.

20세기의 힙합적인 현장감이 응축된 배경인 부두에서 우리는 이유Σ:U의 손짓을 만나게 된다. 이 MV에서는 불을 뿜는 듯한 손짓을 포함해 화면 구석구석까지 '손'이 살아 있다. "보여 줄게, 본 적 없는 First" 이쪽으로 오라는 메시지를 미리 예고하는 복선이기도 하다. 눈빛과 머리 색깔도 빛의 조형에 일조한다. 땅에서 올라오는 검은 연기 저쪽에서는 어찌된 일인지 배경이 일그러진다.

연기를 이용해서 장면을 전환하면서 동양화가 그려진, 은은한 빛을 뿜는 병풍을 배경으로 한 화면으로 이어진다. 숨 쉴 새 없는 춤이 드러내는 신체성과 CG의 조합, 노래와 랩으로 속도감을 끌어 올리면서 장면은 연달아 변환하고 나아가 우주 공간으로까지 극적으로 비상한다. 예정조화를 거부하는 예측 불가한 장면 전개야말로 K-POP의 진수이다. 영상 속 우주 이미지는 마치 K-POP

우주 자체를 상징하는 것처럼 보이지 않는가.

동영상에서는 검은 연기, 꽃잎, 작은 빛의 조각들처럼 인공적으로 가공된 장치를 절묘하게 사용했다. 아무 생각 없이 화면에 무엇인가를 첨가하는 것이 아니다. 손끝까지 이어지는 날렵한 신체 동선에 맞춰 세심하고 교묘하게 녹아들어 있다. 다른 K-POP MV들과 비교해 보면 뚜렷하게 알 수 있을 만큼 세밀하고 공들인 CG가 탁월하다.

카메라가 춤을 추고 있는 것은 말할 것도 없다. 처음 1분 남짓한 시간은 멤버 각각의 존재감을 우리 지각 안에 확실하게 각인한다. 자칫 평범해지기 쉬운, 해변에서 춤을 추는 장면에서도 의상은 선명한 주황색으로 맞추고, 배경에는 가느다란 오로라 빛줄기가 가득 차게 가공해서 낯선 호기심을 불러일으킨다. 카메라는 조금의 두려움도 없다는 듯 움직이며 미래파적으로 유유히 질주한다. 혼신의 카메라 워크다.

아티스트들의 '목소리'는 빠르게 춤을 추는 신체성과 얽히고설키며 묵직한 존재감을 드러낸다. 특히 아샤AISHA와 미아MIA, 이유, 이런YIREN의 중저음 목소리가 만드는 양감이 시현SIHYΣON과 온다ONDA의 선명한 고음으로 잘 전환되도록 지탱해 주고 있다. 아샤와 이유의 랩은 우리 가슴 깊은 곳에 꽂힌다.

아티스트들의 머리 색깔과 질감의 변화, 의상의 색채와 텍스처의 변화, 시각적 미학은 긴장감이 넘치며 끝까지 느슨해지지 않는다. 신체성은 거의 극한까지 살아 있다. 각각 다른 '목소리'가 똑같은 하나의 가락을 만들어 내는 유니즌unison과 화음이 만들어 내는 청각적 두께감은 압권이다. 유니즌은 곡의 다성성을 설명하는 중요한 개념이니 기억해 두면 좋겠다. 곡은 물론이고 편곡이나 편집 등 모든 영역에서 아티스트들이 살아서 약동하는 에버글로우의 장대한 걸작이다.

참고로 아티스트 이름의 로마자를 표기해서 보여 줄 수 있는 동영상에서는 그리스 문자와 국제 음성부호, 그리고 라틴 문자를 섞어서 사용하고 있다. 예를 들어 이유의 표기 Σ:U에서 Σ, 즉 시그마는 S에 해당되는 문자이지만 여기서는 EU의 E를 나타낸다. Σ의 음이 아니라 모양을 빌린 것이다. 노래 가사와 같은 '말해진 언어' 뿐만 아니라 이러한 '쓰여진 언어'의 작은 부분에서도 멀티에스닉하고 다원적인 고안을 잊지 않아서 장난기와 페티시즘을 만날 수 있다. 데뷔한 해인 2019년의 작품 〈봉봉쇼콜라Bon Bon Chocolat〉 첫 화면에 나오는 EVERGLOW 로고도 재미있다. 이런 장치가 K-POP이 주는 즐거움 중 하나이다. 〈FIRST〉에서도 '손'을 언급했지만 〈봉봉쇼콜라〉에서도 1:02쯤에 손가락 끝까지 춤으로 표현하는 안무의 재미도 주목할 만하다.

〈LA DI DA〉 MV는 2020년 작품인데 동영상에는 흑백과 컬러의 조합이 살아 있다. 곡은 변화가 풍부하고, 이유의 랩, 아샤의 굵은 저음, 시현의 시원한 고음, 미아의 물기 어린 목소리 등 각각이 구사하는 개성적인 '목소리'의 존재감과 속도감 있는 변화를 맛볼 수 있다. 〈LA DI DA MV Choreography〉는 제목처럼 단순한 안무 영상이 아니다. 무대 장치를 보아도 안무 영상과 MV의 중간적인 작품임을 알 수 있다. 목소리의 대조와 변모는 2021년 작품

〈Pirate〉에서도 눈에 띈다.

〈Promise〉는 2021년 작품으로 에버글로우가 보여 준 기존 MV와는 달리 평화롭고 밝은 인상을 강조했다. 숲속의 소녀가 등장하는 장면 외에는 대부분 초원에서 춤을 추는 모습이다. 약간의 의상 변화와 조명과 카메라 워크만으로 효과적으로 멤버들을 보여 주는 솜씨에 주목하고 싶다. 아티스트 외에도 크리에이터의 역량도 특기할 만하다.

목소리와 신체성의 극복 — 에스파의 존재감

에스파aespa는 카리나KARINA, 윈터WINTER, 일본에서 온 지젤GISELLE, 그리고 중국에서 온 닝닝NINGNING으로 구성된 멀티에스닉 여성 그룹이다. 멤버 모두 2000년부터 2002년 사이에 태어났다. 데뷔는 2020년.

다음 두 작품 모두 2021년에 만들어졌다. 뒤의 것이 〈Savage〉의

●
EVERGLOW(에버글로우)
- LA DI DA MV

●
EVERGLOW(에버글로우)
- LA DI DA MV Choreography

●
EVERGLOW(에버글로우)
- Promise(for UNICEF promise campaign) MV

●★★
aespa 에스파 'Savage'
Camerawork Guide

●★
aespa 에스파
'Savage' MV

공식 뮤직비디오이며 앞 작품은 〈카메라 워크 가이드〉라는 이름이 붙어 있다. 그 밖에 〈Camerawork Guide for Creators〉라는 제목이 붙은 동영상도 있다. 크리에이터의 어마어마한 자신감을 헤아릴 수 있지 않은가. 그만한 자신감에 걸맞은 훌륭한 걸작이다.

카메라는 정면에 고정되어 있지 않고 자유자재로 움직인다. 아티스트에게 바짝 다가가기도 하고, 끌어당기기도 하고, 로 앵글도 하이 앵글도 구사한다. 심장 박동까지 느껴지는 듯하다. 파란색과 보라색 배경을 바탕으로 한 조명도 소박하지만 깊이가 있다.

뮤직비디오에서 충분히 볼 수 없는 안무도 〈카메라 워크 가이드〉 영상에서는 마음껏 감상할 수 있다. 춤에 맞춰 카메라는 손끝에 가까이 다가가기도 하고 또 줌 인zoom in으로 당기기도 하면서 네 사람을 쫓는다. 손끝부터 머리카락의 흐름까지 놓치지 않고 동영상에 살리고 있다. 1:41, 닝닝과 카리나가 좌우 양쪽에서 손가락을 맞대 만든 앵글 사이로 카메라가 윈터를 잡는다. 놀라운 기법의 집약체다. K-POP 역사에서 은근히 빛을 발해 온 '춤추는 카메라'가 거의 극한에 달한 모습이다. 여기서 우리가 새삼 확인해야 할 것이 있다. 노래를 부르고 춤을 추는 모습을 찍어도 그것이 바로 작품이 되는 것은 아니라는 점이다. 하물며 K아트에 있어서야 더 말할 필요도 없다. 바로 〈aespa 'Savage' Camerawork Guide for Creator〉라는 칭호를 얻은 이 작품이 도대체 무엇이 K-POP을 지탱해 왔는지를 남김없이 말해 주고 있다. K-POP 아티스트들의 영광은 곧 K-POP 크리에이터들의 영광이기도 하다. 이 작품에서 배워 만들었다는 MV가 종종 발표되는데 〈Savage〉 수준까지 다다른 작품은 거의 보지 못했다. '목소리'끼리 서로를 돋보이게 하는 식으로 전개되는 노래는 신선한 놀라움을 잇달아 선사한다. 깊숙한 곳에서 솟아나오는 듯한 윈터의 중저음과 닝닝의 목소리도 압권이다. 지젤의 랩도, 카리나의 보컬도 훌륭하다. 비트와 속도감의 변화 속에서 네 사람 각각의 '목소리'를 하나도 놓치지 않고 잘 살렸다. 수많은 MV가 아티스트들의 장점을 망치고 있는 상황을 떠올리면 이런 재능 있는 크리에이터를 만났다는 점에서 에스파 네 명은 행복한 아티스트다.

더욱 주목할 만한 것은 헤어 메이크업과 의상이 각 아티스트가 선명하게 돋보일 수 있도록 설정되었다는 점이다. 헤어스타일과 패션만 봐도 확실히 구별이 되면서 네 명 전체의 통일성도 잃지 않는다. 네 명이 뭉쳐도, 떨어져도 신체와 의상이 자신들의 미학을 잃지 않는다. 한 사람 한 사람의 의상이 평범하지 않을뿐더러 각자가 눈에 띄는 색과 모양을 갖춰 다른 질감으로 만들어져 있다. K-POP의 모든 MV가 이랬으면 좋겠다. 마지막까지 다른 백댄서 없이 네 명만으로 퍼포먼스를 완성하고 있는 것은 각자의 존재감이 압도적이기 때문이다. 그렇다, 지금 여기서는 에스파 멤버 네 명 이외에는 아무도 필요 없다.

우리는 여러 이미지로 꽉 채워진 MV에 익숙해져 있다. 그러나 에스파의 〈Savage〉 동영상 앞에서 그런 평범한 MV들은 날아가 버린다. 칼군무조차 반드시 많은 인원이 필수적이지는 않다는 점을 이 한 편의 동영상이 선명하게 증명한다.

에스파를 처음 접한 사람도 이 동영상을 한번 보기 시작하면 분명 끝까지 보고 나서 다시 한 번 보고 싶어질 것이다. 이 동영상뿐만 아니라 거대한 뱀이 기어다니는 장면이 인상적인 오피셜 MV도 상당한 수준에 이르렀지만, 〈Savage 카메라 워크 가이드〉 동영상은 목소리와 춤과 카메라만으로 공식 MV를 훨씬 능가한다. 존재감이 넘쳐흐르는, K-POP의 보물 같은 동영상이다.

디지털 환상은 불필요하다

참고로 에스파의 MV에는 '아바타'라는 CG 인물이 등장하지만, 실은 전혀 필요 없는 요소다. '아바타가 에스파의 콘셉트'라는 생각은 물론 가능하며 수긍이 가기도 한다. 그러나 콘셉트가 신체를 비롯한 모든 요소와 함께 온전히 형상화되어야만 참된 MV가 된다. 또한 '콘셉트'라는 이름으로 제기되는 '아바타'는 결국 팬들과 벌이는 일종의 즐거운 '놀이'로서 내세워진 것이다. 예전 EXO 멤버들이 각각 '초능력'을 가지고 있다는 설정과 같은 것이다. 우리는 EXO를 좋아하는 것이지 '초능력'을 좋아하는 것이 아니다. 물론 그런 쓸데없는 '재미'를 믿고 있을 리도 없다. 에스파의 매력은 그런 잔재미 따위에 있다기보다, 아티스트 자체의 역량과 존재감에 있다는 점을 이 동영상이 확실하게 보여 준다. 우리 시대가 직면하고 있는 결정적으로 중요한 사실을 이 동영상이 선명하게 알려 주고 있다.

2-3에서 강조했듯이 디지털 환상, 가상현실은 2011년 3·11에서

이미 무너졌다. 가상현실도 메타버스도 에스파 앞에서는 그저 소소한 재미에 불과하다. 거기에 빠져드는 것은 큰 환상이다. 이미 모두가 알고 있는 사실이다. 이를 '콘셉트'라는 이름으로 너무 전면에 내세우면 가장 중요한 존재인 아티스트가 보이지 않게 된다. 압도적인 '신체성'이 가져다주는 존재감 앞에서 시시한 디지털 환상은 필요 없다. 에스파의 〈Savage〉는 K-POP이 나아가야 할 길을 가장 알기 쉽게 비춰 주고 있다.

에스파의 또 다른 영상을 접해 보자. 2021년 발표한 〈Next Level〉의 댄스 버전이다. 시작하자마자 0:22쯤에 카리나에게 다가간 카메라는 거의 접사촬영이라고 해도 좋을 만큼 오른쪽 신발 끝까지 다가가는가 하면, 카리나의 몸을 문지르기라도 할 듯 그대로 얼굴까지 올라가서 들이댄다. 위험할 정도로 접근하는 카메라와 이를 신뢰하는 아티스트들. 도대체 얼마나 검토와 연습을 거듭했을까. 우리는 급격한 시점 변화에 우선 놀란다. 3:15쯤에 윈터가 발로 걷어차 발바닥이 드러나는 장면과 맞물리며 동영상 구성은 멋진 끝맺음을 이룬다. MV에서도 마찬가지 촬영 방식을 쓰고 있지만 주변의 조형에 시선이 끌려 이런 고안에까지 주목하기는 쉽지 않다.

닝닝의 목소리도 뛰어나다. 1:47부터 들어 보자. 그리고 그 뒤를 잇는 윈터의 목소리도. 닝닝의 뒤를 이어 부르려면 제법 노래

•
aespa 에스파
'Next Level' The Performance Stage #2

를 잘한다는 수준으로는 부족하다. 가창력 차이와 존재감의 차이가 선명하게 드러나기 때문이다. 윈터만이 이어받을 수 있다는 것을 또 한 번 멋지게 증명해 준다. 이러한 곡 구성이 우리에게 신선한 자극을 체험했다는 기억을 각인시키는 것이다. 카리나와 지젤이 주고받는 랩의 조형도 훌륭하다.

참고로 네 사람의 시선은 기본적으로 항상 카메라를 향해 있다. 계속 우리를 바라보고 있는 셈이다. 거의 유일하게 시선이 마주치지 않는 부분은 1:11쯤의 "라라라…"라는 후렴구뿐이다. 동시에 이 소절에서만 작은 타악기 반주만 뒤따른다. 네 사람의 "라라라…"라는 선율이 급격히 고풍스럽게 낮은 음으로 떨어지는 바람에 고속으로 변화하는 현대적인 선율에 익숙해져 있는 우리의 의표를 찌른다. 이렇듯 하나부터 열까지 크리에이터의 뛰어난 역량이 드러나며 동시에 여유까지 넘쳐 흐른다. "어때 이건?"이라며 빙긋이 웃고 있는 크리에이터들의 표정이 눈에 선하다.

"라라라…"가 전해 주는 청각의 놀라움이 끝나기도 전에, 네 사람을 보여 주던 카메라가 갑자기 지젤의 바스트 숏으로 전환되어 이번에는 시각적 놀라움을 준다. 역시 절묘한 편집이다.

1:27쯤에 네 사람이 떨어져서 춤을 추는데 팔이 나비의 날개짓처럼 부드럽게 흔들린다. 이 '신체성'이 보여 주는 미학은 또 어떨까. 우리는 이러한 모습 앞에서 '아름다움'을 느끼는 것이다. 2:37쯤에서 이번에는 카리나를 중심으로 네 사람이 팔을 짜는 안무가 삽입된다. 얽힌 팔이 서로 풀어질 때 그려 내는 궤적 또한 감탄할 만하다.

안무가 보여 주는 네 사람의 대형과 움직임에도 눈을 뗄 수 없다. 전혀 지루하지 않고 쉽게 다음을 내다보지 못하게 한다. K-POP의 모범이라고 칭할 만하다. 물론 이 동영상 역시 네 사람의 헤어스타일과 의상이 서로가 서로를 돋보이게끔 조형되어 있다. 전혀 타협이 없음을 알 수 있다.

여기서는 MV가 아닌 버전을 언급했지만, MV 역시 CG와 VFXvisual effects, 비주얼 이펙트를 충분히 활용한 미래지향적인 조형미가 응축되어 있어 매우 즐겁다. 같은 시기의 많은 MV보다 훨씬 높은 수준의 완성도를 자랑한다.

다만 이미 말했듯이 여기서도 아바타 같은 건 필요 없다. 물론 아바타 자체의 기술적, 영상 작품으로서의 완성도는 상당히 높다. 아바타를 만든 크리에이터들의 역량은 아마도 좀 더 다른 방식으로 살릴 수 있을 것이다. 이렇게 글을 쓰고 찾아보니 놀랍게도 에스파의 크리에이터 팀은 이미 그 노선을 다른 형태로 만들어 냈다. 바로 다음 작품이다.

애니메이션+실사 = 애니리얼 동영상의 광야로

2022년에 제작된 영상 〈ep2. Next Level〉은 전체가 웹툰식 만화, 애니메이션, CG, 실사로 이루어진 작품이다. 노래 〈Next Level〉이 메인이 아닌, 독립적인 단편 실사 애니메이션이며 에스파 네 명을 주인공으로 설정했다. 이러한 작품은 K아트에서도 비교적 드문 시도이다. 그림의 수준도 뛰어나다. 종종 깜짝 놀랄 만한 화면을 만나게 되는데, MV는 아니지만 이런 세계상이 있어도 괜찮겠다. 물론 지금까지도 애니메이션을 이용하는 작품은 많았다. 그러나 어디까지나 애니메이션이 실사에 종속되어 있는 모습이 역력했다.

이 작품은 어떤 의미에서 K-POP에서 진화한 K아트 세계에 '애니메이션+실사 단편영화', 더 정확히 말하면 애니메이션animation+리얼real, 즉 '애니리얼'이라고 불러야 할 분야를 개척하고 있는 셈이다. '애니라이브'보다는 느낌이 더 잘 사는 이름일 것이다. 아바타 같은 것으로 MV를 방해할 것이 아니라 오히려 이런 조형 방식을 취해야 한다. 에스파는 K아트의 원더우먼으로 언젠가는 아이들에게까지 침투할지도 모른다. 더 자신 있게 앞으로 나아가도 좋다. 동영상 15:00에서도 에스파를 선도해 주는 존재, 다름 아닌 나이비스nævis가 이렇게 말하고 있지 않은가. "뒤를 돌아보지 말 것". 이것이 바로 "next level"이다.

에스파의 역량은 우리를 연달아 놀라게 만든다. 정식 MV는 영어 버전밖에 없기 때문에 한국어 버전은 음원으로 들을 수밖에 없어 아쉽지만, 2022년 발표된 〈Life's Too Short〉는 특히 청각적인 면에 주목하고 싶다. 음향 편집 기술을 포함해 목소리의 절묘한 매력을 체험할 수 있기 때문이다. 네 명이 하나의 선율로 노래

•
aespa 에스파
'ep2. Next Level' - SM Culture Universe

하는 유니즌도, 다성적인 구성도 거의 목소리만으로 우리를 에스파의 세계로 끌어들인다. 생각하기에 따라서는 가사를 듣고 눈물을 조금 자아낼지 모른다. "더 자유롭길 바래" "두려워하지 마 / Cause life's too short". 그렇다, K-POP을 더욱더 만끽하고 싶어도 인생은 너무나 짧지 않은가. MV 첫 부분에 나오는 손짓으로 카메라의 화면을 바꾸는 동작은 이젠 K-POP MV에서는 완전히 일반화되었는데, 여기서는 마치 스마트폰이나 태블릿 화면을 플릭flick이나 스와이프swipe라도 하듯 손가락 하나로 화면 전환을 하고 있다. 에스파의 목소리와 노래의 압도적인 힘은 같은 해 발표한 〈Girls〉 MV의 특히 끝부분에서도 확인할 수 있다. MV의 색채도 절묘하다.

K-POP, 러시아 민요까지 섭렵하다 — 민속음악과 K-POP

요하네스 브람스Johannes Brahms(1833-1897)의 〈헝가리 무곡집〉은 헝가리의 로마Roma, 이른바 집시Gipsy 음악에서 착상을 얻은 무곡으로 알려져 있다. 유럽의 클래식 음악이 그랬듯이 여러 민족 고유의 민요나 민속음악에서 착상을 얻거나 인용하는 것은 현대의 팝송뿐 아니라 K-POP에서도 발견할 수 있다. 단 K-POP의 나침

• aespa 에스파 'Life's Too Short (English Ver.)' MV

• aespa 에스파 'Girls' MV

반은 아무래도 영어권을 주로 향해 있으므로 한국 전통 음악 이외에 그러한 멀티에스닉한 성격은 그리 눈에 띄지 않는다. 그런데 여기에 조그마한 사건이 일어났다. 에스파가 러시아 민요를 대대적으로 인용한 곡을 불러 준 것이다. 영화 《테트리스TETRIS》(감독: 존 S. 베어드, 2023)의 사운드트랙인 〈Hold On Tight〉를 들어보자.

첫머리에 삽입된 "Baby, you and me are a twisted fantasy"(야, 너랑 나랑은 비틀어진 하나의 환상이야)로 시작되는 후렴이 러시아 민요 〈코로부시카(러)коробушка, Korobushka〉의 선율이다. 현대 팝송에서는 이러한 음악의 인용법을 '샘플링sampling'이라 부른다.

일본어권에서 1950-1960년대에는 러시아 민요가 많이 알려졌다. 이른바 운동권에서 '우타고에(노랫소리) 운동'이라는 이름으로 학교, 직장, 카페 등에서 함께 노래를 부르는 운동이 활발했던 것이다. 그 운동에 러시아 민요가 즐겨 도입되었다. 초등학교 포크댄스용 음악으로 사용될 정도였다. 〈코로부시카〉는 고령층이라면 아마 제목은 몰라도 선율은 익숙하게 느끼는 사람이 적지 않을 것이다. 가사는 별도로 하더라도 귀에 익은 이런 러시아 민요를 절묘한 구성으로 '샘플링'하여 에스파가 유니즌으로 불러 주기만 해도 그리움으로 가슴이 터질 듯하지 않을까. 이토록 아름다운 곡으로 다시 탄생하다니. 닝닝의 도입부만으로 두근거

●★
aespa
'Hold On Tight'(Tetris Motion Picture Soundtrack) Visualizer

린다.

지구상에는 실로 다양한 민요와 민속음악이 있다. 언어가 그렇듯이 음악도 널리 알려지지 않은 채 자칫하면 소멸해 가기도 한다. 세계 각지의 민요나 민속음악을 더 적극적으로 배우며 받아들이는 K-POP이 되었으면 좋겠다. YouTube를 보면 알 수 있듯이 에스파가 부르는 이런 러시아 민요 한 구절로도 영어권 사람들이, 혹은 스페인어권 사람들이, 그리고 일본어권 사람들이 환희하는 표정을 보여 준다. K-POP이 어떤 민속음악에 진심으로 경의를 표하며 배우고 받아들인다면 그 민속음악을 사랑하며 이어 온 많은 사람들이 더욱더 K-POP과 함께할 것이다. 상상해 보자. 〈에스파, 조지아(그루지아) 민요를 찾다〉와 같은 동영상 작품이 있으면 얼마나 재미있을까. K아트는 이미 그런 역할을 맡을 가능성도 충분히 품고 있다. 일상생활에서는 거의 의식도 못했던 '발해'라는 땅

러시아 민요의 귀여운 '행상인'

러시아어 коробушка(외래어 표기로는 코로부시카, 발음은 [kərabúʃkə]로, [커라부슈커] 아니면 [카라부슈카] 정도에 가깝다)는 사전에 나와 있지 않을지도 모르겠으나 '행상인'을 뜻하는 단어 коробейник(코로베닉 [kərab'éjn'ik])의 지소형指小形이다. 지소형이란 영어 tab-let, book-let, brace-let에 보이는 접미사 -let처럼, '작은' '귀여운'이라는 뜻을 더한 형태로, 러시아어에서는 많은 단어에 자주 사용된다. '코로부시카'는 말하자면 귀여운 행상인 소녀 정도로 생각하면 된다.

을 서태지와 아이들의 〈발해를 꿈꾸며〉라는 곡으로 우리 모두가 떠올릴 수 있었던 기억을 더듬어 보면, K-POP이 세상에 기여하는 힘은 간과할 수 없을 것이다.

'이야기'의 조형 — 꿈을 잡아라

'이야기'식 구성을 추구하는 MV도 물론 진화하고 있다. 현재 일곱 명의 여성으로 구성되어 있는 드림캐쳐Dreamcatcher가 발표한 작품군은 이야기를 조형하는 힘과 목소리 면에서 주목할 만하다.

2019년 작품 〈데자부(Deja Vu)〉는 아름다운 발라드풍의 도입부로 시작한다. 상징성이 강한 가사와 이야기가 짜임새 있게 구성된 동영상이다. 끝부분에서 불에 타듯 이글거리는 거대한 두 개의 달이 떠 있다. 이러한 영상은 청중들이 가사와 함께 다양한 의미나 이마주를 조형할 수 있게 돕는다. 상징시적인 조형의 성공 사례라 할 수 있으며 춤도 청아한 느낌을 주어 매력적이다. 시연SIYEON의 도입부, 가현GAHYEON, 한동HANDONG, 수아SUA, 지유JIU, 유현YOOHYEON, 그리고 다미DAMI가 저음을 들려줄 때쯤이면 우리는 이미 완전히 사로잡히고 만다. 서로 다른 목소리가 이런 식으로 차례로 등장하는 것이 드림캐쳐의 묘미다.

●
Dreamcatcher(드림캐쳐)
'데자부(Deja Vu)' MV

〈Déjà vu〉라는 제목을 가진 곡 중에는 좋은 작품이 많다. 남성 그룹 에이티즈ATEEZ가 2021년 발표한 동명의 걸작이나(→4-4, 351쪽) TXT투모로우바이투게더의 〈DEJA VU〉와도 비교해 보자.

2021년 작품 〈BEcause〉는 업템포 속에 목소리의 변화로 가득 차 있고, 예측 불가능한 전개로 흥미를 돋운다. 예를 들어 직설적으로 울려 퍼지는 수아의 목소리 "Ocean View"와 "BE. Cause"라고 단어 사이에 스타카토처럼 공백을 넣어서 뿜어 내는 지유의 목소리, 시연, 한동, 유현의 가성, 다미의 저음 랩까지 지루해질 틈이 없다. 화면은 처음부터 끝까지 명도나 채도의 대비가 아주 강한 배색으로 일관되어 이마주를 우리 시각 안으로 깊이 각인해 준다. 이 작품에는 언어의 관점에서도 특기할 만한 요소가 있는데 3-7(→285쪽)에서 다시 언급할 것이다.

또한 〈it's Live〉라는 YouTube 채널에서는 밴드와 함께 스튜디오에서 립싱크가 아닌 노래와 연주를 들려주는 영상도 있다. 아티스트의 가창력과 목소리의 존재감이 잘 드러난다. 〈it's Live〉는 주로 노래를 들려주는 채널인데 드림캐쳐는 서슴지 않고 춤을 추면서 노래를 불러 자신감을 한껏 드러낸다.

2022년 발표된 드림캐쳐의 근미래적인 동영상인 〈MAISON〉은 환경 파괴를 소재로 삼고 있다. 힘이 넘치는 작품이라 MV의 색채와 동영상 미학에는 종종 숨이 막힐 정도이다. 시연의 고음과 중

●
Dreamcatcher(드림캐쳐)
'MAISON' MV

●★
[Special Clip]
Dreamcatcher(드림캐쳐)
'Red Sun'

저음, 가현와 한동의 중저음, 그리고 전혀 결이 다른 지유의 목소리, 여기서도 다미의 저음 랩이 돋보인다.

〈Red Sun〉은 저음에서 고음으로 튀는 선율의 기복, 리듬과 속도감의 변화가 가사와 함께 어울려 뚜렷이 조형되어 있다. 2020년 발표한 이 동영상은 MV가 아니라 〈Special Clip〉이라는 명칭을 가진, 댄스 퍼포먼스의 일종이다. 그러나 배경 설정만 보아도 단순한 댄스 버전이 아님을 알 수 있다. 같은 방 안에서 계속 춤을 추고 있을 뿐인데도 K-POP의 여러 MV들이 두려워할 법한 밀도감을 보여 준다. 이들의 다른 MV와 비교해도 '드림캐쳐 색'이라 할 만한 색채감이 아주 선명해서 동영상의 시공간을 아름답게 덮고 있다. 지금까지는 드림캐쳐의 목소리와 노래의 매력, 색채의 매력만 강조해서 말했지만 이들이 펼치는 댄스의 난이도 역시 많은 이들이 인정하는 점이다. 수아가 짰다고 알려진 안무도 '드림캐쳐 색' 안에서 우리를 홀릴 만큼 아름답다. 손과 팔, 그리고 의상의 동선이 색채 대비와 어우러지며 신체성을 한껏 부각시켜 준다. 0:51-1:03의 안무에선 손가락 끝까지 요염하지 않은가.

MV는 아니지만, 2000년 드림캐쳐의 첫 번째 앨범 〈Dystopia〉에 수록된 곡도 추천하고 싶다. 〈Red Sun〉을 비롯하여 여러 다른 곡에서도 선율의 심한 기복과 음정의 진폭이 예사롭지 않기에 그룹의 역량을 실컷 맛볼 수 있다. 다양한 곡조로 엮어 내는 조형이 드림캐쳐의 묘미다.

재즈도 들려다오

드림캐쳐가 2020년 발표한 〈Jazz Bar〉는 재즈풍의 곡이 매우 드문 K-POP에서 숨겨진 보석 같은 명곡이다. 초반에 시연이 약간의 애드리브를 구사하는 영상도 YouTube에 있는데 분량이 짧아 아쉽다. 4박자 스윙 베이스 러닝에 맞춰 64소절 정도 실컷 애드리브를 들려주었으면 좋겠다. 역량이 넘치는 사람들이니 틀림없이 멋진 애드리브를 들려줄 수 있을 것이다. 작품 속 2:27부터 여덟 소절은 K-POP에서는 거의 만날 수 없는 아주 귀한 4비트 스윙 재즈 스타일의 보컬과 연주가 특징이다. 무대나 라디오 녹음 동영상 등에서 멤버가 장난을 치는 모습도 재미있다. 절제된 목소리로 연주되는 이런 분위기의 곡이 더 많았으면 좋겠다. 모든 멤버들이 곡 만들기에 참여하고 있는 점도 기억해 둘만 하다.

재즈풍 이야기가 나왔으니 이런 세션도 들어 보자. 배우이자 가수이기도 한 수지Suzy, 배수지와 EXO의 백현BAEKHYUN이 함께한 곡 〈Dream〉이다. 즐거운 재즈 스타일로 기타를 비롯한 밴드의 연주도 상쾌하다.

●★
Jazz Bar(Jazz Bar)
- Dreamcatcher

●
[MV] 수지Suzy,
백현BAEKHYUN - Dream

등신대의 새로운 세계상 — 새로운 시대의 '내 이야기'

드림캐쳐의 작품이 규모가 크고 신화, 설화, 동화, 또는 굵은 흐름을 가진 '극적인 이야기'라면, 일상생활에서 경험하는 미세한 심정을 그린 자그마하고 아담한 이야기도 많이 있다. 말하자면 '나의 소소한 삶'을 전하는 등신대, 즉 실물 크기의 이야기다. 2022년에 데뷔한 2002–2004년생의 4인조 여성 그룹 피프티피프티FIFTY FIFTY는 목소리의 존재감과 가창력, 그리고 K아트로서의 가능성을 보여 준다는 점에서 주목할 만하다.

2022년 작품으로 언뜻 보기에는 평범해 보이는 〈Lovin' Me〉 동영상의 각 장면을 자세히 들여다보자. 영상미와 함께 탁월한 편집의 묘미를 맛볼 수 있을 것이다. 3:28에서 모래시계의 접사 촬영에서 바닷가를 수직으로 내려다보는 구도로 전환하는 기법 하나만 보아도 크리에이터의 역량을 짐작할 수 있다. 시오SIO의 고음을 비롯하여 멤버의 목소리와 노래의 매력을 맛보자.

2023년 발표된 〈Cupid〉는 빌보드 월드 디지털 송 세일즈에서 주간 8위를 기록하는 등, 신인 그룹으로서 뛰어난 기록을 달성했다며 화제가 되었다. 반음 키가 올라가는 끝부분의 무대의 색채는 곱고 신선하지만 K-POP에서는 이미 전통적인 작법이다. 아티스트들이 방 안에 모여 있는 모습도 K-POP에서는 어디서든

●
FIFTY FIFTY(피프티피프티) - 'Lovin' Me' Official MV

●★
FIFTY FIFTY(피프티피프티) - 'Cupid' Official MV

지 볼 수 있는 설정이다. 그러나 대조적으로 길거리에서 춤을 추는 0:13부터의 공간에 주목해 보자. 무대 설치는 아주 간편해 보이는데, 주목할 점은 K-POP MV에서는 익숙한 그래피티와 글씨 투성이의 벽으로 둘러쌓인 밤의 뒷골목이 아니라는 것이다. 석양빛을 온몸으로 받는, 아주 밝은 길거리이다. 언뜻 보기에는 아무렇지도 않은 이러한 설정이 우리에게 신선한 충격을 던져 준다. 충격의 이유는 무엇일까? 이 MV는 소리 높여 이렇게 선언하고 있는 것이다. "우리는 이미 힙합의 감성적인 굴레에서 벗어났다. 우리는 새로운 우리다." 2-6에서 한국의 음악 혁명은 힙합 혁명이었다고 말했다. 힙합의 감성은 K-POP의 가장 깊은 곳에서 우리의 존재, 우리의 감성을 사로잡고 있었던 셈이다. 지금 활약 중인 그룹의 최신 MV에서도 힙합적인 조형이 보이지 않는 경우가 오히려 드물다고 말할 정도다. 그토록 짙게 드리웠던 힙합의 영향에서 이제는 완전히 벗어났다고 피프티피프티는 '앳된 모습의 MV'로 아주 자연스럽게 보여 주고 있는 것이다. 너무나 자연스럽기에 우리의 감성은 "뭔가 신선한데 무엇이 신선한 걸까?" 하며 그 정체를 금방 알아차리지 못할지도 모른다. 그래피티나 낙서 대신 0:59에서는 보드에 얌전하게 붙인 여러 크기의 스티커 메모가 보이고 1:08 이후는 'Cupid is so dumb'이라는 일루미네이션 같은 글씨가 여러 차례 등장한다. 무엇보다도 의상, 특히 길거리에서 입고 있는 의상을 보면 이미 힙합은 흔적조차 없다. 그렇다고 모두에게 같은 교복을 입히는 '제복주의'로 빠지는 것도 아니다. 옷으로 아티스트 네 명의 존재감을 살리는 것도 잊지 않고 있다.

이러한 조형들은 자칫하면 구태의연한 아이돌 노선으로 쉽게 전락한다. 그러나 크리에이터들은 이 'cupid'들=아티스트 각자의 매력을 무서우리만큼 남김없이 그려 내고 있다. 그것도 아주 평범해 보이는 부드러운 조형 기법으로.

가사 속 'cupid'와 'stupid'의 대조와 라임rhyme은 많은 사람의 귓가에 남을 것이다. 이 작품으로 아란ARAN의 목소리가 세계의 곳곳의 사람들을 위로해 주었을 것이다. 이렇듯 목소리가 가져다주는 위로의 힘은 소중하다. 아란 다음에 시오의 목소리로 바뀌는 순간은 변화 자체가 쾌감을 주며 동시에 작은 놀라움을 선사한다. 이다지도 다른 목소리가 이렇게나 서로 다정하게 어울리다니. 여기에 덧붙여 키나KEENA와 새나SAENA의 랩은 실로 따뜻한 쾌감을 안겨 준다. 이렇게 흐뭇해지는 랩을 더 많이 듣고 싶다.

새나의 춤은 다른 동영상에서 더욱더 눈길을 끄는데 특히 탄력적인 몸놀림과 민첩성에 놀라움을 금할 수 없다. 팔 동작 하나만 보아도 궤적이 아주 크고 빠르다. 용수철처럼 튀는 모습을 보고 있노라면 현재의 K-POP 춤의 신들, 예를 들면 블랙핑크의 리사LISA도 어렸을 때는 이랬을까? 하는 상상까지 하게 된다. 조금 송구스러울 정도로 뛰어난 아티스트를 예로 들었는지 모르지만 그만큼 많은 사람들이 세나에게서 가능성과 재능을 느낄 것이다.

이렇게 부드러운 미학을 보여 준 피프티피프티가 완전히 다른 스타일의, 강도 높은 작품을 보여 주기도 했다. 2022년의 〈Log in〉

이다.

요컨대 뛰어난 K-POP 아티스트들은 뭐든지 할 수 있다고 말하는 것 같다. 1:29부터 키나와 새나의 랩에 빠지자마자 시오의 고음이 다가온다. 속도감과 박력이 넘치다가 2:32부터는 속도감을 늦춘 부드러운 선율도 마련해 두고 있다. 엔딩도 여운을 남긴다. 피프티피프티의 다른 작품들보다 이 작품은 신체성이 뚜렷하게 살아 있다. 손과 팔을 구사한 안무도 눈을 끈다. 카메라가 함께 춤추고 있는 점은 이제 말할 필요도 없을 것이다. 아마 이보다 카메라가 조금이라도 더 움직이면 우리의 시선이 따라가지 못해서 동영상은 붕괴될 것이다. 카메라는 그런 한계에 다다를 때까지 움직이며 함께 춤 추고 있다.

랭킹 운운은 별도로 하더라도 이때 K아트 우주에 큰 가능성을 가진 피프티피프티라는 빛나는 항성이 태어났다는 것은 확실하다. 항성이 앞으로 큰 은하수로 이어질 가능성이 확실히 있었다. 그러나 슬프게도 이 네 명이 함께하는 모습은 더 이상 볼 수 없게 되었다. 우리가 본 광경은 짧은 백일몽이었을까. 너무나 아름다웠던 백일몽. 그러나 백일몽이었다 한들 이 네 명의 존재를 K아트의 역사에서, 그리고 우리 마음에서 지울 수 없을 것이다.

●★
FIFTY FIFTY(피프티피프티)
- 'Log in' - PERFORMANCE VIDEO

③ 樂章

K-POP의 언어

— '랩'과 '라ㅂ푸' 사이

K-POP 노래를 한국어라는 언어 자체에
초점을 맞춰 살펴 본다면
음운론적으로는 음절 구조의 특징이 있고,
음성학적으로는 일곱 가지 음절 끝 자음이
모두 닫힐 뿐 열리지 않는다는 특징이 있다.
또한 성문 폐쇄와 후두의 긴장을 통해 '보이지 않는 음표'를 구사하는 것도
특징이다.
어휘론적으로는 오노마토페, 즉 의성의태어와 감탄사를 빈번하게 사용하는 점이
두드러진다.
목소리의 다양성과 복수언어성이 K아트의 음적 측면을 지탱하고 있다.
팀을 이루면서도 각자의 '목소리'가 얼마나 두드러지는지가
존재감의 핵심이 된다.

③

①

왜 한국어 랩에 꽂히는가?

랩은 영어였다

"왜 한국어 랩에 꽂히는가?" 아마도 한국어 랩을 접한 세계의 많은 사람들이 품는 궁금증일 것이다. 우선 한 곡만 듣고 이야기를 시작하자.

2019년, M-net에서 방영한 《컴백전쟁: 퀸덤》이라는 프로그램의 오프닝 퍼포먼스는 6인조(현재는 다섯 명) 여성 그룹 (G)I-DLE (여자)아이들의 멤버 소연SOYEON의 랩으로 시작된다. 소연은 늘 다

●★
오프닝 퍼포먼스(Opening Performance)
-(여자)아이들 컴백 전쟁 : 퀸덤 0화

양한 스타일로 랩을 구사한다는 점도 기억해 둘 만하다.

사람들은 이미 본고장인 영어권의 랩을 충분히 즐기고 있었다. 랩은 힙합 자체이며 전형적으로는 미국의 것, 예를 들면 에미넴 Eminem(1972-)을 비롯한 많은 래퍼들로 상징되는 장르였고, 무엇보다도 영어라는 언어로 이루어진 장르였다. 물론 다른 언어권에서도 랩을 시도한다. 하지만 영어권 랩에서 보면, 타 언어권 랩에 호의적인 인상을 가진 사람들조차도 '그래, 제법 열심히 하네' 정도가 솔직한 심정이었을 것이다. 그만큼 랩의 정수는 영어 그 자체였다.

한국어권의 음악 혁명과 랩의 출현

한국어권에서 랩의 등장은 앞서 말했듯이(→2-6, 130쪽), 1990년대 초반 서태지와 아이들과 듀스를 비롯한 아티스트가 주도한 혁명으로 이루어졌다. 한국어로는 불가능하다고 했던 랩이 순식간에 들불처럼 퍼져 나갔다. 어떤 형식의 음악이 이렇게 빠르게, 그리고 광범위하게 그 언어의 가장 깊은 곳까지 침투한 사례는 세계 음악사에서도 드문 사건일 것이다. 일본어권의 모습을 보면 바로 알 수 있듯이 비틀즈The Beatles도, 재즈도 음악 스타일로서는 경이로운 침투 양상을 보였지만, 나름대로 시간을 들여 천천히 진행되었다. 일본에서 제작되는 콘텐츠에서 영어가 일본어의 깊숙한 곳까지 영향을 미쳤다고는 결코 말하기 힘들다. 일본어 가사를 붙여 노래하는 '그룹사운드'라 불린 밴드 음악에서도, 재즈 보컬에서도 영어가 가진 요소와 느낌이 일본어 가장 깊은 곳까지 스며들었다고 말할 수는 없을 것 같다.

영어 그 자체였던 랩. 그런데 왜 한국어에서 랩이 가능했을까? 한국어권에서 벌어진 이런 기이한 사태에 접근하기 위해서는 한국어라는 언어의 성질을 알아야 할 필요가 있다.

지구상에는 수천 가지의 언어가 존재한다.
그러나 그 경계는 어렴풋하다

세계에는 수천 개의 언어가 존재한다. 미국에 기반을 둔 기독교계 국제 비영리단체인 에스놀로그Ethnologue는 세계 언어 통계를 공개하고 있는데, 2024년 5월에 나온 제27판에서는 7,164개의 언어가 있다는 수치를 제시했다. 가메이 다카시亀井孝·고노 로쿠로河野六郎·지노 에이이치千野榮一가 엮은 세계 최대급 언어학 사전인 『언어학대사전』(전 6권, 산세이도, 1988-1996)에서는 약 8,000여 개 언어를 언급하고 있으며, 서문에서는 3,500개의 언어를 다뤘다고 밝혔다. 어쨌든 수백이 아니라 수천이라는 단위다.

다만 '여기서부터 여기까지가 이 언어이다'라는 식으로 언어를 엄격하게 경계 지을 수 있는 근거는 적어도 언어 내부에는 존재하지 않는다. 언어와 방언을 구분하는 것은 언어의 속성 자체로 볼 때 사실상 불가능하기 때문이다. 한국어나 영어, 일본어처럼

류큐어琉球語—언어와 방언 사이

류큐어를 보면 언어와 방언을 구분할 수 없다는 사실을 잘 확인할 수 있다. 류큐琉球왕국은 류큐제도琉球諸島를 중심으로 1429년부터 1879년까지 450년에 걸쳐 존재했다. 1603년부터 1868년까지 지속된 '에도江戸 시대'라 불리는 도쿠가와德川 정권이 통치한 시대보다 오래 존재했던 왕국이다. 현재의 일본 가고시마현鹿島縣을 통치했던 사쓰마번薩摩藩이 1609년에 군사 침입을 하여 이후 류큐왕국의 무역을 지배하는 등 영향하에 두었다. 이 침략을 이어받아 근대 일본은 류큐를 편입하여 지배했고 여러 사태를 겪으면서 놀랍게도 그대로 오늘날까지 이르고 있다.

왕국이 지금까지 존재했다면 언어는 틀림없이 '류큐어'라고 불렸을 것이다. 오늘날 일본의 국어학에서는 일본어의 '오키나와沖縄 방언'이라는 명칭이 널리 사용되고 있다. 또한 언어의 성격 자체로 볼 때, 언어학에서는 류큐어와 일본어는 같은 계열의 언어, 즉 동계어로 간주한다. 요컨대 기원이 같은 친척 관계에 있는 언어인 것이다. 일본어와 한국어는 동계어가 아니라는 것이 현재 언어학 학설의 주류이다.

언어의 명칭도 문제가 많은데 일상생활에서 많이 사용되는 방언이라는 용어 역시 문제가 많다. '도쿄 방언' 주변을 가리키는 명칭도 관점에 따라 그 범위를 작게도 크게도 설정할 수 있다. 20년 정도 지나면 분포도 크게 변한다. 악센트, 모음의 성질, 어휘의 편차 등 어디에 초점을 맞추어 분류하느냐에 따라 얼마든지 변용될 수 있다. 미시적으로 보면 가족 사이에서도 사용하는 언어가 달라지는 경우도 많다. 이것은 '서울 방언'에서도 마찬가지다.

'○○어'라고 부르는 습관은 언어 자체가 가진 특성보다는 지정학적 조건, 정치와 경제, 역사나 세력 관계 등 주로 언어 외적인 여러 조건에 의해 규정된다. 언어의 수가 불분명한 것은 아직 조사되지 않은 미지의 언어가 많은 탓도 있으나, 무엇보다도 위와 같은 이유 때문이다.

요컨대 언어는 개인에게 그 존재의 근거를 두는 것이기 때문이다. 어떤 언어가 소멸할 때란 그 언어를 사용하는 마지막 개체가 지구상에서 사라질 때이다. 학문적으로 여러 가지 범주화가 설정될 뿐, 언어는 궁극적으로 나의 것이고, 당신의 것이다.

'한국어=조선어'가 일본어와 가장 가까운 언어이다

지구상에 수천 개로 추정되는 언어 중 일본어와 구조적인 성격이 가장 가까운 언어는 류큐어를 제외하면 한국어라는 것이 대다수 언어학자들의 견해이다. 일본어권에서는 학문적으로는 '조선어[조센고]'라는 명칭도 널리 사용되고 있다. 일본어 내부에서는 전통적으로 한반도 전체를 가리키는 명칭이 '조선朝鮮'밖에 없었기 때문이다. 이 책을 비롯해서 필자는 학문적인 저작에서 '한국어'라는 명칭을 사용하기도 하고, 일본 독자들의 오해를 막기 위해 정확성이 필요할 때에는 '韓國語＝朝鮮語'라는 표기도 사용한다. 직역하면 '한국어＝조선어'라는 뜻이다. 단 한국어에서 말하는 '한국어'와 일본어에서 말하는 '韓國語'도 그 의미와 용법에는 차이가 있다는 것도 잊어서는 안 된다. 이를 보아도 알 수 있듯이, 일본어권에서 '한국어'와 '조선어'라는 두 명칭은 기본적으로 동일한 언어를 가리킨다. 언어학적인 관점에서는 대한민국에서 사용하는 언어가 한국어이고, 조선민주주의인민공화국의 언어를 조선어라 칭하는 것이 아니며, 명칭은 어떻든 일본에서 '韓國語＝朝鮮語'라고 하면 기본적으로는 하나의 언어임을 알리기 위한 표기이다.

이 책에서는 이 언어를 '한국어'라고 부르고 있지만, 그 내실은 '한국어＝조선어'이다. 그렇지만 남북의 표준어는 원래 기초가 되는 방언이 다른 데다 사회체제도 다르기에 오늘날에는 약간의 차이를 보이게 되었다. 그러나 서울 방언과 평양 방언의 언어적인 차이는 서울 방언과 부산 방언의 차이나 도쿄 방언과 오사카 방언의 차이보다 훨씬 작다고 볼 수 있다.

'한국어=조선어'와 일본어, 구조는 비슷하지만 소리는 비슷하지 않다

K-POP을 고찰할 때, 한국어를 구조적으로 아주 유사한 일본어에 비춰 보면 재미있는 사실을 많이 발견할 수 있다. 그럼 한국어와 일본어를 간단하게 대조하며 관찰해 보기로 하자. 하나의 언어만 보고 있으면 보이지 않았던 것이 두 가지 언어를 대조해 보면 각각의 특성이 선명하게 드러난다. '대조언어학contrastive linguistics'이라 불리는 분야의 묘미이다. 흔히 거론되는 '영어는 주어가 필수인데 한국어는 그렇지 않다'라고 주목하는 것이 대조언어학의 아주 기본적인 첫걸음이라 할 수 있다.

한국어와 일본어의 성질을 아주 대략적으로 정리하면 다음과 같이 말할 수 있다:

한국어와 일본어는 어휘의 구조와 문법적 구조가 매우 유사하다

하지만 언어음은 상당히 다르다

더 나아가 다음과 같이 바꿔 말할 수 있다:

한국어와 일본어는 구조는 비슷하지만,

구조를 지탱하는 언어음은 다르다

언어가 유사하다는 것과 다르다는 것

'유사하다'와 '다르다'라는 척도는 어떤 언어와 대조하느냐에 따라 크게 달라지며 애초부터 애매모호한 용어다. 여기서는 생각을 위한 하나의 계기로만 간주하면 된다.

"어제 홍대에서 점심을 같이 먹고 있었던 친구는 예전에 내가 대구에서 같이 공부했던 친구다."와 같은 문장도 첫머리부터 차례대로 일본어로 바꾸면 대체로 뜻이 통하는 일본어를 일단 만들 수 있다. '먹+고+있었던+친구+는'(tabe+te+ita+tomodati+wa 食べ+て+いだ+友たち+は)과 같은 상세한 내부까지 구조는 거의 같다. 영어나 중국어에서는 이렇게 되지 않는다. 물론 한국어와 일본어가 언제나 이렇게 잘 부합되는 것은 아니다. 그토록 발달한 인터넷의 기계 번역, AI 번역에서도 종종 아주 기묘한 번역이 나올 정도이니 말이다. 구조가 비슷한 한국어와 일본어 사이의 번역이라면 AI의 정확도가 매우 높을 것 같은데 일종의 불가사의라고 해도 좋을 정도로 어째선지 아직 썩 좋은 성과를 얻지 못하고 있다. AI 이야기는 별도로 하더라도 한국어와 일본어의 문법적인 구조가 유사한 것은 틀림없지만 발음은 역시 불가사의하게 느껴질 만큼 상당히 다르다. 어휘나 어휘의 구조, 그리고 문법 구조를 지탱해 주는 말소리, 언어음 자체가 다르기 때문이다.

그렇다면 서로의 언어를 배우고 싶을 때는 어떻게 해야 할까? 무엇보다도 먼저 발음을 정중하게, 정확하게 배워야 한다. 그러면 한국어의 소리는 일본어와 어떻게 다를까? 두 언어 사이의 다른 소리가 랩이나 노래와는 도대체 어떤 관계가 있는 것일까? 이러한 논의를 진행하기 위해서는 항상 '언어음=소리'의 차원과 '문자=빛'의 차원을 구분해 두어야 한다.

지금부터 한국어의 특징이 잘 나타나 있는 몇 가지 작품을 랩을 중심으로 살펴보자.

〈ONE OF A KIND〉는 빅뱅의 지드래곤이 2012년 발표한 랩 작품으로 한국어의 감촉을 맛볼 수 있는 K-POP의 고전적인 명작이다. 0:40쯤부터 아무렇지도 않게 속사포처럼 쏟아내는 고속 랩에 주목하자. 빠른 랩을 구사할 때 래퍼가 아주 힘든 표정을 짓는 경우가 더러 있는데 상쾌할 정도로 가볍게 해내는 지드래곤의 모습을 확인할 수 있다.

MV 전체의 시각적인 조형도 1:05 등의 일부 영상을 제외하면 2012년 작품이라고는 믿을 수 없을 만큼 신선하다. 같은 시기에 나온 많은 MV를 보면 어쩔 수 없이 이젠 낡았다는 인상을 받곤 한다. 하지만 이 작품의 시각적인 신선도는 경이로울 정도다. 오늘날 K-POP MV에서 시도하는 모든 것을 이미 다 이루었다고 해도 과언이 아닐 정도로 빅뱅은 실로 다양한 도전을 해 왔다. 어린아

●★
G-DRAGON
- ONE OF A KIND M/V

이들을 등장시키는 것도 그렇고 0:04부터 호랑이를, 2:20에는 곰까지 불러온다. 첫 부분 배경에 나타나는 'ONE OF A KIND'라는 글씨도 아무런 위화감 없이 화면과 잘 어울린다. 의상도 현란하게 바뀐다. 몇 번이나 외치는 가사 "장난 아냐"처럼 이 작품은 정말 '장난이 아니다'.

〈Do You〉는 BTS RM이 2015년 발표한 작품이다. 한국어와 영어를 섞어 랩을 구성했는데 메트로놈 소리가 만드는 리듬을 타며 진행되는 언어음의 배열이 마치 독경 소리 같은 신비로움을 전해

●★
Rap Monster
'Do You' MV

●
BOBBY
- 벚꽃(Cherry Blossom) MV

준다. 여기서도 말 자체에 대한 애착은 다음과 같은 가사에서 뚜렷이 나타난다. "내가 말하길 fashion은 passion 한국말로 쓰면 똑같아 패션" "니가 입고 싶은 대로 입어." 동영상은 전체가 흑백인데, 살짝살짝 삽입된 에로티시즘이 부각된 장면이 말이 만드는 신비로움 속에 끼어 들어가 기묘한 어울림을 만들어 낸다.

iKON아이콘 바비BOBBY의 2023년 작품 〈벚꽃〉. 가사는 대부분이 한국어다. 반복되는 선율이 많은 데다 약간의 권태감을 섞어서 "벚꽃보다 아름다웠던 너"를 부른다. 발성을 느른하게 하는데도 리듬을 타는 한국어의 음절 하나하나는 아주 또렷해서 바비의 목소리와 한국어 말소리가 어우러져 매력이 배가된다.

2021년 작품 〈해변〉은 바다 수면 위 아슬아슬한 위치에서 카메라가 B.I비아이를 잡는다. "오 해변이 있어 나의 눈꼬리 끝에"라며 노래와 랩을 왕래한다. "눈가에 일렁이는 파도에"라는 구절이 우리 마음속에서 파도가 되어 아름답게 밀려온다.

블랙핑크 지수JISOO가 2023년 발표한 〈꽃(Flower)〉을 보자. 가사는 극히 일부를 제외하고는 거의 한국어로 구성되어 있다. '꽃'이라는 너무나 흔해 빠진 소재를 가지고 이토록 아름다운 작품으로 승화시켜 성스러운 경지에까지 다다르고 있다. 목소리와 한국어 언어음이 결합하는 매력을 충분히 맛볼 수 있는 작품이다.

키는 Am로 첫 부분 0:21, 노래 가사에서 "도-레-미"라고 올라

●
B.I(비아이) '해변(illa illa)' Official MV

●★
JISOO
- '꽃(FLOWER)' M/V

가는 구절의 실제 선율은 '레-도-시'로 내려가서 우리에게 시공간이 비틀어지는 쾌감을 선사한다. "도-레-미"라는 말이 상기시키는 것과 그 말을 얹은 '레-도-시'라는 소리 사이의 괴리. 그것만으로도 마치 '이상한 나라의 지수'라고 불러야 할 것처럼 우리의 감성은 기묘한 구멍 속으로 으슥하게 빠져 버리는 것이다.

1:01, "꽃향기만 남기고 갔단다"라는 동요 같은 한 구절은 고무줄 놀이를 하며 놀았던 그 어린 시절로 소녀들을 데려다주는 듯한 장치이다. '꽃향기'[꼳 향기]가 [꼬탕기]가 되는 거센소리화=격음화는 서울말의 중요한 특징이다. 지수는 여기서 [ˀkotʰjaŋgi][꼬탕기]를 [ˀkotʃʰaŋgi] [고창기]에 약간 가깝게 발음하고 있는 것도 재미있다. '꽃향기' 'ㄲ-ㅌ-ㄱ'라는 된소리-거센소리-예사소리의 자음 배열과 함께 나타나는 음의 높낮이를 보자. 이 두 소절 코드는 세분화할 수도 있는데 전체를 Am로 생각해도 될 것이다:

- 남Ȧ-

| 꽃A-향D-기D-만E- -기A-고 G | 갔A-단A-다A |

위와 같이 한 소절에서 저음 '라'(A)와 방점으로 표시한 고음 '라'(A) 1옥타브 사이를 왕래하고 있다. 이때 지수의 목소리는 가성과 실성을 마치 DNA의 이중 나선 구조처럼 땋아 올려 가창의 에로티시즘을 뿜어낸다. 이 기법은, 아니 지수에게 기법 같은 말은 어울리지도 않다 싶을 정도로 이미 기법의 영역을 넘어 가창의 아주 자연스러운 영역에 도달하고 있다. MV에 등장하는 시각적

인 무대와 의상도 정교하다. 1:36 무렵에는 댄서들의 너무나도 부드러운 안무와 함께 우리의 마음도 어느덧 "하얀 꽃잎처럼 날아" 갈 것 같다. 1:05, 지수가 펼치는 손바닥에 피는 꽃은 사람들의 눈동자 가장 깊은 곳에서 오래도록 피어 있을 것이다.

'음절 언어'인 한국어와 '모라mora 언어'인 일본어

언어를 천천히 끊어서 발음하면 대략 '음절音節/syllable'이라는 말소리 단위에 도달한다. 예를 들어, 한국어의 '춤을 춘다'는 [추·믈·춘·다]와 같이 네 음절로 이루어진다고 생각할 수 있다. '춤·을·춘·다'라고 끊어서 세는 것은 문자 수를 센 것이지 음절 수를 센 것은 아니다. 한국어 노래와 랩의 리듬에서는 이 '음절'이라는 단위가 결정적인 기초가 된다.

우리가 K아트의 매력에 접근하기 위해 한국어와 일본어의 언어음 리듬을 대조해 보면 한국어의 특징이 더욱 부각된다. 예를 들면 '*やったんだ*' [jattanda] [얏딴다] (했어)라는 일본어는 /yat tan da/라고 표기할 수 있는데 이것을 보면 알 수 있듯이 세 음절이 각각 '자음+모음+자음' '자음+모음+자음' '자음+모음'으로 이루어진 구조이다. 자음과 모음에 초점을 맞추면 일본어 음절의 대부분이 '자음+모음' 구조로 이루어져 있음을 알 수 있다. 이렇게 모음으로 끝나는 음절을 열린 음절이라는 뜻으로 '개음절開音節' 이라고 한다. 반대로 자음으로 닫힌 음절은 '폐음절閉音節'이라 부른다. 개음절, 폐음절이라는 관점에서 보면 일본어에는 자음으로 끝나는 폐음절은 'っ'(한국어의 사이시옷 'ㅅ'처럼 소리 자체는 여러 음으로 나타난다)와 'ん'(소리 자체는 [ㅁ] [ㄴ] [ㅇ] 비모음 등 다양하게 나타난다) 두 종류밖에 없다. 반면 한국어에는 일곱 개의 폐음절이 있다:

개음절: 모음으로 끝나는 음절. 일본어는 2가지 이외는 모두 개음절

폐음절: 자음으로 끝나는 음절. 한국어는 7가지의 폐음절이 있다

상대적인 개념이지만 일본어 같은 언어를 '개음절 언어', 한국어 같은 언어를 '폐음절 언어'라 부를 수 있다. 이렇게 두 언어에서는 우선 개음절과 폐음절의 분포와 빈도가 전혀 다르다는 언어음의 차이를 발견할 수 있다. 노래와 랩을 언어와 결부시킬 때 더욱 재미있는 것은 일본어에서는 폐음절에 나타나는 마지막 자음을 하나의 리듬 단위로 잡는다는 점이다. 즉 'やったんだ' [jattanda][얏딴다](했어)라는 일본어는 /yat tan da/ 3음절이면서도 일본어 화자들이 천천히 발음하면 /ya. t. ta. n. da./라는 5박拍으로 센다. 그러니까 가나로 'やったんだ'라는 다섯 글자로 쓰는 것이다. 일본어에서 '자음+단모음短母音', 혹은 단모음單母音 하나로 이루어지는 이런 단위를 언어학 용어로 모라mora라고 부른다. 방언에 따라서도 차이가 나지만 도쿄 방언도 그렇고, 도쿄 방언에 기초를 둔 일본어 '공통어'도 음절보다 모라가 중요한 단위가 되는 언어이다.

일본어의 단시형 문예인 하이쿠俳句나 단가短歌의 리듬을 세는 방식은 음절보다는 대체로 이 모라를 기준으로 하고 있다. 이처럼 음절보다 모라라는 단위가 화자에게 중요한 역할을 하는 언어를 '모라 언어'라고 한다. 다만 모라의 번역어로 '박拍'이라는 말을 사용하더라도 음악에서 말하는 '박자拍子'와는 다르다는 점에 유의해야 한다. 이에 비해 한국어는 음절을 기초로 두는 전형적인 '음절 언어'이다:

음절 언어=한국어, 모라 언어=일본어라는 차이가 랩과 노래에 큰 차이를 초래한다
(위의 문장은 한국어 32음절이다)
音節言語＝韓国語, モーラ言語＝日本語という差が, ラップと歌に大きな違いをもたらす
(위의 문장은 일본어 40음절, 45모라이다)

'음절 언어＝한국어… 초래한다'라는 위의 문장을 일본어로 읽으면 40음절로 이루어져 있다고 볼 수 있는데, 이 문장 중에서 'っ'로 끝나는 음절은 한 군데, 'ん'으로 끝나는 음절은 다섯 군데이다. 일본어 문장은 40음절 중 총 여섯 군데가 자음으로 끝나지만, 그 여섯 군데가 각각 일본어 화자에게는 하나의 모라＝박이라는 단위를 형성하고 있다고 인식되는 것이다. 결국 전체는 45모라가 된다.

자, 지금 『K-POP 원론』이라는 책에서 무엇을 말하기 위해 위해서 이런 이야기를 하는지 기억해 주길 바란다. 일본어라는 언어에서 볼 때 한국어라는 언어가 어떻게 인식되는지, 나아가서 도대체 한국어의 어떤 점이 매력을 발산하는지, 그 비밀을 파고들어가고 있는 것이다. 일본어 화자들이 매력을 느끼는 지점이 지구상의 또 다른 언어의 화자들에게도 매력이 될 수가 있다.

그럼 한국어는 어떨까? 어디까지나 하나의 예에 불과하지만, 위에 예로 든 한국어 문장을 검토해 보자:

음절 언어=한국어, 모라 언어=일본어라는 차이가 랩과 노래에 큰 차이를 초래한다(32자)

음저러너=한구거, 모라어너=일보너라는 차이가 랩꽈 노래에 큰 차이를 초래한다(32음절)

한국어를 한글로 표기할 때, 여러 가지 소리 변화가 일어나도 기본적으로 글자 수와 음절 수는 변하지 않는다. 즉 이 문장은 32자, 32음절이다. 우선 음절 수가 적다는 점에 주목하자. 음악으로 치면, 예를 들어 4분음표(♩)에 한 음절을 얹으려고 하면 일본어는 45모라를 45개의 4분음표, 4분의 4박자라면 12소절 분량의 길이가 된다. 한국어는 40음절, 4분음표(♩)로 40개, 10소절이다. 마지막 소절의 한두 음절을 다음 소절로 옮겨도 전체는 11소절이다. 언어음이 가져다주는 이러한 차이는 음악에서는 결정적인 차이가 된다:

한국어는 일본어보다 적은 음절 수=음표 수로 비슷한 내용을 표현할 수 있다

절대로 오해해서는 안 된다. 이것은 어느 쪽 언어가 좋다든가 나쁘다든가 하는 문제가 아니다. 어디까지나 각각 언어가 가진 언어음의 특징이 그렇다는 뜻이다.

그런데 여기서 한 가지 의문이 생긴다. 음절 수에 차이가 있는데 글자 수에서는 한국어와 일본어 사이에 왜 별 차이가 나지 않는 것일까? 답은 간단하다. 일본어의 문자 표기는 일본어의 '여러 음절을 하나의 한자로 표현한다'는 방식의 한자 표기를 사용하고 있기 때문이다. [ʧigai][지가이](차이)를 '違い'라는 두 글자로, [uta][우타](노래)를 '歌'와 같이 한 글자로 표기한다. 이것은 일본어의 '고유어'='일본어의 음'을 한자에 갖다 붙인 '훈독訓讀'이라는 독법을 쓰고 있기 때문이다. 한국어에서는 한자를 동정同定, identify할 때 '아름다울 美 자'라는 식으로 하는데, 훈독은 여기서 더 나아가서 '아름답다'를 '미美다', '아름다운'을 '미美운', '아름다웠다'를 '미美었다'라고 표기하는 식이라고 생각하면 된다. 일본어에서 이러한 훈독의 글자 수 단축 기능은 결정적이다. '고코로자시こころざし'('지향하는 마음'이라는 의미)라는 5음절 단어도 '志'라는 한자 한 글자로 끝낼 수 있다. 한국어와 일본어가 지닌 이러한 언어 소리의 성질 차이에 따라 당연히 시와 선율, 가사와 멜로디까지 확연한 차이가 '형태'로서 드러나는 것이다.

한국어 언어음의 밀도가 지탱하는 랩들

랩을 중심으로 소리의 밀도에 주목하면서 다음 곡들을 들어 보자.

2016년 MBC 라디오 프로그램에서 아웃사이더Outsider가 부른 〈외톨이〉는 그의 고속 랩을 확인할 수 있는 영상이다. "참아 왔던 눈물이 자꾸만 흘러내려요." 음절 언어적인 한국어의 특성이 잘 드러난다. 1:50-2:10 부분은 음절 구조의 고밀도가 거의 극한까지 활용되고 있어 경이롭다.

체리블렛Cherry Bullet의 2022년 작품 〈Love In Space〉에선 고밀도의 한국어를 빠른 리듬에 얹으면 얻을 수 있는 재미를 한껏 느낄 수 있다. 체리블렛은 10인조로 출발했다가 현재는 7인조로 활동 중인 여성 그룹이다. 언어음의 즐거움을 맛볼 수 있는 0:25-0:45 부분은 보라BORA의 강렬한 고음 뒤로 지원JIWON과 채린CHAERIN이 노래를 부른다. 후반에서는 유주YUJU도 멋지게 자신의 목소리를 들려준다.

2021년 발표된 랩 〈GOD MODE〉도 들어 보자. "Oh 아이닐 이런 랩도 가능하니 다 놀라지." 아무렇지도 않게 해내는 고속 랩을 들으면 "믿지 못하겠지만 내겐 전부 쉽지."라는 아이닐AINILL의 도전적인 말에 수긍이 간다. 2:24-2:41 부분의 속도는 압도적인 수준에 다다르고 있다.

Outsider - Loner 아웃사이더 - 외톨이 [테이의 꿈꾸는 라디오] 20160418

체리블렛(Cherry Bullet) 'Love In Space' MV

이영지Lee Young Ji의 랩 〈낮 밤〉에서는 '랩이 노래가 되는 순간'을 몇 번이나 체험할 수 있다. 부드럽고도 힘찬 발성이 우리를 신나는 시공간으로 이끌어 준다. 굵고 낮은 목소리가 여유 있고 안정감을 주기 때문에 우리 영혼을 안심하고 잠시 이영지에게 맡길 수 있을 것 같다. MV는 주로 방 안에 이영지를 비롯해 몇 명이 왔다 갔다 할 뿐인데도 사람들의 동선이나 화면 색채만으로 전혀 지루하지 않게 만든 크리에이터의 역량이 주목할 만하다. 1:29부터 래퍼 박재범Jay Park이 참가하여 변화를 주는 효과도 잘 계산되어 있다. 2021년 작품이다.

〈곡예사 Remix〉는 2020년에 발표된 조광일의 명작으로 여러 래퍼를 한꺼번에 만날 수 있다. 래퍼들은 제각각이고 영어도 섞여 있지만 한국어의 특징을 충분히 체험할 수 있다. 이 작품 안에서 우리를 사로잡는 구절을 언급하자면 한이 없으나 예컨대 Sikboy식보이가 /p/ 계열(ㅂㅃㅍ), /t/ 계열(ㄷㄸㅌ), /k/ 계열(ㄱㄲㅋ)이라는 3가지 파열음을 고밀도로 조형하는 2:30 무렵의 랩은 언어음으로서의 한국어의 매력이 어떤 것인지 제대로 알려 주겠다는 듯 듣는 이에게 육박해 온다.

〈비밀이야〉는 우주소녀WJSN의 작품 중에서도 특히 뛰어나다. 2016년에 등장한 10인조 그룹인데 여기서는 6명이 앉아서 노래만 부르고 있다. 0:15-1:00 부분의 한국어 코러스와 함께 1:41-

아이닐(AINILL) - GOD MODE [Official Music Video] [KOR/ENG]

[MV] 이영지 - 낮 밤(feat. 박재범)

2:00에서는 엑시Exy가 구사하는 한국어 랩의 매력을 맛볼 수 있다. 이 곡의 MV는 4-2에서도 다루겠지만, 2016년에 발표된 모든 K-POP MV 중의 최고 걸작이라 해도 과언이 아닐 정도로 아름다운 작품이다. 그 곡의 'R&B' 버전인 이 영상은 흑백 화면 속에 6명이 그냥 앉아 있을 뿐인데 아티스트들 각각의 존재감은 공식 MV보다 훨씬 잘 드러난다.

공식 MV에서는 랩만 길게 할 수 없어서 그 매력을 만끽할 수 없을지 모르지만 엑시는 진정 랩의 귀재라는 사실을 실감케 한다. YouTube상에는 랩의 명작 〈Diamonds〉를 위시한 엑시 랩의 2차 동영상이 수없이 많다.

우주소녀 엑시의 목소리와 함께 미국 출신 유나킴Euna Kim의 목소리로 한국어의 언어음을 들어 보자. 동영상 제목이나 개요란의 곡명에 〈Love Therapy(Feat.Zia)〉라고 써 놓았듯 노래는 가수 지아Zia도 참가했다. 엑시와 유나킴의 랩은 물론이거니와 마치 포크송이나 밝은 트로트를 소리 높이 부르는 듯이 목청을 넓고 유유히 벌린 지아의 아주 부드러운 음색에도 주목하자. 지아는 2016년의 발라드 〈HAVE A DRINK TODAY(술 한잔해요 오늘)〉를 비롯하여 많은 OST 작품이 있는데 엑시와 유나킴의 랩과 조합되어 세 명 각

●
조광일 - 곡예사 Remix
(feat. Basick, P-TYPE, Skull, SIKBOY, Olltii, MINOS, Brown Tigger, JAZZMAL)|[DF]

●
[Special Video] 우주소녀
- 비밀이야(SECRET) R&B ver.

●★
[MV] Exy, Euna Kim
(엑시, 유나킴)
_ LOVE THERAPY(러브테라피)

각의 목소리가 훌륭하게 살아 있다. 유나킴이 등장한 작품은 그리 많지는 않기에 귀중한 영상이기도 하다. 유나킴과 엑시, 그리고 지아가 만들어 내는 소리에 아찔한 황홀함까지 느끼게 된다. 둘이 앉아 있을 뿐인 동영상이지만 시각적인 측면에서도 경이롭다. 노란색 바탕 곳곳에 청록색이나 주황색을 배열하여 두 아티스트의 매력을 이렇게까지 부각시킬 수 있다니. 마치 아주 잠깐 동안의 백일몽 같은 걸작이다.

WOOAH우아는 2020년에 등장하여 현재 5인조로 활동 중인 여성 그룹이다. 우연WOOYEON, 소라SORA의 부드러움과 루시LUCY, 나나NANA, 민서MINSEO의 강렬함이 대비를 이루고, 노래와 랩도 대비가 되어 한국어 음의 재미를 충분히 맛볼 수 있다. 가사 자체는 아주 가볍고 경쾌한데 여러 번 구사되는 라임의 묘미나 '단 거'와 '딴 거'의 대비 같은 인상적인 언어음이 선사하는 즐거움이 듬뿍 담겨 있다. 랩에 관해서는 6-4에서도 자세히 다룬다.

●
woo!ah!(우아!)
- '단거(Danger)' M/V

③

②

음절의 내부 구조가 한국어 노래와 랩의 미학을 지탱한다

한글의 세 가지 표기 — 언어음과 문자를 구별하라

세계에서 펼쳐지는 한국어 교육에서는 예를 들면 '춤을'이라 쓴 것을 [추믈]이라 읽는다고 가르친다. 반은 맞지만 반은 틀린 설명이다. 정확히 말하면 [추믈]이라 발음하는 것을 '춤을'이라고 쓰는 것이다. 한글은 원래 [ʧ^{h}umɯl]이라는 음렬을 '춤을' 혹은 '추믈' 아니면 'ㅊㅜㅁㅡㄹ'이라고도 풀어 쓸 수 있다. 자세한 설명은 졸저 『한글의 탄생: 인간에게 문자란 무엇인가』(돌베개, 2021 개정판)를 참조할 수 있기에 여기서는 생략하겠지만, 이와 같은 표기는 각각 형태음운론적인 표기, 음절구조론적인 표기, 음운론적인 표기라 부를 수 있다. 이 세 가지 선택지 안에서 현재는 '춤을'

fig. 3-1 세 가지 표기법이 가능한 한글

현행 표기법이 형태음운론적인 표기, 풀어쓰기는 음운론적인 표기이다.

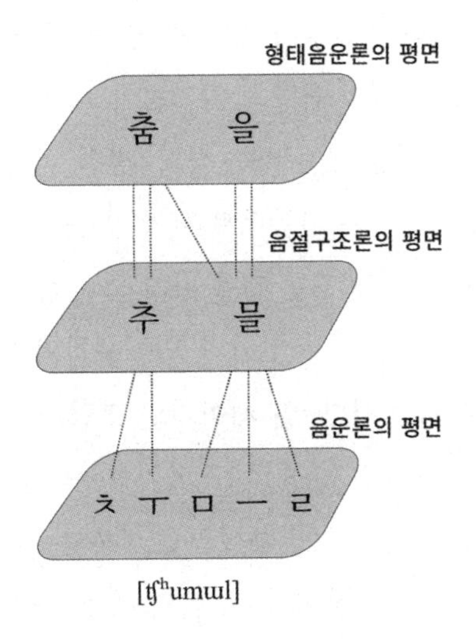

이라고 쓰도록 정한 것이다. 이토록 언어음의 평면과 문자의 평면은 늘 확실하게 구별해야 한다. 즉 소리의 조형인 언어음과 빛의 조형인 문자를 확실하게 구별해야 한다. 그래야 우리가 앞으로 K 아트를 고찰할 때도 즐거움을 놓치지 않을 수 있다.

'종성의 초성화'가 음절 구조를 변용시킨다

이제 음절의 내부 구조와 음의 성격에 대해 살펴보자. 조금 복잡하게 느껴질 수도 있으나 랩이나 노래에 있어서 중요한 부분이다.

한국어에는 예를 들어 '밤+이'라는 결합을 [pam.i] [밤.이]가 아니라 반드시 [pa.mi] [바.미]로 발음하는 '종성의 초성화initialization of finals'라는 현상이 있다. 종성, 즉 음절 끝의 자음이 다음 음절의 초성, 그러니까 음절의 머리음이 되어 발음되는 것이다. 단 여기서 '받침이 있을 때는'라는 식의 '받침'이라는 단어 사용은 피하는 것이 좋다. 받침은 이름으로 알 수 있듯이 종성을 나타내는 자음을 글자 아래에 받쳐 적은 것을 가리킨다. 즉 기본적으로는 소리=문자의 세계에 존재하는 것이지, 빛=문자의 세계에 존재하는 종성과는 다르기 때문이다. 앞 페이지의 그림(fig. 3-1)으로 알 수 있듯이 종성은 받침으로서 쓸 수도 있지만, 꼭 받쳐 사용하지 않고 풀어쓰기로도 쓸 수 있다. '종성의 초성화'는 문자가 없어도 일어나는 '소리 세계'의 형상이다. 즉 음악 세계의 형상이기도 하다.

'종성의 초성화' 현상은 자음 끝을 줄이고 모음 끝 음절을 늘리는 구조이다. 결과적으로 한국어 내부의 폐음절이 줄어든다. 그런데 한국어 교육에서 '종성의 초성화'를 종종 프랑스어 언어학의 용어 liaison리에종을 빌려 '연음화連音化'라 부르는데 이 역시 피하는 것이 좋다. 프랑스어의 '리에종=연음화'와 한국어의 '종성의 초성화'는 전혀 다른 현상이기 때문이다. 한마디로 한국어에서 종성의 초성화는 단어의 내부에서도 일어나는데, 이는 단어와 단어 사이에서만 일어나는 프랑스어의 연음화보다 훨씬 많은 곳에서 일어나 다양한 음의 변화를 일으킨다. 한국어의 '종성의 초성화'는 훨씬 '지독한' 변화이다. 이 역시 졸저 『한글의 탄생』을 참조하기 바란다.

한국어는 언어음 변화로 노래와 랩의 천국이 되어 있다

아무튼 '종성의 초성화'라는 음절 구조의 변용뿐 아니라 한국어에서는 다양한 언어음 변화가 일어난다. 그 변화 양상은 주위의 언어, 일본어나 중국어와는 비교가 안 될 정도로 격렬하다. 러시아어도 변화가 심하지만 한국어는 더 다양한 변화를 보인다. 예를 들면 '꽃'이라는 단어의 소리 [꼳]이, 뒤에 모음이 오면 종성의 초성화로 인해 '꽃이'[꼬치] ~[꼳치] ~[꼬시]가 되기도 하고, 자음이 오면 '꽃도'[꼳또], '꽃만'[꼰만], '꽃하고'[꼬타고]~[꼳타고]가 되기도 한다. 표준 발음법에서 '꽃과'[꼳꽈]로 규정되어 있는데 실제 발음으로는 [꼭꽈] 같은 경우도 있을 수 있다. 여기서 두세 가지 발음을 제시했지만 각각 제일 앞에 쓴 것이 표준 발음법의 규범적인 발음이다.

한국어의 이러한 다양한 음의 변화는 가사를 조형하는 데 어떤 역할을 할까? 실로 다양한 음의 가능성을 열어 준다고 할 수 있다. 단어 하나가 주어졌다고 해서 그 소리가 언제나 똑같을 수 없다는 것이니까. 말하자면 다양한 음의 변화 때문에 한국어는 래퍼들에게 창조의 천국이 되는 셈이다. '꽃'으로 설명한 예를 나열만 해도 그 언어음=소리의 재미로 저절로 랩이나 노래가 될 것 같지 않은가? [꼬치/꼳치/꼬시/꼳또, 꼰만……] 그 언어음만 들어도 한국어를 모르는 화자들은 이렇게 놀랄 것이다. "오오, 아까까지 여기에 확실히 있었던 꽃을 발음하던 '소리' [꼳]은 다 어디로 갔을까?" 답은 블랙핑크 지수가 이미 3-1에서 우리에게 새빨간 꽃

실제로 발음한 것이 음성학, 발음했다고 생각하는 것이 음운론

개별 언어나 여러 언어에서 공통적으로 나타나는 언어음의 성질을 연구하는 언어학 분야를 '음성학phonetics'이라고 하며, 언어음에 의해 특정 언어에 만들어지는 구조적=기능적 성질을 연구하는 언어학 분야를 '음운론phonology'이라 한다. 음절은 사실 언어마다 다른 음운론의 단위이다.

20세기 음운론의 기초를 세운 러시아의 언어학자 니콜라이 트루베츠코이Николай Трубецкой(1890-1938)는 말을 할 때 '실제로 발음한 것'이 음성학이고, '발음했다고 생각하는 것'이 음운론이라는 재미있는 설명을 했다.

음성학의 단위는 언어음이다. 그 물리적, 생리적, 심리적 성질을 연구한다. 반면 음운론의 단위는 단어의 의미를 구분할 수 있는 가장 작은 소리인데, 이를 '음소phoneme' 또는 '음운'이라고 부른다. 음운론에서는 언어마다 다른 음소 체계=음운 체계가 그려진다.

한국어의 음성학, 음운론, 나아가 형태음운론morphophonology이라는 분야의 기초를 알기 위해서는 일본어를 아시는 분은 野間秀樹(노마 히데키)(2007abc)를 참고하기 바란다. 한국어의 음성학과 관련해서는 이호영, 『국어음성학』(태학사, 1996)을 참조할 수 있다.

발음기관의 명칭도 한번 확인해 두자.

fig. 3-2 발음기관의 명칭

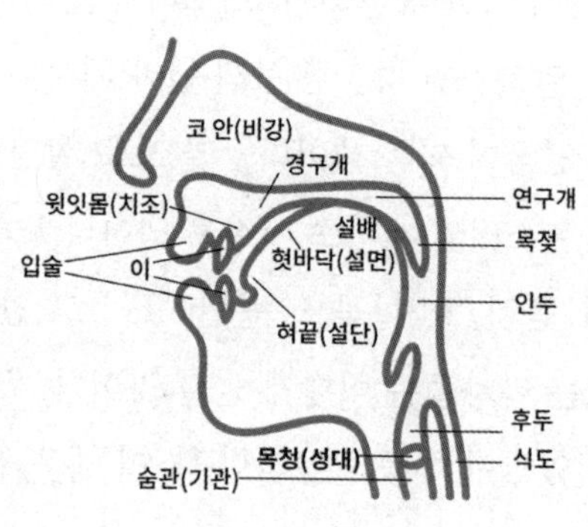

음소, 형태소; 형태론과 통사론

단어의 의미를 구분할 수 있는 가장 작은 언어음의 단위를 '음소'라고 한다. 한편, 그 자체로 의미를 실현할 수 있는 소리의 단위는 '형태소morpheme'라고 한다. morph-는 '형태'라는 뜻이다. '밥을 먹는다'에서 '밥'이나 '먹는다'의 '먹' 등이 형태소, 특히 어휘적인 형태소이다. '밥을'의 '-을'이나 '먹는다'의 '-는다'는 문법적 형태소라고 한다. '밥'과 같이 형태소 하나로 독립적으로 나타날 수 있는 것은 그 자체로 이미 단어가 된다. 단어는 여러 형태소의 조합으로 이루어지기도 한다. '먹었겠지'와 같이 문법적인 형태소가 몇 개 붙어서 하나가 된 형태도 있는데 이것 역시 한 단어이다.

또한 '음악' '기본' '학교'와 같이 한자음을 기초로 만들어진 어휘를 '한자어'라고 한다. '기본'의 '기基'와 '본本'처럼 한자음은 한자어를 구성하는 데 있어서 형태소에 준하는 역할을 하기 때문에 '준형태소'라고도 할 수 있다.

단어의 내부 구조를 보는 문법론을 '형태론morphology'이라고 한다. 이때의 '형태'란 문자 표기가 아니라 어디까지나 음의 형태를 가리킨다. 단어의 외부 관계, 단어가 다른 단어와 어떻게 관계하는지를 보는 문법론을 '통사론syntax'이라고 한다. 형태론과 통사론은 문법론의 2대 분야로 꼽힌다. 음악에 비유하자면, 음 하나하나의 높낮이, 길이 등의 '형태'는 형태론, 그 음들이 모여서 멜로디를 구성하는 '형태'는 통사론이라고 할 수 있지만, 비유하기에는 좀 거리가 멀다.

을 보이면서 가르쳐 주었다. "꽃향기[꼬턍기]만 남기고 갔단다." K-POP은 이렇게 뭐든지 다 가르쳐 준다.

2021년 딩고뮤직의 라이브 채널인 킬링벌스Killing Verse에 출연한 아웃사이더는 빠른 랩의 극한을 11곡의 메들리로 들려준다. 랩 가사 중 '빠르게'라든지 '색다르게'[색따르게]와 같은 된소리는 선율에 뾰족한 쐐기를 박는 듯하다. 한국어 언어음의 날카롭고 강렬한 힘과 말소리의 재미를 한껏 음미할 수 있다.

B.I의 킬링벌스 라이브를 들으면 촉촉하게 물기 어린 목소리가 마음에 와닿는다. 한국어 언어음이 가진 또 다른 매력을 보여 주는 〈Alive〉나 〈Flame〉 같은 곡에서 특히 잘 나타나는데 고밀도로 겹치는 음과 음 사이에 조금씩 물을 따르는 듯이 소리를 미세하게 흘리는 것이 특징이다. 06:30부터 시작하는 이하이Lee Hi와 함께 부른 〈긴 꿈Daydream〉도 좋다. 2022년 'dingo freestyle' 채널을 통해 공개되었는데 이러한 채널이 존재하는 것 자체가 소중하고 놀랍다.

레드벨벳Red Velvet의 〈Feel My Rhythm' Performance Video〉는 2022년 발표된 작품의 MV가 아니라 말 그대로 'Performance Video'이다. 2014년부터 활약한 레드벨벳은 4인조로 출발했고 현재는 5인조 여성 그룹이다. MV가 항상 아티스트의 실력을 못 따라가는 듯해 다소 아쉬움이 있지만, 아티스트들은 언제나 기대를 저버리지 않는다. 바흐의 〈G선상의 아리아〉의 멜로디로 시작하

●
아웃사이더(Outsider)의 킬링벌스를 라이브로! | 외톨이, 주변인, 주인공, Better Than Yesterday, 연인과의 거리, 슬피 우는 새, D.M.F 등

●
비아이(B.I)의 킬링벌스를 라이브로! I BE I, 역겹겠지만, BORN HATER, 긴 꿈, COSMOS, WATERFALL, BTBT 등

●★
Red Velvet 레드벨벳
'Feel My Rhythm' Performance Video

는 이 곡은 "무도회를 뒤집어"라는 아이린Irene의 선언과 함께 우리를 본격적으로 작품 속으로 이끌고 간다. 1:32-1:52에서는 다섯 명이 목소리를 바꿔 가며 자유자재로 구사하는 말의 밀도감과 속도감을 맛볼 수 있고 그와는 대조적으로 선율의 아름다움이 우리를 덮쳐 온다. 1:43 예리Yeri가 "시선을 끄는 네 motion"이라는 말을 내뱉으며 앞쪽으로 나오는 장면도 놀랍다. 존재감이 확실한 슬기Seulgi의 목소리는 완급을 자유자재로 구사하는 가창력을 보여 주기에, 마치 다섯 명의 명인을 만난 기분이다. 궁전의 홀 같은 한 장소에서만 계속 춤을 추고 있을 뿐인데 아티스트들과 함께 신나게 춤을 추는 카메라와 1:05-1:10 등에 보이는 빛의 효과로 인해 단조롭다는 생각은 전혀 들지 않는다. 굳이 아쉬운 점을 든다면 의상밖에 없다. 2:34-2:37를 비롯하여 안무도 우아하여 퍼포먼스 비디오가 이 곡의 공식 MV를 압도하고 있다고 해도 과언이 아니다. 뿐만 아니라 2:57부터 조이Joy의 "Come on 또다시 시작해"라는 부드러운 목소리에 이어 웬디Wendy가 "워워워"라고 소리 높여 부르며 손짓으로 카메라를 끌어 당기자 시공간 전체에 빛의 입자가 가득 차서 흩날리는 장면을 놓쳐서는 안 된다. 독자 여러분도 이 호화스러운 광경을 꼭 목격하길 바란다.

③

③

한국어 자음의 힘 — K-POP 노래 소리가 튀어오른다

한국어 소리의 특징 — 영어, 프랑스어, 일본어와는 다른 묘미

살펴보았듯 한국어 언어음이 가진 높은 밀도감은 일본어와 크게 다른 점이라고 할 수 있다. 한국어에는 더 재미있는 다음 두 가지 특징이 있다:

(1) 된소리를 비롯해 성문 폐쇄와 후두의 긴장을 많이 사용한다

(2) 음절 끝 자음이 모두 비개방 자음이다

이런 특징은 일본어와 크게 다를 뿐 아니라 영어나 프랑스어처럼 음절 끝에 자음이 오는 언어와도 다르다. K-POP 가창법에서 결정적으로 중요한 역할을 하고 있기 때문에 조금 더 자세히 살펴보기로 하자. 이 부분까지 자세히 들여다보면 왜 한국어 노래나 목소리가 타 언어와 다르게 들리는지 알 수 있을 것이다. 사람들이 도대체 한국어의 어떤 점을 멋있다고 느끼는지도 알게 될 것이다. 아울러 세련된 가창법도 더 심도 있게 맛볼 수 있게 된다.

유성음과 무성음 — 유성음이 선율의 높낮이를 담당한다

성문聲門/glottis, 또는 목청은 목소리의 발생지이자 출구이다. 울대뼈 표면에 손가락 끝을 가볍게 대고 '아' 하고 소리를 내보자. 미세한 떨림이 느껴질 것이다. 바로 성대聲帶/vocal cords의 진동이다. 'vocal cords'라는 복수형 표현에서도 알 수 있듯이 성대는 두 개 한 쌍의 인대로 구성된다. cord는 끈, 인대를 뜻한다. 부드러운 부채처럼 생겼다고 생각하면 된다. 이 인대가 늘었다 줄었다 하면서 성문을 열고 닫는다. 허파에서 나오는 공기는 이 성문을 통함으로써 진동하여 소리가 된다. 한국어로 '울대'라는 명칭이 그 성격을 잘 나타내고 있다.

언어음에는 한국어의 모음처럼 성대의 진동을 수반하는 소리, 즉 '유성음有聲音'과 진동을 수반하지 않는 소리인 '무성음無聲音'이 있다. 위아래 앞니 사이를 오가는 공기의 마찰로 만들어지는 /s/는 '무성음'의 예이다.

일본어 도쿄 방언의 모음은 단독으로 발음하면 유성음이지만,

모음이 무성음 사이에 온다든지 하는 환경—언어학에서는 이런 조건을 환경이라 부른다—에 따라서는 무성음화되는 경우가 아주 많다. 이에 비해 오사카 방언은 무성음화가 상대적으로 적다. 이렇듯 모음도 유성음뿐만 아니라 무성음이 있을 수 있다. 한국어 서울말의 모음은 기본적으로는 유성음이고 무성음화는 도쿄 방언보다 훨씬 적다.

왜 유성음이니 무성음이니 하는 이야기가 중요한가 하면 노래 선율의 높낮이는 유성음이 주가 되어 지탱하기 때문이다. 즉 무성음 자체로는 소리의 높이를 느끼기 어렵다. 유성음이 되어야 사람이 소리의 높이를 확실하게 인지할 수 있다. 그러므로 악보에서 음표 밑에 적힌 가사를 보면 ㅂ[p], ㄷ[t], ㄱ[k], ㅅ[s]과 같은 무성음 하나만 적혀 있는 경우는 없고 음표 밑에 바[pa], 두[tu], 기[ki], 세[se]처럼 적어도 모음이 하나는 붙어 있는 것이다.

20세기의 한국어 장모음도 순식간에 단모음화되었다 — 모음에 대한 '길고 짧은' 이야기

20세기 서울말에서는 '마당에 내린 눈이 참 아름답다'의 눈은 눈[nu:n]이라 모음을 길게 발음하고 '그녀의 눈이 참 아름답다'의 눈은 눈[nun]이라 모음을 짧게 발음하는 사람이 많았다. 긴 장모음長母音이냐 짧은 단모음短母音이냐에 따라 단어의 의미를 구별했던 것이다. 그런데 지금은 거의 대부분의 서울말 화자가 장모음도 짧게 발음하게 되었다. 마지막까지 남아 있었던 수사의 '둘, 셋, 넷, 열'을 발음할 때의 장모음도 이젠 거의 짧아졌다. 장모음은 사실상 붕괴된 것이다. 1980년대에도 장모음은 의성의태어를 제외한 일반 단어에서 첫 음절 정도에만 남아 있었다. 그 시절부터 서울말은 이미 압도적으로 단모음화되고 있었다.

예를 들면 'BTS'라는 단어를 영어로 발음할 경우에는 [biːt^{h}iːes]라고 장모음을 유지한 채 발음하는 서울말 화자도, 한국어로 말할 때에는 대부분 [pit^{h}iesɯ][비티에스] 정도로 짧은 모음으로 발음한다. 어두 유성음 [b]가 무성음 [p]로 발음되는 것은 어두에 유성자음 [b][d][g][dʒ]이 오지 않는다는 한국어의 특징을 따른 것이다. [s] 뒤에 모음 'ㅡ'[ɯ]가 붙어서 전체가 4음절이 되는 것도 마찬가지다. 이때 착각해서는 안 된다. 'BTS'를 단모음으로 발음하는 것이나 어두의 음이 [p]로 바뀌는 것, [s] 뒤에 모음 'ㅡ'[ɯ]가 붙는 것, 영어 3음절 단어가 4음절 단어가 되는 것은 결코 '틀린 발음'이 아니라는 점이다. 한국어, 특히 서울말에서는 아주 자연스러운 한국어 발음이자, 매우 한국어다운 한국어이다. 단, 화자 자신이 [biːt^{h}iːes]라 발음하고 있다고 생각해도 대부분의 경우에는 언어의 성격에 따라 [pit^{h}iesɯ][비티에스] 정도의 발음이 되고 있다는 사실은 파악해 두는 것이 좋다. 그러면 음악을 고찰하는 데에도 큰 도움이 될 것이다.

한국어의 자음 체계

이쯤에서 한국어의 자음 체계를 간단하게 정리해 두자. 현대 한국어 자음 체계를 살펴볼 때에도 사실은 1446년에 공개된 저작 『훈민정음』을 길잡이로 삼으면 도움이 된다. 아시다시피 '훈민정음'은 책의 이름이기도 하고 문자 체계의 명칭이기도 하다. 여기서는 전자, 세계 문자사에서 우뚝 선 이 놀라운 저작에 의거해서 현대 한국어의 자음 체계를 그림으로 정리해 보자. '다 아는 이야기를 왜 여기서 굳이'라고 생각하신다면 아직 K-POP의 실태를 반밖에 모르는 것이다. 이 책에서 몇 번이나 언급했듯이 K-POP은 이미 한국어권 내부의 음악 장르가 아니라 지구가 함께하고 있는 K아트이다. 한국어를 아는 우리가 비한국어 화자에게 이토록 재미있는 자음 체계를 얼마나 멋지게 설명할 수 있을지는 생각해 봄직한 문제다. 한국어 자음 체계를 확실히 이해하면 K-POP의 참된 즐거움을 모두가 공유할 수 있을 것이다.

한국어 초성 자음은 발성법에 따라 다섯 가지로 분류할 수 있다. 종성에만 나타나는 'ㅇ'도 함께 표시해 둔다. 여기서는 한글로 표시했으나 이것들은 어디까지나 소리의 세계에서 일어나는 19가지의 형태들이다. (1)의 비음(콧소리) 외에는 모두 구음(입소리)인데 그것을 (2)-(5) 네 가지로 분류하는 게 여러모로 편리하다:

(1) 비음(콧소리, nasal): ㅁ. ㄴ.(ㅇ).

(2) 유음(흐름소리, liquid): ㄹ.

(3) **평음(예사소리, lax; lenis)**: ㅂ. ㄷ. ㅅ. ㅈ. ㄱ.

(4) **격음(거센소리, aspirate)**: ㅍ. ㅌ. ㅊ. ㅋ. ㅎ.

(5) **농음(된소리, tense)**: ㅃ. ㄸ. ㅆ. ㅉ. ㄲ.

소리의 세계에 존재했던 이 자음들을 문자로 존재하는 빛의 세계에서 형상화한 것이 '훈민정음'이라는 문자 체계였다. 그리고 그 형상화의 방법은 경악을 금치 못할 정도로 놀라운 것이었다. 다만 여기서도 '소리=청각'과 '빛=시각'은 엄연히 구별해야 한다. 언어음은 소리=청각의 세계이며, 거기에서 형성된 것이 '말해진 언어'이다. 문자는 빛=시각의 세계이며, 거기에서 형성된 것이 '쓰여진 언어'이다. 이 명제도 1-1의 그림(47쪽)과 함께 다시 한 번 확인해 두자. 문자를 만드는 과정인 '소리에서 빛으로'라는 순서 역시 중요하다. 뭐니 뭐니 해도 지금 우리는 소리와 빛이 어우러져 땋아 올리는 K아트라는 놀라운 작품군에 접근하고자 하니까.

훈민정음은 조음하는 위치에 따라서 다섯 가지 기본 자음 자모를 만들고, 나머지 자음 자모는 그 다섯 가지에 획을 더하는 방법으로 파생시켜 만들었다. 한글에는 음의 '형태'가 숨어 있다. 그것을 배열하면 다음과 같은 아름다운 그림을 얻을 수 있다. 회색으로 표시한 자음 자모는 이른바 소실 문자, 즉 15세기에는 있었던 소리가 현재는 없어져 현대어에서는 사용하지 않게 된 자음 자모들이다. 후음 위치에 있는 'ㅇ'은 초성에서는 소릿값이 없는 제로ø를, 종성에서는 비음[ŋ]을 나타낸다.

이들 자음 중에서 유성음은 비음 'ㅁㄴㅇ'과 유음 'ㄹ'뿐인데

fig. 3-3 발음기관을 본뜬 다섯 개의 기본적 자음 자모와 그 다섯 개에서 파생시켜 만든 자음 자모

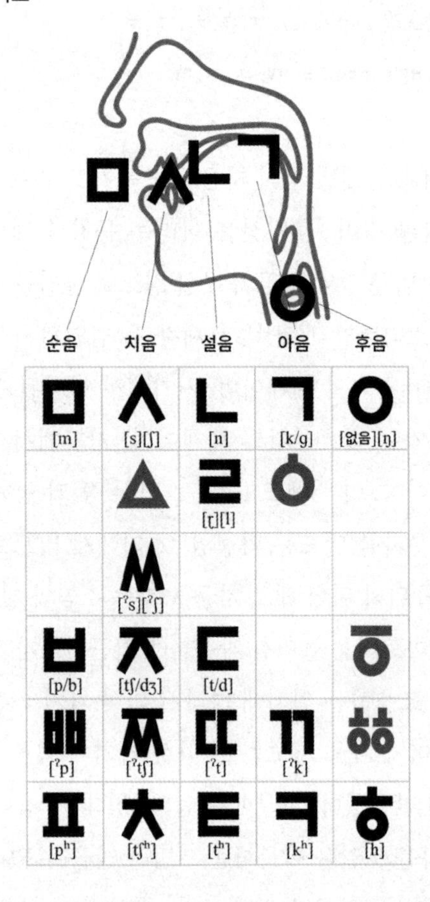

평음 'ㅂ[p], ㄷ[t], ㅈ[ʧ], ㄱ[k]'는 모음을 포함한 유성음 사이에 들어가면 유성음화하여 각각 'ㅂ[b], ㄷ[d], ㅈ[dʒ], ㄱ[g]'가 된다. '가게'[ka ke]가 [kage]가 되고 '부부'[pu pu]가 [pubu]가 되는 것처럼. 한국어 화자가 발음할 때는 보통 이 유성음화를 의식

하지 않거나, 의식하지 못하지만 일본어 화자나 영어 화자 등 많은 비한국어 화자들에게는 아주 큰 음 변화로 인식된다. 영어라면 '프라이팬pan[pæn]'의 사용이 '금지ban[bæn]'될 정도의 변화가 일어나는 것이니까.

한국어에는 p, t, k, ʧ라는 무성 자음에 평음, 격음, 농음이라는 세 종류의 자음군이 존재한다는 것이 다른 언어와 결정적으로 다르다. 특히 농음(된소리)의 존재는 한국어 초급 학습자들을 곤혹스럽게 만든다. 노래와 관련해서 아주 재미있는 점은 평음으로 시작되는 음절보다 격음이나 농음으로 시작되는 음절이 청각적으로 높게 들린다는 것이다. 다음 그림(fig. 3-4)은 서울말을 쓰는 여성 모어 화자가 '가' '카' '까'를 발음했을 때의 피치pitch=소리의 높이를 계측, 기록한 그래프이다.

윗단은 소리 진동의 진폭이다. 'ㄱ, ㅋ, ㄲ' 부분에서는 모두 무

fig. 3-4 한국어의 예사소리(평음), 거센소리(격음), 된소리(농음)가 가져다주는 높낮이

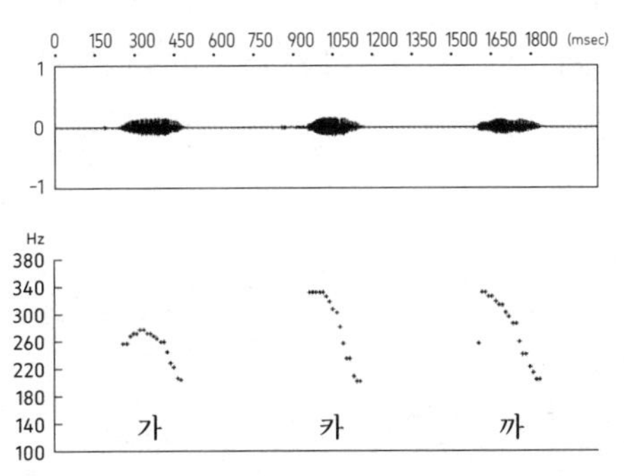

출전: 노마 히데키(2007:24)

성음이기 때문에 소리의 진동이 나타나지 않고 모음 /ㅏ/가 결합해야 비로소 확실하게 소리의 진동이 나타나 높낮이도 기록된다. 예사소리(평음)보다 거센소리(경음)와 된소리(농음)가 훨씬 높은 위치에서 시작되는 것을 알 수 있다. 소리의 높이가 떨어지는 양상도 다르다.

따라서 랩에서 농음이나 격음이 나타나면 그 음절이 높아지거나 세지는 것은 한국어에서는 아주 자연스러운 현상인데 그러한 소리의 두드러짐이 특히 비모어 화자에게는 언어음 자체의 매력으로 느껴질 수 있다.

예를 들면 MC 스나이퍼의 역사적인 명작 랩 작품 〈Better Than Yesterday〉(→479쪽)에는 Tak탁의 랩 파트 2:30쯤에 "더 빡세게 나 낙서들을 다 싹쓸이한 후"라는 구절이 나오는데 거기서 농음들을 구사하는 양상 [더 빡쎄게 나 낙써드를 다 싹쓰리한 후]는 감동적일 정도다. 래퍼 탁과 한국어 된소리의 승리라고 부르고 싶다.

앞의 그래프는 단음만 발음했을 때에 이렇게 된다는 것이지 한국어의 실제 발화에서는 이를 바탕으로 높낮이가 실로 다양하고 자유자재로 변화한다. 노래에서는 더욱더 다양한 변화가 실현되는 것이다.

③

④

성문 폐쇄음은 보이지 않는 음표다
— K-POP 가창의 비법

성문 폐쇄란 무엇인가

이제 된소리를 비롯해 '성문 폐쇄와 후두의 긴장을 많이 사용한다'는 문제로 파고들어 갈 수 있다. 우선 [아ː][aː]라는 긴 모음을 입술이나 혀를 사용하지 않고 목구멍만으로 끊어서 발음해 보자:

[aːʔaːʔaːʔaː]

'아-, 아-, 아-, 아-'와 같은 식이다. [아ː]라는 이 모음을 끊을 때 사용되는 부분이 성문이다. 이때 성문을 닫아 허파에서 나오는 공기를 차단함으로써 모음 [a]를 끊는 것이다. 발음 기호로는 [ʔ]

로 표시한다. 성문 폐쇄 때는 성문 부근의 후두라는 기관이 심하게 긴장한다. 이러한 성문 폐쇄와 후두의 긴장이 한국어에서는 자음 음소의 특별한 그룹에 관여한다. 바로 '농음(된소리)'이라고 불리는 자음군이다. 음성학이나 한국어 교육에서는 농음의 발음 기호로 ㅃ[ʔp], ㄸ[ʔt], ㅆ[ʔs], ㅉ[ʔʧ], ㄲ[ʔk]와 같이 작은 [ʔ]를 붙여서 나타나는 방식이 널리 사용되고 있다. 농음을 발음할 때는 항상 성문 폐쇄 아니면 후두의 심한 긴장이 수반된다는 점을 기억하자.

성문 폐쇄와 후두 긴장이라는 '보이지 않는 음표'

자, 이제 성문 폐쇄와 후두의 긴장이 무엇인지는 설명했다. K-POP 노래를 이야기하기 위해서는 여기서부터가 핵심이다. 농음에 성문 폐쇄와 후두 긴장이 나타나는 것은 한국어의 특정 자음 자체가 가지고 있는 성질이기 때문에 매우 자연스러운 일이다. 그런데 K-POP 노래는 이러한 성문 폐쇄나 후두 긴장을 농음 이외의 위치에도 자유자재로 삽입하여 사용한다는 점을 주목해야 한다. 요컨대 일반적으로는 굳이 할 필요가 없는 위치에서도 성문 폐쇄나 후두 긴장을 인위적으로 삽입하고 있다. 다른 언어에서도 이러한 창법이 나타날 수 있지만, 한국어 K-POP 가창에서는 비교할 수 없을 정도로 많이 사용한다.

무려 여섯 명이 각자 성문 폐쇄와 후두 긴장을 멋지게 살려 내고 있는 명곡, 명창이 있다. 바로 IVE아이브의 〈LOVE DIVE〉다.

2021년에 데뷔한 6인조 여성 그룹 IVE의 2022년 작품으로 첫 시작 부분의 "예"라는 감탄사 직전에도 이미 작은 성문 폐쇄가 숨어 있다. 유진YUJIN의 "네가 참[ʔ니가 참] [ʔniga ʧʰam] 궁금해"라는 시작 부분의 [ʔni]나, "이거면 충분해"[ʔigɔmjɔn tʃʰuŋbunɦɛ]의 첫 부분 [ʔ이][ʔi] 등이 전형적인 성문 폐쇄이다. 한국어에서는 일반적인 발화는 물론 노래에서도 이런 곳에 성문 폐쇄를 넣을 필요는 전혀 없다. 분명히 의식적으로 사용하고 있는 것이다. 아마도 세계 각지에서 적지 않은 사람들이 이 곡을 듣고 [ni]나 [i] 앞에 놓여 있는 이 묘한 긴장감 [ʔ]에 의아해했을 것이다. "뭐지? '니'도 '이'도 아닌 그 앞에 있는 이 묘한 스타카토staccato 같은 소리는?" 그러고 나서 그 가창법의 멋을 새삼 알아차렸을 것이다. 보컬트레이너 같으면 "엣지edge 있는 소리"라고 표현할지도 모른다.

"쫓고 쫓는"이라는 두 단어의 어두에는 모두 농음 [ㅉ]에 의한 후두의 긴장이 나타나고 있다. 이어 레이REI가 "이끌림"[ʔiˀkɯllim]의 어두 [i] 앞이나 "묘한 너와"[ʔmjoɦan nɔwa]의 어두 [m] 앞에 넣은 성문 폐쇄는 일품이다. [m]은 순음인 동시에 콧소리이다. 순음은 입술, 즉 발음기관의 제일 앞과 끝에서 폐쇄를 만드는 소리이고, 성문 폐쇄는 목구멍 가장 깊은 안쪽에서 생긴다. 즉 완전히 거리가 떨어진 위치에서 두 가지 폐쇄를 밀접하게 연결시켜 들려

•
IVE 아이브
'LOVE DIVE' MV

준다. 무서운 연습의 결과일 것이다. 참고로 레이는 일본어 화자라고 한다. 아티스트란 어디까지 자신을 단련할 수 있는 것일까. "이끌림" 직후에 오는 "호기심"의 [ㅎ]이 아무런 폐쇄도 장애도 없이 편하게 나오는 소리이니 성문 폐쇄와 대조해 들어 보면 그 소리의 성격이 얼마나 다른가를 알 수 있을 것이다.

"우우우우~"에 이어 이번에는 원영WONYOUNG 차례다. "눈동자 아래로"[ʔnunˀtoŋdʒa arero][ʔ눈똥자 아레로], 여기서도 [ʔnun]은 혓소리이면서 콧소리인데 성문 폐쇄를 집어 넣었다. 이 정도까지 해내다니 도대체 어떤 사람들인 것일까. "감추고 있는"[ʔkamtʃʰugo innɯn]이라는 소절에서는 첫 머리의 "감추고"가 "깜추고"라는 농음이 되기 직전의 한계까지 성문 폐쇄를 밀어 부친다.

성문 폐쇄음의 존재는 주의 깊게 들어 보면 분명하게 알 수 있을 것이다. 실제로 해 보자. [n] 앞은 조금 난이도가 높으니, 조금 전 모음 [a]를 발음했던 것처럼 모음 [i] 앞에서 성문 폐쇄를 두지 않은 [iː]와 성문 폐쇄를 둔 [ʔiː]를 비교해 보자:

성문 폐쇄를 두지 않은	**이** [iː]
성문 폐쇄를 둔	**이** [ʔiː]

IVE의 〈LOVE DIVE〉에서 종횡무진 구사되는 성문 폐쇄와 후두긴장 창법의 예를 곧 앞 부분 가사를 통해 정리해 보자:

네가 [ʔniga] [ʔ니가]

이거 [ʔigɔ] [ʔ이거]

묘한 [ʔmjoɦan] [ʔ묘안]

눈동자 [ʔnunˀtoŋdʒa] [ʔ눈똥자]

감추고 [ʔkamtʃʰugo] [ʔ감추고]

다시 말하지만, 지금 언급하고 있는 이들 성문 폐쇄는 한국어의 농음 자체가 수반하는 자연스런 성문 폐쇄가 아니다. 그와는 별개로, 마치 하나의 자음이 따로 존재하는 것처럼 일부러 음표의 첫머리에까지 배치하고 있는 사례다. 물론 목적의식적으로, 그것도 매우 고도의 창법으로서.

성문 폐쇄가 만드는 이러한 긴장감 뒤로 이어지는 소리는 어떤 걸까. 성문 폐쇄와는 반대로 과감하게 긴장을 풀어낸 가을GAEUL의 "난 그 마음을"이라는 언어음이 좋은 대비를 보여 준다. 곳곳에 쐐기를 박은 듯한 긴장감 넘치는 소리 뒤에는 흐르는 듯 분방한 목소리가 더해진다. 이 부분에서는 안무의 긴장감도 살짝 바뀐다. 그러고 나서 가사 중에서도 키워드가 되는 원영의 "Narcissistic"이라는 말이 우리를 덮친다. 거기에 나타나는 유음 [r]와 마찰음 [s]의 연속이 극한적인 소리의 에로티시즘을 불러일으킨다. 앞에서 나타난 성문 폐쇄군과의 대비를 통해 그 언어음의 에로티시즘이 극대화된다. 성문 폐쇄는 그냥 내키는 대로 아무 생각 없이 사용하고 있는 게 결코 아니다. 곡의 전체를 철저하게 논리적으로 구성하면서 필요한 곳에서만 사용한다. 그 기교는 아주 섬세하다. 고

난도의 소리 조형이다. 바로 뒤 '서로를'[ʔsɔroruɯl]에서는 또다시 성문 폐쇄를 보란 듯이 배치해 둔다. '아 기가 막히네' 하는 감탄이 절로 나온다. 리즈LIZ와 레이의 파트도 마찬가지다.

소리의 시간적 특성에도 주목하자. 이러한 성문 폐쇄는 극히 짧은, 어쩌면 공백이라고 할 수 없는 공백을 만들어 낸다. 물론 공백이 아니다. 한국어 음소로서의 자음은 아니지만, 한국어의 언어음에 원래 있는 '성문 폐쇄'라는 성질만을 교묘하게 뽑아내어 어떤 '형태'로 굳힌, 명백한 '목소리'인 것이다. 예를 들어 8분음표의 머리에 마치 싱커페이션syncopation 즉 당김음처럼 부드럽게, 그러면서도 매우 예리하게 놓여 있다. 성문 폐쇄는 보이지는 않지만, 분명 '목소리'로서 존재하는 '보이지 않는 음표'인 것이다:

성문 폐쇄 [ʔ]는, '목소리'가 만드는 '보이지 않는 음표'다

놀라운 것은 이러한 기법을 여섯 명이 아주 쉽게 해내고 있다는 점이다. 후렴 뒤, 원영의 "마음은"[ʔmaɯmɯn]의 어두 입술음 [m] 바로 앞에 놓인 성문 폐쇄를 보자. 파란 의자에 앉은 원영을 가운데에 앉힌 구도와 함께 거의 신들린 듯이 아름다운 목소리가 들려온다. 유진도, 이 곡 발표 당시 아직 열다섯 살의 이서LEESEO도 능숙하고 아주 자연스럽게 해낸다. 몇 번이고 계속 등장하는 가사처럼 "숨 참고"[sum ʧʰamˀko][숨참꼬] 그 속삭임에 귀를 기울여 보자. 여섯 멤버가 들려주는 '목소리'의 화려한 여섯 가지 변화, 마치 기법의 백과사전 같지 않은가.

“숨 참고 LOVE DIVE.” 숨 참고? 그렇다, 성문 폐쇄야말로 바로 ‘숨 참고’ 내는 소리다. 이런 성문 폐쇄 때문에 이제 우리의 숨은 거의 막힐 지경이 아닌가.

덧붙이자면 IVE의 〈LOVE DIVE〉 MV 동영상 자체는 수많은 K-POP MV 중에서 그다지 잘 만든 것은 아니다. 초반부 저택 앞에 세워진, 아래쪽을 향한 분홍색 화살표는 장난처럼 보인다. 여기저기서 드러나는 의도적인 ‘소녀’ 취향도 불필요하다. ‘소녀들이니 이렇게’라는 기성 개념으로 조형하면 재미가 떨어진다. 하지만 1:16-1:19, 1:24-1:27, 1:32-1:33을 비롯해서, 곳곳에 아티스트들을 중심으로 배치한 매우 신선한 장면이 있고 색채도 풍부하다.

부드러운 움직임이 살아있는 안무도 아름답다. 큰 어려움 없이 쉽게 추는 것 같지만, 후반부에 이르러 몸이 그리는 궤적의 자유분방함을 보면 춤의 난이도는 사실 높은 것 같다. 1:52-1:53의 손목의 안무가 그렇듯 소리와 몸의 움직임이 절묘하게 얽힌다.

IVE의 〈ELEVEN〉 MV에는 일본어 버전이 있다. 한국어 버전도 뛰어나지만 이를 훨씬 능가하는 아름다운 시공간을 선사한다. 특히 2:15에서는 거대한 산이 갑자기 등장하는데 산만큼 커다랗게 몸집을 불린 원영이 그 앞에 노래를 부른다. 현실에서는 볼 수 없는 원근법의 미학을 목격하게 될 것이다.

●★
IVE ‘ELEVEN -Japanese ver.-’
Music Video

'보이지 않는 음표'가 구축하는 K아트의 우주 — 〈피 땀 눈물〉

성문 폐쇄라고 하니, 혹시 기억이 되살아난 분이 있을지도 모른다. 이 책 0악장 '전주곡'에서 언급한 BTS가 2016년 발표한 명작 〈피 땀 눈물〉이다.

0:52쯤, 로low 포지션의 카메라가 7명에게 다가올 때 쯤 중앙의 지민이 짜내듯 내뱉는 목소리야말로 성문 폐쇄가 그려 내는 극한의 에로티시즘이었다:

내 피 땀 눈물 [ʔne p^{h}i ^{ʔ}tam nunmul]

내 마지막 춤을 [ʔne madʒima^{k} $tʃ^{h}$umɯl]

'내'[네](=나의)는 20세기 중반까지 입을 약간 넓게 연 [nɛ]로 발음되었으나, 현재 서울말에서는 입의 개구도가 좁은 [네][ne]로 발음된다. 대조적으로 '네'(=너의)는 개구도를 더욱더 좁혀 [니][ni]로 발음하는 경우가 많아졌다. 여기서 나타나는 [n]은 물론 비음이다. 지민은 그 바로 앞에 성문 폐쇄음 [ʔ]을 두고 있다. 그것도 이보다 더 짧은 시간이 없다 싶을 만큼 극히 짧은 시간에 [n]으로 이행한다. 얼마나 민첩한가, 얼마나 섬세하고도 강인한 목소리인가. "다 가져가~"로 이어질 때 '가'의 모음 [a]는 성문

●★★
방탄소년단(BTS)
'피 땀 눈물(Blood Sweat & Tears)' Official MV

폐쇄와 아주 대조적으로 목구멍을 넓게 연 채 마치 마찰음이라도 된 것처럼 발음된다. 내[ne](=나의) 바로 앞에는 성문 폐쇄 [ʔ]가 만들어 내는 아주 짧고 귀한 시공간이 존재한다. 그 시공간까지 "다 가져가"라고 우리를 유혹하고 있는 것이다. 우리를 홀리는 성문 폐쇄의 감춰진 유혹. 성문 폐쇄라는 보이지 않는 음표는 이 곡에서 거의 모든 멤버가 구사하고 있으며 이후에도 몇 번씩이나 등장한다. RM은 "너의 날개는 악마의 것"이라는 가사 중 '악마'의 모음 [a] 앞에도 넣어서 [ʔ악마]로 만들고 영어 단어 'sweet'의 [s]도 된소리 [^{ʔ}s]처럼 발음하고 있다. 난이도가 높다고 한 성문 폐쇄 [ʔ]를 입술음 앞에 두는, 예를 들자면 2:00쯤 뒤의 [ʔ마지막 춤을] 부분도 너무나 아름답다.

사실 제목 〈피 땀 눈물〉만 보면 일본어권에서 20세기에 유행했던 '스포츠 근성 드라마'인가 싶을 정도로 흔해 빠진 표현이다. 경우에 따라서는 웃음까지 나올 판이다. 그러나 그것을 바로 "마지막 춤을"이라는 구절에서 '눈물'[nunmul][눈물], '춤을'[tʃ^{h}umɯl][추믈]처럼, 라임과 함께 지민의 목소리로 곡 초반부터 들려주니 '스포츠'니 '근성'이니 하는 쓸데없는 생각은 순식간에 사라지고, 이 구절만 가지고도 BTS의 새로운 세계로 끌려 들어간다. 이것이 BTS의 저력이다. 일본어에는 [l]로 끝나는 음절 같은 것은 존재하지 않는다. 얼마나 멋진 소리이며 달콤한 유혹인가! 오, 우리들에게 [ʔ마지막 꿈을][ʔmadʒima^{k} ^{ʔ}kumɯl]!

비한국어 화자에게는 특히 낯선 이런 성문 폐쇄가 만드는 유혹은 영상에서 정국이 그네 위에서 공중에 떠 있는 불안한 모습으로 증폭된다. 이 작품은 단순히 언어의 특성 자체에만 기대고 있는 것이 아니다. MV로서의 모든 요소를 바로 'K아트'로 통합시키고 있다는 점이 경이로운 것이다.

신체성을 응축한 춤과 아티스트들 개개인의 존재감이 돋보이는 의상, 이를 따라가는 카메라, 일곱 명 각자의 매력을 여지없이 영상에 불어넣은 조형. 더 중요한 것은 일곱 명을 집단으로 다루지 않고 일곱 명 모두를 살리고 있는 점이다. 장면 전환의 편집도 기억해 둘 만하다. 도입부에서 지민에게 접근한 클로즈업에서 춤추는 장면으로 전환하는 식의 교묘한 편집을 곳곳에서 발견할 수 있다. 팝 컬처적인 사운드에서 클래식한 사운드의 장엄함까지 아로새긴 청각적 조형, 이런 대담한 변용 덕분에 시청하는 내내 지루할 틈이 없다. 이 작품에서 BTS의 음악은 데뷔 초기에 이어받았던 힙합의 시대적 틀을 완전히 벗어났다.

다양한 미술품과 색채의 '만다라'라고 할 법한 이 MV는 일곱 청년의 존재감을 남김없이 담아낸다. 가사는 상징시의 한 조각들을 모은 것처럼 엮여 있다. 말, 소리, 빛, 몸… BTS라는 아티스트, 그리고 그들과 함께하는 크리에이터들은 뮤직비디오라는 형태로 하나의 새로운 '세계상'을 K-POP의 우주에 출현시킨 셈이다.

천재들이 모여 밴드 스타일로 음악을 들려주는 언어장=음악장에서, 화면 구석구석까지 공을 들인 MV로. 음악을 벗어난 언어장=음악장으로. 이것이 오늘날 K-POP의 모습이다.

이후 〈피 땀 눈물〉에 대한 오마주는 여러 아티스트들의 다양한 MV에서 나타났다.

자음군 [다] [따] [타]가 만드는 달콤한 주스 — 퍼플키스

현재 6인조 여성 그룹인 퍼플키스PURPLE KISS의 2023년 작품 〈Sweet Juice〉. 이 곡의 가사는 한국어의 가능성을 뚜렷하게 보여준다. 성문 폐쇄뿐만 아니라 한국어와 아티스트들 목소리의 다양한 묘미를 즐길 수 있다. "본능을 따라 따라" "불꽃처럼 타올라다" "다 올라타"와 같은, 한국어이기에 가능한 [다][타][따]와 같은 자음군의 대조가 주는 쾌감이 우리의 감성을 직격한다. 다시 한 번 확인해 주면 좋겠다. 이런 자음군이 주는 맛은 영어에도 프랑스어에도 러시아어에도 일본어에도 찾을 수 없다. 물론 한국어 비모어 화자는 자음 간의 정확한 구별은 물론이고, 의미까지는 더욱더 알 리가 없다. 그러나 음 그 자체의 신기함이나 즐거움은 느낄 수 있다. 나아가서 "이건 도대체 어떤 의미일까?" 하고 알아보려고 할지도 모른다. 의미가 실현되기 전, 언어음 그 자체의 재미란 바로 그런 것이다. 2:10이 '다 올라타' 앞에도 성문 폐쇄 [ʔ]가 놓인 것을 확인할 수 있을 것이다. 일본어 화자 유키YUKI의 랩과 저음의 목소리도 좋고 그 직후에 수안SWAN, 이레IREH로 이어지면서 바뀌는 목소리의 존재감도 이 팀의 중요한 매력이다. 도시

●★
퍼플키스(PURPLE KISS)
'Sweet Juice' MV

●
퍼플키스(PURPLE KISS)
'Sweet Juice' MV
Performance Video

●
[4K] PURPLE KISS
- "Sweet Juice" Band LIVE Concert 음색맛집 걸그룹 퍼키의 밴드라이브

DOSIE, 이레가 보여 주는 목소리의 변화도, 도시와 채인CHAEIN이 "Heaven" "Have Fun"이라고 부르는 목소리도 오래도록 기억에 남는다.

0:33 부분에서 고은GOEUN이 "Sweet juice"라는 말을 토하는 구절에서 모두가 한쪽에 옆으로 다리를 뻗는 장면이 인상적이다. 이렇게 목소리와 신체가 어울리며 실현되는 보컬과 안무의 매력은 MV보다 'MV Performance Video' 쪽에서 맛보기 쉬울지도 모른다. 목소리와 가사의 매력을 즐기려면 〈it's Live〉 버전을 검색해 보면 된다.

한국어의 매력에 덧붙여 "pot it, pop it"이나 "drippin' drippin" 같은 영어 언어음의 재미도 더해 준다. [dr] 같은 자음의 연속은 한국어에는 없는 재미를 가져다준다. 이런 식으로 작사가들은 한국어 언어음에 존재하는 소리도, 또 존재하지 않는 소리도 모두 파악하면서 가사를 짓고 있는 것이다. 어느 쪽이 먼저인지는 알 수 없지만, 작곡자와 작사가 모두 정말 훌륭하다고밖에 표현할 수가 없다. 퍼플키스의 〈Sweet Juice〉는 언어와 음악의 미학으로 만들어진 명작이다.

성문 폐쇄로 '락던'시키는 비비업

성문 폐쇄를 전면적으로 전개하는 것이 아니라, 아껴 가면서 결정적인 단어 앞에서만 아주 효과적으로 넣는 기법도 찾아볼 수 있다. 비비업VVUP은 2024년에 데뷔한 여성 4인조로 이른바 제5세대에 속한다. 현희HYUNNY, 수연SUYEON은 한국에서, 킴KIM은 인도네시아에서, 팬PAAN은 태국에서 온 멀티에스닉 그룹이다. 모두 2006, 2007년생이고 가창력도 뛰어나다. 'Locked On'[lɑːktɑːn]을 아예 '락던'[ra^{kʔ}tɔn]이라 적어 놓은 제목도 재미있다. 1:50, 2:36, 2:57에서 가사 중 키워드가 되는 'locked on' 바로 앞에 성문 폐쇄를 멋지게 넣고 있다. 2:57 수연의 깊은 성문 폐쇄가 뿜어내는 존재감을 확인해 보자. 그 후 3:08부터 전개되는 두텁고 깊은 중저음 유니즌에 이어 3:18-3:22에 나타나는 킴의 샤우팅은 압권이다. 멤버 네 명이 펼치는 다성적인 시공간에 이어 3:43에서 다시 성문 폐쇄를 들려준다.

〈Locked On(락던) DANCE PRACTICE VIDEO〉를 보면 잇달아 펼쳐지는 작은 놀라움에 휩싸인다. 탤러사블루Thalassa blue에 아주 연한 보라색을 섞은, 말하자면 바다색에 어떤 감정이 섞인 듯한 불안감을 주는 미묘한 색채 안에서 네 아티스트가 춤을 춘다. 0:18부터 자주 나오는 기울어진 화각의 화면, 0:56 등의 장면에서 교묘하게 불안정감을 유발하는 카메라에도 주목할 만하다. 1:36-1:38에서 아티스트들과 반대 방향으로 움직이는 카메라 워크는 언뜻 보기에는 흔한 것처럼 보여도 신선한 감각을 전해 준다. 음악의 업 템포 리듬과 어울려 불가사의한 효과를 자아내는데

●
VVUP (비비업)
'Locked On (락던)' MV

●
VVUP (비비업)
'Locked On (락던)'
DANCE PRACTICE VIDEO

그러면서도 아티스트들의 존재감은 놓치지 않는다. 안무도 뛰어나다. 다만 의상은 광고 협찬 탓인지 모르겠지만 조금 더 고려했으면 좋았을 것이다. 로고가 너무 강하기 때문이다. 평소에 연습하는 옷차림 그대로 찍어도 당연히 안 된다. 지금 우리가 보는 이 동영상은 인생에서 어쩌다 한번 볼까 말까 한, 그러한 귀한 순간과의 마주침이 될지도 모르니까. 그 짧고 귀한 시간에 우리의 마음이 '락던locked on'되어야 하니까. 아무튼 이 댄스 동영상은 작지만 숨겨진 걸작이다. 크리에이터의 역량이 든든하니 비비업은 앞으로도 꼭 좋은 곡을 만났으면 좋겠다.

③

⑤

한국어 종성
— 영어에도 프랑스어에도
독일어에도 없는 비밀

일본어 '라ㅂ푸'와 한국어 한 음절 '랩'[re^{p}][렙]

한국어 소리의 첫 번째 흥미로운 특징으로 성문 폐쇄와 후두의 긴장이 많이 사용되는 점을 확인했다. 이제 또 한 가지 특징을 살펴보자. 음절 끝 자음이 모두 비개방 자음이라는 점이다. 한국어의 음절 끝에는 아시다시피 일곱 종류의 자음이 나타날 수 있다. /ㅏ/라는 모음 뒤에 이 일곱 가지를 붙여서 확인해 보자. 아주 체계적으로 정리할 수 있다. '밖' '앞' '없' 등 종성 자모 표기는 여러 가지가 있어도 소리 그 자체는 다음 일곱 가지로 한정된다. 발음 기호에 주목해 주시기 바란다:

	입술의 소리	이, 잇몸, 경구개의 소리	연구개의 소리
비음	**암** [am]	**안** [an]	**앙** [aŋ]
폐쇄음	**압** [a^{p}]	**앋** [a^{t}]	**악** [a^{k}]
유음	**알** [al]	—	—

폐쇄음 계열 '압, 앋, 악'만이 발음 기호에 작게 [^{p}][^{t}][^{k}]라는 식으로 첨자가 적혀 있다. 국제음성기호IPA로는 '압'[ap˺], '앋'[at˺], '악'[ak˺]이라는 표기도 사용된다. 이들 기호는 그 음이 '닫기만 하고 열지 않는다'는 뜻을 나타낸다. 예를 들면 '압'[a^{p}][ap˺]이라는 소리는, [a]라는 모음을, 입술을 닫는 [p]음으로 막는 소리인데 이때 입술을 닫은 다음에 터뜨리지 않는다. '앋'[a^{t}]도 혀를 올려 윗잇몸 근처에 붙인 채 떨어뜨리지 않는다. 안[an]은 혀끝이, 앙[aŋ]은 혀뿌리가 입천장에 붙어 있을 때만 소리가 나고 혀가 떨어졌을 때는 성대의 진동이 멈춘다. 위의 일곱 가지 자음이 모두 마찬가지다. 한국어의 음절 끝 자음의 이러한 성격이 다른 많은 언어와 결정적인 차이가 된다:

한국어의 일곱 가지 음절 끝 자음은 폐쇄만 될 뿐 개방하지 않는다

닫힐 뿐 열리지 않는다는 것을 음성학에서는 위와 같이 표현한다. 예를 들어 한국어의 '랩'이라는 단어는 [rɛ^{p}]이라 발음된다. 단, 서울말에서는 모음 [ɛ]가 상실되어 대부분 [re^{p}]이라고 한다.

영어 발음은 발음기호로는 [ræp]으로 표기한다. 영어도 한국어도 한 음절의 단어라는 점에서는 다르지 않지만, 끝의 /p/ 소리가 다르다. 한국어에서는 위아래 입술을 닫고 [^{p}]로 끝을 맺는데 영어에서는 양 입술을 닫았다가 아주 조금 열어서 숨이 새어 나온다. 즉 입술을 개방한다. 한국어는 이 개방이 없이, 철저하게 비개방인 점이 7개 음 모두의 공통된 특징이다. 참고로 '랩'에 해당되는 일본어 단어는 개방할 뿐만 아니라 [뿌][푸][pu]처럼 뒤에 모음 [u]까지 붙는다. 놀랍게도 전체는 [ra p pu], [라 ㅂ 푸][라 압 뿌]와 같은 3모라, 3박으로 발음된다. 짧아져도 [랍푸] 정도다. 일본어의 이 발음을 한글로는 완벽히 표기를 못하기 때문에 한글 표기는 어디까지나 근사값적인 표기이다. 일본어 가나로는 3박임을 반영하여 'ラップ'라는 세 글자로 표기한다.

지금 검토한 것들을 음악 세계에 적용시키면 놀라운 일이 벌어진다. 음표로 표기하면 다음과 같다.

fig. 3-5 일본어 3모라인 '라ㅂ푸'(ラップ)와 한국어 1음절인 '랩'[re^{p}]~[rɛ^{p}]

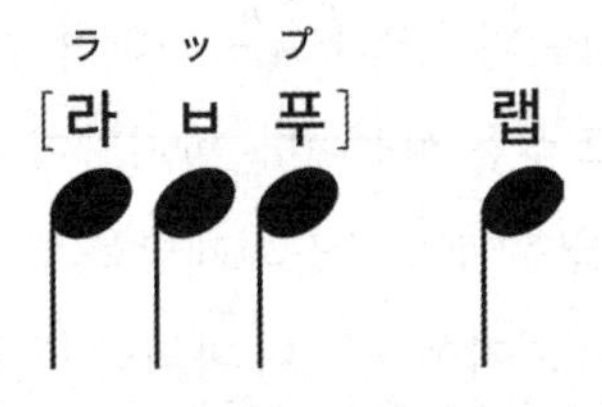

'랩'을 뜻하는 단어를 음악으로 만들려면 한국어는 음표 하나로 끝나는데 일본어에서는 무려 음표 세 개가 필요하다. 그러면

영어를 비롯한 다른 언어에서는 어떨까. 영어는 똑같이 음표 하나로 처리할 수 있는 언어지만, 그 마지막 소리의 성질이 한국어와 다르다. 영어는 파열하는 반면 한국어는 닫고 끝낸다. 요컨대 한국어 언어상의 결정적인 비밀들이 앞 그림(fig. 3-5)에 응축되어 있는 것이다.

음절 끝 자음은 보통 말할 때에도 숨소리가 새지 않기 때문에 한국어 화자는 알아들을 수 있어도, 한국어 화자가 아니라면 알아듣기가 매우 힘들다. 일본어 화자에게는 한국어의 음절 끝 자음은 잘 들리지 않는 것이 보통이다. 이는 음절 끝에 오는 모든 자음의 공통점이다.

예를 들어 한국어에는 문자 표기상으로는 한 단어 안에 'ㅂ'이 네 번이나 나타나는 '비빔밥'이라는 '무서운' 단어가 있다. 발음기호로는 [pibim^{ʔ}pa^{p}]으로 네 번 나타나는 'ㅂ'이 [p][b][^{ʔ}p][^{p}]와 같이 각기 다른 음가를 가지고 실현된다. 한국어 내부에서는 [p]와 [b]의 구별은 없으니 세 개로 줄어든다 해도 많은 비모어 화자에게는 네 가지가 모두 들려, 그들을 놀라게 하기엔 충분하다. "한국어를 공부하는 학습자들의 놀라움을 통촉하여 주시옵소서!"라고 어디에 읍소라도 하고 싶은 심정이다. 마지막이 [^{p}]이기 때문에 위아래 양 입술을 닫았을 뿐이며 당연히 개방은 없다. 따라서 이 단어를 처음 접하는 일본어 화자에게는 이 마지막 [^{p}]는 거의 들리지도 않는다. 그러므로 일본어에서는 [비빔파] 정도 소리가 되어 마지막 종성 [^{p}]는 아예 사라져 버린다. 실제로 일본의 많은 한식집 메뉴판에는 ビビンパ[bibimpa]나 ビビンバ[bibimba]로 표기되어 있다.

두 가지 표기 모두 마지막 종성이 없어졌는데도 여기서도 한국어에서 3음절이던 단어가 4박으로 길게 늘어져 있다! 이렇게 언어음이 다른 화자들에게 K-POP 속 언어음이 얼마나 신선하고 멋지며, 그리고 불가사의하게 느껴지는지 상상해 볼 수 있다.

음절 끝에 [n]이 붙는 경우도 언어마다 큰 차이가 나타난다. 혀끝을 위쪽 앞니 뒤나 잇몸에 붙이는 소리인데, 'ten' 'pan' 등에 나타나는 것처럼 영어는 혀를 위로 붙인 후 살짝 떼어 내고 있다. 프랑스어는 대단하다. 약간이 아니라 완전히 떨어진다. '칸Cannes 영화제'를 예로 들어 보자. 영화제가 열리는 도시의 발음은 [kan], 즉 [n]으로 끝나는 단어이다. 그런데 [n] 뒤에 혀를 놓아 버리기 때문에 일본어 화자에게는 마치 [칸느]처럼 들리는 것이다. 그래서 일본어에서는 '칸 영화제'가 아니라 '칸느 영화제', 표기도 'カンヌ'[kaɴnɯ], 3글자이다. 위키피디아 영어판 등에서—프랑스어판에는 당연히 프랑스어 발음 표시는 없다— Cannes를 검색하여 프랑스어 발음을 들어 보면 좋을 것이다. 모음 [a] 자체도 한국어보다 혀가 더 앞쪽에 있는 [ㅏ]이기 때문에 [캔]에 가깝게 들리는 것을 확인할 수 있다.

'la Seine'[sɛn]도 [n]으로 끝나지만, 일본어에서는 '센 강'이 아니라 'セーヌ[세에느] 강'이다. 참고로 프랑스어에서 문자상 -n, -m으로 끝나는 단어는 발음상으로는 [n], [m]으로 끝나지 않고 바로 앞의 모음 자모와 조합하여 비모음임을 나타내는 약속이다. 따라서 철자상 -n으로 끝나는 음절도 발음상으로는 지금 논의와 상관이 없는 것도 많다. 한국어에도 외래어 'encore'[ãkɔːr]

[앙코르](앙코르/앙콜/앵콜)나 'ennui'[ãnɥi][앙뉘](권태감)의 첫 음절 표기 'en'은 [n]으로 끝나는 것이 아니라 비모음 [ã]이다.

영어를 비롯해서 다른 언어에서도 음의 환경에 따라서는 개방되지 않은 음이 나타날 수도 있다. 반대로 한국어도 '없습니다'[ɔpˀsɯmnida][업씀니다]나 '먹습니다'[mɔkˀsɯmnida][먹씀니다]와 같이 [p]나 [k] 뒤에 [s]나 [ʃ]가 오는 환경에서는 개방되는 [p][k]가 나타난다.

요컨대 한국어의 일곱 가지 종성은 청각적 인상으로서는 다른 언어의 화자에게 매우 예리하게 닫히는 소리로 들리거나 아예 들리지 않는다. 언어마다, 그리고 화자마다 다를 수 있다. 그러나 그것이 자신의 모어와 다르다는 인상을 강하게, 혹은 어렴풋하게 주기 때문에 한국어 노래와 랩은 비한국어 화자들에게는 항상 '새로운 무엇'으로서 나타나는 것이다.

스트레이 키즈가 가르쳐 주는 한국어의 이토록 '매니악'한 경지

음절 끝 자음 비개방이라는 한국어의 특징이 잘 드러난 멋진 곡이 있다.

2018년에 데뷔한 스트레이 키즈Stray Kids는 '스키즈'라고도 불리는 여덟 명의 남성 아티스트 그룹이다. 〈MANIAC〉은 2022년에 발표되었는데 이 곡이 포함된 미니 앨범 〈ODDINARY〉는 빌보드Billboard 200에서 1위를 차지했다. 많은 곡을 멤버들이 직접 만든다는 점도 믿음직스럽다.

0:58쯤에 필릭스Felix가 저음으로 'maniac'이라는 단어를 내뱉는다. 이후에도 몇 번이고 이 단어가 반복된다. 모두 한국어식으로 발음되고 있다. 어미의 [k] 소리를 들어 보자. 모두 예외 없이 깔끔하게 닫히기만 할 뿐인 비개방의 [^{k}]이다. 한글로 표기하면 '매니악', 발음은 [mɛnia^{k}]~[menia^{k}]이다. 영어로는 이중모음으로 [méɪnɪæk] 정도. 이것을 영어식으로 발음하면 어떨까. 끝의 [k]가 파열, 즉 개방되어 한국어의 날카로움, 긴장감이 사라져 버린다. 일본어라면 [maniakku] 정도의 5박 단어가 되어 긴장감은 커녕 오히려 '귀여운' 인상까지 주게 될지도 모른다. 참고로 도쿄 방언에서는 마지막 [u]는 'ㅡ'[ɯ]에 가까워지거나 또는 무성화되는 경우가 많다.

한HAN의 "욕해도 다 먹금"과 라임을 이루는 창빈Changbin의 "크게 다침"의 마지막 [ㅁ] 등도 물론 확실하게 입을 다무는 비개방이다. 사실 재미있게도 이 가사는 "실밥처럼" "지뢰밭" "비정상투성이 집단" 등 곳곳의 구절이 자음으로 끝나는데 'back up' 'toxic' 'warning' 'feeling'과 같은 영어 단어도 단어 말미는 다 한국어식으로 비개방으로 발음한다. 지구촌 사람들이 한국어에 열광하는 비밀 중 하나가 바로 이 음절 끝 자음의 비개방처럼 날카롭고 멋지게 리듬을 끊어 내는 성격에 있다.

●★
Stray Kids
"MANIAC" M/V

덧붙여서 한과 창빈이 몇 번이나 되풀이하는 "돌아버리겠지"의 동사 '돌다'의 중의성을 이용해서 필릭스가 전동드라이버를 '돌리는' 재간 넘치는 장면에는 감탄을 금치 못하겠다. "나사가 빠진 것처럼"이라는 가사도 보인다.

앞서 K-POP 뮤직비디오의 소품에 대해 언급했는데 대부분의 소품은 시각적인 장치나 신체적 몰입을 위한 장치로 사용될 뿐, 음악 그 자체와는 직접적인 관계가 없었다. 그런데 〈MANIAC〉이 획기적인 것은 전동드라이버의 회전음 자체도 곡을 구성하는 음으로 여기저기서 사용하고 있다는 점이다. 전동드라이버도 소리가 나는 도구이기 때문에 피치=소리의 높이를 맞추고, 리듬을 맞추면 물론 가능은 하겠지만 음성 편집은 상당히 높은 차원의 기술이 필요하다. 부차적인 소재나 장식으로 소리가 울리는 것이 아니라, 회전음 자체를 베이스나 타악기처럼 비트를 만들어 내는 악기로 만든 것이다. 그것도 가사에 대한 은유를 포함해서. 이 점을 잊지 말았으면 좋겠다. 말과 소리와 빛이 높은 차원에서 통합되어 있는 전인미답의 경지다. 재능 넘치는 아티스트들의 감성적이고 지적인 역량을 알 수 있다.

사실 K-POP MV의 소품은 흔해 빠진 것들로 넘쳐흐른다. 빈티지 미국제 자동차가 등장하여 항상 드리프트 주행을 펼치거나 아니면 불타거나 폭파된다. 여전히 20세기적 감각의 오토바이나, 귀여운 천사의 날개, 또는 부러진 천사의 날개, 아담과 이브의 사과, 미술관의 조각품과 그림 등등이 이어져 이미지의 빈곤이 여기까지 왔나 싶을 정도다. 현재 K-POP MV의 소품들은 거의 대부분

이미 기존의 K-POP MV에서 수없이 우리가 보아 왔던 것뿐이다. 그런 진부함을 스트레이 키즈의 전동드라이버 하나가 압도해 버린다. 통쾌하다.

참고로 〈MANIAC〉은 춤도 멋지다. 전동드라이버가 나오는 0:55쯤, 'WARNING' 이후 새의 지저귐에 이어 몸이 움직이는 순간 숨을 죽이게 된다. 더구나 몸까지 돌아가 버리는 장면에서는 목이 360도 회전한 줄 알고 경악했다. 전동드라이버뿐 아니라 안무까지 빙글빙글 '돌고' 있다. 이런 상황에서 현진Hyunjin의 '쳐다보기 신공'이나 한의 랩 공격을 받으면 그야말로 누구든지 "돌아버리겠지."

100곡 정도의 K-POP 다이제스트를 연속으로 듣다 보면 종종 강렬한 열량과 파워에 몸이 진동하는 곡을 만나게 된다. 그것이 바로 스트레이 키즈의 곡들이다. 그룹 로고뿐 아니라 곡의 제목 MANIAC의 로고 역시 아주 세련됐다.

단어 내부에까지 나타나는 한국어 종성의 힘 — NCT 127의 경우

폐쇄만 하고 개방하지 않는 한국어의 종성이 가져다주는 매력은 단어 말미에만 있지 않다. 단어와 단어 사이에도 나타난다.

NCT 127은 남성 그룹으로, 127은 아시다시피 서울의 경도이다. 멤버 수는 꽤 변동이 있었는데, 2018년에는 10명이었다.

2021년 작품 〈Favorite(Vampire)〉의 1:11쯤에 다음과 같은 가사

가 나온다:

열기 속에 입 맞추면

재미있는 것은 일상적인 발음으로는 띄어쓰기에도 나타나 있듯이 끊는다면 '입 맞추면'인데, 이를 '입맞 추면'과 같이 단어 내부에서 분리해서 노래하고 있다는 점이다. 물론 '맞추다'는 '(어근)맞+(접미사)추+(어미)다'로 나눌 수 있지만, 사실상 '맞추-'가 하나의 형태소처럼 작용하고 있다. 앞서 보았듯이 형태소란 그 자체로 의미를 실현할 수 있는 언어음의 최소 단위를 말한다. 따라서 형태소 내부에서 절단하면 형태소가 깨져 의미가 실현되지 못하게 된다. 그런데 여기서는 형태소 내부에 스타카토를 사용하고 있어서 더 흥미롭다. '입맞'[$imma^t$][임맏]이라는 음의 형태가 실현되는 순간, 만약 이 말로 끝나면 이 '입맞' 자체가 또 다른 의미, 즉 '입맛'[$imma^t$]을 나타낼 수 있기 때문이다. 그 의미가 실현되기 전에 '추면'[$tʃ^h$umjɔn]이라는 음이 덮쳐 온다. 그때서야 '입맛을 추면'이라는 말은 없으니 이 가사는 '입맛'이 아니라 '입 맞추면'이었다는 것을 알 수 있다. 순식간에 일어나기 때문에 이런 사실은 굳이 재미로서 거론되지도 않는다. 한국어 화자에게는 아무렇지도 않은 언어음과 의미를 둘러싼 이러한 현상을 한국어를

• NCT 127 엔시티 127 'Favorite(Vampire)' MV

• NCT 127 엔시티 127 'Favorite (Vampire)' Dance Practice

모르는 화자들은 어떻게 받아들일까. 당연히 순수한 언어음으로서만 느낀다. 뜻은 몰라도 [imma^{t}]이라는 무엇인가 날카롭게 끊어진 음으로서, [imma^{t}]이라는 단어가 거기에 있는 것처럼 말이다. 지금 우리는 종성의 매력에 대해서 논의하고 있는데 사실 한국어의 문장 말미는 거의 대부분이 모음으로 끝난다. 종성의 초성화는 바로 자음으로 끝나는 음절을 줄이는 기능이기도 했다. 그러므로 종성이 더욱더 눈에 띄는 것이다. 아니 바꿔 말한다면 귀를 달콤하게 자극한다.

참고로 이 파트를 담당하는 아티스트는 일본에서도 널리 알려진 유타Yuta다. 일본어를 모어로 하는 사람이 한국어로 이런 언어음을 구사했으니 그 실력에 감탄이 절로 나온다.

역시 유타의 파트인데 어휘에 주목하면 “거친 눈빛 존재 전부”에 ‘존재’라는 단어가 보인다. ‘존재’와 같은 철학적인 단어가 한국 가요 가사에 등장한 것은 1996년 김종환의 〈존재의 이유〉쯤이었을까. 그 2년 전 1994년에는 최백호의 〈낭만에 대하여〉가 나왔는데 글말적인 표현을 제목으로 삼아 신선했던 기억이 있다. 내용은 “그야말로 옛날식 다방에 앉아” 있는 분위기의 곡이지만. 이 시기는 서태지의 〈하여가〉 〈시대유감〉 〈발해를 꿈꾸며〉와 같은, 입말적인 표현이 아닌 곡이 꽃을 피운 시기였다. 프랑스어로 부르는 샹송에는 오래전부터 이러한 철학적인 단어나 글말적인 단어가 자주 사용되었다. 가사에 등장하는 ‘거리’에는 ‘철학자’가 걸어 다닐 정도였으니까. K-POP 가사는 ‘사랑해’ ‘가지 마’ ‘돌아와’로 집약된다는 말은 이미 오래전부터 이야기되었지만 지금

K-POP 가사에는 '존재'를 비롯하여 다양한 어휘가 나타난다. 이런 다양한 어휘의 사용이 더욱더 활발해졌으면 한다.

이번에는 문법적인 관점에서 어휘 사용을 살펴보자. 가사 중에는 "더 지독하게 아프고 싶어."라는 구절이 나온다. 관형사형은 '아픈'이지 '아프는'이 아니라는 형태론적인 근거에서 알 수 있듯이 '아프다'는 형용사이다. 그런데 '-고 싶다'는 보통 동사에만 쓰이는 문법 형식이다. 그러니 이 '아프고 싶어'는 파격solecism이다. 필자는 규범주의적인 언어학자의 입장을 내세우지 않고 이러한 파격을 환영하는 입장이다. 시의 운율적인 파격은 'metrical license'라 하고 구문적인 파격은 'anacoluthon'[ænəkəlú:θɑn]이라 한다. 물론 파격 중에도 미적으로 성공한 경우도 있고, 성공했다고 할 수 없는 것도 있다. 그것도 시대나 언어장에 따라서 다를 수 있다. 경우에 따라서는 파격이 언어 변화의 동인이 될 수도 있다. 그런데 이 〈Favorite(Vampire)〉의 가사 속 '아프고 싶어'는 훌륭하게 성공한 예가 될 것이다. 시인에게 축배를! 이런 이야기를 쓰면 규범주의적인 국어학자 분들께 야단맞을지 모르지만. 아무튼 K-POP의 시=가사는 이러한 파격을 종종 등장시켜 우리의 즐거움을 더해 준다.

〈Favorite(Vampire)〉의 시와 선율을 들으면 가슴이 찢기는 듯하다. 휘파람의 대위법에서도 애절함이 느껴진다. 사용된 색상으로 컬러 차트를 만들어 보면 배색의 목적의식적인 작법을 잘 알 수 있는데, 그러한 색채의 변용도 흥미롭다. 〈dance practice〉 영상은 배경이 안무에 시각적인 방해가 되어 아쉽지만 후반부 춤은 속도감과 힘이 넘친다.

참고로 가수 양파Yangpa의 2007년 곡 〈Marry Me〉의 0:33 무렵 등장하는 "입 맞추면", 빅뱅의 2011년 곡 〈My Heaven〉의 한국어 버전 중 2:13, 태양TAEYANG의 목소리로 들려주는 "입 맞추면", 블랙핑크 리사의 솔로 곡 〈LALISA〉 0:52에 나오는 "내 이름에다 입 맞춰"와 비교해 보면 더 재미있을 것이다. 특히 〈LALISA〉는 나중에 언급하겠지만 가사의 '자기언급성'이라는 점에서 전형적인 작품이며 〈Favorite(Vampire)〉 등과는 또 다른 시의 매력으로 가득 차 있다.

한국어의 비트박스 — NCT DREAM의 경우

이번에는 NCT DREAM이라는 그룹이 발표한, 목소리가 만든 비트박스를 모티브로 한 곡 〈Beatbox〉이다. 어떤 형식도 존재한다는 K-POP 이라지만 비트박스를 주된 소재로 삼은 곡은 필자가 아는 한 이제까지 없었다. 오노마토페(3-6, 262쪽)와 비트를 타고 가사 그대로 "우리가 함께 만드는 음악"이다. MV는 2022년에 제작되었다.

귀를 잘 기울여 듣지 않으면 그냥 아무렇지도 않게 지나가 버

•
LISA
- 'LALISA' M/V

릴지 모르겠으나 0:41 "가만 기다/리지 말고"에 놓인 경계(/)도 "입맞/추면"과 비슷한 예이다. 언어음에서는 "리지" 부분이 두드러지는 것을 알 수 있을 것이다. 이런 것들은 가사 그 자체가 아니라 아티스트가 만들어 내는 창법과 선율이 가져다주는 묘미다. 가사 중 "모일수록 완벽한 궁합"은 잘못 들었나 싶을 정도로 놀라운 파격이다. '궁합'이라는 단어의 이런 용법이 현재의 한국어권에서 얼마나 확대되고 있는지 K-POP에서 이런 '궁합'까지 맞게 된다면 그것 또한 재미있지 않을까.

MV는 밝은 구성으로, 화면의 색감은 특별히 신경 쓴 게 아닌 것처럼 보이지만 실은 고도로 통제되어 있다. 그 점은 안무 영상인 〈Choreography Video〉에서도 잘 드러난다. 각각의 의상과 배경의 색감을 절묘하게 조절하고 있다. 안무로 색채와 신체성의 대형과 배치가 점점 변해 가는 재미를 느낄 수 있다. 카메라도 자연스럽게 기술을 뽐내고 있다.

손으로 쓴 글씨로 영어 가사를 보여 주는 〈Lyric Video〉는 이 곡에 딱 어울리는 팝적인 맛을 느끼기에 충분하다. 아티스트의 스틸 사진을 잔뜩 끼워 전개하다가 마지막 부분에서는 메이킹 비디오를 준비해서 즐거움을 더해 준다.

●
NCT DREAM 엔시티 드림
'Beatbox' MV

●
NCT DREAM 엔시티 드림
'Beatbox' Choreography Video

●
NCT DREAM 엔시티 드림
'Beatbox(English Ver.)' Lyric Video

③

⑥

'오노마토피아'로서의 한국어 — 의성의태어의 유토피아

오노마토페란 무엇인가 — 한국어는 의성의태어의 보고

다음 두 가지 어휘군은 K-POP의 시=가사 세계를 구성하는 데 있어 매우 두드러진 특징을 만든다:

(1) 의성의태어(오노마토페)
(2) 간투사(감탄사)

간투사interjection라는 명칭은 inter-間(사이)와 ject-投(던진다)를 각각 그대로 옮겨서 붙인 번역어이다. 'honey moon'을 '밀월', 'good morning'을 '좋은 아침'이라 하는 것과 같은 조어법인데 이를 칼크

calque(번역 차용)라고 한다. 간투사는 감탄사, 감동사, 느낌씨라고도 부른다. 이 품사를 '간투사interjection'라 부른 문법가는 말과 말 사이사이에 interject하는, 즉 던져서 끼우는 말이라 생각한 것이다. 반면 '감탄사exclamtion'라 부른 문법가는 claim이 라틴어 어원으로 '(큰 소리로) 부르다'라는 뜻이니 claim해서 내보내는ex- 즉 외쳐서 내뱉는 말이라고 생각한 셈이다. 과연 이름은 그 실체가 아니라 이름을 붙인 사람의 사상을 나타내는구나, 하고 새삼 깨닫게 된다.

언어의 관점에서도, K-POP의 관점에서도 한국어의 의성의태어는 결정적으로 중요하다. 의성의태어부터 살펴보자. 언어 외에 나타나는 소리나 동물의 울음소리 등을 언어음으로 그려 낸 단어를 '의성어'라고 한다. 문을 두드리는 '똑똑'이나 닭의 울음 소리 '꼬끼오' 등은 의성어이다. 단 사람이 발하는 '아' '어머' '아이고' 등 처음부터 언어음으로 구성된다고 생각되는 단어는 간투사로 분류된다. 한편, 소리가 나지 않는 모습을 마치 소리가 나는 것처럼 언어음으로 그려 내는 단어를 '의태어'라고 한다. '무럭무럭' 자란다든지 별이 '반짝반짝' 빛난다든지 눈물이 '핑' 돈다든지 하는 것은 의태어가 담당하고 있다. 의성어와 의태어를 합쳐서 프랑스어로 오노마토페onomatopée라고 한다:

오노마토페

의성어 : 언어 외의 소리나 동물 등이 내는 음성을 언어음으로 그려 낸 단어

의태어 : 소리가 나지 않는 양상을 마치 소리가 나는 것처럼 언어음으로 그려 낸 단어

예를 들어 한국어의 다음과 같은 단어들을 보자:

깔깔 껄껄 콜콜 쿨쿨

웃는 소리나 자는 모습을 나타내는 단어이다. '깔깔' '껄껄'은 사람이 내는 소리인데도 간투사로 취급하지는 않는다. 이 단어들이 동사를 수식하기 때문이다. 품사로서는 부사이다. 이처럼 오노마토페는 기본적으로 부사가 되는 경우가 많다. 간투사인 '아이고'는 독립적으로 쓰이지 동사를 수식하는 단어가 아니다.

이번에는 위의 단어를 구성하는 언어음에 주목하자. 여기서는 양모음 'ㅏ'와 음모음 'ㅓ'를 바꿈으로써 단어를 만들고 있다. 'ㅗ'와 'ㅜ'도 마찬가지다. 언어학에서는 이것을 언어음의 '교체'라 부른다. 여기서 자음은 된소리 'ㄲ'과 거센소리 'ㅋ'의 교체가 이용되고 있다. 일본어에서도 예를 들면 karakara, kurukuru, kirikiri, korokoro는 네 개 모두 '빙빙'이나 '데굴데굴'처럼 회전하는 모습을 나타내는 단어인데 k-r- 사이에 모음을 교체하여 단어를 만들고 있다.

이런 식으로 모음과 자음의 교체를 통해 오노마토페를 만들어 내는 기제가 한국어에서는 매우 풍부하게 나타난다. 언어음의 교체를 이용해 체계적으로 오노마토페 등을 만들어 내는 이러한 조어造語 시스템을 음성 상징sound symbolism이라 한다.

한국어는 의성의태어가 풍부한 언어로 알려져 있다. 일본어도 오노마토페가 상당히 풍부한데, 한국어는 그보다 훨씬 많다. 일본

시인 랭보, 모음을 색채에 투영하다—음성 상징과 음성 상징이 아닌 것

프랑스의 시인 아르튀르 랭보Arthur Rimbaud(1854-1891)는 시 「voyelles(모음들)」에서 'A noir검정색, E blanc흰색, I rouge빨간색, U vert녹색, O bleu파란색: voyelles모음들'(번역하면, '검은 A, 하얀 E, 붉은 I, 초록 U, 파란 O: 모음들이여')과 같이 프랑스어의 모음자, 즉 모음을 나타내는 명칭과 프랑스어의 색채 명칭을 시에서 곁들였다. 하지만 이런 것은 음성 상징이 아니다. 모음자의 명칭도, 'noir' 같은 색채 명칭도 이미 단어이며 그것들을 서로 결부시켰을 뿐이지, 조어에 관여하지는 않기 때문이다. 랭보가 한 것은 '붉은색 태양'이나 '검정색 태양'처럼 '어떤 단어를 주고 또 다른 단어를 상기'시킨다든지 '어떤 단어와 다른 단어를 조합하여 상호 연관성을 형성'하는 것과 원리적으로 다르지 않다. 물론 '주황색 태양'이든 '핑크색 태양'이든 자유롭게 만들어도 된다. 거기에 형성되는 인상이 언어마다 달라도 전혀 상관없다. 색채 명칭도 이미 단어이므로 아직 명명되지 않은 대상에 언어음을 교체하여 새로 단어를 조형하는 것과는 차원이 완전히 다르다. 언어음의 교체에 의한 음성 상징은 말의 '형태' 그 자체를 만드는 시스템이며 이때의 언어음은 랭보 이전의 더 깊은 층위에 존재하고 있다.

의 다이슈칸쇼텐大修館書店에서 발행한 잡지 『언어言語』에서는 언어학자들이 한국어를 세계에서 가장 오노마토페가 풍부한 언어로 뽑았다. 2위는 일본어였다. 물론 '몇 위'와 같은 순위는 아주 감각적인 인상이지 학문적인 근거가 명확하지는 않다. 중요한 것은 많은 언어학자들을 납득시킬 만큼 한국어에 오노마토페가 풍부하다는 점이다.

참고로 소설을 보자. 김동리金東里(1913-1995)의 『까치소리』처럼 오노마토페를 아주 의식적으로 사용한 소설도 물론 있다. 영어에서도 앨런 실리토Alan Sillitoe(1928-2010)의 작품 『The Loneliness of the Long Distance Runner(장거리 주자의 고독)』처럼 오노마토페를 이용한 명작이 있다. 일본어에서는 오노마토페가 많이 사용되면 비교적 가벼운 문체가 되는 경향이 있다. 여기서 말하고자 하는 핵심은 한국어 소설에는 문체를 막론하고 오노마토페가 풍부하게 사용된다는 점이다. 가벼운 문체뿐 아니라 아주 진지하고 무거운 문체에서도 오노마토페가 많이 나타나는 점을 주목할 만하다. 단편 소설에 쓰인 문장 수를 세어 그중 오노마토페가 얼마나 사용되었는가를 측정해 보자:

이광수, 「무정」 제1회, 1917년: 77문장 중 8문장, 10.4%

현진건, 「고향」, 1925년: 145문장 중 23문장, 15.9%

홍명희, 「임꺽정」, 1928년: 첫 100문장 중 14문장, 14%

김유정, 「동백꽃」, 1936년: 159문장 중 42문장, 26.3%

이효석, 「메밀꽃 필 무렵」, 1936년: 255문장 중 37문장, 14.5%

최인훈, 「九月의 다알리아」, 1960년: 86문장 중 25문장, 29.1%

박완서, 「겨울 나들이」, 1975년: 304문장 중 48문장, 15.8%

김승옥, 「위험한 나이」, 1986년: 76문장 중 12문장, 15.8%

끝이 없으니 그만 하자. 이호철의 1956년 작품 『나상』까지 이르면 295문장 중 101문장, 무려 34.2%이다. 전체 문장에는 사실 '……'처럼 문장이 아닌 문장이 18개나 포함되어 있으니 오노마토페가 사용된 문장은 실질적으로는 36.5%에 달한다. 단어 수로는 2,319단어 중 192단어, 8.3%가 오노마토페였다. 『나상』을 읽다 보면 대략 12개 단어 중 하나 꼴로 오노마토페를 만나게 되는 셈이다(野間秀樹, 1991). 놀라움을 금치 못하겠다. 이러한 수치는 하나의 소박한 지표에 지나지 않지만 이 논문의 조사에 따르면 비슷한 시기의 일본어 단편 소설 17편을 조사했을 때 오노마토페 사용 비율은 1.1~24.7%였다. 이 중 10% 미만이 7편이나 있다. 어쨌든 이것만 보아도 알 수 있듯이 한국어는 근현대 소설의 여명기부터 오노

비한국어권 학자들이 알아본 한국어 오노마토페의 놀라움

사실 어원을 거슬러 올라가면 영어를 포함한 서양의 언어에도 오노마토페라고 상상할 수 있는 단어는 많다. 그러나 한국어나 일본어에는 단어의 역사를 거슬러 올라가지 않아도 모어 화자들이 '직관적으로 오노마토페라고 느낄 수 있는 어휘'가 풍부하다. 또한 의성어는 어느 언어에서도 어느 정도 존재하지만, 한국어와 일본어는 의태어가 풍부한 것이 큰 특징이라고 할 수 있다.

참고로 한국어 오노마토페에 관심을 갖기 시작한 것은 한국어권이 아니라, 한국어의 비모어 화자인 학자들이었다. 역시 비모어 화자들에게 한국어의 신기한 특징으로 느껴진 것이다. 한국어의 20세기 오노마토페 연구는 러시아어, 독일어, 프랑스어, 영어, 그리고 일본어 연구자들이 먼저 관심을 가졌다. 일본어권에서는 한국어 오노마토페를 모은 두꺼운 음성 상징어 사전이 편찬되기도 했다(青山秀夫, 1991). 1980년대 이후는 한국어권에서도 활발하게 연구되고 있다.

한국어 오노마토페에 대한 일본어권 논고로는 野間秀樹(1990, 1991, 1998, 2008), 특히 野間秀樹(2001)를 들 수 있다. 오노마토페와 인접한 위치를 차지한다고 할 수 있는 간투사에 대해서는 일본어와 한국어를 대조한 金珍娥(2012b)를 참조할 수 있다.

마토페가 놀라운 빈도로 사용되어 왔다. 한국어는 오노마토페의 유토피아, 말하자면 오노마토페의 토포스(장소), '오노마토피아 onoma-topia'임이 확실하다. 음악의 세계에서는 20세기 한국가요 시대에는 그다지 눈에 띄지 않았지만 21세기 K-POP에서는 오노마토페의 사용이 두드러진 특징이 되었다. 이제 K-POP은 한국 근현대 소설을 훨씬 능가하는 오노마토피아 세계다.

오노마토페와 간투사가 난무하는 K-POP
—〈뚜두뚜두(DDU-DU DDU-DU)〉

한국어에는 의성의태어가 풍부하다는 일반언어학적인 특징이 있지만, 더 나아가서 K-POP의 측면에서 살펴보면 다음과 같은 특징을 찾을 수 있다:

(1) 새로 만들어지는 신조어 오노마토페나 간투사가 풍부하게 사용된다

(2) 영어를 비롯한 다른 언어의 단어도 마치 오노마토페나 간투사처럼 이용된다

위의 (1), (2)는 말과 언어음 그 자체에 무서울 정도의 관심을 갖는 K-POP 창조자들 특유의 언어 의식이 투영된 것이다. 또한 (2)는 나중에 언급할 K-POP의 복수언어성, 다언어성, 멀티에스닉한 성격과 상통하는 문제이기도 하다. 노래 제목은 영어로 되어 있어도 한국어, 영어를 막론하고 오노마토페가 많이 사용된 곡도 적지 않다.

이 책의 0악장 '전주곡'에서 본 블랙핑크의 2018년 걸작을 다시 소환하자.

귀재라는 형용만으로는 한참 부족한 음악가 테디TEDDY가 프로듀싱한 작품이다. 테디는 1TYM원타임, 지누션, 빅뱅, 2NE1, 그리고 블랙핑크까지 많은 그룹의 작품에 참여해 왔다. K-POP에 끼친 그의 공헌은 이루 말할 수 없다.

블랙핑크의 노래 제목 '뚜두뚜두(DDU-DU DDU-DU)'[ˀtudu ˀtudu]에는 한글 표기 '뚜두뚜두'에 로마자 표기 'DDU-DU DDU-DU'가 붙어 있다. 물론 영어가 아니기 때문에 영어사전을 찾아보아도 소용없다. 로마자 표기법대로 'ddudu ddudu' 혹은 'DDUDDU DDUDDU'라고 써도 되지만, 역시 이해하기 어렵다고 생각했는지 로마자 표기에 음절 구분을 위해 하이픈 '-'을 삽입했다. '뚜두뚜두'는 MV 안에서 손가락 총격을 나타내는, 말하자면 주문과 같은 신조 의성어다. "좀 독해 난 toxic"이라고 랩으로 선언하는 리사에게 우리 모두 한국어의 총격을 받는 구조가 되어 있다. MV에서는 1:17쯤에 손가락 총으로 총을 쏘는 안무가 보인다. '유독성의, 중독성의'의 뜻을 가진 'toxic'도 K-POP에서 선호되는 영어 단어다. 앞서 본 스트레이 키즈의 〈MANIAC〉(→3-5, 252쪽)에서도 필릭스

●★★
BLACKPINK
- '뚜두뚜두(DDU-DU DDU-DU)' MV

의 외침 속에 등장하는데, 메시지를 한층 강화하는 키워드 역할을 한다.

이 곡은 첫 부분부터 'ah-yeah'라는 영어 간투사부터 시작한다. 이것이 한국어 부사 '아예'로도 들려 재미있다. 소리, 즉 청각적인 측면뿐 아니라 빛, 즉 시각적인 측면에서도 이 작품은 K아트 사상 정점에 우뚝 선 걸작이다. 도입부부터 눈길을 끈다. 우주 공간인 것 같기도 하고 액체 내부인 것 같기도 한, 어쩌면 마치 어머니의 양수 속에 있는 듯한 공간을 부유하는 콘크리트 같은 물체의 질감, 질량감, 색채, 반사되는 빛. 모든 것이 낯설고 충격적이다. 이것은 도대체 무엇일까? 수수께끼 같다. 그리고 그 수수께끼 같은 물체 위에 아티스트 네 명이 모습을 드러낸다. 0:10, 0:17에서 리사가 손을 올리는 동작에 맞춰 가루나 연기 같은 빛이 흩어지는 장면에 이를 때 즈음이면 우리는 이미 블랙핑크의 세계에 깊이 빠져 버린 상태가 된다. 알려진 바와 같이 리사는 태국 출신이다. 고맙게도 한국까지 찾아와 주었구나 하는 생각이 든다. 멤버 네 명의 존재감을 각인시키는 데에 불과 20초도 걸리지 않는다. 크리에이터들이 달성한 압도적인 승리이다. 너무 과장해서 말한다고 느낄지도 모르겠다. 하지만 필자가 하려는 말은 지금도 매달 공개되는 수많은 K-POP MV의 첫 20초와 비교해 보면 금세 알 수 있다. 모든 MV 화면에는 아티스트들이 등장한다. 그러나 아티스트 각각의 존재감이 우리에게 얼마나 각인됐을까? 거의 대부분의 MV는 바로 여기서 패배한다. 아티스트를 세상에 알리고 사람들과 즐거움을 함께하기 위해 제작했을 MV가 아티스트의 개성을 죽이는 형국이다. 대부분은 기억에도 남지 않는다. 열 편, 스무 편의 작품 중 한 편 정도가 남을까?

〈뚜두뚜두(DDU-DU DDU-DU)〉는 전체 3:34 중 어느 한 장면을 잘라 내도 멋진 그림이 되지 않을 곳이 없다. 사진 작가의 작품 한 컷 한 컷으로 당당하게 내세울 수 있을 수준이다. 색채를 보라, 구도를 보라, 의상의 신선함과 그 변용을 보라. 0:41, 리사가 등장하는 배경의 칠판을 보라. 칠판 구석 구석까지 정성껏 그림과 글씨로 가득 차 있다. 1:08, 우산을 받쳐 든 지수 위에는 비가 아니라 빛줄기가 쏟아져 내린다. 1:37부터 제니JENNIE가 올라탄 전차에는 은박이 씌워져 있다. 명확한 반전 의식의 표명이다. 2:36, 로제ROSÉ를 둘러싸고 있는 천상으로 통할 것 같은 배경 장치를 보라. 2:50쯤에서 선명하게 나타나는 전통적인 디자인과 현대적인 디자인의 융합. 이들 전부가 정교함의 극치다. 그리고 잊어서는 안 되는 것은 이 작품 역시 압도적인 목소리와 거대한 음악이 '통합'되어 있다는 점이다.

걸크러시

〈뚜두뚜두(DDU-DU DDU-DU)〉는 걸크러시 노선의 전형으로 자주 거론된다. '걸크러시'라는 말이 인구에 회자된 지는 오래되었다. 일본어에서는 줄여서 '가루쿠라(걸크)'라고도 한다. 미국의 컨트리 밴드인 리틀 빅 타운Little Big Town의 〈Girl Crush〉라는 곡이 있을 정도로 단어 자체는 영어에도 있지만, 일본어권에 주목한다면 현재처럼 알려지게 된 것은 한국어의 K-POP 때문으로 보인다.

일본어권에서는 다야마 미도리タヤマ碧의 『걸크러시』(신초샤, 2021-)라는 만화가 있는데, K-POP 스타를 꿈꾸는 여성의 성장담이라는 점을 감안하면 '걸크러시'라는 단어가 K-POP을 통해 퍼져 나갔다는 사실을 짐작할 수 있다. 이 만화는 K-POP 연습생의 모습을 꽤 자세하게 묘사하고 있다. 영어권에서는 'Girl Crush'를 "A girl crush is a non-sexual, non-romantic admiration that one woman has for another."(〈Dictionary.com, LLC〉)라고 정의한다. '하나의 여성이 다른 여성에게 품는 비非성적 비로맨틱한 경애와 선망' 정도로 해석할 수 있다.

〈뚜두뚜두(DDU-DU DDU-DU)〉가 수록된 앨범 제목이 《Square Up》, 즉 '이제 끝장 내' '자, 덤벼 봐' 같은 뜻인 것을 보면 앨범 전체가 걸크러시 노선을 내세우고 있음을 알 수 있다. 참고로 'square up'에는 빚 등을 '청산하다'라는 의미도 있다.

이러한 걸크러시를 소리 높이 선언하는 것이 한국어이고, 거기에 한국어의 오노마토페와 간투사 들이 큰 역할을 하고 있다는 점을 주목해 두자. 뭐니 뭐니 해도 전 세계에서 2018년 이후 18억 회를 기록했다, 라고 썼다가 지금 살펴보니, 2024년 8월에는 영상 조회수가 이미 22.2억 회에 달하고 있다. 명작 중의 명작이다.

인터넷상에서는 '여성이 여성을 동경하는' '여성도 좋아하는 여성' 등으로 한정적으로 설명되지만, 요컨대 '걸크러시'란 여성뿐 아니라 사실 남성의 사상과 감성을 강타하는, 그리고 무엇보다도 기존의 모든 사상을 분쇄하는 젠더리스genderless 선언과 다름 없다. 22억 회 넘게 공유되는 중요한 근거 중 하나가 바로 여기에 있다. 그리고 이를 상징하는 단어가 한국어이며 한국어의 오노마토페와 간투사인 것이다. ‘K아트’의 결정적인 순간에는 언제나 한국어가, 그리고 그 한국어가 가진 특성들이 요동치고 있다.

블랙핑크의 곡 중에 〈붐바야(BOOMBAYAH)〉라는 곡도 있다. 2016년에 발표됐고 조회수가 2024년 8월 현재 17억 회를 넘었다. 이 제목은 오노마토페라기보다는 간투사적이다. 어쨌든 한국어로 생각한다면 신조어다. ‘붐바야’는 분석하면 ‘붐바+(호격 조사)야’와 같은 구조로 보이며, ‘붐바’를 부르는 형태라고 분석할 수 없는 것은 아니지만, ‘붐바’라는 명사는 기존 한국어에는 없고 ‘붐바’라는 대상의 존재가 작품 안에서 그려진 것도 아니므로 문법적으로는 ‘붐바야’ 전체를 하나의 간투사로 생각할 수밖에 없다. 시의 내용을 보면 마치 ‘춤추자!’라고 외치는 소리인 것처럼 들리기도 한다. 로마자 표기라면 ‘bumbaya’가 될 텐데, BOOMBAYAH는 로마자 표기의 ‘영어식’ 변형이다. 정확히 말한다면 크리에이터들이 ‘영어식’이라고 생각하는 표기이다.

〈붐바야(BOOMBAYAH)〉의 가사에도 의성어와 간투사가 많이 나온다. “굳이 애써 노력 안 해도 모든 남자들은 코피가 팡팡팡”에서는 ‘팡팡팡’, “지금 날 위한 축배를 짠짠짠”에서는 ‘짠짠짠’

●★
BLACKPINK
- ‘붐바야(BOOMBAYAH)’ M/V

하며 제니가 멋진 고속 랩으로 반복하고 있다. 이후에도 리사의 "따라다라단딴 뚜두룹바우" 등 정말 재미있는 언어음으로 오노마토페 같은 조어를 잔뜩 들려준다. 이쯤 되면 이미 의미 따위는 접어 두고 말의 소리 자체를 전면에 내세워 마음껏 즐기자는 작법이다. 이런 오노마토페 조어가 있어야만 뒤로 이어지는 로제와 지수의 파트가 도드라진다. 예컨대 "좋아~"라고 길게 늘어지는 언어음과 대비를 통해 목소리를 더 드높이 내세울 수 있는 것이다.

또한, 네 사람이 함께 외치는 '오빠'라는 가사도 있다. 이 "오빠!"는 필요 없다. 이런 말을 넣은 것은 아마 남성의 발상일 텐데, 여기서는 아첨으로밖에 들리지 않는다. 걸크러시 사상을 나타낸다는 측면에서도 완전히 불필요한 가사다. 그 후 2018년 〈뚜두뚜두(DDU-DU DDU-DU)〉에서는 이것을 단호하게 넘어서서 "착각하지 마/ 쉽게 웃어주는 건 날 위한 거야"라고 선언했다.

목소리는 물론 아티스트들의 노래, 존재감, 사운드, 영상 구성, 배경 무대의 전환, 열대적인 색채의 변화, 특히 다채로운 의상, 그리고 춤은 K아트 역사상 손꼽힐 정도로 경이롭다.

'K아트'의 극한을 보여 준 작품이다. 원래라면 당연히 ★★이지만, 이 "오빠!"로 ★이 하나 날아갔다. 말이란 건 이렇게 무섭다.

●★
[MV] 마마무(MAMAMOO)
- HIP

머리, 어깨, 무릎, 발, 오노마토페 — 마마무

2019년 마마무의 작품인 〈HIP〉의 MV 화면에서는 인공적인 색채가 차례로 변용되어 간다. "오염 유발자의 말이 아니라 사람들의 말을 들어라" "지구를 구하라" 등의 글귀를 영어로 쓴 플래카드를 든 몇몇 시위대의 모습도 보인다. 어린 소녀가 화사와 함께 나오는데, 이런 어린 소녀가 나오는 MV도 흔치 않다.

"세상에 넌 하나뿐인 걸"이라고 화사가 노래하고, "덕분에 나의 멘탈은 단단해/ 난 다음 앨범 만들러 갈게"라는 문별Moonbyul의 랩. 또 "코 묻은 티/ 삐져나온 입/ 떡진 머리, 내가 하면 Hip" 즉 "상관없"고 괜찮다고도 한다.

어린이 안무 동요인 "머리, 어깨, 무릎, 발"은 영어권에도 있지만 한국어권에서도 널리 알려진 노래로, K-POP에서도 오래전부터 가사에 자주 인용되어 왔다. 원래 가사의 '발' 위치에 놓여 있는 'Hip'에는 Hip-Hop의 'Hip', 더 나아가 '멋지다' '멋있다'라는 의미도 투영되어 있다. 물론 이 영어 'hip'의 음절 끝 /p/도 철저하게 비개방이고 한국어식 [p̚]으로 예각적으로 날카롭게 발음되고 있어서 리듬과 비트감을 멋지게 살린다.

"머리, 어깨, 무릎, Hip"처럼 말장난 같은 수사법은 원래 한국어 세계에는 매우 많은데, K-POP에서도 여기저기서 활용되고 있다. "따끈따끈해" "따끔따끔해"와 같은 오노마토페의 운율, "힐끔"과 같은 오노마토페가 연타를 날린다. 이 곡의 시 전체가 바로 한국어의 '오노마토피아'이다. 한국어의 묘미를 극한까지 잘 살려낸 만큼 작사, 작곡, 편곡 모두 해외가 아닌 한국계 크리에이터들이 맡았다. 작사자 중에는 화사의 이름도 보인다.

"자꾸 click me click me(나를 클릭해 줘)"와 같은 가사도 역시 오늘날의 IT화 상황을 반영한 것이다. 영어의 'click'도 물론 어원을 따지면 의성어다. 안무도 재미있다. 공개 후 4년밖에 지나지 않았는데 벌써 조회수 4억 회를 돌파했다.

2020년 작품 〈AYA〉의 가사 중 "눈물인지 또 빗물인지"에서는 언어음을 활용한 수사법의 재미를 드디어 즐길 수 있다. 한국어의 "뚝뚝뚝뚝"과 영어 중에서 오노마토페 어원인 "drop drop drop drop drop drop"을 반복하는 가사도 절묘하다. 둘 다 한 음절어라는 점에 주목하자. 한국어 발음에서는 앞서 언급했듯이 마지막의 /-p/는 양 입술을 날카롭게 닫고 닫을 뿐, 양 입술을 떼지 않는, 즉 파열하지 않는=열지 않는 입술음 [ᵖ]이다. 'drop'은 일본어 외래어에서는 [도-로-ㅂ-푸] 정도의 4박이 되어 이 날카로운 단음절성이 없어진다.

참고로 영어의 'drop'은 커피 등에서 쓰는 말인 'drip'(떨어지다, 물방울)과 모음이 교체된 음성 상징으로 조어된 오노마토페이다. 짧게 뚝뚝 떨어지는 영어 [drɪp]의 단모음 [ɪ]를 [uː]라는 장모음으로 만든 'droop'[druːp](늘어져서 '길게' 떨어지다)도 모음의 교체로 만든 같은 어근의 단어다.

〈AYA〉는 곡의 훌륭함이나 가창력, MV의 색채 전개 등에서도 거의 최고 수준이지만, 굳이 지적하면 영상 속에 '극동' 자본주의에서 바라본 오리엔탈리즘 같은 취향이 희미하게 엿보여서 아쉽다. 영상 속에 '지배자-피지배자'와 같은 설정이 이루어지면 아티스트들이 지배자 위치에 놓이는 도식이 되어 버려서 안심하고 즐길 수 없다.

오노마토페와 간투사, 어디로 가시나 — 선미와 EXO

선미SUNMI는 원더걸스Wonder Girls에서 활동하다가 현재는 솔로 가수로 활동하고 있다. 2017년 작품의 곡명 〈가시나〉는 물론 '가시는 건가요?'라는 뜻이지만, '소녀'라는 뜻의 경상도 방언도 염두에 둔 일종의 언어유희다. 말의 'wonder land'임을 보여 주는 작품이다.

1:00-1:20쯤에서는 성문 폐쇄를 아주 교묘하게 사용하고 있다. 성문 폐쇄의 날카로움과 "거야" "좋아"라는 대목에서 말미의 음을 흘리는 개방감이 아주 대조적인 매력을 조형하고 있다.

이 동영상은 1분이나 이어지는 도입부가 약간 길지만 색채, 장면 전개, 의상이 모두 아름답게 조형된 작품이다. 꽃을 은유로 삼고 있음을 화면 전체로 보여 준다. 1:58 부분 옷이 가득 찬 방도,

●
[MV] 마마무(MAMAMOO)
- AYA

●★
[MV] SUNMI(선미)
_ Gashina(가시나)

●
EXO 엑소
'Love Shot' MV

2:22 무렵 옷을 올려 속에 입은 수영복을 보여 줄 때의 무늬는 모두 꽃을 모티프로 했고, 3:16 온통 꽃으로 이루어진 강을 흐르는 모습을 내려다보는 시각에서 절정을 이룬다.

"나나나"라는 간투사만으로 후렴구를 구성하는 듯한 곡으로 EXO의 2018년 작품 〈Love Shot〉이 있다. 당연히 멜로디의 묘미를 부각시키는 작법인데 이런 기교는 EXO이기에 가능하다. MV의 카메라 시각은 춤의 신체성을 부각시키며 너무도 매끄러워 윤기마저 흐른다. 도입부만으로도 MV 안으로 끌어들이는 목소리의 주인공은 백현이다.

ⓠ

③

⑦

한글의 꿈, 한자의 소용돌이

한글 전용이라는 흐름

아시다시피 지금은 조선민주주의인민공화국에서는 물론 대한민국에서도 한자를 거의 사용하지 않고 한글 전용이 추세가 되었다. 이 추세는 20세기와 비교하면 명백하다. 그런데 왜 한자를 사용하지 않아도 되는지에 대한 언어학적, 문자론적인 원리는 잘 알려져 있지 않다. 자칫하면 그냥 '한글이 우수한 문자이기 때문' '한글이 과학적인 문자이기 때문'이라는 막연한 생각을 가지기 쉽다. 하물며 한글에 관해 잘 모르고 일상생활에서 한자를 오래 사용해 온 일본어권에서는 많은 사람들이 한글은 일본어의 가나 같은 것이라고 생각하기 쉽다. 왜 한자가 없어도 되는가 하는 의문은 여

한글은 왜 한자가 없어도 큰 문제가 되지 않는 것일까?—신화를 넘어서

한글도 가나도 표음문자이며 그중에서도 음절문자라는 공통점을 갖고 있다. 그럼에도 한자를 사용하지 않고 가나만으로 일본어를 표기하면 도저히 실용적이지 않게 되는 데 비해, 한국어는 한글로만 표기해도 전혀 문제가 되지 않는다. 조선민주주의인민공화국에서는 이미 1950년대부터 한자를 사용하지 않고 철저하게 한글을 사용했다. 한글과 가나에는 왜 이런 차이가 나타날까? 여러 차례 말하지만 언어나 문자의 우열과는 전혀 상관이 없다. 그 방증으로 한글처럼 띄어쓰기를 채용해서 일본어를 한글만으로 표기하면 어떨까? 아무리 한글을 잘 아는 일본어 모어 화자가 읽어도 결과는 마찬가지, 도저히 실용적이지 않다. 이것은 오로지 언어와 문자의 성격이 서로 달라서일 뿐, 언어나 문자의 우위성과는 무관하다. 어떤 언어를 어떤 문자로 어떻게 쓰느냐가 문제인 것이다. 언어도 음악과 마찬가지로 거기서 '국가'나 '민족'의 우열을 따지고 싶어 하는 사람들이 어느 언어권에서도 존재하니 조심해야 한다.

일본어권에서 한글의 존재 자체는 21세기에 들어서면서 잘 알려지기 시작했다. 전철 역명 표시를 비롯해서 여기저기서 한글을 접할 수는 있다. 최근에는 특히 K-POP의 힘으로 한글의 위상이 결정적으로 높아졌다고 할 수 있다. 또 한국어와 한글을 배우는 사람도 늘고 있다. K-POP에 빠져 초등학생 시절에 혼자서 '가나다라'를 공부했다는 이야기는 대학 수업에서 수없이 듣는다. 그러나 한글을 본 적은 있어도, 그리고 읽을 수 있는 수준까지 올라왔다고 해도 문자 체계의 원리를 아는 것은 다른 차원의 문제다. 한글의 원리적인 면모는 일본어권에서는 거의 알려져 있지 않은 것이 현실이다. 2000년대까지는 지식인들조차 전혀 모르고 있었다. 한글의 언어학적, 문자론적 원리를 알기 쉽게 풀어 놓은 책도 존재하지 않았기 때문이다. 그러니 한자를 없앴다고 한국어권을 비난하는 사람도 많았다.

여기선 가장 핵심만 간단하게 말해 두자. 한국어를 한글만으로 표기했을 때, 표의적表意的, 표어적表語的인 기능을 가진 한자가 없어도 혼란을 일으키지 않는 이유는 한글이 사실 한자처럼 표의적, 표어적인 기능을 어느 정도

가지고 있기 때문이다. 일본어는 단어를 구성하는 언어음 자체가 길어서 가나 한 글자로 단어를 나타내기가 매우 어렵다. 그런데 한국어를 한글로 표기했을 때는 어떨까. '있' '없' '찾' '넣' '놓' '읽' '좋' '싫' '밝' 등등 한글 한 글자로 무슨 단어인지를 거의 일의적一義的으로 파악할 수 있다. 즉 이 글자는 이런 뜻이라고 판단하고 결정해서 다른 뜻을 염두에 두지 않고 글자의 의미를 어느 정도 밝힐 수 있다. '돼'처럼 중의성이 있어도 동사 '되다'일 확률이 높아서 사실상 거의 다른 의미가 될 가능성이 아주 적은 글자도 있다. '않'처럼 부정의 의미를 지닌 기능을 담당할 수 있고, '했'과 같은 모양이라면 과거를 의미하는 시제까지 포함해서 일의적으로 정해진다. 이들은 출현 빈도가 아주 높은 기초 어휘, 그것도 문장의 서술어를 만드는 용언에 관여하는 글자들이다.

띄어쓰기의 채용도 결정적인 조건으로 작용한다. 예를 들면 바로 '띄어쓰기'라는 문자열 자체가 특정한 하나의 단어를 결정 짓는 역할을 하고 있다. 띄어쓰기는 알파벳 몇 개로 구성되는 복수 문자열로 각각의 한 단어를 특정하는, 세계의 많은 언어에서 일반적으로 널리 사용되고 있는 기능이다. 요컨대 한글은 영어, 프랑스어 등과 같이 복수 문자열이 이루는 '모양'으로 단어를 특정하는 방법을 기초로 설정하고 나서, 그 위의 층위에서 '있' '없'처럼 한 글자로 단어를 마치 한자처럼 특정하는 방법까지 겹쳐 쓰고 있는 셈이다. 바로 이 점에서 한국어라는 언어를 표기하는 시스템으로서 한글의 문자 체계와 현재의 표기법은 거의 더할 나위 없을 정도로 고도로 구성되어 있다고 할 수 있다. 문자론의 기본 원리와 한글의 이러한 묘미, 그리고 한글의 위상이 높아진 근년의 역사에 대해서는 노마 히데키(2021b: 342-347)를 참조할 수 있다. 또한 노마 히데키의 『언어존재론』을 통해서는 언어와 문자의 원리론을 한글을 길잡이 삼아 간결하게 이해할 수 있을 것이다.

기존의 일반언어학이나 문자론처럼 표음문자니 표의문자니 하는 엉성한 논의로는 한글의 이런 기제가 지닌 묘미까지는 도저히 접근할 수 없다. 때때로 우리는 '한글은 과학적인 문자'라는 말로 안심해 버리는데, 그런 사고도 이제 탈피하자. 어떤 문자든 '과학적'이지 않으면 아예 문자로서 성립되지 않는다. 모든 문자는 '과학적인' 근거가 있으므로 문자로서의 기능을 가지는 것이다. 한글을 '과학적'이라는 너무나 막연한 수식어로 형용하는 순간, 우리의 사고는 거기서 멈춰 버린다. 한글이 선사하는 지적인 감동은 훨씬 더 깊은 곳에 있으며 현대의 지적 세계는 그런 한글의 지적인 풍부함을 온전히 기술하지 못하고 있다. 무엇이 어떻게 재미있는지 우린 아직 밝혀야 할 것이 많다. 정확한 언어로 말이다.

전히 사라지지 않고 있다.

2021년 발표된 8인조 남성 그룹 에이티즈ATEEZ의 작품 〈멋(The Real)(흥 : 興 Ver.)〉은 에이티즈의 MV 중에서도 익살스러움을 전면에 내세웠다는 점에서 특이한 작품이다. 무심코 미소를 짓게 되는 MV는 많지만, 이 영상은 보면서 몇 번이나 웃음이 터져 나왔다. 2001년 고등학생들의 배틀을 다룬 명작 영화 《화산고VOLCANO HIGH》에서 장혁이 비를 맞으며 화산고로 오는 장면에 대한 오마주 같은 도입부다. 말하자면 'ATEEZ HIGH SCHOOL'을 무대로 구성한 스토리다.

화면 속엔 한글이 곳곳에 등장하며 여러 그룹의 고등학생들이 묘사된다. 예를 들어 서예 서클 같은 장면에서 사극풍의 의상을 입고 큰 붓으로 쓰는 글자는 '겸손겸손겸손겸손…'이다. 꽤 솜씨가 좋아 완전히 서예가의 글씨라고 할 법하다. 주변에는 열 명 정

●
ATEEZ(에이티즈)
- '멋(The Real)(흥 : 興 Ver.)' Official MV

도의 후배들이 도저히 칭찬을 할 수 없는 솜씨로 역시 '겸손'을 쓰고 있다. 그런가 하면 1:43 부분부터 펀치를 방어하기 위해 허리에 끼고 있었던 책 제목 역시 한글로 『도덕 3』이라고 써 있는 고등학교 3학년 도덕 교과서이다. 1:50에서 식빵을 입에 무는 장면은 많은 사람들이 몇 번은 돌려 보았을 것이다. 4:58 메이킹 필름에서도 '식빵 물기'를 보여 준다. 2:02 무렵, 불타는 야구 배트에 새겨진 한글은 '열정최산', 보컬 멤버 산SAN의 본명이다. 2:20 춤을 추고 있는 배경에 걸린 슬로건에는 한문체 고사성어 식으로 '겸양지덕'이 슬쩍 지나간다. '겸양지덕'은 선후배 관계의 갑질을 합리화하는 고사성어로서의 용법도 있다는 듯이. 자세히 보면 포복절도할 재치가 가득하다. 곳곳에 배치한 한글과 영어 낙서 글씨는 서예로서 보아도 꽤 재미있다.

3:37 무렵, 팀의 우두머리 네 명이 주먹을 맞부딪히며 싸움 직전의 긴장을 표현하는 줄 알았더니 한글로 『멋』이라는 제목을 쓴 책을 함께 맞잡고 있다. 책등을 끈으로 묶은 전통적인 방식으로 만든 선장본線裝本 책이다. 제목 아래에는 작은 글씨로 '개정판'이라고 적혀 있다! 재치가 이만저만이 아니다. 너무나 뛰어난 유머 감각이다. '멋'은 곡명이기도 하다. 4:01부터 눈보라처럼 흩날리는 종이 조각 속에서 춤을 추는 고등학생들이 보인다. 아, 이 고등학생들은 '학폭' 같은 것과는 무관하다. 이른바 '일진'들이 아니다. 그리고 역시 눈보라처럼 흩날리는 오노마토페적인 간투사의 난타 속에서 결론처럼 '멋'지게 말하는 것이다. "이런 게 바로 멋입니다."

여담으로 영화 《화산고》에 나오는 '화산고의 난'은 영화 속 설정에 따르면 '화산 18년'에 일어난 사건이었으므로, 에이티즈가 일으킨 이 '멋의 난'은 그로부터 20년 후인 화산 38년의 사건이겠다.

그럼에도 불구하고 K-POP은 한자를 갈구한다

K-POP은 한국에서도 대중적인 문화의 최첨단을 달리고 있으니 당연히 한자 따위는 안중에도 없을 거라 생각할 수도 있다. 하지만 그렇지 않다. 재미있게도 반대로 한자는 결코 잊혀지지 않고 종종 당연히 거기에 있어야 하는 것처럼 소중히 다뤄지고 있다.

우선 재미있는 한자어 제목에 주목해 보자:

'何如歌'(하여가) 1993년, 서태지와 아이들

'時代有感'(시대유감) 1996년, 서태지와 아이들

'天上有愛'(천상유애) 1995년, Roo'Ra(룰라)

'歸天道哀'(귀천도애) 1996년, 김민종

반쯤 중국어 같은 단어들에서 무언가 한문조의 격조 같은 느낌을 받는 것은 한국어에서도 일본어에서도 마찬가지다. 1993년 사람들은 서태지와 아이들이 발표한 '何如歌'라는 제목에 놀라면서도 매우 신선하게 느꼈다. 이 무렵은 한국어권에서 이미 젊은 세대의 한자 이탈이 상당히 진행되고 있던 시기였다.

그리고 오늘날의 결정적인 예가 바로 BTS의 청춘 3부작이라 불리는 미니 앨범 시리즈에 사용된 이 말이다:

'花樣年華'(화양연화)

'화양연화'는 왕가위王家衛(1958-) 감독이 2000년 발표한 홍콩 영화의 제목으로 알려져 있다. 양조위Tony Leung, 장만옥Maggie Cheung이 주연을 맡았다. 화양연화는 '꽃처럼 아름다운 시절'이라는 뜻이다. 물론 이런 단어가 원래 한국어에 있었던 것은 아니다.

BTS의 화양연화 시리즈의 MV도 스토리텔링식으로 만들어졌다. 〈I NEED U〉의 공식 MV에서도 0:55 무렵에 앨범 제목인 '花樣年華'가 정자체 가로쓰기 방식으로 등장하고, 그 아래에 영어로 'The Most beautiful Moment In Life pt.1'(대문자와 소문자 표기는 MV에 따름)이라고 자막이 적혀 있다. 한자는 크고 선명한 주홍색이며, MV의 대부분은 흑백은 아니지만 무채색 중심으로, 채도를 크게 억제한 색조로 통일했다.

2015년에 발표된 앨범 〈화양연화〉, 그리고 〈I NEED U〉는 이전의 힙합적인 음악성에서 탈피하여 BTS의 역사 중에서도 앞뒤를 뚜렷이 획을 긋는 작품군이 되었다. 그 이후 2018년 〈IDOL〉 1:17에서는 지민의 노래 직후 배경에 잠시 '愛'라는 큰 한자가 나타나는데 2:55 무렵, 정국 뒤 파란색 배경에 보이는 '사랑'이라는 큰 한글 입체 문자와 좋은 대비를 이룬다.

2017년, NCT 127이 발표한 〈Limitless〉의 일본어 버전과 한국어 버전 댄스 무비를 살펴보자. 일본어 버전의 제목에도 '無限的我'라고 크게 적혀 있다. '무한한 나'라는 뜻으로 한국어식 조어법의 한자어라기보다 중국어식 조어법의 한자어이다. 일본어는 아니다. 영상 속에도 '前' '後'라는 한자가 등장한다.

이 곡은 아티스트 각자의 목소리가 압도적인 존재감으로 흘러넘친다. 차례로 펼쳐지는 한 사람 한 사람의 매력적인 목소리의 변모가 이어져 마치 영혼까지 사로잡는 듯하다. '무한' 속으로, 라고 말해도 좋을 만큼 NCT 127의 시공간으로 빨려 들어간다. "이제 시작이야." 특히 저음부의 다양한 목소리가 어우러지는 유니즌은 우리의 마음을 꽉 움켜쥐겠다는 듯 다가온다. 일본어판 3:39부터 3:48의 폭발 장면은 좀 충격적이다. 목소리의 풍요로움까지 덧붙여져 한자식으로 말해 보면 명곡名曲, 명창名唱, 명무名舞라고 할 수 있다.

드림캐쳐의 2021년 작품 〈BEcause〉는 얼핏 보면 동화 같은 시작이다. K-POP 노래 중에는 가창 난이도가 높은 곡이 적지 않은데, 이 곡은 그 극치에 다다른 듯하다. 저음부터 고음의 가성까지 빠른 속도로 오가는 선율과 아티스트들이 소리를 빠르고 자유자

●
【NCT 127】
「Limitless」

●
NCT 127 엔시티 127 '無限的我(무한적아; Limitless)' MV #2 Performance Ver.

●
Dreamcatcher(드림캐쳐) 'BEcause' MV

재로 다루는 민첩성과 순발력이 경이롭다. 제목은 'BEcause'라고 표기되어 있다. 동영상 2:38 한국어 자막에는 'I don't want to BE(悲)'라는 표기가 등장한다. 한자 '비悲'의 한국어 발음은 무성음 자음으로 시작되는 [pi][비]이고, 영어 'be'는 자음이 유성음인 [bi]지만, 한국어 내부에서는 구별이 없어져서 둘 다 [비]가 되는 것을 이용하고 있다. '말해진 언어'에서 구두 발음만으로 [비]라고 발음하면 한국어에서는 '슬프다'라는 의미나 또 '悲'라는 한자를 상기시킬 수는 없다. 따라서 이렇게 자막, 즉 '쓰여진 언어'로써 조형하고 있는 것이다. 노래로 들려주는 '말해진 언어'에 '쓰여진 언어'를 통합시킴으로써 보여 주는 기교이다. 2:38 놀이공원을 배경 삼아 좌우 대칭으로 서 있는 흰색과 빨간색 옷을 입은 사람들. 이런 식으로 아주 짧은 순간에도 스토리텔링에 대한 배려를 잊지 않고 독특한 세계상을 만들어 낸다. 동영상이나 목소리를 글자와 함께 읽게끔 하는 것도 LAVnet 이전에는 거의 없었던 작법이다. 참고로 일본어 한자음에서 '美'는 [bi], 즉 BE와 같은 유성음 자음으로 시작된다.

드림캐쳐 일곱 명의 목소리는 각각의 존재감이 가져다주는 힘이 특기할 만하다. 1:08부터 등장하는 다미의 저음 랩은 압권이다. 노래는 가늘면서도 아주 서늘한 웃음소리로 끝난다.

K-POP에서 한자는 격조를 갖춘 아름다운 디자인으로 살아 숨쉬고 있다고 해도 과언이 아니다.

K-POP은 항상 말을 응시하고 말로 논다

그룹명이나 팬클럽 이름 등에는 영어를 기초로 한 조어나 철자법의 변형이 즐겨 사용되며, 이때 '이런 콘셉트로' '이런 의미를 담아서'와 같이 설명되기도 한다. 요컨대 K-POP의 세계는 항상 말에 남다른 관심을 보인다. 그 결과 다음과 같은 양상이 드러난다:

K-POP 세계는 말을 향한 장난기가 넘쳐 흐른다

예컨대 그룹 이름을 지을 때는 로마자 몇 글자만 가지고 금방 검색되는 철자를 즐겨 사용한다. 말의 앤틱스, 말장난 같은 수사도 여기저기서 발견할 수 있다. 예를 들어, 숫자를 철자에 섞은 그룹명 'Kep1er케플러'는 그 전형적인 예다. 2022년에 데뷔한 여성 아홉 명으로 구성된 멀티에스닉 그룹이다.

2022년 발표한 〈WADADA〉는 간투사와 오노마토페가 넘치고 말장난이 만점인 가사와 더불어 아주 약동적인 춤을 보여 준다. 아티스트들이 뽐내는 춤의 매력은 스튜디오 춤STUDIO CHOOM의 댄스 동영상에서 더 잘 그려져 있다. 댄스 동영상은 공식 MV를 훨

●
Kep1er 케플러
| 'WA DA DA' M/V

●★
[BE ORIGINAL] Kep1er
(케플러) 'WA DA DA'(4K)

●
Kep1er 케플러
| 'WA DA DA' Dance Practice

●
Kep1er 케플러 | 'WA DA DA'
Choreography Video

씬 능가하는 아름다움과 완성도를 보여 준다. 아티스트들의 움직임이 보여 주는 에너지는 물론이고 '지금 갑자기 어디서 튀어나온 거지?' 싶을 정도로 변화무쌍한 포메이션, 배경의 색채와 변화, 카메라 워크와 조명도 더할 나위 없이 훌륭하다. 〈Choreography Video〉에서 입은 의상은 매우 간소해 보인다. 색채의 영향도 있지만 그보다는 옷의 질감 때문인데 오히려 더 매력적이다. 다만 중간중간 실루엣으로 처리한 점은 아쉽다. MV 0:35부터 1:01까지의 박진감 넘치는 안무에도 주목할 만하다. 이런 부분은 〈Dance Practice〉의 0:35부터 1:08에서 가장 잘 드러난다. 그룹 이름뿐만 아니라 곡 이름도 즐거운 걸작이다.

고대 희랍어까지 섭렵하는 K-POP

2021년에 데뷔한 여성 그룹 빌리Billlie의 그룹명도 마찬가지다. 숫자를 철자로 양식화해서 'Bi1lie'라는 표기를 쓰기도 하기 때문이다. 아직 활동 기간이 얼마 되지 않았는데도 꽤 우수한 작품이 많다. 현재는 7인조로 활동 중이다.

이들의 노래 제목 'EUNOIA'를 살펴보자. 'eu-'는 '좋은' '잘' '진정한'이라는 뜻을 가진 고대 그리스어 기원의 영어 접두사이

Billlie | 'EUNOIA' M/V

Billlie | 'EUNOIA' Performance Video(flip ver.)

다. 반대어가 'dys-function'('기능 부전' '기능 장애'라는 뜻)에서 볼 수 있는 'dys-'이다. '-noia'도 그리스어에 기원을 둔 '생각' '사고'라는 뜻이다. 예가 좀 그렇지만 각각 'eu-thanasia(안락사)' 'para-noia(편집광)' 등의 영어에서 사용되고 있다. 'eunoia'는 영어에서는 '호의' '친절' '따뜻한 마음'을 뜻한다. 고대 그리스어에도 '선의' '호의' '축복'라는 의미의 'ευνοιαeunoia'라는 단어가 있다. 아리스토텔레스의 저작에도 나오는 어엿한 단어이다. K-POP은 드디어 고대 희랍어까지 섭렵한 셈이다.

제목과는 달리 MV 자체는 그리 난해하지 않으니 걱정할 필요는 없으며 말에 대한 장난기도 가득 담겨 있다. 가사에 나오는 'flip' 'flop'도 모음 교체에 의한 오노마토페 어원을 가진 영어 단어이다. 가사도 이렇게 말한다. "우리만의 conversation".

이 곡의 〈Performance Video〉는 옅은 주홍색 계통으로 색채의 통일성을 보여 주며 경쾌한 춤을 맛보게 한다.

빌리의 2023년 작품 〈enchanted night ~ 白夜〉 MV는 독백으로 계속 전개된다. 1:13 무렵 "그런데 전기로 전해지는 목소리가 정말 목소리일까?"라는 대사가 나오고 3:10부터 노래가 본격적으로 멋지게 시작된다. 〈Performance Video〉의 채도를 억제한 동영상은 의상과 안무가 아름답다.

2-7에서 언급한(→152쪽) 샤이니의 〈Don't Call Me〉를 커버한

[MV] Billlie(빌리) _ enchanted night ~ 白夜

Billlie | 'enchanted night ~ 白夜' Performance Video(enchanted ver.)

빌리의 춤에는 마음을 끄는 매력이 있다. 이 동영상에서 아티스트의 움직임은 매우 민첩하다. 배경과 색채의 대비로 민첩성이 뚜렷해진다. 놀랍게도 카메라 한 대만으로 찍은 데다 거의 편집을 하지 않은 것 같다. 그러면서도 카메라는 360도 돌면서 춤추고 상반신을 클로즈업하며 아티스트들을 포착한다. 샤이니의 명곡이 또 다른 세계상으로 되살아났다.

•
Billlie
| SHINee 'Don't Call Me' DANCE COVER

④

樂章

다성성과 복수언어성

목소리와 언어와 노래의 존재론

표현양식상 K아트의 핵심은 다원주의에 있다.

다성성, 멀티에스닉, 복수언어성이 그 다원주의를 지탱하고 있다.

다원주의는 전체주의, 획일주의에 맞서는 사상과 감성이다.

오늘날의 K아트는 아티스트 하나하나를 살려 존재감을 극대화한다.

④
---
①

다성성

단성성과 다성성

이제 K-POP MV의 중요한 표현양식상의 특징으로 꼽은 다성적多聲的인 성격, 즉 다성성polyphony에 대해 검토하자.

다성성이란 단성성單聲性/monophony에 대치되는 개념이다. 클래식 음악의 구성법에서 중요한 위치를 차지하는 대위법對位法/counterpoint도 다성성의 일종으로 볼 수 있다. 하나의 선율로 전개되는 단성성에 비해, 복수의 선율을 동시에 전개하는 구성을 말한다. 3도, 4도, 5도, 6도 등으로 병행적으로 움직이는 화성적和聲的인 선율이 겹쳐지지 않고, 각각의 선율이 독립된 서로 다른 성격의 움직임을 보일 때 다성성이 그 매력을 발휘한다. monophony와

fig. 4-1 단성성과 다성성

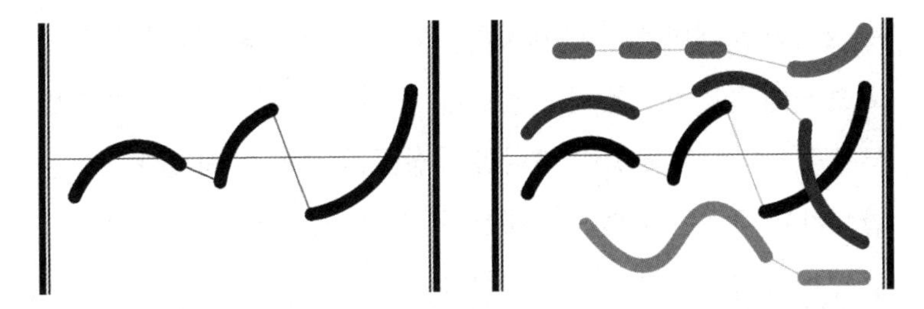

하나의 선율로 전개되는 단성성
-트랙이 하나인 single track

복수의 선율과 서로 다른 목소리로 전개되는 다성성
- 트랙이 복수로 존재하는 multi track

polyphony의 어원은 고대 희랍어로 유럽의 여러 언어에도 포함되어 있다. mono-는 mónos하나의, 단일한, poly-는 polỳs많은, -phony는 -phone소리, 목소리의 추상명사를 만드는 접미사이다.

K-POP 음악의 작법 원리는 단일 트랙single track으로 만들어지는 것이 아니라 처음부터 멀티 트랙multi track으로 만들어진다. 사람과 기계가 접하는 인터페이스interface를 이루는 작곡 프로그램인 시퀀서sequencer의 화면 자체가 처음부터 멀티 트랙으로 구성되어 있다. 각각의 트랙에 비트, 연주, 노래 등 다양한 소리를, 말하자면 '갖다 붙이는' 방식으로 곡이 만들어진다. 시퀀서는 이미 20세기 후반부터 이러한 원리로 작동했지만 21세기에 이르러 K-POP은 완전히 이러한 멀티 트랙의 원리 위에 성립되었던 것이다. 이른바 반주 위에 노래를 겹치는 방식이 20세기형의 싱글 트랙이라면, K-POP은 아예 노래 그 자체가 처음부터 멀티 트랙으로 이루어진 구성이다. 여기서 중요한 것은 복수의 트랙이 교대로 이

어지면서 하나의 선율을 만들 뿐 아니라, 복수의 트랙, 즉 아티스트 각각의 트랙이 항상 존재하며 그 트랙들이 종종 겹쳐지기도 하고 동시에 울리기도 한다는 점이다. 바꿔 말하면 아티스트는 어떤 부분을 담당하는 부품이 아니라 항상 곡을 만드는 시간과 장소를 함께하는 존재가 되었다. K아트의 아티스트들은 그 작품 안에서 항상 이렇게 호소하고 있는 것이다:

나는 항상 지금 이곳에 존재하고 있다

다원주의를 지탱하는 것들

곡이 가진 다성성, 작법으로서의 멀티 트랙, 복수언어성, 그리고 멀티에스닉 같은 성격은 K아트의 특성인 다원주의를 구조적으로 지탱한다. 성공한 K아트 작품들은 기본적으로 모두 이러한 다원주의의 결정체다.

2022년 6월에 데뷔한 여성 6인조 그룹 라필루스Lapillus. 한국은 물론 필리핀, 아르헨티나, 미국, 중국, 일본 출신까지 멤버에 포함

●★
Lapillus(라필루스)
'HIT YA!' MV

●★
Lapillus 'HIT YA!'
Dance Practice(Moving ver.)

●
Lapillus 'HIT YA!'
Dance Practice(FIX ver.)

되어 멀티에스닉한 성격이 강한 그룹이다. 2002년생부터 2008년생까지로 이루어진 젊은 팀임에도 불구하고 각 멤버의 존재감은 묵직하다. 소개 동영상 등에서는 저마다 다양한 언어를 구사하고 있다.

〈HIT YA!〉는 이른바 걸크러시 노선을 취한 노래다. 안무도 매우 신선한데 곳곳에서 처음 보는 듯한 동작이 넘쳐 흐른다. 쇼케이스 영상의 춤을 보아도 안무의 멋을 느낄 수 있는데, 〈Dance Practice(FIX ver.)〉를 보면 포메이션 변화의 묘미가 뚜렷이 드러난다. 〈Dance Practice(Moving ver.)〉는 단순한 댄스 동영상이 아니라 고도로 구성된 아름다운 작품으로 완성도가 높다. 끊임없이 변화하는 아주 연한 색채 조명을 배경으로 의상은 흑과 백으로만 맞췄다. 머리카락과 몸에만 빛나는 약간의 색채를 가미해 댄스 동영상으로서 매우 신선한 느낌을 준다. 이런 카메라와 라이팅은 에스파의 명작 〈Savage〉(→2-7) 등과는 전혀 다른 경지를 개척하고 있다.

샤나SHANA, 하은HAEUN의 "HIT YA!"[히댜]라는 외침으로 시작된다. 이 "HIT YA!"를 '힏 야'로, 즉 [히댜][hidja]로 발음하는 것은 완전히 한국어식 발음 방식이다. 제목으로 뽑은 점에서도 알 수 있듯 한국어 언어음의 멋스러움이 잘 나타나 있다.

MV에서는 도입부 다음에 나오는 군무 편성만으로도 우리의 심장을 사로잡는다. 이어 등장하는 CG를 보자. 흔히 보는 K-POP MV의 이미지와는 딴판이다. MV에서 고래가 공중을 헤엄치는 소재는 마침 같은 시기에 방영된 박은빈 주연의 명작 드라마《이상한 변호사 우영우》도입부에서도 사용되었기 때문에 신선감이 다소 떨어지는 느낌이 없진 않지만 그래도 미묘한 색채 변화를 통해 신선한 감각를 보여 주었다.

19세 샨티CHANTY가 외치는 "My engine never stop(내 엔진은 절대 멈추지 않아!)"는 멋진 가사다. 그리고 서원SEOWON의 랩이 자신의 존재감을 각인시킨다. 그의 파트를 더 많이 듣고 싶다는 생각이 드는데 놀랍게도 이때 서원의 나이는 15세였다. 베시BESSIE의 강한 목소리에서 하은의 비트로 이어지는 흐름도 좋다. 하은은 도저히 열세 살이라고는 생각할 수 없는 강렬한 존재감을 내뿜는다. 13세 데뷔는 K-POP 역사에서도 최연소 수준이라 한다. 19세인 리더 샤나가 보여 주는 날카롭고도 묵직한 목소리는 안정감을 준다. 17세 유에YUE의 힘과 존재감도 돋보인다. 1:27 무렵 유에가 표정만으로 만들어 내는 세계상에 주목하자. 유에의 메이크업과 이를 잘 살려 주는 조명은 이 작품이 메이크업과 조명, 동영상 색채 처리에 얼마나 신경을 썼는지를 보여 준다. 멤버 각자의 표정이 만들어 내는 매력도 이미 완성의 경지에 이르고 있다. 1:06 하은의 "Woah!"[(h)ua], 2:47의 유에 파트의 "Run!" 하는 외침에선 목소리와 간투사가 멋지게 어우러진다. 2:31 베시의 가사 그대로 "아무도 닿지 못하는" 목소리다. 3:01의 간투사 "오!"도 하은이 담당했을까? 곡의 많은 부분에서 흐르는 코러스와 함께 3:09부터 전개되는 다성적인 세계를 들어 보자. 데뷔작인데도 아티스트의 존재가 제대로 각인되도록 한 만듦새가 돋보인다. 댄스팝이지만 곡이 단순하지 않고 다양한 요소를 담고 있으며 예정 조화에 빠지지 않아 귀와 눈을 뗄 수 없게 만든다. 노래의 다성성이 멋지게 살아 있어 K아트 역사에서도 중요한 작품으로 꼽고 싶다. 간주 부분의 동영상은 숨이 막힐 지경이다. 무엇보다 CG의 사용과 색채의 배합이 절묘하고, 영상이 결코 아티스트를 부품으로 보지 않는다. 신체성과 아티스트들의 존재감을 절대로 해치지 않는다. 완전히 새로운, 속도감 넘치는 21세기의 어른을 위한 영상 동화라고 할 수 있다. 목소리와 소리와 빛과 신체성이 조화를 이루는 K아트의 명작이자 이제껏 본 적 없는 최고 수준의 걸작이다. 다원주의의 압도적인 승리가 이곳에 집약되어 있다.

2022년의 〈GRATATA〉도 이국풍의 음계 사용에서 〈HIT YA!〉와 궤를 같이하며 선율과 음계의 변용을 훌륭하게 살리고 있다. 간투사와 의성어, 의태어를 적절히 구사하며 멤버들의 개성적인 목소리로 언어음이 주는 즐거움을 엮어 내는 수법은 라필루스의 존재 이유라고 해도 좋을 정도로 정착되었다. 목소리에는 힘이 넘치고 영상미와 색채가 독보적이다. 하지만 소품으로 사용된 총은 모처럼 등장한 MV의 신선한 세계상을 깨뜨리는 역할밖에 하지 않는 전혀 불필요한 도구다. 군무가 주는 즐거움은 〈Dance Practice(FIX ver.)〉로 맛볼 수 있다. 0:09–0:19 부분에 통통 튀는 듯한 발랄한 댄스 모션은 0:35–0:49의 흐르는 듯 유려한 춤선과 멋진 대비를 이룬다. 2:08–2:17쯤의 안무에도 소소한 신선함이 가득 담겨 있다. 목소리의 매력은 〈Burn With Love〉로도 알 수 있다. K-POP 우주에 빛나는 별이 탄생했다는 느낌이 든다. 머지않아 거대한 K아트의 은하수가 될 것이다.

K-POP의 다성적인 성격은 특히 곡의 마지막 부분에서 선명하

게 발휘되는 경우가 많다. 다음 예를 들어 보자.

NCT 127의 2022년의 작품 〈질주(2 Baddies)〉. 캐나다에서 온 마크Mark의 "Yes ah"라는 권태로운 듯하면서 존재감이 있는 목소리에 이어 태용Taeyong, 마크, 재현Jaehyun, 쟈니Johnny로 이어지는 랩, 그리고 해찬Haechan의 목소리가 뒤따른다. 각 멤버의 목소리가 구축하는 풍부한 변화가 NCT 127 음악의 핵심이다. 1:09 무렵 유타의 "Fill up the tank"라는 파트까지 들으면 NCT 127이 목소리, 즉 아티스트들의 다양성을 얼마나 소중히 여기고 있는가를 알 수 있을 것이다. 3:00 이후 멀티에스닉한 9명이 펼치는 다성성은 압권이다. 각각의 목소리와 선율에 힘이 넘친다. MV도 마치 동영상 자체가 톡톡 튀는 듯한 약동감을 보여 준다. 형광색을 많이 쓰며 색채를 다양하게 변용한다는 점에서도 특기할 만하다. K-POP MV의 색채에 대해서는 5-2에서 집중적으로 다룬다. 강력한 비트와 목소리로 구성되는 소리의 세계가 〈질주(2 Baddies)〉 전체를 관통하며, 시각적인 빛의 세계와 잘 융합되어 하나의 독특한 세계상을 구축하고 있다.

●★
Lapillus(라필루스)
'GRATATA' MV

●
Lapillus 'GRATATA'
Dance Practice(FIX ver.)

●
Lapillus(라필루스) 'Burn With Love' Performance Video

●
NCT 127 엔시티 127
'질주(2 Baddies)' MV

●★
TWICE
"WALLFLOWER "audio

2015년에 등장한 9인조 여성 그룹 트와이스TWICE는 일본에서 3명, 타이완에서 1명이 참가한 멀티에스닉 그룹이다. 트와이스의 곡은 제5악장에서 주로 다루겠지만 이미 뛰어난 작품을 무수히 남겼다. 2023년 작품 〈WALLFLOWER〉는 쯔위TZUYU와 채영CHAEYOUNG의 부드러운 목소리로 시작한다. 모모MOMO, 사나SANA, 그리고 호흡음까지 들려주는 정연JEONGYEON에 이르러 목소리의 존재감이 뚜렷이 각인된다. 사나의 목소리인 것 같은데 놀랍게도 1:00부터 'Wallflower'라는 하나의 단어로, 한 호흡은 물론 아니지만 무려 네 소절bars이나 끌고 있다. 그러고 나서 또 호흡음까지 들려주는 지효JIHYO가 아름답게 곡을 끌고 간다. 이 짧은 구절 안에서 힘을 넣고 빼는 기교가 절묘하다. 나연NAYEON의 뜨거운 에너지가 담긴 목소리가 들려오면 이제 무서울 게 없다는 듯이 노래는 절정으로 향한다. 그러고는 다현DAHYUN과 미나MINA가 너무나 보드랍게 선율을 이어 간다. 트와이스가 자랑하는 특유의 연쇄미다. 1:50에서는 모모가 'Wallflower'[ˈwɒːlˌflaʊər]라는 단어를 이번에는 두 소절에 걸쳐 [wɒl-fláʊə]라는 '약-강'의 4분의 1 음표 2박으로 날카로운 조형을 만들어 낸다. 똑같은 단어인데 2박과 4×네 소절=16박의 대비는 가사와 곡이 어울리면서 만들어 내는 조형의 묘미이다. 2:17부터는 다현의 랩까지 맛볼 수 있다.

이만큼이나 고운 곡에 공식 MV가 없는 것이 유감이다. MV의 등장을 기대해 보자. 콘서트 동영상을 보니 댄스는 모두 앤틱스와 즉흥으로 진행하고 있지만 그 나름대로 멋지다. 특별한 안무는 없는 듯하고 트와이스의 다른 대형 MV 작품의 그늘에 가려 눈에 띄지 않지만 명곡인 것만은 확실하다.

짜임새의 세부가 지탱하는 다원주의

보란 듯이 다성성을 과시하는 것이 아니라 아주 미세한 짜임새로 다성성과 멀티 트랙을 지탱하는 교묘한 작품도 찾을 수 있다. 2022년 발표된 IVE의 걸작 〈After LIKE〉를 살펴보자.

원영의 노래가 끝난 다음, 1:51에서 시작되는 레이의 랩이 끝날까 말까 하는 1:58쯤에 가을의 랩이 겹치며 시작된다. 레이의 랩이 완전히 끝나고 나서 다음 호흡에서 가을의 랩이 시작되는 것이 아니라는 점이 매우 중요하다. 두 명의 목소리가 물리적으로 엄밀하게 얼마나 겹쳐 있는가가 문제가 아니라, 속도감을 타면서 겹치듯 우리 귀에 들린다는 점이 중요한 것이다. 음악은 지각知覺의 세계이니까. 레이-가을이라는 하나의 선으로 이어진다면 그것은 단순한 주역 교대에 지나지 않는다. 하나의 시간선상에서 순서대로 나타나는 선조성을 이룰 뿐이다. 그러나 레이/가을의 목소리가 겹침으로써 어떤 일이 일어날까? 레이의 트랙과 가을의 트랙, 두 가지 트랙의 존재가 보장되며 우리에게 두 아티스트의 존재가 각인되는 것이다. 과정을 도식화해 보자:

●
IVE 아이브
'After LIKE' MV

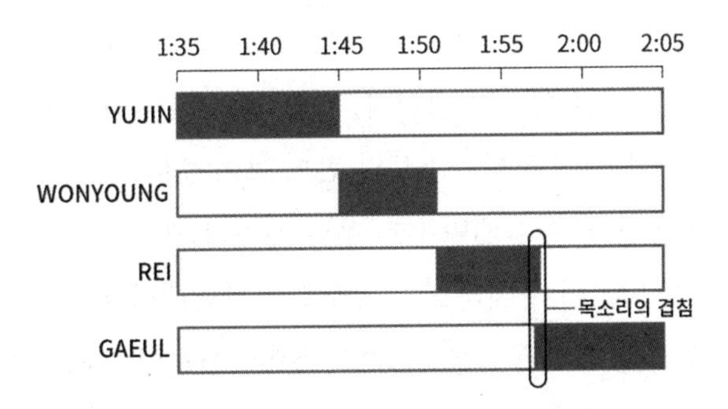

fig. 4-2 다성성을 지탱하는 겹침의 짜임새 = 트랙이 겹치는 것을 느끼게 해 줌으로써 멀티 트랙임을 알려 준다.

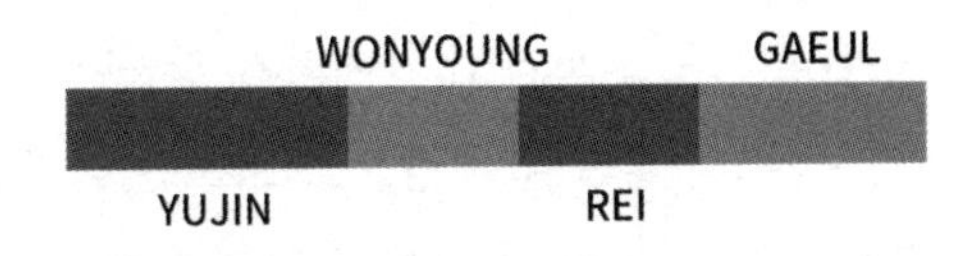

fig. 4-3 일반적인 단성성으로 구성하면 = 싱글 트랙

레이의 랩이 완전히 끝나지도 않았는데 가을의 랩이 들어옴으로써 우리는 '아, 가을도 있구나' 하고 확인하고, 그 후에 가을의 목소리밖에 들리지 않아도 우리의 지각은 '그래, 레이도 함께 있구나'라는 공감대를 형성한다. 그러한 공감은 2:04, 가을의 랩에 코러스를 포갬으로써 다시금 확실하게 확인된다. '아, 지금 이곳에 살아 숨쉬는 IVE의 모든 멤버들이 존재한다'라고. 무대 위 라이브에서는 레이 바로 뒤에 아주 짧게 잠깐 멈춘 후 가을이 랩을 시작하는 경우가 종종 있는 것을 보면, 이런 섬세한 기교는 역시 MV에서만 고도로 완성된 형태로 실현 가능함을 알 수 있다.

이 MV에는 또 다른 특징이 있다. 바로 아티스트들을 찍는 카메라를 우리에게 보여 준다는 점이다. 찍는 모습 그 자체뿐 아니라 '함께 춤추는 카메라'를 아티스트와 함께 보여 준다. 뿐만 아니라 가사와도 연동한다. 이를테면 1:13 무렵 레이의 가사 "난 저 위로 또 아래로"에 맞추어 카메라도 위아래로 오르락내리락한다. 1:19부터는 원형으로 배치된 카메라 레일 안에서 가을이 노래를 부르고 1:25에서는 가을도 머리를 돌린다. 1:33에서는 리즈를 쫓는 카메라가 움직인다. 위에서 언급한 레이와 가을의 랩이 교차할 때는 자동차 위에 설치된 카메라까지 보여 준다. 불꽃을 배경으로 2:23-24에서는 멤버 모두를 크레인 카메라가 쫓는다.

그런데 2:38 무렵부터 불꽃을 배경으로 흐르는 음악은 1970년대 글로리아 게이너Gloria Gaynor가 발표한 명곡 〈I Will Survive〉가 아닌가! 물론 〈After LIKE〉의 크리에이터들은 20세기의 명곡을 그저 샘플링sampling으로 끝내지는 않는다. 아무리 명곡이라 해도 20세기의 곡을 그대로 인용하면 완전히 낡고 회고적인 취미로 전락하기 쉽다는 것을 충분히 알고 있기 때문이다. 그래서 그들은 어떤 방법을 택했을까? 음악에 음향적인 딜레이delay를 씌웠다. 곡의 리듬이 규칙적인 박자에서 조금씩 벗어나 비틀어져 있는 것을 느낄 수 있을 것이다. LAVnet 이후의 K-POP, 즉 주로 제3, 제4세대 아티스트들의 K-POP과 그 이전의 제1, 제2세대 K-POP을 포함한 모든 음악과의 결정적인 차이가 바로 리듬과 비트에 있기 때문이다. 20세기의 〈I Will Survive〉의 속도와 리듬을 그대로 살려서는 안 된다. 그러므로 이러한 음향적인 변용을 가한 것이다.

이른바 4대 기획사가 아닌 스타쉽STARSHIP 엔터테인먼트에서 IVE가 어떻게 세계적인 그룹으로 성장했는지 그 결정적인 이유 중 하나를 이 작품에서 찾을 수 있다. IVE 크리에이터들의 역량은 2023년 작품 〈I AM〉의 등장으로 드디어 만개하게 된다.(→8-3).

솔로 아티스트들의 다성성

다성성은 솔로 아티스트의 MV에서도 실현되고 있다. 미국 출신의 가수이자 래퍼인 제시가 함께 등장하는 강다니엘KANG DANIEL의 2022년 작품 〈Don't Tell〉을 보자. 단성적으로 시작되는 단조의 곡에 제시가 등장한 이후부터는 여러 가지 짧은 선율이 전면적으로 아로새겨진다. 두 명의 목소리가 교차하며 서로의 존재감을 부각시켜 준다. 미니 기타인지 기타렐레인지 모르겠지만 나일론 줄을 뜯는 스패니시 기타 스타일의 반주가 돋보인다. K-POP에서는 드물게 2:08부터 잠깐 탱고 댄스도 삽입된다.

다음 살펴볼 MV는 5인조 레드벨벳의 멤버 슬기의 2022년 솔로 작품 〈28 Reasons〉이다. "I kiss your brother"부터 시작되는 좀 위태로우면서도 장난기가 담긴 가사가 특징이다. '28 Reasons'라는 모티브도 재미있다. 2:43부터는 "Yeah"를 7번 외친 다음

•
강다니엘(KANGDANIEL)
- Don't Tell(Feat. Jessi) M/V

두 가지 선율을 기본으로 다성적인 특성이 전면적으로 전개된다. 2:52-2:57쯤에는 슬기 목소리를 이중녹음한 듯한, 유니즌처럼 목소리를 겹치는 기법을 더하여 다성성을 더욱 두텁게 만든다. 강약, 진성과 가성, 고음과 저음, 목소리의 크고 작음을 자유자재로 구사하는 압도적인 가창으로 뒷받침된 힘이 넘치는 아름다운 작품으로 조형한다. 2:50쯤에 보여 주는 손가락 끝까지 이용한 안무도 인상적이다.

●
SEULGI 슬기
'28 Reasons' MV

④

---

②

복수언어의 세계 — 멀티에스닉으로

제목에 나타나는 복수언어성

제1악장에서 K-POP은 LAVnet 시대의 아트, LAVnet 아트라는 점을 언급했다. 즉 언어와 소리와 빛이 통합되어 인터넷상을 날아다니는 시대의 아트라는 의미다. 그렇게 말할 때 언어란 실질적으로는 어떤 언어를 뜻할까? K-POP이니까 당연히 한국어? 그 답변은 절반만 옳다. 막연한 인상으로서는 맞는 말이겠지만 자세히 검토하면 K-POP과 언어를 둘러싼 흥미로운 문제가 야기된다.

1-1에서 보았듯 말은 사태의 체험, 물체의 체험, 신체의 체험, 이어짐의 체험, 그 모든 체험을 떠받치고 있다. 그런데 언어라는 관점에서 K아트 작품 그 자체를 볼 경우, 작품의 핵심은 우선 두

가지로 나타난다. 제목과 가사다.

먼저 제목에 관해 생각해 보자. 제목 중에는 말이 지닌 즐거움을 보여 주기 위해 고심한 흔적이 적지 않게 보인다. 아래에 예로 든 작품은 MV도 볼만하다:

O -正.反.合.(정반합) — TVXQ! 동방신기, 2009

Nxde —(여자)아이들, 2022

사건의 지평선 — 윤하, 2022

이브, 프시케 그리고 푸른 수염의 아내 — 르세라핌LE SSERAFIM, 2023

〈사건의 지평선〉은 상대성이론의 물리학 용어인 'event horizon'을 상상케 하는 제목이다. '사상事象의 지평선'이나 '사상의 지평면'이라고도 한다. 이런 말은 원작자의 의도와는 무관하게 수화자, 즉 말을 받아들이는 자들에게 어떤 의미를 조형하게 만든다. 영어나 한국어의 유행어나 속어를 아는 사람도 있고 모르는 사람도 있기에 당연히 그 말에서 조형되는 의미는 받아들이는 자마다 각각 다르다. 어떤 의미가 옳다고 정할 수도 없다. 2-2에서 언급했듯이 말로 조형되는 의미가 사람마다 다르다는 것은 말과 의미의 본질이다. 참고로 〈사건의 지평선〉은 가사 전체가 한국어만으로 구성되어 있다.

3-6에서 검토한 오노마토페나 간투사의 유형도 제목에 자주 나타난다:

뱅뱅뱅(BANG BANG BANG) – BIGBANG빅뱅, 2015

Like OOH-AHH(OOH-AHH하게) — TWICE트와이스, 2015

음파음파(Umpah Umpah) — Red Velvet레드벨벳, 2019

딩가딩가(Dingga) — MAMAMOO마마무, 2020

눈누난나(NUNU NANA) — Jessi제시, 2020

WA DA DA — Kep1er케플러, 2022

제목을 보면 한글이든 로마자든 한국어만으로 표기된 제목은 오늘날의 K-POP에서는 드물다. 이 책에서 이미 충분히 여러 사례를 보았을 것이다. 거의 대부분이 영어이고 프랑스어 어원이라도 'Rendezvous'(NU'EST뉴이스트의 앨범명)나 'Déjà vu'(여러 그룹이 제목으로 사용)처럼 이미 영어로 정착되어 있는 것이 많다.

제목에서 주목할 것은 두 가지 언어를 함께 사용한 제목이 많다는 점이다. 한국어, 영어, 중국어, 일본어 등을 병치하는 형식이 즐겨 사용된다. 그것도 단순한 번역어의 병치가 아니라 제3악장에서 언급한 것처럼 말장난을 이용한 제목도 많다. 다음 사례들인데, 제목과 아티스트명을 MV의 표기 그대로 사용했다:

누난 너무 예뻐(Replay) — SHINee(샤이니), 2008, 2011

소원을 말해봐(Genie) — Girls' Generation(소녀시대), 2010

백일몽(Evanesce) — SUPER JUNIOR(슈퍼주니어), 2014

DOPE(쩔어) — BTS(방탄소년단), 2015

부탁해(SAVE ME, SAVE YOU) — 우주소녀(WJSN), 2018

Egotistic(너나 해) — MAMAMOO(마마무), 2018

Gotta Go(벌써 12시) — CHUNG HA(청하), 2019

All Night(전화해) — ASTRO(아스트로), 2019

9と4分の3番線で君を待つ(Run Away) [Japanese Ver.]

— TOMORROW X TOGETHER, 2020

무대로(Déjà Vu; 舞代路) — NCT DREAM, 2020

영웅(英雄; Kick It)— NCT 127, 2020

Forever(약속) — aespa(에스파), 2021

멋(The Real)(흥: 興 Ver.) — ATEEZ(에이티즈), 2021

ある日, 頭からツノが生えた(CROWN) [Japanese Ver.]

— TXT(투모로우바이투게더), 2021

화(火花)(HWAA) — (여자)아이들((G)I-DLE), 2021

GingaMingaYo(the strange world) — Billlie, 2022

TXT의 곡 〈Run Away〉의 일본어 제목은 '9와 4분의 3번 선에서 그대를 기다리겠다'라는 뜻, 〈Crown〉의 일본어 제목은 '어느 날 머리에서 뿔이 돋았다'라는 뜻이다. 재치 넘치지 않는가?

명사나 용언의 종지형이 아니라 용언이 그 자체로 끝나지 않는 관형사형=연체형으로 된 한국어 노래 제목은 20세기 말에도 간간이 나타나긴 했다. K-POP에서도 그런 전통은 살아 있다:

The shower(푸르던) — IU아이유, 2015

셀 수 없는(Countless) — SHINee샤이니, 2018

한국어와 영어를 병렬시키는 제목 중에서도 제1세대, 제2세대 K-POP에서는 한국어를 그대로 영어로 옮긴 제목이 압도적으로 많았다. 어디까지나 한국어를 모르는 사람들을 위해 덧붙인 번역에 지나지 않았던 것이다. 그런데 제3세대, 제4세대, 즉 LAVnet 시대가 되면 양상이 바뀐다. 지구상을 상대하게 된 K-POP은 한국어를 아는 사람이 세계 각지에 존재한다는 것을 이미 전제로 할 수 있게 된 것이다.

〈Egotistic: 너나 해〉나 〈Forever: 약속〉처럼 위에 든 이런 제목들은 두 가지 언어를 동시에 제시함으로써 하나의 언어만으로는 만들 수 없는 새로운 의미의 조형을 도모하고 있다. 이제 Google 번역이든 DeepL이든 chatGPT든 한글을 '복붙Copy and Paste'하면 누구든지 대략의 의미를 상상할 수 있게 되었다. 그렇다면 굳이 번역을 하여 새로운 의미 조형을 도모할 기회를 놓칠 이유는 없어진다. 그리하여 〈Promise: 약속〉과 같은 직역적인 조합을 떠나 〈Forever: 약속〉과 같이 두 언어 사이에 일부러 거리를 둔 조합 형식으로 나아갈 수 있었던 것이다. 이때 어느 한쪽 항목이 종속적으로 곁들인 설명이 되는 것이 아니라 이 두 가지 언어는 대등한 비중을 갖게 된다. 이 점을 우선 확실하게 기억해 두었으면 한다. 이러한 원리가 가사에도 적용되기 때문이다.

제목만 보아도 알 수 있듯이 K-POP은 철두철미하게 말에 대한 관심, 더 적나라하게 말하면 말에 대한 페티시fetish를 버리지 않는다. K-POP의 지구촌은 이렇듯 말을 사랑하는 시인들로 구성되어 있다. 〈Egotistic: 너나 해〉 같은 제목만 보아도 그 재기발랄함에 박수를 보내고 싶어지지 않는가?

시의 복수언어성

복수언어성은 작품 제목뿐만 아니라 가사 내부에서도 관철된다. 오늘날에는 한국어로 쓰인 K-POP 안에 영어가 없는 가사를 찾기가 어려울 정도이다. 이것은 기본적으로 '한국어에 영어가 섞여 있다'는 뜻이 아니라 '한국어와 영어로 가사가 구성되어 있다'고 해야 정확하다. 즉 한국어와 영어 두 가지 언어로 부른다면, 양쪽 언어는 대등한 비중을 차지하고 있는 것이다. 가장 쉬운 예로 제목에서 그 원형을 찾아보자. 샤이니의 작품 〈누난 너무 예뻐(Replay)〉의 일본어판이다:

Replay -君は僕のeverything- SHINee, 2011

직역하면 'Replay-그대는 나의 everything' 정도가 된다. '그대는 나의 everything'이라고 하면 한국어, 영어 어느 한쪽도 뺄 수가 없다. 즉 두 언어가 대등한 비중으로 사용되어 있다. 오늘날 K-POP의 가사는 거의 대부분이 이러한 짜임새로 구성되어 있다.

이중언어 상태

'그대는 나의 everything'만 보면 아주 기묘한 언어 사용처럼 보일지 모른다. 그러나 세계 각지의 이른바 이중언어 화자에게 흔히 보이는 언어 사용 양태이다. 세계에는 이중언어를 쓰는 지역도 많고, 가정은 더욱더 많다. 이렇게 바이링구얼bilingual 상태에 있는 모든 화자가 양쪽 언어를 대등하게 자유자재로 구사할 수 있는 것은 아니다. 대개는 어떤 언어장에서는 A 언어, 또 다른 언어장에서는 B 언어, 라는 식으로 사용하기 쉬운 언어에 기울어져 있는 것이 일반적이다. 예컨대 다문화 가정에서 복수언어를 쓰면 대개는 이런 상황을 보인다.

'그대는 나의 everything'은 약간 극단적인 예가 될지도 모르겠으나 한국어와 일본어를 섞어서 이야기를 하는 상황은 저자를 포함해서 주위에 얼마든지 있다. 예를 들면 일본에 거주하는 한국어 화자 가족을 생각해 보자. 아이들과 집에서는 한국어로 이야기를 해도 아이가 일본 어린이집에 다니게 되면 부모가 어린이집에 관해 대화를 하거나, 부모와 아이가 어린이집에 관해 대화를 나누는 언어장에서는 당연히 일본어 단어가 여기저기에 나타나게 된다. 모든 단어를 한국어로 바꾸느니 아예 한국어와 일본어 단어를 섞어서 쓰는 것이 편하기 때문이다. 어른 아이 할 것 없이 이러한 이중언어의 사용은 어떤 의미에서는 아주 자연스러운 일이다. 일본의 대학 강의에서도 영어와 일본어를 섞어서 대화를 나누는 학생들을 어렵지 않게 만날 수 있다. 해외에서 자란 사람들, 해외에서 유학을 온 사람들이 얼마든지 있기 때문이다.

이런 식으로 언어의 코드code를 바꾸어 가면서 이야기하는 언어 사용을 코드 스위칭code switching이라 한다. 이런 이중언어 상태는 지방 방언과 서울 방언의 코드 스위칭을 생각해 보면 이해하기 쉬울 것이다. 한국어 화자도 일상적으로 자주 체험하고 있을 것이다. K-POP은 바로 이와 비슷한 상황에 놓여 있다. 영어는 이미 한국어에 곁들인 장식물이 아니다. 굳이 가사를 하나하나 검토할 필요는 없다. 지금까지 본 작품만으로도 근거는 이미 충분하다:

K-POP의 시=가사는 이중언어 상태에 있다. 시 내부에서 코드 스위칭이 빈번히 일어난다

이중언어 상태라고 했지만 삼중언어 상태도 얼마든지 가능하다. 단일언어를 사용하는 모어 화자가 이중언어 생활을 관찰한다면 부자연스러운 표현이나 문법적인 파격을 꽤 발견하게 될 것이다. 단일언어 사용자의 눈에는 이중언어 사용 자체가 이미 부자연스럽다. 마찬가지로 K-POP의 가사 내부에도 부자연스러운 예나 비문법적인 예가 나타날 수 있다. 영어권 팬이 만드는 리액션reaction 동영상에서 드물지만 그런 지적을 하는 경우가 있다.

복수언어성이란 무엇인가

이 책에서는 일반적으로 이미 오랫동안 사용되었던 '다언어성multilingualism'이라는 용어가 아니라 얼마 전부터 '유럽 언어 공통참조틀CEFR(Common European Framework of Reference for Languages)' 등에서 사용되기 시작한 '복수언어성'이라는 말을 사용한다. 복수언어성, 복수언어주의는 사회의 언어 사용보다 개인의 언어 사용에 관심을 두는 사고방식이다. 단 아직 이런 관점이 세상에 널리 받아들여졌다고는 하기 어려우므로 복수언어성을 다언어성이라 불러도 상관은 없다. 무엇보다 중요한 것은 한 개인 안에서도 언어는 얼마든지 섞여 있을 수 있다는 아주 당연한 사실을 인식하는 데 있다. K-POP 역시 마찬가지다. K-POP을 너무나 큰 틀로 묶으려고 하지 말고 아티스트, 크리에이터, 무엇보다 작품 하나하나에 관심을 두었으면 한다. K아트는 이미 다양한 방향으로 발전하려는, 말하자면 다음 단계의 우주로 진화하는 시기에 이르렀기 때문이다. K아트의 앞날이 어떻게 될까에 대한 이야기는 제7악장에서 자세히 서술한다.

복수언어성이 빛나는 결정체들 1 — 한국어와 영어

다성성과 더불어 복수언어성은 K-POP의 특징인 다원주의를 뒷받침하는 핵심적인 성격이다. 구체적인 작품을 체험해 보자. 한국어와 영어를 사용한 가사는 셀 수 없지만 우선 두 곡만 들어 보자.

Kep1er가 2022년 발표한 작품 〈Up!〉은 시작 부분 채현CAEHYUN의 파트 중 "I do, I do 오늘도 내일두"라는 구절에서는 영어와 한국어를 섞어서 라임을 맞추고 있다. 이런 식으로 두 언어 사이에서 라임을 구성하는 가사는 지누션의 랩 등을 비롯하여 20세기 pre K-POP 단계에서도 종종 만날 수 있었다. 오늘날에는 복수언어성을 기반으로 이러한 기법이 한층 더 진화되었다. 'do'[du:]와 라임을 맞추기 위해 표준어 '내일도'[nɛildo]를 일부러 '내일두'[neildu]로 만든 것이다. 'ㅐ'를 [ㅔ]로 발음하는 것도, 조사 '-도'가 [두]가 되는 것은 서울 방언의 특징이기도 하다.

히카루HIKARU, 다연DAYEON이 맡은 0:38-0:40, "바로 지금이야"를 [바로 지그-미야], 1:29 무렵의 "이제 시작이야"를 [이제 시자-기야]라는 식으로 형태소 내부를 절단해서 발음하는 모습도 보여 준다. 오노마토페와 단어의 반복을 통해 약동감 있게 자아낸 가사는 속도감을 담아 탄력 있는 비트를 타고 날개를 펼친다. 히카루를 비롯한 멤버 각자의 창법도 가사를 잘 살려 재미있게 조형하고 있다. 듣고 있자면 가사 그대로 "쉬지 않고 우린 비행 중"인 상태에 빠질 수 있다.

일반적인 핑거링이 아니라 손목을 약간 빨리 돌리면서 엄지손가락으로 강하게 줄을 통통 튕기거나 집게손가락으로 뜯는 슬랩

●
Kep1er 케플러
l 'Up!' M/V

베이스slap bass(차퍼베이스) 주법이 독특한 도입부, 밀도 있게 전개되는 퍼커션의 난타, K-POP 특유의 색감이라 할 수 있는 높은 명도의 색채를 기본으로 전개되는 배색, 현란한 장면 전환이 인상적인 편집에도 주목하고 싶다. 지금까지 있었을 법하지만 필자가 아는 K-POP MV에서는 보지 못했던 장면이 신선하게 다가온다. 예컨대 1:23에서 우주를 헤엄치는 다연이나, 2:51에서 구름 속에서 등장해 춤을 추는 멤버들을 표현한 장면에선 깜짝 놀랐다. Kep1er의 MV 중에서도 의상과 메이크업 측면에서 다원성을 가장 잘 살린 작품이다.

노래도 댄스도 즐겁고 발랄한 스타일이 Kep1er의 묘미인데 특히 〈Up!〉은 멤버 각자의 존재감과 다원성을 잘 살리면서 전체가 통통 튀는 개성적인 작품이다.

2020년에 데뷔한 6인조 여성 그룹 시크릿넘버SECRET NUMBER는 한국, 일본, 인도네시아, 미국 출신으로 구성된 멀티에스닉 그룹이다. 2023년 작품 〈독사〉는 가성의 고음부터 진성의 저음까지 멤버 각각의 목소리에 무게가 있어 노래에 존재감을 부여한다. 1:30부터 나오는 진희JINNY의 저음 랩은 특별히 기억해 둘 만하다. 영어 "bad bad"와 한국어 "빼빼 좀 빼지"를 대비하는 등 두 가지 언어음의 특징을 잘 살리고 있다. 2:01 무렵 액자 안의 그림이 흐르듯 움직이는 영상도 재미있다. 도입부부터 0: 08까지나 3:16-17

•
SECRET NUMBER
"독사(DOXA)" M/V

무렵의 의상이 1:13 등의 검정색 의상보다 멤버들을 잘 드러내 주는 것 같다.

아일릿ILLIT은 2024년에 데뷔한 여성 5인조, 이른바 제5세대에 속하는 그룹이다. 윤아YUNAH, 민주MINJU, 원희WONHEE는 한국에서, 모카MOKA와 이로하IROHA는 일본에서 참가했다. 〈Magnetic〉이 국제적으로 히트해서 화제가 됐다. 복수언어로 전개되는 "UUUUU super 이끌림"이라는 가사가 인상적이며 변화가 풍부한 가사와 곡의 힘도 압도적이다. 2021년, IVE의 〈LOVE DIVE〉에서 절묘한 성문 폐쇄와 함께 귀에 오래도록 남은 '이끌림'이라는 단어가 이 곡에서는 "super 이끌림"으로 새롭게 변신하여 나타난다. 〈Magnetic〉의 〈Dance Practice (Moving Ver.)〉 버전은 아티스트의 존재감을 손가락 끝까지 군더더기 없이 드러내며 춤의 즐거움과 더불어 신체성도 충분히 그려낸 가작이다. MV는 비교적 온건한 작법이다. 다만 〈Magnetic〉 공식 MV는 어두운 화면이 많고 속도감이 강조되는 바람에 클로즈업이 나름대로 효과적으로 배치된 〈Lucky Girl Syndrome〉 MV에 비하면 아티스트 개개인의 매력이 덜 살아난 것 같다.

●★
ILLIT (아일릿) 'Magnetic'
Dance Practice (Moving Ver.)

●
ILLIT (아일릿)
'Magnetic' Official MV

●
ILLIT (아일릿)
'Lucky Girl Syndrome' Official MV

복수언어성이 빛나는 결정체들 2 — 스페인어와 영어와 한국어

K-POP에서는 "사랑해요"나 "I love you"만으로 사랑을 표현하지 않는다. 'Me gustas tu'처럼 스페인어는 물론이고 다양한 언어로 사랑의 마음을 담는다. 여자친구GFRIEND는 2015-2021년에 활동한 6인조 여성 그룹이다. 여자친구의 대표곡인 〈오늘부터 우리는 Me gustas tu〉에서 3:00 이후 펼쳐지는 다성적인 전개는 상쾌하다.

복수언어성을 말하려면 누구보다 언급해야 할 아티스트가 있다. 혼자서 한국어, 영어, 중국어, 일본어 등등 몇 가지 언어를 가사 속에 담아서 멋지게 불러 주는 재능 있는 아티스트 아이유다. 2008년 이래 이미 오랜 기간을 K-POP의 최전선에서 활약하고 있으며, 이지은이라는 본명으로 배우로도 활동한다. 〈Coin〉은 스페인어를 담은 가사이다.

1:14부터의 아주 매끄러운 랩에 이어 1:30 무렵엔 'vamos'란 단어를 반복하며 부른다. '가자'라는 뜻의 스페인어다. 스페인어는 동사의 형태만으로 몇 인칭인지를 알 수 있는데, 이 'vamos'는 일인칭 복수 형태다. 노래도 춤도 혼자가 아니라 함께하는 K-POP에 더없이 잘 어울리는 단어가 아닌가. 참고로 스페인어 'v'의 발음은 [v]가 아니라 한국어나 일본어처럼 [b]가 된다.

제목이 스페인어인 곡은 얼마든지 있다. 명곡도 적지 않다.

• 여자친구 GFRIEND - 오늘부터 우리는 Me gustas tu M/V

• [MV] IU(아이유) _Coin

우선 멀티에스닉 그룹인 (G)I-DLE의 2019년 곡 〈Senorita〉. 이때는 여섯 명의 멤버였다. 스페인어 표기는 'señorita'이지만 부호는 빼고 'Senorita'로 표기되어 있다. 채도가 높은 색채를 많이 쓴 의상과 무대, 배경이 강렬하다. 색채와 신체성을 로 앵글로 멋지게 잡은 댄스가 0:55 등을 포함해 몇 번이나 나온다. 1:48 등에서는 관악기들이 금색 배경의 공중을 부유하는 장면이 멋지다. 2:13부터 시작되는 소연의 리듬감 넘치는 랩은 역시 일품이다. 2024년 KISS OF LIFE의 〈Te Quiero〉는 "Te Quiero(네가 좋아, 사랑해)"라는 스페인어를 제목으로 삼아 아름다운 추억을 담기도 했다.(→6-1, 448쪽)

물론 직접 스페인어 노래를 부른 사례도 있다. 2014년, EXO의 서브그룹인 EXO-K의 경우를 보자. 스페인과 이탈리아의 피를 이어받고 푸에르토리코에서 태어나 멕시코에서 활약하는 루이스 미겔Luis Miguel의 노래 〈Sabora a Mi〉를 EXO가 불렀으니 멀티에스닉 그 자체가 아닐까. 환호하는 관객들의 모습도 보인다.

복수언어성이 빛나는 결정체들 3 — 일본어와 영어

〈Blah Blah Blah〉는 ITZY가 2022년 발표한 걸작으로 가사는 일본

(여자)아이들((G)I-DLE) - 'Senorita' Official Music Video

EXO-K - Sabor a Mi [Music Bank HOT Stage / 2014.11.12]

어와 영어로 구성되어 있다. 일본어에서는 [l]도 [r]로 발음되기 때문에 영어 'silly'와 일본어 'フリ'[huri](振り…하는 척)는 라임을 구성하는 것처럼 들린다. 영어 "no no no"는 일본어에서는 [noʊ]라는 이중모음이 아니라 장모음으로 [no:no:no:] 정도로 발음되어 일본어 '堂々と' [do:do:to](당당하게)와 충분히 라임을 만들 수 있다. 영어와 일본어에 걸쳐 가며 이러한 수사를 이용하면서 '주역은 우리'라는 메시지를 소리 높이 외치는 작품이다. 복수언어성은 이렇듯 한국어가 없는 작품에서도 '당당하게' 발휘된다.

1:10-1:13, 1:38-1:50의 동영상은 특히 놀랍다. 주위를 둘러싼 군용 장갑차들을 예지가 볼링 공으로 파괴해 버리는 장면이다. 검정색으로 칠해진 장갑차는 파괴되어 공중에 날아가 뒤에는 꽃잎들이 흩어지고, 2:23에서는 유나도 뿅망치로 힘껏 일격을 가한다. 생각해 보자. 이 무렵 세계에서는 무슨 일이 일어나고 있었을까? 러시아-우크라이나 전쟁이다. 그렇다면 너무나 뚜렷한 반전의 메시지가 아닐까? 물론 아티스트와 크리에이터가 반전이라는 메시지를 어디까지 의도했는지 우리는 알 수 없다. 그러나 '주역은 우리'라고 외치는 작품의 메시지 자체는 선명하다. 세계 각지에서 놀라움과 함께 큰 성원을 보냈을 것이다. 확실히 다음과 같이 말할 수 있다:

•
ITZY
「Blah Blah Blah」 Music Video

IZTY의 〈Blah Blah Blah〉는 K-POP 역사상 드물게 나타난 명백한 반전의 기념탑이 되었다

복수언어성이 빛나는 결정체들 4 — 중국어와 영어

〈莲(Lit)〉은 중국에서 온 EXO 멤버 레이LAY의 솔로 작품. 레이는 장이씽张艺兴이라는 이름으로도 알려져 있다. 영어와 중국어를 사용한 복수언어 작품인데 중국 역사 드라마를 상기시키는 장대한 스케일의 동영상 안에 전통적 요소와 현대적인 요소의 댄스와 음악을 버무렸고, 무대 설정과 의상도 조화롭게 이어진다. 2:05 댄스 장면에서는 『사기史記』에 등장하는 항우項羽의 시 구절 '力拔山兮氣蓋世역발산혜기개세'가 배경에 순식간에 지나간다. 초나라와 한나라, 유방과 항우의 최종 결전이었던 해하垓下전투 때 항우가 읊었다는 이 시를 풀이하면 '그 힘이 산을 뽑고 기세는 세상을 뒤덮는다'는 뜻이기에 바로 MV의 기개를 소리 높여 외치는 듯하다. 검정색과 암적색 등 어두운 색조를 전면에 깐 화면을 포함하여 3:14부터 등장하는 용의 형상이 주목할 만하다. 3:37 무렵 용과 맞서는 레이의 모습도 인상적이다. 화면 속 용은 지금껏 용을 소재로 한 동서고금의 수많은 회화, 조각을 훨씬 능가하는 압도적인

●
LAY
'莲(Lit)' MV

존재감으로 호흡하고 있다. 그런데 이 용의 DNA를 이어 받은 매우 흥미로운 속편이 있다. 2023년의 〈D.N.A サイファーD.N.A 사이퍼〉의 MV이다. 첫 부분부터 용의 웅장한 자태가 나타나는 이 MV는 《연희공략延禧攻略》(2018)과 같은 중국 궁정 역사드라마의 명작 10회분을 한꺼번에 본 듯한 여운을 남긴다. 이렇듯 복수언어성은 중국어를 사용한 K-POP에서도 확실히 뿌리를 내리고 있다.

제목에 쓰인 간체자 '莲'은 '연꽃'의 '蓮'으로, 베이징어北京語의 한자음은 'lián' [랜]이다. 동영상에서는 연꽃 이미지도 사용되어 있으니 제목의 뜻은 연꽃과 관련지어도 될 것이다. 연꽃은 영어에서는 흔히 전설의 식물 로터스lotus로 번역된다. 이른바 중국 표준어의 기반이 되는 베이징어는 음절 끝에 [t]가 오지 않는다. 그러니 제목 Lit은 베이징어나 표준어는 아니라는 점을 알 수 있다. 그런데 광둥어廣東語에서는 [t]가 온다. 가사에서는 "I am the king"과 더불어 "I am Lit"와 같이 고유명사처럼 사용되어 있다. 즉 "the King"="Lit"="莲"이라고 읽을 수 있는 장치를 마련해 둔 셈이다. 아니면 사람에 따라서 '쩔어'나 '최고' 정도의 뜻이 되는 영어의 속어 'lit'을 떠올릴지도 모른다. 아무튼 K아트의 우주는 작품 제목 하나만 보아도 이런 식의 중의성을 구사하는 등, 말과 관련된 엄청난 페티시가 연꽃처럼 여기저기서 꽃을 피우는 우주이다.

다성성과 복수언어성이 K아트의 다원주의를 지탱하고 있다는 사실은 K아트의 'K'란 무엇인가라는 문제와, K아트의 정체성이라는 문제에 답하기 위한 뿌리이기도 하다. 그 문제에 대해서는 제7악장에서 논의할 것이다.

④

③

목소리가 노래가 되는 순간 — 언어와 노래의 존재론

지상 최강의 악기는 무엇일까

다성성과 복수언어성이 다원주의를 지탱하는 데 있어 구체적인 실체가 되는 것은 물론 한 명 한 명의 아티스트다. 그런데 K-POP에는 다양한 악기도 사용된다. 그렇다면 지구상에 존재하는 악기 중 가장 귀에 잘 스며드는 악기는 무엇일까? 바로 바이올린이다. 귀에서 가장 가까운 곳에서 연주되기 때문이다. 활로 현을 살짝 문지르기만 해도 충분히 그 떨림이 소리로 이어진다. 말하자면 보이지 않는 아주 미세한 비브라토가 가해지는 것과 마찬가지다. 귀와 바이올린의 관계는 이미 세상에 널리 알려졌다. 그렇다면 한 가지 더 질문하자. 우리의 마음에 가장 깊게 스며드는 악기는 무엇일까? 바로 기타다. 우리는 기타를 소중하게 가슴에 품고 마음과 가장 가까운 곳에서 연주하고 있지 않은가? 마음과 기타의 관계는 재즈 마누슈jazz manouche, 이른바 집시 재즈gypsy jazz를 보면 더 확실하게 알 수 있다. 참고로 마음은 가슴이 아니라 머리에 있다는 설이 있는데, 그 또한 유력한 학설이다.

그렇다면 궁극적인 질문으로 넘어가자. 우리의 존재 자체에 가장 깊게 스며드는 악기는 도대체 무엇일까? 보컬이다. 보컬은 단지 '목소리'만으로 구성되는 것이 아니다. 보컬은 항상 '말'과 함께 실현된다. 그때 '말'이란 그냥 소리가 아니라 항상 우리에게 '의미'를 상기시킬 수 있는 것이었다. 이런 점에서 보컬은 지상의 모든 악기가 끝내 도달할 수 없는 높이에 우뚝 솟은 지상 최강의 악기다.

우리는 노래를 듣는다. '말'이 노래로 형성되는 순간, 그 '말' 뒤로 이어지는 '의미'의 형성을 우리에게 촉구한다. 듣는 사람마다 다르며, 듣는 사람의 존재에 전면적으로 의존한 '의미'의 조형이다. 거기에는 듣는 우리가 걸어온 길, 현재와 미래가 담겨 있고, 기쁨과 슬픔, 그리고 온갖 감정들이 순식간에 밀려오는 경이로운 장치가 숨어 있다. 단순히 '말'로 조형되는 것이 아니다. 우리의 눈앞에서 노래하는 사람마다 전혀 다른, 그 사람만의 '목소리'로 만들어지는 '말'이며, 우리의 삶, '지금·이곳'에서 이루어지는 유일무이한 기적적인 만남을 통해 나타나는 '말'인 것이다.

재즈 마누슈

록이나 재즈, 샹송에 관해서는 이미 많은 해설서가 있지만 재즈 마누슈는 비교적 많이 알려지지 않아 간단하게 언급하고 싶다. 멀티에스닉과 다원주의라는 이 책의 핵심적인 관점에서도, 또한 대중음악을 생각하기 위해서도 재즈 마누슈에는 짚고 넘어가야 할 중요한 성질이 많이 숨어 있다.

유럽의 이동형 민족을 가리켜 쓰이던 차별적 말인 '집시gypsy'라는 말 대신 요즘에는 '로마Roma'를 많이 사용한다. 한국어로는 로마 사람을 '롬Rom인'과 같이 부른다. 재즈 마누슈는 로마 출신의 기타리스트 장고 라인하르트Django Reinhardt(1910-1953)가 창시자다. 로마의 음악과 스윙 재즈를 융합시킨 음악이다.

로마는 러시아어로 Цыганcygan: 치간, 헝가리어로 Cigány츠가니, 프랑스어로 Gitan지탕, 스페인어로 Gitano히타노, 영어로는 gypsy집시와 같이 언어마다 다르게 불렸다. 프랑스어에서는 남성명사 'Gitan'의 여성명사형을 사용한 '지탄Gitanes'이라는 이름의 담배도 있다. 바스크어Basque는 유럽의 대부분을 차지하는 인도-유럽어족에 속하지 않는 소수민족어로 알려져 있는데, 바스크 사람Vascos 파블로 데 사라사테Pablo de Sarasate(1844-1908)의 유명한 바이올린 곡 〈치고이너바이젠Zigeunerweisen〉의 제목 속 '치고이너Zigeuner'(가까운 발음은 [최거이너] 정도)도 로마를 가리킨다. 로마는 오랫동안 유럽 각지에서 피차별 민족의 위치에 놓여 있었다. 나치의 박해를 받기도 했다.

프랑스와 이탈리아의 피를 이어받은 바이올리니스트 스테판 그라펠리Stéphane Grappelli(1908-1997)와 장고 라인하르트가 함께한 연주를 들으면 재즈 마누슈의 원조 스타일을 잘 알 수 있다. 이처럼 이 음악은 태생부터가 이미 멀티에스닉이라는 점에도 유의하자.

재즈 마누슈를 보면 기타와 '마음'의 관계를 더 확실하게 알 수 있다. 재즈 마누슈의 편성에는 대부분 관악기도 드럼도 피아노도 없다. 기타와 바이올린, 그리고 영어로 흔히 우드 베이스wood bass라 부르는 콘트라베이스(독)Kontrabass/(프)contrebasse가 전형적인 구성이다. 하나만 더 추가한다면 영어로 아코디언이라 부르는 아커르데옹accordéon 정도이다. 왜 '영어로'라고 토를 달았느냐면 재즈 마누슈는 기원이 영어권이 아니라 유럽 대륙의 음악이었기 때문이다. 왜 건반 악기로 피아노가 아니라 아커르데옹이 쓰였는가는 로마가 이동형 민족이었음을 생각하면 쉽게 납득이 갈 것이다. 20세기 초에 유행한 프랑스의 대중음악인 뮈제트musette에서도 아커르데옹이 중심적으로 사용되었다. 재즈 마누슈는 바이올린과 기타, 아커르데옹, 콘트라베이스라는 이동형 악기로 우리의 마음을 울리는 음악이다.

재즈 마누슈 기타와 록 기타, 재즈 기타의 주법

20세기 대중음악, 특히 록의 중심은 기타였다. 대부분의 록은 기타 그 자체가 아니라, 소리에 대음량으로 전자적 증폭을 가하고, 음향을 일그러지게 하는 변형 효과를 주는 이펙터effector 사용에 전적으로 의존하고 있다. 흥미롭게도 기타를 연주하는 위치는 대개 가슴보다 허리께에 가깝다. 록에 비해 재즈 마누슈의 기타 연주에서는 이펙터를 거의 사용하지 않는다. 기타 현을 피킹하는 힘만으로 선율을 들려주는 것이다. 일반적인 기타는 피크를 위 아래로 왕복하며 치지만 재즈 마누슈 기타에서는 다른 현으로 이동할 경우에도 기본적으로 피크는 위에서 아래로만 친다. 유럽 각지를 떠돌면서 때로는 결혼식에서, 때로는 연회에서, 사람이 많이 모인 곳에서 연주하는 재즈 마누슈는 전기의 힘을 빌리지 않아도 사람들에게 들려야 한다. 재즈 마누슈는 혼자 조용하게 즐기는 음악이 아니었다. 손에서 현으로 신체의 힘이 확실하게 전달이 되어야 한다.

마누슈 기타는 비브라토vibrato 하나만 보아도 특징적이다. 현을 누른 왼쪽 손가락을 바이올린처럼 현과 같은 방향으로 움직이는 클래식 기타의 비브라토 주법은 거의 사용하지 않는다. 록의 전자 기타에서 사용되는 트레몰로 암tremolo arm도 사용하지 않는다. 엄지손가락을 기타 넥에 걸어 엄지를 지점으로 왼쪽 손목을 짧게 빨리 돌리는 식의 벤딩 비브라토bending vibrato 주법은 사용되지만, 넥에서 엄지손가락을 떼어 내서 손등을 관객에게 정면으로 아예 내놓고 현에 90도 각도로 위아래로 빠르게 핑거링하는 비브라토가 특징이다. 이 비브라토를 어떻게 연주하는지 CD만 듣고는 도저히 알 수 없었는데 연주 장면을 처음 봤을 때 깜짝 놀랐다. 그런 경험을 가능케 해 준 것도 LAVnet, YouTube였다. 지금은 YouTube상에서 동시대의 많은 재즈 마누슈를 시청할 수 있게 되었다.

말하자면, 재즈 마누슈 기타는 생生의 음악이며, 마음을 찌르는 음악이다. 음악성과는 별도로 기타를 빠른 속도로 연주하는 이른바 '속주'에 한해서만 말할 것 같으면 물론 기타리스트에 따라서 다르긴 하지만, 보통 재즈 마누슈 기타가 압도적으로 빠르다. 마누슈 기타에 비하면 록 기타나 재즈 기타, 퓨전 재즈 기타는 거의 비교가 안 될 정도로 느릿느릿하다. 연주 스타일적으로 큰 틀은 당연히 있지만 연주할 때마다 매번 다르게 들린다. 이렇게 신선한 재즈 마누슈에 익숙해진 사람은 일정한 패턴을 반복하는 록이나 퓨전 계열의 연주는 참을 수가 없게 된다. 더더구나 이펙터나 디스토션에만 의지하는 기타에는 오히려 흥이 깨진다. 이펙터나 디스토션에 의지하는 속주 연주자는 대개 얼굴로, 표정으로 기타를 치고 있다. 디스토션의 미학은 지미 헨드릭스Jimi Hendrix(1942-1970)가 최고봉에 오른 후, 지미 헨드릭스로 끝을 맺었다.

로마와 음악과 언어 — 영화의 경우

K-POP, 음악, 그리고 언어를 생각할 때 꼭 언급해야 하는 영화가 있다. 로마 민족의 피를 이어받아 프랑스령 알제리에서 태어난 토니 갓리프Tony Gatlif 감독의 영화 《라초 드롬Latcho Drom》(1993)과 《스윙Swing》(2002)이다.

두 작품 모두 로마와 재즈 마누슈를 소재로 한 영화이다. 특히 프랑스인 소년과 롬인 소녀의 만남을 중심으로 그린 《스윙》에서는 소녀들과 같이 지낸 나날을 소년이 일기 쓰듯 자세히 기록한다. 헤어질 때 소년은 소녀에게 그 '일기'를 선물로 주는데 소녀는 문자를 모른다. 언어와 문자와 삶을 생각하게 하는 이 영화는 음악이란, 문자란, 그리고 '쓰여진 언어'란 무엇인가라는 물음까지 던져 준다. 충격적인 결말에서 우리는 한글이라는 문자 체계까지 생각하게 될지 모른다. 두 영화 모두 실제 음악가들이 출연한다.

존재론적인 '목소리'가 다원주의의 핵심이 된다

인간의 목소리는 물리적, 또는 음향음성학적인 관점에서 대부분 디지털로 측정이 가능하다. 한편 한 사람 한 사람의 존재와 불가분의 관계에 있는 '목소리'도 존재한다. 이 책의 원형이 된 일본어판에서는 이 두 가지를 표기상으로도 구별하여 일반적이고 물리적으로 파악할 수 있는 목소리를 현대 일본어 표기를 따라 'こえ声' 라고 쓰고 후자를 'こゑ'라는 고어 표기를 사용했다. 발음은 똑같이 '고에'라고 한다. 간단히 말해 기계나 수치로 측정할 수 있는 '목소리'와, 그것만으로는 현재의 학문 단계에서는 아직 파악할 수 없는 **목소리**, 예를 들어 '개성' 등으로 부를 수 있는, 개개인에 따라 서로 다른 개별적인 존재의 모습이 불가분의 관계로 얽혀 있는 **목소리**를 지칭할 때 'こゑ'라는 고어식 표기를 사용해서 구별한 것이다. 이 책에서는 고딕체로 굵게 표기해서 이렇게 구별하자:

> **일반적으로 사람이 내는 '목소리'와 존재론적으로 파악해야 하는 목소리를 구별하여 표기한다**
> **(또는 더욱 명확하게 존재론적 목소리라고 표기한다)**

일단 '존재론ontology'이란 개념은 '존재라는 것에 대한 사유' 정도로만 이해하면 된다. 즉 세계나 사물이나 우리가 존재한다는 것에 대한 사유를 뜻한다.

어떤 것의 존재에 대해 숫자를 단서로 생각할 수는 있지만, 일반적으로 그 '어떤 것'이 특히 살아 있다는 기제와 관련되어 있을 때 '존재'를 숫자로만 환원하는 것은 우리의 인식 수준에서는 한없이 어렵다. 예를 들어 우리 각자의 존재가 '하나'라는 수치만으로는 파악할 수 없다는 점을 생각하면 된다. 우리는 숫자 '하나'로 환원될 수 있는 존재인가? 그렇지 않다. 애초에 나도 당신도 그 '하나'로 셀 수 있는 것일까? **존재론적 목소리** 역시 마찬가지다. 우리의 존재도, **존재론적 목소리**도 '하나'라는 수치로 환원할 수 없다. 다원주의가 특징인 K아트에서는 더더구나 그렇다. 흔히 K-POP 그룹을 표현할 때 네 명으로 이루어졌으면 '4인조'라는 식으로 말한다. 그러나 K아트의 '4인조'의 내실은 1+1+1+1이 아니다. 그것은 A+B+C+D인 것이다. **존재론적 목소리**야말로 다원주의의 핵심이 된다. 즉 성공한 K-POP 아티스트가 단순한 집단이 아니라는 비밀도 존재와 관련된 이 같은 진실이 풀어 준다.

'아, 이 목소리는 그 사람이다'와 같이 그 사람을 특정화identify할 수 있는 것은 지각 차원에서 음의 높낮이pitch나 강도intensity도 당연히 작용하지만, **존재론적 목소리**에 의존하는 부분이 크다. '목소리'에서 그 사람임을 식별할 수 있는 까닭인 **존재론적 목소리** 때문이다. **존재론적 목소리** 중 일부는 '음색'이라는 명칭으로 연구되고 있다. 그러나 '소리'가 지니는 성질의 연장선상에서 '목소리'를 살피는 것은 필수적이지만, 목소리가 '노래'가 된다면 그런 관점으로만은 파악할 수 없는 것이 당연하다. 왜 그럴까?

음향기기는 '목소리'에 맞물려 울릴 수 있지만, 노래 앞에 서 있는 우리의 감성과 사상은 애초에 노래를 부르는 사람의 존재가 발하는 형태로서의 '음音'과 함께 울리기 때문이다. 우리는 결코 단순한 물리적 소리에 불과한 '음'에 마음이 움직이는 것이 아니다. 사람의 목소리는 사람이라는 '존재'의 목소리이기에 우리의 마음이 움직이는 것이다. 바꿔 말하면 목소리가 **존재론적인 목소리**가 될 때 비로소 노래가 노래로서 우뚝 설 수 있다.

K아트는 소리만 듣던 시대에서 소리와 빛이 함께 실현됐던 원초原初의 시대로 회귀한다, 그것도 나선형으로

또 한 가지 기억할 점은 우리는 음을 소리의 세계에서만 접하고 있는 것이 아니라는 사실이다. 눈을 뜨고 있는 한, 많은 경우 어떤 음악장에는 소리의 세계뿐만 아니라 빛의 세계도 함께 융합되어 존재하고 있다. 소리와 빛은 종종 불가분의 형태로 우리 앞에 모습을 드러낸다. K-POP 뮤직비디오가 늘 그렇듯이. 즉 K-POP MV는 소리와 음악이, 소리만으로 실현되지 않고 빛과 함께 실현된다는 본질을 향하여 나아간 것이다. 과거 20세기에 우리는 음악을 어떤 식으로 누려 왔을까? 방송이든 음반이든 소리와 빛의 세계에서 소리만을 떼어 내서 소리 자체의 복제 내지는 재생이라는 형태로 누렸다. 그러나 원래 소리는 소리만으로 존재하는 것은 아니었다. 더구나 그 소리가 목소리가 된다면 어떨까? 사람이 목소리를 내서 우리 눈 앞에서 노래를 조형할 때 목소리는 항상 노래라는 형태로 만든 사람의 모습과 함께 존재한다. 즉 목소리가 **존재**

론적 목소리가 되어 노래의 모습을 가질 때, 그 원초적인 형태로서 소리는 많은 경우에 빛과 함께 있었다. 어쩌면 그것이 칠흑이라는 빛이라 해도.

K아트는 소리와 빛의 세계로 그냥 회귀한 것은 결코 아니다. K아트는 단순히 빛의 세계에서 노래를 부르고 춤을 추는 방향을 지향하지 않았다. 소리와 빛을 한층 더 위의 세계로 끌어올려 동영상이라는 조형으로 융합한 것이다. 말하자면 빙글빙글 돌면서 올라가는 나선적인 회귀였다.

자, 그렇다면 K아트는 소리와 빛만의 융합이었을까? 하나 더 있다. 바로 언어다. 보컬은 말을 수반하기에 지상 최강의 악기라고 하지 않았는가. '소리'에는 **존재론적 목소리**가 불가피하게 자리를 잡고 있다. 또 하나가 제2악장을 비롯해서 이미 몇 번이나 언급한 '신체성'이다. 그리하여 언어와 소리와 빛과 신체성의 융합이 완성된다. 그 구체적인 존재양식이 언어와 소리와 빛이 융합되면서 순식간에 인터넷상을 질주하는 LAVnet이며 YouTube였다.

K아트 — 언어와 소리와 빛과 신체성의 융합으로

기존의 많은 K-POP론은 어떤 이야기를 했는가? K-POP이 다른 음악이나 콘텐츠 산업에 비해 YouTube를 잘 이용했다고, YouTube를 이용한 마케팅에 능숙했기에 성공했다고 입을 모아 말했다. 하지만 생각해 보자. 그러한 담론은 실질적으로는 아무

말도 하지 않는 것이나 마찬가지다. 한국 국내 시장에서는 한계가 있기 때문에 외국 아티스트들을 데리고 왔다든지 여러 나라 사람들이 알 수 있게 가사에 영어를 사용했다든지 하는 그런 단순한 이야기가 아니다. YouTube를 이용했다? 그렇게 말할 때 중요한 것은 왜 '이용'한 것인지, 어떤 식으로 '이용'할 수 있었던 것인지, 왜 'YouTube'였는지를 작품의 존재 속으로 파고들어 가서 해명하는 데 있다. 영어를 사용했다? 그렇다면 영어는 장식물이었는가? 영어를 어떻게 자리매김하여 어떤 수사법을 가지고 어떻게 한국어와 융합시켰는지, 왜 그것이 가능했는지, 그러한 가사가 다른 시각적인 요소들과 어떻게 연관을 맺고 어떤 존재양식으로 융합되었기에 성공했는지에 관해 더욱더 파고들어 가야 한다. LAVnet, 그렇다. K아트 존재 이유의 핵심은 그곳에 있는 것이다.

여기서 간략하게 정리해 두자:

목소리는 의미를 상기시키는 언어와 함께 실현된다는 점에서 다른 악기를 압도한다

존재론적 목소리가 K-POP 노래의 핵심이다

존재론적 목소리는 그 하나하나가 다원주의의 핵이 된다

소리는 빛과 함께 실현된다는 음악의 원초적 시대를 향해 K아트는 나선적으로 회귀한다

언어와 소리와 빛과 신체성의 융합이 K아트로서 완성된다

그러한 융합을 가능케 한 것이 LAVnet이다

기호론이 잃어버린 것들

20세기 언어학은 사람의 '말'이 지닌 '소리', 즉 언어음을 음론音論으로 다루었다. 그러다가 소쉬르Ferdinand de Saussure(1856-1913) 이래 기호론의 틀을 가지고 언어를 파악하기 시작했다. 그렇게 생겨난 것이 '음운론'이라는 지식이다.

언어음 중에서 '말의 의미를 구별할 수 있는 가장 작은 언어음의 단위'를 '음소phoneme'라고 불렀다. 음소를 핵으로 하여 음소의 체계를 연구하는 것이 음운론이다. 음론 중 음운론 외 남은 부분, 즉 소리의 지각적, 물리적 성질을 연구하는 부분은 원래 사용됐던 말로 음성학이라 불렀다. 언어음을 다루는 언어학은 음성학과 음운론으로 나뉘어 극적으로 발전했다.

그러나 한편으로는 소중한 것을 아주 빠른 속도로 상실하기 시작했다. 언어에 관한 소리의 세계에서 음성학이나 음운론이 잃어버린 것들은 수치나 기호로 건져 낼 수 없는 것들이었다. 이 책이 **존재론적 목소리**라 부르듯 오늘날은 노래의 '목소리'뿐만 아니라 언어음에 대해서도 '언어음은 어떻게 존재하는가'라는 현실적, 존재론적 접근이 큰 물음으로 다가오고 있다.

블랙핑크, 네 명의 '목소리'들

3-6에서 본 블랙핑크의 〈뚜두뚜두(DDU-DU DDU-DU)〉와 〈붐바야(BOOMBAYAH)〉를 다시 한 번 들어 보자.

앞으로 더 이야기하겠지만, 여기서는 다음 두 가지에 주목한다:

●★★
BLACKPINK - '뚜두뚜두(DDU-DU DDU-DU)' M/V

●★
BLACKPINK - '붐바야(BOOMBAYAH)' M/V

(1) 네 아티스트의 존재론적 목소리가 서로 다르다는 점

(2) 아티스트가 네 명이라는 점

그룹이 6-7명을 넘으면 어렵지만 블랙핑크는 네 명으로 구성되어 있기 때문에 조금만 익숙해지면 누구의 목소리인지 금방 알아들을 수 있다. 낮고 깊으며 결코 흔들림 없는 리사의 목소리, 우리의 청각을 아주 미세하게 계속 긁어 가는 듯한 제니의 튀는 목소리, 구강뿐만 아니라 비강에서도 울리면서 숨소리까지 윤기가 도는 로제의 목소리, 기품 있으면서도 자극이 넘치는 지수의 목소리, 각자의 **목소리**가 서로를 돋보이게 만들며 등장한다. 즉, '누군가가 노래하고 있다'가 아니라 '내가 노래하고 있다'고 항상 **목소리** 스스로가 선언한다.

K-POP MV에서는 파트를 담당하는 아티스트의 시각적 면모를 부각시키는 경우가 많기 때문에 목소리의 존재감 자체는 상대적으로 잘 드러나지 않지만, 음원만 들어 보면 이렇게 **목소리**의 존재감이 두드러지는 그룹이나 작품과, 그렇지 못한 그룹과 작품을 확연히 알아차릴 수 있다. 블랙핑크는 전자의 전형적인 예이다.

3·11의 지진과 핵으로 디지털 세계에 대한 환상은 무너졌다고 언급했다. 그리고 K-POP은 압도적인 '신체성'으로 나아갔다. 신체성은 MV에서는 시각적으로, MV 밖에서는 신체적으로 공유된다. 그럼 '노래'는? 노래의 존재론적 토대야말로 **목소리**임에 틀림없다. 목소리는 언어를 수반한다고 말했다. 바로 보컬이라는 악기가 가진 최대 장점이었다. 그리하여 목소리의 존재감은 시=가사

가 그려 내는 의미의 세계와도 호응한다.

시가 구축하는 세계에서 일탈하는 아티스트의 자기언급

〈붐바야(BOOMBAYAH)〉 속 제니의 랩 파트를 들어 보자. 0:38, "니가 말로만 듣던 걔가 나야 Jennie"라고 제니 자신이 말한다. 생각해 보자. 여기서 제니는 MV 내부에서 랩의 언어로 만들어지는 이야기 속에 있다. 제니가 있는 그 층위에서 이야기의 외부, 지금 이곳에서 우리가 보고 있는 제니의 층위로, 즉 한 차원 높은 계층으로 빠져 나와 있는 것이다. 가사가 만들어 내는 이야기의 층위, 그리고 이야기를 벗어나와서 MV 화면에 나오는 제니. 우리는 항상 '지금 이곳'에서 이 두 제니를 시청하게 되는 것이다.

이 상황을 좀 더 알기 쉬운 예로 바꿔 보자. 드라마에서 A가 B에게 말하고 있는 장면을 상상해 보자. A의 대사가 이러면 어떨까? "너 그런 이유로 남친과 헤어진다면 우리 시청자 분들이 납득할 것 같아?" 이때 드라마의 이야기 속에서 이 A와 B 둘은 이야기의 한 계층 위로 일탈하고 있다는, 즉 메타meta하고 있다는 것을 금방 알 수 있을 것이다. "우리 시청자 분들이"라는 대사가 바로 일탈의 기능을 지닌다. 〈붐바야(BOOMBAYAH)〉 MV 랩 중에서 자기를 엄지손가락으로 가리키면서 하는 "니가 말로만 듣던 걔가 나야 Jennie"라는 말 역시 같은 효과를 가진다. 이때의 제니는 랩의 이야기 속에서 조형되는 픽션으로서의 사람이 아니라, 이미 아티

fig. 4-4 우리는 'MV 속 JENNIE'와 'JENNIE의 이야기 속 JENNIE'라는 이중화된 두 계층의 JENNIE를 만나게 된다.

스트로서의 제니이다. 여기서는 아티스트가 작품 안에서 아티스트 자신에게 언급하는 '자기언급self-reference'이라는 성격이 보인다. K-POP에는 이러한 자기언급성을 띤 가사가 빈번히 출현한다. 목소리, 다성성, 멀티에스닉, 복수언어성과 더불어 목소리와 함께 실현되면서 말 내부에 나타나는 자기언급성으로 인해 아티스트 개개인의 존재감은 극대화된다.

구세계의 파쇄를 떠맡는 다원주의 — 집단주의, 전체주의에 맞서며

노래라는 이야기의 내부와 외부를 자유롭게 넘나들며 자기 자신을 노래하는 아티스트. 이렇게 자신감이 넘치는 음악이 예를 들면 20세기 한국 가요에 있었을까? 이런 자기언급성 자체는 확실하게 힙합이 가져다준 것이다.

'걸크러시'라는 말도 K-POP에서는 즐겨 언급되는데 사실 이런 말로는 아직 부족하다. 젠더리스로 향하는 크러시이며, 구세계의 크러시=파쇄라 해야 한다. 그리고 그러한 내용을 누군지도 알 수 없는 막연한 '목소리', 집단이라는 거름종이로 여과된 '목소리'나 기호학적 세계의 '목소리'가 과연 지탱할 수 있을까? 아니다. 여기서는 단호히 제니라는 희귀한 아티스트가 자신 육신의 근간에서 짜내는, 제니만의 **목소리**이어야 한다. 집단이 주장하는 걸크러시가 아니라 아티스트 하나하나가 짊어지는 걸크러시=구세계의 파쇄. 집단주의나 전체주의가 아니라 당신이 살고 내가 사는 다원주의. 오직 그 아티스트만이 조형할 수 있는 **목소리**가 다원적으로 드러날 때, 우리의 몸과 마음이 가장 깊은 곳에서 함께 진동하며 울릴 수 있다. **존재론적 목소리**란 바로 그런 목소리를 말하는 것이다. 블랙핑크, 노래의 네 화신들이 우뚝 솟아 있는 'K아트'의 세계상은 이렇게 하여 만들어지는 것이다.

④

④

다원주의의 걸작들

블랙핑크의 다원주의와 그 미학

2019년 발표한 〈Kill This Love〉 MV는 팡파르로 시작하는 장대한 대작이다. 0:16-0:29 제니의 랩, 0:30-0:44 리사의 랩은 압권이다. 0:29-0:43의 배경 세트는 빨간 원색을 기반으로 꾸며진 고밀도의 공간이다. 과연 K-POP의 신도 악마도 이러한 디테일에 깃들일 듯한, K아트 역사에 남을 명장면이다. 지수의 목소리가 뒤를 이어 준다. 그리고 0:59부터 시작되는 로제의 비장한 목소리. 1:11

●★
BLACKPINK
- 'Kill This Love' M/V

무렵, 폐허가 된 신전 안에 네 명이 함께 나타나는 장면에서 각각 부각되는 존재감에 주목하자. 머리도 메이크업도 의상도 조화롭게 우뚝 서는 다원성. 때로는 전신을, 때로는 표정을 보여 주며 아무리 카메라를 기울이고 현란하게 움직여도 멤버 각각의 묘사는 절대적으로 유지된다.

1:27 제니가 혀끝을 말고 튀기는 [r] 음의 연속을 들려준다. 물론 이런 [r] 음은 한국어에는 없다. 2022년 작품 〈Pink Venom〉 2:43-2:50에서는 이 [r] 음이 전면적으로 전개된다. 〈Kill This Love〉로 다시 돌아와 1:31-1:45 부분에서 펼쳐지는 리사와 제니의 교감, 1:47-2:14의 로제와 지수 사이의 교감에서는 어느 쪽 하나 밀리거나 하는 일은 결코 없다. 각각 압도적인 에너지와 높이로 우뚝 솟아 있지만 서로가 서로의 장점을 결코 죽이지 않는다. 왜 네 명인지, 왜 이 네 명이어야 하는지 우리 신체의 가장 깊은 곳에서 그 이유를 알게 만든다. 4년 사이에 19억 뷰를 달성한 이유도 여기에 있다. 마케팅의 힘이니 국책이니 하는 담론이 얼마나 빈곤한 논리인지 여지없이 깨닫게 될 것이다. 2:15-2:16 이후 각 멤버의 의상이 얼마나 다른지도 주목하자. 하나하나가 불가사의하고 신비로운 조형이면서도 아름다움을 잃지 않는다. 전체 조합에선 보통 감성으로는 도저히 만들지 못할 듯한 신기함과 괴이함을 동시에 보여 준다. 다시 울리는 팡파르는 다원주의의 승리를 경축한다.

같은 곡의 콘서트 영상을 보면 블랙핑크의 존재감이 더욱 두드러진다. 특히 도쿄돔 2019-2020의 콘서트 영상은 카메라 워크 자체도 눈부신 수준을 보여 주며, 밴드의 사운드도 묵직하다. 네 아티스트의 역량을 온몸이 떨릴 정도로 느낄 수 있을 것이다. 앤틱스도 수준급이며 '목소리'가 '노래'가 되는 순간을 몇 번이고 만날 수 있다. 도쿄돔 콘서트의 동영상은 K-POP 콘서트 역사상 최고 수준의 걸작이라 꼽고 싶다.

놀라운 것은 도쿄돔 공연이 라이브 콘서트지만 음정의 흔들림이 전혀 없다는 점이다. 라디오 프로그램 녹음 등에서는 아주 드물게 약간의 불안정감이 발견되지만 이런 대형 무대에서의 안정감은 독보적이다. 게다가 많은 노래를 모어가 아닌 일본어로 부르고 있지 않은가? 그 노력에 저절로 고개를 숙이게 된다. 함께 춤을 추는 댄서들도 뛰어나며, K-POP이 어떤 것인지를 천하에 알리는 놀라운 완성도와 존재감, 그리고 팬과의 일체감이 도쿄돔 공연 동영상에 담겨 있다. 더 감동적인 것은 DVD로 시청할 수 있다는 점이다. 또한 **존재론적 목소리**뿐만 아니라 춤에서도 얼마나 뛰어난 그룹인지 0악장 '전주곡'에서 본 동영상으로 충분히 알 수 있다.

〈How You Like That〉의 〈DANCE PERFORMANCE VIDEO〉에서 무엇보다 부각되는 것은 압도적인 '신체성'이다. 신체성이야말로 21세기의 오늘이 요구하는 존재의 '형태'다.

몸이 추는 것이 아니라 춤이 몸으로서 나타난 듯한 리사의 극한으로 수렴해 가는 춤 실력은 원래 K-POP계에서 유명했고, 여기저기에서 자유로움이 묻어나는 로제의 춤 역시 한 발짝도 뒤지지 않

●★★
BLACKPINK - 'How You Like That' DANCE PERFORMANCE VIDEO

●★
BLACKPINK - 'How You Like That' M/V

는다. 힙합의 강력함을 갖추면서도 때로는 귀여운 떼쟁이 같은 부드러움을 동시에 가진 제니의 춤, 요정이 수줍어하며 춤추는 것 같은 지수. 네 명의 아티스트가 노래만 뛰어난 것이 아님을 만천하에 보여 주는 영상이며, 안무와 댄스만으로도 이미 수많은 MV를 압도하는 수준으로 완성되었다. 작품을 모두 보고 나면 마치 불꽃놀이 축제를 다녀온 것 같은 흥분이 밀려든다. 이 영상을 통해 세계는 4년 동안 16억 번의 축제를 열고 16억 번의 춤을 추었다.

MV에서도 열대 지방부터 얼음의 광야까지를 왕래하면서 완성도 높은 세계상을 보여 준다. 0:33-0:40에 잠깐씩 나타나는 꽃 안에 누운 로제, 0:40-1:10에 나타나는 열대 지방 같은 무대 장치, 1:12-1:18의 절묘한 음계와 함께 나타나는 리사의 랩, 그리고 그 배경 무대 장치, 2:21부터 등장하는 댄서들, 그들과 함께 춤추는 네 명, 전통 미학을 지금 이곳으로 가지고 온 듯한 의상 등은 K-POP MV 역사에 깊이 각인되는 너무나도 아름다운 광경으로 평가하고 싶다.

하지만 흥미롭게도 다채로운 색채로 그려진 그 압도적인 MV를 핑크색 하나만으로 이루어진 〈DANCE PERFORMANCE VIDEO〉가 훌쩍 뛰어넘고 있다. 일본어권을 비롯하여 세계 곳곳에선 "K-POP은 돈을 많이 투자하니까."라는 질투 섞인 이야기도 간간히 들려온다. 〈How You Like That〉 공식 MV와 댄스 동영상, 어느 쪽에 비용이 많이 들었는가는 구체적인 명세서를 뽑지 않아도 금방 알 수 있다. 댄스 동영상이 공식 MV를 능가한다는 견해에 이의를 제기하는 분이 있을지라도 적어도 두 동영상이 모두 극치의 경지에 다다랐다는 점은 부정하지 못할 것이다. 압도적인 K아트는 돈이 있어서 가능한 것이 아니다. 경제 이전에 아티스트와 크리에이터의 미학이 있다.

존재론적인 목소리와 노래가 핵심이 되는 다원주의 — K-POP은 노래를 잊지 않았다

K-POP의 선구자들은 '아이돌'과 같은 구태의연한 감성에만 의존하여 팬들의 공감을 얻으려는 사상—이는 대체로 음악 산업 자본의 사상이다—과 끊임없이 투쟁해 왔다. 물론 그런 사상이 성립할 수도 있다. '아이돌'의 성공 여부에 따라 평가도 비판도 달라질 수 있지만, 노래나 춤보다 '아이돌'이라는 개념을 위주로 추구하는 엔터테인먼트가 나쁜 것만은 아니기 때문이다. 그러나 '아이돌'이라는 낡은 사상과 감성으로 아티스트들의 가능성을 좁은 틀에 가두고 비단실로 짠 옷을 입힌 집단을 만들어 상품화하겠다는 식의 발상이 있다면, 오늘날 K-POP이 지향하는 바와는 거리가 멀다. 자본주의적 사고의 틀 안에서조차 이미 그런 생각은 K-POP과는 거리가 멀다. 분명 K-POP의 선구자들은 '노래'도 '랩'도 잊지 않았고, 춤도 잊지 않았기 때문이다. 0-1에서도 본 마마무의 킬링보이스 동영상에서 그 사실을 여실히 느낄 수 있을 것이다.

K-POP의 길을 꿈꿨던 많은 분들이 노래만으로 구성된 마마무의 킬링보이스 동영상을 보면 자신감을 잃고 혹시나 포기하고 싶

어질지도 모른다. 그러나 이 동영상을 보고도 '나도 해 보고 싶다'고 생각하는 분이 있다면 꼭 도전해 보길 바란다. 당신의 노래를 들어 보고 싶다. 당신에게 행운이 가득하기를.

참고로 이미 한국어권에서는 인구에 회자됐지만 동영상 첫 인사 부분 0:15쯤에 "1년 만에 완전체로 컴백come back을 했는데"라는 말이 나온다. 아시다시피 '컴백'은 신곡을 위한 활동을 본격적으로 시작하는 것을 말한다. 영미권이나 일본어에서 활동을 완전히 중지하거나 그룹이 해산하고 나서 다시 복귀한다는 뜻으로 쓰는 '컴백'과는 다른 용법이다. 미국에서 블랙핑크가 인터뷰를 했을 때 진행자들과 '컴백'이 K-POP식 용법이라며 서로 확인하던 장면이 흥미로웠다. '완전체' 역시 K-POP 용어다. 7-1에서 언급하겠지만 원래의 뜻과는 다른 K-POP 특유의 용어나 한국어 자체가 다른 언어권에도 이미 많이 유출되어 있다.

킬링보이스에서 마마무가 부른 각 곡의 MV는 따로 있고, 그것들은 선율과 패션을 비롯해, 마치 1960-1970년대를 21세기로 탈색하려는 의도가 확연하게 느껴진다. 한편, MV 없이 이들 노래를 들으면 도대체 아티스트의 어떤 역량이 K-POP의 '말과 소리와 빛과 신체성이 통합된 모습'을 지탱하고 있는지도 잘 알 수 있다. 이미 몇 번이나 말했듯이 K아트는 확실히 '말과 소리와 빛과 신체성의 통합체'로 진화해 왔다. 그렇긴 하지만 우리의 마음을 사로잡는 결정적인 기둥은 '노래'다. 그리고 그 '노래'의 실질적 본체야말로 **존재론적 목소리**로 이루어져 있다. 즉 **목소리**=노래가 다원주의의 핵심이 되어 있는 것이다. 일본에는 〈노래를 잊은

카나리아〉라는 오래된 동요가 있다. 그 제목에 비추어 말한다면 K-POP은 이렇게 말할 수 있다:

K-POP은 '노래'를 잊은 카나리아가 아니다

다원주의를 지탱하는 목소리와 노래 — 믿듣맘무

앞서 마마무를 '최고 수준의 가창력을 지닌 네 명을 모은 것 같은 그룹'이라고 썼는데, 마마무의 역량은 K-POP계에서도 특별한 위치를 차지하고 있다. 예를 들어 '믿듣맘무' 즉 '믿고 듣는 마마무'라는 말까지 있을 정도다. 요컨대 대부분의 K-POP 아티스트들은 생방송의 긴장감이나 격렬한 춤과 노래를 함께 하면서 생기는 어려움, 때로는 음향적 결함 같은 문제로 음정 불안이나 사소한 실수를 보일 때가 있다. 하지만 마마무는 그런 걱정과는 무관하다. 어떤 상황에서도 항상 완벽하기에 '믿고 들을 수 있는 마마무'라는 신뢰를 받고 있다.

그러고 보니 놀랍게도 마마무의 수많은 동영상을 접할 때 '고음'이나 가창력에서 불안감을 느껴 본 적이 단 한 번도 없다. '실수도 귀엽다'라고 봐주는 수준과는 다른 차원의 세계다. 오히려

●★★
마마무(MAMAMOO)의 킬링보이스를 라이브로! - Mr.애매모호, 너나 해, 데칼코마니, 별빛밤, I miss you, HIP, 고고베베, 딩가딩가, AYA | 딩고뮤직

위기를 가볍게 넘어가는 마마무의 수많은 애드리브 동영상을 팬들이 찍어 올려 완벽함을 증명할 따름이다. 언제나 절대적인 '목소리', 절대적인 '노래', 절대적인 'K아트', 그것이 바로 마마무다. '믿듣맘무'라는 칭호는 과연 마마무에 잘 어울린다.

앤틱스의 애드리브와 미니멀리즘 댄스

마마무의 작품에는 고난도의 춤이나 안무는 비교적 많지 않다. 다만 노래를 하면서, 또는 노래 사이사이에 보여 주는 '앤틱스'라고 부를 법한 작은 몸짓, 가벼운 장난 같은 무심한 동작들이 마마무가 뛰어난 이유를 설명해 준다. 약간의 말장난 같지만 마마무가 아무렇지도 않게 만들어 내는 '앤틱스'는 앤티크antique, 즉 값비싼 골동품 같다. 마치 오래전부터 해 왔던 것처럼 자연스럽다. 물론 이러한 앤틱스는 무의식적으로 하는 행동이 아니라, 말이 조형하는 의미나 안무를 바탕으로 한, 반은 의도가 있고 반은 즉흥적인 동작이다. 디지털적이고 틀에 박힌 규범적인 미학이 아니라, 규범에서 조금 벗어나 신체성을 극한까지 자연스럽게 살려 내는 존재의 미학이다.

BTS나 블랙핑크도 이러한 앤틱스를 자유자재로 구사할 정도로 몸에 배어 있고 후배 K-POP 아티스트들은 그들의 동영상에서 배운 바가 많았을 것이다. 앞서 이야기한 블랙핑크의 도쿄돔 공연 영상에서 즉흥적으로 등장하는 동작들을 보면 그들이 얼마나 뛰어난지 알 수 있다. 틈틈이 끼어드는 자그마한 동작의 자극, 바로 그 매력이 팬들이 '참을 수 없는' 지점이다. 2-4에서 언급한 K아트의 키워드인 '신체성'을 지탱하는 두 가지 요소를 여기서도 확인할 수 있다:

(1) 구석구석까지 미리 구성된 춤이라는 '큰 동작이 지닌 신체성'
(2) 자연스러운 애드리브로 나타나는 '작은 몸짓이 지닌 신체성'

이 두 가지를 공유하는 K-POP의 시공간도 LAVnet이 가능케 한 지평이다. K-POP 동영상에는 이른바 '리액션 동영상'이라 불리는 동영상이 전 세계적으로 수없이 등장한다. 영어권에서는 마마무의 춤을 '미니멀리즘'이라고 평가하는 동영상이 있다. 맞는 말이다.

K-POP은 왜 그룹인가 — 개인을 살리는 장치로서의 그룹

딩고뮤직의 킬링보이스 동영상 첫 화면만 보아도 다원주의가 어떤 것인지 알 수 있을 것이다. 블랙핑크와 마찬가지로 마마무 역시 네 명이다. 그리고 그 네 명의 모습은 서로 완전히 달라 헤어스타일이나 의상만으로도 '어떤 사람'인지 바로 알 수 있다. 별것 아닌 것 같지만 '네 명 각각이 돋보이는' 성격이야말로 다원주의의 승리를 가능케 하는 핵심 요인이다. 다른 동영상들과 비교해서 보면 더 잘 드러난다. 작품을 처음 만나는 사람이 첫눈에 각 멤버의 특징을 언어화할 수 있는 그룹이 얼마나 있는지 확인해 보길 바란다. K아트의 앞날과도 깊이 관련되어 있는 문제이기에 8-1에서 상세하게 다룬다. 이제 멤버에 대해 알고 싶어지셨을 테니, 동영상 왼쪽부터 차례대로 그림으로 소개해 두자.(fig. 4-5)

각각 두드러지는 네 사람의 존재감은 외양뿐만 아니라 **'존재론적 목소리'**로도 충분히 느낄 수 있다. 이렇게 보면 K-POP에 왜 그룹이 많은지 그 이유를 알 수 있을 것이다. 집단주의나 전체주의와는 달리 K-POP에서 그룹이란 집단이나 매스mass(한 덩어리)를 의미하는 것이 아니다. 뛰어난 K아트 그룹이란 개인이 그저 '모여 있는' 것을 의미하지 않는다:

그룹은 개인의 존재를 돋보이게 하며 개인을 살리는 장치이다

거꾸로 말하면, 개인을 집단에 매몰시키지 않고, 개인의 존재를

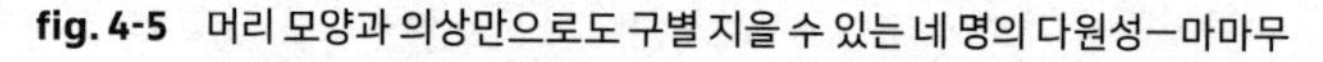
fig. 4-5 머리 모양과 의상만으로도 구별 지을 수 있는 네 명의 다원성—마마무

왼쪽부터 문별, 솔라, 휘인, 화사

돋보이게 하는 방식으로 구성된 그룹이야말로 지구촌을 누비며 엄청난 성공을 거둘 수 있다. 블랙핑크나 마마무가 그 점을 잘 알려 주고 있다.

2-8에서 〈Cupid〉 등의 작품으로 살펴본 피프티피프티도 그랬다. 모습도, 존재론적인 목소리도 서로 달라서 멤버 네 사람의 이름을 바로 알고 싶어지는 그런 그룹이었다.(fig. 4-6) 멤버를 한 덩어리로만 취급하는 전략으로는 MV를 통해 아티스트와 음악에 입문하는 오늘날의 뮤직 신에서 인정받기 힘들다. 전체주의적인 집단과 K아트 그룹의 근본적인 차이가 여기에 있다.

한편 다원성이라는 관점에서는 MV뿐만 아니라 다음 동영상도 볼만하다. 딩고뮤직이 제공하는 〈COLOR DANCE〉라는 흥미로운 이름이 붙은 시리즈다. 색채의 즐거움과 함께 멤버 각각의 매력을 충분히 맛볼 수 있다. 예를 들면 MV에서는 눈에 띄지 않았을지도

fig. 4-6 모습과 의상만으로도 구별 지을 수 있는 네 명의 다원성—피프티피프티

왼쪽부터 새나, 아란, 시오, 키나

모르지만 새나의 튀는 춤도 〈COLOR DANCE〉와 같은 구성의 동영상이라면 뚜렷하게 감상할 수가 있다. 또 다른 재미를 전해주는 콘텐츠 미디어 딩고의 재치있는 시도이다.

내가 또 다른 미의 기준이 되겠다

마마무의 화사는 콘서트에서 중학생 때부터 살이 쪘다고 말했다. 어느 날 오디션에서 "너는 개성도 강하고 노래도 잘하지만 뚱뚱하고 예쁘지 않아."라는 심사위원 '선생님'의 말에 충격을 받았다고 한다. 훗날 콘서트에서는 농담처럼 중얼거렸다. "나쁜 놈들이야." 그날 화사는 울면서 집에 돌아와 이렇게 결심했다고 한다:

이 시대가 말하는 미의 기준에 내가 맞지 않는다면, 내가 또 다른 기준이 되겠다!

구태의연한 '아이돌'의 '외모'에 반기를 들고 '내가 또 다른 미의 기준이 되겠다'고 선언한 화사의 이 말은 YouTube에서 동영상과 함께 확산되며 많은 공감을 불러일으켰고, 이미 명언으로 여러 사람들의 입에 오르내리고 있다.

'이게 바로 나'라고 주장하며 자신의 존재를 뿜어내는 듯한 화

•
[COLOR DANCE] FIFTY FIFTY - Cupid(Twin Ver.) | 4K Performance video | #FIFTYFIFTY #Performance

사의 노래를 비롯하여 저음에서 고음까지 마치 온몸으로 자유자재로 뛰어다니는 듯한 휘인Whee In의 노래, 그리고 〈I Miss You〉에서 "알았어, 알았으니까 더 이상 노래를 부르지 않아도 괜찮아."라고 달래 주고 싶을 정도로 마치 절벽을 걷고 있는 듯 위태롭게 들리는 솔라Solar의 애절한 목소리. 이만큼 각각이 돋보이면서 동시에 함께 만들어 내는 일체감이 또 있을까. 마마무의 가창력과 압도적인 존재감 앞에서는 어떤 말도 필요없다는 생각이 든다.

그들의 역량은 《불후의 명곡》처럼 옛 노래를 새롭게 부르는 프로그램에서도 유감없이 발휘된다. 세 사람의 목소리에 문별의 멜로디감 넘치는 랩이 겹쳐져 나도 모르게 눈물을 흘렸다. 각각의 '목소리'는 모두 '말'이기도 하다. 어쩔 수 없이 우리에게 의미를 조형하게끔 만들고 마는 '말'이기도 하다. '목소리'가 '노래'가 되는 순간이다. K-POP의 특징 중 하나는 깜짝 놀랄 만한 랩을 자주 접할 수 있는 점이다. 설마 랩으로 울컥하다니, 할 정도로. 그중에서도 MC 스나이퍼MC Sniper의 〈Better Than Yesterday〉와 문별의 랩은 전무후무하다.

문별은 랩을 주로 담당하고 있지만 사실 노래도 뛰어난데 문별만큼 저음의 랩을 구사하는 여성 래퍼는 K-POP에 흔치 않다. 네 사람 모두 춤을 잘 추지만 문별과 휘인은 특히 뛰어나다.

메들리이니 조금만 더 들어 보자. 두 번째 곡 〈너나 해〉나 〈별이 빛나는 밤(Starry Night)〉의 도입부처럼 기타를 중심으로 노래하는 음악장은 K-POP에서는 극히 드물다. 〈별이 빛나는 밤〉 랩 파트에서 이렇게 말한다. "욕조에 물이 미련이 되어 넘쳐흘러!"

이 얼마나 시답지 않은, 황당무계한 비유인가. 그런데 이런 비유는 문별의 **목소리**이기에 성립 가능하며 그래서 시가 되어 넘쳐흐르는 것이다. 마마무 네 명의 **목소리** 고음 음역에선 우리의 마음이 날카롭게 찔리고, 저음 음역에선 우리의 영혼이 사로잡힌다.

동영상의 관점에서 보더라도 딩고뮤직이 운영하는 킬링보이스의 카메라는 매우 능수능란하다. 최소한의 조명만으로 근사한 영상을 만들어 낸다. 역시 노래와 함께 '춤추는' 카메라를 체감할 수 있다. 엔딩 크레딧에 JOOSEUNG KIM이라고 적혀 있는데 과연 카메라의 달인이다. 노래가 끝난 후, 네 사람이 떠나는 모습도 멋지다.

진격하는 K아트

TXT는 'TOMORROW X TOGETHER'(투모로우바이투게더)의 약자다. '투바투'라는 약칭도 많이 사용된다. 2019년에 데뷔한 다섯 명이 남긴 2022년의 작품을 살펴보자.

쓰레기장에 묻혀 있는 초반 영상의 충격이 더 기억에 남을지도 모르지만, **목소리**에 더 주목해야 할 아티스트가 바로 TXT이다. 범규BEOMGYU, 태현TAEHYUN, 휴닝카이HUENING KAI로 이어지는 보컬에서 수빈SOOBIN, 다시 범규 두 사람의 매력적인 가성으로, 게

●★
TXT(투모로우바이투게더)
'Good Boy Gone Bad' Official MV

다가 연준YEONJUN으로 이어지는 전개가 강렬하다. 다섯 명의 **목소리**의 존재감이 두드러지게 드러난다. 남자 목소리의 가성이 이렇게까지 돋보이는 K-POP은 흔치 않다. 보컬과 랩, 소리의 높낮이, 빠름과 느림, 강렬함과 부드러움 같은 요소가 쉴 새 없이 요동치며, 춤이 그려 내는 신체성을 카메라가 절묘하게 표착하여 우리의 심장을 꽉 움켜쥔다. 이 곡과 다음 곡을 대조해 보자.

2021년 발표한 〈ANTI ROMANTIC〉은 아름다운 선율, 아름다운 가창력, 밝은 영상을 통해 멤버들을 차례차례 아름답게 그려낸다. 잔잔함에 젖어드는가 싶었는데 후반부부터는 눈발 속에서 날라오는 얼음 결정, 얼음 덩어리와 맞서는 격렬한 장면이 몰아친다. 마지막에는 지구상의 인력까지 어그러져 화면이 기울어진다. 제목 그대로 '안티 로맨틱'이다. 이런 구조의 MV는 처음인데 **목소리**의 잔향이 한참 동안 우리 기억 속에 남는다.

3-7에서 살펴본 〈The Real〉을 부른 에이티즈의 2021년 작품 〈Deja Vu〉도 들어 보자. 일본어권에서는 '아치즈'라는 애칭으로도 많이 불리는, 2018년에 데뷔한 여덟 명의 남성 그룹이다. 윤호YUNHO로 시작하여 성문 폐쇄를 구사하는 산SAN, 고음으로 과감하게 돌파하는 종호JONGHO까지 아주 짧은 구절만으로 이미 우리를 에이티즈의 세계로 이끈다. 이어 우영WOOYOUNG, 여상YEOSANG으로 이어지며 차례로 변화무쌍하게 펼쳐지는 멤버들의 **목소리**가 압

●
TXT(투모로우바이투게더)
'ANTI ROMANTIC' Official MV

●★
ATEEZ(에이티즈)
- 'Deja Vu' Official MV

권이다. 홍중HONGJOONG과 민기MINGI의 전혀 다른 랩으로 이어지는 변모는 짙은 슬픔을 불러일으키는 듯하다. 민기의 속삭임과 성화SEONGHWA가 담당한 파트에서도 언어음의 재미에 빠져들 수 있다. 보컬과 랩이 전해 주는 서로 다른 **목소리**의 존재감이 절묘하다.

에이티즈의 모든 곡은 힘이 넘친다. 슬픔의 가장 깊은 곳을 건드리는 듯한 선율에 더하여, 동영상은 힘껏 육박해 오는 춤의 신체성을 놓치지 않는다. 낮게 엎드려 춤을 추는 듯한 로 앵글 카메라의 유연함, 비와 낙뢰 속에서 추는 치열한 춤. 아마도 K-POP 사상 가장 뜨겁고 에너지 넘치는 우중 댄스 장면일 것이다. 멤버의 진지함이 화면의 전체와 구석구석까지 뒤흔드는 것만 같다. MV의 구성과 편집도 훌륭하다. 혼신의 힘을 다한 에이티즈의 최고 걸작은 홍중의 강렬한 랩으로 마무리된다. '데자뷔', 우리는 무엇을 본 것일까.

〈불놀이야(I'm The One)〉 MV는 2021년 작품이다. 시작 부분부터 중간중간 삽입되는 배경인 사막의 색조가 영상 전체에 지속되지만 조형되는 공간은 오히려 촉촉한 느낌을 준다. 3:02 서 있는 멤버들을 잡은 롱 숏long shot이 매우 인상적이다. 세상은 폐허 같지만 느껴지는 것은 희망이다. 후반부로 갈수록 춤도 격렬해진다. 에이티즈의 작품에서는 언제나 랩의 힘이 극한까지 살아 있다.

〈Answer〉는 2020년 작품인데 이야기풍의 도입부에 이어 산부

• ATEEZ(에이티즈) - '불놀이야(I'm The One)' Official MV

• ATEEZ(에이티즈) - 'Answer' Official MV

터 종호에게로 반복되는 멜로디인가 싶더니, 갑자기 선율이 높이 솟아오른다. 그렇다, 이렇게 변화를 주어야 한다. 곧이어 랩과 함께 또 한 번 우리의 의표를 찌른다. 민기와 홍중의 랩이다. 다시 한 번 "건배하자 like a thunder"는 성화의 목소리다. 소리의 고저, 강약의 진폭이 커서 스케일이 웅장한 곡으로 완성되었다.

다만 아쉬운 점을 한 가지 덧붙이자면 2019년에 공개된 에이티즈의 〈WONDERLAND〉처럼 밀리터리 패션을 아티스트들에게 입혀서는 안 된다. 그런 패션은 에이티즈와 같이 보기 드문 아티스트들이 가진 재능을 MV가 망가뜨려 버린다. 후반부만 보면 마치 파시즘의 선전 동영상 같지 않은가? 가사가 아무리 긍정적인 내용이라 하더라도 패션으로 인해 전혀 정반대의 사상을 입어 버린다. 과연 이들이 2021년 〈Eternal Sunshine〉을 부른 똑같은 그룹으로 보이는가? 밀리터리즘의 위험성에 대해서는 8-2에서 자세히 논의한다.

2-8에서는 〈Savage〉를 비롯한 에스파의 수작을 살펴보았다. 에스파의 **존재론적 목소리**를 남김없이 들려주는 작품이 2023년 발표된 〈Drama〉이다. 윈터의 "Ya Ya"라는 목소리부터 시작하여 카리나, 지젤, 닝닝으로 이어지는 30초 남짓의 시간에 우리는 **존재론적 목소리**란 어떤 것인가를 실감하게 된다. 댄서들이 등장하는 구성도 큰 힘을 보태 준다. 화면에 춤 영상을 짜깁기하는 식으로 삽입하는 MV가 많은 데 비해 〈Drama〉 MV의 춤은 편집을 통해 동영상에 그저 삽입된 부분이 아니라, 없어서는 안 될 불가결의 구성 요소로서 시공간을 뒷받침하고 있다. 전체 색조를 검정색이

중심이 된 빨간색과, 면적은 작지만 의상의 나일블루Nile blue를 대비함으로써 동영상의 시공간을 극대화한다. 'drama'에 'trauma'를 겹치는 '말'성의 힘도 강력하다. 'drama'라는 말과 함께 들려주는 멤버들의 성문 폐쇄는 마치 우리를 끌어당기는 주문과 같다. 닝닝이 부르는 2:33 무렵은 가사 그대로 "다가온 climax"에 해당하며, 2:58 "yeah"라고 외치는 윈터의 목소리가 절정으로 치달을 무렵이면 우리의 온몸이 사로잡혀 있을 것이다.

에스파가 2024년 발표한 〈Supernova〉는 자동차 위로 사람이 떨어지는 장면으로 시작해서 우리를 놀라게 하지만, 다음 장면에선 카리나가 차 위에 누워 아무렇지 않게 웃음을 던지고 있다. 아티스트 각각을 초인적인 여성으로 그려낸 MV이다. 신체성을 극대화하면 이렇게 된다는 듯. 이러한 콘셉트는 아바타를 등장시키는 디지털 환상 노선보다 훨씬 호감이 간다. 윈터가 한 손으로 송출탑을 잡고 웃으면서 빙글빙글 도는 장면 등에서 보이는 카메라도 편집도 일급이다. 제목 속 'nova'(새롭다)라는 말 못지않게 의상도 영상도 무척 신선하다.

에스파가 〈Supernova〉로 승부수를 던졌다면, (G)I-DLE은 〈Super Lady〉를 내놓았다. 역시 2024년 작품인데 곡 첫머리부터 소연이 외치는 **존재론적 목소리**는 순식간에 우리를 작품 안으로 끌고 들어간다. 음악뿐만 아니라 검정색과 은색을 살린 MV도 박

●★
aespa에스파
'Drama' MV

●
aespa 에스파
'Supernova' MV

력이 넘치는 작품이다.

2023년에는 라필루스가 〈Marionette〉에서 들려준 **존재론적 목소리**를 꼽아 볼 만하다. 샨티, 유에, 하은의 고음과 서원, 베시의 중저음이 교차하는 변화는 쾌감 그 자체다. 박력 있는 비트에 애절한 서정까지 결합된 곡으로 "이 착해빠진 violins"가 들려주는 선율이 더없이 아름답다.

K아트, 인도 아대륙으로 — 멀티에스닉의 저편으로

2023년 5월에는 멀티에스닉의 궁극적인 형태라고도 말할 법한 작품이 등장했다. 블랙스완BLACKSWAN의 〈Karma〉다.

이 작품에서는 파투Fatou, 엔비NVee, 가비Gabi, 스리아Sriya 네 명이 등장한다. 세네갈, 미국, 브라질, 인도처럼 출신지도 전혀 다른 멀티에스닉한 멤버 구성이다. 한국어는 물론, 여러 언어를 사용할 수 있다고 한다. 이 곡의 가사는 한국어와 영어의 복수언어다.

MV는 인도 아대륙亞大陸의 미학이 가득 담긴, 지금까지 K-POP에서는 본 적 없는 작품이다. 동영상 속에 조형되는 공간의 인상

●★
(여자)아이들((G)I-DLE)
- 'Super Lady'
Official Music Video

●★
Lapillus(라필루스)
'Marionette'
Performance Video

●
[4K] (G)I-DLE - "Super Lady"
Band LIVE Concert 이 세상 모든 슈퍼레이디에게 전하는 곡
[It's KPOP LIVE 잇츠라이브]

부터 전혀 다르다. 파투가 구사하는 한국어와 영어 랩은 안정감이 있고, 가비가 소리 높여 부르는 "황홀한 이 순간"이라는 가사가 말해 주듯 잠시 황홀한 순간을 체험하게 한다. 인도를 배경으로 한 작품인데 보통 해외 로케로 찍은 MV에서 크리에이터들이 마치 여행자인 듯 방관하는 자세가 드러나면 흥이 깨지곤 한다. 하지만 이 작품은 그 위험을 피해 갔다. 인도 출신 아티스트인 스리야의 공이 컸으리라 생각된다. 중간중간 현지의 댄서들이 참여한 듯한 부분도 좋았다. 이들과 블랙스완이 함께 어울려 춤을 추는 장면도 보고 싶다. 이 작품에는 메이킹 비디오도 따로 있다.

다음 영상 〈Tonight〉은 2020년, 블랙스완이 다섯 명일 때의 작품이다. 멤버도 다르고 가사의 노선도 차이가 있지만 노래와 목소리에는 힘이 넘친다.

'번역'이 세계의 K-POP도, K-POP의 세계도 지탱하고 있다

지금까지 제4악장에서는 다성성을 드러내는 '목소리'나 멀티에스닉의 성격을 포함한 다원성을 중심으로 살펴보았다. 복수언어

●★
[BLACKSWAN]
'Karma' Official M/V

●
[BLACKSWAN]
'Karma' Official M/V
Making Film

●
[BLACKSWAN]
'Tonight' Official M/V

라는 성격 역시 K-POP의 특징 중 큰 비중을 차지하고 있다. 여기서 한 가지 중요하게 짚고 넘어가야 하는 점이 있다. '번역'이라는 주제다.

K-POP 관련 동영상에는 여러 언어권에서 팬들이 번역을 붙인다든지 사이트에 번역을 올리는 경우가 적지 않다. 일본에서도 일본어로 번역이 시도된 많은 동영상이 인터넷상에 올라 있다. 흥미로운 것은 이러한 번역에 대해 저작권자들이 저작권 침해의 문제를 엄격하게 제기하지 않는다는 점이다. K-POP 자본은 그런 비공식적인 번역이나 인용을 아주 너그럽게 용인해 온 것이다. 적은 금액이라도 저작권료를 회수하기 위한 절차에는 그만큼의 비용이 발생한다. 그러니 저작권을 주장하기보다 이렇게 다양한 언어로 번역해 주는 사람들의 활동이야말로 K-POP을 실질적, 경제적으로 크게 뒷받침해 준다는 점을 잘 알고 있기 때문이다. 그레이존이니, 무법천지니 하며 자주 욕을 먹는 YouTube 동영상이지만, 적어도 K-POP의 언어 측면에서 보면 기여도가 훨씬 더 클 것이다. 번역이 없었다면 오늘날 세계의 K-POP은 아마도 존재하지 않았을 것이다.

여러 언어로 번역이라는 행위를 수행하는 사람들이 있었기에 일본어권, 영어권 등 오늘날 타 언어권에서 K-POP의 융성이 가능했다는 점을 기억해야 한다. LAVnet은 언어로 지탱되며, 앞으로 나아가야 할 방향도 언어로 제시된다. 그리고 오늘날 그 언어는 '한국어' '영어' '일본어' 등 어떤 특정한 하나의 언어가 아니다. '노래'는 언어를 넘나들고, '언어'는 노래를 넘나들기 때문이다.

만약 번역이라는 행위가 이루어지지 않는다면, 거기에는 언어의 '형태'인 '말'이라는 소리만이 남게 될 것이다. 그러나 우리 인간은 '말'에 '의미'를 조형하고 싶어한다. '노래'에 매료되면 될수록 우리는 '의미'를 추구한다. 앞서 말했듯이, 사람이 말을 한다는 것은 의미의 조형을 촉구하는 행위이기도 하기 때문이다. 그리고 미지의 언어로 이루어진 '말'에 '의미'를 조형하기 위해서는 필연적으로 번역이라는 행위가 필요하다.

프랑스어권의 아방가르드 아티스트 브리지트 퐁텐Brigitte Fontaine(1939-)도 그 뜨거웠던 1969년 프리 재즈free jazz와 컬래버레이션한 명곡 〈라디오처럼Comme à la radio〉에서 이렇게 노래하지 않았는가. 그 뜨거웠던 1969년, 아방가르드적으로 번역해 보자:

Traducteur, traduisez [트라뒤크퇴르 트라뒤제]

번역가 분들, 번역하시오!

AI는 번역이 가능한가 — '형태'는 가능하지만 '의미'는 불가능하다

번역이라고 하면 오역과 관련해 이러쿵저러쿵 말이 많거나 "번역으로는 ○○어를 이해할 수 없다." "△△△어는 번역이 불가능하다."라는 식의 담론이 유령처럼 지구를 떠돌아다닌다. 이런 비관주의는 우선 잊어버려도 된다. 인류의 역사를 돌이켜 보자. 문자의 출현과 함께 이미 거기에는 번역이 배태되어 있었다. 기원전

196년 제작되었다고 추정되는 이집트의 로제타스톤도 신성 문자, 민중 문자, 그리스 문자라는 세 가지 '형태'로 기록되어 있지 않았던가. 번역은 이미 존재했다. 번역은 항상 존재했다. 우리보다 먼저 있었던 것이 번역이다. 세상은 번역으로 가득하다.

언어는 '형태'로 실현되기 때문에 사실 '형태'는 얼마든지 번역이 가능하다. 오늘날에는 기계 친화적인 '번역'까지 이루어지고 있지 않은가? 기계번역, 자동번역도 빠르게 발전한다. 한 언어의 '형태'를 다른 언어의 '형태'로 변환하는 것은 AI도 얼마든지 가능하다. chatGPT의 'T'가 무엇이었는가? 'transformer' 즉 'form'을 바꾸는 장치이다. 다만 그 형태가 각각의 '언어장'(→2-1)에서 사람마다 어떤 '의미'를 실현하는지, 어떤 '가치'를 가져다주는지, 혹은 어떤 '감동'을 낳는지는 전혀 다른 차원의 문제이다.

'형태'의 변환, 즉 '형태'를 바꿔 놓는 것만으로는 번역은 아직 완성되었다고 할 수 없다. '형태'를 치환하는 작업만을 대상으로 삼아서 번역을 논의해도 문자 그대로 '의미'가 없다. 그것은 아직 온전한 '번역'이 아니기 때문이다. 변환된 '형태'는 우리 인간이 거기에 '의미'를 조형해야만 비로소 '번역'이라는 행위, 즉 '언어'로서 완성된다. 언어의 치환태는 사람이 맞섬으로써 비로소 '번역'으로 구동되는 것이다.

예를 들어 YouTube의 자동번역은 우리가 조형하는 '의미에서 보면' 종종 어처구니없는 상황이 벌어지기도 한다. chatGPT를 비롯해서 이른바 대규모 언어 모델LLM(Large Language Models)은 '숨쉬듯 거짓말을 한다'는 말까지 있다. AI는 '형태'를 선택하고 있을 뿐이다. AI가 '의미'를 만들어 내는 것처럼 보이는 것은 선택된 '형태'에 우리가 '의미'를 조형해 주고 있기 때문이다. AI는 의미를 이해하지 않는다. 의미를 조형하지도 않는다. 의미는 우리 하나하나가 각자의 방식으로 조형하는 것이다. 물론 조형하지 않아도 되고 조형하지 못할 경우도 얼마든지 있다. 아무튼 '의미'는 우리의 것이다. 그러므로 인간이 번역을 하는 것이다. 그래서 우리가 번역을 귀한 일로 여기는 것이다.

번역은 활발하게 이루어져야 한다. 중요하게 논의되어야 하고, 한껏 즐겨도 좋다. K-POP이야말로 번역을 통해 공유되어 왔다.

반복하지만 말 자체는 의미를 갖고 있지 않으며, 우리들 인간에 의해서만 의미가 '이루어지는' 것이다. 그리고 슬프게도 '의미가 되지 않는' 경우도 있다. 사람이 말을 접하고 나서야 비로소 사람이 의미를 조형한다. 말은 항상 동일불변의 의미 같은 것을 내부에 가지고 있는 것은 아니다. 의미는 언어가 이루어지는 장소='언어장'에서 그때그때 우리가 조형하는 것이다. '의미'는 언제나 '말'의 저편에서 태어난다. 번역의 의미도, 번역가에 대한 존경심도 모두 사람이 존재하는 언어장을 빼놓고 이야기할 수 없다.

번역은 많을수록 좋다. 의미는 언제나 때와 장소에 따라 변용된다. 노래의 말도, 책의 말도, 번역의 말도 마찬가지다. 어느 때는 전혀 의미 없다고 해도 좋을 만큼 전혀 의미가 성립되지 않았던 '말'에 어느 때는 눈물을 흘린다. 말이 '가지고 있는' 의미가 변한 것이 아니라, 우리가 변한 것이다. 우리의 경험치가 변화한 것이다. 그러므로 우리가 조형하는 의미가 바뀐 것이다. 시는 변하지 않아도 시를 즐기는 나, 당신, 번역가는 변한다. 그러니 각자가 조형하는 의미대로 마음껏 변화해도 상관이 없다.

지금은 그냥 흘려 넘기는 K-POP 노래의 가사 앞에서 우리는 언젠가 눈물을 흘리고 있을지도 모른다. 그러니, 다시 그 노래를 들어 보자.

⑤

樂章

K아트의 시간

변화를, 변화를, 더 많은 변화를

K아트의 결정적인 특징은 예정조화를 배제하고 끊임없이 빠른 속도로 변용하는 점에 있다. 그중에서도 동영상에 다양한 색채를 고속으로 변화시키는 배색의 미학은 특기할 만하다.

소리 세계의 언어음이든, 빛 세계의 문자든 언어는 그것이 형태로 이루어졌을 때 반드시 '말' 자체를 지향하는 '말'성과, 말의 의미로 이야기를 구축하려는 '이야기'성이라는 두 가지 성격이 불가피하게 나타난다.

K아트의 작사법은 언어음의 재미, 말장난 등 '말' 자체의 재미를 항상 추구하려고 한다. 특히 상징시의 조각과 단편斷片으로 전체를 구성해 나가는 기법은 복수언어성까지 받아들임으로써 극대화된다.

끊임없이 변용하는 색채와 상징시의 조각조각을 축적해 나가는 기법은 K아트의 변화를 지탱한다. 변화란 시간축 위에서 본, 다원주의의 또 다른 명칭이다.

⑤

⑴

예정조화를 배제하라 — 변화라는 쾌락

제발, 네 소절 이상 같은 것을 반복하지 말아 다오

제0악장 '전주곡'(0-2)에서 이렇게 말했다. "제발, 네 소절 이상 같은 것을 반복하지 말아 다오." 아무리 멋진 말이든 근사한 선율이든 같은 것이 반복되는 것은 싫다. 예를 들어, 그럴싸한 전주가 네 소절이나 계속된다. 재미있는 후렴부의 선율이지만 여덟 소절이나 되풀이된다. 우리는 이미 그런 음악을 20세기부터 수없이 들어 왔다. 아무리 재즈의 전설 마일스 데이비스Miles Davis(1926-1991)라도 이제는 네 소절 이상은 버티기 힘들다.

이 테제는 K-POP의 핵심이다. 바꿔 말하면 이렇다:

예정조화를 배제하라

예정된 조화. 그렇다, 미리 정해져 있는 듯한 진행, 앞을 내다볼 수 있는 미래, 기시감 넘치는 과정과 귀결. 예정조화는 지루하다. 우리는 음악에서 항상 '신선한 놀라움'을 원한다. 음악을 통해 위로나 휴식과 같은 고요한 시간을 원할지라도 그런 고요함 속에서도 어딘가에서 신선한 변화를 기다리고 있다. 고요함이란 나태하게 굳어진 타성을 의미하지 않는다. 무미건조함을 의미하지 않는다. 그러므로 신선함은 꼭 크고 요란하지 않아도 된다. '아, 또야?'라는 생각이 든다는 것은 '반복'을 원하지 않는다는 말이다. 음악에서도 영상에서도 마찬가지다. 필요한 것은 변화다.

오늘날 K-POP MV의 한 가지 경향으로 곡의 단조로움과 진행의 예정조화를 영상으로 보완하려는 사고방식을 지적할 수 있다. 단조로운 도입부를 자극적인 영상으로 커버한다. 이제 그런 방식은 그만두자. 우선 곡 자체의 단조로움을 폐기하고 예정조화로 가득 찬 구성부터 새로 다시 만들자. 팬들 앞에 서는 날을 위해 연습에 연습을 거듭해 온 아티스트에게 너무 큰 실례가 아닌가. 선율을 듣고 나서 그다음에는 이렇게 진행되겠지, 하는 식의 청중의 예상은 최소화되어야 한다. 우리의 예상은 '항상' 뒤집어져야 한다. 예상과 어긋나는 만남, 거기서 오는 자극과 쾌감. 그것이 K아트다.

목소리와 노래의 변화 ― 예정조화를 파괴하는 K아트

예정조화를 배제한 변화란 어떤 것인가. 트와이스의 〈Doughnut〉이라는 작품으로 예를 들어 보자.

트와이스는 아홉 명의 여성 그룹이다. 일본과 타이완에서 온 멤버들도 참여하고 있으며, YouTube 조회수는 20곡 이상이 1억 회를 넘어서는 등 세계적으로도 경이로운 수치를 기록하고 있다. 오디션 프로그램을 통해 2015년에 탄생했다. 이제는 그야말로 K-POP을 이끄는 전사들이라고 하지 않을 수 없다.

〈Doughnut〉은 일본어 가사이므로 많은 한국 독자들은 일단 의미를 떠나서 순수하게 언어음만으로 접할 수 있을 것이다.

건반으로 연주하는 "다다단~"(C→E♭→F)이라는 저음 다음 이어지는 나연의 목소리. 잔잔한 목소리는 C#maj7(=D♭maj7)에서 Cm7으로 변화하며 아름답고 느긋한 선율로 네 소절을 시작한다. 20세기의 노래 같았으면 이만큼 아름다운 선율이라면 다음 네 소절을 끝부분만 제외하고는 아마 반복할 것이다.

하지만 이 곡에서는 나연을 이어받는 사나의 선율은 그 선율 중 처음의 한 소절과 반 소절만을 반복하고 그 뒤는 변화시킨다. 선율뿐만 아니라 리듬도. 노래의 제3 소절 F#maj7(=G♭maj7)을 향해 이번에는 세밀하게 16분 음표에 말을 새겨 실어 나간다. 이리

●★
TWICE
「Doughnut」 Music Video

하여 아주 사소한 순간이지만 인생을 새기는 템포의 밀도가 변용된다. 그런 변화를 따라 우리는 매료되어 간다. 예상을 뒤엎는 밀도의 이러한 변용은 20세기형의 목가적인 포크송 등에서는 거의 볼 수 없었던 체험이다. 아, 죄송하지만 이 책의 코드네임은 너무 믿지 마시기를. 너무 아름다운 코드 진행이라 이 정도일까 싶어 임시적으로 붙였을 뿐이니까.

두 번째로 나타나는 사나의 파트를 더 자세히 들어 보자. 처음 멜로디를 반복하는 것처럼 보이게 해 놓고, 갑자기 높은 음으로 튀어오른다. 이런 식으로 예상을 뒤엎는 쾌감을 불러일으키는 것이다. 보통 작곡가라면 이 정도로 아름다운 선율을 만들어 냈으면 한 번쯤 더 반복할 텐데. 작곡가 이름은 'ALEXISE KESSELMAN 외 여러 명'으로 나와 있다. 앞서 언급했듯 K-POP은 아티스트뿐만 아니라, 크리에이터도 완전히 멀티에스닉한 체제로 가는 경우가 적지 않다.

다시 노래로 돌아가자. 일본어로 '행복과 애절함'을 노래하는데 사나의 세 번째, 네 번째 소절에서는 음의 높낮이가 아주 빨리 변화된다. 음의 높낮이와 말의 관계를 살펴보면 일본어 도쿄 방언의 고저 악센트로는 절대 예측할 수 없는 선율이며, 20세기 트로트 시대에는 절대로 없었던 선율이다. 분명히 시에 선율을 붙인 것이 아니라 선율에 시를 새긴 것이다. 게다가 "na na na"라는 코러스가 갑자기 몰래 끼어들고(너무나 절묘하게), 코드 진행이 D#add9(=E♭add9 아마 E♭add9, 혹은 E♭69인가)에서 예정된 화음을 살짝 깨고 F7(이건 맞는 것 같다)이 올 때쯤에는 정말 울컥하지 않을 수 없다. 그리고 major에서 minor로 전조(또다시 변화를! 이 역시 기가 막히다)한다.

이런 변화를 탄탄히 뒷받침하는 멤버들의 목소리와 노랫소리가 사랑스럽다. 가성을 아로새기는 보컬도, 가사도 일품이다. 1:27부터 등장하는 정연은 작은 소리로 불러도 언제나 존재감 넘치게 우리를 자극해 주는 목소리의 소유자다. 2:30부터는 다성적인 구성으로 음악적 우주가 확대된다. 그런 다음에 2:50쯤에 이미 잘 알려진 바와 같이 가창력이 어마어마한 지효가 "하트"를 소리 높이 부를 때는 거의 전율이 느껴진다. 아, 더 들려주겠지, 하는 예상을 단숨에 무너뜨리고 조그만 놀라움을 안겨 주는 다현으로의 전환(3:02), 그리고 바로 뒤따르는 사나의 목소리! 예측 가능한 선율과 진행 따위는 하나도 없다.

나연-사나로 시작된 노래를 이번엔 정연-쯔위의 목소리로 들려준다. 결코 과장되게 흥을 표현하지 않는 절제된 자극이지만 듣는 이의 쾌감은 이어진다. 예정조화를 깨는 미세한 변화로 노래를 차곡차곡 쌓아 간다. 왜 이토록 전 세계가 트와이스에 공감하는지 알 수 있는 여러 답 중의 하나를 여기에서 찾을 수 있다.

마음에 생긴 구멍을 도넛이라는 은유만으로 표현하여 이런 밀도 높은 곡이 만들어진다는 점도 놀랍다. 마치 도넛이 트와이스를 상기시키기 위해 존재했던 것 같다면 너무 과장된 말일까.

K-POP은 재즈처럼 연주자 개개인이 아나키한—물론 재즈에도 정해진 큰 틀은 있지만— 즉흥 연주로 예정조화를 파괴해 나가는 음악은 아니다. 예정조화를 차례차례 아주 조금씩 파괴해 나간다.

그것도 매우 섬세한 방식으로. 조형의 큰 틀은 미리 주어져 있는데—그것도 대부분 대단한 역량을 가진 몇몇이 모여서 만든다—예정조화를 깨뜨리면서도 한편으론 통합된 모습으로 전체의 조형을 이뤄간다. 이것이 바로 K아트의 작법이다.

설명이 조금 부족했을지도 모르겠다. 바꿔 말하면 이렇다. 하나의 음악장에 새로운 요소들이 서서히 우르르 몰려오는 그런 목가적인 방식이 아니다. K-POP은 서로 다른 음악장에 존재하는 여러 겹의 레이어를 미리 준비해 놓고, 차례로 뒷면의 레이어가 순식간에 앞쪽으로 펼쳐져 나오고, 표면의 레이어는 아주 빠른 속도로 차례로 변모하는 장치를 마련했다고 볼 수 있다. 실제로 곡을 만드는 과정은 여러 가지겠지만 적어도 듣는 사람에게는 그런 구조로 다가온다. 다층 구조로 이루어진 조형이 마치 거대한 입체적 건축물과도 같은 다원성을 지탱하고 있다. 나아가 그렇게 큰 구조 속에 아기자기하고 사랑스러운 변화도 곳곳에 숨겨 놓았다. 그런 점에서 〈Doughnut〉은 보석같이 아름다운 작품이다. 예정조화를 파괴해 나가는 이런 조형물에 마음 한구석이 흔들린다면 이미 우리는 K아트의 즐거움 속에 빠져 있는 것이다.

다다적인 파괴력의 등장 — 엔믹스

변화를 이야기하려면 누구보다 엔믹스NMIXX를 보아야 한다.

엔믹스는 2022년 2월에 〈O.O〉로 데뷔한 일곱 명의 여성 그룹이다. 현재 여섯 명으로 활동하고 있다.

미래파적, 다다Dada적인 시각을 극한까지 밀어붙이면 이런 작품이 탄생한다. 이 MV 한 편으로 이전의 모든 K-POP MV가 과거의 것이 되고 말았다. 한 곡 분량 안에 서로 다른 성격의 곡 세 편이 담겨 있다. 마치 전체가 매시업mash up으로 들릴 만큼 변화의 폭이 큰 K아트이다.

안개가 자욱한 바닷가 폐선 앞에 지니JINI를 중심으로 짠 일곱 명에게 다가가는 카메라, 곧이어 왼쪽부터 지우JIWOO의 손이 만들어 내는 조형, 다리를 앞으로 쭉 뻗는 규진KYUJIN을 축으로 한 구도가 눈에 띈다. MV 사이사이에는 '눈'이 핵심적인 신체 기관이라는 주장이 선명하게 자리잡고 있다. 세 사람의 강렬한 '눈'과 시선을 통해 우리를 끌어들이는 음악과 춤. 30초도 채 되지 않는 시간만으로도 우리는 미지의 세계 속으로 빨려 들어간다. 힘이 넘치는 목소리와 리듬감, 춤이 이뤄 낸 신체성으로 도달한 승리의 30초다.

폐공장 앞에 선 해원HAEWON이 또 다른 질감의 목소리로 이어받으며 콜라캔을 뽑아 던져 주면 그곳에는 도시를 쌍안경으로 바라보는 배이BAE, 그래피티가 가득한 건물과 건물 사이에 서 있는 설윤SULLYUN이 등장한다. 참고로 다른 곡을 커버한 라이브로 들어보면 알겠지만 설윤은 K-POP에서는 보기 드문 '트로트적 목소리'

•
NMIXX
"O.O" M/V

를 만들어 낼 수 있는 멤버다. 추상적인 공간의 중앙에 서 있는 릴리LILY와 상징적으로 배치된 도미노. 뚫고 나오는 듯한 릴리의 고음. 많은 가수들이 그렇듯, 고음만으로 만족하지 않는 것이 이 곡 〈O.O〉이다. 곳곳에 지니의 속삭이는 듯한 저음이 뿌려져 있다. 그리고 규진이 거대한 벽을 몸으로 부수는 순간이야말로 기존의 모든 인습을 과거로 만들어 버리는 상징이다. 대단한 곡이다. 고음역을 질주하는 릴리의 목소리에 지우가 중저음으로 다가온다.

무너진 벽 너머에는 한순간의 침묵, 그리고 지니가 "NMIXX!"라고 외치는 선언을 기점으로 장면은 놀랍게도 180도 전환한다. 투명한 물고기들이 공중을 헤엄치는 예쁜 방, 하늘로 뛰어오르는 친구를 배웅하면 바깥은 꽃이 땅을 메워 가는 동화 속 세상이 펼쳐진다. 경쾌한 리듬 속에서 멤버들이 팔을 휘젓는 몸짓만으로 우리도 같이 하늘로 따라 올라갈 수 있을 것 같다. 공중에 떠 있는 섬 위에서 한 명씩 노래를 부르며 모여드는 멤버들, 하늘 위에서 설윤이 뛰어내리면 방에서는 멤버들이 팔로 그네를 만들어 "재밌지 않니?" 하며 태워 준다. 하늘을 찌를 듯한 규진의 목소리 다음에는 또다시 하늘의 섬으로 올라가 해원을 중심으로 일곱 명이 모여든다. 부드러운 가성에서 릴리의 날카로운 고음으로 이어지며, 2:22쯤에는 지우가 반쯤 옆으로 누워서 왼쪽 다리를 높이 회전시키며 그리는 궤적에 따라 하늘 위 섬에서 밤거리로 바뀌며 3부가 시작된다. 이렇게 장면과 의상을 전환하는 편집 솜씨가 절묘하다. 신체가 장면을 전환시키는 것이다. 물론 비트도 멋지게 호응하고 있다.

제3부라고 할 수 있는 밤거리 장면은 음악과 목소리에 박력이 넘쳐 난다. 여기서는 노래의 다성성이 전면적으로 전개되고 안무가 만들어 내는 몸의 요동에도 힘이 넘친다. 어두운 하늘에는 라이트를 동그란 눈처럼 켠 자동차가 비스듬히 아래를 비추고 있다. 그렇다, K-POP MV에서는 낡은 미국 자동차의 레이싱 같은 건 이제 질려서 못 보겠다. '소품은 이런 식으로 써야지'라는 생각이 절로 든다. 제목 'O.O'는 바로 눈의 은유였던 것이다. 이렇게 상징적으로 조형하는 아티스트들의 시선, 그리고 눈의 힘.

쉬르레알리슴(프)surréalisme, 즉 초현실주의나 가상현실적인 이마주를 만드는 데 너무 빠지지 않은 것이 오히려 좋다. 다다적인 파괴력을 극한까지 살리려고 혼신의 힘을 다해 만든 세계상이다.

응축된 시간 속에서 전개되는 격렬한 변화에 제대로 따라가지 못했다고 한탄할 필요는 없다. MV에서 진행되는 소리와 빛과 신체 변용의 압도적인 속도감 때문에 필자의 설명도 정신 없이 이어졌으니까. 따라갈 수 없다고 생각하는 것은 우리가 지금 이 순간에도 어떤 '이야기'나 '스토리'를 조형하려고 하기 때문이다. '어? 이게 뭐야?' '이건 어떻게 된 거야?' 하면서. 하지만 그럴 필요는 없고 또 그럴 의무도 없다. 왜냐하면 '이야기'를 파괴하고자 하는 것이 바로 '다다'이기 때문이다. 길들여진 우리의 감성, 빈곤한 감성으로 짜여진 '이야기' 따위는 필요없다고 선언하고 있는 것이 '다다'이고, 이 작품 〈O.O〉이기 때문이다. 우리는 '목소리' 그 자체, '노래' 그 자체, '신체성' 그 자체, 그리고 조형되는 '세계상' 그 자체, 그리고 그것들의 동적인 변화를 마음껏 즐기기만 하면 된다. 그러면 변화란 시간선상에 나타난 다원주의의 또 다른 명칭이라는 사실을 깨닫게 될 것이다.

다다와 엔믹스의 다다 혁명

다다란 무엇인가? 여기에 답을 주는 훌륭한 선구자가 있다. 다다이스트 시인이라 불리는 이상李箱(1910-1937)이다. 이상은 일본이 전면적인 침략을 시작한 해, 즉 대한제국이 멸망한 1910년 서울, 그 이름도 슬픈 사직동에서 태어났다. 사직社稷은 나라라는 뜻이니 무슨 인연일까. 결국 이상은 도쿄에서 불령선인(사상이 불온한 조선인) 혐의로 체포되어 한 달 정도 구금되었다가 객사했다. 오늘날 그의 이름은 '이상문학상'이라는 명칭으로 기리고 있다.

이상이 일본어로 쓴 시 한 구절을 적어 보자:

紙製ノ蛇ガ紙製ノ蛇デアルトスレバ

▽ハ蛇デアル

すりっぱガ地面ヲ離レナイノハ余リ鬼気迫ルコトダ「▽ノ遊戯—」

林檎一個ガ落ちた。地球は壊れる程迄痛んだ。最後。

最早如何なる精神も発芽しない。「最後」

한국어로 번역해 보자. 미리 말해 두거니와 번역자의 역량 부족으로 도통 종잡을 수 없는 뜻이 된 것이 아니라 원문의 일본어가 처음부터 이렇게 쓰여진 것이다:

종이로 만든 뱀이 종이로 만든 뱀이라면

▽는 뱀이다

슬리퍼가 땅을 떨어지지 않는 것은 너무나도 귀기가 서리는 일이다「▽의 유희」

사과 한 개가 떨어졌다. 지구는 망가질 정도로 상하였다. 마지막.

이미 어떠한 정신도 발아하지 않는다.「마지막」

흥미롭게도 일본어로는 가타카나, 히라가나, 한자, 그리고 기호까지 네 가지 표기를 사용하고 있어서 더욱더 파괴적이라 한다면, 한국어 쪽은 훨씬 '시적인 느낌'이 살아 있다. 어쨌든 간에 이른바 맥락은 없는 시이다.

이상의 시에서는 지루한 '이야기' 따위는 불필요하다는 것을 알 수 있다. 지금껏 우리는 시에도, 그림에도, 그리고 음악에도 너무 '이야기 짓기'에 길들여져 온 셈이다. 예를 들면 반 고흐Vincent van Gogh(1853-1890)의 그림을 화가의 전기나 화가를 중심으로 그린 문학 작품, 평론으로 읽는다면 그것이 그림을 '이야기'로 읽는 작업이다.

흔히 미술사나 예술사에서는 다다가 쉬르레알리슴을 낳았다느니, 파괴 다음에 다른 무엇인가를 만들어 냈다느니 하는 식으로 다다 자체로서가 아니라 과정으로서의 의의를 중심으로 논의해 왔다. 하지만 그런 20세기적인 미학은 K아트와는 무관하다. 다다는 그 자체로 대단하며 매력적인 것이다. K아트는 K아트 자체로서 매력인 것처럼. 우리는 사상도 감성도 부드럽고 유연하게, 나긋나긋하게 품고 있어도 좋다. 말과 의미의 관계, 특히 이상의 시 작품 속의 말과 의미의 관계에 대한 자세한 논의는 『언어존재론』 제7장에서 참조할 수 있다.

〈O.O〉의 〈it's live〉 동영상에서는 라이브로 멤버의 가창력을 충분히 감상할 수 있다. '생live으로' 아주 큰 세계상을 조형하고 있기에 MV에 전혀 뒤지지 않는 밴드의 역량에 놀랄 따름이다.

그 외에도 KBS 라디오 'CoolFM' 같은 방송에서 라이브로 마이크를 잡은 엔믹스를 들어 보면, 15~19세인 각 멤버의 노래 실력이 얼마나 대단한지 알 수 있다. 판소리를 연상시키는 배이의 목소리에 힙합과 가요를 섞어 놓은 듯한 지우의 노랫소리가 뒤따르면, 마치 트와이스처럼 다양한 변신을 보여 주는 것 같다. 여기에 릴리의 고음이 결정적인 역할을 하며 가세하면 그 다양성과 충격, 변화가 더욱 자극적으로 다가온다. 가사 전체에 의성어, 의태어가 난무하고 영어의 음절 끝 자음으로 자르는 날카로움에 더해 "날·꼭·잡아 잡아 잡아"처럼 한국어의 음절 끝 자음을 날카롭게 끊어 발음하여 그 맛을 살려 준다.

엔믹스가 블랙핑크의 〈Kill This Love〉를 커버한 〈it's Live〉를 들으면 전율이 인다. 특히 1:18-1:21 부분은 압권이다. 퍼커션과 드럼을 효과적으로 살린 밴드의 연주도 뛰어나며 3:28부터 이어지는 기타 연주도 멋지다. 같은 2022년 작품 〈占(TANK)〉도 약간 이단 종교 같은 노선이 가미되어 있어 볼거리, 들을 거리가 충분한 작품이다.

이 정도의 역량이 모이면 혁명적인 신보를 만들고 싶다는 욕심도 생긴다. 만약 엔믹스가 현재 블랙핑크 정도의 연령대인 25~27세에 이르면 도대체 어떤 일이 벌어질까? 새로운 세계상을 차례로 조형해 나가는 아트디렉션=미학의 자기변혁이 얼마나 가능해질까. 예술가들이 미학을 다시 쓰는 것일까, 미학이 예술가들을 변화시키는 것일까? K아트의 미래는 어떻게 될까?

●
[4K] NMIXX
- "O.O" Band LIVE Concert [it's Live] '갓' 신인 짱믹스의 밴드라이브
[It's KPOP LIVE 잇츠라이브]

●
[4K] NMIXX - "Kill This Love(by BLACKPINK)"
Band LIVE Concert [it's Live] 초대형 루키의 블핑 커버
[It's KPOP LIVE 잇츠라이브]

●
NMIXX(엔믹스)
"TANK" M/V

⑤

---

②

K아트, 그 색채의 미학

색채 미학의 혁명 — K아트로

K-POP이 음악이라는 틀, 즉 소리의 세계를 벗어나 K아트라는 통합적이고 새로운 우주로 확장할 때, 빛의 세계에서도 문자 그대로 눈부신 발전을 이룰 수 있었다. 바로 색채의 미학이다.

변화라는 동태는 소리뿐만 아니라 빛과 색채의 변용 속에서도 나타났다. 말하자면 색채를, 아니 색채의 코디네이션을 변용하는 것이 K아트의 결정적인 특징으로 나타난 것이다. K아트에서 동영상의 디자인, 색채와 그 변용은 생명선이라 말할 정도로 중요하다. 이러한 K아트의 미학은 K-POP MV뿐만 아니라 CD나 DVD를 비롯해 다양한 굿즈처럼 사람이 접할 수 있는 체험 장치에까지 철저하게 구현되고 있다. 그룹명 로고에서 시작해서 K-POP 관련의 모든 디자인이 높은 수준을 자랑한다. CD, DVD의 디자인이나 굿즈 디자인만 따로 모아도 강렬한 전시회를 개최할 수 있을 정도이다.

K아트는 미술전시회의 존재양식을 바꿔 놓을 수 있다 — 새로운 코레아네스크로

K아트 MV의 한 장면을 스틸 사진으로 모아도 일반적인 미술 전시회를 훨씬 능가하는 묵직한 작품 전시회를 열 수 있을 만큼 K아트는 진화하고 있다. 음악과 동영상이 없어도 전시회가 가능할 정도로 K아트의 미학은 지극히 높은 수준에 다다르고 있는 셈이다.

사진전은 정지된 이미지만으로 구성되기 때문에 보통 크게 확대해서 전시할 필요가 있다. 큰 사이즈뿐만 아니라 화면의 디테일까지 즐기고 싶기 때문이다. 하지만 평범한 현대미술이나 파인 아트보다 K아트에서 제시하는 순간순간의 영상이 훨씬 더 재미있고 또 심오할 것이다.

그뿐만 아니다. 아마도 세계 속 팝 컬처의 미학 중에서도 자신만의 방향성을 가지고 돌출된 표현양식을 K아트를 통해 만날 수 있을 것이다. 마치 미술사의 한 유파, 다시 말해 리얼리즘, 인상파, 추상미술, 팝아트, 개념예술처럼. K아트는 표현상의 독특한 표현양식과 스타일을 확실하게 제시하고 있으며 그러한 스타일을 견인하는 것이 바로 K아트의 '색채'다. 제6악장에서 다시 설명하겠지만 그러한 특징적인 표현양식과 스타일을 일단 '코레아네스크 Koreanesque'라 부르기로 하자. 물론 K아트로 전시회를 연다면 정지된 이미지만으로 구성할 필요는 전혀 없다. K아트는 존재 자체가 언어와 소리와 빛과 신체성을 통합한 동적인 아트이기 때문이다. 젊은이부터 고령층까지, 국적을 불문하고 많은 사람들이 즐길 수 있다. 사진이 있고 그림이 있고 물건을 만질 수 있는가 하면, 동영상도 볼 수 있고 야외에서는 춤까지 출 수 있는 전시회, 지금까지 전혀 없었던 전시의 존재양식을 함께할 수 있을 것이다. K-POP이 아트의 사적 소유 형태를 바꿔 놓은 것처럼, 전시회의 존재양식도 완전히 새로워지는 것이다. 전시회의 제목? 이러면 어떨까. 〈K-POP 원론 : K아트의 우주〉

민희진 이전과 이후

오늘날 K아트의 미학은 민희진이라는 여성을 빼놓고는 이야기할 수 없을 것이다. 알려진 바에 따르면, 민희진은 2000-2019년 사이에 소녀시대, 샤이니, f(x), EXO, 레드벨벳, NCT 127 등 많은 아티스트를 담당했다. 단지 시각적 분야를 넘어서 통합적인 미학적 실천에 관여하고 주도한 것으로 알려져 있다. 현재는 BTS의 소속사인 HYBE 계열, 어도어ADOR의 CEO로 활약 중이다. 2024년, HYBE와의 분쟁으로 K-POP 이외의 세계에서까지 유명해진 감이 있다. 아무튼 말 그대로 K-POP의 통합적인 아트디렉션을 만들어 온 인물이다. '민희진 이전과 이후'라는 말이 사람들 사이에 회자될 정도로 K아트 크리에이터계의 신화적 존재다. 요컨대 민희진의 등장으로 사람들은 LAVnet 시대의 예술이 어떤 것인지, 음악이 음악만으로 독립되어 있지 않다는 것을 새삼 깨닫게 된 것이다. 인터뷰에서 했던 "엔터테인먼트 업계에서 일을 하면서 이건 될 거라고 생각해서 시도했는데 안 된 경우는 한 번도 없었다."와 같은 자신감 넘치는 발언도 많이 알려져 있다.

EXO가 〈으르렁(Grow)〉(→2-5)으로 신체성을 만천하에 드러내던 그 무렵, K-POP MV의 세계에 획기적인 작품이 나타났다. f(x)의 〈첫 사랑니(Rum Pum Pum Pum)〉이다. 낡은 시대는 가고 드디어 LAVnet의 시대로 본격 진입한 시기의 작품이다. f(x)는 출발 당시에는 5명, 2015년 이후는 4명으로 활동한 멀티에스닉 그룹이다.

한 인터뷰에서 민희진이 사람들은 자기가 기획한 음악 중 f(x)의 작품들만 거론한다고 쓴웃음을 지은 적이 있는데, 그만큼 그것이 혁명적이었다는 방증이기도 하다. 한국어 제목은 〈첫 사랑니〉인데 사실 여기에 담긴 수사적인 재미는 번역해서는 희미해진다. '첫사랑'과 '사랑니'라는 단어를 이용한 말장난은 한국어 화자에게는 설명할 필요도 없겠지만 비한국어 화자들에게는 설명이 필요하다. 참고로 일본어로는 사랑니를 오야시라즈親知らず라 한다. '부모 잊어버리기' 정도의 뜻이다. 커서 나는 치아라서 이렇

•
f(x) 에프엑스
'첫 사랑니(Rum Pum Pum Pum)' MV

게 부르게 됐다고 한다. 한국에서는 첫사랑의 아픔과 사랑니의 고통을 멋지게 연결시켰다. 한국어에는 재미있는 말장난이 많은데 K-POP을 둘러싼 언어는 말의 앤틱스라고도 말할 법한 이러한 수사적인 유희를 선호한다. K-POP 주변의 말들 속에는 조그마한 수사의 미학이 여기저기 숨어 있다.

〈첫 사랑니〉는 2013년의 작품이라고는 믿기지 않을 정도이다. 초반에 등장하는 아티스트 다섯 명의 각각 다른 머리 스타일과 의상의 색감부터가 세련됐다. 신발의 차이까지 바로 눈에 띌 정도다.

무대 배경은 채도를 억제한 은색 같은 색채 중심으로 꾸미고, 직선으로 구성된 근미래적인 물체를 배치했다. 이런 배경 색과 텍스처가 앞 세대 아티스트의 색채와 뚜렷한 대비를 이룬다. 흔적 없이 잊혀진 MV를 보면 알 수 있듯이, 이러한 근미래적인 조형 안에서는 신체성이 파괴되기 쉽다. 그런데 이 작품에서는 오히려 신체적 존재감이 돋보이게 조형되어 아티스트 개개인의 매력이 부각된다. 아티스트들을 얼마나 소중히 여기는지 절실하게 느껴진다. 색채의 동적인 변화도 주목할 만하다. 놀랍게도 무대는 1:26, 1:57, 2:17-2:22 같은 장면에서 약간의 변화를 주거나 카메라를 크게 회전할 뿐이며, 기본적으로는 아티스트가 무대에서 춤을 추고 있을 따름이다. 그런데도 3:17라는 전체적인 분량을 지루함 없이 이어 간다. 거듭 말하거니와 '2013년' 작품이다. 새로운 시대의 새로운 색채였다. 흥미롭게도 이젠 이런 배색조차 이미 과거의 것으로 느껴질 정도로 K아트의 색채는 맹렬한 속도로 변화하는 중이다. 참고로 몇 장면을 추출하여 컬러 팔레트를 작성해 보면 이 작품에서 사용된 배색의 묘미를 알 수 있다. 팔레트는 사용된 색채의 표시인데 이러한 색채가 화면에서 어떤 면적을 차지하고 있는지, 시간이 표시된 MV의 각 장면과 함께 보면 흥미로울 것이다(권두 컬러 페이지 그림 참조).

〈첫 사랑니〉를 설명하면서 작품의 시각적인 면만 언급했는데 그만큼 청각적인 면보다 시각적인 면이 힘을 발휘한 사례라고 할 수 있다.

색채 변화의 쾌감을 제대로 느끼게 해 주는 작품으로는 2011년 발표된 〈Hot Summer〉가 있다. 전차를 검은색과 형광 핑크색으로 감싸는 등 강렬한 '반전' 메시지를 높이 내세웠다는 점에서도 K아트 역사상 획기적인 작품으로 꼽을 수 있다. 2018년 작품 블랙핑크의 〈뚜두뚜두(DDU-DU DDU-DU DDU-DU)〉에서도 제니가 은박지로 감싼 탱크 위에서 랩을 하고 있는데(→0-1, 동영상 1:34부터), 분명 f(x)의 〈Hot Summer〉에 대한 오마주다.

멤버 다섯 명이 한국어의 음절 끝 자음을 비개방으로 발음하는 '핫'[ha^{t}]은 일본어 화자들에게는 [하, 하]라는 구호를 반복하는 것처럼 들린다. 전술했듯이 베이징어 화자나 일본어 화자처럼 [^{t}] 같은 음절 끝 자음이 없는 언어의 화자는 일반적으로 한국어의 비개방 음절 끝 음을 알아듣기 어렵기 때문이다. 혀끝을 윗 앞니나 잇몸에 딱 붙이고 멈추고 있는데, 동영상만으로도 혀의 모양을 확

•
f(x) 에프엑스
'Hot Summer' MV

인할 수 있다. 언어음의 이런 모습까지 발견하게 되면 아마 비한국어 화자에게는 또 다른 새로운 재미로 느껴질 것이다.

안무에도 주목해 보자. 요즘의 안무는 집단이 구성하는 포메이션이 아주 크게 움직이는 것이 일반적인데 이 당시에는 아직 개개인의 동작 위주로 구성되어 있었다. 그러면서도 신체성은 확실하게 부각되어 있다.

10년 후의 민희진 — NewJeans의 등장

〈Hot Summer〉나 〈첫 사랑니〉 등의 충격 이후 10년. 2022년에는 K-POP에 또다시 충격적인 새바람이 불어왔다.

뉴진스는 2022년 7월에 HYBE/ADOR에서 데뷔한, 민지MINJI, 하니HANNI, 다니엘DANIELLE, 해린HAERIN, 혜인HYEIN으로 구성된 다섯 명의 여성 그룹이다. 여러 번 언급했듯, 멀티에스닉 성격이 강한 K-POP은 일본과 중국은 물론 태국과도 이미 탄탄한 관계를 맺고 있다. 뉴진스 역시 멀티에스닉 그룹인데 하니를 통한 베트남과의 관계 또한 반갑다.

데뷔곡 〈Attention〉 MV는 인공적인 느낌을 뒤로 숨기고 자연스러운 분위기를 살렸다. 하지만 의상과 배경, 그리고 색감은 극

•
NewJeans(뉴진스)
'Attention' Official MV

한까지 치밀하게 계산되어 있는데, 이 부분이 바로 민희진다운 면모일 것이다. 화면의 구도는 물론, 의상도 색채도 한순간도 눈을 뗄 수 없을 정도의 맹렬한 속도로 전개된다. 카메라의 역량도 주목할 만하다. 언뜻 보기에는 그다지 특별한 점이 없는 구성처럼 보일 수 있지만, 이토록 빠른 전개 속에 아티스트 각각의 존재를 선명하게 새겼다는 점에서 대단하다. 수많은 MV를 접하다 보면 우리는 종종 욕구불만에 빠지곤 한다. 카메라가 아티스트를 찍는다고 해서 아티스트의 특징이 모두 살아나는 것은 아니다. 때로는 의상이 아티스트를 망가뜨리기도 한다. 수많은 영상 작품이 오히려 아티스트의 매력을 죽이는 실패작이 되기도 한다. 매달 쏟아져 나오는 수많은 MV를 보면 아티스트를 제대로 살리는 동영상을 만드는 것이 얼마나 어려운지를 쉽게 알 수 있다. 이 동영상에서는 카메라 워크, 의상, 메이크업까지 온갖 요소가 아티스트를 소중히 살려 내고 있다. 특히 그들의 존재감이 밝게 그려져 있다는 점은 주목할 만하며 민희진의 역량을 여기서 재확인할 수 있다.

MV 공개 당시에는 이름을 포함해 아직 아티스트들의 구체적인 정보를 공개하지 않는 전술을 사용했다. 도대체 이름이 뭘까, 어디 출신일까. 그렇게 전 세계의 관심을 끄는 데 성공했다. 티저 영상 등을 이용해서 정보를 조금씩 공개해 나가는 수법은 요즘 많이 사용되고 있다.

노래 자체도 말하자면 '자연주의' 노선을 취해 과한 꾸밈이나 박력 같은 것이 억제되어 있다. 그렇기 때문에 마치 아티스트들의 잠재력을 숨기려는 듯 보이지만, 특히 후반부 다섯 명의 목소리가 얽히면서 전개되는 부분을 들으면 뛰어난 역량이 자연스레 배어 나온다.

한 가지 덧붙이자면 이 MV의 4분의 1가량을 차지하는 인트로는 필요 없어 보인다. 이른바 '스토리텔링'을 담기 위해 '이야기'를 구성하는 그럴싸한 도입부를 넣었는데, 이미 어디서 본 듯한 기시감에 가득 차서 무슨 이야기를 하고 싶은지 의도가 뻔히 드러나기 때문이다. 다른 밴드를 등장시킨 것도 그다지 좋은 선택은 아닌 것 같다. 영화가 아니라 음악을 핵으로 하는 동영상 작품이기 때문이다. 도입부만 본다면 〈Attention〉은 그다지 신선한 작품이 아니다. 아티스트의 존재감을 충분히 살렸다고도 볼 수 없는 것 같다. 기다리는 곡이 좀처럼 시작되지 않는다. 만약 뉴진스가 민희진이 기획한 그룹이라는 사실을 미리 알지 못했다면, 필자와 같은 감성의 소유자, 혹은 인내심이 부족한 청중은 도입부만 보다가 다른 MV를 클릭했을지도 모른다. 하지만 1:06부터 이 작품의 진면목이 드러난다. 흥미롭게도 이 사실은 YouTube의 리플레이 그래프에서도 잘 드러난다. 도입부는 두 번 볼 필요가 없다는 냉철한 표명이다.

글자, 즉 '쓰여진 언어'는 도형도 그림도 아니다

〈Attention〉 자체에선 조금 벗어나는 이야기지만 MV에서는 아티스트들의 의상의 변화 자체도 무척 흥미롭다. 의상에는 영어를 비롯한 글씨가 곳곳에 등장한다. 물론 많은 패션 브랜드들이 그러하듯, 여기서 문자는 패션의 일부분일 뿐이다. 소박하게 말해서 '멋있어 보이겠지'라고 생각해서 사용한 것이다. 말하자면 '도형'처럼 쓰여진 것이다.

그러나 도형이 아니라 글자라는 점, '쓰여진 언어'(→1-1)라는 점은 아무도 부정할 수 없다. 예를 들어 '사랑'이든 '조심'이든 '○○대학교'든 '출입금지'든 무엇이든 상관없다. 아티스트가 한글로 쓰여진 셔츠를 입고 MV에서 춤을 추고 있다면? '글자'로서의 한글을 계속 접하면서 자라 온 한국어 화자는 싫든 좋든 그 글자를 읽게 될 것이다. 아니, 글자들은 곧바로 '말'로 나타나고 우리는 맹렬한 속도로 거기서 '의미'를 찾으려고 할 것이다. 그래서 한국어권에서 영어가 적힌 의상은 패션으로 그냥 넘어갈 수는 있어도, 한글이 적힌 의상은 단순히 패션으로 활용하기 어렵다. 벽에 적힌 낙서도 마찬가지다. K-POP MV에는 벽에 그려진 그래피티가 많이 등장하는데 대부분 영어인 경우가 많다. 한글로 썼다가는 다들 그 한글에서 의미를 찾곤 할 것이다. 한국어권에서 자란 한국어 화자들에게는 한글은 도형도 그림도 아니기 때문이다. 마찬가지로 영어권 사람들에게 영어는 단순한 도형이 아니다. 거기서 순식간에 '의미'를 조형하게끔, 경우에 따라서는 의미를 찾게끔 강요하는 장치이다.

K-POP의 많은 작품에 문자가 쓰여 있다. 그 문자가 정말로 필요한 것일까? 그냥 의상을 입힌다고 생각했는데, 그 의상에 쓰여

진 언어가 '읽힘'으로써 사실은 전혀 다른 의미의 조형화를 가져오거나, 작품 감상에 불필요한 잡음을 일으키고 또는 우스꽝스러움을 낳지는 않을까?

이러한 설정은 K-POP이 한국어권에서만 향유되던 시대에는 거의 문제도 되지 않았다. 그러나 이제 그런 시대는 지나갔다. 이미 영어권을 비롯하여 한국어권 외의 다른 언어권에 K-POP이 활짝 개방되어 버렸다. 아이콘으로서의 도형이나 사진이 위험한 것처럼 '쓰여진 언어'로서의 문자도 위험한 것이 되고 말았다. 문자에는 항상 의미가 따라다니고 의미가 조형되기 때문이다.

참고로 문자를 둘러싼 이러한 성격을 거꾸로 이용해 멋지게 성공한 예가 제3악장에서 살펴본 에이티즈의 〈멋〉이었다(→3-7).

모노톤과 컬러 사이 — 다양한 실험자로서의 빅뱅

시간을 거슬러 올라가면 MV의 색채를 무채색으로 통일하는 방법은 꽤 오래전부터 사용되었다. 빅뱅은 무척 다양한 실험을 거듭해왔는데 색채의 관점에서도 선구적인 역할을 했다. 2008년 작품 〈하루하루〉는 가사에 주목해 보면 직설적인 러브 발라드이다.

MV는 전면적으로 흑백 단편 드라마 식으로 제작되어 있다. 박

BIGBANG
- HARU HARU(하루하루) M/V

BIGBANG
- FANTASTIC BABY
뮤직비디오

민영의 젊은 시절 모습을 확인할 수 있다.《성균관 스캔들》(2010), 《김비서가 왜 그럴까》(2018), 《기상청 사람들: 사내연애 잔혹사 편》(2022) 등 많은 드라마에서 주연을 맡은 배우다. 〈하루하루〉 속 그녀의 모습은 더없이 애처롭다.

그로부터 4년이 지난 2012년에 이미 〈FANTASTIC BABY〉와 같은 작업을 보여 줬다는 사실이 놀랍다. 무대와 소도구 등 여러 가지 장치, 사회성이 강한 내용, 패션과 메이크업, 그리고 신체성에 대한 지향까지 놀라운 진화에 주목하고 싶다.

색채의 선구자로서의 2NE1

'여성판 빅뱅'이라 불린 2NE1투애니원의 2009년 데뷔곡 〈FIRE〉. 산다라박Dara, CL씨엘, 공민지Minzy, 박봄Bom 네 명으로 이루어졌으며 2016년에 활동을 종료했다.

2NE1은 반복이 많은 곡이 눈에 띄지만, 〈Fire〉는 힙합 분위기가 강하다. 이 곡은 매우 치밀하며, 청량한 패션과 헤어, 메이크업, 그리고 아티스트가 자아내는 표정의 미학이 어우러진 걸작이다. 의상의 색감과 질감만으로도 각 멤버의 존재감이 돋보인다. 0:35부터의 CL, 0:51의 공민지에 이어서, 1:05–1:16의 가슴 깊이 파고드

•
2NE1
- FIRE(Street Ver.) M/V

는, 박봄의 시원한 음색을 비롯해 네 명의 목소리와 신체성, 매력이 응축되어 있다. '춤을'과 '꿈을'이라는 운율과 소리의 반복이 돋보인다. 이른바 삐딱하게 서 있던 조그마한 세계에서, K-POP은 하늘을 날아오르듯 크게 비상한 것이다. 이 곡도 어느덧 10여 년 전이다.

2014년에는 '미래파 컨트리 음악'이라고 할 만한 〈COME BACK HOME〉이 등장했다. 미래파적인 영상과 그 색채, 서정적인 음악으로 시작되는 도입부 이후에 펼쳐지는 격한 변용을 주목할 만하다. 이 곡에서도 네 명의 목소리가 서로 다른 매력을 뽐낸다.

빅뱅과 2NE1이 함께한 작품도 있다. 2009년 LG전자의 핸드폰을 홍보하기 위해 만든 싱글 〈LOLLIPOP〉은 음악으로서는 크게 눈에 띄지 않더라도 팝적인 색채와 의상의 관점에서는 주목할 만하다.

•
2NE1
- COME BACK HOME M/V

•
BIGBANG & 2NE1
- LOLLIPOP M/V

⑤

---

③

K아트의 색채가 격렬히 진화하여 춤춘다

제2세대의 색채 — 소녀시대

이른바 제2세대의 대표적인 그룹 소녀시대의 2015년 작품 〈Catch Me If You Can〉. 도입부는 일상적인 밤거리 풍경을 묘사한 영상으로 시작한다. 이 부분은 이전의 작법을 계승하고 있어 굳이 없어도 상관 없다는 생각이 든다. 본격적인 영상은 채석장인 듯한 장소를 배경으로 시작되는데 대부분 채도를 낮춘 색조로 통일하고 있다. 2:41부터는 시간이 밤으로 바뀐다.

•
Girls' Generation 소녀시대
'Catch Me If You Can' MV(Korean Ver.)

전체적으로 집단 군상을 주체로 조형하면서 아티스트 개개인에게 초점을 맞추어 가는 구성이다. A(라)에서 반음씩 내려가는 미래파적인 선율을 주조로 한다. 후렴구의 선율은 물론 따로 있다고 해도 이렇게 단순한 멜로디로 곡을 만들어도 소녀시대이기에 버텨 낼 수 있었다는 생각이 든다.

이 작품과 같은 해에 발표된 〈Lion Heart〉를 색채 중심으로 비교해 보자. 밝은 곡조에 맞추어 분위기도 회고적이면서도 밝고 부드러운 배색으로 구성했다. 색채와 어울리게 노래 역시 즐거운 느낌으로 가득 찬 작품이다. 이 두 작품은 K아트가 자신만의 색채를 획득해 나가는 과정을 보여 준다.

'아이돌'상을 박살내는 제3세대의 색채 — BTS

제3세대의 대표라 할 수 있는 BTS의 작품도 초기 색채는 그 이전 세대의 유산을 이어받고 있었다. 초기, 즉 BTS의 소년 시절 작품 〈No More Dream〉(2013)은 "알았어 엄마, 지금 독서실 갈꺼니까"(1:31)와 같은 가사에서 전해지듯 아직 성장기의 풋풋함이 느껴지는데, 색채의 진화라는 관점에서도 과도기였음이 드러난다.

그런데 5년 후, 2018년이 되면 제3세대의 색채를 상징하는 걸

•
Girls' Generation 소녀시대
'Lion Heart' MV

작이 나타난다.

필자에게 K아트 중 색채의 왕도를 꼽으라면 바로 〈IDOL〉이다. 아티스트들을 구식 '아이돌'상에 가두려는 수많은 담론을, 노래를 부르고 춤을 춤으로써 정면에서 박살내 분쇄해 버린다. 반격의 역작 〈IDOL〉의 가사는 이제 '엄마'의 영역에서 벗어나 자기 자신을 노래하는 자기언급성과 자기긍정성이 강한 내용으로 진화했다. 배경 무대와 통합된 의상에도 주목하자. 가사에는 "얼쑤"와 같은 전통적 간투사도 등장한다. 목소리의 존재감이 확실하게 각인되어 있음은 말할 나위도 없다. 많은 사람들이 추어대는 막춤 속에 나타나는 색채의 미학에도 주목하자. 완전히 새로운 시대로 접어든 색채다. 단순한 팝아트의 색채와도 다르다. 색채에도 드디어 새 시대가 찾아왔다.

제3세대여, 색채를 변혁하라 — 청하, NCT U

2020년이 되자 K아트의 색채 코디네이션은 여기까지 진화한다.

청하CHUNG HA는 1996년생 여성 아티스트다. 〈벌써 12시(Gotta

●
BTS(방탄소년단)
'No More Dream' Official MV

●★
BTS(방탄소년단)
'IDOL' Official MV

●★
청하(CHUNG HA)
- 'PLAY(Feat. 창모(CHANGMO))' Official Music Video

Go)〉 등 음의 고저를 오가는 곡을 무리 없이 소화하는 민첩성을 가진 가수다. 노래도 춤도 흠잡을 데 없는, K-POP을 대표하는 솔로 가수 중의 한 명이다. 〈Play〉의 0:26-27쯤의 고음도 무리가 없고 이어지는 중저음이 주는 안정감은 절대로 흔들리지 않는다.

MV는 빤히 알 수 있는 인위성을 절제한 색채와 멋진 변화로 진화하는 최고 경지를 보여 준다. 열대, 자연, 축제, 스페인풍 분위기에 맞춰 차례로 펼쳐지는 의상과 배경색의 속도감 넘치는 변화가 압도적이다. 0:25부터 잠깐씩 나오는 야외 영상, 꽃으로 둘러싸인 아티스트, 특히 1:27부터 밝은 청자 빛깔 물에 꽃과 함께 떠 있는 아티스트의 조형이 바로 새로운 K아트 색채를 상징한다.

1:11부터 삽입되는 창모CHANGMO의 랩은 곡에 깊이를 더해 준다. 슬로우 모션을 많이 사용한 카메라와 구도, 그리고 편집도 뛰어나다. 무엇보다 아티스트 청하의 존재감이 디지털 영상이라는 점을 잊게 할 정도이다. 손가락이, 팔이, 그리고 몸 전체가 만들어내는 긴장감은 영상 속에서 끝까지 유지된다. 함께 춤추는 댄서 한 사람 한 사람의 신체성 또한 소홀히 하지 않았다.

다만 이렇게 아름다운 화면에 빨간 스포츠카 같은 소품은 필요 없다. 거듭 말하지만, 급회전하는 스포츠카를 멋지다고 여기는 감성은 이미 낡은 것이다. 아티스트 자체의 존재감이 자동차보다 몇 배의 힘을 가져다준다.

2018년 작품 〈Roller Coaster〉에서는 시작부터 어둠 속 형광빛이 우리를 놀랍게 한다. 형광색으로 빛나는 입술 같은 환상적인 장면, 그 "모든 것이 꿈이 아니기를". 앞 작품 〈PLAY〉가 반사광이라면 〈Roller Coaster〉는 투과광이 만들어 내는 색채의 변화다. 2019년 〈Snapping〉의 색채에도 주목하고 싶다. 색조의 다양함을 억제하면서도 매력이 넘친다. 항상 긴 머리카락까지 춤을 추고 있다. 함께하는 댄서들도 힘이 넘친다.

NCT의 연합 유닛 그룹 NCT U의 2020년 작품 〈Make A Wish〉는 아라베스크풍의 도상에 어두운색 계열을 중심으로 구성하고 영어로 터코이즈 블루turquoise blue라 불리는 터키석 블루를 통주저음처럼 사용하고 있다. 소리의 변용과 빛의 변용도 주목할 만하다. 강렬한 색채의 대조로 아찔해질 정도이다. 3:23쯤 순간적으로 등장하는 청록빛으로 물든 나뭇잎을 비롯하여 이토록 다양한 영상을 보여 주는 작품은 K-POP에서도 그리 보기 쉽지 않다. 마치 유라시아라는 옷을 입은 것 같은 의상의 정교함이 돋보이며 무대장치, 조명도 절묘하다. 바스트 숏 하나만 보아도 헤어스타일, 메이크업 등에서 멤버들의 매력이 활짝 꽃피어 있다.

태용Taeyong, 재현Jaehyun, 재민Jaemin 각각이 전혀 다른 목소리로 조형하는 랩의 도입부부터 우리를 자신들의 세계상 안으로 끌어들인다. 저음의 유니즌이 매력적이며 목소리의 풍요로운 변화가 아티스트들의 존재감을 각인해 주는 작품이다. '버스데이 송'이라는 부제를 보니 이런 식으로 생일 축하를 받는 날에는 정말이지 행복할 것 같다.

●★
NCT U 엔시티 유
'Make A Wish(Birthday Song)' MV

제4세대가 도달한 색채의 지평 — STAYC

2-4에서도 살펴본 STAYC는 2020년에 데뷔한, 제4세대에 속하는 6인조 걸그룹이다. 데뷔한 해에 발표된 〈SO BAD〉에서는 특히 가창력으로 이목을 끌었지만 MV의 색채도 주목할 만하다.

MV는 인공적인 색채와 더불어 저음과 고음을 오가는 멤버들의 목소리, 귀에 쏙쏙 들어오는 선율 등이 매력적으로 얽히면서 차례로 변모한다. 0:13, 1:05 등에 나타나는 채도 높은 하늘색과 핑크색의 대조는 맹렬하다 할 정도의 색채의 아름다움을 보여 준다. 도입부를 비롯한 배경 장치도 인위적인 무대의 위화감 없이 자연스럽게 전개된다. 마지막 부분에서 음을 점점 낮춰서 뚝 떨어지듯 끝맺는 선율을 취했다. 이러한 구성은 20세기에는 흔했지만, 오늘날에는 반대로 신선하게 다가온다.

K아트의 색채를 이야기할 때 〈ASAP〉은 상징적인 작품으로 손꼽을 수 있다. 보라색을 비롯한 선명하고 강렬한 배색을 사용해서 멤버들을 클로즈업하는 장면은 0:01, 0:15, 0:31, 1:16, 1:20, 1:28, 1:30, 1:33…로 계속 이어지지만 MV에서 추출한 클로즈업 스틸 사진만으로도 아주 매력적인 사진전을 열 수 있을 듯하다. 결코 일회성에 그치거나 유행을 좇는 가벼움에 빠지지 않는다. 그저 판매용 패션 사진이 아니라, 창조적이며 공유할 만한 하나의

• STAYC(스테이씨) 'SO BAD' MV

• STAYC(스테이씨) 'ASAP' MV

작품이자 아티스트가 그 존재를 '지금 이곳'에 각인하는, 말하자면 존재론적인 사진 작품이 될 것이다. 이 작품의 아티스트들과 크리에이터들에게 온몸으로 찬사를 보내고 싶다.

뛰어난 시각적 요소 이외에도 주목할 만한 STAYC의 곡으로서는 2022년의 작품 〈BEAUTIFUL MONSTER〉를 추천할 만하다.

그루브감, 그리고 자연과 인공, 색채의 변증법 — 에일리

2012년에 데뷔한 솔로 가수 에일리AILEE의 2021년 작품 〈가르치지 마〉. 기타가 효과적으로 사용된 곡 자체도 인상적이지만 세세한 부분까지 시각적 조형과 색채의 제어, 변용을 놓치지 않아 눈으로 감상할 때도 기분 좋은 자극을 준다. 요동치듯 춤을 찍는 카메라와 편집이 절묘하다. 방 전체를 파도 삼아, 다 같이 서핑이라도 하는 듯한 노래도 흥겹다. 함께 춤을 추는 댄서들의 수준도 뛰어나다.

남성 주도의 사회에 반격을 가하는 "제발 가르치지 마" "널 위한 내가 아냐" 등의 가사는 같은 노선을 취했던 초기곡 〈I will show you보여 줄게〉의 발전형이다.

●
STAYC(스테이씨)
'BEAUTIFUL MONSTER' MV

●
에일리(Ailee) - 가르치지마
(Don't Teach Me) MV

●★
[MV] 에일리(AILEE)
- Make Up Your Mind

에일리에게는 이런 애절한 발라드도 잘 어울린다는 점을 입증한 작품이 2021년 발표한 〈Make Up Your Mind〉이다. 가슴을 통째로 뒤흔드는 아름다운 선율이 인상적이다. 자연을 배경으로 한 초반부는 아무렇지도 않은 듯하다가 서서히 K아트의 본색을 드러낸다. 0:53부터 갑자기 인공적인 조형으로 바뀌며 꽃에 둘러싸인 에일리가 부각된다. 1:47부터 욕조 안에서 꽃에 둘러싸인 장면은 반사광은 물론 투과광을 살려 전체적으로 밝게 처리한 하이키high-key의 화면이 이채롭다. 투명한 색채와 빛 덕택에 목소리와 멜로디에서는 뭐라 형용할 말조차 없는 에일리의 존재감이 부각된다. 아주 큰 장치도 아닌 이 정도의 욕조 배경 무대를 가지고 이만한 퀄리티로 만들어 내는 크리에이터들의 역량에 경의를 표하지 않을 수 없다. 참고로 K아트는 왜 그런지 욕조를 즐겨 다룬다. 그중에선 선미의 〈가시나〉(→3-6, 276쪽)의 3:19처럼 아름다운 조형도 많다.

3:03- 3:09, 불과 몇 초 사이에 고개를 돌리고 눈빛만으로 '이별'을 그려 내는 배우 박은석도 경이롭다. 이것이 바로 드라마 배우의 저력이다. 동영상의 서사는 말도 없고, 이유도 말하지 않으며 모든 것을 보는 우리에게 맡긴다. 그런 영상과 노래가 어우러져 우리 마음 깊은 곳까지 와닿는 것이다.

에일리는 드라마 《도깨비》(2016)의 〈첫눈처럼 너에게 가겠다(I will go to you like the first snow)〉를 비롯해 다양하게 참여한 OST

•
에일리(AILEE)의 킬링보이스를 라이브로! - Heaven, 보여 줄게, 저녁하늘, U&I, Higher, 노래가 늘었어, 손대지마, 첫눈처럼 너에게 가겠다, If you | 딩고뮤직

작업으로도 잘 알려져 있다. 다양한 장르를 소화하는 폭넓은 역량은 딩고뮤직의 〈킬링 보이스〉 동영상으로 확인할 수 있다.

다원적인 목소리와 색채 — KARD

2010-2012년에는 남녀공학Co-Ed School이라는 10인조 그룹이 활동했지만, K-POP에는 남녀 혼성 그룹이 거의 없다. 2016년부터 활동 중인 KARD카드는 J.Seph제이셉, BM비엠, Somin전소민, Jiwoo전지우 이렇게 남성 두 명, 여성 두 명으로 구성된 팀이다. 멤버 모두가 작사, 작곡, 안무에 참여한다.

〈Ring The Alarm〉 MV의 색채는 매우 정교하고 풍부하다. 0:08 이후에 나오는 배경 그림은 자세히 보면 추상화가 아니라 구상화인데 동영상 속이지만 색채가 잘 살아 있다. 네 사람의 패션도 볼만하다.

Somin-BM-Jiwoo-J.Seph의 순서로 전개되는 도입부만 들어도 네 명 각각의 서로 다른 이질적인 목소리가 오히려 서로를 부각시키며 깊이를 더하는 것을 확인할 수 있다. Somin이 고음을, Jiwoo

• KARD
- Ring The Alarm _ M/V

• [4K] KARD - "Ring The Alarm" Band LIVE Concert 군백기 마치고 돌아온 KARD의 밴드라이브 [it's KPOP LIVE 잇츠라이브]

가 중저음을 담당하면서도 서로 고음부와 저음부를 바꾸는 등 각기 다른 개성이 교차하여 지루할 틈이 없다. 라이브에서도 목소리의 존재감을 확인할 수 있다.

2019년 발표된 〈밤밤(Bomb Bomb)〉은 사막의 공기를 담은 듯한 엑소시즘의 분위기가 특색이며, 호박색 계열의 모노톤 화면과 채도가 높은 색채를 섞은 다채로운 화면을 번갈아 보여 줘 동적인 효과를 극대화했다. 여기서도 의상이 재미있는데 2017년의 〈Hola Hola〉와 같이 일상적인 스냅 사진 같은 동영상에서도 아주 정교하고 치밀하다. 참고로 〈Hola Hola〉 0:00-0:07의 도입부 로고와 그래픽도 재미있다.

KARD 작품의 시각적인 면을 담당하는 크리에이터들은 흠잡을 데가 없다. 사실 아티스트와 크리에이터의 매력을 곡이 충분히 드러내지 못하고 있다는 인상을 받을 정도이다. 역량을 더욱더 살릴 수 있는 매력적인 곡을 만나면, 역사에 남는 작품이 될 것이다. 2023년의 〈Without You〉에서도 목소리의 매력과 색채의 영상미가 살아 있다.

•
KARD
- [밤밤(Bomb Bomb)] M/V

•
KARD
- Without You _ M/V

자연과 인공 속의 미니멀리즘 다원주의 — 마마무

마마무의 2018년 작품 〈Starry Night(별이 빛나는 밤)〉. 방 안이나 무대 장치, 길거리뿐 아니라 광대한 자연 같은 장면을 촬영할 때도 K아트의 색채는 침묵하지 않고 자기주장을 한다. 살짝 기울어진 수평선이 보이는 첫 화면의 바다부터 우리를 광활한 자연 속으로 끌어들인다. 0:12-0:22 사이에 나타나는 솔라, 화사, 휘인, 문별의 클로즈업 신과 배경의 색채를 통제하는 감성이 뛰어나다. 물론 소박한 자연광이 아니라 잘 조절된 빛과 색조를 보여 준다. 휘인을 클로즈업한 다음 0:24 부분에 갑자기 아찔하게 솟아오른 카메라가 나무 다리 위의 아티스트를 내려다보고 짙은 남색의 바다가 시원하게 펼쳐진다. 바로 다음 거친 질감의 암벽이 눈앞을 막아서며 아래에서 있는 화사를 롱 숏으로 잡는다.

아티스트들의 헤어스타일과 메이크업, 표정, 그리고 의상의 질감과 색감, 햇빛 아래에서의 다채로운 빛깔뿐 아니라 종종 모노톤의 영상으로 화면을 억제하면서 풀과 나무, 바다와 바위 같은 자연의 거친 텍스처를 부각시킨다. 아티스트에게는 아주 흐릿한 색채를 입히면서. 이 MV에서도 마마무의 절제된 미니멀리즘이 발휘되어 네 명 각자의 존재감이 그 신체성과 함께 그려진다. 아티스트들은 무엇을 하고 있는가? 자연 속에서 노래하고, 살짝 몸을 비틀며 춤을 추고 있을 뿐이다. 그러면서도 하나하나의 화면이 한 폭의 채색화라 할 정도로 아름다운 그림으로 제시되고, 그렇게 만들어진 그림에 각각의 목소리가 깊이 스며들어 있다. 일반적인 크리에이터라면 아티스트 또는 자연 중 어느 한쪽을 강조하겠지만 아티스트와 자연을 이렇게 통합시켜 하나의 경지로 승화시키는 것은 쉽지 않다.

놀랍게도 제목이 '밤'이다. 석양을 맞이하는 영상은 있어도 이 MV에 밤을 다룬 영상은 거의 없다. 우리는 이를 상상력이라 부른다. 마마무의 미학을 유감없이 보여 주는 최고 걸작이라 하고 싶다. 마마무의 뛰어난 가창력에 관해서는 킬링보이스 영상을 서술한 부분을(→32쪽, 343쪽) 참고할 수 있다.

2019년 〈고고베베〉에서는 자연을 살린 〈별이 빛나는 밤〉과는 전혀 달리 형광색까지 사용한 아주 채도 높은 색채군이 일상 광경 속에 전개된다. 여기저기서 보색의 대조가 배치된다. 팝적인 애니메이션을 이질감 없이 화면에 융합한 숙련된 연출력이 눈에 띈다. 마마무의 의상은 언제나 가사 그대로 "Dress code는 블링 블링 블링", 반짝반짝 빛난다. 0:20 귓속말을 하는 소녀들을 비롯해서 함께 등장하는 인물의 움직임과 옷도 잘 계산되어 있다. 0:25 무렵 솔라가 등장하는 부분에서는 의상과 벽면은 오렌지색인데, 초록색 그림 속 기하학적인 곡선이 화면을 크게 분할한다. 바로 뒤를 이어 0:27에는 손으로 하나하나 수를 놓은 듯한 소파의 무늬를 배경에 배치하여 미세한 부분까지 배색에 신경 쓰고 있다.

〈고고베베〉는 MV의 시각적인 인상이 강하기 때문에 곡 자체는

●★★
[MV] MAMAMOO(마마무)
_ Starry Night(별이 빛나는 밤)

●
[MV] MAMAMOO(마마무)
_ gogobebe(고고베베)

놓치기 쉽지만 그루브감 넘치는 목소리와 문별의 톡톡 튀는 랩이 주는 쾌감까지 마마무의 또 다른 매력을 발견할 수 있을 것이다. 마마무 미학의 걸작이라고 꼽는 작품이 너무 많아 조금 미안하지만 이 작품 역시 그중 하나로 들고 싶다.

2018년 발표한 〈Egotistic(너나 해)〉는 스패니쉬 기타 선율이 이끄는 열대풍 색채의 풍요로움이 느껴진다. 이 작품에서도 패션은 중요한 요소이다. 0:22의 화사, 이어지는 휘인, 솔라가 처음부터 성문 폐쇄를 많이 사용하는 기법을 구사하며 역시 성문 폐쇄를 사용한 문별의 매력적인 중저음이 만난다. 2:27에서는 옆에 선 표범보다 훨씬 존재감 넘치는 화사의 모습이 인상적이다.

2016년 발표된 〈넌 is 뭔들(You're the best)〉은 채도를 약간 낮춘 색채로 통일하여 1960년대의 음악과 색채를 21세기적으로 탈색한다. 레트로 취향의 노래도 아주 신나고 화려하다.

같은 해 작품인 〈Décalcomanie(데칼코마니)〉 역시 전혀 다른 색채다. 회화 기법인 데칼코마니를 제목으로 내세운 이 곡의 MV는 거울을 이용해 영상을 만들어 낸다. 마지막 몇 군데에 삽입된 과일 영상 등은 그 자체만으로도 아름답다. 도입부는 〈Egoistic(너나 해)〉 같은 열정적인 스패니쉬 기타가 아니라 쿨한 재즈 스타일의 일렉트릭 기타로 시작한다.

2014년의 〈Mr.애매모호(Mr. Ambiguous)〉도 같은 계열이다. 흑

●
[MV] MAMAMOO(마마무)
_ Egotistic(너나 해)

●★
마마무(MAMAMOO)
- 넌 is 뭔들(You're the best) MV

백 중심으로 메이킹 영상처럼 만들었다. 선배 백지영이 등장하는 '몰래카메라' 장면을 삽입해 재미있게 설정했다. 그루브감을 잘 살려 데뷔곡임에도 곡 자체로는 마마무의 최고 걸작 중 하나로 꼽고 싶다.

이런 식으로 마마무의 MV만 보아도 이른바 '아이돌' 노선과 또 다른 K아트의 음악과 색채의 다양한 존재를 확인할 수 있다. K아트의 더없이 귀한 보배다.

색채의 백 가지 변화
— K아트의 궤도에 '아름 따다' 깔린 '빨간 꽃의 velvet'

2014년부터 활동 중인 5인조 여성 그룹 레드벨벳이 데뷔한 해에 발표한 작품 〈행복〉. 여기서는 아이린, 슬기, 웬디, 조이 네 명만 보이지만, 2015년부터 예리가 합류해서 다섯 명이 되었다. 그룹 이름에 색채명이 있을 정도이니 MV의 배색은 말할 것도 없이 공을 들였음을 짐작할 수 있다. 레드벨벳의 MV는 전체적으로는 인공적인 콜라주 구성의 화면을 주조로 삼고, 아티스트의 묘사나 댄스 위주가 아니라 아트 디렉션을 우선하는 조형이 특징이다. 전반부의 팝적인 디자인은 거의 1960년대 일본의 아티스트 요코오 다다노리横尾忠則(1936-)를 방불케 한다. 네 명의 힘찬 목소리도 놓치지 말자.

〈Be Natural〉 역시 2014년 작품인데 앞의 〈행복〉과는 전혀 다른 청각과 시각의 미학을 보여 준다. K아트는 원색으로 가득 찬 화면이나 만화경처럼 다채로운 색채로 찬 화면뿐 아니라, 거의 모노톤에 가까운, 촉촉한 색조의 미학으로 한층 진화하고 있다. 의자만 빨간색으로 처리하는 식의 섬세한 연출도 구사한다.

노래는 웬디를 중심으로 출발하지만 작품은 네 아티스트의 목소리와 춤이 어우러져 더없이 행복한 시공간을 조형한다. 거의 대부분의 K-POP MV는 공간 속에서 아티스트들이 노래를 부르고 춤을 추는 형식을 따른다. 이 작품 이후 10년 가까이 거의 모든 작품이 그래 왔다. 하지만 영상을 통해 확인해 보면 좋겠다. 〈Be Natural(feat. SR14B TAEYONG)〉에서는 어떨까. 놀랍게도 **아티스트가 모든 시공간을 다스리고 있다**. 이 영상에서 아티스트는 작품에 배치된 인형이 아니며, 단순한 구성 요소도 아니다. 또한 오늘날의 많은 작품처럼 작품 속에서만 매력을 발산하는 '아이돌'도 아니다. 여기서는 그런 아티스트가 "수필 같은 넉넉한 말들, 따뜻하게 들려주는 목소리"라는 가사 자체를 훌쩍 넘어선 시공간을 직접 펼쳐 낸다. 2:10부터 태용의 랩이 멋지게 어우러져 있다. 태용은 레드벨벳과 같은 소속사 SM엔터테인먼트의 남성 그룹 NCT 127의 리더이다.

의상도 아양이나 교태를 떠는 느낌과는 전혀 관련 없이 청아한 분위기를 살렸다. 레드벨벳은 워낙 뛰어난 작품이 많아 약간 눈에

●
Red Velvet 레드벨벳
'행복(Happiness)' MV

●★★
Red Velvet 레드벨벳
'Be Natural(feat. SR14B TAEYONG(태용)) MV

띄지 않고 평범하게 여겨질지도 모르지만 춤과 함께 배경 장치도, 재즈풍의 노래와 연주도 놓치기엔 아까운 작품이다. 함께 춤을 추면서 투명한 물이 흐르듯 몇 군데 방을 자연스럽게 옮겨 가는 장면, 한 컷이 아니지만 마치 전체를 한 컷으로 찍은 것처럼 보여 주는 카메라 워크와 편집이 놀랍다. 아티스트들의 신체성을 극한까지 살려 내고 있다. K아트 역사에 빛나는 최고의 촬영과 편집이다.

하나하나 예를 들면 너무 많아서 한이 없겠지만 1:42에 등장하는 촛불과 조명을 사용한 장면은 단순히 소품으로 촛불을 밝히는 것이 아닌 날카로운 빛의 조형을 보여 준다. 이 작품은 거의 K아트의 신들이 남겨 준 선물이라 하겠다. 이 형용이 과장이 아니라는 것은 같은 곡이지만 다른 버전의 영상(《뮤직뱅크》 컴백 영상)과 비교하면 쉽게 알 수 있다. 분명히 말하지만 그 작품도 훌륭한 수준인데 무대 장치, 랩의 유무, 그리고 카메라와 편집으로 이만큼이나 차이를 보여 주기 때문이다. 'K아트 비평'이라는 장르가 존재할 수 있다면, 왜 음악론만으로도, 문학론만으로도, 무용론만으로도 안 되는 새로운 방식이어야 하는지 그 이유를 알 수 있을 것이다. 몇 번이나 반복했지만 K아트는 소리와 빛과 말과 신체성이 통합된 새로운 존재양식의 아트인 것이다.

슬기와 아이린의 댄스 영상도 명작이다. 특히 0:28이나 1:58과 같은 클로즈업 장면, 1:08-1:12의 전환에서 보이는 신들린 것 같

●
Red Velvet(레드벨벳)
- Be Natural [Music Bank COMEBACK / 2014.10.10]

●★
SMROOKIES
_SR14G 'SEULGI & IRENE
(슬기 & 아이린)_Be Natural

은 카메라의 움직임과 편집이 눈길을 사로잡는다.

그런데 〈Be Natural〉은 원래 2000년 S.E.S의 곡이다. 작사, 작곡은 신화SHINHWA의 〈해결사(The Solver)〉와 동방신기의 〈주문-MIROTIC-〉 등의 명곡을 만든 유영진이 맡았다. 하지만 커버곡이라는 점이 이 곡의 가치를 깎아내릴 수는 없다. 커버곡은 단순한 재생이 아니다. 명곡 〈고엽Autumn Leaves〉을 비롯한 샹송과 재즈의 수많은 스탠더드 넘버의 존재를 보면 커버곡의 가치가 단순히 '남의 곡을 부르는' 것이 아니라는 것을 알 수 있을 것이다.

S.E.S가 2000년에 발표한 원곡 〈Be Natural〉을 《SMTOWN》에서 2016년에 공개했다. 흑백 영상이지만 멋지다.

이야기가 약간 옆길로 새지만, 유영진과 동방신기의 이름이 나왔으니 모르시는 분들을 위해, 혹은 그리움에 젖어 가슴이 벅차오르는 분들을 위해 한 시대를 풍미한 〈주문-MIROTIC-〉의 MV를 올려 둔다. 지금 들어도 여전히 매력과 박력이 넘친다. 2:31부터, 그리고 3:17부터 전면적으로 전개되는 다성성에도 주목해서 들어보자.

2008년, 동방신기의 〈주문-MIROTIC-〉은 K-POP 고전 중의 고전이다. 지금도 이 곡을 능가하는 곡은 그리 많지 않은 것 같다. 2003년에 결성한 동방신기는 2010년까지 다섯 명으로 활동했던 남성 그룹이며 현재는 두 명이다.

S.E.S - Be Natural
(Official Music Video)

동방신기 '주문
- MIROTIC' MV

〈고엽〉과 멀티에스닉

〈고엽〉은 프랑스어권의 가곡인 샹송을 대표하는 명곡이다. 프랑스어 원곡명은 Les Feuilles mortes. 1945년에 조제프 코즈마Joseph Kosma(1905-1969)가 작곡했다. 헝가리어에서는 성이 앞에 오기 때문에 발음은 '코즈마 요제프Kozma József'가 된다. 부다페스트 출생. 유태인이던 그는 나치의 박해를 피해 프랑스 파리로 이주했다. 시인 자크 프레베르Jacques Prévert(1900-1977)가 프랑스어로 가사를 붙였다. 이브 몽탕Yves Montand(1921-1991), 줄리엣 그레코Juliette Gréco(1927-2020)에 이어, 수많은 가수가 세계 여러 언어로 불렀다. 샹송은 물론, 재즈에서도 압도적인 고전의 위치를 차지하는 스탠더드 중의 스탠더드이다. 코드 진행의 기본을 배우는 데도 도움이 되기 때문에 재즈 블루스와 함께 재즈 악기 연주의 입문곡으로서도 즐겨 공유된다. '샹송'은 프랑스어로 '노래'라는 뜻이다. 〈고엽〉은 탄생부터 지금에 이르기까지 멀티에스닉의 성격을 띠고 있었던 것이다. 노래는 종종 그 탄생부터 국가는 물론 민족조차 넘어선 존재이다. 오늘날의 K-POP이 그러하듯.

'동방에 신이 일어나다'라는 뜻인 스케일이 크고 멋진 이름으로 일본어권에서도 일찍이 알려졌다.

'주문'은 呪文이다. 'MIROTIC'이란 영어가 없으니 당연히 이것도 어원적으로 'erotic' 'alalytic' 'cosmetic' 등에 사용되는 접미사 -ic 내지는 그 이형태인 -tic을 한국어 '미로迷路'에 붙인 것으로 보인다. 완전히 옆길로 빠지는 이야기지만, 카탈루냐의 초현실주의 화가 호안 미로Joan Miró(1893-1983)에서 따와서 '미로적'이 아닐까 하고 상상해 보는 것도 초현실적이라기보다는 다다적인 느낌으로 재미있다. Joan을 '호안'이라고 하는 것은 카탈루냐어의 철자를 스페인어=카스티야어 식으로 부른 것이다. 카탈루냐는 조지 오웰George Orwell(1903-1950)의 논픽션 작품 『카탈로니아 찬가』의 '카탈로니아'를 의미하는데, 이쪽은 영어식 발음이다. 〈주문-MIROTIC-〉은 이렇게 곡명만 들어도 이것 저것 연쇄적으로 상상하면서 언어의 '미로'에 빠져들어가게 만드는 곡이다. 어쩌면 동방신기의 'TVXQ!'라는 표기부터가 언어의 미로 속으로 빠져들어가게 하는 장치가 아닐까.

동방신기의 노래 실력은 아카펠라로도 승부할 수 있을 정도였다. 후반부에 최강창민MAX CHANGMIN의 고음과 역시 고음으로 교감하는 유노윤호U-KNOW YUNHO의 목소리 앞에서는 전율에 휩싸인다. 둘 다 현재 멤버이기도 하다. 카메라 워크도 뛰어난 K아트의 원점 중 하나라고 할 작품이다.

참고로 SM엔터테인먼트에는《SMTOWN》이라는 채널이 있다. 그곳에서는 '리마스터링 프로젝트(SM Entertainment X YouTube MV Remastering Project)'로 과거의 많은 MV를 복원하여 새롭게 공개하고 있다. 반가운 작업이다. 예를 들어 다음 H.O.T.의 작품 등을 보면 20세기 pre K-POP 시대의 아티스트들이 얼마나 대단했는지 알 수 있을 것이다.

〈아이야! (I yah)〉는 1999년 곡의 리마스터판으로 2022년 공개했다. 1996년에 데뷔한 H.O.T.는 '포스트 서태지와 아이들' 시대

●
H.O.T. '아이야!(I yah!)' MV

를 대표하는 전설적인 5인조 그룹이다. 메시지성도 강한데 이 곡의 작사, 작곡자 명단에서도 유영진의 이름을 확인할 수 있다. 유영진이 만든 선율은 리듬은 강렬하지만 항상 풍요로운 멜로디로 우리 영혼의 깊은 곳을 건드리기를 잊지 않는다.

다시 레드벨벳으로 돌아가자. 2016년의 〈러시안 룰렛(Russian Roulette)〉은 2014년작 〈행복〉과 같이 화면이 디자인적으로 구성되어 있다. 배경의 색깔과 무늬 등에 애니메이션도 배치되어 있지만, 굳이 필요하지 않은 것 같다. 오히려 애니메이션을 사용하지 않은 〈피카부(Peek-A-Boo)〉나 〈Psycho〉의 색채를 대조해 보자. 2017년의 〈피카부〉에는 의성어와 의태어가 가득하다. 어두운 계열의 색채와 빛이 목소리와 선율과 융합되면서 변용하는 모습이 매력적이다.

2019년 작품 〈Psycho〉는 전체적으로 채도를 낮춘 색조로 통일하고 있다. 화면에서 불안감을 불러일으키는 것은 처음과 마지막 타이틀 화면 외에는 순수한 검은색을 피하고 어중간하고 모호한 회색을 택하고 있기 때문이다. 변용하는 선율과 얽히는 목소리가 아름다운데 슬기와 웬디의 힘찬 목소리에 이어 바로 등장하는 두 사람의 고음 가성이 멋지다. 중저음 코러스에서도 조이, 웬디, 슬기, 2015년부터 합류한 예리까지, 각각의 목소리가 입체적으로 얽히면서 마지막까지 변화를 잃지 않는다. 아이린의 "Psycho"라는

•
Red Velvet 레드벨벳
'러시안 룰렛(Russian Roulette)'
MV

•
Red Velvet 레드벨벳
'Psycho' MV

속삭임으로 끝난다.

또한 레드벨벳을 이야기할 때 절대 빼놓을 수 없는 곡이 2012년 발표한 〈Marionette〉(→7-2, 531쪽)이다. 심장을 쪼개는 듯 아프면서도 아름다운 선율이란 바로 이런 곡을 말한다. 일본어 버전만 존재하고 공식적인 한국어 버전은 없어 한국어 버전과 MV를 보고 싶다. "얽힌 실을 끊고 움직이기 시작하는 마리오네트"라고 일본어로 부르는 이러한 명곡들은 K-POP의 미래에 대한 중요한 물음을 던진다. 그 점에 대해서는 제7악장에서 서술한다. 같은 곡명인 라필루스의 〈Marionette〉(→4-4, 355쪽)와 그 아름다움을 비교해 보는 것도 좋을 것이다.

레드벨벳이 2022년 발표한 걸작을 한 편 더 살펴보자. 도입부에 요한 세바스찬 바흐Johann Sebastian Bach(1685-1750)의 〈G선상의 아리아〉를 샘플링, 즉 인용하고 있는 〈Feel My Rhythm〉이다. 클래식을 재생시키는 이러한 시도가 K아트에서 더욱더 많이 시도되었으면 좋겠다. 바이올린은 왼손가락으로 누르지 않는 개방현을 G, D, A, E로 조율하는 네 현이 있다. G선이란 그중 가장 낮은 음인 G현만으로 연주할 수 있다는 점에서 유래한 제목이다.

MV는 다양한 시도를 하고 있어 재미는 있는데 레드벨벳의

●
Red Velvet 레드벨벳
'Feel My Rhythm' MV

●★
Red Velvet 레드벨벳
'Feel My Rhythm'
Performance Video

●
Red Velvet(레드벨벳 レッドベルベット) - Feel My Rhythm(Music Bank)
| KBS WORLD TV 220325

많은 MV가 그러하듯이 동영상 화면이 디자인 위주로 구성되어 있기 때문에 아티스트들이 조금은 '마리오네트'처럼 자리매김되어 있는 감이 없지 않아 있다. 그런 관점에서 비교해 보면 〈Performance Video〉쪽이 압도적으로 개방적이면서 자유롭고 스케일도 크며 신체성도 살아 있다. 1:05-1:10 무렵의 조명 변화, 2:34-2:37를 비롯한 안무, 1:32-1:53에서 느껴지는 가사의 밀도, 그리고 3:10 이후, 웬디의 "Whoa, whoa"라는 목소리를 뒤로하고 배경으로 흩어지는 빛의 입자를 동화같이 연출한 부분은 압권이다. 아티스트들 각각의 목소리도 존재감이 넘친다.

신체성이 잘 살아 있다는 점에서는 KBS 방송의 《Music Bank》 출연 동영상도 볼만하다. 하지만 위의 세 작품 모두 아름다운 안무를 조금 더 살릴 수 있는 의상이 가능하지 않았을까?

한마디로 레드벨벳은 아티스트의 노래와 랩, 춤의 압도적인 수준과 목소리의 깊은 존재감에 비해 무대 장치나 의상, 아트 디렉션이 따라가지 못하고 있다는 인상을 받는 경우가 있어 아쉽다. 이런 아쉬움은 레드벨벳의 많은 MV가 기하학적 화면 또는 팝적인 디자인 위주로 구성되었기 때문에 생기는 문제다. 그런 장치 속에서 필연코 신체성은 흐려지기 쉽다. 디자인 위주의 조형이 아니라 〈Feel My Rhythm' Performance Video〉나 405쪽에서 본 〈Be Natural〉처럼 아티스트의 존재감에 초점을 맞출 때 명작이 될 가능성이 높다.

⑤
—
④

K아트, 색채의 만화경

목소리와 춤과 색채의 교향곡 — 세븐틴

색채와 다른 요소의 통합이라는 관점에서는 볼만한 작품들이 아주 많다. 가능하면 명작을 빠트리지 않도록 차근히 감상해 보자.

2-7에서 〈VERY NICE〉로 살펴본 세븐틴이 2017년에 발표한 작품 〈울고 싶지 않아〉이다. 멤버들의 모습을 멀리서 담아낸 롱 숏 영상을 시작으로 0:20쯤에 눈물도 말라 버렸다는 듯 황량한 대지 위에서 멤버 전원이 연주하는 안무는 이보다 더 아름다울 수 없

[M/V] SEVENTEEN(세븐틴) - 울고 싶지 않아 (Don't Wanna Cry)

[M/V] SEVENTEEN(세븐틴) -울고 싶지 않아(Don't Wanna Cry) Performance Ver.

다. '연주하는 안무'라고 다소 문법적으로 어긋나게 말할 수 있을 만큼 율동이 전해 주는 부드러운 신체성이 선율 속에 녹아들어 있다. 보통 '칼군무'라면 날카로움이나 예리함을 앞세우지만, 열세 명이 이렇게 완만한 속도로 부드러운 궤적을 눈 앞에서 그려 주면 오히려 가슴이 뭉클해진다. 한 사람 한 사람의 존재가 숨을 쉬고, 심장이 고동친다. 열세 명이라는 인원이지만 전체주의적인 뉘앙스는 조금도 느껴지지 않는다. 그룹이란 결코 획일성을 의미하지 않는다는 점을 세븐틴은 춤으로 말해 준다. 동영상은 이러한 롱숏과 멤버 한 명 한 명을 잡는 바스트 숏, 클로즈업 숏을 차례로 대비시켜 보여 준다. 서로 다른 목소리 사이사이에 등장하는 "울고 싶지 않아"라는 말과 함께. 이때, 사막같이 바싹 마른 땅의 색채가 빛의 통주저음이 된다. 〈Performance Ver.〉도 카메라의 프레임 워크가 뛰어나다. 조회수 2.7억 회를 돌파한 좋은 작품이다 .

K-POP 세계의 신조어는 필자 같은 언어 연구자도 놀랄 정도로 생산적이고 재미있는 게 많다. '부석순'은 또 무슨 말인가 싶었는데, 멤버 승관SEUNGKWAN의 성인 '부', 도겸D.K의 본명인 이석민의 '석', 호시HOSHI의 본명인 권순영의 '순'을 한 글자씩 따온 것이라 한다. 그러고 보니 트와이스에서도 미나, 사나, 모모 세 명으로 구성된 유닛 '미사모'가 있었다.

2023년 작품 〈파이팅 해야지(Feat. 이영지)〉는 문자 그대로 '반

•
부석순(SEVENTEEN)
'파이팅 해야지(Feat. 이영지)' Official MV

복되는 하루'를 일을 하거나 공부를 하면서 투쟁하는 모든 사람에게 보내는 응원가다. "우린 여러분의 부석순!"이라니 고맙지 않은가. K-POP판 《미생未生》이라 하겠다. 2:14에서 등장하는 이영지(→213쪽)의 랩은 곡 전체가 나른해지지 않도록 여기서도 멋진 쐐기를 박아 준다.

1:11-1:19, "나나나"라는 이 짧은 유니즌은 K-POP 다원주의의 아름다움을 선명하게 깨닫게 해 준다. 부석순 세 명의 목소리가 완전히 서로 다름을 확인할 수 있고, 또 서로 다른 목소리가 어우러져 실로 풍부한 시공간을 조형하고 있음을 느낄 수 있다. 그룹이든 뭐든 중요한 것은 우리 한 사람 한 사람이 온전히 자신의 삶을 사는 데 있다. 이것이 다원주의다.

MV 그 자체는 응원과 축제 무드 일색이다. 이런 작품에 굳이 토를 달 필요는 없다. 그렇다, 인생은 종종 너무나도 고통스럽지만 가끔은 이렇게 "파이팅해야지!" 독자 여러분께도 부석순의 "파이팅" 소리가 가닿기를.

무엇이 아티스트를 살리며 또 죽이는가 — EXID

EXID이엑스아이디는 2012년에 데뷔한 제3세대 여성 5인조 그룹이다. 〈위아래(UP&DOWN)〉는 EXID의 대표곡이자 작곡가 신사동호랭이의 대표작이기도 한 명곡이다.

2014년 만들어진 한국어 버전은 배경 장치뿐만 아니라 의상까지 채도가 높은 팝적 색채를 변용하며 구성한 MV이다. 혜린Hyerin과 솔지Solji가 맡은 후렴구는 1960년대적 레트로 스타일이다. '흔들흔들' '빙글빙글'과 같은 의태어도 잘 살렸다.

패션이나 전체적인 색채 배치는 일본어 버전 쪽이 훨씬 더 재미있다. 일본어와 영어, 한국어가 섞인 LE엘이의 랩은 최고 수준이다.

중국어 버전은 전혀 다른 작풍이다. 2:22등 배경을 살린 색감이 아름답고 2:31 이후의 다성성도 주목할 만하다.

라디오 공개방송 영상인 《두시탈출 컬투쇼》 버전은 라이브로 가볍게 부르고 있고 언뜻 보기에는 아주 자연스러운 옷차림으로 출연했다. 동영상의 목적이 다르므로 영상 자체의 밀도나 완성도는 당연히 떨어지겠지만, 아티스트들의 매력은 이 버전에 가장 잘 나타나 있다. 옷도 그렇지만 가창력의 차이까지 포함해서 멤버 각자의 개성과 존재감을 느낄 수 있기 때문이다. 다른 세 편의 MV를 보고 난 후, 팬들과 일체감을 느끼며 부르는 이 동영상을 보면 해방감 때문인지 감동해서 눈물까지 약간 날 듯했다. 가사에서 아무리 성적인 모티브를 담고 있더라도, 의상과 안무는 물론, 허리만 강조해서 찍는 장면을 살짝 삽입한다든지 하는 이른바 '섹시' 노선의 작법을 노골적으로 사용하는 것이 아티스트들의 귀한 매력

●
EXID(이엑스아이디)]
'위아래'(UP&DOWN) MV

●
EXID - UP&DOWN
[JAPANESE VERSION]
[Official Music Video]

●
EXID
- Up & Down(Chinese Version)
Official Music Video

●
[LIVE] EXID
- 위아래(UP&DOWN)
| 두시탈출 컬투쇼

을 얼마나 많이 읽게 만드는지 K-POP의 프로듀서와 크리에이터들은 새삼 자각해야 할 것이다. 결코 아티스트를 물신화해서는 안 된다. K아트는 이러한 길도 걸어 온 것이었다.

2021년의 작품 〈Bad Girl For You〉. 원색 계열의 화면이 이어진다. 일본어 버전이라고 해도 "危険な 날 좋아?(위험한 내가 좋아?)"라는 가사처럼 일본어와 한국어를 한 문장에 섞어 만들었다. 영어로 진행하는 부분도 많다. 이 작품에서도 K아트의 복수 언어성이 잘 형상화되어 있다.

형무소라는 독특한 배경을 취하고 이국풍의 음계를 도입한 2022년 작품 〈불이나〉에서는 "불이나, 다, 타-타-타-"와 같이 한국어의 명사나 동사나 부사를 마치 간투사처럼 사용하고 있다. 1:45 LE에 이어서 1:47에 나타나는 정화Jeonghwa의 권태감 묻은 목소리가 존재감을 각인한다. 그런가 하면 곧 고음역을 춤추는 혜린과 솔지의 목소리가 뒤따른다. 3:08 이후 엔딩은 다성적이다. 이런 식으로 서로 다른 목소리가 다원적인 존재감을 우리에게 안겨 준다.

EXID - Bad Girl For You [Official Music Video]

EXID - '불이나' MV

K아트는 우주로 — 우주소녀

그룹명 '우주소녀'의 로마자 표기는 'WJSN'인데, 한국어 로마자 표기법으로는 'Ujusonyeo'이지만, 첫머리 글자로 'W'를 사용한 것을 보면, 아마 '영어식으로' 변형하여 'Woojusonyeo' 정도로 한 것으로 보인다. 영어 이름은 'Cosmic Girls'. 2016년부터 열두 명으로 시작해 열세 명까지 늘었다가 현재는 열 명의 여성으로 구성되어 있다.

〈비밀이야(Secret)〉는 2016년 작품이다. MV는 자연의 조형을 멋지게 콜라주한 웅대함, 아티스트들의 롱 숏과 클로즈업을 교묘하게 교차시킨 카메라 워크와 편집을 보여 준다. 도형 디자인, 전체를 효과적으로 조절한 색채 미학, 다성적인 가창, 연정YEONJUNG을 비롯한 아티스트들의 화려한 목소리, 엑시의 촉촉하고도 부드러운 랩, 한껏 고양된 엔딩 부분의 매력까지, K아트 작품 중에서도 압도적인 아름다움을 보여 주는 걸작이다. 주어진 멤버와 곡이라는 조건하에서 제작된 작품으로서는 거의 나무랄 데가 없다.

다만 〈비밀이야〉는 가사는 재미있지만, 28초 가까이 인트로를 반복하는 구성 때문에 전체가 약간 단조롭다는 인상을 준다. 힘이 넘치는 곡에 익숙해져 있는 K-POP 우주에서는 두각을 나타내기

●★
[MV] 우주소녀(WJSN)(COSMIC GIRLS)
_ 비밀이야(Secret)

어려웠을 것이다. 무엇보다 열 명이라는 인원은, 군상으로서 구성하기는 쉬워도 각각의 존재감을 제대로 살려 내기는 어렵다. 의상에서도 서로를 조금 더 잘 구별할 수 있게 창의적인 디자인으로 모험을 해도 될 것 같다. 이 많은 인원의 대열을 변용시키는 동선을 보면 안무 차원에서도 역시 힘에 부치는 것 같다. 다른 댄스 동영상을 보아도 알 수 있듯이 열 명 중 다섯 명은 쉬는 태세인 경우가 종종 있기 때문이다.

우주소녀 멤버들이 처음부터 둘 내지 세 그룹으로 나눠 있었다면 아마 훨씬 존재감이 있는 K아트 그룹으로 성장하지 않았을까 하는 공상도 해 본다. 3-1에서 보았듯 여섯 명이 부르는 〈비밀이야(SECRET) R&B ver.〉(→213쪽)가 얼마나 멋진 작품이었는가를 떠올려 보면 필자가 상상하는 바를 쉽게 알 수 있을 것이다.

그러나 거듭 말하거니와 이 MV는 훌륭한 작품이다. 채도를 절제한 색조로 통일성을 살렸지만 변화도 지루하지 않다. 이렇게 많은 인원을 음악적으로까지는 아니라도 적어도 시각적으로는 거의 한계까지 살려 보여 주고 있다. 우주에서 운석이 떨어지고, 아침 햇살 같은 광야에서 춤추는 초반부에서 느껴지는 색채의 매력. 소품으로 자동차를 사용하더라도 폭파나 스핀(급회전) 같이 평범하게 사용하지 않고, 우주 공간을 유유히 날아다니는 형태로 설정했다. 곳곳에서 센스가 돋보인다. 지금 보면 그다지 놀랍지 않을지도 모르겠으나 2016년 시점에서는 K아트의 미학을 한 단계 더 끌어올린 걸작 중 하나이다.

0:28쯤에 등장하는 '우주소녀'라는 한글 로고와 엠블럼 디자

인도 매우 흥미롭다. 동영상에 밀도감을 주는 이 엠블럼은 몇 가지 시각적 변주를 통해, 말하자면 재주를 부리면서 후반부 2:49, 3:04, 3:08 등에도 살짝살짝 등장하는데 더 많이 보여 주었으면 하는 아쉬움이 남을 정도다. 3:11에는 엠블럼 안에서 태아처럼 잠자는 우주소녀 한 명을 담기도 했다. 마지막 3:39에 아티스트 두 명의 모습을 하늘 위에 흐릿하게 두고 대지 풍경과 콜라주한 장면도 잔상처럼 남는 인상적인 효과를 준다.

동영상은 중국어, 한국어, 영어 세 가지 언어로 쓰여진 "네안에 코스모를 느껴본 적이 있는가?"라는 자막으로 시작한다. 오늘날 K아트의 특징인 복수언어성이 여기서도 살아 있다.

2022년 작품인 〈Last Sequence〉에서는 성문 폐쇄를 강조하며 많이 사용하고 있다. 1:14부터 엑시의 랩과 대비되는 다른 멤버들의 목소리의 존재감이 잘 부각되어 있다. 프로필 형태의 MV 색채는 채도 높은 원색을 피하여 부드러운 화면을 만들려는 의도가 보인다. 0:46 모두가 함께 춤을 추는 화면이 그 전형적인 배색을 보여 준다.

현란한 색채와 목소리의 난무 — 트와이스

K아트가 지닌 현란한 특징을 이해하기 위해서는 멀티에스닉한 성격과 아티스트들의 개성으로 다원적인 시공간을 형상화해 주는 트와이스를 살펴보아야 한다.

노래와 춤은 물론이고, 색채라는 점에서도 트와이스는 주목해야 할 그룹이다. 한 시대를 풍미했던 2016년의 히트작 〈TT〉. 소녀와 소년이 동화 속 이야기에 초대받는 구성이며 절제된 색채가 절묘하다. 'TT'의 손가락 사인은 사람들 사이에서 이 작품을 확실히 각인시켰고 "너무해, 너무해"라는 가사도 많은 이의 입에 오르내렸다.

한 명 한 명의 존재감을 잃지 않는 것이 트와이스 MV의 인기 비결이라고 할 수 있다. 1:44 빨간색과 짙은 피콕그린peacock green의 보색 대비 속에서 모두가 함께 춤추는 군무형 화면이 있는가 하면, 멤버 하나하나를 각각 다른 동화의 주인공으로 삼은 화면을 보여 준다. 거의 대부분의 MV는 그냥 한 명씩 찍어 나가는 것으로 만족하는 경우가 많다. 하지만 트와이스의 크리에이터들은 그런 평범한 구성으로는 만족하지 않는다. 아티스트 각각의 매력, 존재감을 보란 듯이 조형화해 나간다. 필경 다원적이고 변화로 가득 차, 넓이와 깊이가 증폭된다.

이런 작품을 '예쁜 아이돌이 노래하고 춤추는 즐거운 MV' 정도로만 보고 넘어간다면, 그런 시각은 틀렸다고는 할 수 없지만 너무나 아깝다. 색채가 변용되는 모습만으로도 이 MV는 어른들의 미학을 흔들기에 충분한 축복받은 동화이다. 이 말을 못 믿겠다면 MV 속 동화 주인공을 중심으로 정지화면을 캡처해 보기를 권한

●
우주소녀 WJSN
'Last Sequence' MV

●★
TWICE
"TT" M/V

다. 세계의 일급 패션잡지 표지를 뺨치는 아름다운 사진 아홉 장이 눈 앞에 나타날 것이다. 그리고 다시 생각해 보자. 그 동화의 주인공들은 그저 모델로서 카메라를 응시하는 게 아니다. 놀랍게도 그들은 우리에게 춤을 춰 주고 노래를 불러 주는 그런 존재들이다. "To be continued"라는 글씨가 나오는 마지막 화면이 말해 주듯 트와이스의 동화는 앞으로 계속될 것이다. 이 영상의 조회수는 6.8억 회(2024년 8월)에 이른다.

2017년 작품 〈Heart Shaker〉에서는 그야말로 '트와이스 월드'를 엿볼 수 있다. 이듬해 2018년에 발표된 〈What is Love?〉는 소녀들이 사랑을 고대한다는 설정이다. 후렴구의 사랑의 댄스 배틀 설정이 정말 재미있지 않은가. 2:07부터 시작되는 다현, 채영의 랩은 너무나도 보드랍고 매끄럽다. 쯔위의 "사랑이 올까"라는 말의 끝부분이 끝나기 전에 겹쳐서 "지금 세상"이라는 다현의 랩이 들어오는 방식은, 4-1에서 짜임새의 세부가 지탱하는 다성성을 이야기할 때 살펴본 IVE의 〈After LIKE〉로 이어지는, K아트가 즐겨 사용하는 기법이다. 이리하여 다층적인 구조, 다성성, 다원성의 윤곽이 뚜렷해진다. 2:16 다현의 랩 파트 "우리의 인연은 시.작될는지 모르지만"에서처럼 형태소 중간에 끊는 기법 역시 K아트 가사의 매력을 조형해 준다.

〈What is Love?〉에는 일본어 버전도 있는데 여기서 들려주는

TWICE
"What is Love?" M/V

TWICE「What is Love? -Japanese ver.-」Music Video

일본어 랩은 한국어와 전혀 다르다. 오히려 밀도감을 없애고 소리 하나하나가 늘어지는 듯한 묘한 촉촉함이 강조되어 있어 아주 재미있다. 전에도 언급했듯이 일본어는 한국어 경상도 방언처럼 음절의 높낮이로 단어의 의미를 바꾸는 고저 악센트 언어이다. 단어마다 어느 음절을 높게 혹은 낮게 하는지가 정해져 있다. 이 곡에서 랩의 높낮이는 그러한 고저의 언어 습관을 실로 부드럽게 파괴하고 있다. 즉 일본어 화자들이 들은 적도 없는 높낮이로 랩을 듣게 되는 것이다. 오해해서는 안 된다. 한국어 랩도 물론 일상적인 한국어의 높낮이를 자주 파괴하지만, 한국어 서울말이라면 음의 높낮이가 바뀌어도 경상도 방언 같은 언어와는 달라서 단어의 의미는 바뀌지 않는다. 〈What is Love?〉의 일본어 랩은 그런 의미에서 한층 더 대담한 모험을 하고 있는 셈이다. 예를 들면 '마음의 준비가 끝났다' 정도의 뜻을 나타나는 "고코로 준비 즈미心準備済み"라는 부분은 도쿄 방언에서는 '저고저 저고고 고고'인데, '고고고 저저저 고저'로 들려준다. 그리고 일반적으로 한국어에선 '어제 라면을 시킨 안경을 낀 사람'이나 '마음이 준비가 됐다'라는 식으로 동사를 즐겨 쓰는 데 비해, 일본어는 '어제 라면의 안경 사람'이나 '마음의 준비됐음' 같은 명사형 연쇄를 즐겨 쓴다. 단 '고코로 준비 즈미'(=마음 준비 완료)와 같은 표현은 처음 들었지만. 이런 신선한 표현에 소리의 신선한 높낮이를 담아서 조형하는 것이다. 하여튼 아티스트도 크리에이터도 재기발랄한 사람들이다.

해변에서 노래를 부르는 작품은 수없이 많았지만, 2018년의 작품 〈Dance The Night Away〉처럼 '무인도 표류'를 그냥 즐겨 버리는 듯한 명랑한 분위기는 보기 드물다. 〈Dance The Night Away〉라는 제목에서 이런 설정으로 동영상을 조형하려는 발상 자체가 하나의 재주이다. 색감의 통제는 여전히 철저해서 아름다움이 흐트러지지 않는다. 아홉 명의 매력이 세심하게 그려져 있다.

2020년에 〈More & More〉는 지금까지 본 영상과는 또 다른 매력을 전해 준다. 디테일까지 세심하게 배려하며 원색을 피하지 않는 색채, 헤어스타일링과 메이크업, 그리고 이국 취향이 가득한 의상 디자인이 풍요롭고 다원적인 세계상을 만들어 낸다. 백마, 뱀, 토끼 같은 동물도 등장한다. 0:50부터 쯔위 앞을 표범이 오가는 장면은 오싹하기까지 하다. 0:59 무렵, 아름다운 구도와 색채 속에 들려오는 모모의 볼륨감이 풍부한 목소리는 개성적이다. 바로 뒤로 "You're gonna say"를 읊조리는 사나의 목소리, 2:13부터는 지효의 목소리가 돋보인다. 다현과 채영, 두 사람의 부드러운 랩 역시 좋다. 이어지는 나연의 뚫고 올라가는 고음. 안무도 흠잡을 데 없이 재미있다.

트와이스의 모든 MV가 훌륭하지만 2020년 발표한 〈I Can't Stop Me〉 MV는 걸작 중 하나다. 우주 공간에 피어나는 새빨간 연꽃이 등장하는 첫 부분부터 전혀 앞을 예측할 수 없다. 꽃 속에서

TWICE
"Dance The Night Away" M/V

TWICE
"MORE & MORE" M/V

TWICE
"I CAN'T STOP ME" MV

지하철 플랫홈, 일곱 가지 색깔의 계곡까지 차례차례 변모하는 환경과 의상의 색감이 흥미롭다. 노래와 춤에도 힘이 넘친다. 압도적인 속도감이구나 싶었더니 이 세계상에는 'I Can't Stop Me'(날 막을 수 없어)라는 이름이 붙여 있다.

나연, 미나, 사나가 맡은 보컬과 지효와 나연이 뒤를 잇는 후렴구는 트와이스 가창력의 백미를 보여 준다. 2:11 영어가 중심인 채영과 다현의 랩 파트에서 모모와 다현의 한국어 랩으로 이어지는 전개가 절묘하다. 언어음 자체가 주는 즐거움으로 인해 이런 부분은 더 듣고 싶어진다. 정연이 노래하는 자리에 나연의 목소리가 "아아아"라고 또 다른 선율로 대위법처럼 멋지게 얽혀 다성적인 매력으로 우리를 붙잡아 놓아주지 않는다. 2:36 이후의 다성적인 목소리의 조형도 압권이다.

'억제된' 색채가 '나를 위해 울어 준다' — 트와이스의 최고봉

이 책은 2020년의 〈CRY FOR ME〉 안무 동영상을 트와이스의 최고 걸작으로 꼽는다. 자줏빛과 연보라색의 그러데이션 조명 아래서 춤을 추는 단순한 구조의 댄스 버전이지만, 노래와 곡과 춤 모든 면에서 트와이스의 작품 중 최고로 손꼽히는 작품이다.

●★
TWICE
'CRY FOR ME' Choreography - 2

한 명 한 명의 존재감이 포메이션의 변화 속에서 드러난다. 아양과 교태를 일체 배제하고 몸의 궤적만으로 전해지는 아름다움은 전 세계가 이토록 지지하는 트와이스의 존재 이유를 말해 주고도 남는다.

0:38부터 다현과 모모가 펼치는 성문 폐쇄의 아름다움은 0:47 정연의 "bad boy" "mad girl"이라는 소절과 지효의 고음으로 이어진다. 사실 음원으로만 들어도 이 곡이 K-POP의 주옥같은 작품임을 알 수 있다.

움직임을 억제하면서 함께 춤을 추는 카메라는 아티스트를 진정 존경하고 있다는 느낌을 여실히 보여 준다. 거의 한 대의 카메라로 찍은 듯 일체감을 느끼게 해 주는 카메라 워크와 편집의 역량은 압도적이다. MV에서 건강 때문에 활동을 쉰 정연의 모습을 찾을 수 없는 것만이 슬플 뿐이다.

유라시아 깊숙이 들어가는 색채 — 트라이비의 빛깔

TRI.BE트라이비는 2021년에 데뷔한 1997-2006년생 제4세대 6인조 여성 그룹이다. EXID의 〈UP&DOWN〉 등으로 이름을 알린 작곡가 신사동호랭이와 EXID의 멤버였던 LE(현재는 ELLY)가 프로듀싱을 맡았다고 한다. 멤버는 한국, 타이완, 일본에서 온 멀티에스닉 그룹이다.

2024년 작품인 〈Diamond〉 역시 작곡자명에 신사동호랭이의 이름이 보인다. 가사는 한국어, 영어에 스페인어까지 삽입된 복수 언어성을 보여 준다. 멤버 현빈HYUNBIN의 팔로 아름다운 조형을 그려 내는 춤과, 중저음의 매력은 우리를 작품의 세계상으로 바로 끌고 들어간다. 이때 현빈의 옷차림을 장식하는 짙은 터코이즈블루(청록색)가 무척 인상적이다. 배경의 주조가 되는 오커ochre(황토색) 내지는 새먼핑크salmon pink와 터코이즈블루는 서로 보색 관계에 있는 색상이다. 보색으로 옷을 부각시키면서 채도는 억제해 놓은 기교가 얄미울 정도다. 모래시계나 사막을 방불케 하는 배경 요소가 사막을 건너가는 서역의 먼 너머를 상상하게끔 만드는 이국풍의 색채로 가득 차 있다. 0:09부터의 코러스를 깨트리고 나타나는 0:15, 송선SONGSUN의 존재론적인 목소리는 작은 충격을 안겨 준다. 송선의 목소리가 끝나기도 전 0:17 무렵에 현빈의 목소리가 겹쳐 덧씌워진다. 곡의 첫 부분부터 이렇게 다성적인 구조를 착실히 쌓아 올리는 것이다. 잇달아 등장하는 멤버들의 목소리에는 각자의 존재감이 살아 있고 전체적으로는 저음이 아주 효과적으로 구사되고 있다. 0:55에는 바닥의 모래를 차는 안무가 펼쳐진다. 물속에서 추는 춤은 가끔 본 적이 있지만 모래 속의 춤은 K-POP에서 드문 장면이다. 2:16에는 이와 대비시키는 듯 물속에

TRI.BE
- Diamond

TRI.BE (트라이비)
'Diamond'
Performance Video

[4K] TRI.BE - "Diamond"
Band LIVE Concert 다이아몬드처럼 빛나는 트라이비 표 응원곡
[It's KPOP LIVE 잇츠라이브]

서 춤을 전개한다. 1:15 “diamond”에 맞춘 손동작을 부각한 안무도 재미있다. 이 작품을 접하면 마치 유라시아의 어느 깊숙한 시공간으로 들어가 유유히 흔들리는 그네를 타고 있는 듯한 감각에 휩싸이게 된다. 그동안 우리는 어느덧 각자 서로 다른 색채로 빛나는 다이아몬드를 간직하게 되는 것이다. “모든 건 나로 인해 변하니까.” 〈it’s Live〉 버전에서는 목소리와 멤버들의 매력을 제대로 즐길 수 있고 〈Performance Video〉에서는 안무의 묘미를 충분히 맛볼 수 있다.

제5세대의 색채와 존재론적 목소리 — KISS OF LIFE

〈Midas Touch〉는 KISS OF LIFE의 2024년의 작품이다. MV는 아름다운 화면을 처음부터 끝까지 정교하게 만들어 아주 호화스러운 미학을 달성했다. 신선한 영상에 편집도 절묘하다. 하지만 MV가 시작되는 첫 4초는 없어도 상관없다. 굳이 이런 곳에서 ‘이야기’를 꾸밀 필요는 없다. “Touch ya”라는 말로 시작하자마자 작품의 마력 속으로 빠지게 되어 있기 때문이다. 그 점은 〈OUR STAGE〉 버전을 보면 잘 알 수 있는데 이쪽의 색채도 아름답다. MV 1:17 “Midas touch”의 [m]음 앞에 놓인 깊은 성문 폐쇄는 충

●★
KISS OF LIFE (키스오브라이프)
‘Midas Touch’
Official Music Video

●
KISS OF LIFE
- Midas Touch (LIVE)|
OUR STAGE

격적일 정도다. 이런 목소리에 닿으면 그리스신화의 미다스Μιδας [mida:s] 왕의 손에 닿은 모든 것이 황금이 되듯 우리 몸까지 굳어 황금으로 변하지 않을까?

⑥
樂章

K-POP이란 어떠한 존재인가

새로운 코레아네스크의 브리콜라주

K아트는 언어의 '이야기'성뿐만 아니라 '말'성의 재미를 최대화하려고 한다.
시는 상징시의 조각을 집적함으로써 변화를 창조한다.
특히 말, 소리, 빛에는 새로운 코레아네스크의 미학이 두드러지게 나타난다.
힙합과 판소리는 K-POP 랩의 원류이다.
말, 존재론적 목소리, 소리, 빛, 신체성이 고속으로 변용되는 브리콜라주가
K아트의 근간이다.

⑥ ①

'말'과 '이야기' — 가사의 양극

K아트를 둘러싼 '말'들

'사태의 체험' '물체의 체험' '신체의 체험' '이어짐의 체험'이라는 K-POP, K아트의 네 가지 자극 체험을 말이 지탱하고 있다는 사실을 1-1에서 확인했다. K아트를 둘러싼 '말' 중에서 중심적인 실체는 다음 세 가지다:

(1) 아티스트명(그룹명과 개인명)
(2) 작품 제목
(3) 시, 즉 가사

세 가지 중 인터넷상이나 일상적인 언어 생활을 가장 높은 빈도로 오가는 '말'은 (1) 아티스트명이다. 아티스트명도 '말'에 속한다는 점을 새삼 확인할 필요가 있다. 세상에서는 인명이나 조직명, 상품명 등을 '말'의 기능 중 특히 경제적인 측면에 초점을 맞춰 흔히 '브랜드명'이라고 부르고 있다. K-POP에서 아티스트명에 남다른 정열을 기울이는 점은 두말할 나위도 없다. '서태지와 아이들'을 비롯해서 아티스트의 이름은 pre K-POP의 시대부터 당연한 전제였다. 'H.O.T.' '신화' '동방신기' '소녀시대' 등등 제1세대 이후에도 아티스트명에 대한 비중은 더욱더 커졌다. 인터넷상에서 아티스트명이 다른 일반 검색어와 겹치지 않게 하려는 배려에도 더욱더 신경을 썼다. 게다가 K-POP의 국제적인 발전을 감안해서 영어권 등 다른 언어권의 '말'과 겹치지 않아야(없는 단어이어야) 하는 점도 중요해졌다. 'MAMAMOO' 'aespa' 'ITZY' 'LE SSERAFIM' 등이 그 예이다. 'Kep1er'처럼 표기 문자 사용으로 독자성을 확보하려는 움직임도 보인다.

(2) 작품 제목 역시 (1)에 준하는 영향력을 가진다. 이를테면 '7'로는 검색어로서 기능을 거의 갖지 못하는데 'seven'이면 검색에 성공할 가능성이 높아진다. 실제로 유튜브에서 검색해 보면 〈정국(Jung Kook) 'Seven(feat. Latto)' Official MV〉라는 동영상이 검색 결과 화면 어딘가에 나타날 것이다.

(1)과 (2)에 비하면 (3)이 '말로서 갖고 있는 중요성은 누구나 인식하고 있다. K-POP에 관한 담론 중 상당수가 가사에 대한 것임은 쉽게 확인할 수 있다. 원래 시를 논하는 것은 문학 평론이 전

통적으로 행해 온 작업이기에 말하자면 K-POP을 문학으로서 감상하는 중요한 길이기도 하다. 그런 의미에서 음악과 거리가 먼 문학평론가라도 K-POP을 자신 있게 논의할 수 있을 것이다.

하지만 그러한 '문학적인' 시점의 논의는 날카로운 문학평론가분들에게 맡기고, 우리는 언어학적인 시좌에서 논의를 이어 가자. 그런 방법을 통해 K-POP을 통합적인 K아트로서 보기 위한 결정적인 힘을 얻을 수 있기 때문이다.

2023년 세계적인 히트곡이 된 BTS 정국의 솔로 작품 〈Seven〉은 곡 전체가 영어인데 K-POP에서는 드물게도 성애를 상징적으로 표현하지 않고 정면에서 소리 높이 부른 작품이다. 직접적인 말로 표현한 'Explicit ver.'과, 직접성을 가리고 부드럽게 표현한 'Clean ver.'이라는 두 가지 가사 버전이 있다. 에로틱 버전은 한국어로는 공개적으로 부르지 못할 것이다. 복수언어성이 강한 K-POP에서 언어를 선택함으로써 무엇인가를 가릴 수 있음을 이 두 가지 버전이 선명하게 말해 주고 있다. 당연한 말이지만 한국어 모어 화자들을 비롯해서 영어가 모어가 아닌 화자들에게 영어는 어디까지나 영어다. 즉 가사에 대해 모어 화자 같은 감정이입은 하지 못한다.

아래 링크한 MV는 'Clean ver.' 쪽이다.

MV는 위험한 주변 상황에도 아랑곳없이 다투는 연인을 설정하

•
정국(Jung Kook)
'Seven(feat. Latto)' Official MV

여 하나의 '이야기'를 구성하고 있다. 지진, 홍수를 비롯한 아슬아슬한 장면이 많은데 그렇게 위험한 현장에서도 아무렇지 않게 연인만을 쳐다보고 말을 거는 정국의 '부활' 이야기. 스포일러로 흥을 깰 수도 있으니 구체적인 내용은 MV를 시청해 주시길. 애인 역은 드라마《부부의 세계》(2020) 등으로 알려진 한소희가 맡았다. 한소희는 샤이니의 〈Tell Me What To Do〉로 2016년 데뷔했는데 그 이후로도 몇 편의 MV에 출연했다.

언어는 항상 '말'성과 '이야기'성을 가진다

소리든 빛이든 그 길이에 관계없이 언어가 '형태'가 될 때, 항상 **말**이라는 성격과 **이야기**라는 성격, 두 가지 성격을 함께 지니며 실현된다. 여기서 사용하는 '말'과 '이야기'는 광범위한 의미의 '말'과는 약간 다른 시점에서 보아야 할 '말'과 '이야기'이니 앞으로 고딕체로 표기하기로 한다.

'**말**성'이란, 지금까지 많이 언급해 온 한국어니 일본어니 하는 각각의 언어나 방언이 가지고 있는 언어음의 특징이라든가 어휘나 문법의 특징 등 말 그 자체가 보여 주는 성질을 말한다.

이에 반해 '**이야기**성'이란 말에 의해 의미의 세계에 어떤 내용을 조형하는 성격을 말한다. 스토리성이라고도 부를 수 있지만 꼭 앞뒤 맥락이 딱 들어맞지 않아도 되며 **이야기**는 커도 작아도 상관없다.

예를 들어, 서울에서 어떤 가게 문 앞에서 이런 짧은 문장을 보았다고 치자:

미시오

이것만으로도 '아, 이 문은 당기는 것이 아니라 미는 거구나'와 같은 **이야기**를 조형할지도 모른다. 사람에 따라서는 '안쪽에 누가 있을지 모르니 살살 밀어야 되겠네'라든지 '오, 이 가게는 친절하네. 이런 표시까지. 전에 누가 부딪친 적이라도 있나?'와 같은 더 발전시킨 **이야기**를 조형할 수도 있다. 이런 식으로 언어에 의해 **이야기**를 조형하는 성격을 **이야기**성이라 부르자.

그럼 **말**성이란 무엇일까? '미시오'가 '미세요'도 '미십시오'도 '밀라'도 아니고, 또 존경의 접미사 '시'를 뺀 '미오'도 아니라는 점을, 서울말 모어 화자라면 '미시오'라는 말의 배경을 암묵리에 획득한다. 다만 평소에는 일일이 의식하지 않을 뿐이다. 사실 이 '미시오'는 서울말에서는 거의 사라져 가는 문체인 '하오'체가 사용되었다. 지금도 가끔 볼 수 있는 '하오'체의 드문 예이다. 서울말에서는 사실상 반말, 즉 비경의체에서는 '해'체가, 이른바 존댓말, 즉 경의체에서는 '해요'체가 압도적으로 많이 쓰이며, 경의체 중 격식체로는 '합니다'체가 사용된다. 1960년대 이전에는 흔했던 '하네'체와 '하오'체는 점점 사라져 드라마나 영화 속 가상적인 대화에서 주로 만나게 되었다.

서울말 즉 서울 방언의 스피치 레벨

많은 한국어 입문서에는 '한국어'에는 '한다' '해' '하네' '하오' '해요' '합니다'의 여섯 가지 문체가 있다고 기술되어 있다. '합쇼체'와 같은 명칭을 사용하기도 한다. 누가 누구에게 어떠한 장면에서 어떤 언어를 사용하는가를 뜻하는 언어장마다 바뀌는 이런 문체를 언어학에서는 스피치 레벨speech level이라고 한다. 한국어나 일본어에는 용언의 형태 만들기에 의한 스피치 레벨로서의 문체 변화가 있지만 영어는 모든 상대에게 언제나 'I do'라는 형태로 말하듯이 서술어, 즉 동사의 형태를 상대에 따라서 바꾸는 시스템은 없다. 영어는 스피치 레벨로서 서술어의 문체 변화가 존재하지 않는 언어이다.

그런데 위와 같이 여섯 가지를 일원적으로 나란히 늘어놓고 기술하는 것은 언어 사실과 조금 거리가 있다. 언어가 실현될 때 그 존재양식으로는 '말해진 언어'와 '쓰여진 언어'가 있음을 거듭 강조했다. 그러한 관점에서 현재의 서울말, 즉 서울 방언의 평서형을 그려 낸다면 다음과 같은 스피치 레벨의 도표를 얻을 수 있다. '(내가) 해'(=내가 하기로 되어 있어)를 뭐라고 하는가를 생각하면 된다. 여러분의 언어 생활에 비추어 보길 바란다.

표 6-1 서울말의 스피치 레벨

<table>
<tr><td rowspan="2">말해진 언어
(말체)</td><td colspan="5">비경의 ← → 경의</td></tr>
<tr><td>해</td><td>(하네)</td><td>(하오)</td><td>해요</td><td>[합니다]</td></tr>
<tr><td rowspan="2">쓰여진 언어
(글체)</td><td colspan="5">비경의</td></tr>
<tr><td colspan="5">한다</td></tr>
</table>

'합니다'체는 격식체이니, 줄을 바꾸어서 표를 작성할 수도 있다. 괄호를 붙인 '하네'체와 '하오'체는 창작물 등 일부 가상적인 회화에 주로 사용될 뿐, 실

제 서울말 언어 생활에서는 점점 사라져 가고 있다. 특히 '하오'체는 보기 드물다.

창작물 등에 아주 가끔 나타나는 '하옵나이다' 체와 같은 문체를 떠올리면, 문체의 존재 여부와 실제의 언어 사용과는 다름을 쉽게 헤아릴 수 있을 것이다.

여기서 중요한 것은 '쓰여진 언어'에서는 '한다'체가 디폴트default 즉 초기값 상태라는 점이다. 뉴스도 논문도 소설도 사무적인 보고서도 쓸 때는 기본적으로는 모두 이 '한다'체이다. 소설 중에 회화 부분이나 시나리오, 이메일 등 일부 언어장에서 '실제로 말을 하듯이' 쓸 필요가 있을 경우에는 '말해진 언어'의 문체를 가지고 와서 사용한다. '해요' 체를 빌려 와서 "언니, 나 지금 뉴욕에 와 있어요."라고 이메일을 쓰는 것처럼.

하나 더 착각하기 쉬운 것은, "아, 여기 있네!"와 같이 많이 사용되는 '하네' 형에 대해서이다. 이것은 현장에서 발견하거나 만나서 감탄을 하는 '발견적 감탄'을 나타내는 감탄법의 형태이지 일반적인 평서문에 사용되는 것은 아니다. 모든 '해'나 '해요'를 '하네' '하네요'로 바꿀 수 없다는 점을 생각하면 된다. 감탄법의 '하네'에는 '하네요'라는 형태가 있어도, 문체로서의 '하네'체에는 '하네요'라는 형태는 없다.

더 재미있으면서도 한국어 교육에서 큰 어려움을 주는 것은 '한다'라는 형태이다. 이것은 '말해진 언어'의 언어장에서는 상대방과 관계없이 어디서나 사용이 가능한 형태이다. "와, 비 온다. 선생님, 우산 있으세요?" "와, 비 온다. 너 우산 있어?"라든지 "와, 너무 춥다. 대표님, 괜찮으세요?" "와, 너무 춥다. 자기야, 괜찮아?"와 같이. 이러한 '한다'형은 감탄이나 선언을 나타내는 선언-감탄법의 형태이지 '쓰여진 언어'에서 사용되는 일반적인 평서문 '한다'와는 다른 것이다. '말해진 언어'의 '해'체에서도 선언할 때는 '한다'형이 즐겨 사용된다. 예를 들어 "언니, 나 간다. 내일 봐." 같은 형태로 쓰이는 선언-감탄법으로서의 '한다'형은 문법론에서는 거의 제대로 자리매김되어 있지 않다. 인터넷상에서 만나는 일본어로 번역한 K-POP 가사들을 보면 바로 이런 점을 특히 어려워 한다는 것을 알 수 있다.

말의 길이와 **이야기**의 길이

언어가 실현될 때의 **말**과 이야기라는 두 가지 성격은 우리가 K아트에 접근하는 데 있어 아주 중요하다. 3-6에서 한국어 오노마토페가 지닌 **말**로서의 특징을 살펴보았고, 그러한 **말**성이 한국어 랩을 비롯해서 K-POP에서 아주 절묘하고도 큰 역할을 한다는 점을 확인했다. 각운의 재미 같은 언어음 자체가 주는 즐거움은 바로 이 **말**성이 가져다주는 것이다. 앞의 '미시오'의 예처럼 아무리 짧은 '말'이라도 얼마든지 **이야기**성을 만들 수 있다. 3-6의 box(264쪽)에서 본 아르튀르 랭보의 모음자와 색채의 이야기 역시 또 다른 좋은 예가 된다. 'A noir검정색, E blanc흰색, I rouge빨간색, U vert녹색, O bleu파란색'. 모음자 하나에 색채명 하나를 곁들임으로써 읽는 사람이 각자 안에서 **이야기**를 조형해 나가게끔 만드는 것이다. 여기서는 단어 두 개를 조합했지만 단어 수가 많아질수록 **이야기**는 풍요로움의 가능성을 얼마든지 넓힐 수 있다. "잎새에 이는 바람에도"(윤동주, 「서시」)라는 세 단어—조사는 언어학적으로는 실질적 개념을 나타내는 실사實辭도 아니고 온전한 단어도 아니라 어미에 가까우니 세 단어라고 해 두자—만으로도 신선한 **이야기**의 조형이 얼마든지 가능하다. 동시에 우리는 상식적인 의미의 연쇄를 벗어난 이 세 단어가 만들어 내는 비범한 조합의 묘미를 알 수 있다. 우리의 의식은 **이야기**를 떠나기 시작하면 **말**을 향하게 된다.

'말'의 선택을 운운하기 시작하면 그때는 이미 **말**성의 유혹에 빠진 것이다. 정지용鄭芝溶(1902-1950)이 "그곳이 차마 꿈엔들 잊힐리야"(「향수」)라는 말을 선택했을 때, 신석정辛夕汀(1907-1974)이 "어머니, 아직 촛불을 켜지 말으셔요"(「아직 촛불을 켤 때가 아닙니다」)를 선택했을 때, 오일도吳一島(1901-1946)가 "내 애인이여! 좀더 가까이 오렴"(「내 애인이여! 가까이 오렴」)을 선택했을 때 등등 '말'을 선택해서 조형해 나가는 시인들의 행위는 우리에게 언어의 **말**성에 대한 의식을 각성시켜 준다. 그리고 **말**성도 **이야기**성도 사람에 따라, 시대에 따라, 일반적으로 말해서 언어장에 따라 달라진다. 물론 오일도에게는 '자기야, 좀더 가까이 와'와 같은 선택은 불가능했다. '자기'라는 이런 대명사의 사용은 최근 수십년 사이에 나타난 것이니까. 짧은 **이야기**가 아니라 언어가 만드는 긴 **이야기**는 소설을 예로 들면 충분하다.

의미의 조형이 어려워지면 사람은 이야기성을 떠나 말성에 주목한다

만들어진 형태에 따라서는 이러한 **이야기**성이 희미하게 흐려지거나, 말과 말의 연쇄에서 의미를 조형하지 못하고 **이야기**성이 거의 파괴된 상태가 드러나기도 한다. 앞에서도 언급한 시인 이상이 일본어로 쓴 시에서는 **이야기**성이 거의 파괴되기 쉬운 조형의 전형적인 예를 볼 수 있다.

> **푸른 정맥을 잘랐더니 붉은 동맥이었다.**
>
> **원문: 青イ静脈ヲ剪ツタラ紅イ動脈デアツタ。**

여기까지는 그렇다고 쳐도,

두 눈이 있어야 할 곳에는 숲인

웃음이 있었다.

원문: 目ガアツテ居ナケレバナラナイ筈ノ場所ニハ森林デアル

笑ヒガ在ツテ居タ。

두 번째 인용과 같은 사례에서는 개별 단어의 의미 조형은 가능하지만 문장 전체로서의 의미 조형은 어려워진다. 참고로 '눈이' 만으로는 하늘에서 오는 눈과 구별을 못함으로 '두 눈'으로 번역해 놓았는데 더 나아가서 "웃음이 있었다"는 "웃음이 앉아 있었다" 정도로 번역하고 싶어진다. 어찌 됐든 이상이라는 시인의 시는 재미있는 말'썽'을 일으킨다.

의미의 조형이 이런 식으로 어려워지면 사람은 의미를 떠나 말 자체에 의식을 집중하게 된다. "응? 이 단어는 뭐지?"라든가, "어? 무슨 뜻이야? 이게 한국어야?"와 같이. 즉 **이야기**성이 선명할 때는 누구나 의미의 세계를 소요逍遙하고 있다가 **이야기**성이 무너지기 시작하면 의식의 지향성을 **말**성으로 전환하게 된다. 요컨대 우리는 보통 **의미**를 읽거나 듣고 있는 것이지 '말' 그 자체를 읽거나 듣고 있는 것은 아니다. 누군가와 이야기를 하다가 "왜 나한테 반말이야?"라든지 "왜 말이 짧으세요?"와 같은 말이 나올 언어장이란, **이야기**성보다 **말**성을 문제 삼아 '말' 자체에 대해 착목함으로써 자칫하면 문자 그대로 '말다툼'을 하게 될 상황이 벌어지는 곳이다. '쓰여진 언어'에서도 마찬가지이다. "어, 이거 무슨 글씨지?"와 같은 말을 한다면 역시 의미보다도 '말'의 실현태인 문자에 주목하고 있다는 뜻이다.

노래에서도 의미를 조형할 수 있는 이상, 우리는 의미의 세계에 취할 수 있다. **이야기**성이 우세하기 때문이다. 의미의 조형에 지장이 생기기 시작하면 우리는 '말' 자체로 관심을 돌린다. 그러면 이번에는 **말**성이 더 짙게 나타난다.

많은 노래는 이야기성을 추구해 왔다

말성과 **이야기**성이라는 관점에서 대중음악의 가사를 보면, 역시 예전에는 **이야기**성이 짙은 노래가 압도적으로 많았다. 아니, 더 정확히 말하면 하나의 이야기를 꾸며 내는 방식으로 가사를 만드는 것이 지극히 일반적인 작법이었다. 어떤 이야기를 만들 것인가, 그러한 **이야기**성이야말로 노래에 있어서 중요했던 것이다.

"사공의 뱃노래 가물거리며"(〈목포의 눈물〉), "한 많은 피난살이 설움도 많아"(〈이별의 부산정거장〉)와 같이 한 구절만 들어도 우리가 거기에서 **이야기**를 조형할 수 있게끔 만든 것이다. 사람에 따라서는 민족이 흩어진 이산diaspora, 민족이 흩어진 분단division까지도. 거의 대부분의 노래 가사에는 선명한 **이야기**가 조형되어 **이야기**성도 뚜렷했다. '이별의 부산정거장'일 때도 있고 "그야말로 옛날식 다방에 앉"아(〈낭만에 대하여〉) 있을 때도 있었으니 **이**

야기의 장소도 선명했다. 사람들은 그렇게 조형되는 **이야기**에 때로는 빠져들어 울기도 하고, 자기 자신을 투영하기도 하고 또 때로는 그 **이야기**에 노래를 부른 가수의 모습을 투영하기도 했다. 물론 그런 투영이 환상이라도 전혀 상관이 없다. 중요한 것은 노래의 그 말들이 조형하는 **이야기**성이 우리와 함께하는 장치로서의 역할을 얼마만큼 수행했는가 하는 데 있기 때문이다.

이야기성은 때로는 큰 힘을 가진다. 〈인터내셔널가〉, 〈애국가〉, 〈임을 위한 행진곡〉 등을 생각하면, 입장에 따라서 다르기는 하여도 그 힘만큼은 부정할 수 없을 것이다. 또 같은 가사라도 누가, 어디서, 누구를 향해 부르느냐, 하는 언어장이 바뀌면 조형되는 **이야기**성도 힘도 달라진다. 소녀시대의 〈다시 만난 세계Into The New World〉를 민중가요처럼 부른 투쟁의 언어장을 상기하자 (→2-6, 143쪽).

오해의 소지가 없도록 덧붙인다:

(1) 말성과 이야기성은 언어가 실현될 때 그 농도의 차이만 있을 뿐, 많든 적든지 간에 양쪽 다 나타난다

(2) 말성과 이야기성은 작품에 우열을 매기는 가치 부여와는 전혀 관계가 없다

가사가 **말**성과 **이야기**성, 어느 성질 쪽으로 기울어진다 해도 당연히 좋은 작품도 있을 수 있고 재미없는 작품도 있을 수 있다.

일본을 뒤덮은 〈임진강〉이라는 노래의 힘

그 노래, 〈임진강〉은 라디오에서 하루에도 몇 번씩이나 흘러나왔다. 일본의 중고등학생용 월간 학습지에는 악보까지 실릴 정도였다. 그러나 '더 포크 크루세이더즈'가 부르는 그 음반은—아직 CD라는 매체는 존재하지도 않던 시절의 바이닐 레코드판이다—출시 전날 갑자기 발매가 중지되었다. 영문을 모르는 소년 소녀 들에게는 큰 충격이었다. 그 이후로는 사실상 금지곡 취급을 받아 TV는 물론 라디오에서도 다시는 들을 수가 없었다. 많은 세월이 지난 후에 CD가 발매된다는 소식이 전해졌다. 소년은 어느새 대학 교수가 되어 있었다. 기뻐서 마치 다시 소년 시절로 돌아간 것 같은 기분으로 재빨리 구매 버튼을 클릭했다. 지금 사지 않으면 내일은 또 못 사게 될지도 모른다는 생각으로.

〈임진강〉으로 한반도의 남북분단 상황을 조금이나마 처음 실감했던 일본어권 소년 소녀 들이 많았을 것이다. 〈임진강〉은 조선민주주의인민공화국(앞으로는 북한으로 표기한다)의 노래다. 일본의 대학생 언더그라운드 그룹이었던 '더 포크 크루세이더즈'가 부른 노래는 북한 원곡을 약간 개편한 것이었다. 더 포크 크루세이더즈는 〈가엣테키타 욧파라이帰ってきたヨッパライ(돌아온 주정뱅이)〉라는 첫 번째 싱글을 발표했었다. 녹음테이프를 빨리 돌려 고음 목소리로 편집한, 말하자면 웃기는 스타일의 노래였는데 놀랍게도 밀리언 셀러가 되었다. 〈돌아온 주정뱅이〉는 '이야기'성도 강하지만 일본 노래에는 드물게 '말'성이 아주 강한 혁명적인 곡이었다. 그 당시 일본에서는 남녀노소를 막론하고 〈돌아온 주정뱅이〉를 모르는 사람이 없었다고 단언할 수 있다. 그런 그룹이 두 번째 싱글로 내는 노래이니만큼 얼마나 주목받았을지 상상하기 어렵지 않다. 더 놀랍게도 그 노래가 웃기기는커녕 아주 진지하고 슬프고도 절실한 '이야기'성을 가진 것이었으니 그 충격 또한 어마어마했다. 〈임진강〉은 〈돌아온 주정뱅이〉 정도는 아니었지만, 금지곡 취급을 받은 와중에도 많은 사람들에게 알려졌다. 지금은 한국에서도 양희은의 목소리로 북한의 원곡 버전을 들을 수 있다.

한국어권 사람들은 1945년 해방 이전에는 제국 일본의 침략과 지배라는 어려움에 빠져 있었지만, 해방과 한국전쟁 이후에도 세 가지 큰 어려움3D: 3 difficulties을 짊어지고 살아왔다고 할 수 있다. 한국어권의 세 가지 어려움이란 첫째 남북분단Division, 둘째 민족의 디아스포라Diaspora 즉 이산, 셋째 민주화Democratization를 둘러싼 어려움이다. 아티스트의 병역 문제나 한반도를 떠나 일본, 미국, 호주 등 해외에 살고 있는 동포의 존재와 그곳 출신 가수의 존재, 혹은 광주 민주화항쟁과 관련된 이야기를 해외에 있는 K-POP 팬들도 종종 접한다. K-POP이 단순히 즐겁고 멋지기만 하는 것은 아니라는 막연한 감각 정도는 느낄 것이다. 오늘날의 한국 밖의 팬들이 역사적인 문제에까지 깊이 다다르기에는 어려울지 모르지만 어쩌면 K-POP이 조금은 기여하고 있을지도 모른다. 〈임진강〉이 소년 소녀 들의 마음을 열었던 것처럼, K-POP에도 그러한 힘이 숨어 있을지도 모른다. 2-3 '아티스트가 여는 역사 인식의 문—BTS RM의 발언'에서 언급했듯이 시=가사 속 '말'뿐만 아니라 오늘날의 아티스트가 하는 '말' 역시 큰 잠재력을 지니고 있다.

랩은 **이야기성**을 유지하면서 **말성**을 극대화한다

랩은 일반적인 노래에 비해 **말성**이 아주 강하다는 것은 말할 나위도 없다. **이야기성**을 유지하면서 **말성**을 극대화한 노래가 랩이라고 할 수 있다. 나중에 더 이야기하겠지만 이런 성격은 판소리와 궤를 같이한다.

2023년 IVE가 발표한 일본어와 영어의 복수언어 작품 〈WAVE〉. "L 다음 또 O 다음 난 yeah" "LO 다음에 I 그 다음에 VE"라고 부르는 〈AFTER LIKE〉를 비롯해서 아이브에게는 로마자명 자체를 가사에 이용하는 전략이 보이는데 'W-A-V-E'라는 로마자명을 반복하는 이 곡도 그 전형적인 작품이다. 전에도 언급했듯이 일본어에는 단어를 구성하는 박拍, mora의 높낮이가 정해져 있는 강한 특징이 보이는데, 이 곡의 일본어 부분은 그런 높낮이는 아랑곳하지 않고 부르고 있다. 랩에서 높낮이가 파괴되는 것은 말할 것도 없다. 물론 사람에 따라 차이가 있지만 일본어 화자들에게는 높낮이의 파괴가 아주 묘한 쾌감을 가져다준다. 그렇게 **말**성이 강한 작품이다.

MV는 '흰색과 빨간색 중심의 색채' '다양한 색채' '흑백을 중심으로 한 색채'라는 3가지 배색으로 전개되는데 다양한 색채로 구성되는 0:59–2:10 부분은 무척 화사하고 아름답다.

말성을 극대화하는 K아트

Kep1er의 2023년 작품 〈Giddy〉는 **말**성이 아주 강하게 드러나는 작품이다. 제목인 영어 Giddy는 '어지러운' '현기증 나는'이라는 뜻의 'dizzy'처럼 오노마토페처럼 들리는데 어원을 따지면 옛 영어에서 'gid'는 'god' 즉 '신'이라는 뜻인 듯하다. '신들린'이라는 의미로 사용한 것으로 보인다. 이 곡은 바로 그런 '신들린' 것 같이 통통 튀는 재미를 경쾌한 속도감으로 보여 준다. "Give me

●
IVE 아이브
'WAVE' MV

some"으로 시작되는 부분도 마치 오노마토페처럼 다루는 가창법이며 비트를 타고 말성이 극대화된다. 전개되는 리듬이 상쾌하고 안무도 무척 즐거운 작품이다.

첫 번째로 든 〈Choreography Video〉는 네 가지 버전 중(사실은 〈M/V〉도 따로 있으니 총 다섯 가지 버전이지만) 의상이 가장 재미있고 채도를 억제한 배색이 아름답다. 〈Performance M/V〉는 낮은 위치에서 찍은 카메라 각도가 안무의 재미를 제대로 살려 준다. 단 'M/V'에서도 많이 사용된 첫 부분의 미국풍 배경은 힙합 시대의 여운이 아직 가시지 않은 것 같은 기시감 때문에 오히려 마이너스 효과인 것 같다. Kep1er는 새 시대의 그룹이 아닌가. 0:48 이후는 추상적인 세트 배경으로 바뀌는데 소박하지만 오히려 지루하지 않다.

다른 동영상이 동적인 것에 비해 〈it's Live〉 버전은 큰 안무가 없지만 정적인 화면에서 목소리와 가창력의 진수를 맛볼 수 있다. 〈BE ORIGINAL〉 버전은 조명과 색채, 카메라의 변화가 가장 격렬하며 마지막 20초는 덤으로 포즈를 취하는 각 멤버를 한 명씩 만날 수 있다.

모든 동영상이 Kep1er 개개인의 존재감을 살리려 하고 있는 점

• Kep1er 케플러 | 'Giddy' Choreography Video

• Kep1er 케플러 | 'Giddy' Performance M/V

• [4K] Kep1er - "Giddy" Band LIVE Concert 사랑스러운 케냥이들의 밴드라이브[It's KPOP LIVE]

• [BE ORIGINAL] Kep1er (케플러) 'Giddy'(4K)

이 호감이 간다.

5-4(427쪽)에서 잠시 살펴 본 제5세대 KISS OF LIFE는 2023년 〈쉿(Shhh)〉을 타이틀로 데뷔한 4인조 그룹이다. 약칭은 키오프. 멤버 중 나띠NATTY는 태국에서, 쥴리JULIE와 벨BELLE은 미국에서 왔고, 하늘HANEUL은 한국 출생이다. 시작하는 영어 가사 "Yeah, I really want"에서 전해지는 독특한 발성과 창법을 비롯 아주 존재감이 넘치는 목소리를 실현한다. **말**성이 두드러지고 성문 폐쇄도 교묘하게 이용한다. MV 전반부는 동영상으로 이야기를 꾸미는 구성인데 미묘한 색채 구사 자체는 좋지만 전반적으로 어두운 색조 때문에 아티스트들을 파악하기가 조금 어렵다. 그러나 3:48 이후는 이른바 dance practice 형식으로 바뀌어 앤딩롤까지 이어지는데 이 부분의 카메라 워크가 아주 좋다. 엄격하게 동작을 짜서 구성주의적인 춤이 아니라 아주 자연스럽게 즐기는 모습을 보여 준다. 의상도, 카메라도 네 명을 각각 부각시키려고 힘을 기울이고 있다.

〈it's Live〉에서는 목소리와 가창의 힘을 즐길 수 있어 역시 KISS OF LIFE의 진면목을 보여 주는 좋은 작품이다.

KISS OF LIFE의 진가를 보여 주는 작품을 몇 개 더 들어 보자. 2023년 작품 〈Bad News〉는 두운과 각운, 말장난 등으로 **말**성이 극대화된 가사를 압도적인 목소리로 형상화하고 있다. MV 0:55,

KISS OF LIFE(키스오브라이프) '쉿(Shhh)' Official Music Video

[4K] KISS OF LIFE - "Shhh" Band LIVE Concert 괴물신인 키오프의 밴드라이브 [It's KPOP LIVE]

1:55 "we got the moves"라는 가사 속 'move'에서 들리는 벨의 고음뿐만 아니라, 2:03 이후 쥴리의 저음, 나띠의 중고음, 하늘의 고음에 겹쳐지는 벨의 "Woo" "Ah" "Ooh" 같은 외침은 존재론적인 목소리의 향연이다. 〈it's live〉 버전에서는 목소리와 노래의 매력 자체를 더 확실하게 즐길 수 있다.

2023년 발표한 〈안녕, 네버랜드(Bye My Neverland)〉는 KISS OF LIFE의 곡 중에서도 서정성이 짙은 곡이다. 작사, 작곡자로 쥴리와 하늘의 이름도 보인다. 0:15-0:45, 유니즌으로 들어가기 전에 한 명씩 바뀌는 목소리만으로 이미 네 아티스트의 매력을 만끽할 수 있다. 특히 2:49 이후의 다성성은 압권이다. MV의 시각적인 측면은 **이야기**성을 만들고 있지만 아티스트의 노래가 지닌 힘이나 가사와 곡의 매력까지는 따라가지 못하는 것 같다. 어떻게 보면 '불운한 사람의 이야기' 정도로 이해되기 쉬운 스토리 구성인데 가사는 훨씬 내용이 풍부하고 애절하다. "멈추고 싶지 않아"라는 가사에도 드러나듯 앞을 향해 나가려는 지향성이 있음은 명백하다. 그러므로 이 선율의 서정성이 더더욱 드러나며 그만큼 아티스트, 작사가, 작곡가 들의 매력이 두드러지는 것이다. 〈it's Live〉가 훨씬 매력적인 작품으로 느껴지는 것이 그 증거다. 노래

●
KISS OF LIFE(키스오브라이프)
'Bad News' Official Music Video

●★
[4K] KISS OFLIFE
- "Bad News" Band LIVE Concert [it's Live]

를 받쳐 주는 밴드의 연주도 풍요롭고 수준이 높다. 벨의 보컬, 쥴리의 랩, 나띠의 춤이 너무 탁월하기에 자칫하면 각자가 너무 튀는 듯 느껴질 판인데 이를 하늘이 품위 있게 감싸주면서 전체를 유연한 하나의 그룹으로 통합하고 있다.

KISS OF LIFE의 언어와 미학

KISS OF LIFE의 새로운 면을 보여 준 걸작이 2024년에 발표된 〈TeQuiero〉다. 국제적으로 히트를 친 〈Sticky〉와 같은 시기에 공개됐기 때문에 그 그늘에 가려진 감이 없지 않다. 그러나 애수를 띤 아름다운 선율, 기타와 타악기가 절묘하게 어우러진 라틴 리듬, 곡 전체에 흐르는 서정성, 가성과 실성이 어우러진 **존재론적 목소리**가 만들어 내는 공간과 풍요로운 다성성 등이 KISS OF LIFE의 작품 중에서도 뛰어나다. 전부 영어로 된 가사 속에 삽입된 아주 짤막한 "Te Quiero사랑해"라는 단 한 마디 스페인어가 단조로움을 깨트리면서 작품을 복수언어성의 세계로 인도한다.

작곡자 중에 벨의 이름이 있어 멤버의 작곡 재능에도 주목하고

●
KISS OF LIFE(키스오브라이프)
'안녕, 네버랜드 (Bye My Neverland)' MV

●★
[4K] KISS OF LIFE "안녕,네버랜드" Band LIVE Concert
동화같은 키스오브라이프의 수록곡 밴드라이브 [it's KPOP LIVE 잇츠라이브]

싶다. MV는 제작되지 않았으나 PLAY COLOR 댄스 동영상 도입부 속 하늘의 옷차림과 손짓부터 눈길을 사로잡는다. 조명과 색채의 변화도 풍요롭다. 무엇보다 카메라가 아티스트의 존재감과 매력을 충분히 그려 냈기에 평범한 MV들을 능가하는 댄스 동영상이라 할 수 있다.

●★★
[PLAY COLOR | 4K] KISS OF LIFE (키스오브라이프)
- Te Quiero

⑥
—
②

상징시의 조각이 집적된다 — 변화를 지탱하는 말들

프랑스 상징시와 '이야기'성의 거부

앞서 이상의 시를 예로 들었듯이, 시에는 **이야기**성보다 **말**성이 짙은 작품이 적지 않다. 대표적인 예가 19세기 후반에 나타난 프랑스 상징시이다. 상징주의symbolism, 생볼리슴라고 불러도 좋다. 우리가 지금 검토하려는 주제에서는 한국어나 일본어 번역으로 관찰해도 무방하다.

샤를 보들레르Charles-Pierre Baudelaire(1821-1867) 작품 중에 마침 「음악La Musique」이라는 시가 있다. 그 첫 부분을 호리구치 다이가쿠堀口大學(1892-1981)의 일본어 번역에 도움을 받아 다시 한국어로 옮겨 살펴보자.

종종, 음악의, 바다처럼, 내 마음을 사로잡는다!

창백한 내 숙명의, 별을 향하여,

안개 자욱한 하늘 아래, 무궁무진한 우주로,

나 출항한다.

우리는 '음악의'라든지 '바다처럼'과 같은 구절, 혹은 쉼표로 끊어진 구절에서 충분히 의미를 조형할 수 있을 것이다. 그러나 이 시 전체의 의미를 조형하려고 시도하면 '응?' 하며 머뭇거리게 된다. '음악의'가 설마 '사로잡는다'의 주어인가? '창백한'이라니 도대체 뭐가 창백한 걸까? '내 숙명의'라는데 어떤 사연이 있다는 건가? '우주로, 나 출항한다'는데 보들레르 시대에 그런 SF는 없었을 테니, 그렇다면 이건 단순한 비유인가? 등등. 전체의 '이야기'를 조형하려면 하나둘씩 지장이 생겨나기 시작한다.

하지만 상징시에서는 일상 속 언어 생활의 방식대로 의미를 조형하려 힘쓸 필요는 없다. 그런 '이야기' 따위는 필요 없으니까, 조각이 된 단편적인 말이 갖는 각각의 의미의 조형과 그것들이 어떻게 이어지는지를 즐기면 된다. '상징시'란 그런 짜임새로 이루어진 것이다. 말은 어떤 대상을 리얼하게 그려 내는 것이 아니라 무엇인가를 암시할 뿐이다. 게다가 시인이 실제로 무엇인가를 암시하려고 했는지 아닌지도 전혀 상관이 없다. 읽는 이가 그럴싸한 이마주(프)image를 조형할 수 있기만 하면 된다. 여기서는 '이미지'라는 영어보다 프랑스어에서 유래된 외래어 '이마주'를 택하는 것이 상징시에 대한 예의일 것이다. 그런 의미에서 상징시에서 말은 항상 암시적이고 단편적이다. 그런 말들이 상징하는 이마주의 조각들을 받아서 읽는 당신이 느긋하게 통합해 주면 된다는 식의 전략이다.

말의 논리적 의미 조형보다는 말이 불러일으키는 이마주, 그 각각은 파편이거나 조각이라도 상관 없다. 말의 오성적悟性的인 작용보다 감성적인 작용을 극대화시킨다. "이야기? 이야기가 필요하면 당신이 만드시오." 그런 전략이다. 그래서 처음부터 명쾌하게 조형된 '이야기'라는 답은 없다. 사람들은 그것을 상징이라고 불렀다. 상징주의라는 단어도 즐겨 사용되었다. 의미의 조형에서 어떤 일이 일어나는 원인을 설명하는 계기성은 의식적으로 단절되고, 시간적 전후와 공간적 위치도 자유자재로 변용된다. 마치 K-POP MV처럼. 말은 논리적으로 의미를 조형시키는 것만으로 작용하지 않는다. 오히려 비논리적인 상징성이야말로 시가 잊고 있었던 것 아닌가? 이것이 상징시의 사상이었다.

상징시의 파편들과 영상의 단편들이 집적되어 만드는 '이야기'의 단절

이렇게 볼 때, K-POP의 시=가사에는 **이야기**성이 짙은 것도 많지만, 다른 한편으로는 **말**성이 강한 사례도 매우 많다는 것을 알 수 있다. K-POP의 시는 종종 말의 '형태'가 파괴되어 있거나, 맥락이 없거나, 언어 음만을 강조하거나, 이음새가 끊어지고 단절과 회귀가 나타나거나 함으로써 분명하게 의식적으로 의미의 조형을 방해하는 방식으로 조형된다. 다만 전체가 아니라 부분 부분

나누어진 말이 의미를 환기시키는 방법이 오히려 적극적으로 활용된다. 보들레르의 기법과 마찬가지다. 그의 시 「음악」에서 '음악의', '내 숙명의', '무궁무진한 우주로'처럼 각각의 의미를 조형화하는 방식은 적극 권장된다. 수많은 MV 영상의 조형이, 말이 가진 의미를 조형하도록 도와주고 가속화하는 점을 보면 바로 알 수 있다. 물론 조형된 이마주들 사이의 계기성이나 연관성 같은 것에는 의미를 단절하듯 목적의식적으로 단절을 가한다. 그렇게 하여 말의 맥락은 사라진다. 고정된 하나의 의미를 조형하거나, 고정된 이마주에 의한 **이야기**를 거부하고, 어디까지나 **이야기**를 어떻게 조형할지의 여부를 듣는 우리에게 맡기는 셈이다.

결과적으로 K아트 전체는 말로서의 상징시와 영상으로서의 상징시의 다양한 조각들이 집적되는 구성을 취한다. 상징시의 파편을 집적한 K아트 작품으로서는 이미 본 BTS의 2016년 작품 〈피 땀 눈물〉(→0-1)이나 드림캐쳐의 2019년 작품 〈데자부〉(→2-8), 엔믹스의 2022년 작품 〈O.O〉(→5-1) 등이 대표적이다. 다른 예도 살펴보자.

2001-2005년생으로 이루어지고 멀티에스닉한 배경을 지닌 7인조 그룹 엔하이픈의 2020년 작품 〈given-taken〉이다. MV는 정원이 코피를 흘리는 장면으로 시작하여 사람들의 시선을 사로잡았다. 상징적인 시의 조각들이 모여 있는 듯한 시. 의미심장한 이야기가 있을 것 같으면서도 정작 시와 영상 모두 **이야기**성은 단절

●
ENHYPEN(엔하이픈)
'Given-Taken' Official MV

되어 어디까지나 흐릿하고 모호하다. 마치 '소년애少年愛의 미학'이라고 할 수 있을 것 같은, 과거의 기억이 단편적인 영상으로 이어진다. 영상은 항상 무엇인가 어딘가 부서진 것을 그리며 아련한 자극을 여기저기서 아로새긴다. 보지 말아야 할 것을 보기나 한 듯이, 무서운 기억 같은 세계상도 만들어진다. 그저 "가는 선 너머의 날 부르는 너"라는 상징적인 가사가 **존재론적 목소리**와 함께 길게 여운으로 남는다. 2:47 무렵에 나타나는 찢어진 천으로 덮인 탑 형태의 조형물은 상징적이다. 물론 여기서도 정답은 없다. '이야기'는 우리 각자가 만들라는 것이다. 실제로 한국어권은 물론 일본어권과 영어권에서도 많은 팬들이 다양한 '이야기'를 만들어 인터넷에서 선보이고 있다. 작품은 작품만으로 끝나지 않는다. 우리가 다양한 세계상을 완성시킨다. 이것이 바로 K아트이다.

상징시와 상징적인 영상시를 집적하는 수법으로 더욱더 웅대한 세계상을 구성하고 있는 작품은 2023년에 발표된 〈Bite Me〉이다. 첫 부분의 "in this world"의 'world' 등에서 반복되는 유니즌의 고음 A(라)음이 더없이 가슴 절절한 슬픔을 담고 있다.

에버글로우의 2023년 작품 〈SLAY〉. 제목에 쓴 'slay'는 미국 신문 등에서 'kill' 대신 사용되어 온 단어이니 제목만 보면 조금 살벌하다. 하지만 'slay'에는 '사람을 즐겁게 한다'라든지 '강한 인상을 준다' '멋지다' '성공하다' '끝내주다'와 같은 속어 용법도

• ENHYPEN(엔하이픈) 'Bite Me' Official MV

• EVERGLOW(에버글로우) - SLAY MV

있다. 힙합이 수용될 때도 마찬가지이지만 K아트의 복수언어성은 이런 식으로 영어 속어까지 파고들어 가야 알 수 있으니 비영어 화자의 부담이 적지 않다. "all my girls slay"라는 말과 함께 "we shining like diamond and pearls(다이아몬드나 진주처럼 빛난다)"라는 구절이 있어 slay가 '빛난다' 정도를 지향하고 있음을 알 수 있다. "We born to break the rules(우린 규칙을 깨기 위해 태어났어)"라는 구절은 에버글로우가 K아트의 아나키anarchy한 성격을 이어받고 있는 것 같아 호감이 간다. 전체적으로는 메시지성이 강한 〈Slay〉는 구체적인 **이야기**성을 웅장한 메시지성으로 승화시키는 스타일의 대표적인 작품이라 하겠다.

MV는 의상과 색채 측면에서도 주목할 만하다. 0:16 부분부터 나오는 통일된 얇은 베이지색 계열의 의상이 1:37부터 다양한 색채로 바뀌는 대비가 인상적이다. 1:21부터 시작되는 이유와 아샤의 랩에 이어서 온다와 시현, 미아가 들려주는 고음은 경이롭다. K-POP에서는 아티스트의 음역을 고려할 때 무리라고 느껴지는 고음이 아주 많은데 에버글로우는 이 곡에서 전혀 무리 없이 아주 맑은 고음을 들려준다. 존재론적인 고음으로 승화되어 있다는 느긋함까지 준다. 아티스트들의 가창력과 안정감을 새삼 느낄 수 있는 작품이다.

뉴진스의 2023년 작품 〈Cool With You〉의 가사 내용은 다니엘이 부르는 구절 "다시 돌아와도 돼"라는 말로 상징할 수 있다. **이야기**는 뚜렷한 줄거리를 가지지 않고 다양한 해석이 가능한 상징적인 조각의 집적이라는 성격이 짙다. 모델 겸 배우인 정호연과

양조위梁朝偉/Tony Leung 등이 출연하는 동영상은 언뜻 보기에는 아주 강렬하고 뚜렷한 **이야기**를 보여 주는 듯한 구성이지만, 영상은 역시 상징적이며 단편적이다. 많은 팬들이 영상 속 그림에서 힌트를 얻은 듯 그리스신화와의 관계를 비롯해서 재미있는 해석과 고찰을 공개하고 있다. 〈MV(side A)〉 동영상에 아티스트는 관찰자인 듯 보이며 전면에 등장하지 않는다. 〈MV(side B)〉에는 안무와 함께 나오지만 조명 효과로 인해 아티스트는 배경에 보이는 그림의 일부처럼 취급되고 있다. 아티스트의 매력보다 작품의 매력을 주로 부각하는 작법을 쓴 것이다.

KBS《뮤직뱅크》 방송 영상은 TV 동영상으로서는 아주 아름다운 완성도를 뽐낸다. 〈MV(side B)〉보다 오히려 아티스트 각각의 존재에 다가가기 쉽다. 아티스트들은 그림의 일부가 아니라 어디까지나 주체가 되기 때문이다. 특히 몸에 감기는 부드러운 감촉의 의상이 신체와 함께 움직인다. 옷과 신체가 그려 내는 궤적이 부드러운 공간감을 형성한다. 밝은 조명 아래 헤어스타일 차이도 뚜렷하여 저마다의 개성과 존재감이 부각된다. 또 다른 〈Official MV(Performance ver.)〉의 형식을 따랐지만 2:14 이후 거의 손과 팔만으로 구성한 안무 영상도 배경을 고려해 훌륭하게 계산되어 있다.

• NewJeans(뉴진스)
'Cool With You'
Official MV(side A)

• NewJeans(뉴진스)
'Cool With You' & 'Get Up'
Official MV(side B)

• Cool With You
- NewJeans 뉴진스 [Music Bank] | KBS WORLD TV 230721

⑥
---
③

'새로운 코레아네스크'의 미학 — 목소리와 말과 소리와 빛과 신체성

'K적인 것', 그 전통의 21세기적인 메타모르포제 — 코레아네스크

지금까지 검토해 왔듯이 K아트는 '목소리'와 '말'과 '소리'와 '빛'과 '신체성'을 통합하면서 각각의 동적인 세계상을 구축해 낸다. 우리는 같은 동아시아 땅에 있으면서도, 이른바 '일본적인' 것, '중국적인' 것과는 어딘지 모르게 다른 '코리아적인' 것을 발견하게 된다. 색채만 보아도 배색 자체가 분명 다르다. 어떻게 다른지 언어화하기는 매우 어렵지만, 배색을 기초로 만든 컬러 차트를 보여 준다면 동아시아에서 자란 사람들이라면 누구나 단번에 '코리아적인 것'을 골라낼 수 있을 것이다. 그것은 '한국의 색채'라고 말해야 하는 것이 아니라 —여기서 절대로 오해해서는 안 되는데 배색 자체와 '국가'는 본질적인 관계나 불가분의 관계가 없다—오히려 막연하게 '한국적인'이라고 하는 쪽에 가까운 색채의 분포이고 배열이다.

요컨대 국경으로 구분된 'Korea'라기보다는, 그 땅에 사는 사람들에게 나타나는 문화적인 표상을 외부에서 일단 'Korean'이라고 부를 법한 정도의 의미다. 경계는 항상 부드럽고도 흐릿하다. 이것을 우선 '코레아네스크Koreanesque'라고 부르기로 하자. 이 용어는 말할 필요도 없이, 미술사나 건축사에서 처음에는 경멸적 표현으로 시작되어 지금은 미학의 왕도로까지 도약한 로마네스크Romanesque라는 단어가 환골탈태한 형태다. 세계가 거의 거들떠보지도 않았던 '극동'의 한 귀퉁이에서 세계 음악사, 아트사의 왕도 위에 우뚝 선 우리의 K아트를 형용하는 데 어울리는 명칭이다.

그리고 결정적으로 중요한 점은 코레아네스크는 '색채'도 '말'도 '오래된 전통'을 그저 갖다 붙이는 것이 아니라는 것이다. 다시 말해 공항의 기념품 굿즈 디자인처럼 낡아빠진 키치Kitsch 같은 것이 아니다. 독일어 Kitsch는 한국어권의 미학은 물론 영어나 일본어 등 다른 언어에서도 많이 사용된다. 키치라는 말이 나왔으니 2023년의 K아트 작품에서 이 용어를 어떻게 소화해서 또 조형하고 있는지 살펴 보자. 키치까지, 그야말로 K-POP에는 무엇이든지 있다.

●
IVE 아이브
'Kitsch' MV

IVE의 2023년 작품 〈Kitch〉. "우리만의 자유로운 nineteen's Kitsch"라고 반복되는 말이 모든 것을 상징하고 있다. 물론 여기서도 시=가사의 내부로 파고들어 이것저것 재미있는 고찰을 하는 것은 가능하나 억지로 뚜렷한 줄거리를 가진 **이야기**를 꾸밀 필요는 없다. 원래부터 **이야기**가 있는 것 같으면서도 어디까지나 흐릿한 상징시적인 세계상을 맛보게 만들어 주고 있으니까. IVE 작품 크리에이터들의 재주에는 항상 놀라움을 금할 수 없다.

코레아네스크는 그 자체가 '완전히 새로운 전통'이며 무서울 정도로 새롭지만 마치 오래전부터 전해져 내려온 것같이 변신한다는 점이 중요하다. 그냥 '전통'이 아닌 변신, 독일어 Metamorphose 메타모르포제를 겪은 계승이다. 그러니 여기서도 전통적인 층위에 존재해 왔던 '형태Morph'를 한 단계 위의 현대적 층위로 '메타 meta-'하고 있는 것이다:

코레아네스크, 그것은 '전통'의 21세기적인 메타모르포제다

2020년에 발표된 우주소녀의 〈버터플라이(BUTTERFLY)〉는 원색을 피하고 반사광이 아닌 투과광 위주의 조명을 사용했다. 색채가 고도로 통제된 이 그룹의 다른 작품들과 마찬가지로 이마주가 단연 돋보인다. 전통적 배색을 단순하고 표면적으로 내세우는 것

•
[MV] 우주소녀(WJSN)
- 버터플라이(BUTTERFLY)

이 아니다. "이게 바로 한국적인 거야!"라는 식으로 서투르게 밀어붙이는 법이 결코 없다. 사람에 따라서는 이 화면에서 코레아네스크를 느끼지 못할 수도 있다. 그만큼 이 작품의 코레아네스크는 희미하고 아련하다. 마치 1:15, 1:17 등에 등장하는 장면, 얇은 사絲(실)로 아주 가늘게 짠 천으로 가려 희미하게 보이는 아티스트들처럼 코레아네스크적 요소도 가려져 있다. 어떻게 보면 의식적으로 만든 조형이 아니라 무의식적으로 코레아네스크가 드러나는 것처럼 색채도 질감도 유럽적인가 하면, 어떻게 보면 사막을 건너가는 서역풍이나 아랍풍 느낌도 든다. 그러면서도 또 코리아적으로도 보이는 동적인 미학이 덧씌워져 있다. 빛깔은 낡은 전통을 환기시키는 것이 아니라 21세기적으로 메타모르포제된 색채다. 새로운 시대의 코레아네스크라고 말할 수 있는 섬세한 색채군이다. "나란 색깔이 빛나게"라는 가사가 말해 주듯 작품은 더할 나위 없을 만큼 아름답게 빛나고 있다. 0:17, 한 조각을 잘라 낸 민트색 케이크를 담은 화면만으로도 크리에이터들의 세련된 감성을 엿볼 수 있다. 우리는 색채의 마술에 취한다. 1:22부터 춤과 함께 슬로우모션으로 삽입된 장면의 의상 표현을 보자. 노란색을 배경으로 나타나는 1:28의 일련의 인서트는 청록파 시인 조지훈趙芝薰(1920-1986)의 「승무」 식으로 읊는다면 "얇은 사 그 빛깔은 고이 춤추어 나빌네라." 정도로 표현할 수 있을까? 2:40부터 안개위로 뜨는 배와 시계들은 중세 유럽의 동화적 세계 같기도 하다. 3:20에 나오는 책은 영어로 쓰여 있는데 찢어 낸 책의 종이 조각이 3:24에서는 꽃잎처럼 흩날린다.

이 MV는 아티스트가 열 명이나 되어서 개개인의 존재감이 두드러지지 않는 점이 아쉽지만, 2:55 이후 다성적으로 소리 높여 부르는 고음이 매우 아름답다. 시각적인 면에서는 다른 MV를 압도하는 탁월한 걸작이다.

코레아네스크는 색채나 말뿐만 아니라 음악 소리 자체에서도 찾아볼 수 있다.

2021년, 마마무 화사가 솔로로 펼쳐 낸 코레아네스크의 걸작 〈I'm a 빛〉을 살펴보자. 이 작품에선 끝없이 이어지는 마마무식 세계상의 조형미가 더욱 섬세해졌다. 그야말로 '예술의 신은 디테일에 깃든다'고나 할까. 채도가 낮은 호박색 계열의 화면을 중심으로 차례로 변모하는 색채가 아름답다. 제목 속 '빛'은 'bitch'를 암유하고 있다고도 한다.

민간에 전해 내려오는 전통 회화인 민화풍 배경과 타일 등을 이용한 추상적 무늬를 속도감 있게 대비시킨다. 2:38 이후에는 전통 현악기 거문고가 등장한다. 공간에 거문고의 저음을 극한까지 채우는 21세기의 코레아네스크, 그리고 춤. 이렇게 전통 음악을 완전히 새로운 형태로 되살리는 것도 K아트가 보여 주는 진면목이다.

거문고는 고유어이며, 한자로는 현금玄琴 혹은 현학금玄鶴琴으로 부른다. 고구려시대부터 전해진다고 한다. 여섯 개 현에는 각각 문현文玄에서 무현武玄까지 이름이 붙어 있다. '괘'라고 부르는

●★
[MV] 화사(Hwa Sa) - I'm a 빛

●★
[화사] 'I'm a 빛' Performance Video

16개의 받침으로 음의 높낮이를 조절하는데 바로 기타의 프렛fret에 해당한다. 3:05 무렵 연주가 끝나면 괘가 격렬하게 튕겨져 나간다. 오래된 전통을 그저 후세에 물려줄 것이 아니라, 이어져 온 것을 살리면서도 버려야 할 것은 버려야 한다고 하듯이.

거문고는 향비파鄕琵琶, 가야금伽倻琴과 함께 '신라삼금新羅三琴'이라 불린다. 아름다운 이름이지 않은가. 일본어에도 '신라오고토しらぎおごと/新羅雄琴'라고 불린 아름다운 이름의 악기가 있는데 바로 거문고를 가리킨 것은 아닐까? 거문고는 조선시대 선비가 갖춰야 할 소양 중 하나이기도 했다. 향비파는 중국에서 전래된 당비파의 변종으로 다섯 개의 줄을 잡고 연주한다. 가야금은 거문고와 비슷하지만 아시다시피 12현이다.

같은 곡의 〈Performance Video〉에서는 거문고 연주 부분으로 넘어가도 악기는 보이지 않지만 스튜디오에서 전통 건축물의 정원으로 장소를 옮기는 연출을 했다. 0:04-0:05, 0:19-0:21 등 장면에서 카메라의 시점으로 만들어 내는 구도 변화도 다양하다. 이를테면 0:11의 클로즈업, 0:13 무렵 목 아래 부분만 잘라 찍은 구도를 비롯해서 도입 부분 20초만 보아도 화사와 함께 춤을 추는 카메라의 절묘한 움직임을 눈치챌 수 있다. 검은색으로 통일된 의상과 긴 머리도 화사와 댄서들의 존재감을 돋보이게 만든다. 이 카메라와 편집은 에스파의 〈'Savage' Camerawork Guide〉(2021→176쪽)와 엔믹스의 〈"Love Me Like This" Performance Video〉(2023→617쪽)에 필적하는 K아트 댄스 동영상의 걸작이다.

이 검은 의상의 댄스 동영상과 비교되는 다른 그룹의 작품을 한

편 더 보자. 흰색+회색 의상으로 구성한 댄스 동영상이다.

2023년 르세라핌LE SSERAFIM이 발표한 〈UNFORGIVEN〉에서는 멤버들이 펼치는 안무의 동적인 재미를 충분히 맛볼 수 있다. 의상은 흰색과 회색 위주로 색조는 같은데 모양이 각각 다른 점이 눈길을 끈다. 곡의 첫 부분은 높낮이의 폭이 작은 선율로 Em 토닉 코드가 연속된다. 높낮이의 폭이 커지는 후렴 "나랑 저 너머 같이 가자" 이후는 마치 축제 노래와 같은 아주 소박한 Em 음계이다. 복잡한 음계로 조립하는 경우가 많은 오늘날의 K-POP 곡 속에서 오히려 신선한 재미를 준다. "내 방식 아주 원 없이 또 한국말론 아주 '철없이'"라는 구절에서는 "한국말론"이라며 가사 내부 세계에서 한 층위를 벗어나 메타언어metalanguage적인 층위로 뚫고 나와 버리는 재미를 추구한다.

상징적인 내용을 담은 MV와 검정색 의상으로 찍은 공식 〈Choreography ver.〉도 따로 있는데 완전히 어두운 배경에 묻힐 뿐 아니라 의상까지 검정색이라 모처럼의 안무도 아티스트들도 인상이 흐릿해져 버린다. 그렇기에 흰색과 회색 의상으로 만든 〈Choreography ver.〉 쪽이 압도적인 신체성의 조형을 가장 아름답게 보여 주며 아티스트들의 존재감도 잘 부각시킨다.

●
LE SSERAFIM(르세라핌) 'UNFORGIVEN(feat. Nile Rodgers)' OFFICIAL M/V(Choreography ver.) for 피어나

●
KCON 2016 France×M COUNTDOWN] Opening Performance _ Arirang Medley(아리랑 연곡) M COUNTDOWN 160614 EP.47

전통 민요 〈아리랑〉을 BTS, 샤이니를 비롯한 여러 아티스트가 메들리로 부르는 2016년 KCON 콘서트 영상도 흥미롭다. 아시다시피 아리랑은 지역별로 〈밀양아리랑〉, 〈정선아리랑〉, 〈진도아리랑〉 등 다양한 버전이 있다. 초반부는 BTS가 주도하는데 예를 들어 2:35쯤부터는 "날 좀 보소, 날 좀 보소"의 밀양아리랑이 울려 퍼진다. 대부분의 아리랑은 3박자 계열이지만 이 메들리는 4박자 계열로 편곡했다. 완만한 안무의 궤적이 따뜻한 느낌을 준다.

이들 노래와 춤은 2016년 파리 공연 영상에서 만나 볼 수 있다. 한국 민요가 이런 식으로 해외에서 공유되는 것은 지금은 그리 놀랍지도 않지만 실은 K-POP이 새롭게 개척한 지평이다. 별것 아닌 것 같지만, 예컨대 일본어권이나 중국어권 등 다른 언어권의 민요가 해외에서 이런 식으로 열광적으로 공유되는 것을 상상이라도 할 수 있을까? 새삼 감탄할 만하다. 아무튼 K-POP은 무엇이든 다 이뤄 주고 있다.

여기서 갑자기 1993년의 영화 《서편제》에서 주인공인 소리꾼들이 〈진도아리랑〉을 부르며 들길을 쭉 걸어오는 장면이 떠올랐다. 한국 영화 사상 가장 긴 한 컷이라 불리는 명장면이었다.

2023년, 국악 가수 송소희의 딩고뮤직 킬링보이스 무대 영상을 감상해 보자. 여기서 송소희는 자신을 "판소리가 아니라 경기민요를 하는 사람"이라고 소개한다. 2:15에서는 "눈물 또르르르"

●
송소희(Song Sohee)의 킬링보이스를 라이브로! - 한강수타령, 사랑, 계절, 그대라는 계절, 밀양아리랑(雪花), 구름곶 여행, 오돌또기, 내나라 대한 | 딩고뮤직

같은 오노마토페의 재미도 느낄 수 있다. 5:10에서는 "다시 성대를 좀 바꿔서 끼우고"라고 말하며 〈밀양아리랑〉을 편곡한 〈밀양아리랑(雪花)〉에서 다채롭게 변화하는 매력적인 목소리를 한껏 들려준다.

2009년 발표되어 이미 고전적 명작의 반열에 오른 샤이니의 〈Ring Ding Dong〉은 전통적인 요소를 악기나 곡에 직접적으로 사용하지 않고, 마치 뒤에 숨기는 듯이 감춘다. 전통 음악적으로 들리는 요소를 융합하는 것을 볼 수 있다.

1:26 이후 물 위에서 첨벙거리며 춤을 추는 장면도 재미있다. 이런 연출은 위험하기 때문인지 의외로 많지 않지만 2012년에 B.A.P(→2-7)가 〈POWER〉에서, 동방신기(→2-6, 5-3)가 〈Catch Me〉에서, 2021년에는 PIXY가 〈Wings〉에서 선보인 적이 있다.

선율은 같은 높이를 유지하면서 하모니와 언어음으로 변형시켜 나간다. 유니즌과 거기서 튀어나오는 목소리가 만드는 선율이 역동적으로 얽혀서 반복되는 프레이즈를 지루하지 않게 만든다. 종현의 목소리로 시작하는데 "돌이킬 수 없는 걸"이라는 가사는 종현이 세상에 없는 지금 생각해 보면 너무나도 애절하다.

"너란 Girl"과 "없다는 걸"처럼 영어 단어와 한국어 단어로 라임을 맞추는 것도 20세기부터 랩에서는 아주 많이 보이는 복수언어적 기법이다. 원어스의 〈가자LIT〉나 〈월하미인月下美人:LUNA〉

●
SHINee 샤이니
'Ring Ding Dong' MV

(→2-7)도 이 계열의 명곡이다.

〈Alligator〉는 몬스타엑스MONSTA X가 2019년 발표한 곡이다. 몬스타엑스는 2015년 일곱 명으로 데뷔하여 현재 여섯 명으로 활동 중인 남성 그룹이다. 노래도, 가창도, 랩도 신체성을 강렬하게 밀어붙이는 역동적인 콘셉트를 기조로 한다. 〈Alligator〉에서도 탄탄한 춤의 구조와 색감을 보여 준다. 점점 고조되는 후반부 2:52의 물 위에서 춤을 추는 연출, 3:03에는 정지화면처럼 보이는 슬로우모션 흑백 영상이 삽입된 점이 주목된다. 정지화면이 삽입되는 MV는 거의 없기 때문이다. MV는 한국어 버전이 훨씬 좋다. 그렇지만 일본어 버전도 일반적으로는 언어음의 밀도가 낮은 일본어의 밀도가 높아지는 재미를 맛볼 수 있다.

세븐틴은 뭐니 뭐니 해도 존재론적인 목소리가 매력인데 2023년의 〈Super〉 라이브 영상에서는 앤틱스와 함께 자유롭고 즐겁게 노래를 부르는 모습이 인상적이다. "마치 된 것 같아 손오공"이라는 구절의 목소리와 랩이 특히 근사하다. '손오공'이라는 제목이 붙어 있는 공식 MV는 약간 집단주의적인 분위기인 반면, 이 라이브 영상은 아티스트 개개인의 매력을 잘 나타내기에 더 높이 평가하고 싶다.

• MONSTA X 몬스타엑스 'Alligator' MV

• MONSTA X -「Alligator-Japanese ver.-」Music Video

• [4K] SEVENTEEN - "Super" Band LIVE Concert 라이브는 역시 세븐틴이다[it's KPOP LIVE]

21세기의 고구려 벽화 — IVE의 〈해야(HEYA)〉가 조형하는 코레아네스크

2024년 4월에는 K아트 최고 수준인 코레아네스크 대걸작이 나타났다. IVE의 〈해야(HEYA)〉이다. 첫 번째 특징은 화면의 가로×세로 비율인 아스펙트 비aspect-ratio가 이른바 와이드 16:9보다 훨씬 옆으로 넓다는 점이다. 즉 영화에서 사용되는 시네마스코프 사이즈인 2.35:1을 사용했다. MV는 단적으로 말해 처음부터 끝까지 느슨한 곳 하나 없이 너무나도 아름답다. 그러면서 재치 넘치는 재미있는 아이디어로 가득 차 있다. 연달아 등장하는 뛰어난 편집 기술을 보고 있노라면 신음 소리가 절로 새어나올 정도다. 색채의 코디네이션도 새롭고 발군의 멋을 자아낸다. 무엇보다 중요한 점으로서 아티스트 각자가 모두 살아 있다는 것을 들 수 있다. MV에서 아티스트는 결코 화면을 이루는 구성 요소도, 단순한 소재도 아니며 디렉터의 지시에 따라 움직이는 아이돌 인형은 더더욱 아니다. 언제나 어디서나 멤버 모두가 생생한 존재감을 갖고서 뚜렷하게 다가온다. 아티스트의 매력이 MV 작품의 매력을 조성하고, 작품의 매력이 아티스트의 매력을 증폭시킨다. 에누리 없는 기념비적인 작품으로서 K아트 역사에 남을 것이다. 특히 K아트에 종사하는 크리에이터들은 도대체 이 MV의 어떤 점이 그리 대단한지 하나하나 꼭 알아내야 한다. 이 작품에는 배울 점이 너무나도 많기 때문이다.

조금 더 상세히 검토해 보자. 처음 5초만으로 이미 우리의 눈은 사로잡힌다. 0:06에 등장하는 오르골 상자 같은 조형물의 모양과 빛깔부터 신선하다. 0:06 장면을 캡처한 스틸 사진만 보아도 싫증이 나지 않는다. 이 한 장만으로도 팝 아트의 조형물을 추종하는 현대미술을 빰치는 쾌작이다. 0:07에 유진의 모습이 나타날 쯤에는 우리의 설렘에 조그마한 경악이 섞여 있음을 느낄 것이다. 배경에 뜬 구름 문양과 담뱃대에서 나오는 연기 모양, 그것들과 상사형相似形=닮은꼴처럼 보란 듯이 앉아 있는 유진의 자세와 옷차림. 오오, 이것은 고구려 벽화 아닌가. 그것도 단순히 전통을 가지고 오는 게 아니라 완전히 새로운 21세기의 코레아네스크. 유진은 우리에게 이렇게 고한다. "Pay attention", 그렇다, 이제부터 우리는 모든 감성을 총동원하여 이 작품에 주목하고 함께해야지. 편집이 전환되면 레이는 랩으로 이렇게 선언한다. "얼어붙은 맘 어디 깨 볼까?" 그렇다. 이 작품은 다시금 우리의 심장을, 우리의 나태해진 감성을 깨트리려 드는 것이다. 0:15에 등장하는 조형물에도 감탄을 금치 못하겠다. 비교적 단순한 구조인데도 아름답고 재미있다. 색채의 통제도 잊지 않는다. 레이의 중저음 랩에 리즈의 고음역이 이어진다. 0:25 무렵 보이는 멤버들의 의상은 이번에는 검정색을 살리며 또 한번 변화하고 있다. 0:27에 아주 잠깐 나타나는 얼음 쪼개기 같은 장난기 어린 장면을 여기저기 묻어 두었다. 어두운 공간으로 변화한 후 이서의 랩에 이어 원영이 "우린 더 높이"라고 노래할 때면 이미 우리는 완전히 〈해야(HEYA)〉의 세계상, 21세기의 고구려 벽화 속을 소요逍遙하고 있다. 낡은 심장은 벌써 IVE가 깨트려 줬다. 가을에서 유진으로 이어지는 선율, "해야"라고 거듭하는 리프레인refrain, 후렴구에 이어 1:00부터의 군상에 주목해 주었으면 좋겠다. 아무렇지도 않는 일상적인 옷차림과 아무 것도없는 파란 하늘. 직전까지 보고 온 화면의 밀도감과 신선함이 있기에 이런 아주 소박한 설정도 엄청나게 큰 힘을 발휘한다. 1:07의 무대 장치의 조형 역시 재미있고 신선하다. 부채질을 하는 멤버들의 모습이 지나간 뒤 바로 연이어 1:35에는 바로 시점이 바뀌어 커다란 부채가 저 멀리서 아티스트 여섯 명에게 부채질해 주는 놀라운 장면도 펼쳐진다. 롱 숏에서 군상으로, 크고 작음, 멀고 가까움이 교차하며 원근법을 한계까지 흔든다. 1:20부터 손으로 그린 그림이 등장하는데 이런 것까지 나오리라고 누가 예측했을까? 예정조화를 산산조각 내버리는 시도는 계속 이어진다. 1:51부터는 밤하늘에 떠 있는 회전목마, 아니, 1:59를 보니 호랑이 아닌가? 고구려 벽화를 장식하는 회전목'호'였던 것이다. 1:57-59 무렵 장면을 전환하는 편집 방식도 뛰어나다. 2:04 누워 있는 멤버들의 옆얼굴이 만들어 내는 산맥이 잠깐 등장한다. 크리에이터들은 여기서도 원근법을 비튼다. 영상에서 원근법을 깨트리는 기법은 산기슭에 누워 있는 거대한 원영이 나타나는 〈ELEVEN -Japanese ver.-〉(→3-4) 2:15의 충격적인 공간 미학 이래 IVE의 크리에이터들이 즐겨 사용하는 기법이다. 2:19에서는 철쇄가 달린 회전식 무기인 줄 알았더니 놀랍게도 그 끝은 국화의 꽃송이다! 이건 마치 1960년대 후반 미국 서해안 샌프란시스코에 나타난 플라워 차일드Flower child의 21세기판이 아닌가. 사랑과 평화, 그래, 사람을 다치게 하면 안 된다. 폭격은 그만두자. 일일이 기술해 나가자면 한이 없다. 특히 끝부분 조형의 변화는 숨이 막힌다. 다시 한 번 강조하거니와 압도적인 21세기 코레아네스크의 미학이 이 작품 속에 고스란히 들어 있다.

〈BE ORIGINAL〉 동영상에서는 라이팅과 라이팅이 빚어내는 색채, 카메라 워크의 묘미에 주목하자. 〈DANCE PRACTICE〉를 보면 멤버들이 이렇게 팔이 길었나 하고 느껴질 정도로 팔의 궤적이 아주 곱게 살아 있다. 안무의 승리다. 유진, 원영의 궤적이 크고 안정감이 있는 것은 여느 때와 같은데 리즈도 좋은 춤선을 보여 준다. 2:34-2:39가 엮어 주는 멤버 전원의 움직임에는 무심코 "아" 하는 감탄까지 새어 나온다. 이런 고운 안무는 어째선지 이 〈DANCE PRACTICE〉에서만 볼 수 있다.

코레아네스크 왕궁 록과 코레아네스크 블루스

K-POP의 범주에서 벗어날지도 모르지만, 코레아네스크의 전통에는 현대시를 록에 녹여 낸 다음과 같은 재미있는 곡도 있다.

2022년 여성 5인조 밴드 롤링쿼츠Rolling Quartz가 발표한 노래는 젊은 나이에 스스로 세상을 버린 시인 김소월金素月(1902-1934)의 시

●★★
IVE 아이브
'해야(HEYA)' MV

●
[BEORIGINAL] IVE(아이브)
'해야(HEYA)' (4K)

●
IVE 아이브 '해야(HEYA)'
DANCE PRACTICE

●★
'ELEVEN
-Japanesever.-'

「진달래꽃」을 인용하고 있다. 교과서에도 실릴 만큼 널리 알려진 시, 주로 조용한 낭송으로 들었던 시를 이런 식으로 외치니 놀라울 따름이다. 이런 시도는 더 많아져도 좋다. 제목인 azalea[əzéiljə](아잘레아)는 한국을 대표하는 봄꽃 중 하나인 진달래의 영어명이다. 궁궐에서 연주하는 롤링쿼츠에게 이런 칭호를 보내자:

롤링쿼츠는 '왕궁 록'이다

"전기도 없는 야외에서 플러그가 빠진 일렉트릭 기타를 치는 흉내나 내다니"와 같은 딴지는 할리우드 영화를 보고 "클레오파트라와 카이사르가 왜 영어로 얘기하고 있지?"라고 하는 것과 마찬가지로, 너무나 눈치 없는 말이니 그런 흥이 깨지는 말은 여기서는 삼가도록 하자.

기타는 흰색 기타의 아이리Iree, 보라색 기타의 최현정Choi HyunJung 두 사람이 맡는 트윈 시스템이고, 베이시스트는 아름Arem이다. 드러머 영은Yeongeun은 맨발로 베이스 드럼 페달을 밟으며 은근히 '신체성'을 보여 준다. 중간중간 의상을 슬쩍 바꿔 입는 보컬 자영Jayoung의 패션이나 배경에서도 완전히 K-POP식 코레아네스크 록을 선보인다. 그런데 이 곡의 원곡은 2003년에 가수 마야MAYA가 불렀다. 원곡 MV에는 걸프전쟁 장면과 쿠바의 거리가 등

•
[MV] Azalea by Rolling Quartz(Eng/Esp Sub)
진달래꽃 by 롤링쿼츠 #KRock #GirlBand

장한다. 반전 메시지를 담았다는 점에서도 귀한 작품이다.

존재론적인 목소리라는 관점에서 송수우의 2022년의 데뷔곡 〈사랑하거나 미워하거나〉를 주목할 만하다. 송수우만의 개성이 넘치는 매력적인 목소리는 한번 들으면 각인되는데 그는 고등학교 1학년까지 국악을 배웠다고 한다.

2021년 KARDI카디의 〈City of Wonder〉 MV는 2030년 엑스포 유치를 위한 홍보 프리젠테이션 영상의 형식으로 만들어져 부산을 배경으로 하고 있다. 이 책은 한국의 밴드 계열 음악은 전혀 다루지 않았지만, 롤링쿼츠를 이야기한 김에 김예지라는 보컬의 귀재에 대해서만 짧게 언급해 두자. 바로 코레아네스크 록, 'K밴드'의 대명사인 5인조 밴드 KARDI의 보컬이다.

KARDI는 김예지 외에 황린이 리더이자 서브 보컬을 맡고, 서울대 국악과 출신인 박다울이 저음의 거문고(→461쪽)를 연주하고, 전성배가 드럼, 황인규가 베이스를 잡았다. 자작곡 〈7000RPM〉 등이 알려져 있다. 비RAIN(1982-)의 2004년 작 〈It's Raining〉을 록으로 편곡한 연주에서는 기타리스트 황린이 보컬을 맡아 강렬한 존재감을 과시하기도 했다. 2-6에서 언급한 트로트 명곡 〈목포의 눈물〉을 KARDI의 연주와 노래로 들어 보자.

• Maya(마야) 진달래꽃(Azalea) - Official MV

• 송수우(Song Soowoo) - '사랑하거나 미워하거나' MV

• BAND KARDI [City of Wonder].

2022년, KARDI는 방송《불후의 명곡》에서 트로트 최고의 명곡 〈목포의 눈물〉을 록으로 편곡하여 노래했다. 보컬의 존재감과 가창력은 압도적이다. 존재감의 떨림이 이만큼 전해져 오는 가수는 폭넓은 트로트계에서도 그리 많지 않다. 또한 목포라는 구체적인 지명을 담은 원곡의 가사는 꽤나 멋이 있어서 트로트 아닌 록으로 들어도 색다른 맛을 느낄 수 있다.

이번에는 마지막으로 블루스로 한 곡만 더. 놀랍게도 블루스까지 K-POP 모드가 장착되어 있지 않은가. 호림과 하헌진이 함께한 〈Barment Blues〉는 영상의 색조부터가 블루스적이다. 기타는 하헌진, 보컬은 호림이 맡았다.

싱어송라이터 하헌진은 드러머 김간지와 함께한 〈몸뚱이 블루스〉 등으로 알려져 있다. 말 그대로 코레아네스크 블루스Koreanesque blues다. 미국에서도 활발한 연주 활동을 펼치고 있으며 2020년에 필자도 일본 교토의 이벤트홀 UrBANGUILD어반길드에서 하헌진과 토크회 자리를 함께하는 영광을 갖기도 했다. 아, 필자도 기타를 쳤다면 멋있었을 텐데. 쓸데없는 수다는 그만두라고?

KARDI - Tears of Mokpo (Immortal Songs 2) | KBS WORLD TV 220212

호림, 하헌진(Horim, Ha Heonjin) - Barment Blues MV

⑥
---
④

존재론적인 목소리와 말의 DNA
— 판소리와 랩

판소리는 한국 랩의 또 하나의 원류다!

K아트에서 코레아네스크를 이야기하려면 '판소리'를 빼놓을 수 없다. 판소리는 북과 함께 노래와 이야기를 통합한 듯한 민속음악의 일종으로 소리꾼이 북을 잡은 고수과 함께 공연한다. 조선시대부터 전해지고 있다.

1993년 개봉한 영화 《서편제》는 판소리를 수련하는 모습까지 빠짐없이 그려 내고 있어 K아트를 알기 위해서도 꼭 보아야 할 영화다. 이청준李淸俊(1939-2008)의 소설 『남도 사람』을 원작으로 삼아 임권택이 감독을 맡았다. 7:57 무렵, 김명곤이 연기하는 의붓아버지 유봉이 부르는 판소리 〈춘향가〉, 그리고 아버지 때문에 시력을 잃은 누나 송화(오정해)를 찾아온 동생 동호(김규철)의 재회 장면에서 부르는 판소리 〈심청가〉를 들어 보자. 안숙선安淑善 명창의 소리로도 들을 수 있다. 이 〈심청가〉 역시 빛을 잃은 아버지가 자기를 위해 바다에 몸을 던져 죽은 줄 알았던 딸 심청과 재회하는 장면이다.

한국어 랩은 물론 힙합이 원류이다. 그리고 우리는 또 하나의 원류를 판소리에서 본다. 단언컨대 때로는 완만하게, 때로는 빠르고 밀도 높게, 저음에서 고음까지 자유자재로 구사하며 노래하는 존재론적인 '목소리'=소리, 즉 판소리야말로 한국어 랩의 또 하나의 원류다:

코레아네스크 랩=한국어 랩에는 두 가지 원류가 있다

하나는 힙합, 그리고 또 하나는 판소리다

〈서편제〉에서 송화는 북소리를 듣는 순간, 모습을 보지 못하지만 찾아온 남자가 동생 동호라는 사실을 알게 된다. 눈물이 나서 차마 결말을 쓸 수 없다.

〈서편제〉와 스트레이 키즈의 〈소리꾼〉을 비교하면 판소리가 한국 랩의 또 하나의 원류라는 것을 실감할 수 있을 것이다.

2021년 제작된 이 MV는 전체가 역사극을 모티프로 한 매우 공

서편제(1993) 복원본 / Sopyonje(Seopyeonje) Restoration Ver

Stray Kids "소리꾼 (Thunderous)" M/V

을 들인 걸작이다. 다만 이렇게 치밀한 구성의 화면에 결이 섬세하지 않고 평범한 스타일의 애니메이션을 삽입하는 건 불필요하다는 생각이 든다.

제목 〈소리꾼〉의 '소리'는 물론 판소리를 말한다. 차례로 등장하는 아티스트들과 그들의 목소리 변화가 압권이다. "소리꾼들이 왔어요"라는 가사 화면 2:24 배경에 『훈민정음』 해례본이 보인다. 이런 곳에도 한글에 대한 오마주가…. 오늘날 지구상에서 이토록 많은 사람들이 한글을 접하고 있으리라고는 세종대왕도 상상하지 못했을 것이다.

스트레이 키즈는 직접 곡을 만든다. 판소리 등의 모티브도 아티스트들의 아이디어다. 판소리 미학의 유전자라고 해야 할까. 우리 시대의 코레아네스크이다.

랩이라는 목소리 — 힙합의 코레아네스크

이 책에서는 다루지 않았지만, K-POP과는 별도로 한국의 힙합 신에서도 당연히 랩은 활발하게 만들어지고 있다. 오늘날의 K-POP에서 기억해야 할 것은 지금 최전선에서 활약하는 K-POP 아티스트들이 태어나기 이전부터 한국어권에서 랩은 일부 아티스트들만이 구사하는 희귀한 것이 아니라 어디서나 접할 수 있는 장르였다는 점이다. 대도시에서 자란 중학생 정도라면 이미 학우들 중에 한두 명은 랩을 곧잘 하는 친구가 있었을 것이다.

발라드에도 랩을 얹는 것이 지극히 자연스러운 일이었는데 다른 아시아 언어권, 예를 들면 일본어권에서는 거의 볼 수 없는 양상이었다. 말하자면 랩이 없는 대중음악은 트로트와 재즈와 록, 그리고 민중가요와 민요뿐이었다고 해도 과언이 아닐 정도다. 한국어의 세계에서 랩은 그만큼 일상적으로 깊게 뿌리를 내리고 있었다. 말하자면 랩은 음악 속에서 피와 살이 되었고, 그 깊은 곳에는 판소리의 유전자가 얽혀 있었다. 랩의 심성은 바로 현대적인 판소리의 심성이었다. 모두가 몸의 가장 깊은 곳에서 기억하고 있는 판소리는 한국어라는 언어가 실현한 하나의 극한적인 '형태'이다. 노래이기도 하고 이야기이기도 하며 신음 소리, 때로는 폐부에서 나오는 외침으로 변모하는 언어의 형태, 그것이 판소리다.

랩의 비트가 거리를 가득 채운다

K-POP의 랩이라고 하면 앞서 언급했듯이(→130쪽) 1990년대 후반에 서태지와 아이들, 듀스 등이 개척한 역사가 있다. 21세기에 들어서면서 한국 힙합의 전설적인 듀오 가리온GARION의 〈옛 이야기〉는 랩으로 이렇게 말한다:

홍대부터 신촌까지 깔아놓은 힙합 리듬

홍익대학교는 많은 미술가와 디자이너를 배출하는 대학이다.

신촌·홍대 블루스

연세대학교 교수인 친구를 방문했을 때의 일이다. 지하철 신촌역에서 내리자마자 눈이 엄청나게 따가웠다. 최루탄 가스였다. 지상에 나오니까 눈이 더 아팠다. 그러나 주변에 시위대의 모습은 보이지 않고 소리도 들리지 않았다. 연세대에 들어섰다. 친구의 인문대 연구실은 캠퍼스에 들어가서 경사진 언덕을 끝까지 올라간 안쪽에 있었다. 눈을 비비지 못하고 눈물을 줄줄 흘리며 겨우 연구실에 도착해 "아니, 오늘 최루탄이 지독하네!"라고 말을 건네자, "아, 이거? 오늘 게 아니라 어제 거야."라고 대답했다. 찍소리도 못했다. 엄청난 양의 최루탄을 사용했다는 이야기가 뉴스에도 나왔다. 신촌은 일본으로 치면 1967-1970년경 학생과 시민 들이 경찰 기동대와 부딪혔던 도쿄 간다神田의 '해방구'를 훌쩍 뛰어넘는 양상을 자주 보였던 곳이다. 최루탄과 관련된 이런 기억은, 김영삼 대통령의 시대, 20세기 말의 일이었다.

2022년의 일이다. 『언어, 이 희망에 찬 것』(홋카이도대학출판회)이라는 졸저 간행에 맞춰 도쿄 시모키타자와下北沢에 있는 개성적인 서점 '책방B&B'에서 대담을 하게 되었다. 도쿄에서 오래 살았기 때문에 시모키타자와라는 지명은 물론 알고는 있었으나 가 본 적이 없었다. 어떤 분에게 시모키타자와가 어떤 곳이냐고 물어보자 답이 이랬다. "아, 서울의 홍대 같은 곳이에요." 옛날 같으면 '홍대가 도쿄의 시모키타자와 같은 곳'이라고 설명되었을 텐데 시대가 바뀌었음을 새삼 느낀 날이었다.

홍대 주변 대학가는 이른바 '젊은이들의 거리'의 필두로 손꼽힌다. 듀오 중 한 명인 MC 메타는 홍익대학교 대학원 출신이다. 연세대학교와 이화여자대학교가 자리한 신촌은 최인호崔仁浩(1945-2013)의 소설 『바보들의 행진』 등으로 이미 1970년대부터 '젊은이'를 상징하는 대표적인 지명으로 한국에 관심이 있는 일본 사람들에게도 널리 알려져 있었다.

이리하여 많은 래퍼들이 힙합 비트를 타고 홍대 앞이나 신촌, 젊은이의 거리를 채웠다. 랩 테크닉도 비약적으로 발전했고, 다양한 모습으로 성장했다. 재미있는 것은 힙합을 이야기하는 담론도 많이 생기고 비평 언어도 훨씬 더 깊어졌다는 점이다.

한국어 랩의 금자탑 ― 〈Better Than Yesterday〉

MC 스나이퍼의 흑백 동영상 〈Better Than Yesterday〉에는 Room9, Zenio7, TakTak36, DJ R2, BK, Outsider, 그리고 MC 스나이퍼 등 주요 래퍼들이 총출연한다. 자칫하면 이른바 '디스하는' 말만 넘치는 랩 속에서 이 작품은 함께 어울리며 미래를 향한다는 점에서 오히려 압도적인 존재감을 발하고 있다. '디스하는 말'은 재치를 느끼며 감탄은 할 수 있어도 우리의 영혼을 움직이지는 못한다. 영화나 드라마에서도 연기를 정말 잘하는 정의로운 영웅은 찾기 어려우나, 연기를 기막히게 잘하는 악역은 상대적으로 많이 만날 수 있다. 이와 마찬가지로 '나쁜 척하는' 쪽이 랩에서도, K-POP에서도 역시 쉬울 테니 말이다. 20세기 중엽까지는 악이 아니라 정의의 편에 서는 인물이 주인공이었던 구도가 엔터테인먼트의 주류였지만, 힙합이 등장함으로써 그런 구도는 완전히 무덤에 묻혀 버렸다. 그런 피상적인 구도가 사라진 다음의 표현이 더더욱 어려운 것이다. 그러한 의미에서도 이 곡은 우리 영혼 깊은 곳까지 와닿는 말들로 꽉 차 있는, 한국 힙합의 아름다운 금자탑이다.

2:05 배치기의 래퍼 탁Tak이 쏟아내는 "내 안에 얼어붙은 언어를 녹여내", 2:26 "난 절대 태양이 날 바라보고 있음에 의심한 적 없어"라는 가사, 2:30-33 부분 "이 확성기로 악써보네 더 빡세게 나 낙서들을 싹쓸이한 후"에 드러나는 한국어 된소리의 미학을 들어 보자. 3:40쯤에 등장하여 4:00부터 본격화되는 아웃사이더Outsider의 엄청난 속사포 랩 조형은 장엄하기까지 하다. 그리고 MC 스나이퍼의 파트, "라면 한 봉에 하루를 살던 그때" 아, 이것은 바로 우리의 이야기가 아닌가. "습기 가득한 지하 방에서", 2019년 영화 《기생충》에서 봉준호 감독이 그려서 국제적으로 알려진 '반지하'를 MC 스나이퍼는 이미 10년 전에 이렇게 랩으로 조형했다. 그들이 읊는 시는 우리의 심장을 찌른다. "게릴라전의 게바라처럼" "독약을 거침없이 마시는 줄리엣" "어제보다 나은 오늘 좀더 나은 미래를 위해." 눈물이 난다.

첨부한 링크는 MV가 아니라 음원만으로 이루어진 버전이다. 덧붙여 말한다면 이 책에서는 '욕'을 사용한 가사는 다루고 싶지 않다. 특히 영어 'F××k'과 같은 말이 연발되는 행태에는 아무래도 의문을 가지게 된다. 그런 단어를 구사하는 사람의 모어가 영어가 아니라면 더더구나 그렇다. 언어에 있어서 '욕'이란 말이 멈춘 다음에 나타나는 것이다. 가사라면 말은 창조되어야 한다. 어떻게든 말을 쥐어짜야 한다. '욕'은 쉽다. 말을 포기하고 외치면 되는 거니까. '욕'이 멋있다고? 천만의 말씀이다. 그런 상황은 이미 힙합이 과거의 것으로 매장시켜 버렸다. 우리는 그다음 시대를 꿈꾸는 것이니까. '욕'은 진부하다. 멋도 없다. 우리는 '말'을 원한다.

발라드도 소생시키는 랩

예를 들어 2012년 드라마《신의(信義) | Faith : The Great Doctor》의 OST〈나쁜 사람(Bad guy)〉을 들어 보자. 노래는 발라드의 대가, 여성 가수 장혜진. 래퍼는 앞서 언급한 MC 스나이퍼다. 힙합계의 음유시인 등으로 불리며 한국 힙합에서 영향력이 큰 래퍼다.

이 곡〈나쁜 사람〉은 발라드에 랩을 얹고, 그 위에 다시 노래를 살려 우리의 가슴을 찢어 버리는, 영어 제목 그대로 아주 '나쁜 놈 guy'이다. 드라마 말미에서는 현대의 정형외과 의사 김희선이 고려의 근위대장 이민호를 몇 시대에 걸쳐 찾아 헤매는 장면이 나온다. '몇 시대에 걸쳐'라는 의미에 대해서는 드라마를 보고 확인해 주시길 바란다. 드라마처럼 노래도 긴 삶이 새겨진 완만한 템포=시간에, 랩이라는 오늘날의 고밀도의 템포=시간을 겹쳐 말과 율동과 선율이 어우러진 형태의 위상을 바꾸어서 보여 준다:

그대는 나쁜 사람

그대는 아픈 사랑

●★★
Better Than Yesterday Feat. Mr. Room9, 배치기,
Ktcob, Mc Bk, Outsider, P-Masta

이라고 발라드가 부르면 랩이 이렇게 신음한다:

물거품처럼 사라지는 기쁨 마음의 고뿔

랩의 이 짧은 구절, 단 다섯 어절에 어절 끝 /m/이 네 번(품, 럼, 쁨, 음), 어절 머리 /m/이 두 번(물, 마), 그리고 된소리 /ㅃ/과 거센소리 /ㅍ/과 같은 /p/ 계열의 음이 세 번(품, 쁨, 뿔)이나 밀도 있게 이어지며 우리를 덮쳐 온다. 얄밉게도 /m/과 /p/, 모두 입술로 소리를 만드는 순음이다. 그뿐만 아니라 입술을 내미는 원순모음 /u/[우]까지, 세 번이나. 평순의 /ɯ/[으]도 세 번. 실로 음열의 몸부림이라 말할 수 있지 않을까.

MC 스나이퍼는 일본의 사카모토 류이치坂本龍一(1952-2023)와 〈Undercooled〉를 함께한 바가 있다. 선명한 반전 메시지다. 거기서 "노래를 멈춘 슬픈 새들"이라고 한국어로 신음하며 이렇게 묻는다. "우리의 자유가 어디 있는지 가르쳐 다오 나에게."

MC 스나이퍼의 곡을 하나 더 들어 보자. Yuri유리가 함께한 작품 〈그런 말은 쉽게 하는 게 아냐〉이다. 2:51 이후의 다성적인 선율이 아름답다.

• Undercooled

• 그런 말은 쉽게 하는 게 아냐

K-POP의 랩

힙합에서 많은 것을 배우면서 K-POP도 진화한다. 빅뱅의 지드래곤과 T.O.P탑, 그리고 Block B블락비의 Zico지코, BTS의 RM, 슈가, 제이홉 등의 랩은 새로운 신화를 쓰며 코레아네스크의 꽃을 활짝 피웠다.

2016년, BTS의 슈가가 Agust D 명의로 발표한 동명의 솔로 랩 작품에서는 1:24, 1:37, 1:47, 2:24 등에 나타나는 목소리의 변화에 주목하자. 이것이 Agust D의 목소리이자 한국어의 존재론적인 목소리이다.

2023년 발표된 〈해금〉은 '누아르noir 랩 영화'라는 조어로 부르고 싶어진다. 당당한 반체제 랩이라고 할 수 있는 〈해금〉의 가사는 이렇다.

"주저 말고 올라타 봐/금지된 것들로부터의 해방/각자의 취향조차 이해들을 못 하는 불행한 이 시대를 살아가는 이들을 위한/이 노랜 금지된 것을 푸는 것뿐이지."

2018년 BTS의 제이홉이 발표한 〈Daydream(백일몽)〉에서는 랩과 노래의 좋은 결합을 즐길 수 있다. 한국어와 영어의 복수언어 랩을 구사하는 제이홉은 특히 라임을 비롯하여 한국어 언어음의 재미를 극대화시켜서 보여 준다. 0:52부터의 변화, 1:25부터 나타나는 음의 공백 이용, 1:41의 목소리 변화, 2:02의 화면의 시각적 변화, 3:08부터의 선율의 변화가 담겨 있다.

스트레이 키즈가 2019년 발표한 작품 〈부작용(Side Effect)〉은 승민Seungmin, 방찬Bang Chan, 필릭스가 시작하는 낮은 목소리에서 부작용에 대한 아픔이 느껴진다. 곧이어 한Han의 맑은 목소리와 창빈의 랩이 강하게 꽂힌다. 뒤로 이어지는 현진의 중얼거리는 랩. 필릭스의 저음은 효과가 크다. 여기저기 끼어드는 유니즌의 외침이 노래의 흐름을 갈라 놓는다. 목소리의 매력을 주로 내세운 작품이다. 멤버들의 매력에 기대는 감이 크고 MV의 시각적인 재미는 3:32, 4:08에 나오는 로고 정도 외에는 그다지 눈에 띄지 않는다. 하지만 "머리 아프다."라는 가사 하나만으로 곡 전체를 지탱할 수 있다는 것이 놀랍다. 그만큼 존재론적인 목소리의 힘이 있는 셈이다.

6-1의 박스(435쪽)에서 잠깐 언급했지만 참고로 한국어의 이 '아프다'라는 어형은 안타깝게도 현재 거의 대부분의 한국어 학습서, 교재에서 문법론적으로 제대로 자리매김되지 못하고 있다. 즉 다른 언어권에서 한국어를 학습하는 사람들은 이 "머리가 아프다."를 문법적으로는 제대로 받아들이지 못한다. 의미와 용법을 선명하게 이해하지 못한다는 것을 뜻한다. 예를 들면 국제적으로도 압도적인 수준을 이룩했다고 할 수 있는 한국 국립국어원의 『표준국어대사전』 인터넷판에서도 '-다'라는 항목이 형용사

●
'Agust D'
Agust D' MV

●
Agust D
'해금' Official MV

●
j-hope
'Daydream(백일몽)' MV

●★
Stray Kids
"부작용(Side Effects)" M/V

에서는 '물이 맑다', 동사 등에서는 '-ㄴ다'라는 항목 아래 '아기가 잠을 잔다'와 같이 일반적인 평서법으로서만 제시하고 있다. 즉 '한다'체라는 문체(→6-1, 436쪽)의 평서법으로만 자리매김되어 있는 셈이다. 그러나 어형이 같다고 해서 항상 같은 기능을 가진 형식이라고는 할 수 없다. 지금 말하는 '-다'는 사전형=원형도 아니고, '한다'체의 단순한 평서법도 아니다. 그것들과 형태는 똑같지만, 입말체에 많이 사용되는 '선언-감탄법'이라 해야 할 형태이다. 즉 이 가사에서도 "머리가 아프다."라고 담담하게 객관적으로 서술하는 단순한 평서법의 서법mood 형식이 아니다. 바로 〈부작용〉이라는 노래가 보여 주듯 듣는 사람을 향한 화자의 특별한 선언이나, 이야기 현장에서 화자의 감탄을 표현하는 데 특화된 선명한 서법 형식이다. "와, 맛있겠다!"나 "아이고, 춥다!" 등이 그러하고, 동사라면 "언니, 나 간다!"나 "얘가 잘 먹는다!" 등의 형태가 된다. 평서법과 비교하면 종종 억양도 달라진다. 이 '선언-감탄법'은 일상생활은 물론, K-POP 가사에는 매우 빈번하게 등장하니 앞으로 문법론에서도 심화된 논의가 펼쳐지기를 기대한다.

아무튼 "내 의지완 상관없이 올라오는 부작용"과 같은 가사는 지금까지 볼 수 없었던 새로운 경지를 보여 준다.

2021년 겨울 시즌에 맞춰 발표된 〈Chrismas Evel〉은 스트레이 키즈가 산타가 된다는 설정이다. 전반부에서 곧바로 한, 현진, 창빈의 랩이 전면적으로 전개된다. 필릭스와 리노Lee Know의 목소리도 가세한다. 여덟 명 중 거의 모두가 랩을 할 수 있을 정도인데 이

것이 바로 K-POP이다. 랩과의 대비가 어우러져 아이엔I.N, 승민, 방찬, 리노 등의 노래가 더욱 효과적으로 살아난다.

스트레이 키즈의 걸작

2020년 발표된 스트레이 키즈의 최고 걸작 중 하나인 〈Back Door〉는 안무의 전개가 항상 예측을 넘어선다. 멤버들의 팔, 다리, 몸 그리고 동선이 사방으로 크게 퍼져 나가며 노래와 랩을 타고 스케일이 큰 공간을 춤으로 가득 메운다. 도입부 화면에 이어진 0:17부터 나오는 현진의 춤에서 이미 신체성이 넘쳐난다. 그의 움직임은 끝부분까지 압도적인 신체성으로 마무리해 준다. '칼군무'와 '혼자서 자유자재로 추는 춤'을 쉴 새 없이 대비하며 보여 준다. 능숙한 카메라와 영상 편집은 덤이다.

0:50 무렵 승민이 맑은 목소리로 부르는 "음악 소리"라는 말을 바로 이어받아 등장하는 "내 목소리가"라는 방찬의 보컬이 강렬하다. 등을 돌린 방찬의 뒤에서 1:00쯤 현진이 상체와 얼굴을 우리 쪽으로 향하며 노크하는 동작에 '똑똑똑똑' 하는 노크 소리를 멋지게 맞췄다. 곡에 안무를 맞추는 것이 아니라, 마치 안무에 곡이 맞춰져 있는 듯하다. 곡이 안무를 만드는 것이 아니라 곡이 안

●
Stray Kids
"Christmas EveL" M/V

●★
Stray Kids
"Back Door" M/V

무에 맞춰지는 것처럼 보이는 것이 바로 달인의 솜씨이다. 안무와 음악의 결합이 너무나도 절묘하다. 이 '똑똑똑똑'은 후반부 3:05에 필릭스가 등을 두드리는 안무로 맞춰 놓았다. 얄미울 정도로 재치 있지 않은가. 중간중간 아이엔의 '내 목소리가'라는 목소리도 또 다른 강력한 힘을 보여 준다.

한이 1:32쯤에 팔을 머리 위로 올리면서 눈빛만으로 보여 주는 역동감은 어두운 색조의 화면에, 놀랍게도 순간적으로 등장하는 새하얀 눈동자의 움직임만으로 만들어졌다. 별것 아닌 듯 보이지만 섬세한 부분까지 세심하게 꾸며진 이러한 조형이야말로 스트레이 키즈가, 그리고 K-POP이 동영상이라는 가상현실 안에 가두지 않은 신체성으로 우리와 함께 나아가며 우뚝 서게 한 열쇠다.

다만 이 영상에 사용된 한자 '生'은 팝적으로 흐르지 않고, 예를 들어 구양순歐陽詢(557-641)이 비석 「구성궁예천명九成宮醴泉銘」(632)에 쓴 해서楷書처럼 조금 더 정교하고 치밀한 격조가 있었으면 좋았을 것이다. 참고로 스트레이 키즈의 손글씨 로고는 방찬의 솜씨라고 한다. 괜한 말이 아니라, 로고로서도 반론의 여지 없이 훌륭한 필체다.

NCT U의 2020년 작품 〈Misfit〉에서는 강렬한 비트를 탄 다양

NCT U 엔시티 유 'Misfit' Track Video

[BE ORIGINAL] 태용(TAEYONG) '샤랄라(SHALALA)'(4K)

NCT 127의 킬링보이스를 라이브로! - 질주,Designer,영웅,소방차,무한적아,touch,우산,cherry bomb,Favorite,Lemonade,나쁜짓 | 딩고뮤직

한 랩을 들을 수 있다. MV 자체는 아티스트를 차례대로 그려 가는 일반적인 구성이다.

2023년 발표한 NCT 127의 멤버 태용의 솔로 작품 〈샤랄라(SHALALA)〉의 MV는 태용의 랩이 지닌 매력을 충분히 살리지 못해서 이렇다 할 특징이 없으나, 댄스 동영상 버전은 조명, 의상, 안무가 아주 아름답다. 함께하는 댄서들의 춤도 전체를 유기적으로 구성하면서 태용을 멋지고 자연스럽게 돋보이게 한다.

NCT 127의 〈영웅英雄; Kick It〉은 MV도 재미있지만 특히 2022년 킬링보이스 라이브 영상에서 보컬의 매력을 충분히 맛볼 수 있다. 무엇보다 〈無限的我무한적아; Limitless〉와 〈Lemonade〉에서는 존재론적인 목소리가 가슴에 와닿는다. 유니즌도 아름답다.

2021년 발표된 〈Mirror Mirror〉는 태국의 랩퍼들과 함께하는 스트레이 키즈 창빈의 압도적인 랩에 주목할 만하다. 2:01부터 한국어 랩의 매력이 꽃핀다. 2:54에서는 밀리MILLI가 "안녕하세요? 저는 밀리입니다."라고 한국어로 인사를 한다.

몬스타엑스가 2023년 발표한 〈Beautiful Liar〉는 록 기타로 시작하며 랩과 가창의 훌륭한 통합을 이뤄 냈다. 박력 넘치는 비트 속으로 존재론적인 목소리의 매력이 각인된다. "위태롭고 위험"한 미학이 담긴 시이다.

F.HERO x MILLI Ft. Changbin of Stray Kids – Mirror Mirror(Prod. by NINO) [Official MV]

MONSTA X 몬스타엑스 'Beautiful Liar' MV

여성들의 목소리가 만들어 내는 코레아네스크 — (G)I-DLE

랩을 이야기할 때 빼놓을 수 없는 아티스트가 여성 5인조(처음에는 6인조로 출발) 그룹 (G)I-DLE의 소연이다. 작사, 작곡, 프로듀싱에 랩까지 하는 귀재다. (G)I-DLE을 한국어권에서는 보통 '아이들'이라 부르고, '(여자)아이들'이라고 표기한다. 일본어권에서는 지이아이도르ジーアイドル라고 발음한다. 일본어에서는 발음상 '아이들'과 '아이돌'이 구별이 거의 없다.

소연은 여성 래퍼들이 겨루는 엠넷 프로그램《언 프리티 랩스타》등에도 출연했는데 YouTube에서 당시의 동영상도 찾아볼 수 있다. 무엇보다도 그녀가 펼치는 랩 스타일이 매우 다양해 잠시도 우리를 지루하게 내버려 두지 않는다.

2022년 10월에는 〈Nxde〉라는 걸크러시 노선의 도전적인 제목의 MV를 발표했다. 인터넷에서 행해졌던 'nude'라는 단어 검색을 (G)I-DLE이 Nxde로 치환하여 통쾌하게 '하이재킹(강탈)'해서 화제가 되기도 했다. 이른바 '인터넷 검색 재킹'이라고 할 만하다. 여성의 누드를 두고 벌어지는 소외 현상, 상품화를 향한 강력한 한 방을 날리면서.

멤버는 소연과 한국 출신의 미연MIYEON, 태국 출신의 민니MINNIE/니차 욘따라락, 타이완 출신의 슈화SHUHUA, 중국 출신의 우기YUQI/宋雨琦라는, 문자 그대로 멀티에스닉한 5인조 그룹이 만들어 내는 코레아네스크이다. 재기발랄한 아티스트들이다.

2:43 등에 나타나는 세피아톤 위주의 화면은 에누리 없이 아름

답다. 2:48 무렵 그림을 파쇄해 버리는 장면은 압권이다. 뱅크시 Banksy를 떠올리게 한다.

〈Oh my god〉은 공식 MV와 일본어 버전 모두 2020년에 만들어졌다. MV는 (G)I-DLE이 세우고 지배하는 왕국이라 형용할 만한 작품으로, 위험한 향기가 감도는 풍요로운 세계상을 만들어 내고 있다. 색채의 변용이 특히 눈을 끈다. 일본어 버전은 배경 설정 등이 거의 없고, 풀 숏, 허리 숏, 바스트 숏, 클로즈업 등 다양한 프레이밍으로 멤버들을 찍은 동영상으로 구성되어 있다. 일본어 버전은 가사뿐만 아니라 랩도 일본어로 구성했다.

2019년 작품 〈Lion〉은 〈Oh my god〉과 비슷한 노선을 취했다. 상징적인 이미지를 흩뿌리는 대신 뚜렷한 세계상을 형상화한다. 여기에서도 멤버 개개인의 존재감이 돋보인다.

2019년의 작품 〈Senorita〉에서도 확인되지만 (G)I-DLE의 MV는 볼거리가 풍부하다. 라틴적인 요소를 가미하고, 원색을 살린 색채도 화려한데 1:44부터, 그리고 3:23 무렵에도 등장하는 관악기 모티프에서 알 수 있듯이 브라스밴드의 연주가 곡뿐만 아니라 영상의 전환점이다. 물론 아티스트들 개개인의 존재감을 세심하게 그리는 것도 잊지 않았다.

●
(여자)아이들((G)I-DLE)
- 'Nxde' Official Music Video

●
(여자)아이들((G)I-DLE) - 'Oh my god' Official Music Video

●
(G)I-DLE
- 'Oh my god'(Japanese ver.) MUSIC VIDEO

〈TOMBOY〉는 걸크러시 지향 K아트의 하나의 도달점이 된 2022년 작품이다. 화면은 채도 높은 빨간색과 검정색 계열의 색채를 중심으로 전개된다. STUDIO CHOOM의 채널에 공개된 댄스 영상에서도 멤버들의 존재감이 넘친다.

민니, 소연, 미연, 우기, 슈화의 순서로 각인되는 존재론적인 목소리와 소연의 랩은 이 작품에서도 돌출한다. 유유히 걸어오는 미연 뒤로 던지는 새빨간 하트 모양의 사탕으로 주변이 폭파되는 등 걸크러시를 상징하는 장면도 넘친다. 마지막에는 하늘로 올라가는 수많은 하트 모양의 풍선. "미지근한 하트들아, 안녕"이라고 선언하는 듯하다.

2023년의 킬링보이스 라이브에서는 가수로서의 (G)I-DLE이 지닌 매력까지 충분히 전해진다. 의상도 아름답고 노래를 부르면서 보여 주는 자연스런 동작의 앤틱스도 볼만하다. 전부 듣다 보면 매력 없이 밍숭밍숭한 곡이 거의 없다는 것이 놀라울 정도다. 다시 한 번 확인하거니와 이것이 멀티에스닉한 아티스트들이 이룩한 코레아네스크, 그 하나의 도달점이다.

●
(여자)아이들((G)I-DLE)
- 'LION' Official Music Video

●
(여자)아이들((여자)아이들
((G)I-DLE) - 'Senorita'
Official Music Video

●★
(여자)아이들((G)I-DLE)
- 'TOMBOY' Official
Music Video

●
BE ORIGINAL](여자)아이들
((G)I-DLE) 'TOMBOY'(4K)

●
(여자)아이들((G)I-DLE)의 킬링보이스를 라이브로! - 퀸카, TOMBOY, 말리지마, POP/STARS, MY BAG, 한, 덤디덤디| 딩고뮤직 | Dingo Music

여성들의 목소리가 만들어 내는 다양한 코레아네스크 랩

2015년에 데뷔한 4인조 그룹 레이샤Laysha가 2023년 발표한 〈붉은 꽃〉은 한국어와 영어의 복수언어적 가사가 잘 드러나며 곡과 의상에서는 한국적, 동양적인 요소를 담았다. EDMElectronic Dance Music을 주체로 삼고 발라드적인 요소도 가미했다. 효과적인 랩을 구사하는데 '숨막히게'라는 가사를 말 그대로 "숨막.히게"라고 끊어 부르고 있다.

2020년 발표한 블랙핑크의 〈Lovesick Girls〉는 멤버 네 명의 폐부에서 터져 나오는 목소리가 전해 주는 존재감이 압도적이다. 리사의 랩에서 지수와 로제의 노래로, 리사와 제니의 랩에서 로제의 노래로 이어지는 풍부한 변화의 아름다움. 디바들의 향연을 감상해 보자.

다음으로 우주소녀가 2021년 발표한 〈UNNATURAL〉의 MV와 〈it's Live〉 스튜디오 동영상을 감상해 보자.

초반 은서Eunseo, 설아Seola에서 수빈Soobin으로 이어지는 고음에서 알 수 있듯, 우주소녀의 MV 중에서는 이 곡이 아티스트들 각자의 목소리를 가장 잘 살려 냈다. 메인 래퍼이자 리더인 엑시의 랩은

레이샤(LAYSHA) - '붉은 꽃(Red Flower)' Official Music Video

BLACKPINK - 'Lovesick Girls' M/V

[MV] 우주소녀(WJSN) - UNNATURAL

우주소녀(WJSN) - "UNNATURAL(Band Live Ver.)" [it's LIVE] 라이브 뮤직 쇼

처음부터 낮은 음으로 시작되지만 점점 더 음역을 낮춰 가는 과정이 조금 놀라울 정도다. 1:16 부분 "Dripping gold"라는 구절에서 고음으로 통통 튀어 오르는 힙합적 창법에선 얄미울 정도로 재주가 넘친다. 엑시의 목소리는 2:14 부분의 "Hey"나 "Come on" 같은 짧은 한마디만으로도 귀를 확 사로잡는다. 이러한 효과로 수빈과 다원Dawon의 우뚝 솟아오르는 힘찬 목소리와 그리고 연정의 하늘 높이 날아오르는 듯한 목소리를 더욱 돋보이게 만든다.

13명 체제의 우주소녀로 발표한 〈꿈꾸는 마음으로(Dreams Come True)〉 등의 곡에서는 역시 '목소리'를 구별하기 어렵지만, 짧은 파트임에도 불구하고 미기Meiqi의 목소리는 빛을 발하고 동영상도 매우 아름다운 순간을 종종 선사한다. 곡의 로고도 재미있다.

2020년에 5인조로 데뷔해서 현재는 4인조로 활동하는 크랙시craxy의 2023년 작품 〈No Limit〉는 전체의 3분의 2 정도가 되는 긴 도입부로 시작한다. 러닝타임으로는 1:41까지 흘러나오는데 한국어와 영어의 복수언어 랩이 곡의 존재감을 어김없이 드러내 준다.

2023년 YG엔터테인먼트는 베이비몬스터BABYMONSTER라는 그룹의 멤버를 선출하는 영상을 많이 공개했는데 그중 하나를 감상하자. 이 영상에서는 아현AHYEON이 〈¿Quién será?키엔 세라〉(1953)의 영어 버전인 〈Sway〉를 랩을 넣어서 부른다. 베이비몬스터는 2023년 11월에 〈BATTER UP〉으로 데뷔했는데 멤버들의 역량으로 보아 앞으로 많이 기대되는 그룹이다.

아쉽지만 데뷔 MV에는 아현의 모습은 찾아볼 수 없다. 'BATTER'라는 제목 속 단어를 비롯해서 의상도 MV도 '야구' 모티브가 주는 인상이 너무 강하다. 야구를 전혀 모르는 필자는 쉽게 감정이입을 못하지만 아티스트들이 얼마나 노래와 춤의 역량이 뛰어난지는 충분히 알 수 있다. 왼손 검지를 위로 내미는 1:06 등의 안무는 인상적이다. 조회수는 발표 한 달 만에 1.4억 회를 넘었다.

2022년 데뷔해 한국을 거점으로 활동하고 있는 일본인 중심의 멀티에스닉 7인조 그룹 XG엑스지의 몇몇 작품도 볼만하다. 이들의 곡은 대부분은 영어를 사용한다. 일본 회사 에이백스avex 계열인 한국 기획사 엑스갤럭스XGALX 소속이라서 K-POP의 범주를 벗어난다고 생각될지 모르나 작품 자체는 거의 K-POP 스타일이다. 아래 작품들에서는 영어, 한국어, 일본어 복수언어 랩이 들을 만하다.

지코의 2024년 작품 〈SPOT〉에서 0:15의 첫마디 "음Mmm"이라는 간투사만으로 우리를 끌어들이는 것은 역시 블랙핑크 제니의 관록이다. 존재론적인 목소리란 바로 이런 것이다. 여유 있게 전개하는 지코의 랩 역시 관록이 느껴진다. 가사의 말성이 발하는 재미는 끝까지 유지된다. 시와 곡이 상당한 수준을 이룩하고 있는

CRAXY(크랙시)
"NO LIMIT" MIXTAPE VIDEO

BABYMONSTER
- BATTER UP" LIVE
PERFORMANCE(Stadium Ver.)

[XG TAPE #2]
GALZ XYPHER(COCONA, MAYA, HARVEY, JURIN)

BABYMONSTER(#2)
- AHYEON(Live Performance)

XG
- MASCARA
(Official Music Video)

[XG TAPE #3-A]
Two Tens(HARVEY, MAYA)

데 비해 MV는 어깨 힘을 뺀 일반적인 작법이다. 1:16의 행진은 중량감이 느껴져 조금 재미있다.

2023년에 데뷔한 아주 매력적인 5인조 그룹 영파씨YOUNG POSSE도 빼놓을 수 없다. 데뷔곡 〈MACARONI CHEESE〉 MV의 편집은 놀랍고, 마카로니와 치즈 같은 소재로 이만큼 재미있는 가사를 뽑아낸 역량도 주목할 만하다. 한국어와 영어의 복수언어를 잘 살린 가사이기도 하다. MV에서는 아티스트의 존재감도 잘 드러나면서 장면 전환의 묘미가 눈을 뗄 수 없게 한다. 2024년 발표한 〈XXL〉 MV의 영상은 스케일이 더 커졌다. 두 작품 모두 영상의 유머 감각과 색채 측면에서 말 그대로 'XXL투엑스라지'라 말할 법하다. 즉 코레아네스크적인 섬세한 감각이라기보다 대범해서 친근감이라는 측면에서는 약간 거리감이 느껴지지만 작품의 퀄리티는 뛰어나다. 멤버들의 랩 솜씨에 찬사를 아끼지 않을 수 없다.

BABYMONSTER의 진면목 — 기존 기호의 억압을 벗어나

앞서 언급한 7인조 그룹 베이비몬스터가 2024년에 4월에 발표한

●★
ZICO (지코) 'SPOT! (feat. JENNIE)' Official MV

●★
YOUNGPOSSE (영파씨) -'MACARONI CHEESE' MV

●
YOUNGPOSSE (영파씨) 'XXL'MV

〈SHEESH〉는 지금까지 발표한 이들의 작품과는 비교가 안 될 만큼의 최고 걸작이다. 멀티에스닉 그룹의 다양한 **존재론적 목소리**가 만드는 보컬과 랩, 곡, 의상, 그리고 춤의 매력이 아낌없이 전해지는 MV의 밀도감과 변화에 한시도 눈을 뗄 수 없다. '사종문 비곡' 노선(→2-7, 168쪽)을 취해 아티스트의 존재감도 아낌없이 그려진다.

노래는 피아노 소리 같은 로라RORA의 가냘프면서도 고운 목소리로 막을 연다. 키는 Dm, 도입부가 끝나고 "Mano"라는 말로 시작되는 치키타CHIQUITA의 첫 세 소절은 거의 D음의 연속인데 제4소절로 들어가기 직전에 선율이 변화한다. 다음 로라의 세 소절도 전부 D음, 제8소절에서 라미RAMI가 1옥타브 뛰어오른다. 이렇게 세 소절을 견딜 만큼 견뎌 낸 다음에 변화를 들이대는 것이다. 이미 말했듯이 여기서 네 소절, 여덟 소절을 똑같은 D로 끈다면 아무리 리듬과 말에 변화를 준다 하더라도 금방 싫증이 난다. 그래서 또 변화가 시도된다. 0:31 파리타PHARITA의 "Do or die", 0:52부터 루카RUKA, 아현AHYEON, 아사ASA로 전개되는 밀도 높은 랩에 이어 2:00-2:03 라미의 뚝 떨어지는 저음 "니가 잠든 사이"가 우리의 폐부 깊숙한 곳까지 뒤흔든다. 2:10부터 아현은 "온 세상을 뒤집"는 목소리의 힘으로 선율을 이끈다. 그런가 하면 뒤를 잇는 치키타와 파리타의 속삭이는 목소리까지. 이 작품은 변화란 무엇인

●★
BABYMONSTER
- 'SHEESH' M/V

지 제대로 알고 있다. 그리고 작품 안의 동적 변화가 얼마나 중요한지를 우리에게 선명하게 가르쳐 준다.

〈SHEESH〉가 최고 걸작이라고 쓴 것도 잠시, 그것을 능가하는 곡이 또 나타났다. 이러니 K-POP은 한시도 눈을 뗄 수가 없다. 불과 석 달 후인 7월에 발표한 〈FOREVER〉다. 데뷔곡 〈BATTER UP〉에서는 '야구'라는 거대한 기호에 억눌려 진가를 발휘하지 못했던 베이비몬스터도 이제는 자신의 진면목을 완벽히 보여 줄 수 있게 된 것 같다. 아티스트의 매력을 충분히 잘 살리고 있는 이 MV조차도 아티스트와 곡의 수준을 따라잡지 못하고 있는 게 아닐까 의심하게 될 정도로 아티스트의 역량과 곡의 매력, 여유 있는 안무의 힘이 어마어마하다. 압도적인 고양감은 다른 작품의 추종을 불허한다. 아현을 비롯한 멤버 모두의 존재감을 다시금 확인하자. 〈it's Live〉 버전에서는 파리타나 라미의 목소리, 루카와 아사의 랩뿐만 아니라 치키타가 맡은 소절 "멋대로 착각하지 마"도 그 매력이 충분히 전해진다. 그러나저러나 아현의 "가나다라마바싸가지"에는 완전히 뒤로 넘어져 버렸다. 한국어 교육에 몸담고 있는 사람으로서 이 가사를 앞에 두고 학습자들에게 도대체 무슨 말을 해야 할까. 언어의 **이야기**성에서 떠나 자유자재

●★★
BABYMONSTER
-'FOREVER' M/V

●★
[4K]BABYMONSTER - "FOREVER"
Band LIVE Concert [it's Live]
ライブミュージックショー

●★
'COMEBACK'BABYMONSTER - FOREVER
#엠카운트다운 EP.852 | Mnet240711 방송

로 비상하며 말의 장난기로 넘치는 K-POP 가사의 **말**성. 이 가사가 세계 각지의 한국어 교실에서 부디 '말썽'을 일으키지 말기를. 〈FOREVER〉, 과연 명작이다.

⑥
---
⑤

말과 소리와 빛과 신체성의 고속 브리콜라주 — K아트

말과 소리와 빛과 신체성의 브리콜라주 'K아트'로

무엇보다 BTS의 2016년 작품 〈피 땀 눈물〉(→0-1, 3-4)이 그랬다. 우리를 자극하는 상징시의 단편들이 집합체를 이루고, 말 한 마디 한 마디가 의미를 조형하지만, 그들 사이의 연관성은 종종 심술궂게도 갈래갈래 찢겨져 있다.

시=가사뿐만 아니라 MV 조형에 이르러도 이 방식은 관철된다. 많은 동영상이 상징시적인 영상의 집합체로 조형된다. 우리는 말의 아름다움, 영상의 아름다움, 이마주의 파편들이 불러일으키는 것을 각자의 방식으로 띄엄띄엄, 혹은 느슨하게 연결하고 조립하고 통합한다. 어떨 땐 통합에 실패하면서도 쾌감을 느낀다. 예를 들어 BTS라는 희대의 아티스트들과 크리에이터들이 만들어 낸 〈화양연화〉라는 일련의 소우주상이야말로 이러한 상징시 조각들이 창조한 장엄한 브리콜라주였다.

브리콜라주는 있는 것들을 모아서 수작업으로 만들어 내는 것을 뜻한다. 하지만 K아트는 'Do It Yourself'적인 작업이 아니다. K아트에서는 기존의 것들, 즉 말이라는 말, 이마주라는 이마주, 선율이라는 선율, 리듬이라는 리듬, 그 모든 것을 가져와서 붙이고 거기에 새로 무엇인가를 또 덧붙이고, 조합하고, 걸러 내고, 증류하면서 완전히 새로운 조형물=세계상을 만들어 내는 거대한 영위가 이뤄지고 있다. 이러한 영위는 바로 아트라는 행위가 오랜 옛날부터 수행해 온 본질적인 방법 그 자체다. K아트의 브리콜라주는 평면적인 콜라주도 아니다. 위상이 서로 다른 것들까지 융합해 버리는 브리콜라주다. K아트가 지향하는 바는 다음과 같이 총괄할 수 있다:

K아트가 지향하는 것은 사람들을 모아서, 그것도 사람들 사이의 경계선을 돌파한 멀티에스닉적 성격으로 모아서 만드는 것이다. 경계를 넘은 사람들이 참여하지만 코레아네스크를 잃지 않는다. 훈련에 훈련을 거듭하여 조직적이고 다성적인 성격을 끌어내고, 지혜를 모으고 감성을 엮어 내면서 아무도 경험하지 못했던, 그 자체가 현란하게 변모해 나가는 다원적인 세계상을 산출하는 것이다.

이때 중요한 것은 K아트가 세계 각지에서 모여드는 재능을 수렴하는 단순한 허브hub가 아니라는 점이다. 자칫하면 우리 사이를 갈라 놓는 국가니 민족이니 하는 질곡을 어떻게든지 함께 넘어서서 너그러운 아량으로, 그러면서도 엄격하게 아트로서 통합하는 행위를 오늘날의 한국어권이 수행해 왔음을 기억해야 한다. 단순한 허브도 아니며 그냥 끌어모은 것도 아니다. 새로운 무엇인가를 창출해 내는 다원적이면서 동적인 통합으로서의 브리콜라주인 셈이다. 바로 그럴 때 '한국어와 영어', 혹은 '한국어와 일본어와 영어', '한국어와 중국어와 영어'처럼 복수언어주의를 선택하면서 그러한 행위의 한가운데서 한국어라는 언어가 소중한 역할을 다하고 있다. 이 지점에서 한글이라는 문자는 상징적인 엠블럼 같은 기능도 보여 주고 있는 셈이다.

21세기의 아름다운 브리콜라주들 — K아트

블랙핑크의 대표작 중 하나인 2020년 작품 〈How You Like That〉(→339쪽)의 가사 역시 상징시의 파편들을 집적하여 **말**성에 대한 자극과 쾌락을 증폭시키는 장치였다. 조각조각은 아름답지만 다음 화면을 예측하기란 불가능하며, 연결은 모호하지만 그 전체는 장엄할 정도의 통합성을 보여 준다.

이른바 '스토리텔링'을 꾸미는 듯하면서도 도대체 어떤 이야기인지 가사 자체로는 알려 주지 않는다. 자극적인 말의 조각들이 모여 있을 뿐이다. 그러니 기존의 스토리텔링론으로는 K아트의 전모를 이야기할 수 없다. 목소리의 조각과 랩도 연달아 변용해 간다. 이마주도 마찬가지다. 고대 그리스 신전 같은 건축물이 등장하는 장면에서는 고전적으로 느껴지기는 하지만, 동시에 미래파적이기도 해서 예정조화는 철저하게 거부된다. 눈과 얼음으로 얼어붙은 공간에서 색채가 밀집된 열대 공간까지 변화에 변화가 이어진다. 큰 '이야기'가 있을 것 같으면서도 전체는 뚜렷한 구별이 없이 넓다. 격렬하게 쏘아 대는 비트, 저고리에서 부츠까지 이제껏 본 적 없는 강렬한 의상에서 압도적인 신체성이 과시적으로 드러난다. MV는 그런 시공간으로 우리를 불러들이는 장치를 여기저기 갖추고 있다. '이야기'는 듣는 너희가 짜고, 너희들 각자가 만들라고 시와 영상은 말하고 있는 것이다.

〈붐바야(BOOMBAYA)〉(→3-6)도 〈뚜두뚜두(DDU-DU DDU-DU)〉(→0-1, 3-6)도 〈Kill This Love〉(→4-4)도 그랬다. 탱크를 차고에 가두고 반전을 노래하는 명작 〈Shut Down〉(→8-3, 625쪽)도 마찬가지였다. K-POP MV라는 형태로 구축되는 'K아트'는 상징시의 단편적인 레이어가 고속으로 차례차례 우리 눈앞으로 펼쳐지는 브리콜라주로서 완성되었다. 그러한 브리콜라주야말로 21세기, 우리 시대의 새로운 코레아네스크다.

자기언급성이 넘치는 K아트의 시

말성뿐만 아니라 **이야기성** 또한 K아트의 중요한 축이었다. 이야기가 엮어지면서 종종 작가들 자신의 모습과 겹쳐졌다. 말할 나위도 없이, 이야기의 레이어=층위는 작가들 자신이 실생활에서 살아가는 이야기의 층위와는 또 다른 위치에 있다. 따라서 이 두 가지 층위를 겹치려면 창작된 이야기에서 아티스트들의 이야기를 엮어 내는 한 차원 높은 층위로 메타화할 필요가 있다.

그래서 K아트의 시는 종종 '자기언급'적인 내용을 담게 되었다. 즉 시도 동영상도 아트스트들이 자신에 대해 이야기하는 '형태'를 취한 것이다. 4-3에서 보았듯 〈붐바야(BOOMBAYA)〉 0:39에는 아티스트의 '자기언급성'을 뚜렷하게 제시해 주는 상징적인 구절이 있었다:

니가 말로만 듣던 걔가 나야 Jennie

바로 제니가 직접 랩으로 "Jennie"라고 말한 순간이다. '자기언급성'이라는 것이 무엇인지 불과 1~2초라는 짧은 시간에 이만큼이나 선명하게, 그리고 자극적으로 각인해 주는 작품이 또 어디 있었을까? 작품 내부의 이야기 층위에서 '제니'라는 고유명사로 실존하는 아티스트의 삶의 층위로 메타화해서 벗어나 버린다. 뿐만 아니라, 놀랍게도 '니가 말로만 듣던'이라는 말로 '니' 즉 K아트를 접하고 있는 우리를 〈BOOMBAYAH〉라는 K아트의 세계상 내부로 어느 틈엔가 끌어들이는 것이다. 물론 화면 속 Jennie는 '니'='우리'를 응시하고 있다.

이러한 자기언급성은 20세기의 팝송이나 대중가요에서도 나타났다. 이를 극대화한 것이 힙합이었다. 일본어권에서는 엔카 가수 후지 게이코藤圭子(1951-2013)의 〈게이코의 꿈은 밤을 열어요圭子の

夢は夜ひらく〉(1970)라는 곡명 자체에서 알 수 있듯이 트로트나 포크, 팝에서도 종종 볼 수 있는 전략이었다. 밤의 세계에서 살아왔다는 정감을 담은 '이야기'에 가사의 내용과 아티스트 스스로의 삶을 겹친 것이다. 후지 게이코는 가수 우타다 히카루(→138쪽)의 모친으로도 알려져 있다. 또 요시다 다쿠로吉田拓郎(1946-)는 〈결혼하자結婚しようよ〉(1972)를 불러 히트시키면서 실제로 결혼했다. 말하자면 '큰 무대 장치'로서 설정된 자기언급성이었다.

그러나 K아트의 자기언급성이란 더 짧은 구절로, 그러면서도 더 직접적으로 '지금 이곳'에서 실천되는 형태를 취하는 경우가 많다. 더 과감하게 자신들의 존재를 정면으로 들이대는 전략으로 가득 차 있다.

무릇 자기언급성은 어떤 의미에서 힙합의 정체성이라고 할 수 있는 것이었다. 가사는 자신을 정면에서 이야기했고, 자신을 랩 비트에 실었다. 그러니 K-POP은 이 혈맥을 이어받은 힙합의 후예이기도 하다.

자신의 언어, 자기언급성과 다원주의

BTS는 이런 측면에서도 선구적인 형태를 분명히 각인했다. 〈팔도강산〉이라는 제목을 붙인 방언 랩이다.

자신의 출신 지역 방언을 담은 랩을 조형한 것이다. 이 곡에선 '표준어 우월주의'나 실질적인 '서울말 우월주의'는 간단히 분쇄

'○○어'와 '방언' 사이, 그리고 언어와 전체성

확인해 두거니와 '한국어'나 '중국어' '영어'처럼 불리는 '언어'와, '서울 방언'이나 '경상도 방언' '베이징 방언'이나 '상하이 방언'처럼 불리는 '방언'은 언어 내부에서는 구별짓기 어려운 존재이다. 일반적으로는 언어 내적인 요인뿐만 아니라 역사적, 정치적, 경제적인 요인, 즉 언어 외적인 요인의 역학적인 관계로 언어명은 정해진다. 3-1의 박스(→199쪽)에서 서술한 '류큐어'냐 '오키나와 방언'이냐 하는 문제도 마찬가지다.

'표준어=서울 방언'이 아니라는 점도 확인해 두자. 서울에서 자란 사람들의 언어가 '서울 방언'이고 그것도 시간의 흐름에 따라 변화하고 있다. 1970-1980년대경까지는 가끔 들을 수 있었던 고령층 화자들이 쓰던 서울 방언의 억양은 거의 사라진 지가 오래다.

'○○어'라고 불리는 '언어'와 사람들의 정체성을 직결시키는 사고방식에 대해서는 여기서 확실하게 짚고 넘어가자. '○○인인데 ○○어도 제대로 못하냐?'와 같이 그 사람의 언어로 사람을 차별하는 무서운 사상으로 전락하지 않도록 말이다. 언어와 정체성을 등호로 결부시켜서는 절대로 안 된다. '언어는 민족의 넋이다'와 같은 사고방식은 언어를 빼앗길 수밖에 없는 언어장-이를테면 일제 강점기-에서는 어느 정도까지 유효했지만 본질적으로는 오류이다. 상황을 뒤집어 보면 나치가 같은 발언을 하는 1940년대의 언어장을 상기하면 얼마나 위험한 사고방식인지 쉽게 알 수 있을 것이다. 21세기의 시오니스트Zionist가 말해도 마찬가지다. 언어는 '민족의 넋'이라서 빼앗겨서는 안 되는 것이 아니라 '당신의 언어'이기 때문에 빼앗겨서는 안 되는 것이다. 그것이 '방언'이든 사회적으로 얼마나 '고립된' 언어이든. 그리고 당신의 언어가 다른 사람들이 보기에 얼마나 다르고 '기묘한' 언어라 하더라도 당신의 언어는 절대로 빼앗겨서는 안 된다. 무릇 언어는 개인에게 속한다. 어떤 이든, 한 개인이 목숨을 빼앗겨서는 안 되는 것처럼.

된다. 즉 K아트는 아티스트들이 태어나서 자란 언어를 배척하지 않는다. 다원주의는 여기서도 살아 있다.

관객에게 자기를 이야기하는 최고 걸작 — BTS의 〈Ma City〉

게다가 BTS는 콘서트에서 관객에게 직접 이렇게 말을 건네고 있다. 'Ma City'.

BTS가 2018년 발표한 〈Ma City〉는 공식 MV는 없고 음성판만 있다. 일본 콘서트 영상을 담은 블루레이와 DVD, 그루브감이 넘치는 부산 콘서트 영상 등에서 이 곡을 부르는 모습을 확인할 수 있다. 〈피 땀 눈물〉이 **말**성의 걸작이라면, 콘서트 영상 속 〈Ma City〉는 자기언급성의 결정체이자 **이야기**성의 걸작이며, 틀림없이 방탄소년단의 최고 걸작 중 하나다.

관객과의 일체감이나 그루브감은 한국에서의 콘서트 영상을 보면 특히 대단하다는 걸 알 수 있다. K-POP을 통틀어 이만한 그루브감은 마마무 정도를 떠올릴 수 있을 뿐, 그리 많지 않다.

RM의 랩 "한참을 달렸네."와 정국의 인트로에 이어 RM의 자

●
Paldogangsan

●
방탄소년단 팔도강산
(Paldogangsan)
Dance practice

●
Ma City(BANGTANTV)

기언급적인 내용으로 시작된다. 그렇다, 우리 모두가 자주 하는 자기 회상이다. 20세기 일본에서는 시인 나카하라 주야中原中也(1907-1937)가 『옛날의 노래在りし日の歌』(초판, 1938)에서 이렇게 읊조렸다:

생각해 보니 참 멀리도 왔구나

하지만 나카하라 주야는 20세기의 '남자'답게, 한발 더 나아가 이런 식으로 한탄해 버린다:

지금은 아내와 아이를 가져
생각해 보면 먼 길을 왔구나
-「철없는 노래」, 가와카미 데쓰타로河上徹太郎 엮음(가도카와쇼텐, 1968)

지금껏 우리는 이런 식의 한탄을 '서정'이라는 이름으로 아무렇지도 않게 간과해 왔지만, 이제 우리는 남성을 특권화한 후에야 가능한 이 같은 한탄의 언어를 비판의 대상으로 삼아야 할 것이다. 물론 몇십 년이라는 시대의 차이가 있기는 하나, RM은 다르다. 순수하게 자기 자신에 대해 이렇게 외친다:

I'll be dyin'

그래, 나도 언젠가 죽을 거야, 내 도시에서 말이지. 계속될 것 같은 청춘은 그 끝에 결국 '죽음'이 찾아온다. 물론 인생이 그렇게 간단한 것이 아니라는 것쯤은 관객도 상상할 수 있다. 그렇지만 우리는 아티스트의 말이 이야기와 직결하고 있음을 깨닫고, 또 거기에 우리 스스로를 겹쳐 볼 수가 있다. 아티스트의 자기언급이 '지금 이곳'의 압도적인 자기긍정으로서 우리가 공유할 수 있는 말이 되는 것이다. '그래, 이런 나도 살아도 돼.'라는 식으로.

〈Ma City〉에는 이런 대사도 있다:

솔직하게 말해 대구 자랑할 게 별 게 없어

내가 태어난 것 자체가 대구의 자랑 워

그래? 아 그래(아 그래)

대구에서 자란 슈가의 파트다. 이러한 자기언급성, 게다가 두려움 없고 선명한 자기 긍정에 입각한 자기언급성은 20세기의 한국 가요에서는 좀처럼 찾아볼 수 없었다. 물론 일본어권에서도 마찬가지다.

제이홉의 랩은 '광주'를 노래한다. 많은 생명이 희생된 광주는 아무도 잊어선 안 된다. 이 노래에 관해 언급하고 있는 신숙옥辛淑玉의 에세이(『웹 세계WEB世界』, 이와나미쇼텐, 2019에 수록)는 일본어로 쓰여 있지만 자동번역기의 도움을 빌려서라도 일독을 권한다.

신숙옥, 〈광주 사건에서 죽음을 당한 사람들의 소리가 들린다— BTS(방탄소년단)으로부터 일본과 세계를 직시하다〉(일본어판)

⑦

樂章

K-POP은 붕괴될 것인가?

K아트로서 완성된 K-POP은 가까운 시기에 붕괴될 것인가?
만약 붕괴되는 사태가 있다면 다음 세 가지다:

(1) LAVnet, 특히 YouTube가 붕괴할 때
(2) 'K아트'가 '아트'가 될 때
(3) K아트가 작품으로서 힘을 잃을 때

⑦
—
①

K-POP은 붕괴되는가 — 'K아트'가 '아트'가 될 때

K-POP은 붕괴될 것인가?

자, 이제 이 책도 대단원을 향해 간다.

지금까지 살펴본 바와 같이 K-POP은 지금 단계에서 'K아트'라는 완성형을 보여 주고 있다. 그렇다면 K-POP은 과연 붕괴될 것인가? 상상하기도 무섭지만 붕괴된다면 세 가지 모습이 있을 것이다. 하나는 미디어의 양태와 보편적인 존재양식의 붕괴이고, 또 하나는 코레아네스크, 즉 'K아트'라는 개별적인 정체성 붕괴이며, 마지막 하나는 'K아트' 작품 내부의 질적인 붕괴다:

(1) LAVnet, 특히 YouTube가 붕괴할 때

(2) 'K아트'가 '아트'가 될 때

(3) K아트가 작품으로서의 힘을 잃을 때

(1)은 분명하다. 이미 여러 차례 언급했듯이, K-POP은 지구상의 보편적인 LAVnet이라는 존재양식에서 피어난 아트였다. LAVnet의 실질적인 패권자는 현재 시점에서는 YouTube였다. 따라서 경제적이든 정치적이든 기술적이든 심지어는 핵이나 자연재해이든—전쟁은 인위적인 재해의 전형이다—어떤 형태로든 YouTube가 붕괴되면 K-POP은 거의 순식간에 무너질 것이다. YouTube를 대체할 수 있는 플랫폼이 등장한다면 모르지만.

(2)에 대해서는 고찰이 필요하다. 지금까지 K-POP은 특히 MV를 중심으로 'K아트'로 발전해 온 점을 여러 사례를 통해 살펴보았다. 이때 'K아트'에서 'K'를 빼놓을 수 없었다. 왜냐하면 'K'야말로 '코레아네스크'라는 표현양식의 전체성 그 자체였기 때문이다. 제7악장에서는 이 점을 중점적으로 논의한다. (3)에 관한 이야기는 마지막 제8악장 'K아트가 세계에서 공유되기 위하여'(8-1)에서 살펴보는 편이 좋겠다.

'K'='코레아네스크'는 무엇이 지탱하고 있는가

그렇다면 '코레아네스크'라는 것은 도대체 무엇에 의해 지탱되고 있었던 것일까? 이 책에서 섬세하게 검토해 온 바와 같이 코레아네스크는 목소리, 말, 소리와 빛, 신체성 각각에 깃들어 있다. 다만 목소리나 신체성 그 자체에서 '코레아네스크적인 것'을 뚜렷이 경계 짓기는 어려울 것이다. "이것이 코레아네스크의 목소리/신체성이다."와 같은 명제는 내세우기 어려울 테니까. 오히려 근대 이후에는 '코레아네스크'와 같은 문화적인 사회성보다 인간 개개인에 대한 '개성'과 같은 이름으로 이야기되어 왔기 때문이다.

그렇다면 다시 묻자. '코레아네스크적인 것'이란 무엇인가:

'코레아네스크적인 것'이란 무엇보다도 제1차적으로 '말'에 깃들어 있다

그리고 소리와 빛으로 이어진다. YouTube를 전혀 보지 않고 스포티파이나 애플 뮤직 등으로만 음악을 듣는 사람에게는 '말'과 '소리'가 압도적인 존재 '형태'이다. 바꿔 말하면, 언어와 음악이라고도 할 수 있다. 아마도 우선 거기에 '코레아네스크'가 깃들어 있을 것이다.

돌이켜 보면 그동안 언어화되고 이야기되는 일은 적었을지 모르지만, K-POP은 한국어라는 언어로 이뤄졌기 때문에 다른 언어권에서는 낯설고, 때로는 신기하고, 때로는 동화의 세계처럼 특별했다. 그런 모습 때문에 주목을 받았던 셈이다. 한국어라는 언어의 음절 구조와 소리의 특성이 들려주는 신선함은 음악에서는 최강의 무기였다. 한국어권에서는 그 말들이 항상 의미를 상기시키고 뜻을 동반하는 것이었지만, 비한국어권에서는 의미 이전에 무엇보다도 말 자체가 무기가 된 것이다. **이야기**성보다 먼저 **말**성이 사람들의 마음을 사로잡았다. 한국어 모어 화자 분들은 쉽게 납득하기 어려울지도 모른다. 하지만 20세기 후반의 한국어권 청중이 영어로 구사하는 랩의 뜻은 잘 몰라도 말 자체에 매력을 느끼고 놀라워했던 역사를 떠올려 보면, '말 자체가 지닌 힘'을 알 수 있을 것이다. **말**성 중에서도 특히 언어음의 힘이 청중에게 가장 먼저 다가온다. 말에 '조형'되는 의미를 일단 뒤로 밀어 두어도 말이다. 거슬러 올라가 20세기 중반을 기억하는 분들은 프랑스어 노래나 프랑스 영화의 대사들을 생각하면 **말**성의 힘이 더 쉽게 이해될 것이다. 이 책을 통해 비한국어권 사람들이 어디에 놀랐는지 조금이나마 체감하셨으리라 믿는다. 이윽고 21세기, LAVnet에서 한국어 랩을 접하면서 비한국어권의 사람들은 놀라움을 금치 못하게 되었다. 영어권에서도 일본어권에서도 그런 언어음이나 소리는 지금껏 들어 본 적 없었기 때문이다. 영어권에서 부르는 한국어적인 영어 가사도, 일본어권에서 부르는 한국어적인 일본어 가사도 이제는 업신여기거나 경멸하는 대상이 아니라 오히려 신선한 놀라움으로 받아들여지기 시작했다.

K-POP을 둘러싼 어휘조차도 탐욕스럽게 수용되었다

언어음에 관심을 가진 팬들이 문장과 '시=가사' 전체로 지향성을 넓혀 가는 과정에는 어휘 학습이라는 레벨이 있다. 우리가 비모어를 학습할 때 문자와 발음 다음에 단어를 배우는 순서로 진행하는 것을 떠올려 보면 비한국어권 K-POP 팬들의 이런 과정을 이해하기 쉬울 것이다. "아, 이 단어는 무슨 뜻일까?"라며 노래 속 더 어려운 이야기의 내부 구조보다 조금 쉬운 외부, 즉 'K-POP계'에서 사용되는 이런저런 어휘가 탐욕스럽게 수용되는 과정이다.

일본어권에도 K-POP의 많은 전문용어와 은어가 유입되었다. 그 어휘를 공유하는 것 자체가 팬덤의 즐거움 중 하나가 되었다. 'K팝'의 일본어식 약어로 쓰이는 'K포'[keːpo](Kポ; Kぽ)를 비롯 일본어식 조어도 많이 만들어졌다. '브라핑BLACKPINK' '아치즈ATEEZ' 같은 그룹명처럼.

나이나 상하 관계를 비교적 따지는 일본어권에서도 그다지 쓰지 않는 '막내'와 같은 단어도 '귀여운' 단어로서 흐뭇하게 받아들여졌다. 그룹의 자기소개에서 일일이 "팀의 막내예요.", 심지어는 "막내를 담당하고 있습니다."와 같은 말을 처음 들었을 때, '이 친구들은 도대체 무슨 말을 하는 걸까?'라며 일본어권에서는 신기하게 받아들여졌다. 일본어권에서는 사람들이 모여도 누가 '막내'인지는 그렇게까지 중요한 일도 아닐뿐더러 그것을 일일이 말하지도 않기 때문이다. '막내', 일본어 발음으로는 보통 [만네](マンネ) 정도로 발음되는 이 외래어는 이제 일본어권에서 K-POP 그룹에 대해 이야기할 때는 빠뜨릴 수 없는 단어가 되었다. BTS의 정국, 뉴진스의 혜인과 같은 인물의 고유명과 함께. 이 단어는 '감싸 주고 싶은 귀여움'이나 정감 어린 느낌과 아울러 수용되었다. 일본어의 비슷한 단어인 '스엣코末っ子' 나 '도시시타年下'로 번역한다 한들 그만한 '귀여움'까지 떠올리게 하기는 어렵다. 어휘뿐

아니라 나이를 중요시하는, 어휘와 관련된 언어적, 문화적 관습, 그리고 단어가 상기시키는 감정까지 일본어권으로 새로 유입된 셈이다.

영어권에서도 'come back'이라는 단어가, 해체 후 재결성하여 돌아온다는 본래 의미에서, 새로운 앨범을 공개하기 위해 잠시 중단했던 활동을 재개한다는 'K-POP계'에서의 용법으로도 쓰이게 되었다. '아, 그런 식의 활동 형태도 있었나?' 하는 약간의 놀라움과 함께. 인터뷰 때 K-POP 아티스트들이 쓰는 '컴백'이라는 말에 일일이 'K-POP계의 come back'이라는 식으로 사회자가 설명을 덧붙이는 미국 TV 프로그램 동영상도 유튜브에서 쉽게 찾아볼 수 있다.

한글이라는 문자가 코레아네스크의 엠블럼이 되고, 의상이 되었다

또 한 가지 재미있고도 기억해야 하는 사실은 LAVnet의 시대였다는 점이다. 즉 '말해진 언어'와 '쓰여진 언어'가 '음악장'에 함께 나타나 서로를 강화하는 장치, 공명하는 장치가 되기도 하며 상호 변환되는 시대가 된 것이다. K-POP이 있는 곳에는 '문자', 즉 '한글'이 항상 함께 존재하고 있었다는 점에 주목할 필요가 있다:

K-POP이 있는 곳에는 항상 한글이라는 문자가 있었다

이 점 역시 한국어권 사람들에게는 너무 자연스럽고, 너무 당연한 일이라서 오히려 주목하기 어려울 수도 있다. 생각해 보자. 비한국어권, 즉 세계에서 한글은 본 적도 없는 문자였던 것이다. 한글이라는 글자 역시 형태와 디자인에서 신기함, 신선함, 귀여움 같은 일종의 호감으로 받아들여졌다. 비록 읽지 못하더라도 한글이야말로 'K'='코레아네스크'적인 것의 엠블럼처럼 작용했다. 아니, 이렇게 말해야 한다:

한글은 언어의 '코레아네스크'적인 무대 의상 그 자체다

이런 감성 역시 한국어 모어 화자는 이해하기 어려울 수도 있다. 현재의 모어 화자들에게 한글은 태어나기 전부터 존재해 왔고, 자신의 존재의 일부와도 같은 것이기 때문이다.

한글이라는 문자는 세계의 음악과 아트가 다투는 전선에서 이를테면 보급 기지와 후방 지원 역할을 수행하며 코레아네스크의 깃발을 높이 꽂게 만든 강력한 무기였다. 완전히 새로운 시대의 코레아네스크의 성스러운 이콘(독일어 Ikon, 러시아어 Икона, 희랍어 εικών)으로서의 역할까지 수행한 것이다. 여기서는 미술사나 그리스 정교회 미술을 언급할 때 사용하는 미학 용어 '이콘'을 쓰고, 같은 어원이지만 영어에서 들어온 외래어 '아이콘icon'이라는 표기는 피하기로 하자. '성스러운'이라는 형용사에서 거리가 멀어지기 때문이다. 그렇다. 팬들에게 한글은 시각적으로 순식간에 코레아네스크를 찾아낼 수 있는, 게다가 종종 '성스럽기'까지 한

이콘이 되었다.

그렇다고 해서 당장 한글로 디자인한 의상을 만들자는 식의 안일한 생각은 금물이다. 필자는 단순한 디자인 그 자체가 아니라 문자로 기능했던 한글이 가진 디자인적 기능을 말한 것이기 때문이다. 좀 더 압축해서 말하자면 이렇다:

한글은 K-POP이 가진 코레아네스크의 이콘이다

즉 말과 문자, 언어야말로 '코레아네스크'를 보여 주는 최강의 도구 중 하나였다. 이 책은 원래 비언어적 대상에 '코레아네스크'라는 이름을 붙였다. 비언어적 대상에는 언어로 명칭을 붙여 주어야 언어의 기능을 빌려 공유화가 가능해진다. 그런 대상을 '코레아네스크'로 동정同定, identification하고 의미를 부여할 때 사용한 문자인 한글이 다른 어떤 언어권에서 찾아볼 수 없는 독특한 '형태'였던 것이다. LAVnet상에 존재하는 다른 많은 문자 중에서 우뚝 솟은 그 시각적인 유일성이 팬덤에게 종종 성스러운 느낌까지 선사한 것은 어찌 보면 아주 자연스러운 일이었다.

코레아네스크란 무엇인지를 답하기 위한 또 하나의 요소는 물론 음악이다. 하지만 설명하기는 어렵다. 왜냐하면 음악은 미술이나 의상 등과 마찬가지로 어디서부터 어디까지가 '코레아네스크적인 것'이라든가 'K적인 것'이라는 선 긋기=경계 획정劃定이 원래 불가능한 것이기 때문이다. 음악도 미술도 원래 다민족적이고 국제적인 것이다. 아무리 민족적인 음악이라도 사실 오래된 근원은 아무도 알 수 없다. 음악도 본질적으로는 언어만큼 오래된 것일 테니까. 오래될수록 그 속에 들어 있는 '민족'도 '국가'도 흐려지고 환상이 되어 가기 때문이다. '민족'도 '국가'도 음악과 비교할 수 없을 만큼 최근의 개념이며 특히 '국가'는 완전히 인위적인 것이다. 음악은 원래 혼연일체가 되어 있는 존재이기 때문에 어떤 특정 악기나 음의 배열을 가리키며 "이것이 바로 코레아네스크다." 라고 말한다 한들 세상에 받아들여지기는 당연히 어려울 것이다. "비슷한 것은 우리도 있다."라는 말이 꼭 나올 테니까. 디자인, 의상, 미술, 건축도 마찬가지다. 애초에 서양에서 보면 중동을 포함하여 자신들의 동쪽은 모두 '오리엔트Orient'였고, 한국과 중국, 일본의 시각적 세계를 구분하는 기준 따위는 없었다. 더군다나 자신의 매력만을 가지고는 'K아트'로서 도저히 지탱할 수 없다. 판소리 같은 것조차도 코레아네스크로서 자리매김하려면 궁극적으로 언어적인 근거가 필요해진다. 아무리 독창적이라 해도, 아무리 본적 없는 것 같아도, 본질적으로는 다음과 같다:

'K라는 것', '코레아네스크'라고 자리매김하기 위해서는 궁극적으로 언어의 기능이 지탱할 필요가 있다

노래와 춤을 핵심적인 출발점으로 종합적인 아트로서 K-POP은 확실히 지금까지 지구상에 존재하지 않았던 특징적인 양식을 만들어 냈다. 다양한 요소들을 끌어들이고, 다성적이고 구성주의적이며, 완성된 양식미를 자랑하고, 속도감과 변화로 가득 찬, 많은 사람들이 K-POP이라고 바로 인식할 만큼 독자적인 양식을. 그러나 결국 소리도 빛도 언어적 지지가 없다면 궁극적인 의미에서 그것은 '코레아네스크'나 'K적인 것'이 될 수 없다. 양식이 K-POP이라도 한국어가 아닌 낯선 언어로 불렀다면 아마 세상은 그것을 K-POP이라고 부르지 않고 'K-POP과 비슷하지만 K-POP이 아닌 아트'라고 생각할 것이다.

BTS인가, 방탄인가

언어가 'K'='코레아네스크'를 지탱하고 있다. 여기서 우리는 영어로만 노래하는 많은 K-POP을 떠올린다. 이 점에 대해서는 방탄소년단의 RM이 시사하는 바가 큰, 어떤 의미에서는 충격적이라 할 수 있는 발언을 한 적이 있다. 2022년 6월, 그룹 활동을 일시 중단하고 개인 활동을 한다는 발표를 한 '회식' 동영상에서였다.

소속사인 HYBE의 주가가 다음 날 25퍼센트 가까이 폭락했을 뿐만 아니라, SM 등 대형 음악 자본의 주가가 크게 하락하면서 이 동영상이 사회적으로도 널리 알려지게 되었다. 동영상에는 K아트의 전위를 달려온 아티스트로서의 중요한 발언이 많이 담겨 있다.

BTS(방탄소년단)
'찐 방탄회식'

동영상 56:32-56:35쯤 RM이 멤버들과 팬들을 향해 이렇게 말한다:

지금은 BTS로 더 익숙하지만, 저한테는 방탄이거든요

이 말에 가슴이 벅차 온다. 한국에서 음악을 꿈꾸던 소년들이 '방탄소년단'이라는 이름으로 출발해 그 로마자 표기 약칭인 'BTS'로 오늘날 전 세계인에게 알려지게 되었다. 여기서 한 가지 짚고 넘어가야 할 것이 있다. 'BTS'는 '영어'가 아니다. 어디까지나 한국어를 로마자로 표기해 만든 약어이며, '로마자로 표기된 한국어'이다. 다만 로마자 표기가 익숙해진 세계 여러 언어권에서 각 언어권별 발음으로 'BTS'를 발음하고 있을 뿐이다. 영어권에서는 우연히 [bíːtiːes]로 발음되고, 바로 그 영어가 세계에서 우위를 점하고 있을 뿐이다. 이미 밝혔듯이 한국어에서는 장모음이 사라지고 어두도 무성음화해서 [pit^{h}iesɯ], 혹은 [bit^{h}iesɯ] 정도로 발음되는 경우가 많다.

미국 방송 등에서 소개할 때 택하는 그룹명은 '방탄소년단'보다 'BTS' 쪽이다. 그들이 부르는 노래도 예전과 달리 영어 가사로만 되어 있는 곡이 많다.

같은 회식 영상에서 정국이 마지막으로 건넨 건배사에도 가슴이 뜨거워진다:

아포, 방포(아미 포에버, 방탄 포에버)

팬클럽의 약칭인 'ARMY'와 함께 영원하자며 외치는 말은 "BTS forever!"가 아니라 "방탄소년단, 영원하라!"였다. 직전에 건배사를 하려고 일어선 정국에게 1:00:52쯤에 지민도 "아포, 방포로 해 줘."라고 권유한다. 지금 생각해도 가슴에 와닿는 장면이다.

언젠가 한국에서 온 동료 교수에게 소감을 물어보려고 태블릿에 저장해 둔 그림을 보여 줬다. 지민을 그린 그림이었다. 웃으며 "최신작이에요."라고만 하면서. 그러자 바로 "선생님, 정국도 그려 주세요!"라는 대답이 돌아왔다. 지민을 그렸다고 첫눈에 알아차려 준 것은 기뻤지만, "아니, 지금 그게 문제가 아니잖아요. 이 작품이 좋다든지 안 좋다든지, 그런 평가 같은 건 없는 건가요?"라는 내 말에 그 교수는 "이거, 지민이잖아요? 선생님, 우리 정국도 그려 주세요!"라고 재차 대답했다.

그리고 문득 생각난 듯 이렇게 덧붙였다. "〈Dynamite〉나 〈Butter〉 같은 노래도 굉장히 멋있는데요. 하지만 영어로만 된 가사잖아요? 솔직히 우리 한국 사람들의 심성으로는 조금 거리가 멀어지는 느낌이에요, 감각적으로는."

요컨대 '코레아네스크'나 'K적인 것'이 흐릿해져 가는 것에 대한 서운함이다. RM이 느끼는 것도 바로 이런 감정이 아닐까? 영어로 된 노래로 방탄소년단이 세계에 알려지면 알려질수록 기쁘긴 해도 그 노래는 자신들과는 거리가 멀어진다. K-POP이 POP이

•
BTS(방탄소년단)
'Dynamite' Official MV

되어 가는 모습과 다르지 않다. 영어라는 언어를 사용하면 곡이 상업적으로 성공할수록 'K아트'는 '아트'가 되어 가는 모순을 내포한다. 그래도 영어로 쓴 대표적인 두 곡을 잠깐 언급하고 넘어가자.

2020년 발표한 걸작 〈Dynamite〉의 MV는 시각적인 측면에서 보면 아티스트를 하나씩 그리는 일반적인 작법으로 전반부를 시작한다. BTS 작품 중에서는 흔히 사용되는 방법이지만 후반부에 등장하는 야외 공간이 만들어 내는 감각은 신선하다. 3:05 등에서 노란색, 빨간색, 하늘색의 폭죽이 터지는 배경은 장대한 스케일 감각을 보여 준다.

2021년 작품 〈Butter〉의 공식 MV는 멤버들을 그리는 흑백 화면에서 시작되어 0:37부터 컬러 화면으로 전개된다. 특히 0:37부터의 춤은 말하자면 월드스타 BTS를 상징하는 안무가 되었다. 하지만 춤의 매력은 빌보드 시상식 무대 영상 〈@ Billboard Music Awards〉 쪽에서 훨씬 깊이 맛볼 수 있다.

'K아트'가 '아트'로 희석되는 길이 서서히 진행 중이다

특히 경제적인 성공과 함께 'K아트'가 묽게 희석되어 그냥 '아트'

BTS(방탄소년단)
'Butter' Official MV

BTS(방탄소년단) 'Butter'
@ Billboard Music Awards

가 되어 가는 '붕괴'의 두 번째 시나리오가 서서히 진행 중이다. 이 상황을 좋게 볼 것인지, 안 좋게 볼 것인지는 팬덤 이전에 먼저 한국의 음악 자본이 어느 쪽을 지향하느냐에 따라 결정될 것이다. 음악 자본이 "이제 더 이상 'K아트'일 필요는 없다. '아트'면 된다."라고 생각한다면 그때는 자본의 힘을 결코 경시할 수 없다. 아티스트들 스스로가 그러한 흐름에 쉽게 저항하기는 어려울 것이다. 우리 개개인이 자본을 쉽게 이길 수 없는 것과 마찬가지이기 때문이다.

하지만 이 책의 답은 분명하다. '코레아네스크적인 것'이나 'K적인 것'이야말로 세계가 공유할 수 있으며 가장 깊은 곳에 존재하는 근거라는 점이다. 그렇다면 이를 제대로 추구하는 것이야말로 세계 어느 누구도 쉽게 흉내도 낼 수 없는 'K아트'만의 무적의, 가장 강력한 전략이 될 수 있다. 이것이라면 에피고넨(독)Epigonen, 즉 추종자, 아류가 나타나도 두렵지 않다. 무엇보다 아티스트 스스로가 지금보다 훨씬 더 높이, 더 넓게, 언어의 질곡을 벗어나 더 자유롭게 창작할 수 있을 것이다. 모두들 분명 엄청나게 멋진 작품을 만들어 낼 것이다. 무엇보다 자기 자신의 언어를 자유롭게 구사할 수 있으니 말이다. 이제 영어의 비속어, 은어의 숨겨진 의미나 숨겨진 차별의식 같은 것에 덜 고민하게 된다. 돈? 그런 것은 결과적으로 코레아네스크적인 것에 더 많이 따라오지 않겠는가. 이렇게 말하고 싶어진다. "자본가 여러분, 다시 한 번 확인해 주시기 바랍니다. 세계가 가장 절실하게 원하는 것은 어디에든 존재하는 'POP'이 아니라 바로 'K-POP'이고 'K아트'입니다."

⑦
—
②

K-POP은 붕괴되는가 — 아트, J아트, C아트, S아트… 그리고 K아트

한국어 K-POP과 일본어 K-POP을 비교해 보기 — 그것은 J-POP인가?

영어를 기반으로 할 경우와, 일본어나 중국어 등 또 다른 언어를 기반으로 할 때는 '희석'되는 농도가 전혀 다르다. 이 문제를 생각하기 위해 감성적인 팩트를 제공해 주는 재미있는 예가 있다. ITZY의 〈WANNABE〉를 한국어 버전과 일본어 버전으로 나누어 비교해 보자.

가사의 언어도 다르고, 영상도 달라서 별개의 MV라고 할 수 있

ITZY
"WANNABE" M/V @ITZY

ITZY "WANNABE
-Japanese ver.-" Music Video

으며 양쪽 다 변화로 가득 차 있어서 뛰어나다. 두 작품 모두 높은 채도의 컬러를 잘 계산하여 풍부한 색채 대비와 변용을 꾀하고 있다는 점에서 무척 볼만하다. 춤의 매력도 잘 드러나 있다. 동영상에서는 책상까지 춤을 춘다. 특히 2020년 한국어 버전은 이미지를 정교하게 다듬었고 아티스트 다섯 명 각자의 개성적인 존재감도 매우 생동감 있게 그려 냈다. "누가 뭐라 해도 난 나야."라는 가사대로 걸크러시의 전형처럼 꼽히는 작품이다.

두 번째 동영상의 제목에는 〈Japanese ver.〉이라고 되어 있지만 많은 K-POP MV가 그렇듯 '일본어+영어'라는 복수언어로 가사를 구성했다. 2021년 일본어 버전은 시각적인 인상은 확실히 K-POP이고 노래도 흠잡을 데 없이 잘 만들어졌지만, 언어의 특성상 한국 버전이 주는 밀도와 속도감은 다소 잃어버린 듯한 인상을 지울 수 없다. 예를 들면 도입 부분의 영어 "I do what I wanna" 앞의 짧은 구절의 한국어의 음절 수와 일본어의 모라 수는 양쪽 모두 25개로 같다. 그런데 25개 중에 한국어는 '자음+모음+자음'이라는 밀도 높은 구조가 여섯 번 나타난다. 일본어는 거의 전부가 '(자음)+모음'이다. 물론 이것은 언어의 성질 때문이지 작사자의 역량과는 무관하다. 그 결과 청각적으로 일본어권의 다른 발라드나 팝 등과 비슷한 인상을 받게 된다. 하지만 오해하지 말았으면 한다. 일본어 가사 자체는 나무랄 데 없이 잘 쓴 것이다.

지금부터 논의하려는 것은 작사자가 말을 선택하는 문제와 관련이 있는데, 일본어는 남녀가 사용하는 문체의 차이가 한국어보다 훨씬 큰 언어이다. 그런 의미에서 일본어 버전은 전형적으로

'여성의 문체'라고 여겨지기 쉬운 표현을 선택하고 있는 듯하다. 일본어권의 많은 팝송이나 트로트들이 그러듯이. 예를 들면 중성적인 'iiいい, 좋아'라는 형태가 아니라 'ii-noいいの, 좋은 거야'와 같은 조사를 붙인 형태를 즐겨 사용한다. 일본어 가사에도 '걸크러시'적인 메시지, 즉 **이야기**는 아주 선명하게 담겨 있지만 그 **이야기**를 구성하는 말, 다시 말해 언어의 표현양식이나 문체는 '만들어진 여성의 문체'로 성립되어 있다는 느낌을 부정할 수 없다. 작사자의 미학이라고 하면 어쩔 수 없겠지만, 쉽게 말해 20세기 남성 소설가들이 작품 안에서 많이 사용해 온 '여성의 문체' 같은 인상이다. 오히려 중성적인 문체로 가사를 조형하는 쪽이 훨씬 **이야기**에 걸맞았을 것이다.

일본어 버전은 청각은 J적, 시각은 K적이라고 할 수 있는데, 그렇다면 이것은 J-POP일까? ITZY의 모든 작품이 '일본어+영어'라는 복수언어 형태밖에 없다면 사람들은 아마 J-POP이라고 생각하게 될 것이다. "저는 어렸을 때 TV에서 보던 소녀시대가 그냥 일본 그룹인 줄 알았어요."라고 고백하는 일본 젊은 학생들의 심정과 비슷하다. 요즘 일본의 대학 강의에서 그런 말을 몇 번이나 들었다. 작품의 인상을 정해 주는 요소는 언어가 결정적이다. 잘 모르고 영상을 접한 소년 소녀 들은 순수하게 그 인상을 받아들인다.

그러나 일본의 자본은 쉽게 납득하지 않을 것이다. '메신저 LINE의 기술이 한국 것이냐 일본 것이냐?' 하는 식의 논의가 자자하듯이 이른바 '넷우익'이라 불리는 사람들의 민족배외주의적인 심성과 어딘지 모르게 비슷한 데가 있다.

지금까지 보아 왔듯이 이 책은 작품이든 기술이든 자본이든 멀티에스닉한 실태가 있다면 그것을 직시할 뿐, 국가이데올로기를 내세우는 국가주의나 민족배외주의는 철저하게 거부한다. 이 점을 다시 한 번 짚고 넘어가면서 책의 주제인 K-POP 작품으로 돌아가 논의를 이어 가자.

ITZY의 〈WANNABE〉 한국어 버전을 아는 입장에서 보면 일본어 버전은 아무래도 아쉽다. 일본어 버전은 수많은 한국어 버전의 2차 동영상 안에 묻혀서 제목을 검색하기도 어려울 정도이다. 조회수로 비교하면 한국어판 5억 4,854만 회인 데 비해, 일본어판은 1,725만 회로 한국어판의 3.1퍼센트 수준이다. 물론 1,725만 회도 많은 숫자이기는 하다(2024년 8월 8일 기준).

예를 들어 영어판이나 중국어판을 만들어도 한국어판과 확연히 다르다는 인상을 받게 될 것이다. 'K아트'에서 'K'가 희석된다는 것은 이런 것을 의미한다.

일본어권 사람들에게는 확실히 재미있고 좋은 곡이다. 하지만 주변에 많은 일본어 곡에 비해 독자적인 존재감이 시각적으로는 드러날 수 있어도, 청각적으로는 약해지는 경향을 인정할 수밖에 없다. 단적으로 일본어 사용자에게는 '일본어 버전은 의미를 알 수 있어서 기쁘다. 반면 한국어 버전은 의미는 잘 모르겠지만, 멋있다'와 같은 반응이 생기는 것이다. 이러한 차이는 처음에는 미미하고 눈에 띄지 않을 수도 있다. 하지만 이런 경향이 지속된다면 사태는 심각해진다. 일본어권에서 다른 많은 우수한 일본어 곡들과 경쟁해야 하는 상황에 놓이게 될 것이니. 이미 'K아트'로서의 독자성을 잃은 후에 말이다. 'K아트'를 잃은 다음에 타 언어권에서 공개되는 영어판은 '아트'끼리 경쟁을, 일본어판은 'J아트'끼리 피치 못할 경쟁을 강요당하는 셈이다.

3-6에서 살펴본 마마무의 〈Hip〉의 한국어판과 일본어판을 비교해도 재미있다. 이 곡에서는 문별의 랩까지 일본어로 구성했다.

한국판에서 맛볼 수 있던 고밀도감, 속도감이 일본어판에서 약화되는 현상에 관해서는 BTS 최고의 명곡인 〈Airplane pt.2〉를 다룰 때(→2-7) 이미 언급한 바 있다.

한국어가 없는 K아트는?

다른 언어권에서 온 아티스트들이 한국어로 노래를 부른 우수한 작품을 언급하자면 블랙스완의 〈Karma〉(→4-4) 같은 사례를 들 수 있었다. 여기서도 알 수 있듯이 한국어가 중심인 한 K아트임을 부정할 수 없을 것이다. 반대로 한국어가 없으면 어떻게 될까?

중국어판 K아트의 예로서는 EXO의 중국 출신 멤버 레이의 2020년의 MV 〈莲(Lit)〉(→4-2)을 우선 들 수 있다. 그렇다면 이것은 'C아트'인가? EXO는 〈Lotto〉(2016) 등 여러 곡을 중국어 버전으로 공개했다. 〈으르렁(Growl)〉(2013)과 3-6에서 본 〈Love Shot〉의 중

•
MAMAMOO
「HIP -Japanese ver.-」Music Video

국어 버전도 있다. 다성적, 다원적인 존재감은 여전하고 한국어판과는 전혀 다른 매력을 찾아볼 수 있을 것이다. 〈으르렁〉 0:04와 말미에는 '咆吼Páohǒu, 포효'라는 중국어 로고가 나타난다. 한국어 스테이지 동영상도 아울러 감상하면 K-POP 역사에 남는 명곡임을 새삼 확인할 수 있다.

2005년에 데뷔한 슈퍼주니어도 오래전부터 중국어판을 공개했고 놀랍게도 스페인어까지 사용한 적이 있다. 2018년 작품 〈Lo Siento〉는 '스페인어+영어+한국어'라는 복수언어판이다. 스페인어 'Lo siento'는 '미안합니다'라는 뜻을 가진 사과의 말이다. 라틴적인 리듬이 경쾌하고 색채도 아름다워 조회수는 1억을 넘겼다.

스페인어를 사용한 대표적인 사례로 라필루스의 2023년 작품 〈ULALA〉를 소개하고 싶다. 영어는 거의 없고 대부분이 스페인어 가사이다. 빛의 변용을 통해 댄스를 인상적으로 보이게끔 하는 MV다.

"어렸을 때는 그냥 일본 가수인 줄 알았어요."라는 일본 대학생들의 증언 속에 소녀시대와 함께 자주 등장하는 아티스트가

●
EXO 엑소 '으르렁(Growl)'
MV 2nd Version(Chinese Ver.)

●
EXO 엑소
'宣告(Love Shot)' MV

●
으르렁(Growl)
- EXO [더 시즌즈-최정훈의 밤의공원] | KBS 230714 방송

●
SUPER JUNIOR
-M 슈퍼주니어 -M 'Super
Girl' MV Chinese Ver.

●
SUPER JUNIOR
슈퍼주니어 'Lo Siento
(Feat. Leslie Grace)' MV

BoA다.

2022년, K-POP을 구축해 온 상징적인 존재인 BoA가 중국의 류위신刘雨昕/Liú Yǔxīn과 함께한 〈Better(对峙)〉를 들어 보자. EXO나 BoA, 아이유 등은 중국어로도 노래를 많이 부르는데, 아무리 프로라고 하지만 그들이 다루는 언어 역량에 놀라움을 금치 못하곤 한다. 이들 K-POP 아티스트는 언어를 통한 노래뿐만 아니라 자신의 몸을 극한까지 동원해서 춤을 춘다는 점을 잊어서는 안 된다. 언어 능력에 신체 능력까지 더해 도대체 얼마나 풍부한 역량을 매일매일 갈고닦고 있는지, 이들이 도대체 어떤 노력을 기울이며 'K아트'를 담당하고 있는지를 언어적인 역량이라는 점에서 재조명해 보면 뼈저리게 느낄 수 있을 것이다.

세븐틴의 중국어판 MV 〈Home〉도 아름답다. 후반부의 힘찬 춤도 놓칠 수 없다.

중국어라면 빼놓을 수 없는 아티스트가 (G)I-DLE이다. 〈화(火/花(HWAA)〉의 오디오로만 구성된 중국어판과 한국어판 MV를 비교해 들어 보자. MV는 색채의 변용도 볼만하다.

한국어권보다 오히려 영어권에서 절대적인 평가를 받고 있다는 몬스타엑스의 2019년 작품 〈HOW DO U LOVE?〉를 살펴보자.

●
Lapillus(라필루스)
'ULALA(Spanish Ver.)' MV

●
BoA X XIN 'Better(对峙)' MV

●
[M/V] SEVENTEEN(세븐틴) - Home(Chinese Ver.)

●
[M/V] SEVENTEEN(세븐틴) - Home

〈Alligator〉(→6-3)에서는 상징적인 **이야기**성의 조각이 더 강조되었다면, 이 곡은 멤버 한 명 한 명을 묘사하는 이마주의 연속이 특징이다. 화면 구축이 세심하고, 멤버 각각을 살린 점이 매력적인 동영상이다. 어두운 색을 위주로 구성한 배색도 아주 좋다. 다만 가사는 100퍼센트 영어다.

한국을 거점으로 활동하는 일본인 중심의 멀티에스닉한 그룹인 XG에 대해서는 6-4에서 이미 살펴보았다. 이들의 작품은 가사가 거의 모두 영어였다.

복수언어가 단수언어가 될 때

5-3에서 잠시 언급한 레드벨벳의 일본어 명곡 〈Marionette마리오네트〉도 그렇다. 주로 일본어 가사이고 한국어판은 없다.

2022년의 오디오 버전은 닿기만 해도 부서질 것 같은 여리고 아름다움이 깃든 선율과 언어가 특징이다. 하지만 그 선율과 언어 너머로 막막한 위기감도 느껴진다. 'K아트'로 머무를 수 있을까, 아니면 '아트'가 되어 가는 것일까. 'K아트'는 덧없는 밤을 춤추

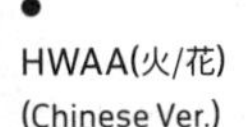

HWAA(火/花)
(Chinese Ver.)

(여자)아이들((G)I-DLE)
- '화(火花)(HWAA)'
Official Music Video

Monsta X - WHO DO U LOVE?
ft. French Montana

RED Velvet -
Marionettev (Audio)

다 꿈결처럼 사라지는 마리오네트 같은 존재일까?

2-2에서 본 ITZY의 2022년 작품 〈Voltage〉(→77쪽)와 2022년 작품 〈Blah Blah Blah〉(→83쪽, 318쪽)도 마찬가지다. 두 작품 다 매우 훌륭한 완성도를 보인다. 아티스트들의 존재감이 돋보이고, 곡도 힘이 넘치는 작품으로 ITZY의 MV 중에서도 최고 수준의 걸작들이다. 그러나 가사는 일본어와 영어만으로 되어 있다.

사운드 편집까지 포함해 거의 목소리의 마술이라 부를 법한 에스파의 2022년 작품 〈Life's Too Short〉는 어떨까.

일찍이 K-POP에 이렇게 존재감이 돋보이는 목소리들이 들려주는 아름다운 유니즌이 얼마나 있었을까? 이 압도적으로 아름다운 작품의 언어는 영어다. 한국어 버전은 MV가 없고 오디오로만 들을 수 있다. 이제 K를 떼어 버리고 'K아트'는 '아트'로서의 삶을 살아갈 것인가?

트와이스의 미나, 사나, 모모 세 명으로 구성된 서브 유닛 미사모MISAMO는 멤버 이름 머릿글자의 조합으로 이름이 정해졌다. 2023년 발표한 〈Do Not Touch〉는 도입부의 기타, 커다란 모자를 포함한 의상의 흑백 화면이 인상적인 작품으로 동영상이 다루는 빛과 색채가 아주 아름답다. 색채의 미학은 트와이스 MV의 특징

●
aespa 에스파
'Life's Too Short(English Ver.)' MV

●
Life's Too Short

●★
MISAMO
"Do not touch" M/V

이며 가사는 일본어와 영어 복수언어를 사용했다.

확실히 말할 수 있는 것은 레드벨벳도, 트와이스도, ITZY도, 에스파도 보기 드문 훌륭한 그룹이라는 점이다. 노래도, 랩 실력도, MV를 제작하는 크리에이터들도 최고 수준이다. 춤이 훌륭하다는 것은 두말할 나위도 없고 패션 감각도 일류다. 멤버들의 존재감은 흠잡을 데가 없다. 그렇다면 언어는 어떻게 할 것인가? 'K아트'에서 한국어가 사라진다면 'K아트'는 분명 'C아트' 'J아트'적인 무엇인가가 될 것이고, 영어만을 사용하면 이른바 '아트'라 불리는 것이 되어 가겠지만, 어쨌건 'K아트'가 소멸하는 형태 중 하나가 될 것이다. 작품으로서 그것을 원하는지 여부는 오직 우리가 무엇을 지향하는가가 결정한다. 자본의 지향은 그것과는 또 다른 곳에 있다.

2023년 9월 말에는 K아트 역사의 근저를 흔들며 충격적인 물음을 던지는 작품이 나타났다. XG의 〈PUPPET SHOW〉이다.

이 작품이 충격적인 까닭은 두 가지다. 첫째로 '이것이 과연 K아트인가'라는 질문을 유발하기 때문이다. 두 번째 이유는 MV로 대상화된 세계상의 압도적인 높이에 다다랐다는 점을 들 수 있다.

XG는 이미 6-4에서 〈MASCARA〉를 통해 살펴보았다. 멤버들은 일본인으로 소개되는 경우가 많은데 한국, 호주까지 포함된 다문화적 그룹이다. 앞서 말했듯 자본 관계로는 일본 회사 에이벡스

●★★
XG - PUPPET SHOW
(Official Music Video)

●★
[BE ORIGINAL] XG
'PUPPET SHOW'(4K)

산하지만 기획사는 한국이다. 주된 활동 무대도 한국이고 이런저런 동영상에서도 멤버 모두 한국어로 이야기를 한다. 이 책의 관심은 자본에 있지 않으며 '일본 것이다'라느니 '한국 것이다' 하는 식의, 그야말로 '치사한' 국가주의에도 관심을 두지 않는다. 거듭 강조했듯이 K아트는 숨은 국가주의 따위는 분쇄해 버릴 정도로 존재 자체가 멀티에스닉적이다. 단순히 다양한 문화가 모인 것이 아니며 단순한 허브 역할만 하는 것도 아니다. 온갖 이질성을 아주 너그럽게 포용함으로써 키우고 또 키워서 새로운 아트를 만드는 데 '새로운 코레아네스크'의 핵심이 있다. 그리고 그 근간에는 한국어의 존재를 기축으로 한 복수언어성이 있었다.

XG의 작품은 기본적으로 모두 영어다. 즉 작품 자체는 완전히 영어권의 작품인 것이다. 그렇지만 MV 아트의 작법은 분명한 '새로운 코레아네스크', K아트이다. 적어도 K아트에서 자라났다는 점만은 아무도 부정할 수 없을 것이다.

이 첫 번째 질문은 다음 두 번째 'MV로 대상화된 세계상의 압도적인 높이'라는 문제와도 깊이 관련되어 있다. 이 작품이 주는 충격도가 얼마나 큰지는 K-POP MV를 초창기부터 보아 온 사람이면 누구나 금방 이해할 수 있을 것이다. 조형된 세계상은 지금까지 우리가 본 적도 없는 것이다. 도입부 0:07-0:18에서 제시되는 흰색으로 통일된 은빛 세계를 묘사한 화면부터 본 적도 없이 낯설다. 풍경뿐 아니라 불가해한 옷차림을 한 무리는 사람인지도 확실치 않은데 이들 역시 거의 흰색만으로 조형된 세계다. 흰색 의상 속에서 유일하게 색깔이 있는 옷을 입은 인물이 공중에 떠 올라 있는 모습, 슬로모션으로 걷는 무리들의 모습은 큰 수수께끼처럼 다가온다. 곧이어 마야를 클로즈업한 화면이 나타나는데 옷차림과 장신구류, 0:21-26 무렵 롱 숏으로 전개되는 괴이한 광경이 눈을 떼지 못하게 만든다. 고대의 「출애굽기」를 방불케 하는 사람들의 대열이 보이고, 그런 화면에 곁들이려 했다고는 도저히 생각도 못할 이미지가 등장한다. 화면 저 멀리서 무언가 폭발한 듯 흐린 빨간색의 연기가 피어오른다. 불과 30초에 못 미치는 이 짧은 도입부에서 우리는 SF적이면서도 신화적인 세계상을 목격하고, 이루 말할 수 없는 불안감과 아름다움 속으로 빨려들어간다. 어떤 것도 미리 예상치 못하게끔 예정조화는 추호도 허락하지 않는다. 0:48-0:55 부분에서 하늘로 떠오르는 풍선을 잡는 전개도 상상을 초월한다. 우리는 기시감이 넘쳐 흐르는 발상이 아니라 작아도 상관 없으니 이러한 충격들을 원하고 있었던 것이다. 0:28의 모자, 0:54의 머리 모양, 1:02-1:07의 멤버들의 의상, 그 발상력, 창조력에는 놀라 탄복할 따름이다. 2:58-3:03 무렵에 우주를 배경으로 도약하는 슬로모션처럼 주옥과 같이 너무나 아름다운 장면과 3:09-3:12 즈음 멤버들이 달려가는 모습으로 이어지는 전개에서도 감탄을 금치 못한다.

〈PUPPET SHOW〉의 충격은 이 작품이 기존의 온갖 K아트의 장점을 모두 흡수하고 그 바탕 위에서 기존 수준을 압도하며 등장했기에 가능했다. 작품의 수준이 그냥 가끔 나올 법한 우수한 작품 정도였다면 놀랍기는 해도 충격까지는 주지 않는다. K아트에는 좋은 작품이란 얼마든지 있으니까. 언어도 한국어가 나오지 않으니 K-POP이 아니라고 방관할 수도 있었을 것이다. 그런데 〈PUPPET SHOW〉는 그런 수준이 아니다. K아트가 보여 주는 궁극의 형태 중 하나라고 해도 과언이 아닐 만큼 스케일, 박력, 의외성, 의상, 편집, 신체성, 아름다움, 시의 내용, 음악성 등에서 K아트가 가꿔 온 모든 요소를 갖추고 있기 때문에 충격으로 다가오는 것이다. 그리고 의문이 남는다. 지금 우리가 압도당하고 있는 이 작품은 과연 K아트인가, 혹은 K아트가 아닌가? 영어권의 'E아트' 내지는 그냥 '아트'라고 말해야 할 것인가? 혹시 이것이 우리 K아트의 근미래상인 걸까? 바로 이런 식으로 K아트가, 우리가 K-POP이라 부르던 아트가 사라지는 걸까? 하지만 섣불리 오해해서는 안 된다. 이것은 K아트가 빼앗겨 버린 것이 아니다. K아트가 낳은, 아트 그 저편에 있는 것이라고 말해야 한다.

〈BE ORIGINAL〉 동영상은 그 자체로 이미 아주 높은 지평을 획득하고 있는 작품이다. 하지만 이 버전으로 〈PUPPET SHOW〉를 아는 것과, 공식 MV를 통해 아는 것은 엄청난 차이가 생긴다는 점을 알 수 있을 것이다. 수준의 문제가 아니라 작품이 담고 있는 세계상의 크기나 풍요로움이라는 측면에서 그렇다. 이 책이 왜 K-POP을 단순한 음악도 아니고, 음악+춤도 아니며 시청각과 신체성까지 통합된 완전히 새로운 K아트라고 주장하는지는 이 두 버전을 비교해 보면 뼈저리게 느낄 것이다.

〈PUPPET SHOW〉의 가사에 사용된 말도 비영어권 사람들이 시험을 위해 열심히 공부한 정도로는 금방 이해할 수 있는 말이 아니다. 'oughta'(=ought to)나 'Bye Felicia'(꺼져) 정도면 몰라도

'He doesn't know' 아닌 'He don't know'와 같은 20세기 록풍의 속어적인 파격solecism(→3-5)까지 나오니 청소년의 영어 공부에도 추천하기 힘들 정도다. 즉 〈PUPPET SHOW〉의 가사는 어디까지나 영어 모어 화자를 대상으로 한다. 영어니까 당연하다고? 그렇지 않다. 우리 K-POP의 가사가 바로 보여 주지 않았는가. K-POP의 가사는 힙합 이래 영어의 속어나 파격적인 표기를 즐겨 받아들였다. 말하자면 그것을 '멋'으로 생각했던 것이다. 표기도 'you'를 'U'로 쓴다든지 하는 예를 얼마든지 들 수 있다. 그러나 '한국어와 영어'라는 복수언어성을 몸에 두를 때, 영어는 말하자면 누구나 쉽게 이해할 수 있는 말, 즉 굳이 영어로 할 필요도 없는 말들이 많았던 것이다. 예컨대 4-2 '시의 복수언어성'에서 살펴본 "그대는 나의 everything"처럼. 지금껏 세계에서는 한국어 부분은 전혀 의미를 몰라도, 대신에 영어 부분은 쉽게 이해해 주었다. 그런데 가사 전체가 영어가 되기 시작하면 모어 화자라면 금방 이해가 가더라도, 공부만으로 익힌 영어로는 금방 이해를 못하는 가사가 되어 버리는 것이다. 심지어는 영어로는 영어권 사람들을 상대로는 과격한 표현을 사용해도 YouTube상의 MV에는 따로 완화된 영어판인 'Clean ver.'을 만든 정국의 〈Seven〉(6-1)과 같은 '언어의 이중구조판'을 제작하는 사례까지 나타났다. 여기서 좋고 나쁘다는 이야기를 하고 있는 것은 아니다. K아트가 그렇게 되어 가고 있다는 현실을 언어의 관점에서 이야기하는 것이다.

돌이켜 보면 20세기의 명곡들은 비교적 쉬운 말로 된 곡이 많았다. 전술한 〈고엽〉(→5-3)에서도 영어 번역 가사는 물론, 프랑스어

원곡 가사도 그리 어려운 단어나 모어 화자만이 아는 속어 같은 표현이 포함되어 있지 않았다. 재즈 스탠더드가 되어 세계 방방곡곡에서 불린 〈All of Me〉(1931), 〈Fly me to the Moon〉(1954), 혹은 존 레논John Lennon(1940-1980)의 〈Imagine〉(1971) 같은 노래도 마찬가지다. 〈Imagine〉은 일본의 중학교나 고등학교 영어 교과서에도 실려 있을 정도다. 한국어 노래도 궤를 같이한다. 가사에 속어적인 표현이 많이 사용되게 된 것은 역시 힙합 이후의 경향인 것 같다. 힙합 이후로 어휘도 점점 어려워졌다. 그 끝에 K-POP은 신체성의 융성과 함께 '마음의 노래'에서 '심장의 노래'가 된 것이다. 이른바 '디스'하는 스타일이 아니라 비교적 건설적인 내용을 담은 MC 스나이퍼의 랩 작품 〈Better Than Yesterday〉 정도면 한국어를 열심히 공부하는 비한국어 화자라도 이미 상당히 어렵게 느껴질 것이다.

영어권의 작사가가 가사를 쓰고 영어권에서 K아트 출신의 아티스트가 활약한다. 물론 멋지고 훌륭하고 또 기쁜 일이다. 다만 동시에 K아트가 희석되어 '아트'가 되어 가는 길, 정확히는 E아트가 되어 가는 길이라는 점은 틀림없다. 앞으로의 K아티스트들, 크리에이터들은 어디로 갈까? 물론 이 책의 관심은 K아트의 윤리나 의리의 문제가 아니며, 경제적 관점에서 살피는 K아트의 문제도 아니다. 우리의 심장에 제일 가까운 곳에 있는, 오직 작품 그 자체에 있다. 이제 작품에서 한국어는 어떻게 될 것인가?

⑧
樂章

K-POP을 위하여

'지금·이곳'에서

목소리와 말, 소리와 빛, 그리고 신체성이 고속으로 변용되는 브리콜라주로서 조형되는 K아트의 미래를 위하여 다음 세 가지 과제를 짚고 넘어가야 한다:

(1) 변화를, 변화를, 더 많은 변화를 추구하라
(2) 아티스트와 팬덤에 기대지 말라
(3) 밀리터리즘, 전체주의와 결별하라

'지금·이곳'에 대한 희열과 안타까움이야말로 K-POP, K아트의 핵심이다.

⑧

---

①

K아트가 세계에서 공유되기 위하여 — 변화와 다원성

'K-POP', 'K아트'의 미래를 위해

제7악장에서는 K-POP의 근미래를 "K-POP은 붕괴될 것인가?"라는 무서운 물음으로 예측해 보았다. 붕괴의 세 가지 시나리오 중 (1) LAVnet, 특히 YouTube가 붕괴할 때 (2) 'K아트'가 '아트'가 될 때를 중심으로 검토했다.

경제적, 정치적, 기술적인 조건 아래 일어날 수 있는 (1)의 사태 중 가장 위험한 시나리오는 '전쟁'이다. 전쟁에 대해서는 나중에 다시 언급한다. (2) 'K아트'가 '아트'가 되는 문제는 작품 자체가 가진 힘이 강하고 약한 것과는 직접적인 관계가 없다. 어떤 노선을 선택하는가에 관한 문제이며 '아트'로서의 힘과 가능성을 택한다

하더라도 그 역시 충분히 걸어갈 수 있는 길이다. 전 세계의 팝 무대에서 K-POP 출신의 아티스트가 활약하는 상황을 볼 수 있을 테니까. 단 거기에는 K-POP, K아트가 없을 뿐이다. 그럴 때 K-POP은 팝의 과거이자 너무나 뜨거웠던 역사의 한 장면으로서만 이야기될 것이다.

이제 마지막 시나리오였던 (3) 'K아트가 작품으로서의 힘을 잃었을 때'에 대해 생각해 보자. 지금부터는 이 문제를 'K아트가 세계에서 공유되기 위하여'라는 명제로 바꾸어 논의해 보겠다. 말하자면 K-POP, K아트의 근미래에 대한 '희망'을 이야기해 보는 형태를 취하고자 한다. K아트가 지구상에서 공유되기 위해 필요한 사상과 감성을 제기하는 것이라 생각해도 좋다. '희망'이라고 했지만 어쩌면 '기도'에 가까운 것이다.

'K-POP' 'K아트'가 힘을 잃지 않기 위하여 — 세 가지 과제

현재 'K-POP' 'K아트'가 작품 내부에 지닌 가장 큰 약점을 도려내면 다음 세 가지로 요약할 수 있다. 바꾸어 말하면 수없이 만들어지는 방대한 작품 중에서 강한 힘을 가지는 것은 다음 세 가지 약점을 극복한 작품이라고 할 수 있다:

(a) 작품 내부에 변화가 없거나 적다

(b) 아티스트와 팬덤에 과도하게 기대고 있다

(c) 전체주의적, 집단주의적인 사상으로 흐른다

이를 각각 다음과 같이 기원의 형태로 바꿔 말할 수 있다:

(a) 변화를, 변화를, 그리고 더 많은 변화를!

(b) 아티스트와 팬덤에 기대지 말기를!

(c) 전체주의, 집단주의, 밀리터리즘과 결별하기를!

변화의 두 가지 — 변화의 형태론과 변화의 통사론

(a)에 대해서는 제3악장에서 제6악장까지, 특히 제5악장에서 이미 많은 이야기를 했다. '예정조화'를 배제하고 변화를 추구할 것. '예정조화'는 새로운 자극이 연달아 찾아오는, 생동감 있는 체험과 완전히 반대편에 있다. 변화가 없는 작품은 지루하며 LAVnet에 크게 의존하는 동시대적인 시간 감각과 맞지 않는다. "제발 네 소절 이상 같은 것을 반복하지 말아 다오!"라는 대목은 그런 마음을 담은 상징적인 희망이었다. 이런 의미에서 '변화'는 작품 내부의 변화인 동시에 K-POP, K아트의 많은 작품군 안에서의 관계, 작품 외부와의 관계 속에서 요구되는 변화이기도 하다. 이는 필자의 전공 영역인 언어학에 빗대서도 설명할 수 있다. 문법론에서 단어 내부의 형태 등을 문제로 삼는 분야를 '형태론morphology'이라 하고 단어의 외부, 즉 어떤 단어가 문장, 혹은 경우에 따라서 텍

스트 중의 다른 단어들과 어떠한 관계를 맺는가를 문제로 삼는 분야를 '통사론syntax'이라 한다. K-POP 작품 하나하나를 단어로 간주하고 언어학 용어로 비유한다면 이렇게 말할 수 있다. 작품 내부의 변화는 '변화의 형태론'이며, 그 작품과 다른 작품들과의 관계, 즉 작품 외부의 변화는 '변화의 통사론'이다.

무엇보다 '변화'는 LAVnet 위에서 고속으로 변용된다는 'K아트'의 존재양식 그 자체다.

시와 노래 — 변화를, 변화를!

작품 안의 변화는 곡의 시=가사와 선율에서 시작해야 한다. 평범한 말들을 늘어놓지 않았으면 좋겠다. 가능하다면 제목부터, 그리고 첫 줄부터 남들과 달랐으면 한다.

한 번도 본 적 없는 제목을 만나고 싶다. 고전의 인용이나 재탕은 이제 식상하다. 영어 제목도 기억과 검색을 위해서인지 대부분 비슷한 단어로 치우친, 짧은 한 단어로 되어 있다.

예를 들어 시에서 "욕조의 물이 미련이 되어" 같은 비유는 보통이라면 말도 안 된다고 일침을 당했을 것이다. 하지만 마마무의 〈별이 빛나는 밤(Starry Night)〉(→5-3)의 랩에서 문별이 멋지게 해냈다. 작지만 신선한 놀라움이다. 선율도 마찬가지다. '변화'가 가져다주는 새로운 놀라움과 자극을 만나고 싶다. '다음엔 이렇게 흐를 거야', 대부분의 곡이 그런 예측 그대로 예정조화 안에서 끝나 버린다. 우리는 이미 똑같은 것에 질려 버렸다.

정말 아티스트들의 음역을 미리 파악한 다음에 곡을 만들고 있는지 의심이 드는 작품을 만날 때도 가끔 있다. 라이브를 들어 보면 그 정도 음역은 무리라고 단번에 노출되기 때문이다. **존재론적 목소리**의 매력을 극대화하고 효과적으로 '변화'를 조형해 나가기 위해서는 아무래도 음역대를 파악하고, 누가, 어떤 음역에서, 어떤 '목소리'를 낼 수 있는지 파악하는 것이 필수다. 춤을 추면서 소화해야 하는 라이브까지 고려해서 말이다. '고음'이 들어가면 되는 게 아니라 어떤 '고음'인가가 중요하다. 키를 내리는 쪽이 훨씬 중후한 존재감이 있었을 텐데, 라고 느껴지는 곡이 얼마나 많을까. 이렇게 묻고 싶다. "설마 작품의 콘셉트를 말로만 전달하고 작곡을 의뢰한 건 아니겠지요, 대표님?" 모든 아티스트가 마마무일 수는 없다.

아티스트들의 '목소리'를 바탕으로 곡의 '형태'가 만들어졌다고 생각되는, 트와이스의 〈Doughnut〉(5-1)에서 본 것처럼 멜로디 조형 자체에서 작은 놀라움을 만나고 싶다. 혹은 대담하게, 완전히 새롭고 아름다운 선율을 그려내 주면 더할 나위 없다. 후렴부부터 시작해도 좋을 것이다. 예를 들어 이런 식이다.

2021년 발표한 여성 가수 헤이즈Heize의 최고 걸작인 〈헤픈 우연〉의 한국어 제목은 눈치챘겠지만 영어 제목 'HAPPEN'을 중의

●★
헤이즈(Heize) - '헤픈 우연(HAPPEN)' MV(with 송중기)

●★
헤이즈 - 헤픈 우연 [유희열의 스케치북/You Heeyeol's Sketchbook] | KBS 210521 방송

적으로 겹친 말이다.

아름다운 선율이 헤이즈의 '목소리'나 음역과 훌륭하게 조화를 이룬 보기 드문 작품이다. MV에는 드라마 《태양의 후예》의 배우로 유명한 송중기도 출연했다. 작품과 가창의 매력은 라이브에서도 아낌없이 발신된다. 음역과 시와 선율의 조화는 오히려 일반적인 발라드에서 자주 접할 수 있다.

2021년 드라마 《신사와 아가씨》의 OST로서 임영웅의 멋진 보컬이 두드러진 작품이 〈사랑은 늘 도망가〉이다. 남녀를 막론하고 K-POP에서는 무리를 해서 고음을 내려는 경향이 있는데 듣기가 정말 괴로울 지경이다. 임영웅은 트로트를 기반으로 하며 K-POP의 본류와는 거리가 멀지만 이 곡에서는 듣는 이가 그러한 괴로움을 느끼지 않게끔 바로 직전에 솜씨 있게 마무리한다는 느낌을 준다.

디지털적 방법으로 음성은 높낮이를 얼마든지 조절할 수 있으니 곡을 먼저 만들고 나중에 파트를 결정하는 것도 얼마든지 가능하다. 다만 그때 '목소리'로서는 그 음이 가능했다 하더라도 우리가 감동하며 들었던 **존재론적 목소리**와는 엄연히 다르다. 아티스트가 자신의 압도적인 존재감을 보여 줄 수 있는 '말과 음역'은 누구든 저절로 한정되는 법이다. 이때 '말'의 형태 역시 '목소리'와 깊은 관계가 있다는 점은 우리가 어떨 때 가창의 매력을 체험했는가를 생각하면 쉽게 알 수 있을 것이다. BTS의 〈피 땀 눈물〉

● 사랑은 늘 도망가

● 이 내 맘

(→0-1, 3-4) 0:56에서 지민이 부르는 "내 피 땀 눈물", 에이티즈의 〈Deja Vu〉(→4-4) 1:24에서 홍중의 파트 "저기요 자꾸만"과 1:30 무렵 "No way"에서 전해지는 음의 낙차. 엔하이픈의 〈Bite Me〉(→6-2) 0:22-0:31 무렵, 실성에서 가성으로 변용되는 유니즌에서 바로 **존재론적 목소리**가 실현된다.

한국의 OST에는 고운 노래가 많은데 2023년 방송된 드라마 《청춘월담》을 위해 1인 인디밴드 치즈CHEEZE가 만든 〈이 내 맘〉도 걸작 중의 하나다. 보컬 달총이 부르는 아름다운 선율과 0:53과 2:31에 나타나는 변화가 주목할 만한 새로운 코레아네스크이다.

2019년 발표된 〈Dance With Me〉 역시 1인 인디밴드로 활동 중인 라이너스의 담요Linus's blanket의 작품으로 드라마 《초면에 사랑합니다》의 OST로 사용됐다. 작사, 작곡, 노래는 연진Yeongene이 맡았다. 소품이지만 재즈적 느낌이 충만한 고운 곡이다. 기타의 가벼운 4비트가 상쾌하다. '라이너스'는 스누피Snoopy로 유명한 미국 만화 《Peanuts피너츠》(1950-2000)에서 항상 담요를 들고 다니는 아이로 주인공 찰리 브라운Charlie Brown의 친구라고 한다.

K-POP은 미국 팝 등의 성과를 적극적으로 흡수하면서 실로 다양한 곡을 만들어 왔다. 박진영JYP은 본인의 MV로서는 좋은 작품

•
[MV] 라이너스의 담요 - Dance With Me [초면에 사랑합니다 OST Part.8 (My Secretary Life OST Part.8)]

•
박진영(J.Y. Park)
"FEVER(Feat. 수퍼비, BIBI)" M/V

이 많지 않지만 2-6에서 언급했듯 K-POP이라는 문화의 4대 기획자 중 하나로서 역사에 이름을 남길 것이다. 박진영은 코믹한 맛을 즐기는데 〈FEVER〉는 코믹 지향성이 겨우 성공한 드문 예라 하겠다. 영화《후궁: 제왕의 첩》,《기생충》등으로 알려진 배우 조여정이 함께해 준 힘이 컸다. 표정만으로도 흥겹게 '이야기'를 엮어 나가는 조여정의 역량이 품위를 유지하면서 작품 전체를 뜨겁게 달구어 주었다.

예를 들어서 원더걸스의 〈NOBODY(Eng. Ver)〉 MV는 노래와 곡은 나쁘지 않은데 화장실 신까지 등장시키며 박진영이 지향하는 코믹한 성격은 도저히 성공했다고는 할 수 없다. 그렇지만 조회수는 1.2억 회를 넘었으니 여기에도 또한 두 손을 들 수밖에 없다.

다음으로 BTS 뷔의 재즈 작품을 들어 보자. R&B 스타일의 곡을 부른 K-POP 아티스트는 많지만 4비트 재즈를 정통으로 구사한 경우는 매우 드물다. 솔로로 부르는 〈It's Beginning to Look a Lot Like Christmas〉(1954)에서 뷔는 0:27-0:38의 목소리만으로 우리를 재즈의 세계로 초대한다. 〈Cheek to Cheek〉(1935)에서는 서민아와 듀엣으로 구성진 음색과 멋진 호흡을 보여 준다. 5:48 부분부터는 즉흥적인 스캣scat 창법까지 들려주는 두 사람의 목소리 대비가 즐겁다. 피아노, 기타 등 밴드의 연주도 안정감이 있다.

〈Killin' Me Good〉은 트와이스 지효가 2023년 솔로로 발표한 작품인데 진성에서 가성까지 폭넓은 음역을 구사하며 뛰어난 가창력을 보여 준다. 첫 부분 0:28-0:31 "Something that I can't deny"에서는 낮은 A에서 1옥타브를 넘어 C까지 한꺼번에 올라갔다가 높은 A로 착지한다. 음표 하나하나에 존재감을 잔뜩 칠해 가면서 높낮이에 따라 변용하는 목소리를 들어 보자. 예를 들면 0:46 "몸이 떠오르는 시간"의 저음, 1:10 "니가 만들어 준"에서 들려오는 고음. MV에서는 그다지 새로운 시도는 보이지 않고 아티스트의 모습을 그려 내는 방식이며 외국에 사는 연인이 떠나간다는 이야기를 담고 있다. 2:25 이후 연인이 떠난 후가 그려진다. 밀도 높은 라틴 비트를 타고 몸과 손과 팔이 뚜렷한 궤적을 그리는 안무가 아름다운데 특히 MV 1:15-16 등의 안무는 아주 매력적이고 빗속의 춤도 애절하다. 같은 곡의 댄스 동영상 〈Choregraphy Video〉에서는 안무의 묘미를 더 맛볼 수 있다. 댄서들의 춤도 의상도 선명한 아름다움을 보여 주며 카메라 워크도 훌륭하다.

팬들에게 안무를 가르쳐 주기 위한 댄스 동영상이 있어도 물론 좋지만, 댄스만으로도 MV에 필적하는 멋진 K아트 작품이 가능하다는 점을 이미 몇 작품을 감상하며 확인했다. 클로즈업부터 롱 숏까지, 로 앵글 포지션부터 위에서 내려다보는 부감 포지션까지, 광각에서 망원까지, 카메라는 얼마든지 자유롭게 변화하고 움직여도 좋다. 물론 편집을 통해 적극적으로 구성해 나가는 방법

'Le Jazz de V' Live Clip
#2023BTSFESTA

JIHYO
"Killin' Me Good" M/V

JIHYO "Killin' Me Good"
Choreography Video(One take Ver.)

을 더 다양하게 시도해도 좋다. 그런 의미에서 〈Killin' Me Good〉의 안무와 춤은 아주 아름답기 때문에, 〈aespa 에스파 'Savage' Camerawork Guide〉(→2-8)나 〈[NMIXX] "Love Me Like This" Performance Video〉(→8-3)처럼 배경과 조명을 효과적으로 구사하고 종횡무진으로 움직이는 카메라 워크와 편집으로 조형화한다면 아마 K아트 역사에서 손꼽힐, 엄청난 댄스 동영상을 만들 수 있을 것이다.

비비BIBi의 2022년 작품 〈나쁜년〉은 0:37부터 목소리가 주는 존재감이 압도적이다. 1:13 이후에 반복되는 '나쁜 년'이라는 말은 존재감을 더욱 부각하며 우리의 뇌리에 각인된다. MV는 '비비 누아르'라 부를 만한 암흑 영화풍으로 연출했는데 악역을 맡은 남자 배우는 요즘 여러 영화에서 두각을 보이는 현봉식이다.

변화가 가져다주는 묘미는 더 젊은 아티스트 중에서도 얼마든지 찾을 수 있다. 피프티피프티의 〈Cupid〉(→2-8)에서는 1:59 무렵 키나와 새나의 랩이 겹치며 어우러지는 소절 "no more chance to you~"와 2:01 키나의 "d-d-d-dum boy"를 지나면 그 뒤를 아란의 보컬 "꿈 속에~"가 이어진다. 이 부분은 무리하지 않고 이 정도의 높이로 불러 줘야 우리가 '꿈 속에' 날아가서 함께할 수 있다. 그리고 2:11 시오가 "꿈 속에~"와 같은 음이지만 서로 다른 목소리로 부르는 "I'm a fool"이라는 소절도 인상적이다. 이런 말들

•
비비(BIBI)
- 나쁜년(BIBI Vengeance) Official M/V

의 높낮이가 또 다른 위치에서 실현됐다면 어땠을까?

영상의 변화, 모티브의 신선함을 ― 변화를, 변화를!

곡이 풍부하게 변화해야 하는 것은 당연하지만 MV에서는 영상의 변화도 결정적이다. 다시 말해 구상된 이마주를 브리콜라주하는 것인데, 앞서 말했듯이 이미 어디서 본 것 같은 이마주는 더 이상 필요 없다. 특히 그리스신화나 금단의 열매 같은 『구약성서』 에피소드, 이미 고전이 된 서양미술 속 회화와 조각 작품, 서부극 등의 모티브는 정말 필요 없다. 게다가 서부극이라면 대부분은 침략과 민족 배외주의, 식민 제국주의의 상징이 아닌가. 그런 낡은 소재가 아니라도 새로 찾아낼 수 있는 소재는 많다. 또 흔히 등장하는 이마주 중에서 초기 매킨토시 컴퓨터나 20세기의 카세트 테이프도 이제 싫증이 난다. 최악은 자동차, 특히 레이싱 카나 오토바이, 그리고 라이더 패션이다. 자동차도 오토바이도 20세기의 산물이다. 멋있는 건 이미 20세기에 모두 경험했다. 급회전하는 레이싱 카, 사막을 달리는 자동차, 그리고 불타고 폭파되는 자동차…. 이제 됐다. 이미 수십 번을 보아 온 모두 과거의 유물이다. 아티스트 몸에 부착한 꺾인 날개도 이젠 필요 없다.

평범한 아이디어일수록 조형할 때는 수고롭지만 돌아오는 성과는 적다. 평범한 아이디어라도 '형태'로 만드는 것은 종종 중노동이라 스태프들에게는 큰 골칫거리일 수 있다. 하지만 이미 있었던 것과 똑같은 것은 하지 않아도 된다. 중요한 것은 변화이기 때문이다. 작은 변화라도 좋다. 작은 놀라움이라도 좋다. 작더라도 조금씩 쌓아 나가면 된다.

의상과 헤어는 결정적으로 중요한 요소다. 이른바 힙합적인 의상은 21세기 초에 빅뱅 등이 이미 멋지게 보여 주었고, BTS도 그런 스타일은 진작에 졸업했다. 물론 장르로서의 힙합은 지금도 여전히 무서울 정도로 발전하고 있지만, 'K아트'에서 힙합은 적어도 음악으로서는 귀한 원류라고 해도, 시각적인 '형태' 조형의 원천으로서는 이미 완전히 과거의 것이 되었다. 뉴욕과 같은 뒷골목에 가면 벽엔 그래피티graffiti가 넘친다고 해서 K-POP MV에서도 벽에 그래피티가 있어야 하는 것은 아니다. 힙합에 대한 동경은 때때로 너무나 기시감으로 가득찬 공간을 시각적으로 조형하는 결과로 나타난다. 어떤 작품은 안쓰럽기까지 하다. 'K아트'는 이제 미국 힙합에 대한 동경에서 벗어나도 된다. 이미 독자적인 거대한 발걸음을 내딛고 있기 때문이다.

2021년 발표한 ITZY의 〈LOCO〉는 처음부터 끝까지 의상, 무대장치, 소도구, 배경, 색채, 심지어 아티스트의 머리 색깔까지 무엇이든 잇달아 변해 가는 화려함을 강조한다. 1:52 부분에는 신발을, 2:11에서는 손가락을 클로즈업하다가 1:55에는 마천루를 배경으로 광고판 앞에 선 멤버들을 광각의 롱 숏으로 찍는 등 카메

●★
ITZY "LOCO" M/V

라 워크까지 변화투성이다. 곡도 0:53부터 극적으로 변화하며 화려하게 전개된다. 다섯 명 멤버를 생동감 있게 그려 낸 IZTY의 명곡이라고 평가하고 싶다.

2023년 발표한 〈CAKE〉는 언뜻 보면 흔한 K-POP MV와 큰 차이가 없는 것처럼 느껴지지만 찬찬히 보면 은근히 새로운 감성이 담겨 있음을 알 수 있다. 동영상은 전쟁과 평화를 상징하는 대비된 화면을 반복하면서 이어 가는 구성이지만 어디까지나 리얼한 전쟁으로 보이지 않도록 밝은 분위기로 통일했다. 여기저기 등장하는 하늘색과 주홍색의 대비도 채도를 억제하여 그러한 분위기를 뒷받침해 주고 있다. 'a piece of cake케이크 한 조각'의 'piece'가 어느새 'peace평화'로 들리는 환청을 경험할지도 모른다. 안무도 재미있는데 다섯 명이 손을 맞추는 0:05 무렵에는 카메라를 바로 위에서 수직으로 내려다보는 구도를, 3:01에서는 하늘에서 멀리 조감하는 구도를 사용했다. 1:54부터는 건물 벽에 비춘 그림자가 춤을 추는데 이런 재미 있는 발상은 지금까지 K-POP MV에서 볼 수 없었다.

이렇게 넌지시 새로운 시도를 담는 작법은 〈Performance Video〉에도 나타난다. 원색을 완전히 피한 화면에서 조명이 살짝 바뀌면서 변화를 주는 배경에선 그윽한 멋까지 느낄 수 있다.

ITZY
"CAKE" M/V @ITZY

ITZY "CAKE"
Performance Video(4K)

눈을 감지 말고 우리를 보아 다오
— 데드마스크를 하고 팬들을 대할 것인가?

아티스트에게도 중요한 부탁을 하나 하고 싶다. 아티스트를 지망하는 분들에게 이 책이 보내는 조그마한 성원과 격려이기도 하다:

노래를 부를 때, 제발 눈을 감지 말아 주기를!

단언컨대 눈을 감으면 사람은 모두 똑같은 얼굴이 된다. 그렇다, 마치 데드마스크death mask처럼:

눈을 감으면 당신의 표정은 데드마스크가 된다

예부터 데드마스크는 모두 눈을 감고 있지 않은가. 데드마스크란 삶의 끝자락에서, 삶의 바깥에서 주어지는 얼굴이며 변화의 종언을 뜻한다. 노래를 부르다가 어려운 부분이나 반대로 아주 흥겨운 부분이 되면 사람들은 저절로 눈을 감게 될지도 모른다. 그럴 때 눈을 감고 노래하는 것이 자연스러운 일이라는 것쯤은 누구나 알고 있다. 특히 라이브로 노래하는 경우는 더욱 그렇다. 하지만 아티스트가 눈을 감고 절규하거나 혹은 감미로운 목소리로 속삭이는 것은 지나가는 사람들에게는 그가 자신만의 감정에 빠져 있는 것으로밖에 보이지 않는다. 말하자면 가수 본인만이 흐뭇해하고 있는 상황이다. 관객이 아니라 가수가 감격하고 있는 상태. 관객의 감정을 흔들어야 하는 가수가 혼자서 어떤 감정에 빠져 버린 상태.

왜 '지나가는 사람'이라고 했을까? 열성팬들, 흔히 말하는 '찐팬'은 자신의 아티스트가 무엇을 하든 보통 인정해 주기 때문이다. 절대적이고, 묻지도 따지지도 않는 사랑, 그것이 팬이 팬일 수밖에 없는 이유다. 아티스트가 눈을 감고 어떤 감정에 젖으면 팬들도 저절로 그 감정을 함께 나눌 수 있다. 그러니 '찐팬'은 소중하다. 하지만 아티스트들은 그런 팬들 앞에서만 노래를 부르는 것이 아니다. 데드마스크인 채로 아무런 변화가 없어서는 안 된다. 더더구나 '지나가는 사람'은 훨씬 냉철하다.

아티스트는 항상 '지나가는 사람' 즉 '앞으로 찐팬이 될지도 모르는 사람'의 마음을 움직일 수 있어야 한다. 그래야만 찐팬들도 더 깊은 감동을 함께할 수 있을 것이다. 우리는 아티스트가 우리의 존재를 잊어버리고 혼자 흐뭇해하는 모습을 보고 싶은 것이 아니다. 우리는 아티스트를 보고, 듣고, 그들과 '함께' 흐뭇해지고 싶은 것이다:

우리는 우리를 바라보고 있는 아티스트를 보고 싶다

눈을 감고 어려운 곡을 자신의 한계까지 노력하는 모습, 하지만 우리는 그런 모습을 보고 싶은 것이 아니다. 그런 모습은 비장하고, 종종 비참하기까지 하다. 정도가 지나치면 흥이 깨진다. 얼굴 표정으로 기타를 치는 기타리스트 같은 모습이다. 그런 모습은 찐

팬들만이 용납해 줄 따름이다. 눈을 질끈 감고 표정을 구긴 채 괴로워하며 고음을 짜내는 아티스트의 모습보다, 우리를 바라보며 여기까지가 자신에게 가능한 범위라고 선언하면서 아무렇지도 않다는 듯 고음을 넘나들며 노래를 불러 주었으면 좋겠다. 랩도 마찬가지다. 〈ONE OF A KIND〉(→3-1)에서 지드래곤은 아무렇지도 않은 표정으로 고속 랩을 쏟아 내지 않았던가.

사람에게 점수를 매기고 선발하는 취향은 필자의 감성과 약간 거리가 멀다. 그래서 서바이벌 오디션 프로그램은 거의 볼 기회가 없지만 우연히 접한 어떤 방송에서의 일이 떠오른다. 한 남성 출연자가 1차 투표에서 1~2위 정도였는데 2차, 3차가 되면서 순위가 극적으로 떨어졌다. 다들 놀라고 있었는데—이런 것을 즐기라는 것이 서바이벌 프로다—이 책의 입장에서는 그 출연자의 얼굴만 보아도 이유를 당연히 알 것 같았다. 1차 투표 때의 사진에서는 앞머리가 짧아서 이마나 눈썹부터 눈까지 잘 보여 뚜렷한 인상을 주었지만 2차, 3차로 진행하면서 앞머리가 점점 길어져서 눈썹도 가려지고 그 매력적인 눈까지 약간 가려서 잘 보이지 않을 정도였다. 투표는 세계 각지에서 참여했다. 당연한 결과가 아닐까? 아직 이름도 제대로 기억될까 말까 정도의 신인이 눈도 보여 주지 않는데 사람들이 어떻게 기억할 수 있을까?

데드마스크 상태로 서바이벌 오디션은 불가능하다. 살아남고 싶으면 앞머리는 무조건 짧게, 눈썹과 눈을 가리는 모자 역시 피하는 것이 좋다. 오해하지 말았으면 한다. '예쁜 눈' '아름다운 눈', 그런 외모 지상주의적인 이야기를 하는 것이 아니다. 눈이 중요한 까닭은 바로 당신의 눈이기 때문이다. 표정을 만들어 내는 신체 기관 중에서 가장 변화에 찬 부분이며 '개성'이라 부를 수 있는, 당신을 당신으로 규정할 수 있는 기관이자 당신의 정체성과 가장 가까운 장치이기 때문이다.

아티스트 지망생뿐만이 아니다. 이미 일선에서 활약하는 아티스트도 마찬가지이다. 예를 들면 모처럼 아티스트의 표정을 충분히 접할 수 있는 딩고뮤직의 〈Killing Voice〉와 같은 라이브 동영상에 나왔는데, 마이크를 잡고 눈을 감은 채 높은 톤을 구사한다면? 안 된다. 지금 이 순간을 세계가 보고 있다. 그중에서 우연히 바로 그 장면, 단 몇 초를 만나게 되는 사람이 있다. 그 사람은 불과 몇 초 안에 다른 동영상으로 넘어가 버릴지도 모르는 사람이다. 끝까지 보게 된다면 아티스트와 시청자 양쪽 모두의 행운이라 할 수 있으며, 그들 중 몇 명은 앞으로 열광적인 팬이 되어 줄지도 모른다. 그래도 당신은 눈을 감은 데드마스크로 그 사람을 대할 것인가?

한 번도 눈을 감지 않고 어려운 곡을 부르면 그 동영상은 순식간에 화제가 될 것이다. 이렇게 말해도 좋다. 이것이 LAVnet의 대단한 점이다. 눈을 뜨는 것만으로도 당신의 눈동자는 사람들에게 기억된다. 때로는 목소리가 아닌 눈빛이 당신을 최고의 보컬리스트의 자리에 올려놓을 것이다.

아티스트를 '마스', 즉 '양'으로서 사용하지 말라 — 변화를, 변화를!

'K-POP' 'K아트' 작품이 힘을 잃지 않기 위한 두 번째 명제, '아티스트와 팬덤에 기대지 말라'는 문제로 넘어가자. 'K아트'는 아티스트와 팬덤에 기대서는 안 된다. 요컨대 아티스트와 팬들을 물건처럼 취급하지 않기를 자본에게 요구해야 하는 것이다.

K-POP 세계에서의 아티스트 양성 시스템이나 팬덤 이용 등의 문제에 대해서는 이미 많은 담론이 있지만 이 책의 주제는 아니다. 여기서 말하고자 하는 것은 'MV 등을 조형하는 바로 그 한복판에서 아티스트를, 그리고 팬덤을 어떻게 자리매김할 것인가?'라는 문제다. 바꿔 말하면 작품 속의 아티스트, 작품 속의 팬덤에 관한 문제라 할 수 있다.

예를 들어, '멋진' 소년, '멋진' 소녀를 모으는 것만으로는 안 된다. 그런 건 다들 알고 있다. 그렇다면 인원수는 몇이나 되면 좋을까? 물론 그룹 구성원이 한 명이라도 많으면 많을수록 더 많은 팬과 다양한 팬층을 확보할 수 있다고 생각하는 것은 당연한 이치다. 하지만 그 생각은 절반만 맞다. K-POP의 최전위인 MV에서는 꼭 그렇지만은 않기 때문이다. MV는 악수회나 사인회 같은 팬미팅도 아니고 360도로 열린 자리도 아니다. MV 안에 아티스트 멤버들이 총동원되어 모두 나오더라도 한계가 있다. 왜 그럴까?

우리가 MV에서 한 번에 응시할 수 있는 건 오직 한 사람뿐이기 때문이다

아무리 대충 보아도 기껏해야 한 번에 두세 명밖에 볼 수 없다. 일곱 명, 여덟 명, 혹은 열세 명이 춤을 추더라도 카메라에는 아티스트 절반은 사각지대에 놓이거나 가려져 보이지도 않는다. 사실 K-POP에서는 고정된 센터 개념은 없다. K-POP 댄스에서는 한 명씩 교대로 센터로 나오는 것이 보통이다. 하지만 포메이션을 바꾸어서 앞으로 나와 줬다 해도 금방 순식간에 다시 사라져 버린다. 당연하다. 인원수가 많으니까. "내 '최애'는 이번 MV에서 ○○퍼센트밖에 센터에 서지 않았어!"와 같은 비명 소리가 들리지 않는가.

YouTube에는 'distribution파트 분배'이라는 제목의 동영상도 많이 올라와 있다. 특정 MV에서 누가 몇 초간 나오고, 전체에서 몇 퍼센트를 맡아서 불렀는지 그 분포를 수치와 그래프로 분석해 보여 주는 것이다. 이런 동영상이 많이 나오는 것 자체가 오늘날 K-POP 그룹을 구성하는 인원수가 얼마나 많은가를 말해 주고 있다.

MV는 어떻게 만들어야 하는가 — 배드빌런의 걸작을 사례로

2024년 6월에는 제5세대의 걸작이 발표됐다. 엠마Emma, 클로이영Chloe Young, 휴이HU'E, 이나INA, 윤서YunSeo, 빈Vin, 켈리Kelly 등 2000-2006년생으로 구성된 7인조 여성 그룹 배드빌런BADVILLAIN의 〈BADVILLAIN〉이다. MV 쪽도 괜찮지만. 아티스트의 존재감과 매력을 더할 나위 없는 수준으로 잘 그려 낸 STUDIO CHOOM의 동영상이 발군이다. 이 두 영상의 비교 시청은 MV란 어떻게 만들어야 하는지를 우리에게 가르쳐 준다. 이 경우 MV가 맡아야 할 역할은 무엇일까? 아직 이름도 모르는 신인 그룹을 사람들의 눈과 귀, 그리고 심장에 각인해야 한다. 그것도 잠깐이라도 봐줄지 모를 몇 초 사이에. 그러니 각 아티스트의 인상을 가장 강력하게 심어 주는 '얼굴'을 그려야 한다. '목소리'를 들려줘야 한다. '춤'을 보여줘야 한다. 그렇다면 이 곡의 MV가 취한 전략처럼 아티스트가 가면을 쓰고 등장하는 것은 금기다. 누가 누군지 분간하기 힘든 어두운 화면도 금기다. 이런 콘셉트는 버려야 한다. 물론 이 곡의 MV는 각각의 아티스트를 나름대로 시간을 들여 조형하고 있어서 괜찮은 작품으로 탄생할 수 있었다. 단 전체가 3분 22초밖에 안 된다는 것이 너무나 아쉽다. MV 중 5초를 임의로 선택해서 시청해 보자. 아마 곡 자체는 우리의 감성을 자극해 줄 것이다. 기억 속에 파편이 남을지도 모른다. 그런데 아티스트는 어떨까? 여러분이 고른 5초가 아티스트를 잡아냈다면 단지 운이 좋았던 것뿐이다. 단언컨대 우리는 마음을 잡아 끌지 않는 MV는 절대로 끝까지 보지는 않는다. 필자라면 10초 이상 보게 되는 MV는 드물다. 가면을 쓰고 등장한다는 사고방식이 왜 아쉬운지는 오히려 이 MV의 명장면이 가르쳐 준다. 1:10에서 가면을 벗는 순간을 보자. 그때 뿜어져 나오는 존재감과 아름다움으로 인해 우리 마음속엔 '이 사람은 누굴까?'라는 상념이 생기기 시작한다. MV는 바로 이것을 그려 내야 한다. 거의 1초 될까 말까 하는 이 영상을 더 보여 줘야 한다. 이러한 화면으로 가득 차 있어야 한다. 그래도 이 MV에는 이런 화면이 몇 군데 있기에 어느 정도 성공을 거둘 수 있었다. 그런데 신인을 위한 MV의 대부분은 이렇게 만들기는 어렵다.

이제 STUDIO CHOOM 버전 〈배드빌런〉으로 눈을 돌려 보자. 다양하게 전개되는 색채 속에 우선 의상의 다양성이 잘 살아 있다. 도입부의 아르페지오arpeggio도 효과적이다. 처음 30초로 우리는 신인 아티스트 하나하나를 제대로 목격하게 된다. 이 영상은 공식 MV가 아니지만 MV는 이렇게 만들어야 한다. 《친절한 금자씨》(감독: 박찬욱, 2005)의 명대사 "너나 잘하세요."를 떠올리게 할지도 모를 0:41 클로이 영의 "너나 잘해요."는 우리 마음을 찌릿하게 파고든다. 0:43 윤서의 랩이 보여 주는 "TikTok"과 "집합"이라는 두 가지 언어로 걸쳐 놓은 각운의 언어음은 우리 귀에 걸리며 기억에 각인된다. 0:51에는 엠마의 랩이 전해 주는 변화의 쾌감을 맛볼 수 있다. 1:01 빈에서 1:08 휴이로 연결되는 부분의 매력은 MV에서는 제대로 파악하기가 어려운데 STUDIO CHOOM 버전에서는 충분히 맛볼 수 있다. 1:30부터의 클로이 영의 랩은 한마디로 '끝내준다'. MV에서도 이 부분의 헤어스타일링, 메이크업, 의상은 볼만하지만 1:36의 '제자리걸음 댄스'의 재미까지는 MV에서 접할 수 없다. 그렇다. 1:34 클로이 영의 랩이 "절대 못 베껴 내 persona"라고 말하는 것처럼. 1:58 켈리, 2:02 이나, 2:05 빈, 2:09 윤서의 파트로 전개되면서 고양감이 점점 더해지다가 2:10 다 같이 "빌런!"을 외칠 때 절정에 이른다. 스트링스strings(현악기)가 이만큼 중후함을 주는 K-POP 작품도 드물다. 2:27 빈의 "느낌이 와" "지금 우릴 봐봐"에 나타나는 [ㅘ] 의 각운도 우리의 기억에 남는다. 재미있는 안무는 말할 필요도 없다. 손가락 끝까지 신체성으로 존재감을 조성하고 있다.

박력과 중후함, 여기저기에 심어 놓은 변화의 묘미, 신체성을 극한까지 살린 춤, 아티스트들 모두가 살아 있다는 점에서 〈BADVILLAIN〉, 특히 STUDIO CHOOM 버전은 걸작 중에 걸작이다.

티저Teaser 영상은 0:31초라는 짧은 시간이지만 빼어나다. 0:10-0:13 시각과 청각을 극적으로 전환시키는 기법만 보아도 편집 기

술과 감성의 수준을 알 수 있다. 예고편은 이렇게 만들어야 한다.

MV의 약점을 MV 외부에서
아티스트들과 팬덤의 노력이 상쇄하고 있다

자신의 최애 멤버의 비중이 낮다는 안타까움으로 지르는 비명 소리도 자본주의적 계산법의 한 방편이라며 웃어 넘길 수도 있다. 하지만 그룹의 인원수가 늘어나면 늘어날수록 아티스트와 팬들의 부담은 점점 더 커질 수밖에 없다. 네 명이라면, 다섯 명이었다면 각자가 두드러지게 존재감을 보여 주는 훌륭한 그룹으로 성장했을지도 모른다. 그러나 수많은 멤버 속에 묻혀 존재감을 발휘하기는커녕 그 존재조차 희미해지고 만다. '칼군무'에서는 없어서는 안 될 한 명이지만, MV를 전체적으로 보면 그 한 명의 존재감은 매우 희미하다. 멤버 각자의 희박함을 만회하고 그룹을 지탱하기 위해서는 MV 밖에서 아티스트 개개인이 애쓰며 다양한 활동을 해야 한다. 혹은 팬들의 경제적이거나 정신적인 헌신과 노력이 필요해진다. K아트 작품 자체가 가진 약점이 아티스트의 노력과 매력, 그리

●
BADVILLAIN -
'BADVILLAIN' MV

●★★
BADVILLAIN(배드빌런)
'BADVILLAIN' (4K)
| STUDIO CHOOM ORIGINAL

●★
(Teaser) BADVILLAIN(배드빌런) 'BADVILLAIN' (4K)
| STUDIO CHOOM ORIGINAL

고 팬덤의 힘으로 상쇄되고 있는 셈이다. 그런 의미에서 요즘 MV에는 아티스트와 팬덤에 기대는 작품이 너무나 많다. 아티스트가 제대로 보이지도 않고 이름조차 외우려는 마음이 생기지도 않는 작품이 얼마나 많을까. 그룹의 편성 자체가 잘못된 것이다.

그룹 편성의 문제는 작품의 한계로도 이어진다

다수파를 옹호하는 쪽에서는 할 말이 있을지도 모른다. 그룹의 '콘셉트'가, 작품의 '세계관'이 그렇다고. '콘셉트'나 '세계관'에 따라서는 많은 인원이 필요하다고. 그리고 칼군무에도 효과적이라고. 하지만 '칼군무'라 불린 날카로움은 네 명으로만 이뤄진 그룹도 충분히 보여 주지 않았는가. 이미 블랙핑크 네 명의 춤(→0-2, 4-4)을 보았을 테고, 에스파 네 명으로 그려 낸 압도적인 동영상(→2-8)도 보지 않았는가.

MV에서 우리가 주목하는 한 명, 혹은 비교 대상이 되는 두세 명 외에는 대부분 그 화면에 존재해야 할 필연성은 희박하다. 제작자 측이 생각하는, MV에 멤버 전원이 꼭 나와야 할 이유는 하나밖에 없다. 단지 멤버로 이름이 올라 와 있기 때문이다. 지금 이 화면에서 그 멤버를 내보내지 않으면 이 사람이 나올 분량이 없어지니까. 이 얼마나 슬픈 이유인가. 애초에 네 명 정도였다면 화면에 억지로 끼워 넣을 필요도 없다.

일고여덟 명이나 모아 아티스트를 '마스(프)masse' '양'으로 '승부'하는 일은 그만두었으면 좋겠다. 아티스트 개개인의 존재를 좀 더 아껴 주었으면 좋겠다. 물론, 많이 모여서 노래를 들려주고 춤을 보여 주는 그룹이 존재해도 좋다. 다양한 모습이야말로 K-POP이기 때문이다. 만약 많은 멤버 수로 밀어붙인다면, MV는 부디 마지막까지 개별 아티스트의 존재감이 돋보이게 조형해 주었으면 한다. 보통 MV는 신곡을 처음으로 세상에 선보이는 작품 형식이다. MV 자체가 '지나가는 사람'도 팬으로 끌어들이는 결정적인 초대장이 될 수 있도록 조형해 주면 좋겠다.

잊지 말았으면 한다. 인원수가 많은 그룹의 MV는 멤버들이 아무리 대단한 실력과 매력이 있어도 멤버 개개인의 실력과 매력을 충분히 살리면서 조형으로 결실 맺기란 어마어마하게 어렵다. 크리에이터들의 역량 부족이 아니라, 멤버 수가 많다는 단 하나의 물리적인 조건 때문에 그들의 매력을 살리면서 존재감 있게 조형하려면 상대적으로 어려워지는 것이다. 180초 분량의 MV를 열 명으로 나누면 각각 18초씩 할당되지만, 네 명이면 45초나 주어진다. 순식간에 지나가는 MV에서 이 차이가 얼마나 큰지 상상해 보았으면 한다. 사람들이 우연히 접한 아주 귀한 그 몇 초 사이에 마음을 사로잡으면 좋겠다. 이미 이 책에서도 보았듯이 멤버 수가 많아도 물론 멋진 걸작을 만들 수 있다. 하지만 그렇게 드문 MV 작품에서조차 멤버 하나하나의 존재감은 아무래도 희박해질 수밖에 없다.

3-1, 5-4, 6-3 등에서 MV를 살펴본 우주소녀는 10명 편성이었다. 모두 압도적으로 아름다운 작품이었지만 다만 아티스트 개개

인의 존재감이라는 관점에서는 멤버 엑시가 유나킴, 지아와 함께 한 〈LOVE THERAPY〉(→3-1, 214쪽)가 그려 내는 존재감과는 비교가 되지 않았다. 반복하지만 아티스트 탓이 아니라 참가 인원수의 문제이다. 놀랍게도 그 작품에서 지아는 목소리로만 참가했는데 존재감은 전혀 사라지지 않았다.

5-4에서는 13인조 그룹인 세븐틴 중 세 명이 래퍼 이영지와 함께한 〈파이팅 해야지(Feat. 이영지)〉를 보았다. 13명보다 '3명+1명'이라는 편성이 MV를 만들기에 얼마나 유리한지 쉽게 알 수 있었다. 팬들과는 달리 13명 전원의 이름을 기억하려 들지 않는 '지나가는 사람'이라도 이 작품에 매력을 느꼈다면 아티스트의 이름이 알고 싶어질 것이다. 그 '지나가는 사람'은 다음 작품에서도 발걸음을 멈추고 아티스트의 이름을 궁금해할지도 모른다.

〈Do Not Touch〉는 멀티에스닉 그룹 트와이스 중 일본어권 멤버 미나, 사나, 모모 3명으로 이루어진 유닛 미사모가 2023년 발표한 일본어와 영어 복수언어 작품이다. 7-2에서도 살펴봤지만 멤버 수의 관점에서 다시 검토해 보자. 이 곡은 일본어권에서 히트를 쳤는데 동영상의 전체를 감싸는 깊은 색조가 아주 아름답다. 세 멤버의 존재감은 안정감 있는 카메라 워크로 충분히 조형되어 있다. 0:32, 1:10를 비롯한 모자와 빛이 만들어 주는 조형에는 신비스러움까지 어린다. 간간이 삽입되는 흑백 영상도 아주

●★
MISAMO
"Do not touch" M/V

품위가 있다. 트와이스의 MV는 원래 아름다운 작품이 많은데 아티스트 각각의 존재감을 각인한다는 점에서는 역시 세 명이라는 적은 편성이 훨씬 여유 있고 유리하다는 점을 알려 준다. 아티스트 개개인의 매력과는 별개로 인원수가 작품 제작의 질에 직접적으로 영향을 미치는 것이다.

뉴진스의 'ETA 행진'과 ITZY의 'Voltage 행진'

네다섯 명 정도라면 아주 풍요로운 표현양상의 다양성을 이룩할 수 있다.

네다섯 명으로 편성된 그룹으로 성공한 예로서는 5-2에서 〈Attention〉으로 주목했던 5인조 멀티에스닉 그룹 뉴진스를 들 수 있다. 2023년 데뷔 싱글 〈OMG〉에 이어, 같은 해 공개된 〈ETA〉는 사실상 iPhone의 광고 MV이지만 완성도가 상당하다. 0:28-0:55 무렵 잠깐잠깐 등장하는 스마트폰 아이콘을 보여 주는 조형, 그리고 1:17부터 iPhone 14 Pro로 찍으면서 다섯 명이 옆으로 '행진'하며 이동하는 조형은 상품을 직접 찍어 보여 주는 스타일이 아니면서도 시청자에게 상품을 선명하게 각인시키는 명장면으로 광고 동영상 역사에서도 길이 남을 것이다. 마치 이렇게 말하는 듯하

•
NewJeans(뉴진스)
'OMG' Official MV

•
NewJeans(뉴진스)
'ETA' Official MV

다. "우리 삶의 지금 이 순간을 찍어 놓아야 돼, 이렇게 움직이면서 찍어도 흔들리지도 않아, 어때? 이게 iPhone이야."

뉴진스 다섯 명의 불과 1초 남짓한 'ETA 행진'을, 2-1에서 본 ITZY의 명작 〈Voltage〉와 비교해 보자. 아주 낮은 위치에서 광각렌즈로 찍은 다섯 명의 'Voltage 행진'은 MV 2:38부터 등장한다.

안무나 몸의 자세, 의상, 아티스트들의 시선, 그리고 카메라의 포지션과 움직임, 찍히는 아티스트와 찍는 아티스트 등등, 작품 속 사상까지 나타나서 서로 다른 성격의 흥미로운 대조를 찾아볼 수 있다. 'ETA 행진'을 하는 땅바닥에 색종이를 깔아 놓은 섬세한 연출도 인상적이다. 힘차고 확고한 자기 생각을 갖고 중량감 있게 한 걸음 한 걸음을 시간 속에 새겨 넣는 'Voltage 행진'과, 찰나적인 시간을 아슬아슬하게 기록해 두려고 순식간에 흐르듯이 움직이는 'ETA 행진'.

〈OMG〉 3:08 등에서는 중세 유럽을 상상케 하는 깊이 있고 아주 아름다운 조형을 이루고 있다. 색채만으로 시간의 감각, '어느

fig. 8-1 뉴진스의 'ETA 행진'과 ITZY의 'Voltage 행진'

한때'를 느끼게 만드는 것이다. 다섯 명에게 획일적인 의상을 입히는 뉴진스의 '제복주의' 작법은 여전하지만 동영상 전체적인 면에서 〈OMG〉는 지금까지 발표된 뉴진스의 MV 중 영상 속 변화가 가장 큰 작품이다.

BTS는 모델이 될 수 없다 — 특별하기 때문에 BTS인 것이다

그렇다면 'BTS는 일곱 명이나 있지 않은가?'라는 소리가 금방이라도 들릴 것 같다. 단언하건대, 그것은 BTS이기 때문에 가능했던 것이다. BTS는 아티스트 활동의 정신적 목표가 될 수는 있어도 멤버 구성의 모델이 될 수는 없다. 아티스트로서는 물론, '상품'으로 취급하려는 자본주의적인 태도에서도 모델이 될 수 없다.

거의 무명 상태에 있던 소년들이 스스로 곡을 만들고, 온몸으로 노래하고, 춤추고, 연습에 연습을 거듭해 세계를 누비며 일곱 명이 각각 대지에 우뚝 솟아 있는 그룹이 BTS다. 부모님 곁을 떠나 연습생 생활에 들어갔을 때 정국은 아직 중학생이었다는 에피소드도 널리 알려져 있다.

사람의 인지, 지각이라는 조건 아래서는 BTS 같은 일곱 명이라는 숫자도 사실 너무 많다. '누구나 한 번쯤 겪게 되는 청춘의 고민 = BTS 멤버의 이름을 기억하지 못한다'와 같은 제목으로 일곱 명을 소개하는 일본의 사이트도 있다. 그렇게 이것저것 떠들썩해지기를 노리는 것도 자본주의적인 장사 아닌가? 그런 생각을 할 수도 있지만 상관없다. 우리는 '잘 파는 방법'이 아니라 아트를 이야기하고 있는 것이다. 아티스트의 입장이라면 어떨까, 크리에이터라면 어떨까, 하며 팬들의 시선에서 고민하고 있는 셈이다. 4, 5명 정도라면 이름을 금방 외울 수 있지만 7, 8명을 넘으면 외우려는 마음도 생기지 않는 것이 보통이다. BTS는 일곱 명이었기 때문에 성공한 게 아니다. 방탄소년단이 극한의 상황에서 쌓아 올린 전인미답의 지평에 일곱 명이 있었을 뿐이다. BTS를 모델로 비슷한 그룹을 만들려고 하면 아티스트에게도 크리에이터에게도 팬들에게도 너무나 과중한 부담을 주게 될 것이다:

BTS는 하나밖에 없고, 하나면 충분하다

아티스트명, 크리에이터명을 명시하라

이름 이야기가 나왔으니 여기서 한 가지 더 부탁하고 싶다. 무엇보다 MV 작품 안에 아티스트와 크리에이터 들의 이름을 명시했으면 좋겠다. 기본적으로 영화에서처럼 엔딩 크레딧 등을 사용하는 것이다. 단 아티스트에 한해서는 이름만 적고 일반적으로는 각 멤버가 누구인지 시시콜콜 알려 주는 방식까지는 취하지 않아도 좋다.

엔딩 크레딧 방식은 이미 시도된 바가 있다. 최근에는 뉴진스의 〈'Cool With You' & 'Get Up' Official MV(side B)〉(→6-2, 456쪽)

말미에서 그 예를 볼 수 있다.

다시 한 번 강조하지만, MV는 영화와는 달리 불과 3~4분 정도다. 이 세상에는 우연히 MV를 처음 접하는 사람이 있을 것이다. 어떤 면에서는 기적적인 만남이라고 말할 수도 있다. 눈길을 던지는 시간은 불과 몇 초에 지나지 않을 때도 많으므로. 그렇다면 그 사람이 보아 줄 그 몇 초라는 순간을 아티스트의 이름을 각인할 기회로 삼아야 하지 않을까? MV의 첫 부분이라도 좋고 마지막 부분이라도 상관 없다. 또는 MV에서 가장 고조되는 클라이맥스에 맞춰 멋지게 이름을 내보내도 된다. 사람은 이름을 알면 한 걸음 정도가 아니라 몇 걸음 더 그 사람에게 가까워진다. 그것이 언어의 힘이다. '이름'이라는 언어의 장치가 가져다주는 무서운 힘이다. 더더구나 MV를 보고 궁금해진 아티스트라면 더욱 그렇다.

앞으로는 아티스트 이름을 어떤 식으로 멋지게 나오게 하는가에 관한 궁리가 있어도 좋겠다. 이름은 당연히 로마자와 한글, 두 가지 문자로 표기하는 편이 좋다. 이렇게 기가 막힌 목소리의 소유자는 누구일까? 그런 생각을 하고 있을 때 아티스트의 클로즈업 숏과 함께 이름이 표시되는 장면은 상상만 해도 설레지 않는가? 물론 그때 아티스트는 '눈을 뜨고' 있어야 한다.

솔로는 그룹을 이길 수 있는가?

그렇다면 반대로 한 명의 아티스트는 어떨까 하는 의문이 생긴다.

다름 아닌 솔로 가수의 경우다. 안타깝게도 이 또한 쉽지 않다. 이유는 세 가지다:

첫째, 한 사람이 노래하는 모습은 이미 20세기 이래 기시감으로 가득 찬 장면이다
둘째, 우리는 이미 그룹의 위대함을 알아 버렸다
셋째, 혼자는 여럿보다 변화를 만들기가 상대적으로 어렵다

특히 고음으로 목청껏 노래하는 남성의 목소리는 20세기에도 이미 너무 많이 들어 익숙해지고 말았다. 기시감으로 가득 차 있는 것이다. 노래를 잘하는 사람은 많았다. 멋있는 사람들도 속속 등장했다. 혼자 노래하는 스타일이라면 가수들이 흥을 돋우려고 하면 할수록 다들 어디선가 들은 것 같고, 본 것 같은 그런 기시감이 밀려온다. 미국 등의 팝 가수는 상대적으로 저음역대 음역이 많다. 반면 K-POP에서는 고음에 초점을 맞춘 경우가 많기에 저절로 비슷한 스타일이 늘어날 수밖에 없다. 여성 솔로 가수의 경우에도 별반 다르지 않다.

하지만 그룹이 주는 힘은 이 책을 통해 이미 우리가 충분히 느낀 바 있다. 무엇보다 작품을 구성하는 데 있어 한 명은 여러 명보다 변화를 보여 주기가 상대적으로 어렵다는 점이 결정적이다. 네 명 각각의 개성으로 만들어 내는 변화를 혼자서 넘어야 되니까. 다원적이라는 성격은 그 자체가 이미 변화와 동의어이자 월등한 장점이다.

'○○ ft. □□'로만 도망가지 말라

'○○ ft. □□'나 '○○×□□'와 같은 형태의 컬래버레이션도 활발히 이루어지고 있다. 솔직히 말하면 혼자서는 임팩트가 약하기 때문에 또 다른 사람의 도움을 구하는 식이다. 시너지 효과를 노리는 것으로, 이 형식이 반복되는 것은 나름대로 효과가 있다는 방증이다. 레드벨벳에 NCT 127의 태용이 참여하여 완전히 새로운 아름다움을 보여 준 〈Be Natural〉(→5-3, 404쪽)처럼 그룹 간의 컬래버레이션의 예는 이미 확인했다. 하지만 어디까지나 레드벨벳이라는 최고의 그룹을 전제로 하며 거론한 작품이었다. 물론 지금까지 다른 그룹에서 활동했던 사람들의 만남이 성사되었으니 이러한 컬래버레이션 기획은 당연히 나름의 새로움을 얻을 수 있었다.

그렇지만 솔로 아티스트의 경우라면, 그런 협업 방식으로 만들어지는 MV는 너무도 일시적이고 찰나적인 성격이 전면에 부각된다. "이 두 사람이 만났습니다."는 "이 두 사람은 곧 헤어집니다."와 거의 동의어다. 영어 동사의 'be+-ing'라는, 이른바 '현재진행형'이라는 형태가 현재의 진행뿐만 아니라 항상 곧 다가올 동작의 끝을 암시하는 것과 같다. 보기 드문 만남을 연출하고, 새로운 아트를 만들어 낸다고는 해도 안타깝게도 그런 장미빛 기쁨보다는 이 두 사람이 아마 두 번 다시 함께하지 못할 것이라는 회색빛 두려움이 더 크게 다가온다. 우리는 그런 슬픈 상황을 따라가고 싶지 않다. 임시방편적인 컬래버레이션은 한편으로 아티스트와 팬덤 의식을 산만하게 흩어 놓는 작법이기도 하다.

재즈의 잼 세션과 K-POP의 컬래버레이션

조금 착각하기 쉽지만, K-POP에서의 이러한 임시적인 컬래버레이션은 재즈의 잼 세션jam session과는 결정적으로 다르다. 재즈는 처음부터 낯선 연주가가 불쑥불쑥 찾아와서 세션을 하는 '장소'가 아티스트와 청중 모두에게 공유되어 있었다. 재즈는 공유하는 장에서 만나는 음악이기도 했다.

음악의 장에서 우연히 젊은 기술자가 녹음한 음반이 훗날 천하의 명반으로 환생하기도 했다. 뉴욕 52번가 재즈 클럽 민턴즈 플레이하우스Minton's Playhouse의 찰리 크리스천Charlie Christian(1916-1942)을 보라. 스윙에서 비밥bebop으로 진화하는 혁명이 그렇게 각인된 것이다. 그것은 '판매' 등의 목적을 위해 녹음된 음악이 아니었다. 음반을 만든다는 목적조차도 분명하지 않았다. 세상과 단절된 뉴욕 할렘의 한구석에서 묵묵히 녹음된 음악이었다. 그 묵묵한 녹음이 존재하지 않았다면 훨씬 후에 찰리 크리스천의 기타가 세계의 재즈 기타리스트를 탄생시킬 수 없었을 것이다. 재즈 기타의 즐거움을 알게 된 수많은 팬들도 만들어 내지 못했을 것이다. 오늘날 K-POP이 없었다면 춤추는 수많은 청소년들도 존재하지 않는 것처럼. 참고로 그 녹음이 없었다면 극동의 한 아마추어 청년이 재즈 기타에, 재즈에, 음악에 눈을 뜨는 일도 없었을 터이고, 이 책 『K-POP 원론』도 탄생하지 않았을 것이다.

그래서 찰리 파커Charlie Parker(1920-1955)와 셀로니어스 몽크Thelonious Monk(1917-1982), 디지 길레스피Dizzy Gillespie(1917-1993)와 같은 재즈의 천재들이 주도했던 격렬한 만남은 또 다른 만남을 낳을 수 있었다. 그러니 상품화를 위한 'ft.'나 '×'와는 근본적으로 다르다. 무엇보다도 '지금, 이곳'의 아티스트와 청중들, 그리고 '아직도 보지 못한' 팬들을 생각한다는 점에서 MV를 만들기 위한 일시적인 커플링과는 다른 것이다.

재즈의 한 단면—스윙에서 밥으로

위에서 언급한 재즈 아티스트들을 K-POP의 역사로 비유한다면 복수의 서태지라고 할 수 있다. 다시 말해 스윙swing에서 밥bob으로 그 역사를 개척한 사람들이다.

찰리 크리스천은 클라리넷 연주자 베니 굿맨Benny Goodman(1909-1986)의 대악단에서 스윙을 연주하면서 다른 한편으로는 민턴즈 플레이하우스와 같은 재즈 클럽에서 잼 세션을 즐겼다. 바로 그곳에서 비밥이 태동한 것이다. 비밥은 밥이라고도 한다. 25세에 요절한 찰리 크리스천은 어쿠스틱 기타에서 일렉트릭 기타로 전환하는 혁명을 일으켰고, 반주 악기에 머물러 있던 기타를 관악기처럼 솔로를 담당하는 악기로 전환했다. 말하자면 오늘날 '재즈 기타'의 모습을 창시한 인물이다. 이후의 재즈 기타리스트나 록 기타리스트들이 종종 기타줄을 쓰다듬는 듯이 연주하는 것과는 달리, 찰리 크리스천의 연주는 한 음 한 음이 선명하게 돋보인다. 참고로 이러한 음 하나하나의 선명도라는 면에서는 그 후에 미국에서 나타난 기타리스트들보다 재즈 마누슈, 집시 재즈 기타리스트들이 더 압도적인 기량을 보여 준다. 참고로 록 신의 지미 헨드릭스만이 예외적으로 한 음 한 음에 힘이 있는 대단한 연주를 보여 줬다. 지미 헨드릭스도 27세라는 짧은 나이에 삶을 마감했다.

알토 색소폰으로 재즈에 혁명을 일으킨 찰리 파커야말로 이후 재즈 흐름의 거대한 원천이다. 그 역시 서른 살에 요절했다. 모던 재즈의 제왕 마일스 데이비스Miles Davis(1926-1991)도 선배 파커와 함께하며 실력을 연마했다. 피아니스트 셀로니어스 몽크는 64세에 사망했다. 하늘을 울리는 유명한 트럼펫은 디지 길레스피의 솜씨였다. 그는 75세까지 활동했다.

위의 재즈계 인사들 중 베니 굿맨을 제외하면 모두 아프리카계 미국인이다. 정말 대단한 시대였다. 베니 굿맨 밴드는 일본 영화 《스윙걸즈》(감독: 야구치 시게야스, 주연: 우에노 주리, 2004)에서도 사용된 곡 〈Sing Sing Sing〉의 압도적인 명연주로 유명하다. 베니 굿맨 밴드의 〈Sing Sing Sing〉 등은 스윙이라고 불리는 재즈의 전형적인 곡이다. 비밥에도 간단히 설명을 붙이고 넘어가자. 비판을 각오하고 아주 거칠게 말하자면, 소리가 가로로 흐르는 파도처럼 움직이던 스윙에 비해 세로로, 위아래로 격렬하게 움직이게 된 것이 바로 밥이다(하나도 설명이 안 되었다고요? 죄송합니다. 아무튼, 찰리 파커를 한번 들어 주세요).

참고로 iPhone이나 Coke와 같은 상품을 MV 안에서 선전하는 방식의 '컬래버레이션'은 명칭부터 틀린 것이다. 그것은 그저 선전이고 광고이므로 여기서 논의하는 '컬래버레이션'과 구별해야 한다.

그렇다면 그룹인가, 솔로인가?

그렇다면 결국 K-POP은 그룹으로 나가야 하는가, 솔로로 나가야 하는가? MV의 관점에서 보자면 같은 역량과 존재감을 지닌 아티스트라면 네다섯 명의 그룹이 한 명보다 절대적으로 우위에 있다. 여섯 명 이상이 되면 이번에는 집단으로서의 양감이 부각되고 개인의 존재감은 희석되기 때문에 한 명 쪽이 나을 수도 있다는 설명 정도가 타당할 것이다.

비틀즈가 네 명이었다는 사실은 누구나 알고 있다. 그렇다면 롤링 스톤즈The Rolling Stones는? 사실 멤버가 자주 바뀌었기 때문에 그리 쉽게 대답할 수 있는 사람은 많지 않을 것이다. 많은 사람이 이렇게 희미해진 기억을 더듬어 본다. 어쨌건 네 명보다 더 많지 않았을까?

새롭게 탄생하는 그룹은 제발 인원을 조금 줄였으면 좋겠다.

이질성, 다양함의 공존은 곧 동적인 변화를 지탱한다

그러면 그 네 명 혹은 다섯 명이라는 그룹은 어디서 좋은 사례를 찾을 수 있을까? 지수, 제니, 로제, 그리고 리사. 블랙핑크 네 명의 존재감이야말로 이상적인 K-POP 그룹 편성의 모습을 보여 준다. 무엇보다도 네 명의 목소리가 이질적이어서 서로가 서로의 존재를 돋보이게 한다는 점이 결정적이다. 가창력과 랩도 차이가 있다. 멤버 개개인의 매력 같은 것은 어느 그룹이든 찾을 수 있고, 그런 담론도 이미 방대하기 때문에 따로 언급하지 않겠다. '블랙핑크 네 명'이라고 쓰고, 무심코 그 뒤에 각각의 이름을 쓰고 싶어질 정도로, 적어도 MV에서는 이들 개개인의 존재감이 항상 부각되어 있다. 말하자면 블랙핑크는 그룹이면서 동시에 각자가 솔로 아티스트인 셈이다.

지금 블랙핑크의 매력을 이야기하고 있는 것이 아니다. 블랙핑크라는 그룹이 가진 편성의 힘을 이야기하고 있는 것이다. 왜 이런 네 명의 구성이 성공할 수 있었을까? 답은 네 사람이 각각 패션 아이콘으로 활약하고 있다는 점에서도 드러난다. 자본주의적 논리가 철저하게 관철되는 패션 산업은 단순히 '예쁘다' '멋있다'는 이유만으로 사람을 선택하지 않는다. 압도적인 존재감과 개성이 필수적인 전제다. 즉 다른 브랜드와 뚜렷하게 구별되는 존재감을 필요로 한다.

왜 목소리가 이질적이어야 하고 서로가 서로의 존재를 돋보이게 하는 것이 중요한가? 어째서 단순히 목소리가 아니라 **존재론적**

목소리이어야 하는가? 개별 음악 작품 안에서 이질적인 네 가지 '즐거움' '매력'을 만날 수 있기 때문이다. 뿐만 아니라 MV 작품에서 결정적인 이유는 이렇다:

이질성의 공존, 다양성의 공존은 그 자체로 이미 '동적인 변화'를 뒷받침하기 때문에

생각해 보자. 비슷한 목소리가 이어진다면 사람들은 거기서 변화를 느끼기 어렵다. 그러나 차례로 다른 목소리가 나타난다면 어떨까? 그것을 제대로 보여 준 것이 바로 블랙핑크다. 처음 접하는 사람들도 멤버 각각의 목소리가 주는 이질감을 느낄 수 있을 것이다. '동적인 변화', 그것은 우리에게 지루하지 않은 세계를 보장해 준다. 동시에 아직 느껴 보지 못한 자극을 향한 강렬한 기대감을 불러일으킨다:

'동적인 변화', 그 자체가 우리에게는 쾌락의 장치다

자, 이제 K아트의 우주에서 왜 다원주의가 승리를 거두는지 이유가 해명되었을 것이다. 다원주의란 동적인 변화의 또 다른 명칭이다.

무대에서 노래하고 춤을 추든, MV로 형상화되든, **목소리**를 기둥으로 삼은 존재감은 확실하게 살아 있다. 이런 네 아티스트가 모인 것은 너무나 희귀한 만남이라고밖에 형용할 수 없다. 우리는 종종 그 만남에서 희열까지 느낀다.

앞서 언급한 블랙핑크의 도쿄돔 콘서트 영상을 보자(→4-4, 339쪽). 카메라 워크도, 연주하는 밴드도 훌륭하지만 누구보다 절묘한 솜씨를 보여주는 지수, 우리를 자극하는 제니, 그리고 로제, 리사가 함께 만드는 **목소리**가 역동적으로 변화하며 하늘로 날아오르는 듯 느껴진다. 우리의 심장도 함께 춤추며 하늘로 올라간다. 특히 비강과 구강에서 발산되는 로제의 두드러진 **목소리**가 얼마나 독특한지는 100곡 정도의 다른 노래를 짧게 축약해서 연속해서 들어 보면 금방 알 수 있을 것이다. 다양한 가수들의 100곡을 연속으로 들어도 역동적으로 변용하는 블랙핑크의 목소리는 금방 구분할 수 있다. 그 속에서 우뚝 솟아 일어서는 **존재론적 목소리**가 바로 로제의 것이다. 성문 폐쇄를 이용하거나 비브라토를 구사하는 창법, 허스키 보이스, 혹은 음색에서 개성이 뚜렷한 가수는 K-POP에서 많이 찾을 수 있다. 그러나 **목소리** 그 자체의 존재감이 압도적이라는 점에서 로제는 K-POP의 역사에 한 페이지를 남길 만하다.

만약에 블랙핑크에게 그다지 찬동하지 못한다는 분이 계신다면, 다른 그룹이라도 상관 없다. 2-7에서 본 샤이니 다섯 명의 도쿄돔 공연 실황(→156쪽)을 보면 지금 말한 희열에 찬 고양감을 쉽게 느낄 수 있을 것이다. 샤이니 역시 블랙핑크와 비슷한 인원수, 4~5명으로 편성된 그룹이었다.

BTS가 한 명씩 사라지면 어떻게 될까? K-POP은 붕괴되는 것일까?

여기까지 생각해 보면, 'BTS가 한 명씩 떨어져 나가면 어떻게 될까?' 'K-POP은 붕괴의 길로 걸어갈까?'라는 조금은 무서운 의문이 생길 것이다. 7-1에서 언급했듯이 2022년 6월, 방탄소년단의 '최후의 만찬'이 아닌 '방탄회식'이 공개되면서 그룹 활동을 중단한다는 소식에 지구촌이 떠들썩했다.

그룹이 아니면 안 된다, 한 명 한 명은 약하다고 했지 않은가. 그럼 BTS는 이제 끝인가? K-POP은 끝인가? 그런 질문들이 이어질지도 모른다. 그렇지 않다. 답은 이미 정해져 있다. "BTS는 특별하다." 이를 이해하지 못하는 사람들이 HYBE 주식을 팔았다. 경제를 이야기하는 책은 아니지만, 말하자면 지금이 바로 'buy'할 때다. 왜? BTS는 특별하기 때문이다. 한 사람 한 사람이 이미 그룹 몇 명에 해당하는 존재감을 가지고 있기 때문이다. BTS는 끝이다? 천만의 말씀, BTS는 머지않아 더 거대한 아티스트가 될 것이다. 지민의 〈Closer Than This〉 MV로 충분히 예측이 가능하지 않은가.

그리고 중요한 것은 단순한 전설로 남는다는 것을 의미하는 것이 아니다. 압도적인 존재감과 현실성을 의미한다. 즉 사상과 감성과 아트를 —좀 더 알기 쉽게 말하면 경제까지— 동반한다. 앞으

●
지민(Jimin)
'Closer Than This' Official MV

로 BTS는 이미 전통적인 음악의 테두리를 벗어난 K아트에 더욱 큰 공헌을 할 것이다.

예를 들어 보자. 서태지와 아이들 중 한 명이 오늘날의 YG엔터테인먼트를 만들었다. 그리고 K-POP의 거대한 일익을 담당하고 있다. 바로 양현석이다. 이미 BTS로 인해 세계는 K-POP을 알게 되었고, 노래하는 것을 알게 되었고, 춤추는 것을 알게 되었다. 지금부터 더 거대한 BTS의 우주가 확장한다. 2022년 말에 간행된 이 책의 일본어판에서도 이렇게 단언했는데 그 후에도 예를 들어 6-1에서 본 정국의 〈Seven〉과 같은 국제적인 히트곡이 나타나 이 책의 주장을 증명해 주기 시작했다.

이런 사례도 생각해 보자. 존 레논의 〈Imagine〉이 발표된 것도 비틀즈 해체 후의 일이었다.

⑧

---

②

K아트가 세계에서 공유되기 위하여 — 사상과 감성

‘K아트’가 갈고닦아야 할 사상과 감성

BTS는 걱정하지 않아도 된다. 지금 문제 삼아야 할 쪽은 ‘K아트’가 나아가야 할 길이다. 풀어 말하면 BTS를 롤모델로 삼고 있는 MV를 비롯한 작품이 취해야 할 전략이다. 이와는 별개로 K아트에게는 사상과 감성을 더 날카롭게 다듬어야 할 과제도 남아 있다. 아티스트들의 매력과 팬덤에 기대고만 있어서는 안 된다고 이야기하지만 그런 건 이미 잘 알고 있고, 그래서 이렇게 고생하고 있다고 반문할지도 모르겠다. 하지만 매일 쏟아져 나오는 방대한 MV에서 보여지는 소리와 빛의 조형이 너무나 유형화된 파편들의 집합체가 되고 있다는 사실을 보면 낙관할 수 없다. 100개의 MV

중 "어?" 하며 잠깐이라도 주목하게 되는 작품이 도대체 몇 개나 될까? 이 책에서 제시한 작품들은 그런 희귀한 사례들이다. 그러나 기억에 남지 않는 작품이 훨씬 많은 것이다.

이미 언급했듯 제시된 이미지들은 대체로 모두 기시감으로 가득 차 있다. MV는 세상에 이미 존재했던 것들의 브리콜라주를 기본으로 만들어지기 때문이다. 그렇다고는 해도 상상력의 빈곤은 드러나기 마련이다. 바로 작품을 주도하는 위치에 있는 사람, 각 섹션에서 결정권을 가진 사람들의 상상력이다. 윗사람들의 사상과 감성이 타성에 젖어 가고 있기 때문에 어디서 본 듯한 빤한 작품들이 양산된다. '잘만 하면 이걸로 히트 칠 수 있을 거야' 하고 생각하는 안일한 마음이 엿보인다. 아마 크리에이션의 최전선에서 일하는 사람들은 더 재미있고 신선한 아이디어를 가지고 있을 것이다. 매일 위에서 내리는 지시 사항에 애를 먹으며 '또 이거야?' 하는 불만을 품으면서 말이다. 여기저기서 많은 사람들이 신선한 생각을 품고 있어도 이를 통합하고 반영하는 기구 자체가 아예 없거나, 있어도 매우 취약한 경우가 많을 것이다.

'K아트'를 접하고 감동한 타 언어권 사람들은 종종 "K-POP은 돈을 많이 들이니까."라고 말한다. 농담은 그만했으면 좋겠다. 훌륭한 'K아트'는 돈이 아니라 사상, 감성, 결정적이라고 해야 할 상상력, 그리고 땀으로 만들어진다고 단언할 수 있다. 반대로 돈을 쏟아붓고도 그저 그런 작품이 넘친다. 돈을 들인 것 같지 않은데도 뛰어난 작품도 있다. 모든 것을 돈 탓으로 돌리는 한, 'K아트'의 본질은 보이지 않을 것이다.

서두에서도 잠깐 언급했지만, K-POP 초창기에는 돈도 없었고, 다들 빚더미에 묻혀 있었다. 1997년에는 국가도 파산했고 사람들도 신음했다. IMF 위기가 바로 그것이다. 그런 진흙탕 속에서 오늘날의 K-POP의 영광을 쌓아 올렸다는 사실은 오늘날 한국어권에서는 누구나 알고 있다.

BTS는 어떤 무대도 예외 없이 열심히 임했다. 최선을 다하여 모든 힘을 소진해 버릴 때까지 '하얗게 불태웠다'고 많은 사람들이 증언해 주고 있다. 그때의 무대를 본 증언자들의 눈에는 종종 눈물까지 어린다. 이것이 바로 K-POP 아티스트들에게 맥맥이 이어져 내려오는 전통이기도 하다.

팬덤도 몸을 아끼지 않고 아티스트를 위해 헌신해 왔다. 부유하지 않더라도 CD나 DVD, 굿즈를 혼자서 여러 개 사들이는 것은 일상적인 광경이다. 저축을 털어 먼 도시로 콘서트를 보러 가거나 일본에서 한국까지 가는 것도 흔히 있는 모습이다. 아티스트가 팬과의 교류를 매우 중요하게 여긴다는 점도 이미 널리 알려진 바이다. 2022년 5월 엑소의 수호SUHO가 미국 스탠퍼드대학에서 한 발언은 상징적이다. "한류의 파워는 무대 위가 아닌 일상 속에서도 매일 느껴진다." '일상 속에서'를 강조하며 팬과의 '소통'이 만들어 내는 유대감이 얼마나 귀한지를 열정을 담아 말한 것이다. 말하자면 아티스트도 팬도 눈물을 흘리며 자신의 존재를 걸고, 살아가고, 연대했던 것이다.

'K아트'에 한계를 가져다주는 사상과 감성

물론 크리에이터들도 쉼없이 노력했다. 그렇게 노력한 결과가 오늘을 만들었다. 반복해서 말하지만 오늘날 느껴지는 타성의 원천은 누가 보아도 윗자리에 있는 사람들의 판단에서 비롯된 건 아닐까? 왜 거기서 자동차를 빙글빙글 돌리는가? 왜 아직도 20세기 초의 힙합 옷차림인가? 왜 밀리터리 패션을 댄서들에게 입히는가? 왜 K-POP MV에서 그려지는 '소녀'들의 방은 장난감 인형과 '귀여운' 소품처럼 빤한 것투성이인가? '소녀'들의 방이 학습참고서가 아니라 철학 전집이나 고등 수학 책들로 가득 차 있으면 안 될까? 어른들, '아저씨'들일지도 모르는 그들이 만드는 빈곤한 '소녀상'에는 어이가 없을 지경이다.

일반적으로 K-POP MV는 책과는 거의 인연이 없다. 소품으로 책이 등장하더라도 대부분은 영어 책이다. 한번 생각해 보자. 일본어 책이었다면 어땠을까? 아마 많은 비판을 받을 것이다. 침략의 언어이고 제국의 언어니까. 그런데 영어 책은 면죄 받는다. 영어는 지구상의 온갖 지적 행위를 견인해 온 언어 중 하나인 동시에, 마찬가지로 침략의 언어이자 제국의 언어이기도 하다. 미국이나 영국의 지배에서 독립한 언어권의 사람들도 K-POP MV를 본다. 핵심은 그 K-POP이 영어라는 언어를 패션으로만 취급하고 있다는 점에 있다. 물론 언어, 특히 문자는 패션적인 기능이 있다. 그러나 어디까지나 언어이며, 그 언어를 아는 사람들에게는 금방 의미를 상기시킬 수 있고, 경우에 따라서는 언어가 내포한 역학 관계와 역사까지 떠올리게 한다. 아무 생각도 없이 영어 책을 패션과 장식으로만 생각하는 것은 위험하다. 5-2에서 언급한 바와 같이 영어가 쓰여진 옷을 아무 생각도 없이 입는 위험과 마찬가지다.

책이 거의 등장하지 않는 K-POP MV지만 초창기에는 다음과 같은 파격적인 작품도 있었다.

2012년 세계를 떠들썩하게 했던 싸이PSY의 국제적인 히트작 〈GANGNAM STYLE(강남스타일)〉이다. 2024년 8월에 조회수는 무려 52억을 훌쩍 넘었다. 이 기념비적인 작품에 대해서는 이미 많은 담론이 있을 것이다. 이 동영상에 대해서 딱 하나 강조하고 싶은 것은, 음악은 비교적 일률적이지만 시각적으로는 그야말로 '변화'와 '다원성' 그 자체라는 점이다. 의상도 장소도 모든 것이 다양하게 펼쳐지며 화면도 연달아 변화해 결과로서 다원적인 모습을 보여 준다. 버스 안에서 화장실까지, 목욕탕에서 가랑이 밑까지 예정조화는 철저하게 거부된다. 천변만화하는 묘술 앞에서 우리는 "다음이 어떻게 될까?"라는 궁금증이 가시지가 않는다. 3:25 등에서 여러 옷차림의 많은 사람들이 함께 춤추는 장면은 다음 세대의 K-POP을 예언하는 듯하다. 〈GANGNAM STYLE〉은 '강남'이라는 한국어권의 새 시대를 상징하는 고유명사를 세계에 알렸다. 동시에 음악을 듣는 것이 아니라 '보는' 것이라는 생각의 길을 텄고 새로운 코레아네스크의 예언자가 되기도 했다. 단, 여

●
PSY
- GANGNAM STYLE(강남스타일) M/V

성을 그려 내는 시각을 포함해 극복해야 할 점도 많았다.

싸이의 다음 작품인 2013년의 〈Gentleman〉 0:57에서는 도서실이 나오고 그 후 2:06에는 드디어 많은 책이 등장하는 큰 도서관에서도 춤을 춘다.

밀리터리즘과 결별하라!

'K-POP' 'K아트'의 미래를 위한 세 번째 과제는 밀리터리즘, 즉 군사주의, 전체주의와의 결별이다. "끊임없이 '변화'를 추구할 것!"에 이어 두 번째로 큰 과제라고 할 수 있다.

K-POP에서 밀리터리즘은 무엇보다도 먼저 시각적인 '의상'에서 나타난다. 나치 제복과 같은 밀리터리 패션이 대표적이다. 동시에 군대뿐만 아니라 경찰관의 제복 등도 이 유형에 속한다. 그 원류를 거슬러 올라가면 일본 여학생들의 세일러복, 남학생들의 교복 등의 파생물이라고도 할 수 있지만, 이야기의 경계와 본질이 흐려지므로 여기서는 우선 군복과 경찰관의 복장에만 한정해서 이야기해 보기로 하자.

K-POP MV를 보면 이러한 밀리터리 패션이 자주 사용되는 것을 알 수 있다. 이 책에서는 기본적으로 배제했기 때문에 눈에 잘 띄지 않았을 수도 있지만 놀랍게도 적지 않은 작품에서 등장한다. 거의 '파쇼fascio'나 전체주의 프로파간다propaganda로 보일 법한 작품도 있다.

K-POP의 밀리터리 패션은 이른바 칼군무가 융성하면서 여기에 기생해 자란 사상과 감성이라고 생각된다. 일사불란한 대열이라고 하면 가장 먼저 떠오르는 것이 군대이고, 경찰이고, 감옥이다. 운동회나 집단행동 동영상 등에도 칼군무 못지않은 것들이 얼마든지 있다.

하지만 생각해 보자. 지구상에서 군대나 경찰은 무엇보다도 사람들에 대한 억압과 지배의 장치다. '1980년 광주'를 떠올리면 저절로 옷깃을 여미게 된다. 나치의 제복이 영화 같은 매체에서 종종 '아름다운 것'으로 묘사되는 것처럼, 제국주의 시대 일본군의 제복, 청년 장교의 군복 등도 종종 '아름다운 것'으로 그려져 왔다. 말할 필요도 없이 그것들은 한국을 향한 침략과 억압의 의상이었고, 아이누 민족에 대한 침략과 억압의 의상이기도 했다. 밀리터리즘은 지구 전체에서 가해의 기억 또한 불러일으키는 것이다. 지금 '기억'이라는 말을 썼지만 사실 정확하지 않은 단어다. '눈 앞의 광경'이라 하면 더 실상에 가까워질까. 다름 아닌 현재 이스라엘 정권이 가자Gaza 지구를 향해 겨누는 제노사이드genocide(집단살해)를 상기하면 된다.

군복이나 군장은 본래 K-POP과는 정반대 편에 위치하고 있다. 영화나 드라마에서 경찰관의 제복에 우리는 쉽게 호감을 갖기 쉽다. 하지만 길거리를 생각하면 잊었던 기억을 되찾을 수 있을 것이다. 일본의 예를 들면 이미 아득히 옛날이라고 생각할지도 모르겠지만, 1967년부터 활발했던 가두 투쟁을 떠올리면 된다. 경찰관의 제복도, 기동 경찰의 제복도, 전경의 방패도, 곤봉도, 그리고 최루탄도, 모두 우리 편이 아닌 저쪽 편이 가지고 있던 것들이다. 바로 지배와 억압의 의상이며 의장意匠(디자인)이었다.

이렇게까지 이야기했는데 '군대는 그렇다 치더라도 경찰은 정의의 편이지 않은가?'라고 생각하는 사람이 있다면, 세계로 눈을 돌려 보자. 경찰관의 제복 또한 밀리터리 패션이며 얼마나 위험한 것인지 금방 알 수 있을 것이다. '흑인의 생명도 소중하다' 등으로 번역되거나 'BLM'이라는 약어까지 있는 'Black lives matter'라는 강렬한 말로 알려지게 된 사건을 떠올려 보자. 2020년, 제복을 입은 백인 경찰관이 조지 플로이드George Floyd 씨를 무릎으로 눌러 살해한 사건이다. 이른바 '아프리카계 미국인' 차별의 상징적인 사건이었다. 전 세계가 분노했고, 전 세계가 호응한 사건이다. 거기에는 중간이 없다. 지배와 억압의 편에 서서 사람을 죽이는 쪽의 의상을 선택할 것인가? 우리는 K-POP 아티스트들에게 그런 지배와 억압의 의상을 입히고 싶은가? 수많은 훌륭한 백댄서들에게 지배와 억압의 패션을 입히고 싶은가? 그렇지 않다. 단호히 "아니다!"라고 답하고 싶다. 세계는 그것을 거부한다:

밀리터리 패션은 아름다움의 상징이 아니라 끔찍한 억압의 상징이다

억압하는 'K아트'인가, 해방하는 'K아트'인가

추상적으로 말하면 전달이 잘 되지 않을 것 같아서 가슴 터질 것 같은 마음으로 한 가지 예만 들어 보겠다. 사랑하는 BTS, 그들의 최고의 작품 중에 〈ON〉이라는 곡이 있다. 노래도, 춤도, 댄서도 압권이었다. 카메라 워크도 훌륭하다. 다성성이 넘치는 아티스트의 목소리, 춤의 난이도, 표정, 존재감, 장대한 스케일, 그 모든 것이 압도적이다. 아마 BTS 작품 중에서도 최고 걸작에 속할 것이다.

그런데 이 〈ON〉에는 서로 전혀 다른 다음 (a), (b) 두 가지 MV의 큰 세계상이 서로 버티고 있다:

(a) BTS(방탄소년단) 'ON' Kinetic Manifesto Film : Come Prima

(b) BTS(방탄소년단) 'ON' Official MV

또한 (b)에는 미국에서 찍었다는 촬영 풍경 영상도 공개되어 있다. (a)는 기본적으로 춤을 핵심으로 한 동영상이다. 아티스트들이야 밀리터리 룩에서 간신히 벗어나 있지만, 댄서들은 명백한 밀리터리 패션을 입고 있다. 여기에는 어떤 변명도 통하지 않는다. 예를 들어 "개개인의 의상을 보면 조금씩 다르기 때문에 밀리터리 패션이 아니다." "억압의 상징으로서의 밀리터리 패션과, 그것에 맞서 싸우는 아티스트들을 그린 구도이다." "검은색은 아나키즘의 상징이다." 운운하는 변명은 통하지 않는다. 그런 핑계가 통하지 않는 것이 바로 밀리터리 패션의 상징성이다. 공포를 입은

(a) ● BTS(방탄소년단) 'ON' Kinetic Manifesto Film : Come Prima

(b) ●★ BTS(방탄소년단) 'ON' Official MV

상징성. 전 세계에서 짓밟히고 억압 받은 사람들의 기억을 지울 수는 없다. 억압의 기억이란 항상 과거가 아니라 현재이기 때문이다. 간토대지진 때 학살 행위의 가장 높은 위치에 있었던 사람들은 어떤 옷을 입고 있었는가? 경찰관의 제복이다. 밀리터리 패션의 극치인 '파쇼'의 디자인에 이르면 우리 감성의 아주 작은 자유마저도 빼앗긴다.

초반부부터 아티스트들과 밀리터리 패션을 입은 사람들이 함께 북을 치는 안무가 보이지 않는가. 게다가 북채를 들고 자칫 잘못하면 2:57 등에서처럼 나치식 경례를 연상시키는 안무까지 곁들여져 있다. 밀리터리즘이니, 파쇼니 하는 말을 하지 않더라도, 아마 지구상 많은 사람들의 뇌리에는 공포가 교차했을 것이다.

무서운 사태다. 사랑하는 아티스트의 최고의 노래가, 춤이, MV가, 의상 하나로 공포로 바뀐다. 억압 장치로 바뀐다. 이 MV의 기억이 있는 한 다른 무대에서의 동영상도 나는 볼 수 없다. 물론 다른 이에게 추천할 수도 없다. 그러면 'K아트'가 사람을 억압하는 장치가 되어 버리기 때문이다.

밀리터리즘과 대극의 사상을 형상화하는 또 한 편의 〈ON〉

밀리터리즘, 그리고 전체주의는 자칫하면 K-POP을 내부에서부터 붕괴시킬 수 있는 사상과 감성이므로 엄격하게 배제하면서 우리의 사상과 감성을 단련해야 한다. 만들어진 어떤 세계상이 '멋있다'든지 '아름답다'와 같은 감성과 자극을 동반하고 있다면 그 세계상은 더더욱 위험한 것이다. 덧붙여 말하거니와 어떤 사상적 방향이든 이 책의 한 구절만 부분적으로 잘라서 인용하는 것은 피해 주길 바란다. 필자가 어떤 마음으로 사랑하는 K-POP의 아픈 부분을 적고 있는지는 이 책 전체를 함께해 주셔야 비로소 알 수 있을 테니까.

또 한 편의 〈ON〉인 (b)는 상징시를 집적하고 서사성을 덧씌운 듯한 MV로서 거대한 서사시적 구조로 이루어져 있다. (a)와는 정반대로, 메이킹 영상에서 뷔가 '여동생'이라고 말했던 소녀의 손을 잡는 장면에서 전형적으로 볼 수 있듯, 아티스트가 '약자와 함께한다'는 설정이다. 색채도 고대적인 분위기를 담은 이야기적 느낌으로 통일되어 있다. 노아의 방주 같은 공간, 「출애굽기」 속 무대 시나이산을 상징하는 듯한 공간, 이사야마 하지메諫山創의 만화 『진격의 거인』(2009-2021) 같은 공간 등 지구상의 다양한 이야기들을 떠올리게 하며 우리를 자극하는 거대한 세계상을 만들어 냈다.

이미 언급했듯이, 설령 크리에이터들이 '이것은 이러이러한 의미이다'라고 설명한다고 해도—물론 그런 언술은 자유롭게 할 수 있지만—유효하지 않다(→2-2). 세계상이란 크리에이터들을 포함한 창작들이 '○○을 표현한 것'이 아니라, 실제로는 정반대로 만들어진 어떤 상을 우리들이 각자의 방식으로 '○○로 읽는' 것이다. 즉 수용하는 우리가 저마다의 의미를 조형하는 것이기 때문이다. '만들어진 MV를 보고 사람들이 자유롭게 의미를 조형한다'는 원리 자체를 크리에이터가 사적으로 소유하는 것은 불가능하다. 물론 아티스트들도 마찬가지다. 작품은 이미 아티스트와 크리에이터를 떠난 것이다. 이러한 원리 자체를 개인적으로 비틀어 버리는 것은 불가능하다. '조형하는 행위'에 아티스트나 크리에이터의 사상이나 감성이 투영되기는 하더라도, '조형된 것'은 언제나 세계를 향하여 전방위적으로 열려 있는 것이다. 이것이 무언가를 조형한다는 행위의 원리이자, 미학의 존재 근거이다. '조형된 것'은 항상 조형한 사람들의 의도를 넘어선다. 상징시라는 전략은 애초부터 이러한 구조를 최대한 활용한 시의 형태였다.

(b)MV는 구성도 정교하다. 곡과 함께 압도적인 수준으로 완성되어 있다. 웬만한 장편영화로도 도달할 수 없는 레벨이다. (b)영상 속 〈ON〉은 사람을 억압하는 K아트가 아니라, 명백히 사람을 해방시키는 K아트를 지향하고 있다. 마치 기도하듯. 만일 이 (b) MV가 이스라엘의 제노사이드 와중에 발표됐다면 온 세계가 환희로 맞아 주었을 것이다. 이 작품은 그 정도의 퀄리티를 달성했다.

한쪽만 보는 사람은 두 버전의 〈ON〉을 각각 전혀 다른 작품으로 이해하게 될 수도 있다. 만약 필자가 (b)를 먼저 시청하고 (b)만 알았다면, 틀림없이 별을 있는 대로 몽땅 매기고 독자들에게 최고의 MV로 추천했을 것이다. 그렇기 때문에 밀리터리즘 버전 (a)의 존재는 아쉬움의 극치라고밖에 말할 수 없다.

참고로 (b)가 Official이라는 이름을 달고 있는 공식 MV지만, 재생 횟수는 3.3억, 먼저 공개된 밀리터리즘의 (a)가 무려 6.1억을 이미 넘어섰다(2024년 8월). 필자도 (b)의 존재는 훨씬 나중에 알았다. 아주 기계적으로 거칠게 말하자면, 〈ON〉을 밀리터리즘풍의 작품 (a)로만 이해한 재생이 2.8억 번이나 있었던 셈이다. 더 극단적으로 말하면, 어쩌면 2.8억 명이 이 밀리터리즘의 〈ON〉만 보고 BTS를, 혹은 K-POP을 떠났을지도 모른다.

MV는 이데올로기 형태 그 자체이다

우리는 말이 있고, 소리와 빛이 있고, 신체가 혼연일체가 되어 융합되는 LAVnet 시대 음악의 모습이 음악 자체를 전혀 다른 것으로 바꾸어 놓은 것을 알게 되었다. 음악이 음악으로만 존재하지 않는다는 것을 뼈저리게 느끼고 이해하게 되었다. 그러고는 다음 단계를 깨닫는다. K-POP, 그리고 K아트에 요구되는 것은 밀리터리즘과의 결별이다:

K-POP, 그리고 K아트는 전쟁과 가장 먼 곳에 있다

20세기 일본어권에서 히라오카 마사아키平岡正明는 저서 『재즈 이외에는 신이 없다ジャズより他に神はなし』(산이치쇼보, 1971)에서 "재즈에 이데올로기적 외피를 씌울 수 없다."라고 말했다. 이 '이데올로기적 외피'란 칼 마르크스Karl Marx(1818-1883)가 말한 '종교적 외피'의 아날로지analogy(유추)일 것이다. 아날로지의 용법으로서는 문제가 없는 것은 아니지만.

확실히 개별적인 재즈 연주는, 적어도 악기 연주라면, 그 자체에 '이데올로기적 외피'를 입힐 수는 없다. 그러나 사실 재즈 주변에는 반드시 말이 따라붙는다. 프리 재즈Free Jazz라는 뜨겁고 아름다운 말이 오넷 콜맨Ornette Coleman(1930-2015)이나 앨버트 아일러Albert Ayler(1936-1970)의 연주를 중심에서부터 얼마나 지탱해 주었을까? '프리 재즈'라는 말은 우리가 처음 그 연주를 접하며 느꼈던 놀라움에 이데올로기적 근거까지 제공해 주었던 것이다. 말 없는 악기조차도 항상 그 주변은 말로 둘러싸여 있다.

이런 관점에서 볼 때, 이미 강조했듯이 K아트는 처음부터 말을 가지고 있다. 즉 이데올로기 자체이다. 어떤 사상성이 짙게 드러나든 그렇지 않든 간에, 말이 이데올로기의 '형태'라는 점을 잊어서는 안 된다. 어떤 특정 이데올로기를 말로써 선명한 '형태'로 만들 수 있고, 이데올로기를 숨기는 일 또한 말의 '형태'로 얼마든지 가능하다. 언어는 본질적으로 그러한 기능을 지니고 있다. 단 〈ON〉의 사례처럼 그런 말조차 때로는 시각적인 패션에 압도당할 수도 있다.

MV는 이데올로기적인 이콘도 담을 수 있다 — 국기라는 위험

뿐만 아니라 영상 속에서도 다양한 이콘을 배치할 수 있다. 예를 들어, 1936년 나치 정권 아래 개최된 베를린올림픽을 떠올리면 된다. 하켄크로이츠는 패션의 이콘이자 제국의 이콘이었다. 마라톤에서 금메달을 딴 손기정孫基禎(1912-2002)을 보도한 『조선중앙일보』와 『동아일보』 사진에서 가슴의 일장기가 지워졌다. 흔히 '일장기 말소 사건'이라고 부르는 이 일로 동아일보사 사회부장이자 작가였던 현진건玄鎭健(1900-1943)이 1년간 감옥에 수감됐다. 일장기는 하켄크로이츠와 더불어 침략과 억압의 이콘, 그것도 아마도 인류 역사상 가장 혐오스러운 이콘 중 하나임에 틀림없다. 하켄크로이츠와 일장기가 함께 걸린 사진은 얼마든지 남아 있다. 이 문제는 현재도 국가적 차원에서는 전혀 매듭지어지지 않고 있다. 즉 일장기는 여전히 침략과 억압의 이콘으로 남아 있는 것이다. 군사에 특화된 군함기=욱일기는 침략과 억압을 상징하는 강도가 더욱 커진다.

일장기만이 아니다. 이른바 '제국'의 상징인 대영제국의 유니언잭, 미국의 성조기, 프랑스의 삼색기 등도 마찬가지다. 일장기 등 '제국'의 국기는 침략과 억압의 기억을 떠올리게 하고, 경우에 따라서는 사람들에게 트라우마까지 유발하는 트라우마타이저traumatizer이다. 이런 도상을 K-POP MV에서 아티스트들이 패션으로 부분적으로나마 활용했다면…. 끔찍한 일이다. 우리의 일상 패션에서도 자주 접할 수 있고, YouTube에서도 국기가 사용된 안이한 사례는 얼마든지 있다. 놀랍게도 그중에는 '한국어'나 '일본어'와 같은 '언어'의 표상으로서 국기를 사용하는 것도 적지 않다. 국가와 민족과 언어는 일치하지 않는다. 예외적으로 일치하지 않는 것이 아니라 본질적인 원리이다. '글로벌화'의 결과로 그렇게 된 것이 아니라, 애초부터 일치하지 않는다는 말이다. 그러므로 '원리'인 것이다. '국가≠민족≠언어'는 우리가 지켜야 할 첫 번째 전제다. 지구상에 언어는 수천 개, 국가는 겨우 200개국이니 도저히 같을 리가 없다. 한민족 중에도 영어 모어 화자가 있고, 한국어를 모어로 하는 일본 사람도 얼마든지 있다. '국가=민족=언어'는 환상의 등식이며, 게다가 자칫하면 민족배외주의로 가득 찬, 아주 위험한 환상의 등식인 것이다(노마 히데키, 『한글의 탄생: 인간에게 언어란 무엇인가』 제1장 참조).

애초에 오늘날의 K아티스트들 자체가 멀티에스닉, 다민족적, 다문화적인 존재가 아닌가? K아트 자체가 멀티에스닉을 기반으로 성장해 왔지 않는가? 즉 K-POP, K아트의 'K'=코레아네스크는 국가를 의미하는 K가 아니다. 물론 민족을 뜻하는 K라고도 할 수 없다. 간신히 가장 가까워 보이는 것은 앞서 말했듯이 언어로서의 K였다. 그러나 언어의 경계는 항상 모호하고 항상 움직이고 있으며 그 내부는 항상 다양하다는 점을 우리는 잊어서는 안 된다. 이 점은 어떤 언어에도 예외가 없다.

어쨌든 MV라는 형식을 취하는 K아트는 그 내부에 국기 등을 비롯해 이러한 이데올로기적 이콘을 얼마든지 담을 수 있다. 게다가 앞서 언급했듯이, 아티스트들과 댄서들, 거기에 존재하는 사람들이 무려 밀리터리즘을 입힐 수도 있는 것이다. 요컨대 K-POP MV와 이데올로기의 관계는 이렇다:

K-POP MV, K아트는 애초부터 이데올로기적 외피가 아니라 이데올로기의 '형태' 그 자체다

'걸크러시'라는 사상

예컨대 걸크러시라는 말로 이야기되는 K아트들은 '젠더라는 질곡'을 '크러시하는(=으깨는)' 것이고, '젠더가 만든 감옥'에 대항하는 반역의 선명한 이데올로기였으며, 체제를 향한 반역의 이콘이 되기도 했다. 적어도 '걸크러시'가 희구하는 바는 해방 사상의 한 형태이자 이데올로기이다. 침략과 억압이냐, 자유와 해방이냐, 어느 방향을 희구하느냐의 차이일 뿐, 이데올로기의 '형태' 그 자체라는 점에서는 파쇼도 걸크러시도 궤를 같이한다. 반대로 '이데올로기에서 멀리 떨어지겠다'는 사상 역시 견고한 이데올로기의 한 형태임은 두말할 나위가 없다.

그렇기에 K아트는 사상과 감성을 다듬고 또 다듬어야 한다. 예컨대 YouTube 여기저기서 눈에 띄는 것처럼 침략과 억압의 이콘으로 가득한 '만국기'가 평화의 상징으로 자리매김되고 있다면, 우리가 가야 할 길은 아직도 멀다.

이 책에서도 높이 평가한 걸크러시의 선두 주자라 할 수 있는 ITZY가 MV 〈SNEAKERS〉를 2022년에 공개했다. 안타깝게도 여기서도 밀리터리 패션이 등장한다. 마치 밀리터리 패션도 다른 팝적인 패션의 한 종류에 지나지 않다고 주장이라도 하듯이. "전쟁 따위는 그만두고, 평화롭게. 그 상징이 스니커즈야!"라고 말하고 싶었는지 모르지만, 이미 말했듯이 밀리터리 패션은 그런 소박함 따위는 쉽게 삼켜 버리고 만다. 동시에 모처럼의 아주 재미있는 안무도 밀리터리즘 속에 녹아 버린다.

걸크러시의 선두자인 ITZY조차 밀리터리즘 패션을 이기지 못하는 것이다. 밀리터리즘, 전체주의는 K아트를 그 내부에서 파괴한다.

밀리터리즘은 그것이 나치든, 펜타곤=미국 국방부든, '다국적군'이든, '인민해방군'이든, '식민 제국주의의 군대와 시오니즘의 군대'이든 변함이 없다. 음악 같은 것을 즐길 수 없을 정도로 그들에게 파괴된 사람들이 있고, 그 후손들이 있고, 고향이 있는데, K-POP은, K아트는 아직도 밀리터리즘 쪽을 바라보는가? 밀리터리즘과 전체주의는 K-POP이 가장 피해야 할 사상이고 감성이다.

밀리터리즘은 추상적인 문제가 아니다. 지금 진행 중인 이스라엘=시오니스트Zionist가 자행하고 있는 팔레스타인을 향한 제노사이드=대학살은 K-POP 팬들은 물론 아티스트와 크리에이터에게도 절실한 물음을 들이대고 있다. 제노사이드 앞에서 입장은 두 가지밖에 없다. K-POP이 제노사이드를 용인하느냐 아니냐는 두 가지다. 식민 제국주의와 대학살을 용인하게 된다면 온 세계가 K-POP을 외면할 것이다. 만일 그런 끔찍한 일이 생긴다면 앞으로 오래도록 "K"에 묻은 그 오명은 씻을 수 없을 것이다.

이데올로기는 작품 내부에 한정되지 않는다. 미국 HYBE의 CEO인 스쿠터 브라운Scooter Braun과 같은 공공연한 시오니스트의 존재는 HYBE가 아니라 다름 아닌 K-POP 전체를 위협하고 있다. 스쿠터 브라운의 이름이 새겨진 앨범을 보고 BTS의 열렬한 팬이었지만 아픔 속에서 "이젠 끝이야."라고 비통한 외침을 남기며 팬을 그만둔다는 투고는 일본어권에서도 너무 많이 보게 되었다.

"아, K-POP이 이렇게 붕괴되는 것일까?" 하는 생각이 들었을 정도이다.

물론 반대로 엔믹스의 릴리를 비롯하여 K-POP 아티스트들이 시오니즘에 반대하는 티셔츠를 입고 있는 사진을 보고 기쁘고 감사했다는 말을 전하는 투고도 많았다.

반복하거니와 입장은 두 가지밖에 없다. 미국을 비롯한 G7(이것은 Group of 7이 아니라 이미 '제노사이드 7'의 약칭이다)과 이스라엘의 식민 제국주의를 용납하느냐 마느냐, 하는 두 가지다. 미국은 아메리카 선주민을 추방 학살하면서 식민 제국주의로서 자기 자신을 완성시켰다. 1948년의 나크바의 날al-Nakbah(대재앙의 날이라는 뜻으로, 이스라엘 독립 선언과 동시에 이루어진 팔레스타인인의 추방 사건) 이래 이스라엘은 미제와 똑같이 식민 제국주의 전략을 택하고 있는데 이미 76년에 달한다. 일제 시대에 빗대 말해 보면 예를 들어 3·1운동 당시에 29명을 교회에 가둬 놓고 살해한 제암리 학살 사건이 있었는데 2023년 10월 이후 이스라엘은 매일 같이 제암리 학살을 그대로 재현하고 있는 것과 마찬가지다. 온 세계가 이스라엘에 의한 이러한 G7 제국주의의 재현을 이미 목격해 버렸다. 이스라엘 내부를 비롯해 미국, 유럽, 일본 그리고 한국, 세계 각지의 반反제노사이드, 반시오니즘 운동을 해야 하는 것은 물론이고 K-POP도 이런 제노사이드를 용납해선 안 된다는 것은 두말할 나위도 없을 것이다. 전쟁도 학살도 K-POP과는 정반대의 극에 있기 때문이다.

⑧

---

③

K-POP, '지금·이곳'의 희열과 애절함

신체성 다시 보기

K아트가 세계에서 공유되기 위해 어떤 길을 가야 하는가를 살펴보았다. 여기서 다시 한 번 '신체성'이라는 문제를 '지금·이곳'이라는 관점과 관련 지어서 생각해 보자.

이 관점에서 2-7에서 본 BTS의 지민을 다시 한 번 떠올릴 수 있다. 우선 그의 목소리가 만드는 조형의 힘부터 확인하자. 2017년 작품 〈LOVE YOURSELF〉이다.

●
BTS(방탄소년단)
LOVE YOURSELF 承 Her 'Serendipity' Comeback Trailer

다음으로 2023년 지민의 댄스 동영상 〈Like Crazy〉를 보자. K-POP에는 격렬한 안무로 구성된 멋진 작품은 많지만 이렇게 부드럽고 자연스러운 곡선미의 아름다움을 살리는 안무는 많지 않다. 그런 완만함 속에서도 신체의 힘과 존재감은 잊혀지지 않는다. 저절로 나타나는 관능성의 미학은 압도적이다. 이 STUDIO CHOOM 동영상은 그림자까지 교묘하게 이용한 조명과 색채의 변용이 그윽한 매력을 보여 준다. 음악 속에서 요동치는 춤. 함께 요동치는 댄서들도 아름다움이 넘친다.

같은 STUDIO CHOOM에서 제작한 7인조 엔하이픈의 댄스 귀재 정원과 니키의 명작 〈Bleeding Darkness〉를 보자. 모던 댄스 스타일의 구성주의적인 작품인데 이러한 시도는 더 활발하게 이루어져도 좋다.

이번에는 여성 아티스트 쪽에서 블랙핑크를 예로 들어 보자. 리사의 춤은 '존재 그 자체가 춤이다'라고 해도 좋을 만한 지고至高의 춤, 가장 높은 수준의 춤이다. 이 점에 대해서는 이견이 거의 없을 것이다. 태국에서 한국으로 건너와 준 것은 정말이지 우리에게 축복과도 같은 일이다. 칼날같이 날카로운 동작을 자아내는 팔은 길이의 한계를 넘어 손끝이 우주적인 궤적을 그린다고 할 정도로 거대하다. 조그마한 존재인 인간의 몸이 이토록 거대한 시공간을 조형할 줄이야. 아리땁게 다듬어진 동선의 미학은 콘서트에서 보

●★
[BE ORIGINAL] Jimin (지민) 'Like Crazy'(4K)

●
[MIX & MAX] ENHYPEN JUNGWON & NI-KI(정원 & 니키) 'Bleeding Darkness'(4K)

이는 작은 몸짓에서도 유감없이 발휘되고 있다. 리사가 혼자서 추는 춤 동영상이라면 얼마든지 확인할 수 있다.

깊이 있는 색채 안에서 춤을 추는 리사를 광각렌즈가 잡는 작품이 〈LILI's FILM〉 댄스 퍼포먼스 비디오 중 〈#1〉이다. 광각렌즈의 넓은 화각과 강조되는 원근감이, 신체가 그리는 궤도와 생동감을 더욱더 크게 만든다. 손과 팔이 움직이는 속도는 보이지 않을 만큼 빨라지기도 한다. 바지의 흰색과 원단이 주는 인상 덕분에 춤의 격조는 사라지지 않는다. 〈#3〉은 신체성을 전면으로 부각시키는 작법이다.

그리고 블랙핑크의 작품에서는 춤의 화신 같은 리사의 춤에, 보컬의 화신이라 할 수 있는 로제가 전혀 다른 방식으로 맞버티고 있다. 우리는 좋은 작품을 너무나 많이 보았기 때문에 이런 높은 수준의 만남을 당연하게 여기기 쉽지만 생각해 보면 실은 놀라운 일이다. 노래와 춤이 압도적인 수준에서 융합된다. 신체성이라는 물감은 동영상 속으로 그 극한까지 깊이 스며든다. 그리하여 우리는 다시금 다음 명제를 확인하게 된다. K-POP은 노래만 하는 것이 아니다:

K-POP은 노래를 하며 춤을 춘다

●★
LILI's FILM #1 - LISA Dance Performance Video

●★
LILI's FILM #3 - LISA Dance Performance Video

이런 명제에 대한 극단적인 증거가 바로 리사의 춤이고, 블랙핑크의 춤이다. 〈How You Like That〉의 〈dance performance〉 동영상을 보면(→32쪽, 339쪽) 바로 알 수 있다. 곡의 MV와는 별도로 댄스 동영상은 2024년 6월에 16억 회 이상의 조회수를 기록하고 있다. 분홍색만을 바탕으로 한 화면에서 절제감을 잃지 않으며, 멋지게 춤을 추는 카메라까지 보일 것 같다.

몸 자체를 끝없이 뻗어 심도 있고 강인하게 춤을 추는 리사와, 의상까지 세차게 몸부림치며 격렬하게 춤을 추는 로제. 여기서 우리는 춤이라는 행위가 은밀히 감추고 있던, 전혀 다른 신체성의 진원지를 만나게 된다. 어떻게든 '무언가를 표현하려고' 만드는 이들의 지루한 춤과는 조형의 지향성이 근본적으로 다르다. 마지막 부분에서는 백댄서들 개개인의 압도적인 역량이 멋있게 어우러진다. 이것이 'K아트'다. 여기서 솟아나는 것은 보잘것없는 '이야기' 따위가 아니라 어떤 언어도 필요없는 압도적인 신체성 그 자체다.

수줍음을 감추듯 어디까지나 우아한 지수, 몸의 근간을 진동시키면서 장난끼를 멋지게 보여 주는 제니. 두 사람의 춤 또한 앞의 두 사람과는 전혀 다른 빛을 발한다.

그렇게 우리의 영혼, 우리의 몸이 공진한다. 마치 어떤 더러움도 깨끗이 걸러 낸 순수한 경지로. 목소리만이 뛰어난 존재감을 갖는 것은 아니다. 블랙핑크가 써 내려간 신화 속 신들이 선명하게 보여 주기에 우리는 몇 번이나 다음 명제를 확인하게 된다:

K-POP은 노래를 하며 춤도 춘다

YouTube, 틱톡, 인스타그램에서 셀 수 없이 그리고 계속 늘어나는 춤 동영상이야말로 K-POP과 K아트가 낳은 문화이다. 팝 컬처가 지구상의 아트를 전율케 하고 있다. 공명의 강도와 폭에서 역사상 그 누구도, 그리고 K-POP 이외의 어떠한 장르도 여태까지 결코 이룩할 수 없었던, LAVnet 시대의 K-POP만이 가능케 한 완전히 새로운 아트이며, 완전히 새로운 시공간이다.

마음, 가슴의 음악에서 심장의 아트로

K아트의 신체성은 사실은 가사에도 나타나 있다. 20세기의 한국가요 속 가사가 '마음'과 '가슴'을 향했다면 K-POP은 자신의 신체성을 상징하듯 '심장'을 지향한다:

K-POP은 심장의 아트다

한국어와 일본어에서는 '마음' '가슴' '심장'은 각각 다른 단어다. 일본어권에서 원곡인 한국어 가사를 알게 된 사람이면 이들 단어의 차이가 뜨겁게 와닿는다. 그렇게 사람들은 '심장'이라는 말에 전율한다.

그래도 블랙핑크의 〈마지막처럼(AS IF IT'S YOUR LAST)〉(2017)

까지는 그 가사가 시사해 주듯 아직 K-POP은 '마음'과 '가슴'의 바다 위를 일렁이는 시대였다. 하지만 **K-POP의 심장화**는 근년에 더욱더 맥박의 강도를 더하고 있다.

예를 들면 에버글로우의 2020년 작품 〈LA DI DA〉에서 "감춰왔던 심장 소린" 점점 우리 눈 앞에 나타나기 시작했고, NCT 127의 〈Favorite(Vampire)〉(2021)에서는 "심장은 조각난 걸" 확인했다. 아이브의 〈After Like〉(2022)에서 "두 심장에 핀 / 새파란 이 불꽃이"를 들으면 사랑도 마음보다 심장이 중요하다는 생각을 하게 되었다. 에이티즈의 〈Guerrilla〉(2022)가 "심장은 원해" 뉴진스의 〈Ditto〉(2022)에서는 "Ra-ta-ta-ta 울린 심장"의 포스트모더니즘적인 고동 소리를 들려주었다. (G)I-DLE의 〈Last Dance〉(2023)에 이르면 뜨거워지고("심장은 뜨거워") 에스파의 〈Spicy〉(2023)에서 "심장을 파고 들어"가자, TXT의 〈Good Boy Gone Bad〉(2022)가 되면 드디어 카니발리즘까지 상상케 하는 지경에 도달해 "심장을 삼켜" 버린다. 몬스타엑스의 〈Beautiful Liar〉(2023)는 악마적이라고 할 정도의 아름다운 가사로 심장의 색깔까지 바꾼다.("까맣게 물들여진 내 심장에다") 엔믹스의 〈Love Me Like This〉(2023)에 이르면 우리는 "뛰는 심장 소릴 따라가"기만 하면 된다. 어떤가, '심장 소리'를 더 듣고 싶은가?

오늘날의 K아트는 바로 에이티즈가 가르쳐 주듯, "심장이 원하는" 아트인 것이다.

신체성의 향연

신체성을 구가하는 K아트 작품 중 지금까지 언급하지 못한 작품을 살펴보면서 K아트가 완성되어 가는 역사를 잠깐 확인해 보자.

〈누난 너무 예뻐(REPLAY)〉 동영상은 2011년 작품으로 제2세대 샤이니의 데뷔(2008) 앨범 수록곡이다. MV에 등장하는 여성은 2009년 멀티에스닉 그룹인 f(x)(→5-2)로 데뷔한, 중국 출신 빅토리아Victoria다. 오키나와 출신 안무가 나카소네 리노仲宗根梨乃가 만든 춤을 선보인 〈누난 너무 예뻐(Replay)〉 MV는 이제 K아트의 다문화적 고전으로 자리 잡았다.

2010년에 데뷔하여 2017년경까지 활동한 4인조 missA미스에이는 그룹 이름을 짓는 발상에서도 알 수 있듯이 구세대, 제2세대에 속한다. 페이Fei, 지아Jia라는 중국 출신 2명과 한국 출신인 민Min, 수지로 구성된 멀티에스닉 그룹이었다. 해산 후에도 각각 다방면에서 활동하고 있다. 수지는 2-8에서 살펴봤듯 EXO의 백현과 듀엣을 들려주기도 했고 영화 《건축학개론》(2012) 등에서 배우로도 활약했다. 드라마 《이두나!》(2023)에서는 K-POP 아티스트 역으로 빛났다.

〈Bad Girl, Good Girl〉 MV는 거의 댄스 중심 영상으로 이루어진다. 마지막 3:46에 나오는 여성의 다리를 소재로 디자인한 로고를

SHINee 샤이니
'누난 너무 예뻐(Replay)' MV

miss A
"Bad Girl, Good Girl" M/V

보면 구태의연한 '남성 시선'의 감성이 상징적으로 나타나 있다. 20세기 이래 엔터테인먼트 산업에서는 여성의 신체는 이렇듯 존재를 빼기고 상품화되어 있었다. 신체는 존재가 아니라 기호로서의 소비물이었다. 거기에는 소외당한 아티스트들만이 남는다.

하지만 이 작품은 결코 그런 물상화의 폐허만은 아니다. 도입부 0:00-0:05 부분이나 아티스트 각각을 클로즈업으로 나타낸 화면 등 곳곳에서 나타나는 투명한 아름다움은 새로운 K-POP의 감성을 제시한다. 말하자면 크리에이터들도 새로운 감성과 낡은 감성의 사이의 혼란 속에 빠져 있는 듯 보인다.

이 작품을 현재 시점에서 돌이켜 보면 특히 노래와 댄스 곳곳에서 펼쳐지는 아티스트들의 역량과 존재감이 크리에이터들이 가진 그런 낡은 사상의 테두리를 돌파하려고 몸부림치고 있는 듯 느껴진다. 아티스트들의 아픔도 함께. "나를 잘 알지도 못하면서", 이렇게 가사조차 몸부림치고 있지 않은가. "한심한 여자로 보는 / 너의 시선이 난 너무나 웃겨." 역사를 회상적으로 자리매김한다면 〈Bad Girl, Good Girl〉은 K-POP 초창기의 감성 투쟁이자 몸부림이었다. 'Bad Ideology, Good Ideology'가 투쟁하는 모순이 그대로 나타나 있는 것이다.

K-POP에선 이런 식으로 새로운 시대의 맹아가 싹트기 시작했다.

3-6에서 살펴본 〈가시나〉를 부른 선미가 2013년에 내놓은 작

•
Sunmi
"24 hours(24시간이 모자라)" M/V

품 〈24 hours(24시간이 모자라)〉에서 신체성은 "내가 널 만지고 / 니가 나를 만지면"이라는 가사에서도, 호흡을 효과적으로 이용한 가창법에서도 상징적으로 형상화되어 있다. 춤에는 모던 댄스적인 성격도 가미되어 있다. 서서히 아티스트는 작품 안에서 콘셉트의 아이콘이나 기호가 아니라 존재론적인 아티스트로서 그려지기 시작한다.

2014년 슈퍼주니어가 선보인 라틴 노선 작품 중 〈MAMACITA(야야야)〉는 4:05로 비교적 긴 작품인데 중간중간 서부극과 스페인풍 요소를 섞은 코믹한 '이야기'를 담고 있다. 요즘은 거의 재미를 느끼지 못하는 부분인데 이러한 감성을 지양하면서 K아트가 성장했다고 볼 수 있다. 7-1에서 본 〈Lo Siento〉와 같은 MV와 비교해 보면 진화의 방향을 눈치챌 수 있다. 노래와 곡, 춤은 그러한 약점을 분쇄할 정도의 박력을 보여 준다. 특히 3:18 이후 같은 선율을 함께 부르는 유니즌과 다성성의 대비가 광대한 음악 공간을 만들고 있다. 짧아서 더 듣고 싶지만 2:37부터 나오는 은혁의 랩도 자극적이다. 다성적인 세계를 이룩한 명작이라고 생각된다.

제2세대를 대표하는 명댄서로서는 소녀시대의 효연HYOYEON을 빼놓을 수 없다. 2016년 효연이 발표한 솔로 작품 〈Mystery〉는

SUPER JUNIOR 슈퍼주니어 'MAMACITA(아야야)' MV

[STATION] HYOYEON 효연 'Mystery' MV

ASTRO 아스트로 - All Night(전화해) M/V

[BE ORIGINAL] ASTRO(아스트로) 'Candy Sugar Pop'(4K)

존재론적인 목소리와 춤, 2:08부터의 랩과 2:17부터의 선율에도 주목할 만하다. 효연은 이듬해인 2017년 작품 〈Wannabe(Feat. San E)〉에서 더욱더 중량감 있는 목소리와 랩을 들려줬다.

2019년, 바야흐로 제3세대의 시대로 접어들었을 때의 작품인 아스트로ASTRO의 〈All Night(전화해)〉. 이 시기가 되면 동영상 자체가 아주 섬세하고 아름다워진다. 아스트로는 2016년 6인조로 데뷔했고 진진JINJIN, MJ엠제이, 차은우CHA EUN-WOO, 문빈MOON BIN, 윤산하YOON SAN-HA의 5인조 그룹으로 바뀐 후에도 드라마 등 다양한 분야에서 활발하게 활동하고 있다. 문빈은 안타깝게도 2023년 세상을 떠났다. 〈All Night(전화해)〉 MV는 섬세하고 정교한 화면의 색채에 주목하고 싶다. 전 멤버인 라키ROCKY와 진진의 랩도 매력적이다. STUDIO CHOOM의 댄스 동영상 〈Candy Sugar Pop〉은 파란색 중심의 의상과 조명의 색채가 아름답다.

이효리의 〈Chitty Chitty Bang Bang〉을 리메이크한 2022년의 영상에서는 4인조 그룹 씨스타(→2-7)의 멤버였던 효린의 댄스도 주목할 만하다. 2-7에서는 씨스타의 〈Give It To Me〉와 효린의 솔로 〈Layin' Low(feat. Jooyoung)〉도 보았는데 여기서는 효린이 리아킴Lia Kim과 함께한 작품이다. 도입부부터 놀라운 신체 능력을 바탕에 둔 안무가 펼쳐지는데 특히 3:03-3:05의 긴 머리까지 사용한 안무에는 놀라움을 금치 못하겠다. 동영상은 금빛 실을 섞

●★
HYOLYN & Lia Kim - Chitty Chitty Bang Bang / Dohee X Harimu X Lia Kim Choreography

어서 짠 듯 반짝인다. K-POP 안무에서 흔히 볼 수 있는, 괜한 표현주의적 '의미 부여' 같은 움직임이 눈에 띄지 않으며 댄서들의 존재 자체가 말을 거는 듯한 안무이다. 중량감과 힘이 넘친다. 리아킴은 댄서이자 안무가로 에버글로우의 〈LA DI DA〉 등의 안무도 만들었다.

〈Limbo!(넘어와)〉와 〈RICA RICA〉 모두 2018년에 데뷔한 9인조 멀티에스닉 그룹 NATURE네이처가 2022년에 발표한 곡이다. 〈LIMBO!(넘어와)〉는 림보 댄스로 구성한 1:09 등의 안무로 화제를 불러 모았다. 〈RICA RICA〉는 곡의 리듬이 인기를 끌었지만 여기서는 색채와 카메라에 주목하고 싶다. 원근법의 변화로 이루어진 작품이라 할 수 있다. 광각렌즈를 주로 사용했는데, 0:08, 0:13, 0:29, 1:24를 비롯해서 틈틈히 삽입되는 망원렌즈가 만들어 내는 원근법의 대비가 눈길을 끈다. K-POP MV에서는 중망원렌즈와 광각렌즈가 많이 사용되지만 아티스트를 망원렌즈로 찍은 작품은 의외로 적다.

솔로 아티스트 이채연LEE CHAE YEON의 2023년 작품 〈KNOCK〉에는 0:30-0:34 무렵 발끝까지 접사로 그려 내는 광각렌즈가 춤의 신체성을 극대화한다. 0:43, 1:38 등에선 아주 낮은 위치의 카메라가 특색 있다. 동생인 ITZY의 채령과 함께 어렸을 때부터 오디션 프로그램 등에서 춤을 잘 추기로 유명했다. "날 위로 더 위로"라는 가사가 말하듯 자매 모두 멋지게 성공했다.

댄스를 가사의 소재로 삼은 곡은 많은데 6억 뷰 이상 공유된 BTS의 2021년 작품 〈Permission to Dance〉를 비롯해서 최근 것만

으로도 바로 몇 곡을 들 수 있다:

CRAXY(크랙시) - Dance with God M/V, 2022년

앨리스(ALICE) 'DANCE ON' MV, 2022년

(MV)LEE CHAE YEON(이채연)_LET'S DANCE, 2023년

V 'Slow Dancing' Official MV, 2023년

(여자)아이들((G)I-DLE) 'Last Dance(Prod. GroovyRoom)' Official Music Video, 2023년

6-4에서 본 XG의 2023년 작품은 곡명이 바로 'NEW DANCE' 이다. 소녀시대 중 가장 댄스가 뛰어난 효연이 "다섯 명으로 댄스 팀을 만든다면?"이라는 질문에 블랙핑크의 리사, 청하, 트와이스의 모모와 함께 XG의 코코나COCONA와 주린JURIN을 들기도 했다. XG의 존재감과 더불어 효연의 넓은 안목도 짐작할 수 있다. 장면이 빨리 전개되기에 이 MV만으로는 멤버 각자의 역량을 충분히 맛볼 수는 없으나 MV 자체는 밤과 낮의 대비 속에 그려지는 전체적인 분위기가 상큼한 동영상으로 표현됐다.

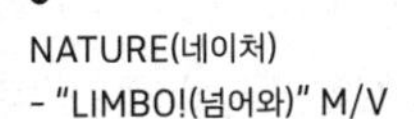

- NATURE(네이처)
  - "LIMBO!(넘어와)" M/V

- (MV)LEE CHAE YEON(이채연)
  _KNOCK

- NATURE(네이처)
  - RICA RICA MV

- XG
  - NEW DANCE
  (Official Music Video)

Ditto 증후군

2022년 12월에 K아트에서, 특히 MV 작품을 둘러싸고 아주 충격적인 사건이 일어났다. 다름 아닌 뉴진스의 〈Ditto〉 MV의 발표다. 이 곡의 음악적 측면에 대한 담론은 이미 수없이 나와 있으니 특별히 덧붙일 만한 말은 별로 없다. 걸크러시 노선이 압도하는 K아트 작품들 속에서 등장한 레트로한 곡상曲想은 적어도 K-POP 세계에서는 확실하게 '새로운' 충격으로 받아들여졌다. 한편 〈Ditto〉 MV는 팬들은 물론 크리에이터들에게도 아주 큰 영향을 미쳤다. 〈Ditto〉 이후 영향을 받은 작품들이 쏟아져 나왔다. 말 그대로 'ditto=위와 같음'이라고나 하듯.

작품 전체적으로는 상징시의 조각 같은 영상시의 조각을 축적하며 구성했다. 내적인 표상은 동영상을 '찍는 한 소녀'와 '찍히는 다섯 명의 소녀'라는 구도로 '이야기'를 꾸며 나간다. 물론 남학생의 모습도 삽입되어 있다. 남학생 역은 배우 최현욱이다. 영상시의 조각이라고 했지만 그 영상시를 '찍는 소녀'가 정말로 찍은 듯 MV 안에 녹여 낸다. 동영상 자체가 낡은 비디오 영상처럼 빛바랜 색으로 그려졌다. 시청하는 사람이라면 누구라도 크건 작건 각자의 기억과 아픔이 묻어 있는 비밀의 궁전을 자극하게끔 만드는 구도이다. K-POP MV에서는 별로 신선한 소도구는 아니지만, 옛날식 모니터나 비디오카메라, (스마트폰이 아닌) 핸드폰은 '그리움'으로 우리의 공감을 불러일으키는 장치다. 종종 회한을 동반한 '그리움'이기도 하다. 등장하는 인물은 고등학생들이어서 현재의 고등학생은 물론 과거 고등학생이었던 성인까지 '기억'과 함께 순식간에 MV 안으로 빨려든다. 그 결정적인 장치가 의상, 바로 교복이다.

이런 '제복이즘'은 뉴진스의 많은 작품에서 관철되고 있다. 자세히 보면 물론 실제 고등학생들이 그렇듯 각각 다른 의상이지만, 다섯 명이 비슷한 옷차림이라는 인상을 가장 먼저 받게 된다. 교복이란 늘 그런 기능을 갖고 있는 도구다. 8-1에서 본 〈OMG〉 2:23-2:25에서 착용된 토끼 모양의 모자는 그 전형적인 예라 하겠다. 모자 자체가 '귀엽고' 신기하고 특색이 있는데, 그것을 다섯 명 모두에게 똑같이 씌운다. 토끼 모양의 모자가 주는 인상이 너무 강하므로 각각의 의상에서 드러나는 차이점은 뒤로 물러나고 모자가 주는 유사성이 두드러진다. 다른 그룹이라면 토끼 모양 모자는 한 명에게만 씌웠을 것이다. 2:27부터 나타나는 똑같은 흰색 의상도 '제복이즘'의 조형인 점은 말할 것도 없다. 〈Ditto〉에서는 다섯 명의 헤어스타일에서도 차이보다 유사성이 앞선다. 여기까지 읽으신 독자분들께서 혹시 '이 사람, 무슨 소리를 하는 거야? 다섯 명이 다 다르잖아. 그런 구별도 못하고 이런 소리를 하고 있어?'라고 생각했을지 모른다. 지금 여기서 논의하는 핵심은 〈Ditto〉에만 집중하면 보이지 않는다. 모든 작품은 수없이 많은 K-POP MV의 큰 흐름 안에서 나타나는 것이다. 〈Ditto〉가 나온 시기에 MV의 압도적인 주류는 어떤 작법이었을까? 어떻게 아티스트 각각을 돋보이게 할 것인가, 아티스트 각각의 개성과 매력을 어떻게 형상화할 것인가? 그것이 작법의 초점이었고, 적어도 이 방법을 확실하게 자리매김한 작품이 승리를 거두었다. 여성 그룹이라면 블랙핑크의 MV 작품이 그 전형적인 예이다. 네 명은 항상 다른 모습이었고, 동시에 다르면서도 그룹으로서 선명한 일체감이 있었다. 블랙핑크의 MV 작품, 아니면 이른바 걸크러시 노선으로 손꼽히는 ITZY, (G)I-DLE의 MV에 나타나는 아티스트 간의 상이점과 〈Ditto〉 MV에 나타나는 다섯 명의 상이점을 비교하면 얼마나 다른지를 쉽게 알아차릴 수 있을 것이다. 뉴진스는 '제복이즘'이 뒷받침하고 있기 때문이다. 이 시기까지 제작된 민희진의 많은 작품이 그랬듯 아티스트는 작품을 구성하는 하나의 집단적인 소재로서 다루어지는 경향이 보인다. K-POP뿐만이 아니라 YouTube상에 수없이 등장하는 집단주의적인 작법에서는 자칫하면 아티스트는 작품 '콘셉트'의 아이콘이나 기호로 전락하기 쉽다. 그런데 〈Ditto〉 MV는 집단주의, 전체주의의 벼랑으로 전락하기 한 걸음 직전에서 아주 극적이고 아슬아슬한 성공을 거뒀다. 위험을 내포한 마술적인 미학을 보여 준 것이다. 그런 의미에서 〈Ditto〉는 같은 시기에 나타났던 K-POP MV를 제작하는 사상과 감성에 정면으로 맞서는 방법을 택했던 셈이다.

2022년의 작품 〈Hype Boy〉에서는 '제복이즘'을 벗어던진 해방

●
NewJeans(뉴진스)
'Ditto' Official MV(side A)

●
NewJeans(뉴진스)
'Ditto' Official MV(side B)

●
NewJeans(뉴진스) 'Hype Boy'
Official MV(Performance ver.1)

●★
NewJeans(뉴진스) 'Hype Boy'
Official MV(Performance ver.2)

감이 넘쳐흐른다. 곡의 이미지는 여전히 제복주의적인 성격이 남아 있지만 의상은 완전히 벗어나 아티스트 하나하나가 그려진다. 놀랍게도 이 곡의 MV 중에는 마치 제복주의의 반동으로 탄생이라도 한 것처럼 〈DANIELLE&HAERIN ver.〉, 〈HANNI ver〉, 〈HYEIN ver.〉 등 아티스트 개개인에게 초점을 맞춘 버전이 따로 존재한다.

〈Ditto〉의 파괴력에도 꿈쩍하지 않았던 작품들

〈Ditto〉는 단순한 회고주의에 빠지지 않은 '제복이즘'을 비롯해 신선한 작법으로 K아트를 크게 흔들었다. 그 여파에 꿈쩍도 하지 않았던 아티스트는 블랙핑크나 트와이스처럼 이미 정상을 질주하고 있었던 그룹을 빼면 거의 없었다. 흔들리지 않았던 귀한 사례를 조금 더 꼽아 보자면 (G)I-DLE이 있었고 또 2-8에서 본 신인 피프티피프티, 그리고 압도적인 성장을 보인 아이브와 엔믹스 정도였다.

(G)I-DLE의 〈퀸카(Queencard)〉는 MV도 따로 있지만 〈Performance Ver.〉이 의상, 춤, 신체성이라는 관점에서 더 선명한 조형을 이뤄 내고 있다. (G)I-DLE은 이미 확고부동한 위치에 서 있다.

지금까지 여러 번 언급한 IVE의 최고 걸작으로 2021년 데뷔한

●
(여자)아이들((G)I-DLE)
- '퀸카(Queencard)' M/V
(Performance Ver.)

●★★
IVE 아이브
'I AM' MV

지 2년 남짓된 이 그룹의 대성공을 상징적으로 형상화한 〈I AM〉을 꼽을 수 있다. 0:36 비행기 날개 위에서 추는 춤, 0:50 원영이 비행기에서 뛰어내리면서 장면이 전환되는 편집 기술, 1:19 LIZ가 탄 차의 유리창이 닫히고 IVE의 로고가 비추는 장면, 2:12 무렵 활주로runway가 곧 패션쇼 런웨이runway가 되는 설정처럼 무대 장치와 배경의 변용에 나타나는 MV의 화려함과 스케일이 압도적이다. 금색투성이의 배경이나 소도구의 부르주아적 취미가 약간 거슬리기는 하지만 자본주의적인 '꿈'을 표상했다는 점에서는 굳이 탓할 수 없을지도 모른다. "Life is 아름다운 갤럭시" "내일 내게 열리는 건 Big big 스테이지"라는 가사가 상징하는 광대한 희망은, 꿈을 이룬 아이브의 존재를 드러내면서 지구상의 많은 팬들에게도 힘이 되어 주었을 것이다. K-POP은 함께 즐기는 아트인 동시에 〈I AM〉처럼 우리에게 항상 힘을 주는 희망의 아트이기도 하다. 발표하는 곡마다 퀄리티가 높은 IVE의 2023년 작품 〈Either Way〉와 〈Off The Record〉도 들어 보자.

춤의 K아트 — 그 극한의 도달점인 엔믹스의 미학

2023년, 우리는 이제 춤만으로 신체성의 극한을 형상화한 K아트의 도달점을 만나게 된다. 5-1에서는 엔믹스 MV의 다다적인 파괴력을 보았다. 여기서는 〈Love ME Like This〉 MV보다도 〈Performance Video〉라는 명칭의 댄스 동영상 쪽에 우선 주목해 보자.

아티스트들의 댄스는 물론, 표정에서도 아주 풍요로운 미학을 보여 준다. 0:27 배이의 시선, 0:33 순식간에 날리는 해원의 윙크, 0:50 우리를 깊은 시선으로 응시하는 릴리, 1:31 무렵 환한 미소를 짓는 지우, 1:54 입술을 깨무는 설윤의 신비로운 표정, 2:40 옆을 보고 눈을 크게 뜨는 규진. 예정조화를 거부하고 변화에 찬 이러한 귀한 순간순간이 남김없이 형상화된다. 1:14에 보이듯이 힘차게 펼쳐진 손가락 끝까지 신체성은 관철되고 있다. 거리감, 원근감, 화각 등 철저하게 계산되어 있으면서도 카메라와 편집은 어떤 계산도 하지 않은 듯 천의무봉한 자유로움을 펼친다. 신체성을 살리고 있는 의상도 텍스처, 모양, 색상 등에서 부족함이 전혀 없어 극찬할 만하다. 예를 들어 이럴 때 가죽 패션과 같은 텍스처를 가진 의상을 입었다면 흥이 깨질 것이다. 질감이 댄스의 약동감을 죽이기 때문이다. 그윽하고 깊이 있는 조명을 통해 시간적인 변화를 꾀하며 고양감을 더해 준다. 1:42 "연결된 Piece of love"에서 팔을 이용한 안무의 동선이 특히 곱다. 2:03 앞으로 쭉 뻗은 다리를 강조하는 카메라의 로 포지션은 바로 하이 포지션으로 옮겨져 역동감을 강조한다. 2:49 여섯 명이 요동치는 율동을 하며

●★
IVE 아이브
'Either Way' MV

●★
IVE 아이브
'Off The Record' MV

●★★
[NMIXX] "Love Me Like This"
Performance Video

●★
NMIXX
"Love Me Like This" M/V

횡대로 나란히 서는 장면은 클라이맥스다. 카메라는 가까워졌다 멀어지며 멤버들을 차례로 훑어 원근감을 강조한다. 강렬한 손가락과 시선의 조형과 함께 긴 머리를 이용한 2:59의 전환 장면, 흰색에서부터 차가운 군청 계열과 뜨거운 붉은 계열 색채까지 배경을 자유롭게 변용하는 편집에도 주목할 필요가 있다.

물론 잊어서는 안 되는 것이 곡의 조형이다. 점점 고양감을 더해 가는 구성과 다성적으로 펼쳐지는 음악 세계가 잘 드러난다. 2:26부터 소리 높이 전개되는 해원-릴리로 이어지는 목소리가 끝나기 전에 2:37에서는 지우의 목소리가 중층적으로 겹쳐져 다성적인 세계상이 화려하게 조형되어 간다.

작품 전체가 아티스트들의 존재감을 품고 역동감 있게 펼쳐지고 있다. “뛰는 심장 소릴 따라가”라는 가사 그대로 우리의 심장은 점점 뜨겁게 공진한다. 아티스트 한 명 한 명이 살아 있으면서 그룹의 힘을 보여 주는, K아트 다원주의의 압도적인 승리가 여기에 있다.

〈Love Me Like This〉의 〈Performance Video〉는 말하자면 시각적인 사치를 철저하게 없애고 미니멀리즘에 입각한 작품이다. 이에 비해 공식 MV는 기존의 MV에서 시도된 모든 ‘예쁜 것’ ‘아름다운 것’을 브리콜라주한 화려하고 즐거운 종합예술 스타일 작품이라 할 수 있다. 배경, 소도구, 의상, 어느 하나 빠짐없이 다 아름답게 꾸며졌다. 특히 회색과 빨간색을 중심으로 구성된 2:52의 의상은 신선하다. 하지만 의상 속 중세 유럽적인 십자가 모양 디자인은 시각적으로 좀 강한데 자칫하면 십자군 전쟁을 연상시키는 점이 약간 거슬린다. 성상화된 이콘은 아티스트의 아름다움까지 덮어 버린다. 아티스트나 크리에이터는 별다른 의도를 가지고 선택하진 않았겠지만 이런 식으로 특정한 사상이나 종교, 혹은 전쟁이나 침략을 상기시키는 등 '이데올로기적 이콘'으로 받아들여지기 쉬운 형태는 시각적인 소재로서는 피해 주었으면 한다. 그런 희망을 던져 보지만 MV 자체는 역시 걸작임은 틀림없다.

그러나 신체성은 잔인하다

춤을 중심으로 이렇게 신체성에 대해 보고 있노라면, 만일 K-POP이 '목소리'만으로 성립되는 아트였다면 어땠을까 상상해 본다. K-POP 아티스트들은 가수로서의 수명이 훨씬 더 오래갈 수 있지 않을까. 샹송의 대가나 트로트의 신들이 그랬던 것처럼, '목소리'는 마치 '나이 듦'이라는 말을 잊어버릴 수 있을 것 같은 착각마저 들게 해 준다. 오늘날 70대, 80대까지 노래를 부르는 가수는 세계에서 얼마든지 만날 수 있다.

하지만 신체성은 그렇지 않다. 21세기의 초반, 2000-2009년즈음까지는 사이버 공간에서 희망을 보고 찬사를 아끼지 않았다. 그러한 사이버 공간의 환상과 허망함을 뚫고 나온 것이 바로 존재론적 신체, 즉 춤과 앤틱스에 근거를 둔 신체성이었다.

그러나 신체성은 잔인하다. 초절기교를 연이어 펼치는 궁극의 춤이 바로 K-POP의 춤이다. 춤이라는 그 극한의 행위에 있어서

'나이 듦'이란 누구나 알면서도 절대 입에 올려서는 안 되는 금기어다. 60, 70과 같은 나이를 말하는 것이 아니다. 바로 '청춘'이라고 불리는, 덧없고 너무나 아름답고 짧은 순간들 때문이다. 무술의 달인이라도 서른이 넘으면 링을 떠나 관장밖에 할 수 없지 않은가.

BTS도 블랙핑크도 무엇보다 '지금·이곳'에서의 만남인 것이다. 압도적인 아티스트들이기에 만남의 소중함이 더더욱 귀하게 다가온다. 아티스트들 서로 간의 만남인 동시에, 말할 것도 없이 아티스트와 우리의 만남이다.

'지금·이곳'이 주는 희열, '지금·이곳'이 주는 애절함

그런 식으로 너무나 귀한 '지금·이곳'은 다름 아닌 K아트 작품 자체에도 슬플 만큼 아름답게 형상화되어 왔다. 많은 경우, 그 슬프고 애석한 마음은 '과거'를 회상하는 작법으로 나타난다.

BTS의 〈LOVE YOURSELF Highlight Reel '起承轉結'〉은 2017년 만들어진 작품으로 노래가 거의 없고 내레이션이 중심인 영상이다.

'내가 나이 들었을 때'를 상기하면서 노래는 형상화되기도 한다.

덴마크의 싱어송라이터 Christopher크리스토퍼와 청하가 함께한

BTS(방탄소년단)
LOVE YOURSELF Highlight Reel '起承轉結'

Christopher, CHUNG HA
(크리스토퍼, 청하)
- When I Get Old

2022년 작품 〈When I Get Old〉에서는 Christopher의 청량한 남성 고음을 1:18부터 들어오는 청하의 저음이 멋지게 받아 어우러지는 존재감을 확인할 수 있다. 청하는 댄스로 유명하지만 노래에서도 이렇게 확실한 역량을 보여 준다.

2015년에 데뷔한 6인조 그룹 iKON의 2018년 〈사랑을 했다〉는 K-POP에서는 드문 포크송 스타일의 곡으로 과거를 '지금·이곳'에서 돌이켜 보는 이야기를 구성한다. 소박하고도 공감하기 쉬운 가사와 선율로 많은 사람들에게 사랑받았다.

〈Come back to me〉는 BTS RM이 2024년에 발표한 곡이다. "세수를 할 시간도 아까워"라는 말만 한국어일 뿐, 나머지는 모두 영어로 '돌아와 달라'는 메시지를 중심으로 느릿한 요동을 타고 인생의 순간순간을 돌이켜 본다. MV에서는 K-POP으로서는 드물게 '가족'이 그려진다.

2018년 발표한 SHAUN숀의 솔로 작품 〈Way Back Home〉은 가사를 보여 주는 비디오 스케치의 구성이며 〈사랑을 했다〉와 마찬가지로 포크송 스타일의 곡이다. 아무렇지도 않게 스냅사진풍으

●★
RM 'Come back to me'
Official MV

●
iKON - '사랑을 했다
(LOVE SCENARIO)' M/V

●★
CLASS:y(클라씨)
"Tick Tick Boom" M/V

●
유희열의 스케치북 - 루시드 폴 -
고등어. 20161126

●★
숀(SHAUN) - Way Back Home
[Lyric Video]

로 찍은 동영상이 '멈춘 시간'을 떠올리게끔 절묘하게 구성되어 있다. 자기 색깔이 있는 여성 두 명의 표정을 살린 동영상의 색채가 우리의 '기억'을 적셔 준다.

포크적인 곡이 나왔으니 한 곡 더, 루시드 폴Lucid Fall의 곡 〈고등어〉도 들어 보자. 기타, 피아노와 함께 수고로운 하루를 돌이켜 보면서 춤은 없지만 가끔 이런 곡을 듣는 것도 좋겠다.

CLASS:y클라씨는 오디션 프로그램을 통해 2022년에 탄생한 그룹이다. 형서, 채원, 혜주, 리원, 지민, 보은, 선유 일곱 명으로 이루어져 있다. K아트에서 '지금·이곳'이란 바로 아티스트를 꿈꾸며 삶의 모든 것을 거는 시간이기도 하다. 〈Tick Tick Boom〉 2:08부터 2:58에서 그려지는, 혼자서 춤추는 소녀들의 모습은 스타가 되고 나서 찬사와 함성을 온몸에 받으면서 노래하고 춤추는 모습 못지않게 아름답다. 이 책은 이렇듯 절실한 마음으로 꿈꾸는 아티스트들에게 진심을 담은 성원을 보내고 싶다. 멤버들이 모여 무대에 오르기 전 춤추며 합을 맞추는 3:46-3:57 장면은 우리 기억에 깊이 새겨진다.

기억과 시간의 아스라함을 다룬 에스파의 노래라면 2-8에서 살펴본 〈Life's Too Short〉도 다시 들어 볼 수 있겠지만 기왕이면 〈Welcome To My World〉도 들어 보자. "다른 언어 속에서 같은 의미를 가진 너"라는 가사는 바로 K아트의 깊은 연대감을 나타내

●
aespa 에스파 'Welcome To MY World(Feat. nævis)' MV

●★
헤이즈(Heize) - 정국 'Still With You' COVER

고도 남는다.

헤이즈의 〈Still With You〉는 '황홀했던 기억'과 함께 '지금·이 곳'을 더 이상 말로 표현할 수 없는 아름다움으로 형상화한 BTS 정국의 자작곡(2020)을 커버한 음원이다. "함께 웃고 함께 울고"라는 소절처럼 아름답고도 높낮이가 격렬해서 부르기 어려운 이 선율을 정국 말고 도대체 누가 부를 수 있나 궁금했는데 〈헤픈 우연(HAPPEN)〉을 부른 헤이즈(→8-1)였다. 원곡이 발표되고 3년이 지나 놀라운 민첩성agility과 유연성pliability을 지닌 목소리로 달성한 것이다. 헤이즈가 보여 준 가창과는 또 다른 매력을 담은 커버 버전도 나타났다. 드림캐처 수아의 명품 보컬이 인상적인 〈Still With You〉(2024)이다. 수아의 촉촉한 목소리는 시작하자마자 단 5초 만에 우리를 자신의 조형 속으로 끌어들인다. 도입부에서 헤이즈가 피아노의 코드 연주를 배경으로 했다면 수아는 기타와 함께한다. 기타에 이어 애절한 피아노가 크게 부각되는데 이 시점에서 얼마나 아름다운 곡인지를 깨달은 우리 가슴을 찌른다. 키는 정국의 원곡이 C#m, 헤이즈는 반음 높은 Dm, 수아는 반음 더 높은 E♭m이다. 헤이즈의 존재론적인 목소리와는 전혀 다른 존재론적인 목소리가 수아의 세계상을 그려 내며 우리의 가슴을 저민다. 우리는 이 한 곡으로 정국의 재능도 확인할 수 있다. "나지막이 들리는 에어컨 소리"까지 가사로 만드는 시적 재능에는 경의를 표

●★
[Special Clip] Dreamcatcher(드림캐처)
수아 'Still With You' Cover

하고 싶을 정도이다. 이런 말이 가사가 될 수 있는 것도 슬픔이 서린 곡의 선율이 뒷받침하고 있기에 가능하다. 작사가이자 작곡가인 정국의 삶이 도달한 지점이다.

2022년 발표된 〈Shurt Down〉은 K아트 '지금·이곳'이 어디까지 이르렀는지 보여 주는 증거 중 하나이자 블랙핑크의 최고 걸작이라고도 부르고 싶다. Live 버전은 코첼라 페스티벌의 영상이다. 블랙핑크는 코첼라 페스티벌에서 아시아 아티스트 최초의 헤드라이너headliner 즉 문자 그대로 주역이 되었다. 니콜로 파가니니Niccolò Paganini(1782-1840)의 바이올린 곡 〈라 캄파넬라La Campanella〉를 '샘플링'하고 있는데 클래식의 명곡을 이런 식으로 아름답게 브리콜라주했다는 의미에서도 K아트의 새 지평을 연 작품이다.

바흐의 〈G선상의 아리아〉를 샘플링한 레드벨벳의 〈Feel My Rhythm〉(→3-2)이나 조르주 비제Georges Bizet(1838-1875)의 〈카르멘Carmen〉을 샘플링한 (G)I-DLE의 〈Nxde〉(→6-4)처럼 K-POP에서는 클래식 곡을 샘플링한 곡을 가끔 찾아볼 수 있다. 그렇지만 이 작품만큼 대대적, 전면적, 그리고 성공적으로 형상화한 작품은 드물다. 앞으로 이런 작법이 얼마든지 가능하다는 것을 만천하에 알려 준 셈이다. 생각해 보면 이탈리아어권의 파가니니의 바이올린 곡을 다른 언어권에서 피아노 곡으로 샘플링한 이가 헝가리의

●★★
BLACKPINK
- 'Shut Down' M/V

●
BLACKPINK - 'Shut Down'
Live at Coachella 2023

프란츠 리스트Franz Liszt(1811-1886)였다. 음악의 인용은 클래식 시대부터 이미 작법으로서 성립되어 있었던 것이다. 편곡이란 인용의 한 형태에 지나지 않는다.

블랙핑크 MV의 치밀한 시각적 구성은 〈Shut Down〉에서도 관철된다. 소품, 배경, 의상 등 세부까지 철저하게 공을 들였다. 소품 중 특이한 것은 제니의 모자인데, 러시아-우크라이나 전쟁의 와중에 러시아를 상상케 하는 모자로서 물론 의식적인 전략이다. 이 작품은 f(x)의 〈Hot Summer〉(→5-2)나 자신들의 〈DDU-DU DDU-DU〉(→3-6)를 능가하는 '반전'의 거대한 메시지로 자리잡았다.

2019년 《퀸덤》 경연에서 마마무가 발표한 〈I MISS YOU〉를 부른 무대 영상. '지금·이곳'을 떠나 10년, 20년이 지난 후에 이런 영상을 보면서 이런 노래를 듣는다면 누구나 눈물 짓지 않을까.

2022년 빅뱅이 4년여의 공백을 깨고 공개한 MV는 제목을 〈봄여름가을겨울〉로 붙여 썼다. 마치 사계절은 끊어지는 것이 아니라는 듯이. 괄호 속의 영어 제목 'Still Life'는 미술에서는 '정물' '정물화'를 뜻한다. 그 밖에도 '정지된 물체', 나아가 '고요한 생명'이라는 의미도 된다. still을 부사로 이해해 보면 '아직도, 삶' 정도로 조금은 억지처럼, 과하게 해석할 수도 있겠다. 읽을 때 억

●
[ENG sub] [8회] ♬I Miss You
- 마마무 @3차 경연 팬도라의 상자 컴백전쟁 : 퀸덤 8화

●★
BIGBANG
- '봄여름가을겨울(Still Life)' M/V

양도 달라지겠지만. 어쨌건 중요한 것은 영어 제목을 의도적으로 한국어 제목과는 다른 의미를 떠올리게끔 설정했다는 점이다. 이렇게 모호함을 최대한 살린 언어유희는 K-POP에서는 끊임없이 이루어져 왔다. 아무쪼록 당신이 해석하고, 부디 당신이 의미를 자유롭게 조형하라고 제안하는 방식이다.

가사는 그야말로 향수와 미래에 대한 염원을 담은 말들로 가득하다. 이 MV가 공개되자마자 YouTube에서는 영어 translation도, 독일어 Übersetzung도, 프랑스어 traduction도, 스페인어 traducción도, 러시아어 перевод도, 그리스어 μετάφραση도, 인도네시아어 terjemahan도, 한어＝중국어로의 翻译(fānyì)도, 전 세계에서 순식간에 다양한 언어로 '번역'이 나타났다. 물론 일본어 翻訳(honyaku)도. 이것이 바로 빅뱅이고, K-POP이다.

이 가사 속 '봄, 여름, 가을, 겨울'이란 지나간 시절의 '아름다웠던' 것이기도 하고, '지금·이곳'의 '아름다운' 것이도 하며, 그리고 앞으로도 꼭 '아름다울' 것을 바라는 '봄, 여름, 가을, 겨울'이다. 이 노래의 시와 MV는 빅뱅을 잘 아는 사람들은 물론이고, 아마도 K-POP에 익숙한 지구상의 많은 사람들의 심금을 울렸을 것이다. 또는 자신의 삶에 겹쳐 보거나, 삶의 무상함을 생각하거나, 어쩌면 기쁨과 슬픔을 떠올리며 공감했을 것이다.

이것이 바로 우리의 인생, 삶 그 자체다:

K-POP이란 '지금·이곳'의 희열이며, '지금·이곳'에 대한 애절함마저 가져다준다

K-POP도 우리의 삶과 마찬가지로 '늙는다'. 소중한 어떤 것도 언젠가는 미세하게 부서져 내리는 법. 그런 부서짐을 초래하는 것을 우리는 '늙음'이라는 단어로 불러 왔다. 그렇다, 누구나 알면서도 결코 입에 담기 싫어하는 저주의 말이다. 극한을 노래하고, 한계까지 춤을 추는 K-POP. 저 너머로 '늙음'을 바라보며, 혹은 '죽음'까지 바라보며 노래하고 춤추는 K-POP. 그것은 오직 '지금·이곳'의 희열, '지금·이곳'에 대한 애절함과 안타까움이다. 사람의 삶에 있어서 이보다 더 짧은 시간이 있을까?

작품의 표면적인 주제가 무엇이든, 작품은 격렬한 속도로 지나가는 '지금·이곳'의 희열, '지금·이곳'에 대한 애절함을 항상 내포한다. 그렇기에 K-POP은 지구상의 사람들의 가슴을 움켜쥐고 놓아주지 않는다. K-POP에 대한 공명과 공감은 우리가 '지금·이곳'에 살고 있다는, 가슴이 찢어지는 듯한 증표다. 'K아트'야말로 삶이 응축된, 빛나는 실현 형태다.

최종 樂章

K-POP에 영광 있으라

전쟁과 가장 거리가 먼 형태

'K아트'란 무엇인가

이제까지 내린 정의를 정리해 보자.

첫째, K아트의 존재양식을 볼 때, K-POP의 MV는 K-POP의 최전위를 달리고 있다. 그리고 K-POP은 오늘날 YouTube를 전형으로 하는 LAVnet이라는 존재 속에서 꽃을 피웠다. 그곳에서 피어난 MV들은 말과 소리와 빛, 그리고 잃어버리고 있던 '신체성'을 치열하게 추구함으로써 극적인 진화를 이루어 냈다. 신체성을 지탱한 것은 무엇보다도 완성도 높은 춤이었고, 그 곁에 곁들여진 장난꾸러기 같은 작은 몸짓이나 신체의 애드리브=앤틱스였다. 작품은 자본만의 것이 아니기에 개개인이 사적으로 복제하고 확산시켰으며 서로 공유하며 함께 춤을 추었다. 그걸 찍은 동영상까지도 서로 나누게 되었다. 아트가 가졌던 '사적 소유'의 모습은 완전히 변혁된 것이다. 이렇듯 'K아트'는 지구상에 지금까지 없었던 아트의 새로운 존재양식을 보여 주고 있다.

둘째, K아트의 표현양식을 보면, 표현상의 몇 가지 특징을 정리할 수 있는데 통틀어서 다원주의, 다극주의가 선진적인 대열로 K아트를 이끌고 있음을 발견하게 된다. 많은 아티스트들이 그룹이라는 형태를 택하고 있다. 그러나 그 조형을 주도적으로 이끈 사상은 집단주의도 전체주의도 아닌 다원주의였다. 아티스트를 작품 콘셉트의 아이콘이나 기호처럼, 즉 물건처럼 취급하는 소외로 가득찬 작법이 아니라, 아티스트 하나하나의 존재를 존중하며 귀하게 여기는 존재론적인 작법이 주로 성공을 거두어 왔다. 그리하여 목소리는 다성적인 조형을 이루고, 말과 소리와 빛과 신체성이 고속으로 변용되는 역동적인 표현양식을 가진 영상 작품인 'K아트'가 완성된다. '21세기의 지구형 공유 오페라'라는 성격을 띤 그것은 마치 21세기의 '종합예술'이라 부를 만한 것이었다. 'K아트'의 'K' 즉 코레아네스크를 코레아네스크답게 만드는 것은 복수언어성 속에서 빛을 발하는 한국어라는 언어였다.

셋째, 그러한 K아트 작품에서 사람들은 무엇을 보았을까? 작품과 함께하는 사람들의 마음은 작품을 둘러싼 사태의 체험, 물체의 체험, 신체의 체험, 이어짐의 체험을 즐긴다. 작품의 배후에서 '지금·이곳'의 희열, '지금·이곳'이 가지고 있는 애절함과 안타까움도 느낀다. 작품 속에는 그것을 향수하는 사람 자신의 삶이 종종 투영되기도 하는 것이다.

불과 3~4분으로 압축되어 만들어지는 압도적인 수준의 K아트 작품군을 능가하는 사례는 그 많은 시각적, 청각적 예술에서조차 그리 자주 만날 수 있는 것이 아니다.

시각적 조형인 현대미술의 세계에서라면 어떤 작품이 있었을까? 예를 들어, 미국에서 오랫동안 활동했던 가와라 온河原温, On Kawara(1932-2014)의 〈백만 년One Million Years〉이라는 작품이 있다. 먼 과거, 백만 년 전, 기원전 998031부터 기원후 1969까지 백만 년을 나타내는 백만 가지의 수열을 타자기로 친 종이를 두툼한 바인더에 끼워 넣었다. 바인더는 몇십 권이나 되었을까? 전시장에서 바인더들은 대리석 같은 탁자 위에 놓여 있었다. 첫 번째 권에는 'Past - For All those who have lived and died(과거-살다간 모든 사람들을 위하여)'라고 적혀 있다. 그것들이 존재하는 공간이 바로 백만 년이었다. 갤러리에는 아무도 보이지 않고, 그저 고요한 공간 속에 백만 년이 잠들어 있었다. 필자가 알고 있는 현대미술 중 최고 수준의 작품이다.

혹은 이우환李禹煥(1936-)의 압도적인 작품들도 있다. 그는 모노파もの派의 이데올로그이기도 했다. '모노もの, 物'는 일본어로 '물건' '사물'이라는 뜻이다. 명저 『만남을 찾아서出会いを求めて』는 1979년 초판이 발간된 이후 여러 개정판을 거쳐 현재 미술출판사美術出版社에서 출간되고 있다. 한국어판은 학고재에서 『만남을 찾아서: 현대미술의 시작』이라는 제목으로 2011년 출간되었지만 현

재는 절판 상태다. 도쿄 국립신미술관 개관 15주년 기념《이우환전》은 그 책의 영어판이 나온 2022년에 열렸다.

입체 작품이나 설치미술이 아닌 평면 작품이라면 역동적인 K아트와 맞서기에는 더욱 불리하다. 그런 불리한 조건 아래에서도 예를 들어 뉴욕에서 활동하는 이상남李相男(1952-)의 작품군이 있다. 이상남의 평면 작품은 단순한 평면이 아니다. 문질러지고, 긁히고, 시간이 묻어 있는 색과 빛과 형태 들로 이루어져 있다. 게다가 작품마다 현란한 변신을 보여 준다. 『한국의 지知를 읽다』(일본어판은 쿠온, 한국어판은 위즈덤하우스), 『한국의 미美를 읽다』(일본어판은 쿠온, 한국어판은 연립서가)의 표지를 통해 눈여겨보신 분들도 계실 것이다. 한국의 잡지 『현대문학』과 『월간미술』, 『퍼블릭아트』의 표지에서도 여러 번 다루어졌다.

그런 대단한 작품들을 예로 들어 가며 K아트 작품과 비교하는 것은 반칙이라고 하실지도 모른다. 그러나 'K아트'는 이미 많은 현대미술 작품이 그 옆에 서면 부끄러워 할 정도로 높은 경지에 다다랐다. 미술이 그것을 모르고 있을 뿐이다.

'K아트'는 시작에 불과하다

K-POP의 우주는 상상할 수 있는 거의 모든 것을 조형화하고 있다. 영화와 비교했을 때 K-POP에 없는 것은 섹스와 범죄, 과도한 폭력, 전쟁 등 한마디로 방송 코드에 걸맞지 않은 것들뿐, 무엇이든

지 있다. 그렇다면 K-POP은 이미 포화 상태인 것일까? 천만의 말씀이다. K-POP은 이제 막 시작되었다. 다름 아닌 K-POP 가사 자체가 'K아트'의 작품들 속에서 수없이 그 사실을 외치고 있다:

더는 남의 꿈에 갇혀 살지 마 / Everybody say NO! / 아직 아무것도 해본 게 없잖아 — BTS(방탄소년단) 〈N.O〉

우리는 다채로운 색을 봐 — NCT 127 〈2 Baddies〉

본능을 각성할 때가 왔어 — ITZY 〈Voltage〉

보여 줄게 본 적 없는 first — EVERGLOW 〈FIRST〉

나랑 저 너머 같이 가자 — LE SSERAFIM 〈UNFORGIVEN〉

온 세상을 뒤집어 — BABYMONSTER 〈SHEESH〉

아직까진 teaser / 진짜 시작은 지금부터— NMIXX 〈O.O〉

지금까지의 K-POP은 아직 티저, 즉 예고편 같은 것들이 조금씩 공개되어 있는 단계이다. 그 짧은 예고편이 너무나 아름다워 우리는 여기가 절정이라고 느끼고 있는 것이다. 지금까지 그래 왔던 것처럼 앞으로도 그때그때마다 짧은 유행과 경향은 생길 것이다. 그러나 'K아트'가 존립하는 본질적인 근간은 그러한 유형과 경향까지 감싸 안을 수 있는 너그러운 다원성에 있다. 앞으로 'K아트'에서는 더욱더 멋진 우주가 놀라울 만큼 다원적으로, 또 다채롭게 펼쳐질 것이다.

K-POP은 전쟁과 대극에 있는,
전쟁과 가장 거리가 먼 아트의 한 형태이다

이 책을 통해 아트로서의 K-POP을 조금이나마 이야기할 수 있었을까? 우리의 삶에서 K-POP은 '지금·이곳'의 희열이며, '지금·이곳'에 대한 애절함이며, 전쟁과 정반대의 극에 있는, 전쟁과 가장 거리가 먼 아트의 한 형태다.

러시아-우크라이나 전쟁에서 전쟁터에 나간 아버지의 무사함을 기원하는 소녀가 있다는 뉴스를 들었다. 그 뉴스 영상 속 삼촌 뒤에서 어린 소녀가 춤추고 있는 곡은 바로 블랙핑크의 노래였다.

마음속 경의를 가득 담아 이렇게 말하고 싶다:

K-POP에, K아트에
영광 있기를!

연립서가판 후기

이 책과 함께 떠난 K-POP, K아트 여행이 즐거우셨기를 간절히 바라마지 않는다.

『K-POP 원론』의 출발점은 도쿄 간다神田 고서점가에 있는 한국어 책 전문 서점 '책거리'가 기획한 시민강좌 '책거리 대학'의 강의였다. 책거리는 한국의 책을 번역, 출판하는 쿠온CUON이라는 출판사가 운영하고 있다. 출판사를 이끌고 있는 분은 요즘 일본어권에서 한국문학 붐을 일으킨 김승복金承福 대표님이다. 2011년, 김승복 대표님은 당시로서는 무모하게도 《새로운 한국문학》 시리즈를 출간하기 시작했다. 첫 번째 책은 한강 작가의 『채식주의자』(김후나 옮김)였다. 이 시기가 바로 『K-POP 원론』에서 말하는 LAVnet의 시대, 즉 K-POP의 새로운 태동기였다.

김승복 대표와 문학에 관한 이런저런 이야기를 나누거나, 필자가 기획하고 쿠온에서 출간한 『한국의 지知를 읽다』(한국어판은 위즈덤하우스), 『한국의 미美를 읽다』(한국어판은 연립서가), 그리고 앞으로 출간될 『한국의 마음心을 읽다』(한국어판은 독개비, 2024년 출간 예정)에 관해 상의를 하던 중, K-POP에 대한 이야기도 나왔다. 내 이야기를 듣고 "선생님, '책거리 대학'에서 K-POP에 대해 강의해 주세요."라는 제안을 받았다. 나는 "아니에요, 강의를 한다고 해도 15분이면 끝나 버릴 텐데요."라고 대답했다. 그런데 막상 해 보니 두 시간짜리 강의를 세 번 해도 아직 할 이야기가 남아 있었다. 책거리 대학을 총괄하고 있던 사사키 시즈요佐々木静代 님도 "전혀 15분이 아니었네요."라며 부드러운 미소를 지었다. 김승복 대표님의 혜안은 존경스러울 따름이다.

그 무렵 마침 Haza가 새로운 출판사로 출발을 준비하고 있었다. 송구스럽게도 『K-POP 원론』을 출판사의 기념비적인 첫 책으로 삼겠다고 하셨다. '코코펠리 121'이라는 NPO 법인에는 돌봄·간호 부문과 학술·문화 부문이 있는데, 그 학술 부문에서 출판을 위해 독립한 것이 Haza이다. Haza는 헝가리어로 가향家鄕, 고향이라는 뜻이라고 한다. 코코펠리 121과 Haza를 이끌고 있는 분이 오사미 아리히토長見有人 대표님이다. 일본어판의 기획과 편집은 아사노 다카오アサノタカオ 님이 맡아 주셨고 K-POP에 대한 중요한 가르침도 받았다.

그 후로도 많은 분들의 격려와 조언을 받았다. 임상철학자臨床哲學者 니시카와 마사루西川勝 선생님, 다마多摩미술대학 교수 니시오카 후미히코西岡文彦 선생님, 한국어를 가르치는 김미야金美耶 선생님, 채나미蔡七美 선생님, 그리고 호바라 마미保原万美 님, 이시이 에

리石井えり 님, 다카하시 하쓰네高橋初音 님 , 히라카와 미하루平川美晴 님, 고지마 아즈미小島あづみ 님, 다케다 미유武田実弓 님, 지쓰기리 요實桐陽 님을 비롯한 많은 분들의 귀중한 조언을 받았다. 와세다早稲田 대학 익스텐션센터 나카노교中野校, 메이지가쿠인明治學院대학, 조치上智대학에서 함께 공부해 주신 분들, 책거리 강의에 참여해 주신 분들께도 조언과 따뜻한 격려를 받았다. 언어학에서는 김진아金珍娥 선생님, 고근욱高槿旭 선생님의 가르침도 받았다. 이러한 많은 분들의 조언과 가르침이 있었기에 일본어판 『K-POP 원론』이 완성될 수 있었다.

그런데 한국어로 쓰여진 이 한국어판 『K-POP 원론』의 출간까지는 또 새로운 힘을 기울여야 했다. 일본어판, 한국어판이라는 말을 썼으나 이 연립서가판은 일본어판의 번역서가 아니다. 한국어로 다시 쓸 수밖에 없었다. 한국어와 일본어는 구조는 유사하지만 발상이 다른 데가 많았다. 번역으로 살릴 수 있는 부분이 있기는 하지만 아무래도 책 전체, 글 전체를 처음부터 다시 만들어야만 했다. 내용도 규모도 완전히 달라졌다. QR코드로 소개한 작품만 봐도 일본어판에서는 150개인 데 비해 한국어판은 400개가 넘는다. 『K-POP 원론』은 정확히는 현시점의 결정판을 이루는 '연립서가판'이라고 불러야 한다.

책이 대대적으로 새로워진 까닭은 다음과 같다. 일본어판이 간행된 이후에 생각하는 바가 더 깊어진 것이 하나의 이유이고, 그 이후에 또 주목할 만한 많은 작품들이 공개된 것이 또 하나의 이유다. 무엇보다도 K-POP의 본고장인 한국어권의 독자들을 위한 책이어야 했다. 한국문화에 대한 정보 전달은 필요 없는 대신, 아트로서 순수하게 응시하는 작업이 남아 있었다. 또 그만큼 한국어권 독자들의 엄격한 지성과 감성이 기다리고 있었던 셈이다.

연립서가판을 출간하게 된 과정에서 잊을 수 없는 분들이 계신다.

먼저 현대미술가 이상남李相男 선생님이다. 실은 젊었을 무렵, 도쿄와 서울에서 《7인의 작가—한국과 일본》이라는 현대미술 전시를 함께한 이래 오랜 벗이기도 하다. 그 7인전 때 나는 처음으로 한국 땅을 밟았다. 덧붙여 말하면 6·25 때문에 편지 왕래도 끊어졌던 이모와 외삼촌을 그때 기적적으로 서울에서 찾기도 했다. 또 한 분은 출간을 위해 힘써 주신 경향신문의 김종목金鍾穆 기자님이다. 이 두 분께는 오직 감사의 마음뿐이다.

그리고 단국대학교 한국문화기술연구소 주최로 도쿄에서 열린 《글로벌 환경에서 문화예술의 융합과 소통》이라는 학술 세미나에서 〈21세기 종합예술로서의 K-POP 혹은 K아트〉라는 제목으로 발제의 기회를 주셨는데 여기에 참여하신 박덕규 선생님, 최수웅 선생님을 비롯한 여러 선생님들께는 실로 많은 격려를 받았다. 연립서가판을 위해 일본에서 김진아 선생님, 고근욱 선생님, 그리고 다카하시 하쓰네 님이 다시 한 번 도움을 주셨다. 심심한 감사의 마음을 표한다.

마지막으로 연립서가의 박현정朴炫貞·최재혁崔在爀 대표님, 그리고 편집에 힘써 주신 정진라鄭珍羅 선생님께도 진심으로 감사를 드리는 바이다. 나의 어설픈 한국어 표현을 앞에 두고 얼마나 고민이 많으셨을까. 아울러 디자이너 박대성朴大星, 이수정李秀貞 선생님께도 감사를 전한다. 이분들이 책을 만드는 열정에는 저절로 고개를 숙이게 된다.

저자에게 K-POP은 희망의 아트이기도 하다. 끝으로 희망을 하나만 더. 언젠가 한국어권의 독자분들을 뵙고 K아트에 대해 뜨겁게 이야기를 나눌 수 있는 날을 고대하며 제8악장에서 본 작품을 다시 감상하면서 이 책을 마친다.

●★★
IVE 아이브 'I AM' MV'

상황별, 취향별 추천 MV 리스트

원칙적으로 YouTube 상의 공식 MV, PV의 제목을 그대로 기재했다.
브라우저가 아니라 YouTube의 검색창에서 검색하는 것이 편리하다.
본문에서 언급하지 않은 작품도 포함되어 있다.
같은 작품이 복수의 범주에 들어갈 수 있다.
843편의 작품을 59 가지 ■소제목으로 분류했다.

■ 존재론적인 목소리에 전율을 느끼고 싶다

- 마마무(MAMAMOO)의 킬링보이스를 라이브로! - Mr.애매모호,너나 해,데칼코마니,별빛밤, I miss you,HIP, 고고베베, 딩가딩가, AYA | 딩고뮤직
- [PLAY COLOR | 4K] KISS OF LIFE (키스오브라이프) - Te Quiero
- KISS OF LIFE - Midas Touch (LIVE) | OUR STAGE
- KISS OF LIFE (키스오브라이프) '쉿 (Shhh)' Official Music Video
- [4K] KISS OF LIFE - "Bad News" Band LIVE Concert [it's Live] ライブミュージックショー
- [4K] KISS OF LIFE - "Bye My Neverland" Band LIVE Concert [it's Live] ライブミュージックショー
- THE BOYZ(더보이즈) 'WATCH IT' MV
- BABYMONSTER - 'FOREVER' M/V
- BABYMONSTER - 'SHEESH' M/V
- FIFTY FIFTY (피프티피프티) - 'Cupid' Official MV
- FIFTY FIFTY (피프티피프티) - 'Lovin' Me' Official MV
- Dreamcatcher(드림캐쳐) 'BEcause' MV
- IVE 아이브 'LOVE DIVE' MV
- IVE 'ELEVEN -Japanese ver.- 'Music Video
- [SUB] [Sound BOMB 360°] IVE(아이브) 'Either Way' | 싸운드밤 삼육공 공간음향 라이브 | Spatial Audio 4K LIVE (JP/EN)
- BTS (방탄소년단) '피 땀 눈물 (Blood Sweat & Tears)' Official MV
- BTS (방탄소년단) 'Black Swan' Official MV
- 지민 (Jimin) 'Closer Than This' Official MV
- TAEYANG - 'VIBE (feat. Jimin of BTS)' LIVE CLIP
- SISTAR(씨스타) - Give It To Me (HD Music Video)
- ATEEZ(에이티즈) - 'Deja Vu' Official MV
- BLACKPINK - Kill This Love -JP Ver.- Live at BLACKPINK 2019-2020 WORLD TOUR IN YOUR AREA-TOKYO DOME-
- BLACKPINK - 'Lovesick Girls' M/V
- BLACKPINK - Kill This Love -JP Ver.- Live at BLACKPINK 2019-2020 WORLD TOUR IN YOUR AREA-TOKYO DOME-
- ROSÉ - 'On The Ground' M/V
- JENNIE - 'You & Me (Jazz ver.)' LIVE CLIP
- ZICO (지코) 'SPOT! (feat. JENNIE)' Official MV
- Stray Kids "부작용(Side Effects)" M/V
- EVERGLOW (에버글로우) - LA DI DA MV
- TXT (투모로우바이투게더) 'Good Boy Gone Bad' Official MV
- TXT (투모로우바이투게더) 'Sugar Rush Ride' Official MV
- 유아 (YooA) 'Rooftop' MV
- 송수우 (Song Soowoo) - 'Love Me or Hate Me' MV
- ZEROBASEONE (제로베이스원) 'CRUSH (가시)' MV

- (ヨジャ) アイドゥル((G)I-DLE) - 'Oh my god' Official Music Video
- (여자)아이들((G)I-DLE) - 'Super Lady' Official Music Video
- 우기(YUQI) - 'FREAK' Official Music Video
- aespa 에스파 'Savage' MV
- aespa 에스파 'Girls' MV
- aespa 에스파 'Drama' MV
- aespa 'Hold On Tight' MV | Tetris Motion Picture Soundtrack
- [4K] TRI.BE - "Diamond" Band LIVE Concert [it's Live] ライブミュージックショー
- H1-KEY(하이키) '건물 사이에 피어난 장미 (Rose Blossom)' M/V
- H1-KEY(하이키) 뜨거워지자(Let It Burn) Official M/V
- NCT 127 엔시티 127 'Sticker' MV
- NCT 127 엔시티 127 'Cherry Bomb' MV
- ILLIT (아일릿) 'Magnetic' Official MV
- STAYC(스테이씨) 'SO BAD' MV
- [#최초공개] AleXa (알렉사) - Wonderland (Korean Version) | stage&FLO:취향의 발견 | Studio FLO
- ITZY「Voltage」Music Video
- ITZY「Blah Blah Blah」Music Video
- Jessi (제시) - 'ZOOM' MV
- TWICE "CRY FOR ME" MV
- Red Velvet 레드벨벳 'Psycho' MV
- NMIXX "DICE" M/V
- NMIXX "Love Me Like This" M/V
- DeVita (드비타) - 'Ride For Me (Feat. DAWN)' Official Music Video [KOR/CHN]
- CocaNButter - 'Mi Deh Yah' M/V
- NCT 127 엔시티 127 '無限的我 (무한적아;Limitless)' MV #2 Performance Ver.
- NCT 127 엔시티 127 '질주 (2 Baddies)' MV
- NCT 127의 킬링보이스를 라이브로! - 질주,Designer,영웅,소방차,무한적아,touch,우산,cherry bomb,Favorite,Lemonade,나쁜 짓 | 딩고뮤직
- 스피카 (SPICA) - Tonight MV
- NCT 127 _ 삐그덕(Walk) | 1theKILLPO | 원더킬포 | 퍼포먼스 | Performance | 4K
- [MV] KARD _ Bomb Bomb(밤밤)
- BLACKPINK - '휘파람 (WHISTLE)' M/V
- KARA(카라) - 숙녀가 못 돼 (Damaged Lady) M/V
- ENHYPEN (엔하이픈) 'Bite Me' Official MV
- Lapillus(라필루스) 'GRATATA' MV
- Lapillus performs "HIT YA!" LIVE on Wish 107.5 Bus
- MONSTA X 몬스타엑스 'Beautiful Liar' MV
- Song So Hee(송소희) - Spring Day(봄날) (Immortal Songs 2) I KBS WORLD TV 201114
- I.M (아이엠) - 'LURE' Official MV
- CRAXY(크랙시) - 'Undercover' MV
- 제시(Jessi)의 킬링보이스를 라이브로! | STAR, Arrived, Down, Gucci, Who Dat B, Drip, Numb, 눈누난나
- 우주소녀 WJSN 'Last Sequence' MV
- Kep1er 케플러 l 'Giddy' M/V
- 2NE1 - '안녕 (GOODBYE)' M/V
- PIXY(픽시) - 'Bewitched (Eng Ver.)' M/V
- PIXY(픽시) - 'Villain' MV
- [Queenz Eye] 'Yummy Yummy' M/V
- tripleS(트리플에스) 'Girls Never Die' Official MV
- [MV] PIXY(픽시) - Wings
- VIVIZ (비비지) - 'Untie' Performance Video
- aespa 에스파 'Life's Too Short (English Ver.)' MV
- [MV] SUNMI(선미) _ Gashina(가시나)
- 퍼플키스(PURPLE KISS) 'Pretty Psycho' Performance Video
- 퍼플키스(PURPLE KISS) 'Sweet Juice' MV
- 퍼플키스(PURPLE KISS) - BBB | 수트댄스 | Suit Dance | Performance | 4K
- [4K] PURPLE KISS - "Sweet Juice" Band LIVE Concert [it's Live] ライブミュージックショー
- LIGHTSUM(라잇썸) - 'POSE!' Official Music Video

- VVUP (비비업) 'Doo Doom Chit (두둠칫)' MV
- HYOLYN (효린) 'NO THANKS' Official MV
- JIHYO "Don't Wanna Go Back (Duet with Heize)" M/V
- 2NE1 - 내가 제일 잘 나가(I AM THE BEST) M/V
- 우주소녀 WJSN 'Last Sequence' MV
- KARDI - Tears of Mokpo (Immortal Songs 2) | KBS WORLD TV 220212

■ 선율에 취하고 싶다

- [Special Clip] Dreamcatcher(드림캐쳐) 수아 'Still With You' Cover
- 헤이즈 (Heize) - 정국 'Still With You' COVER
- SHINee 샤이니 'Don't Call Me' MV
- ENHYPEN (엔하이픈) 'Blessed-Cursed' Official MV
- Lapillus(라필루스) 'Marionette' Performance Video
- BABYMONSTER - 'FOREVER' M/V
- TWICE「Doughnut」Music Video
- WALLFLOWER (TWICE)
- SF9 - 비보라 (BIBORA) | 수트댄스 | Suit Dance | Performance | 4K
- Red Velvet 레드벨벳 'Cosmic' MV
- 김세정(KIM SEJEONG) 'Top or Cliff' Official M/V (Full ver.)
- [MV] 에일리(AILEE) - Make Up Your Mind
- Marionette (Red Velvet)
- 헤이즈 (Heize) - '헤픈 우연 (HAPPEN)' MV (with 송중기)
- 효린(HYOLYN) - LONELY(론리) Music Video
- 이 내 맘 (CHEEZE 치즈)
- KISS OF LIFE (키스오브라이프) '안녕,네버랜드 (Bye My Neverland)' MV
- [PLAY COLOR | 4K] KISS OF LIFE (키스오브라이프) - Te Quiero
- aespa 에스파 'Welcome To MY World (Feat. nævis)' MV
- BLACKPINK - '휘파람 (WHISTLE)' M/V
- BLACKPINK - '불장난 (PLAYING WITH FIRE)' M/V
- TWICE "CRY FOR ME" MV
- TWICE「Perfect World」Music Video
- MISAMO「Marshmallow」Music Video
- [4K] JIHYO - "Killin' Me Good & Room" Band LIVE Concert [it's Live] ライブミュージックショー
- SEVENTEEN (세븐틴) 'Ready to love' Official MV
- [MV] GFRIEND - Fallin' Light (天使の梯子)
- 그런 말은 쉽게 하는 게 아냐 (Yuri)
- [도깨비 OST Part 7] 소유 (Soyou) - I Miss You (Official Audio)
- 수진 (SOOJIN) '아가씨' Official MV
- [4K] PURPLE KISS - "BBB" Band LIVE Concert [it's Live] ライブミュージックショー
- Dreamcatcher(드림캐쳐) 'Scream' MV
- IVE 아이브 'Either Way' MV
- IVE 아이브 'Off The Record' MV
- Billlie | 'snowy night' M/V
- SEULGI 슬기 '28 Reasons' MV
- TAEMIN 태민 'Guilty' MV
- NCT 127 엔시티 127 'Favorite (Vampire)' MV
- NCT DREAM 엔시티 드림 'BOOM' MV
- [MV] OH MY GIRL(오마이걸) _ CLOSER
- JISOO - '꽃(FLOWER)' M/V
- BADVILLAIN - 'BADVILLAIN' MV

■ 용기를 얻고 싶다

- Billlie | '1월 0일 (a hope song)' Lyric Video
- ITZY「Voltage」Music Video
- EVERGLOW (에버글로우) - FIRST MV
- (여자)아이들((G)I-DLE) - 'TOMBOY' Official Music Video
- TREASURE - 'MY TREASURE' M/V
- [STATION] aespa 에스파 'Dreams Come True' MV
- 시연 (드림캐쳐) '시작' MV
- IVE 아이브 'I AM' MV
- H1-KEY(하이키) 뜨거워지자(Let It Burn) Official M/V

■ 〈이야기〉에 몰입하고 싶다

- BTS (방탄소년단) '피 땀 눈물 (Blood Sweat & Tears)' Official MV
- Dreamcatcher(드림캐쳐) '데자부 (Deja Vu)' MV
- Dreamcatcher(드림캐쳐) 'Chase Me' MV
- EXO-K 엑소케이 'MAMA' MV (Korean ver.)
- BTS (방탄소년단) 'ON' Official MV
- [MV] Billlie(빌리) _ enchanted night ~ 白夜
- TRI.BE - Loca
- [MV] 화사 (Hwa Sa) - 마리아 (Maria)
- Billlie | 'RING ma Bell (what a wonderful world)' M/V

■ 〈이야기〉에 몰입하고 싶다—청춘편

- BTS (방탄소년단) 'Magic Shop' Official MV
- BTS (방탄소년단) "대답 (LOVE MYSELF)" MV
- ENHYPEN (엔하이픈) 'Drunk-Dazed' Official MV
- NewJeans (뉴진스) 'Ditto' Official MV (side A)
- NewJeans (뉴진스) 'Ditto' Official MV (side B)

■ 〈이야기〉에 몰입하고 싶다—고전 신화편

- BLACKPINK - 'How You Like That' M/V

■ 〈이야기〉에 몰입하고 싶다—삶과 죽음의 누아르

- 김세정(KIM SEJEONG) 'Top or Cliff' Official M/V (Full ver.)
- 비비 (BIBI) - 나쁜년 (BIBI Vengeance) Official M/V
- Agust D '해금' Official MV

■ déjà-vu(기시감)과 jamais vu(미시감) 사이를 보고 싶다

- JONGHYUN 종현 '데자-부 (Déjà-Boo) (feat. Zion.T)' MV (Showcase Stage @SMTOWN THEATRE)
- [M/V] NU'EST W(뉴이스트 W) - Dejavu
- '최초 공개' 섹시티즈 '에이티즈'의 'Deja Vu' 무대 #엠카운트다운 EP.725 | Mnet 210916 방송
- Dreamcatcher(드림캐쳐) '데자부 (Deja Vu)' MV
- DEJAVU (TWICE)
- ATEEZ(에이티즈) - 'Deja Vu' Official MV
- TXT (투모로우바이투게더) 'Deja Vu' Official MV
- BTS (방탄소년단) 'Jamais Vu' Official MV

■ 무조건 아름다운 작품을 보고 싶다

- [MV] 우주소녀(WJSN)(COSMIC GIRLS) _ 비밀이야 (Secret)
- BADVILLAIN(배드빌런) 'BADVILLAIN' (4K) | STUDIO CHOOM ORIGINAL
- IVE 아이브 '해야 (HEYA)' MV
- KISS OF LIFE (키스오브라이프) 'Midas Touch' Official Music Video
- [PLAY COLOR | 4K] KISS OF LIFE (키스오브라이프) - Te Quiero
- NCT 127 엔시티 127 '질주 (2 Baddies)' MV
- FIFTY FIFTY (피프티피프티) - 'Higher' - Official MV
- [M/V] BOOM | 로켓펀치(Rocket Punch)
- 청하 (CHUNG HA) - 'PLAY (Feat. 창모 (CHANGMO))' M/V
- NCT U 엔시티 유 'Make A Wish (Birthday Song)' MV
- Lapillus(라필루스) 'GRATATA' MV
- KARD - Ring The Alarm _ M/V
- KARD - ICKY | 4K Choreography Video | [COLOR DANCE UNIT]
- KARD - Without You _ M/V
- [MV] MAMAMOO(마마무) _ Starry Night(별이 빛나는 밤)
- [MV] woo!ah!(우아!) _ Purple
- TWICE "MORE & MORE" M/V
- BLACKPINK - 'How You Like That' M/V
- STAYC(스테이씨) 'SO BAD' MV
- STAYC(ステイシー) 'POPPY' MV
- XG - MASCARA (Official Music Video)
- XG - HESONOO & X-GENE (Performance Video)

- XG - PUPPET SHOW (Official Music Video)
- BTS (방탄소년단) 'FAKE LOVE' Official MV
- TREASURE - 'MY TREASURE' M/V
- [COLOR DANCE] FIFTY FIFTY - Cupid (Twin Ver.) | 4K Performance video | #FIFTYFIFTY
- [BE ORIGINAL] SOOJIN(수진) '아가씨 (AGASSY)' (4K)
- 수진 (SOOJIN) '아가씨' Official MV
- [MV] Apink(에이핑크) _ %%(Eung Eung(응응))
- [MV] Apink(에이핑크) _ I'm so sick(1도 없어)
- Dreamcatcher(드림캐쳐) 'BONVOYAGE' MV
- Red Velvet 레드벨벳 '짐살라빔 (Zimzalabim)' MV
- Red Velvet 레드벨벳 'Feel My Rhythm' Performance Video
- Red Velvet 레드벨벳 'Feel My Rhythm' MV
- aespa 에스파 'Black Mamba' MV
- ASTRO 아스트로 - All Night(전화해) M/V
- NMIXX "DICE" M/V
- NMIXX "Party O'Clock" M/V
- NMIXX "Young, Dumb, Stupid" M/V
- [NMIXX] "Love Me Like This" Performance Video
- MISAMO "Do not touch" M/V
- [MV] IU(아이유) _ BBIBBI(삐삐)
- [BLACKSWAN] 'Karma' Official M/V
- [MV] 이달의 소녀 (LOONA) "Flip That"
- TRI.BE - DOOM DOOM TA
- [BE ORIGINAL] EVERGLOW(에버글로우) 'SLAY' (4K)
- IVE 'ELEVEN -Japanese ver.-'Music Video
- IVE 아이브 'I AM' MV
- IVE 아이브 'Kitsch' MV
- SUZY (수지) 'SObeR' M/V
- Weeekly 위클리 'VROOM VROOM' MV
- 현아 (HyunA) - 'FLOWER SHOWER' MV
- IZ*ONE (아이즈원) - 환상동화 (Secret Story of the Swan) MV
- STAYC(스테이씨) 'ASAP' MV
- NCT 127 엔시티 127 'TOUCH' MV

■ 아아, 첫사랑이여

- SHINee 샤이니 '누난 너무 예뻐 (Replay)' MV
- TEEN TOP(틴탑) _ Crazy(미치겠어) MV
- miss A "Bad Girl, Good Girl" M/V
- [MV] BTS(방탄소년단) _ Boy In Luv(상남자)
- f(x) 에프엑스 '첫 사랑니 (Rum Pum Pum Pum)' MV
- [MV] SEVENTEEN(세븐틴) _ VERY NICE(아주 NICE)
- Girl's Day(걸스데이) _ Don't forget me(나를 잊지마요) MV
- NCT DREAM 엔시티 드림 '마지막 첫사랑 (My First and Last)' MV
- [MV] CSR(첫사랑) _ Pop? Pop!(첫사랑)
- CSR(첫사랑) 'Pretty mob' OFFICIAL MV

■ 사랑은 비를 타고

- TAEMIN 태민 'MOVE' #1 MV
- SEVENTEEN (세븐틴) 'Ready to love' Official MV
- [MV] Gain(가인) _ Carnival (The Last Day)
- ATEEZ(에이티즈) - 'Deja Vu' Official MV
- JIHYO "Killin' Me Good" M/V

■ 춤추는 카메라, 영상 편집에 경악하고 싶다

- 엑소(EXO) - 으르렁(Growl) + 늑대와 미녀 (Beauty and the Beast) at 2013
- Red Velvet 레드벨벳 'Be Natural (feat. SR14B TAEYONG (태용)) MV
- ITZY "LOCO" M/V @ITZY
- ITZY「Voltage」Music Video
- YOUNG POSSE (영파씨) - 'MACARONI CHEESE' MV
- YOUNG POSSE (영파씨) 'MACARONI CHEESE' (No CG Ver.)
- BABYMONSTER - 'BATTER UP' DANCE PRACTICE VIDEO
- aespa 에스파 'Savage' Camerawork Guide
- aespa 에스파 'Next Level' The Performance Stage #2
- aespa 에스파 'Supernova' MV

- 마마무(MAMAMOO)의 킬링보이스를 라이브로! - Mr.애매모호,너나 해,데칼코마니,별빛밤, I miss you,HIP, 고고베베, 딩가딩가, AYA | 딩고뮤직
- TRI.BE - RUB-A-DUM
- TRI.BE(트라이비) 'LORO(로로)' Choreography
- (MV)LEE CHAE YEON(이채연)_KNOCK
- IVE 아이브 'After LIKE' MV
- IVE 아이브 '해야 (HEYA)' MV
- XG - MASCARA (Performance Video)
- XG - WOKE UP (Official Music Video)
- THE BOYZ(더보이즈) 'ROAR' MV
- NMIXX "DICE" M/V
- [NMIXX] "Young, Dumb, Stupid" Performance Video
- [NMIXX] "Love Me Like This" Performance Video

■ **랩이야말로 영혼이야**

- MC Sniper 〈Better Than Yesterday〉
- YOUNG POSSE (영파씨) 'MACARONI CHEESE' MOVING CAM Ver. | FINAL CAMERA TEST
- MACARONI CHEESE - 영파씨(YOUNG POSSE) [뮤직뱅크/Music Bank] | KBS 231103 방송
- YOUNG POSSE (영파씨) 'XXL' MV
- SEVENTEEN (세븐틴) 'LALALI' Official MV
- BABYMONSTER - 'BATTER UP' M/V
- BABYMONSTER - 'FOREVER' M/V
- 오프닝 퍼포먼스(Opening Performance) | (여자)아이들 컴백전쟁 : 퀸덤 0화
- (여자)아이들((G)I-DLE) - 'I Want That' Official Music Video
- G-DRAGON - ONE OF A KIND M/V
- Stray Kids "땡(FREEZE)" Video
- Stray Kids "TOPLINE (Feat. Tiger JK)" Video
- Stray Kids "JJAM" M/V
- [HD] Block B(블락비) _ NILLILI MAMBO(닐리리 맘보) MV
- 아웃사이더(Outsider)의 킬링벌스를 라이브로! | 외톨이, 주변인, 주인공, Better Than Yesterday, 연인과의 거리, 슬피 우는 새, D.M.F 등
- [MV] BTS(방탄소년단)_ We Are Bulletproof Pt2(위 아 불렛프루프 Pt.2)
- Rap Monster '농담' MV
- Rap Monster 'Do You' MV
- RM 'Still Life (with Anderson .Paak)' Official MV
- Agust D 'Agust D' MV
- aespa 에스파 'Drama' MV
- [MV] 우주소녀 (WJSN) - UNNATURAL
- BLACKPINK - '뚜두뚜두 (DDU-DU DDU-DU)' M/V
- [MV] 매드클라운(Mad Clown) _ 화(Fire) (Feat. Jinsil(진실) of Mad soul child)
- Jessi (제시) - 'Gum' MV
- JEON SOMI (전소미) - 'Gold Gold Gold' M/V
- ITZY「Blah Blah Blah」Music Video
- VIVIZ (비비지) - 'PULL UP' MV
- Dreamcatcher(드림캐쳐) 'BEcause' MV
- [SBS]두시탈출컬투쇼, Mad City Live, NCT 127(태용, 마크, 재현) 라이브
- [MV] BTOB(비투비) _ MOVIE
- SECRET NUMBER "독사 (DOXA)" M/V
- 아이닐 (AINILL) - GOD MODE [Official Music Video] [KOR/ENG]
- XG - WOKE UP (Official Music Video)
- [XG TAPE #3-A] Two Tens (HARVEY, MAYA)
- [XG TAPE #2] GALZ XYPHER (COCONA, MAYA, HARVEY, JURIN)
- Stray Kids『CIRCUS』Music Video
- [MV] BE'O(비오) _ LOVE me
- MV] BE'O(비오) _ Complex(자격지심) (Feat. ZICO)
- [MV] Dynamic Duo(다이나믹 듀오), CHEN(첸) _ nosedive(기다렸다 가)
- [MV] 이영지 - 낮 밤 (feat. 박재범)
- KISS OF LIFE (키스오브라이프) 'Bad News' Official Music Video
- LIGHTSUM(라잇썸) - 'Honey or Spice'

Official Music Video
- 퍼플키스(PURPLE KISS) 'Sweet Juice' MV
- 지코 (ZICO) - BERMUDA TRIANGLE (Feat. Crush, DEAN) (ENG SUB) MV
- 블락비 (Block B) - Shall We Dance MV
- 조광일 - 곡예사 Remix(feat. Basick, P-TYPE, Skull, SIKBOY, Olltii, MINOS, Brown Tigger, JAZZMAL)|[DF]
- woo!ah! (우아!) - '단거(Danger)' M/V
- MONSTA X 몬스타엑스 'Beautiful Liar' MV
- [Special Video] 우주소녀 - 비밀이야 (SECRET) R&B ver.
- [MV] Exy, Euna Kim(엑시, 유나킴) _ LOVE THERAPY(러브테라피)
- [4K] WJSN EXY - Diamonds
- CRAXY (크랙시) "NO LIMIT" MIXTAPE VIDEO
- BADVILLAIN - 'Hurricane' Performance Video
- 페노메코 (PENOMECO) - 'Shy (eh o)' MV
- [달의 연인 - 보보경심 려 OST Part 2] 로꼬, 펀치 (Loco, Punch) - Say Yes MV
- F.HERO x MILLI Ft. Changbin of Stray Kids - Mirror Mirror (Prod. by NINO) [Official MV]
- [MV] 우주힙쟁이 - 한량 (feat. 비비(BIBI)) (prod.딘딘)
- BIG Naughty(서동현)의 킬링벌스를 라이브로! | 시발점 Remix, Joker, 을, 급SICK, The Purge, 잠깐만, Frank Ocean 등
- [MV] HyunA(현아) _ Cause I'm God Girl(잘나가서 그래) (Feat. 정일훈 Of BTOB)
- NMIXX "Soñar (Breaker)" M/V
- NCT 127 _ 삐그덕(Walk) | 1theKILLPO | 원더킬포 | 퍼포먼스 | Performance | 4K
- BADVILLAIN(배드빌런) 'BADVILLAIN' (4K) | STUDIO CHOOM ORIGINAL
- [HIT] 불후의 명곡2-마마무, 노출 없이 실력 자체가 섹시 '정열의 꽃' .20150228

■ **멋진 춤을 실컷 맛보고 싶다**
- BLACKPINK - 'How You Like That' DANCE PERFORMANCE VIDEO
- Red Velvet 레드벨벳 'Be Natural (feat. SR14B TAEYONG (태용)) MV
- BTS(방탄소년단)_INTRO Perf. + Airplane pt.2 | 2018 MAMA in HONG KONG 181214
- BTS (방탄소년단) 'Butter' @ The 64th GRAMMY Awards
- LEE CHAE YEON(이채연) 'Don't' MV
- aespa 에스파 'Next Level' The Performance Stage #2
- [M/V] SEVENTEEN(세븐틴) - 울고 싶지 않아 (Don't Wanna Cry)
- NewJeans (뉴진스) 'Ditto' Performance Video
- NewJeans (뉴진스) 'OMG' Official MV (Performance ver.1)
- NewJeans (뉴진스) 'Hype Boy' Official MV (Performance ver.2)
- BABYMONSTER - 'BATTER UP' DANCE PRACTICE VIDEO
- Stray Kids "Back Door" M/V
- [BE ORIGINAL] Stray Kids '神메뉴(God's Menu)' (4K)
- ILLIT (아일릿) 'Magnetic' Dance Practice (Moving Ver.)
- In The Studio] [4K] 이채연 - KNOCK | Over The Moon, Stone PERFORMANCE
- (MV)LEE CHAE YEON(이채연)_LET'S DANCE
- LILI's FILM #3 - LISA Dance Performance Video
- [Special Clip] 몬스타엑스 (MONSTAX) - 히어로 (HERO) Rooftop Ver.
- Jessi (제시) - Cold Blooded (with 스트릿 우먼 파이터 (SWF)) MV
- NCT U 엔시티 유 'Misfit' Track Video
- HYOLYN (효린) 'Layin' Low (feat. Jooyoung)' Official MV
- ILLIT (아일릿) 'Magnetic' Dance Practice (Moving Ver.)
- ITZY "마.피.아. In the morning" Performance

Video
- [MIX & MAX] 'Break My Heart Myself' covered by ITZY YEJI & RYUJIN (예지 & 류진) (4K)
- [CHOREOGRAPHY] BTS (방탄소년단) 'Butter' Special Performance Video
- TXT (투모로우바이투게더) 'Good Boy Gone Bad' Official MV (Choreography ver.)
- ITZY "ICY" Performance Video
- ITZY "Not Shy" Dance Practice (Moving Ver.)
- ITZY "Kill Shot" @ SHOWCASE
- [BE ORIGINAL] ITZY(있지) 'Not Shy' (4K)
- TREASURE - 미쳐가네(Going Crazy) PERFORMANCE FILM (4K)
- Kep1er 케플러 | 'WA DA DA' Dance Practice
- TAEYANG - 'Shoong! (feat. LISA of BLACKPINK)' PERFORMANCE VIDEO
- [BE ORIGINAL] Kep1er(케플러) 'WA DA DA' (4K)
- TWICE 'CRY FOR ME' Choreography - 2
- TRI.BE(트라이비) 'LORO(로로)' PERFORMANCE (ONE TAKE VER.)
- [BE ORIGINAL] 태용(TAEYONG) '샤랄라 (SHALALA)' (4K)
- (Artist Focused) MAMAMOO(마마무) 'HIP' l [DANCE THE X] (4K)
- [MAMAMOO] '데칼코마니'(Decalcomanie) 안무 영상
- [NMIXX] "Love Me Like This" Performance Video
- XG - MASCARA (Official Music Video)
- XG - PUPPET SHOW (Choreography)
- (Full Focused) NewJeans(뉴진스) 'Attention' 4K | BE ORIGINAL
- (여자)아이들 ((G)I-DLE) 'Last Dance (Prod. GroovyRoom)' Official Music Video
- miss A "Hush" M/V
- miss A "Bad Girl, Good Girl" M/V
- LE SSERAFIM (르세라핌) 'UNFORGIVEN (feat. Nile Rodgers)' OFFICIAL M/V (Choreography ver.) for 피어나
- (Full Focused) LE SSERAFIM(르세라핌) 'UNFORGIVEN (feat.Nile Rodgers)' 4K | BE ORIGINAL
- ATEEZ(에이티즈) - 'Deja Vu' Official MV
- CLASS:y(클라씨) "CLASSY" Live Stage Dance Practice Video
- [BE ORIGINAL] NMIXX(엔믹스) 'O.O' (4K)
- NATURE(네이처) "LIMBO! (넘어와)" M/V (Performance Ver.)
- (여자)아이들((G)I-DLE) - 'MY BAG' (Choreography Practice Video)
- [MV] PENTAGON(펜타곤) _ Critical Beauty(예뻐죽겠네)
- [MV] THE BOYZ(더보이즈) _ Boy(소년)
- [MV] 여자친구(GFRIEND) _ 시간을 달려서 (Rough) (Choreography Ver.)
- [PAMS Choice] Kim Wonyoung x Project YYIN "Becoming-dancer" / 김원영x프로젝트 이인 "무용수-되기"

■ 사교(邪敎)의 비곡, 그 미학에 전율하고 싶다

- [MV] 이달의 소녀 (LOONA) "PTT (Paint The Town)"
- Dreamcatcher(드림캐쳐) 'Scream' MV
- aespa 에스파 'Armageddon' MV
- tripleS(트리플에스) 'Girls Never Die' Official MV
- ARTMS 'Pre1 : Birth' Official MV
- 수진 (SOOJIN) 'MONA LISA' MV
- ATEEZ(에이티즈) - 'Answer' Official MV
- THE NEW SIX - 'FUEGO' MV
- BLACKPINK - 'Pink Venom' M/V
- Dreamcatcher(드림캐쳐) 'BOCA' Dance Video (MV ver.)
- &TEAM 'Road Not Taken' Official MV
- 퍼플키스(PURPLE KISS) 'Ponzona' MV
- Halsey, SUGA - Lilith (Diablo IV Anthem)
- XG - Tippy Toes (Official Music Video)
- Red Velvet 레드벨벳 'Feel My Rhythm' MV
- SEVENTEEN (세븐틴) '손오공' Official MV
- VIVIZ (비비지) - 'Rum Pum Pum' Official

Music Video
- VIVIZ (비비지) - 'Untie' Performance Video
- 퍼플키스(PURPLE KISS) 'Sweet Juice' MV
- 퍼플키스(PURPLE KISS) 'Ponzona' MV
- CRAXY (크랙시) - 'GAIA' M/V
- CRAXY (크랙시) - 'Undercover' MV
- ONEUS(원어스) 'ERASE ME' MV
- KARD - Dumb Litty _ MV
- EXO-K 엑소케이 'MAMA' MV (Korean ver.)
- Jessi (제시) - '어떤X (What Type of X)' MV
- PIXY(픽시) - 'Wings' M/V

■ 한국어 언어음에 괄목하고 싶다
- Stray Kids "MANIAC" M/V
- NCT DREAM 엔시티 드림 'Beatbox' MV
- BLACKPINK - '붐바야 (BOOMBAYAH)' M/V
- 조광일 - 곡예사 Remix(feat. Basick, P-TYPE, Skull, SIKBOY, Olltii, MINOS, Brown Tigger, JAZZMAL)|[DF]
- IVE 아이브 'LOVE DIVE' MV
- HYOLYN (효린) 'NO THANKS' Official MV
- 체리블렛 (Cherry Bullet) 'Love In Space' MV
- 아이닐 (AINILL) - GOD MODE [Official Music Video] [KOR/ENG]
- [4K] VIVIZ - "MANIAC" Band LIVE Concert [it's Live] ライブミュージックショー
- 퍼플키스(PURPLE KISS) 'Sweet Juice' MV

■ 박력에 쓰러지고 싶다
- B.A.P(비에이피) - POWER M/V
- VVUP (비비업) 'Locked On (락던)' MV
- Stray Kids "락 (樂) (LALALALA)" M/V
- Stray Kids "JJAM" M/V
- SHINee 샤이니 'Ring Ding Dong' MV
- BTOB - 'WOW' Official Music Video
- [MV] BTS(방탄소년단) _ Danger
- BTS (방탄소년단) 'No More Dream' Official MV
- SEVENTEEN (세븐틴) 'MAESTRO' Official MV
- NMIXX "O.O" M/V
- SHINee 샤이니 'HARD' MV
- CHUNG HA 청하 | 'I'm Ready' Extended Performance Video
- 체리블렛 (Cherry Bullet) 'Love In Space' MV
- Lapillus(라필루스) 'HIT YA!' MV
- SUPER JUNIOR 슈퍼주니어 'Show Time' MV
- TREASURE - '사랑해 (I LOVE YOU)' M/V
- EVERGLOW (에버글로우) - SLAY MV
- EXO エクソ 'Electric Kiss' MV (Short Ver.)
- EXO 엑소 'Cream Soda' MV
- LAY '莲 (Lit)' MV
- ITZY「RINGO」Music Video
- SF9 - '여름 향기가 날 춤추게 해 (Summer Breeze)' MUSIC VIDEO
- [MV] 이달의 소녀 (LOONA) "So What"
- FIFTY FIFTY (피프티피프티) - 'Log in' - PERFORMANCE VIDEO
- MONSTA X 몬스타엑스 'FANTASIA' MV
- TRI.BE - WOULD YOU RUN
- aespa 에스파 'Girls' MV
- 강다니엘(KANGDANIEL) - PARANOIA M/V
- CLASS:y(클라씨) "SHUT DOWN" M/V
- BADVILLAIN - '+82' Performance Video
- (Eng sub) [환불원정대] 'DON'T TOUCH ME' M/V (Hangout with Yoo - Refund Sisters)

■ 역시 여름에는 이거지!
- f(x) 에프엑스 'Hot Summer' MV
- fromis_9 (프로미스나인) 'Stay This Way' Official MV
- TWICE "Dance The Night Away" M/V
- ZEROBASEONE (제로베이스원) 'SWEAT' Special Summer Video
- Billlie | '팥빙수' M/V (Performance ver.)
- WINNER - 'ISLAND' M/V
- THE BOYZ(더보이즈) 'LIP GLOSS' MV
- [MV] SISTAR(씨스타)_Touch my body(터치 마이 바디)
- HYOLYN(효린) '바다보러갈래 (SEE SEA)' Official MV
- [T:TIME] TOMORROW X TOGETHER 'Our Summer' (selfie ver.) - TXT (투모로우바이투

게더)
- 여자친구 GFRIEND - 열대야 (Fever) M/V
- 여자친구 GFRIEND - 여름여름해 (Sunny Summer) M/V
- SF9 - '여름 향기가 날 춤추게 해 (Summer Breeze)' MUSIC VIDEO
- (G)I-DLE ((여자)아이들) '클락션 (Klaxon)' (4K) | STUDIO CHOOM ORIGINAL
- Red Velvet 레드벨벳 '빨간 맛 (Red Flavor)' MV
- KISS OF LIFE (키스오브라이프) 'Sticky' Official Music Video

■ **역시 겨울에는 그거야!**
- Stray Kids "Winter Falls" M/V
- Younha - Winter Flower (Feat. RM of BTS) Official MV
- [MV] 문별(MOONBYUL) - 눈(SNOW)
- NU'EST(뉴이스트)_HELLO(여보세요)MV
- BTS (방탄소년단) '봄날 (Spring Day)' Official MV
- EXO 엑소 '12월의 기적 (Miracles in December)' MV (Korean Ver.)
- Crystal Snow (BANGTANTV)
- 알리(ALI) - 눈의 꽃 [불후의명곡/Immortal Songs 2].20190427
- [STATION] NCT DREAM 엔시티 드림 'JOY' MV

■ **제비 앞장 세우고 봄이 봄이 와요**
- Song So Hee(송소희) - Spring Day(봄날) (Immortal Songs 2) I KBS WORLD TV 201114
- 10cm / 십센치 - '봄이 좋냐?? (What The Spring??)' Official Music Video ENG sub.
- CHEN 첸 '사월이 지나면 우리 헤어져요 (Beautiful goodbye)' MV
- 로이킴 (Roy Kim) - 봄봄봄 (BOM BOM BOM) MV
- BOBBY - 벚꽃 (Cherry Blossom) MV

■ **가을에 어울리는 K-POP**
- IU&Huiyeol - Autumn Morning(가을 아침) (Sketchbook) | KBS WORLD TV 200918
- 헤이즈 (Heize) - 떨어지는 낙엽까지도 (Falling Leaves are Beautiful) M/V

■ **그대, 시인의 목소리를 들었는가?**
- [MV] Azalea by Rolling Quartz (Eng/Esp Sub) 진달래꽃 by 롤링쿼츠
- MAYA(마야) - 진달래꽃(Azalea) -Official M/V

■ **팝적인 아트를 즐기고 싶다**
- [EXID(이엑스아이디)] '위아래' (UP&DOWN) MV
- Red Velvet 레드벨벳 '행복 (Happiness)' MV
- G-DRAGON - CRAYON(크레용) M/V
- STAYC(스테이씨) 'SO BAD' MV
- STAYC(ステイシー) 'POPPY' MV
- Kep1er 케플러 l 'Wing Wing' M/V
- Kep1er 케플러 l 'Up!' M/V
- Red Velvet 레드벨벳 '러시안 룰렛 (Russian Roulette)' MV
- [MV] SISTAR(씨스타) _ SHAKE IT
- aespa 에스파 'Black Mamba' MV
- ASTRO 아스트로 - Candy Sugar Pop M/V
- 마마무 (MAMAMOO) - 넌 is 뭔들 (You're the best) MV
- AOA - 단발머리 (Short Hair) M/V
- JEON SOMI (전소미) - 'BIRTHDAY' M/V
- GOT7(ガットセブン) "Just right(딱 좋아)" M/V
- [EXID(이엑스아이디)] 아예 (Ah Yeah) Music Video [Official MV]
- 4MINUTE - '이름이 뭐예요? (What's Your Name?)' (Official Music Video)
- WINNER - 'I LOVE U' M/V
- [MV] MOMOLAND (모모랜드) _ BBoom BBoom (뿜뿜)

■ **일본어 K-POP도 들어 보고 싶다**
- BTS (防弾少年団) 'Airplane pt.2 -Japanese ver.-' Official MV
- BTS (防弾少年団) 'I NEED U (Japanese Ver.)' Official MV

- BTS (防弾少年団) '血, 汗, 涙 -Japanese Ver.-'Official MV
- Stray Kids『CIRCUS』Music Video
- BLACKPINK - 「Lovesick Girls - JP Ver.-」MV
- BLACKPINK - PLAYING WITH FIRE (JP Ver.) M/V
- BLACKPINK - Kill This Love -JP Ver.- Live at BLACKPINK 2019-2020 WORLD TOUR IN YOUR AREA-TOKYO DOME-
- iKON - LOVE SCENARIO MV (JP Ver.)
- EXO / 「Love Me Right ~romantic universe~」MV short ver.
- ITZY「Voltage」Music Video
- ITZY「WANNABE -Japanese ver.-」Music Video
- ITZY「RINGO」Music Video
- [MV]SEVENTEEN - 舞い落ちる花びら (Fallin' Flower)
- TWICE「SCIENTIST -Japanese ver.-」Music Video
- TWICE「Doughnut」Music Video
- 【NCT 127】「Limitless」
- NiziU『Make you happy』M/V
- IVE 아이브 'CRUSH' MV
- IVE 'ELEVEN -Japanese ver.-'Music Video
- Kep1er 케플러 l 'Straight Line' M/V
- &TEAM 'War Cry' Official MV
- Marionette (Red Velvet)
- MAMAMOO「Dingga -Japanese ver.-」Music Video
- MAMAMOO「HIP -Japanese ver.-」Music Video
- YUKINO HANA / JISOO [LIVE] (BLACKPINK ARENA TOUR 2018 "SPECIAL FINAL IN KYOCERA DOME OSAKA")
- 涙そうそう (I SAY MAMAMOO: THE BEST -Japan Edition-)

■ 필승의 사랑법을 알고 싶다

- TWICE "YES or YES" M/V
- TWICE "SCIENTIST" M/V
- BIGBANG - BAE BAE M/V
- 송수우 (Song Soowoo) - 'Love Me or Hate Me' MV
- BTS (방탄소년단) 'Butter' Official MV
- TREASURE - '직진 (JIKJIN)' M/V
- STAYC - "BEAUTIFUL MONSTER"

■ 환경 파괴의 저편을 보라

- (ENG) Dreamcatcher(드림캐쳐) 'MAISON' MV
- [4K] Dreamcatcher - "MAISON" Band LIVE Concert [it's Live] ライブミュージックショー

■ 꽃이 지기로서니 바람을 탓하랴

- JISOO - '꽃(FLOWER)' M/V

■ 고딕 로망 세계에서 오싹하고 싶다

- (여자)아이들((G)I-DLE) - 'LION' Official Music Video
- Dreamcatcher(드림캐쳐) 'GOOD NIGHT' MV
- TAEMIN 태민 'Criminal' MV
- ARTMS 'Pre1 : Birth' Official MV

■ 나, 무도인의 길을 가리라

- NCT 127 엔시티 127 '영웅 (英雄; Kick It)' MV
- ATEEZ(에이티즈) - '멋(The Real) (흥 : 興 Ver.)' Official MV

■ 라틴으로 가자

- EXO-K - Sabor a Mi [Music Bank HOT Stage / 2014.11.12]
- (여자)아이들((G)I-DLE) - 'Senorita' Official Music Video
- BTS(방탄소년단)_INTRO Perf. + Airplane pt.2 | 2018 MAMA in HONG KONG 181214
- SUPER JUNIOR 슈퍼주니어 'Lo Siento (Feat. Leslie Grace)' MV
- SUPER JUNIOR 슈퍼주니어 'MAMACITA (아야야)' MV

- JIHYO "Killin' Me Good" M/V
- ONEUS(원어스) 'Baila Conmigo' MV
- [MV] SF9 (에스에프나인) _ O Sole Mio(오솔레미오)
- 효린(HYOLYN) - 너 밖에 몰라 Music Video (ONE WAY LOVE)
- 강다니엘(KANGDANIEL) - Don't Tell (Feat. Jessi) M/V
- [MV] MAMAMOO(마마무) _ Egotistic(너나 해)

■ **유라시아적인 미학을 맛보고 싶다**
- TRI.BE - Diamond
- TRI.BE (트라이비) 'Diamond' Performance Video
- TRI.BE - RUB-A-DUM
- LE SSERAFIM (르세라핌) 'Smart' OFFICIAL MV

■ **앞을 향해 나아가고 싶다**
- BTS (방탄소년단) 'We Are Bulletproof Pt.2' Official MV
- BTS (防弾少年団) 'Airplane pt.2 -Japanese ver.-' Official MV
- ITZY "WANNABE" M/V @ITZY
- EVERGLOW(에버글로우) - Promise(for UNICEF promise campaign) MV
- BTS (방탄소년단) '고민보다 Go' Official MV
- 부석순 (SEVENTEEN) '파이팅 해야지 (Feat. 이영지)' Official MV

■ **패션에 눈이 부시고 싶다**
- BLACKPINK - 'How You Like That' M/V
- BLACKPINK - '마지막처럼 (AS IF IT'S YOUR LAST)' M/V
- CL - Tie a Cherry (Official Video)
- [M/V] BOOM | 로켓펀치(Rocket Punch)
- TWICE "SCIENTIST" M/V
- TWICE 'CRY FOR ME' Choreography - 2
- BIGBANG - BAE BAE M/V
- woo!ah! (우아!) - '단거(Danger)' M/V
- KAI 카이 'Peaches' MV
- [MV] MAMAMOO(마마무) _ Egotistic(너나 해)
- f(x) 에프엑스 '첫 사랑니 (Rum Pum Pum Pum)' MV
- BTS (방탄소년단) 'IDOL' Official MV
- 4MINUTE - '이름이 뭐예요? (What's Your Name?)' (Official Music Video)
- 포미닛 (4MINUTE) - '오늘 뭐해 (Whatcha Doin' Today)' (Official Music Video)
- ITZY "Not Shy" M/V @ITZY
- SUPER JUNIOR 슈퍼주니어 'Mango' MV
- XG - TGIF (Official Music Video)
- BADVILLAIN - 'BADVILLAIN' MV
- '최초 공개' 화사 (HWASA) - I Love My Body # 엠카운트다운 EP.813 | Mnet 230907 방송
- TRI.BE - RUB-A-DUM
- SPICA(스피카) - You Don't Love Me Music Video
- CocaNButter - 'Mi Deh Yah' M/V

■ **K-POP의 원점을 알고 싶다**
- 서태지와 아이들(Seotaiji and Boys) - 난 알아요(I Know) M/V
- 서태지와 아이들(Seotaiji and Boys) - 하여가(Anyhow Song) M/V
- [슈가송] 시대를 앞서간 전설! 故 김성재(Kim Sung-jae) '말하자면'♪ 투유 프로젝트 - 슈가맨2(Sugarman2) 11회
- Young Turks Club - Affection, 영턱스클럽 - 정, MBC Top Music 19961005
- Lim Sung-eun - Lingering, 임성은 - 미련, 50 MBC Top Music 19971115
- 불후의 명곡2 - 가인, 완벽 오마주 무대 '초대'. 20170204
- ONEUS(원어스) 'Now (Original by Fin.K.L)' MV
- H.O.T. '아이야! (I yah!)' MV
- TVXQ! 동방신기 '주문 - MIROTIC' MV
- INFINITE 내꺼하자 (Be mine) MV Dance Ver.
- TEEN TOP(틴탑) _ Crazy(미치겠어) MV
- S.E.S. '('Cause) I'm Your Girl' MV
- Girls' Generation 소녀시대 '다시 만난 세계

(Into The New World)' MV
- Girls' Generation 소녀시대 'Gee' MV
- Girls' Generation 소녀시대 '소원을 말해봐 (Genie)' MV
- Girls' Generation 소녀시대 'FOREVER 1' MV
- SHINee 샤이니 'Ring Ding Dong' MV
- BTOB - 'WOW' Official Music Video
- BIGBANG - FANTASTIC BABY M/V
- SUPER JUNIOR 슈퍼주니어 '쏘리 쏘리 (SORRY, SORRY)' MV
- [MV] KARA(카라) _ Mamma Mia(맘마미아)
- KARA - ミスター M/V
- 2NE1 - 내가 제일 잘 나가(I AM THE BEST) M/V
- miss A "Bad Girl, Good Girl" M/V
- 4MINUTE - 'HUH (Hit Your Heart)' (Official Music Video)
- T-ARA[티아라] "NUMBER NINE [넘버나인]" M/V
- 엑소(EXO) - 으르렁(Growl) + 늑대와 미녀 (Beauty and the Beast) at 2013 MAMA

■ 왕궁의 코레아네스크에 고개 숙여 엎드리고 싶다

- Stray Kids "소리꾼(Thunderous)" M/V
- IVE 아이브 '해야 (HEYA)' MV
- [MV] Azalea by Rolling Quartz (Eng/Esp Sub) 진달래꽃 by 롤링쿼츠
- ONEUS(원어스) '월하미인 (月下美人 : LUNA)' MV
- ONEUS(원어스) '가자 (LIT)' MV
- Agust D '대취타' MV
- [풀버전] ♬ PTT(Paint The Town) - 이달의 소녀 (LOONA)

■ 속도감에 도취하고 싶다

- Kep1er 케플러 l 'Wing Wing' M/V
- TWICE "I CAN'T STOP ME" M/V
- Kep1er 케플러 | 'WA DA DA' M/V
- SHINee 샤이니 'Lucifer' MV
- 2PM "A.D.T.O.Y.(하.니.뿐.)" M/V
- 에일리(Ailee) - 가르치지마 (Don't Teach Me) MV
- NCT 127 (엔시티 127) 'Lemonade' MV
- NewJeans (뉴진스) 'ETA' Official MV
- [STATION] aespa 에스파 'Dreams Come True' MV
- VCHA "Ready for the World" Performance Video
- LE SSERAFIM (르세라핌) 'UNFORGIVEN (feat. Nile Rodgers)' OFFICIAL M/V
- LE SSERAFIM (르세라핌) 'ANTIFRAGILE' OFFICIAL M/V

■ 중국어 K-POP도 들어보고 싶다. 응? C-POP이라고?

- EXO 엑소 'Monster' MV (Chinese ver.)
- EXO 엑소 '宣告 (Love Shot)' MV
- HWAA (火/花) (Chinese Ver.)
- SUPER JUNIOR-M 슈퍼주니어-M 'Super Girl' MV Chinese Ver.
- BoA X XIN 'Better (对峙)' MV
- [M/V] SEVENTEEN(세븐틴) - Home (Chinese Ver.)
- WayV 威神V 'Turn Back Time (超时空 回)' MV
- 鐘浩 Jong Ho (ATEEZ) - Wind
- EXID - Up & Down (Chinese Version) Official Music Video
- LAY '莲 (Lit)' MV

■ 포크 감성의 노래는 없나요?

- iKON - LOVE SCENARIO (Japanese Ver.) MV
- [STATION 3] D.O. 디오 '괜찮아도 괜찮아 (That's okay)' MV
- [MV] PENTAGON(펜타곤) _ SHINE (Japanese ver.)
- [MV] D.O.(디오)(EXO) _ Crying out(외침) (CART(카트) OST)
- D.O. 디오 'Somebody' MV
- WINNER - EVERYDAY (Japanese Ver.) M/V
- B.I (비아이) '해변 (illa illa)' Official MV

- 펜타곤(PENTAGON) - '약속(With UNIVERSE)' Official Music Video
- ROSÉ - 'Gone' M/V
- iKON - 'Dive -JP Ver.-' M/V
- iKON - "PANORAMA" MV
- MV] JeA(제아) - Why didn't I realize(그때는 왜 몰랐을까)
- BLACKPINK - STAY (Japanese M/V)
- JISOO - '꽃(FLOWER)' M/V

■ **기타 소리도 듣고 싶다**

- RIIZE 라이즈 'Get A Guitar' MV
- 'Le Jazz de V' Live Clip #2023BTSFESTA
- [MV] MAMAMOO(마마무) _ Egotistic(너나 해)
- KISS OF LIFE (키스오브라이프) 'Te Quiero' Performance Video
- XG - NEW DANCE (Official Music Video)
- SBS 파워FM 콘서트 [꼴라쥬] - 아이유, 박주원(을의 연애)
- 우기(YUQI) - 'FREAK' Official Music Video
- [MV] 몬스타엑스(MONSTA X) - DRAMARAMA
- I.M (아이엠) - 'LURE' Official MV

■ **아아 나의 고등학교 시절이여!**

- T-ARA(티아라) _ Roly-Poly in Copacabana MV
- NewJeans (뉴진스) 'Ditto' Official MV (side A)
- NewJeans (뉴진스) 'Ditto' Official MV (side B)
- ATEEZ(에이티즈) - '멋(The Real) (흥 : 興 Ver.)' Official MV
- Billlie | 'EUNOIA' M/V
- ILLIT (아일릿) 'SUPER REAL ME' Brand Film
- H1-KEY(하이키) 뜨거워지자(Let It Burn) Official M/V

■ **반란의 깃발을 높이 올려라**

- G-DRAGON - COUP D'ETAT M/V
- BTS (방탄소년단) 'N.O' Official MV
- MONSTA X 몬스타엑스 'Alligator' MV
- ATEEZ(에이티즈) - 'Guerrilla' Official MV
- HYUNA - 'CHANGE' (Official Music Video)
- EVERGLOW (에버글로우) - FIRST MV
- AleXa (알렉사) - 'REVOLUTION' Official MV
- ITZY "UNTOUCHABLE" M/V @ITZY
- BADVILLAIN - 'BADVILLAIN' MV

■ **밝게, 오직 밝게**

- PSY - GANGNAM STYLE(강남스타일) M/V
- TWICE "Heart Shaker" M/V
- [MV] 마마무 (MAMAMOO) - 딩가딩가 (Dingga)
- TWICE "Alcohol-Free" M/V
- TWICE "LIKEY" M/V
- NAYEON "POP!" M/V
- ILLIT (아일릿) 'Lucky Girl Syndrome' Official MV
- ASTRO 아스트로 - Candy Sugar Pop M/V
- VIVIZ (비비지) - 'BOP BOP!' MV
- BTS (방탄소년단) 'IDOL' Official MV
- Uhm Jung-hwa - Festival, 엄정화 - 페스티벌, Music Camp 19990828
- PSY - 'That That (prod. & feat. SUGA of BTS)' MV
- ADYA(에이디야) - 'Per' Official S#3 MV
- SUPER JUNIOR 슈퍼주니어 'House Party' MV

■ **쾌락의 늪으로 빠져들고 싶다**

- Sunmi(ソンミ) "24 hours(24시간이 모자라)" M/V
- 정국 (Jung Kook) 'Seven (feat. Latto)' Official MV

■ **전통 미학의 문으로 들어가고 싶다**

- [KCON 2016 France×M COUNTDOWN] Opening Performance _ Arirang Medley(아리랑 연곡) M COUNTDOWN 160614 EP.47
- Stray Kids "소리꾼(Thunderous)" M/V
- [MV] 화사 (Hwa Sa) - I'm a 빛
- ONEUS(원어스) '가자 (LIT)' MV
- ONEUS(원어스) '월하미인 (月下美人 : LUNA)'

MV
- 레이샤(LAYSHA) - '붉은 꽃(Red Flower)' Official Music Video
- BLACKPINK - 'Pink Venom' M/V
- [BANGTAN BOMB] 'IDOL' Special Stage (BTS focus) @2018 MMA - BTS (방탄소년단)
- Agust D '대취타' MV
- [MV] 우주힙쟁이 - 한량 (feat. 비비(BIBI)) (prod.딘딘)

■ G선상의 K-POP이야!
- Red Velvet 레드벨벳 'Feel My Rhythm' MV

■ 바흐 다음에는 역시 파가니니에 빠져들고 싶다
- BLACKPINK - 'Shut Down' M/V
- La Campanella / Shut Down Black Pink - Daniel Lozakovich

■ 아무튼 오로지 춤만 추고 싶다
- Girls' Generation 少女時代 'LOVE&GIRLS' MV Dance ver.
- 4MINUTE - '물 좋아? (Is It Poppin'?)' (Official Music Video)
- 4MINUTE - '이름이 뭐예요? (What's Your Name?)' (Official Music Video)
- BTS (방탄소년단) 'IDOL' Official MV
- Wonder Girls "Like this" M/V
- Billlie | 'EUNOIA' M/V
- Billlie | 'enchanted night ~ 白夜' Performance Video (enchanted ver.)
- iKON - 딴따라 Tantara MV Performance Ver
- ATEEZ(에이티즈) - '멋(The Real) (흥 : 興 Ver.)' Official MV
- T-ARA - 「私, どうしよう(Japanese ver.)」 Music Video
- Rocket Punch(로켓펀치) 'BOUNCY' MV
- NCT 127 엔시티 127 '영웅 (英雄; Kick It)' Performance Video
- 첫사랑(CSR) '빛을 따라서 (Shining Bright)' OFFICIAL MV
- Stray Kids "타(TA)" Dance Practice Video
- AMBER 엠버 'SHAKE THAT BRASS (Feat. 태연 (소녀시대))' MV
- 트리플에스(tripleS) 'Rising' MV
- [MV] THE BOYZ(더보이즈) _ D.D.D
- Stray Kids "Back Door" M/V
- TWICE「Perfect World」Music Video
- '최초 공개' 섹시티즈 '에이티즈'의 'Deja Vu' 무대 #엠카운트다운 EP.725 | Mnet 210916 방송

■ 곡명만 들어도 졌다, 졌어
- TOMORROW X TOGETHER '9と4分の3番線で君を待つ (Run Away) [Japanese Ver.]' Official MV
- TXT (투모로우바이투게더) '5時53分の空で見つけた君と僕 [Japanese Ver.]' Official MV
- MCND '#MOOD' MV
- LE SSERAFIM (르세라핌) '이브, 프시케 그리고 푸른 수염의 아내' OFFICIAL M/V

■ 아아, 가성이여, 팔세토여
- ENHYPEN 엔하이픈 '모 아니면 도 (Go Big or Go Home)' official MV
- ENHYPEN (엔하이픈) 'Bite Me' Official MV
- TXT (투모로우바이투게더) 'Good Boy Gone Bad' Official MV
- TWICE 'CRY FOR ME' Choreography - 2
- EXO 엑소 'Cream Soda' MV
- BTS (방탄소년단) 'FAKE LOVE' Official MV
- ENHYPEN (엔하이픈) 'Blessed-Cursed' Official MV
- Dreamcatcher(드림캐쳐) 'BEcause' MV
- 강다니엘(KANGDANIEL) - Don't Tell (Feat. Jessi) M/V
- [M/V] 임영웅 - 사랑은 늘 도망가 :: 신사와 아가씨(Young Lady and Gentleman) OST Part.2
- IVE 아이브 'ELEVEN' MV
- [MV] MAMAMOO+ '지구에 혼자 남게 된다면 (Save Me)'
- [MV] IU(아이유) _ Celebrity
- 숀 (SHAUN) - 웨이백홈 (Way Back Home)

[Lyric Video]
- tripleS(트리플에스) EVOLution 'Invincible' MV
- BTOB - 'WOW' Official Music Video
- Red Velvet 레드벨벳 'Psycho' MV
- [MV] 몬스타엑스(MONSTA X) - DRAMARAMA
- TAEMIN 태민 'Criminal' MV
- [MV] 이달의 소녀 (LOONA) "Butterfly"
- 효린(HYOLYN) - 너 밖에 몰라 Music Video (ONE WAY LOVE)

■ 소년애의 미학을 보고 싶은 무서움

- ENHYPEN (엔하이픈) 'Given-Taken' Official MV
- NCT DREAM 엔시티 드림 'Chewing Gum' MV
- SUPERKIND (슈퍼카인드) 'MOODY' Official MV

■ 그냥 울고 싶다

- [ENG sub] [8회] ♬ I Miss You - 마마무 @3차 경연 팬도라의 상자 컴백전쟁 : 퀸덤 8화
- BIGBANG - HARU HARU(하루하루) M/V
- [도깨비 OST Part 7] 소유 (Soyou) - I Miss You (Official Audio)
- [M/V] SEVENTEEN(세븐틴) - 울고 싶지 않아 (Don't Wanna Cry)
- [MV] 에일리(AILEE) - Make Up Your Mind
- BLACKPINK - 'STAY' M/V
- MC Sniper 〈Better Than Yesterday〉
- [IVE ON] 'Kitsch' & 'I AM' DANCE PRACTICE BEHIND
- iKON - '사랑을 했다(LOVE SCENARIO)' M/V
- TWICE 'CRY FOR ME' Choreography - 2
- BTOB(비투비) - '恋しくて' Official Music Video
- 涙そうそう (I SAY MAMAMOO: THE BEST -Japan Edition-)
- [MV] Solar(솔라) _ Nada Sou Sou(눈물이 주룩주룩)
- NCT 127 엔시티 127 '無限的我 (무한적아;Limitless)' MV #2 Performance Ver.
- BTOB 美しく悲しい
- [M/V] 눈물샤워 (feat. 에일리) - 배치기
- KARDI - Tears of Mokpo (Immortal Songs 2) | KBS WORLD TV 220212

■ 보물, 고맙소

- [MV] AOA _ Like a Cat(사뿐사뿐)
- 퍼플키스(PURPLE KISS) 'Nerdy' MV
- Red Velvet レッドベルベット 'WILDSIDE' MV

■ 멋의 비전서 개정판을 입수해서 멋쟁이 대장이 되고 싶다

- ATEEZ(에이티즈) - '멋(The Real) (흥 : 興 Ver.)' Official MV

■ 배터리가 나갔다? 그런 핑계는 됐다니까

- [MV] Unnies(언니쓰) _ Shut Up (feat.You Hee Yeol(유희열))

■ 아티스트와 관객의 일체감에 취하고 싶다

- BTS (방탄소년단) - Ma City [LIVE VIDEO]
- 2019 BTS 5TH MUSTER (DVD)
- EVERGLOW (에버글로우) - Adios | KCON:TACT 3
- BLACKPINK - Kill This Love -JP Ver.- Live at BLACKPINK 2019-2020 WORLD TOUR IN YOUR AREA-TOKYO DOME-
- EXO / 「EXO FROM. EXOPLANET#1 - THE LOST PLANET IN JAPAN」ダイジェスト映像 (180秒 ver.)
- EXO / 「EXO PLANET #2 -The EXO'luXion IN JAPAN-」180秒ダイジェスト映像
- EXO / LIVE DVD&Blu-ray「EXO PLANET #3 - The EXO'rDIUM in JAPAN」ダイジェスト映像(180sec)
- [2019 MAMA] SEVENTEEN_HIT
- SHINee - Everybody (SHINee WORLD 2014~I'm Your Boy~ Special Edition in TOKYO DOME ver.)

■ **재즈나 R&B 풍미를 맛보고 싶은데?**

- 'Le Jazz de V' Live Clip #2023BTSFESTA
- [MV] 수지(Suzy), 백현(BAEKHYUN) - Dream
- Red Velvet 레드벨벳 'Be Natural (feat. SR14B TAEYONG (태용))' MV
- S.E.S - Be Natural (Official Music Video)
- Red Velvet 레드벨벳 'RBB (Really Bad Boy)' MV
- Red Velvet 레드벨벳 '7월 7일 (One Of These Nights)' MV
- [Special Video] 우주소녀 - 비밀이야 (SECRET) R&B ver.
- Jazz Bar (DREAMCATCHER 드림캐쳐)
- BoA ボア 'Jazzclub' MV
- [풀버전] ♬ Blue Moon (Cinema Ver.) - 비투비 (BTOB)
- 아이유_입술사이 (Between the lips by IU@ Mcountdown 2013.10.10)
- [Teaser 1] IU(아이유) _ Between the lips(입술 사이) (50cm)
- [Teaser] IU(아이유) _ The visitor(그 사람)
- 마마무 (Mamamoo) - Piano Man MV

■ **재즈 마누슈(gypsy jazz)도 잊지 마시고**

- SBS 파워FM 콘서트 [꼴라쥬] - 아이유, 박주원(을의 연애)

■ **주역은 우리야. 탱크도 장갑차도 창고로. 간판 내리고 shut down!**

- BLACKPINK - 'Shut Down' M/V
- ITZY「Blah Blah Blah」Music Video
- Dreamcatcher(드림캐쳐) 'MAISON' MV

■ **인생을 돌이켜 보고 싶다**

- MC Sniper 〈Better Than Yesterday〉
- RM 'Come back to me' Official MV
- Christopher, CHUNG HA (크리스토퍼, 청하) - When I Get Old
- 숀 (SHAUN) - 웨이백홈 (Way Back Home) [Lyric Video]
- 비투비 (BTOB) - '노래 (The Song)' Official Music Video
- G-DRAGON - '무제(無題) (Untitled, 2014)' M/V
- BIGBANG - 'LAST DANCE' M/V
- 유희열의 스케치북 - 루시드 폴 - 고등어. 20161126
- 2NE1 - '안녕 (GOODBYE)' M/V
- [Special Clip] Dreamcatcher(드림캐쳐) 수아 'Still With You' Cover
- 헤이즈 (Heize) - 정국 'Still With You' COVER
- [STATION 3] D.O. 디오 '괜찮아도 괜찮아 (That's okay)' MV
- JONGHYUN 종현 '하루의 끝 (End of a day)' MV
- [MV] 자우림(Jaurim) - 스물다섯, 스물하나
- iKON - '사랑을 했다(LOVE SCENARIO)' M/V
- BLACKPINK - '불장난 (PLAYING WITH FIRE)' M/V
- 다시 부르는 '상록수 2020' 뮤직비디오
- LEE HI - '한숨 (BREATHE)' M/V
- BTS (방탄소년단) 'Film out' Official MV
- BTS (방탄소년단) LOVE YOURSELF Highlight Reel '起承轉結'
- BTS (방탄소년단) 'Take Two' Live Clip #2023BTSFESTA
- CLASS:y(클라씨) "Tick Tick Boom" M/V
- 송하예 (Song Ha Yea) '너를 보는게 지친 하루에' (Official M/V)
- [MV] Zion.T(자이언티) _ Yanghwa BRDG(양화대교)
- Zion.T & JungKook - Yanghwa BRDG [2015 KBS Song Festival / 2016.01.23]
- [ENG sub] [8회] ♬ I Miss You - 마마무 @3차 경연 팬도라의 상자 컴백전쟁 : 퀸덤 8화
- aespa 에스파 'Life's Too Short (English Ver.)' MV
- aespa 에스파 'Life's Too Short (English Ver.)' Lyric Video
- 알리(ALi) - 92년 장마, 종로에서 [불후의명곡/Immortal Songs 2].20190330
- BIGBANG - '봄여름가을겨울 (Still Life)' M/V

참고문헌

1. 한국어 문헌

姜信沆 譯註(1974)『訓民正音』, 서울: 新丘文化社

金烈圭·申東旭編(1982)『金素月硏究』, 서울: 새문사

노마 히데키(2002)『한국어 어휘와 문법의 상관구조』, 서울: 태학사

노마 히데키(2011)『한글의 탄생―〈문자〉라는 기적』, 김진아·김기연·박수진 옮김, 파주: 돌베개

노마 히데키(2022)『한글의 탄생―인간에게 문자란 무엇인가』(개정증보판), 박수진·김진아·김기연 옮김, 파주: 돌베개

노마 히데키 엮음(2014)『한국의 지(知)를 읽다』, 김경원 옮김, 서울: 위즈덤하우스

노마 히데키·백영서 엮음(2023),『한국의 미(美)를 읽다』, 최재혁·신승모 옮김, 양평: 연립서가

노마 히데키·백영서 엮음(2024),『한국의 마음을 읽다』, 박제이 옮김, 서울: 독개비

『씨네21』 1392호, 2023. 2.14, 서울, 한겨레신문

비트겐슈타인, L. (1985)『論理哲學論考" 朴煐植·崔世晩 옮김, 서울: 정음사

비트겐슈타인, 루트비히(1994)『논리철학논고/철학탐구/반철학적 단장』, 김양순 옮김, 서울: 동서문화사

비트겐슈타인, 루트비히(2006)『논리-철학 논고: 비트겐슈타인 선집1』, 이영철 옮김, 서울: 책세상

兪昌均(1977)『訓民正音』, 서울: 螢雪出版社

李基文(1998)『新訂版 國語史槪說』, 서울: 太學社

李箱(1978)『李箱詩全作集』, 文學思想資料硏究室編(李御寧校註), 서울: 甲寅出版社

한성우(2018)『노래의 언어―유행가에서 길어 올린 우리말의 인문학』, 서울: 어크로스

2. 일본어 문헌

浅野純編(1975)『歌謡曲のすべて』, 東京：全音楽譜出版社

浅野純編(1990)『ポピュラー・ソングのすべて』, 東京：全音楽譜出版社

イ・ジヘン(2021)『BTSとARMY―わたしたちは連帯する』, 桑畑優香訳, 東京：イースト・プレス

イ・ヨンスク(1996)『国語という思想―近代日本の言語意識』, 東京：岩波書店

ウィトゲンシュタイン(1975)『ウィトゲンシュタイン全集 1 論理哲学論考』, 山本信・大森荘蔵編, 奥雅博訳, 東京：大修館書店

ウィトゲンシュタイン, ルートヴィヒ(2001)『論理哲学論』, 山元一郎訳, 東京：中央公論新社

ウィトゲンシュタイン, L. (2003)『論理哲学論考』, 野矢茂樹訳, 東京：岩波書店

ウィトゲンシュタイン, ルートウィヒ(2005)『論理哲学論考』, 中平浩司訳, 東京：筑摩書房

ヴィトゲンシュタイン, ルートヴィヒ(2010)『『論理哲学論考 対訳・注解書』, 木村洋平訳・注解, 東京：社会評論社

ヴィトゲンシュタイン, L. (1968)『論理哲学論考』, 藤本隆志・坂井秀寿訳, 東京：法政大学出版局

ヴィトゲンシュタイン(2014)『論理哲学論考』, 丘沢静也訳, 東京：光文社

上野千鶴子編(2005)『脱アイデンティティ』, 東京：勁草書房

大和田俊之(2021)『アメリカ音楽の新しい地図』, 東京：筑摩書房

オング, W. J . (1991)『声の文化と文字の文化』, 桜井直文・林正寛・糟谷啓介訳, 東京：藤原書店

加藤周一・丸山真男校注(1991)『翻訳の思想 日本近代思想体系 15』, 東京：岩波書店

亀井孝・河野六郎・千野栄一編著(1988-1996)『言語学大辞典 第1巻-第6巻』, 東京：三省堂

亀井孝・河野六郎・千野栄一編著(1997)『言語学大辞典セレクション 日本列島の言語』, 東京：三省堂

亀井孝・河野六郎・千野栄一編著(1998)『言語学大辞典セレクション ヨーロッパの言語』, 東京：三省堂

河上徹太郎編(1976)『中原中也詩集』, 東京：角川書店

姜信沆(1993)『ハングルの成立と歴史』, 日本語版協力 梅田博之, 東京：大修館書店

カント(1994)『判断力批判 上下』, 宇都宮芳明訳注, 東京：以文社

カンブシュネル, ドゥニ(2021)『デカルトはそんなこと言ってない 』, 津崎良典訳, 東京：晶文社

菊地成孔・大谷能生(2010)『憂鬱と官能を教えた学校―【バークリー・メソッド】によって俯瞰

される20世紀商業音楽史 上下』, 河出書房新社
金鍾徳(2007)「韓国語韻律論」, 野間秀樹編著(2007)所収
金珍娥(2012a)「談話論からの接近」, 野間秀樹編著(2012)所収
金珍娥(2012b)「間投詞の出現様相と機能―日本語と韓国語の談話を中心に」, 野間秀樹編著(2012)所収
金珍娥(2013)『談話論と文法論―日本語と韓国語を照らす』, 東京：くろしお出版
金成玟(2018)『K-POP―新感覚のメディア』, 東京：岩波書店
栗原裕一郎・大谷能生(2021)『ニッポンの音楽批評150年100冊』, 東京：リットーミュージック
桑畑優香・酒井美絵子・尹秀姫・まつもとたくお・岡崎暢子・熊谷真由子・髙橋尚子・田代親世・八田靖史・韓興鉄(2022)『K-POP bibimbap― 好きな人をもっと深く知るための韓国文化』, 東京：池田書店
ゲオルギアーデス, T.G. (1994)『音楽と言語』, 木村敏訳, 東京：講談社
河野六郎(1979-1980)『河野六郎著作集』, 東京：平凡社
河野六郎・千野栄一・西田龍雄編著(2001)『言語学大辞典 別巻 世界文字辞典』, 東京：三省堂
斎藤純男(1997;2006)『日本語音声学入門』, 東京：三省堂
斎藤真理子(2022)『韓国文学の中心にあるもの』, 東京：イースト・プレス
ソシュール, フェルヂナン・ド(1940)『言語学原論』, 小林英夫訳, 東京：岩波書店(ソシュール(1928) 岡書院の改訳新版)
ソシュール, フェルディナン・ド(1940; 1972)『一般言語学講義』, 小林英夫訳, 東京：岩波書店 . ソシュール(1940)の改版
田中絵里菜(Erinam) (2021)『K-POPはなぜ世界を熱くするのか』, 東京：朝日出版社
タヤマ碧(2021-)『ガールクラッシュ1-8』, 電子書籍, 東京：新潮社
ディルタイ(1989)『世界観学』, 久野昭監訳, 東京：以文社
デリダ, ジャック(2001)『たった一つの, 私のものではない言葉―他者の単一言語使用』, 守中高明訳, 東京：岩波書店
トルベツコイ(1980)『音韻論の原理』, 長嶋善郎訳, 東京：岩波書店
西村清和編・監訳(2015)『分析美学基本論文集』, 東京：勁草書房
野間秀樹(1980)「記憶の間に」,『季刊美術誌 象』, 第2号, 東京：エディシオン象発行, 仮面社発売
野間秀樹(2001a)「オノマトペと音象徴」,『月刊言語』, 第30巻第9号, 8月号, 東京：大修館書店
野間秀樹(2001b)「韓国ポップスとことば」,『月刊しにか』, 9月号, 東京：大修館書店

野間秀樹(2007a)「試論：ことばを学ぶことの根拠はどこに在るのか」, 野間秀樹編著(2007)所収
野間秀樹(2007b)「音声学からの接近」, 野間秀樹編著(2007)所収
野間秀樹(2007c)「音韻論からの接近」, 野間秀樹編著(2007)所収
野間秀樹(2007d)「形態音韻論からの接近」, 野間秀樹編著(2007)所収
野間秀樹(2008a)「言語存在論試考序説Ⅰ」, 野間秀樹編著(2008)所収
野間秀樹(2008b)「言語存在論試考序説Ⅱ」, 野間秀樹編著(2008)所収
野間秀樹(2008c)「音と意味の間に」,『國文學』, 10月号, 東京：學燈社
野間秀樹(2009a)「ハングル—正音エクリチュール革命」,『國文學』, 2009年2月号, 東京：學燈社
野間秀樹(2009b)「現代朝鮮語研究の新たなる視座：〈言語はいかに在るか〉という問いから—言語研究と言語教育のために」,『朝鮮学報』, 第212輯, 天理：朝鮮学会
野間秀樹(2010)『ハングルの誕生—音から文字を創る』, 東京：平凡社
野間秀樹(2012a)「文法の基礎概念」, 野間秀樹編著(2012)所収
野間秀樹(2012b)「表現様相論からの接近」, 野間秀樹編著(2012)所収
野間秀樹(2014a)『日本語とハングル』, 東京：文藝春秋
野間秀樹(2014b)『韓国語をいかに学ぶか—日本語話者のために』, 東京：平凡社
野間秀樹(2014c)「知とハングルへの序章」, 野間秀樹編(2014)所収
野間秀樹(2014d)「対照言語学的視座と言語教育—今日の日韓対照言語学と日本における韓国語教育から」,『日本语言文化研究 第三辑』, 李东哲·安勇花主编, 延边：延边大学出版社
野間秀樹(2018a)「〈対照する〉ということ—言語学の思考原理としての〈対照〉という方法」, 野間秀樹編著(2018)所収
野間秀樹(2018b)「ハングルという文字体系を見る—言語と文字の原理論から」, 野間秀樹編著(2018)所収
野間秀樹(2018c)「知のかたち, 知の革命としてのハングル」,『対照言語学研究』, 第26号, 東京：海山文化研究所
野間秀樹(2018d)「言語の対照研究, その原理論へ向けて—言語存在論を問う」,『社会言語科学』, 21巻1号, 東京：社会言語科学会
野間秀樹(2018e)『言語存在論』, 東京：東京大学出版会
野間秀樹(2021a)『史上最強の韓国語練習帖 超入門編』, 東京：ナツメ社
野間秀樹(2021b)『言語 この希望に満ちたもの—TAVnet時代を生きる』, 札幌：北海道大学

出版会
野間秀樹(2021c)『新版 ハングルの誕生—人間にとって文字とは何か』, 東京：平凡社
野間秀樹(2023)『図解語学 ハングルと韓国語』, 東京：平凡社
野間秀樹編(2014)『韓国・朝鮮の知を読む』, 東京：クオン
野間秀樹編著(2007)『韓国語教育論講座 第1巻』, 東京：くろしお出版
野間秀樹編著(2008)『韓国語教育論講座 第4巻』, 東京：くろしお出版
野間秀樹編著(2012)『韓国語教育論講座 第2巻』, 東京：くろしお出版
野間秀樹編著(2018)『韓国語教育論講座 第3巻』, 東京：くろしお出版
野間秀樹・高槿旭(2022)『史上最強の韓国語練習帖 初級編』, 東京：ナツメ社
野間秀樹・白永瑞共編(2021)『韓国・朝鮮の美を読む』, 東京：クオン
バウムガルテン, アレクサンダー・ゴットリープ(2016)『美学』, 松尾大訳, 東京：講談社
ハン・ガン(2011)『菜食主義者』, きむ ふな訳, 東京：クオン
平岡正明(1971)『ジャズより他に神はなし』, 東京：三一書房
平岡正明(1983)『山口百恵は菩薩である』, 東京：講談社
ボードレール(1975)『ボードレール詩集』, 堀口大學訳, 東京：新潮社
(ま)・アサノタカオ(2022)『「知らない」からはじまる—10代の娘に聞く韓国文学のこと』, 鎌倉：サウダージ・ブックス
町田和彦編(2021)『図説 世界の文字とことば』, 東京：河出書房新社
町田健(2008)『言語世界地図』, 東京：新潮社
まつもとたくお(2021)『K-POPはいつも壁をのりこえてきたし、名曲がわたしたちに力をくれた』, 東京：イースト・プレス
マノヴィッチ, レフ(2013)『ニューメディアの言語—デジタル時代のアート, デザイン, 映画』, 堀潤之訳, 東京：みすず書房
マルクス, カール(1963)『経済学・哲学手稿』, 藤野渉訳, 東京：大月書店
マルクス (1964)『経済学・哲学草稿』, 城塚登・田中吉六訳, 東京：岩波書店
マルクス (2010)『経済学・哲学草稿』, 長谷川宏訳, 東京：光文社
マルクス・エンゲルス(1956; 1978)『ドイツ・イデオロギー』, 古在由重訳, 東京：岩波書店
マルクス, K.・F. エンゲルス(1966)『新版 ドイツ・イデオロギー』, 花崎皋平訳, 東京：合同出版
マルクス・エンゲルス(2002)『新編輯版 ドイツ・イデオロギー』, 廣松渉編訳, 東京：岩波書店
柳父章・永野的・長沼美香子編(2010)『日本の翻訳論 アンソロジーと解題』, 東京：法政大学出版局
山本真弓編著, 臼井裕之・木村護郎クリストフ(2004)『言語的近代を超えて—〈多言語状況〉

を生きるために』, 東京 : 明石書店
吉本隆明(1990)『定本 言語にとって美とはなにか I II』, 東京 : 角川学芸出版
四方田犬彦編(2015)『完全版 山口百恵は菩薩である』, 東京 : 講談社
四方田犬彦編著(2010)『平岡正明追悼論集 永久男根 平岡正明』, 東京 : 彩流社
『ユリイカ』2018年11月号, 特集〈K-POPスタディーズ〉, 東京 : 青土社
辛淑玉(2019)「光州事件で殺された人々の声が聞こえる~BTS(防弾少年団)から日本と世界を見つめる(3)」,『WEB世界』, 東京 : 岩波書店 https://websekai.iwanami.co.jp/posts/2415

3. 영미권 문헌

Kant, Immanuel(2014) Kritik der Urteilskraft, Frankfurt am Main: Suhrkamp, Insel Verlag
Kim-Renaud, Young-Key (ed.) (1997) The Korean Alphabet: Its History and Structure, Honolulu: University of Hawaiʻi Press
Marx, Karl (1932;1982) Karl Marx, Friedrich Engels Gesamtausgabe (MEGA); 1. Abt., Bd. 2, Berlin: Dietz
Noma, Hideki (2005a) When Words Form Sentences; Linguistic Field Theory: From Morphology through Morpho-Syntax to Supra-Morpho-Syntax, Corpus-Based Approaches to Sentence Structures, Usage-Based Linguistic Informatics 2, Takagaki, et al. (eds.), Amsterdam & Philadelphia: John Benjamins
Noma, Hideki (2005b) Korean, Encyclopedia of Linguistics, Volume 1, (ed.) Philipp Strazny, New York: Fitzroy Dearborn; Routledge
Trubetzkoy, Nikolaus S.(1939;1958;1989) Grundzüge der Phonologie, Prague (1st ed.), Göttingen: Vandenhoeck & Ruprecht (2nd ed.)
Trubetzkoy, N. S. (1971) Principles of Phonology, translated by Christiane A. M. Baltaxe, Berkeley & Los Angeles: University of California Press
Wittgenstein, Ludwig (1922;1981) Tractatus-Logico-Philosophicus, translated from the German by C.K.Ogden, with an Introduction by Bertrand Russell, London: Routledge & Kegan Paul

찾아보기

1. K-POP 및 한국 대중음악 관련 아티스트

- 아티스트를 가나다순으로 정리하고 그룹의 경우 영문을 병기했다.
- 그룹 구성원이 본문에 따로 언급된 경우만 그룹명 아래 표기하고 출생한 해를 밝혔다.
- 현재(2024년 8월) 탈퇴한 멤버도 편의상 그룹명 아래 표기한 항목이 있다.
- * 표시는 앞 면지에 수록한 'K-POP 역사지도'에 기재되었음을 가리킨다.
- 추천 MV 리스트에 나오는 아티스트명은 포함하지 않았다.

2. 인명, 그룹명

(K-POP/한국 대중음악 관련 아티스트 외)

3. 사항 찾기

- 해당 항목이 사례로써 자주 언급된 경우 (ex; 랩, 오노마토페, 성문 폐쇄, 코레아네스크 등)는 중요한 개념 설명을 다룬 페이지를 중심으로 수록했다.
- f는 항목의 개념 등을 포함한 주요 부분을 나타낸다.
- (→)는 함께 참조할 만한 항목을 나타낸다.

4. 체크 리스트로 찾는 색인
: 망하는 지름길을 피하는 MV 제작법

3-7 p.288

□ **왕년의 흑백영화처럼 멋을 내 보자. 이번 MV는 흑백으로 간다!**

→ 흑백이었기에 멋있었던 게 아니라 그 영화가 멋이 있었을 뿐이다. 안이한 생각으로 도피하지 말고 색채의 미학을 정면에서 추구하자.→ 5-2 p.377

□ **멋진 장교의 군복이나 제복 차림으로 칼군무를 강조하자.**

→ 밀리터리즘은 K아트를 망하게 하는, 온 세계가 외면하는 길이다. → 2-8 p.172, 8-2 p.586

□ **그리스신화의 에로스처럼 아티스트에게 날개를 달아 보자.**

→ '등에 달린 날개' 같은 것은 기시감으로 가득 차 있다. 본 적 없는 새로운 조형이 아닌 이상은 그런 낡아 빠진=날개 빠진 발상을 버리자. → 3-5 p.254

□ **감정 이입을 노리는 장면에서 아티스트가 눈을 감고 열창하는 장면으로 팬들과 감정을 교류하자.**

→ 눈을 감으면 '데드마스크'가 될 뿐이다. 아티스트와 팬이 만나는 불과 몇 초도 안 되는 기적적인 순간을 데드마스크로 대치할 것인가? 눈을 감고 있으면 절대로 당신을 기억해 주지 못한다. 기적적인 몇 초의 만남 동안 아티스트의 모습을 각인하자. 그러기 위해선 항상 눈을 뜨고 카메라=시청자를 보고 있어야 한다. → 8-1 p.553

노마 히데키, 현대미술과 언어학을 거쳐 'K아트의 탄생'을 선언하기까지

■ 유년 시절

- 일본 후쿠오카福岡에서 태어났다. 한 살 때 가고시마鹿兒島로 거주지를 옮긴 후 고등학교 졸업까지 여덟 번이나 이사를 다녔다.
- 단칸방이던 국가공무원 기숙사에서 가족 네 명이 살았다. 이사할 때마다 조금씩은 넓어졌지만 공무원이란 이렇게 가난하구나, 하는 막연한 생각을 했다.
- 초등학교 2학년 때 요코하마横浜로 이사했다. 요코하마에서 가장 오랜 기간인 5년을 살았기 때문에 '요코하마 말'이 모어가 되었다. 아버지가 대형 서점 유린도有隣堂에 데려가 주셨다. 처음 서점에 간 날, 어린 마음에 충격을 받았다. 서점은 성처럼 보였다. 살림은 넉넉하지 않았지만 아버지는 그날 이후 다달이 책을 몇 권씩 사 주셨다.
- 초등학생 때는 백과사전과 화집을 가장 즐겨 보았고 중학생이 되면서 독서 목록엔 시집과 단편소설이 더해졌다. 유화를 그리거나 영어 공부를 취미로 했던 아버지 덕분에 어렸을 때부터 유화 물감 냄새에 익숙했다. 초등학교 5, 6학년 시절부터 만화를 그리기 시작했다. 이른바 '만화 소년'이었다.
- 초등학교 6학년 때 전교 어린이부회장에 억지로 출마하게 됐지만 많은 사람들 앞에서 떨려서 제대로 연설을 하지 못했다. 당선은 됐으나 그 후 사람들 앞에서 이야기를 하는 것이 트라우마로 남았다. 초등학교 6학년

무렵부터 에스페란토어에 관심을 가지게 됐다.

■ 중·고등학교 시절

- 직접 그린 만화를 들고 출판사를 찾아 갔다. 중학생의 갑작스런 방문에도 편집부에서는 친절하게 대하며 원고를 살펴 주셨다. 지금이라면 있을 수 없는 인정 넘치는 모습이지만 물론 채택되지는 않았다. 편집자는 "그림도 좋지만 공부도 열심히 해야지."라고 말했다.
- 중학생이 되어 기타를 시작했다. 클래식 기타와 포크 기타를 혼자서 즐겼다. 중학교 3학년 3학기부터 홋카이도北海道 하코다테函館로 이사를 가서 고교 시절은 홋카이도에서 보냈다. 고등학교 1학년 때 4인조 포크송 그룹을 결성했다. 하코다테시민회관에서 열린 대학생 포크송 대회에 초대받은 것이 학교 밖에서의 유일한 공연이었다. 피터, 폴 앤 메리Peter, Paul and Mary, 밥 딜런Bob Dylan, 브라더스 포Brothers Four 등을 카피했고 반전가요를 많이 불렀다. 노래는 별로 잘 못해서 주로 기타를 쳤다.
- 오타루小樽시에서 소림사권법少林寺拳法을 시작해서 검은띠를 땄다. 고등학교에서는 미술부와 소림사권법부 활동을 했다. 미술잡지를 통해 이우환을 비롯하여 현대미술을 알게 되었고 진로를 미술로 결정했다.

■ 첫 번째 대학 시절

- 고등학교를 졸업하고 혼자 도쿄에 가게 됐을 때, 부모님이 호적등본을 보여 주며 어머니가 한국 사람이라는 사실을 처음 알려 주었다. 일본 가정의 양녀가 되어 국적은 일본이었다. 어머니가 한국 출신이라는 것보다 그 사실을 아들에게도 이야기를 하지 않았다는 데에 큰 충격을 받았다. 차별이 얼마나 심한지 짐작하고도 남음이 있었다. 도쿄에 가서도 이 이야기는 친한 친구에게라도 절대 하지 말라는 말을 들었다. 어머니는 한국전쟁으로 인해 가족과 편지 왕래가 끊어진 상태였다. 어머니의 고향은 함경도였다.

- 도쿄교육대학 교육학부 예술학과 구성構成 전공으로 입학해 주로 추상 미술과 디자인, 타이포그래피와 사진을 전문으로 배웠다. 필름 사진의 확대와 인화도 직접 할 수 있게 되었다. 종합대학이었으므로 이과대, 농과대, 문과대 등 다른 전공의 친구들과도 어울렸다. 『K-POP 원론』의 일본어판 출판사인 하자Haza의 오사미 아리히토長見有人 대표도 그때부터 알고 지낸 벗이다. 모친이 한국 출신임을 알리지 말라는 어머니의 신신당부에도 불구하고 당시부터 친구들은 가족사를 모두 알고 있었다. 1, 2학년 때쯤까지는 아직 학생운동이 활발했지만 3학년 이후부터는 일본 전국에서 반체제 운동이 패배의 양상을 보이기 시작했다.
- 대학에 입학하면서 한국어를 독학하기 시작했다. '한국어'를 빼앗겼다는 생각에 사로잡혔다. "원래는 어머니도, 나 자신도 한국어 화자가 되었을 수도 있었을 텐데, 나의 한국어는 '금기'가 되어 버린 것이었으니까."라는 생각을 했다. '모어가 아닌 언어란 혹시 모어가 됐을지도 모르는 언어다'라는 명제를 이 시기에 획득했다. 사람이 모어가 아닌 언어를 희구하는 근거는 바로 여기에 있으며 또한 그러한 희망을 갖는 것은 압도적으로 자유로운 영역이다. 이때부터 잃어버린 것을 되찾겠다는 생각으로 한국어와 한국에 관한 모든 것을 탐욕스럽게 흡수하기 시작했다. 다만 그런 생각을 직접 입에 올리지는 않았다. 당시 한국어 관련 서적은 대학생 수준에서도 전부 구입할 수 있을 정도로 얼마 되지 않았다. 나중에는 학술지 논문까지 찾아 읽게 되었다. 이 시기부터 영어뿐만 아니라 독일어, 불어, 그리고 일본어 등에도 언어학적인 관심을 가지게 되었다.
- 재즈 기타에 관심이 생겼다. 찰리 크리스천Charlie Christian, 허브 엘리스Herb Ellis 같은 미국 기타리스트를 특히 좋아했다.
- 학생운동 내부의 당파 투쟁으로 습격을 당해 쇠파이프로 머리와 무릎 등에 큰 부상을 입었다. 입고 있던 흰 바지 전체가 피로 시뻘겋게 물들었다.
- 한국 근대사 연구자 가지무라 히데키梶村秀樹(1935-1989) 선생의 강의

를 다른 대학에서 청강했다. 김구 선생의 『백범일지』 원서를 들고 일본어로 번역하면서 학생들에게 들려주며 강의하는 모습에 놀랐고 "다음 인용은 일본 고등학교 교과서의 일부이다. 이 서술의 틀린 점을 지적하라."라는 시험 문제에 경악했다.

- 그 무렵 '정치냐, 예술이냐?'라는 고민을 하게 되었다. 신장염으로 반년 동안 입원하게 되면서 결국 예술을 택하게 되었다. 긴 입원 기간 중 단가와 하이쿠를 쓰곤 했다. 입원 생활이 싫어 완치되기 전에 일부러 퇴원했다. 독서는 시집, 단가, 하이쿠 이외에 사상, 철학, 언어학 등 인문서가 많았다. 대학은 출석 불량으로 중퇴했다. 6년의 재적 기간이었다.

■ 대학 중퇴 이후

- 대학 재학 시절부터 현대미술 분야에서 작가 활동을 시작했다. 먹고 살기 위해 그래픽 디자인을 생업으로 삼았다. 마이니치신문사 잡지 편집부, 고단샤 여성 주간지, 도쿄스포츠신문을 비롯한 대기업이나 단체의 일거리를 맡았기에 젊은 개인 디자이너로서는 최소한의 벌이 정도는 되었다.
- 1976년 《일본현대일본미술전》에 당선했다. 시인 데라야마 슈지寺山修司(1935-1983) 선생이 마이니치신문에 쓴 전시평에서 당선작을 언급했다. 처음 활자화된 작품 비평이었다. 이듬해 《일본현대미술전》에서는 가작상을 수상했다. 이때 국립근대미술관상을 받은 이가 이우환 선생이었다.
- 와세다대학 어학연구소에서 김유홍金裕鴻 선생의 한국어 수업에서 처음으로 모어 화자 선생님의 가르침을 받았다.

이 무렵부터 『미술수첩美術手帖』을 비롯한 미술 잡지 등에 평론이 실리고 소개되기 시작했다. 긴자의 사토サトウ화랑에서 첫 개인전을 열었다. 전시 안내 엽서 한 장을 보고 이우환 선생이 찾아와 이런저런 말씀을 해주셔서 감격했다. '엎드려뻗쳐 자세로' 땅에서 뛰는 행위를 사진과 판화로 형상화한 작품 〈땅에서〉 시리즈를 제작하기 시작했다. 장소는 옛

지명이 한국과 관련이 있다고 전해지는 곳을 선택했다. 이 역시 심정적으로는 '한국적인 것'을 희구하는 의미였으나 미술 작품으로서 제시할 경우에는 그런 사연은 말하지 않았다. 이른바 '감성팔이'가 되는 것을 피하고 순수하게 시각적인 대상으로 작품화하고 싶었기 때문이다.

- 영국 브래드포드Bradford와 유고슬라비아의 류블랴나Ljubljana의 국제 판화비엔날레에 실크스크린 판화 작품 〈땅에서〉가 당선됐다. 그 이후 해외의 미술전에도 참가하게 되었다. 개인전을 기획해 주는 화랑도 몇 군데 생겼다.
- 와세다대학 어학연구소에서 오무라 마스오大村益夫(1933-2023) 선생의 한국문학 수업에 참가했다. 김윤식金允植(1936-2018) 선생의 『한국현대문학사』를 강독하는 수업이 무척 재미있었다. 그 강의를 듣는 학생은 첫해는 나중에 도쿄대학 교수가 된 한국근대사의 대가 요시다 미쓰오吉田光男(1946-) 선생과 두 사람뿐이었고, 2년째는 혼자였다. 요시다 선생에게 조선사연구회 참가 권유를 받았으나 가지 않았다. 훗날 도쿄외국어대학에 입학했을 때 바로 요시다 선생이 전임으로 계셨다. "왜 자네가 여기 있나?"라며 놀라워했다. 김윤식 선생도 훗날 직접 뵙게 되리라고는 꿈에도 생각하지 못했다.
- 《7인의 작가 한국과 일본》 전시를 기획하여 처음 한국 땅을 밟게 되었다. 이상남, 김장섭, 김용진, 오키 게이스케沖啓介, 이케다 도오루池田徹, 요시다 히데키吉田秀樹, 그리고 노마 히데키까지 일곱 명이 모여 개최한 전시였다. 김용진 씨와 요시다 히데키 씨는 이미 세상을 떠났다. 한국과 일본 미술작가가 자주적으로 연 전시로서는 처음이었다. 서울과 도쿄 양쪽에서 전람회를 열었다. 이때 통역 등을 하면서 한국어에 대한 관심이 더 깊어졌다. 이상남 씨는 그 후 뉴욕으로 건너가 국제적인 작가가 되었다. 오키 게이스케 씨는 도쿄조형대학 특임교수 등을 하며 아티스트로 활약 중이다.
- 위의 전람회 때 한국에서 온 옛날 편지를 들고 한국의 친척을 찾아 나섰

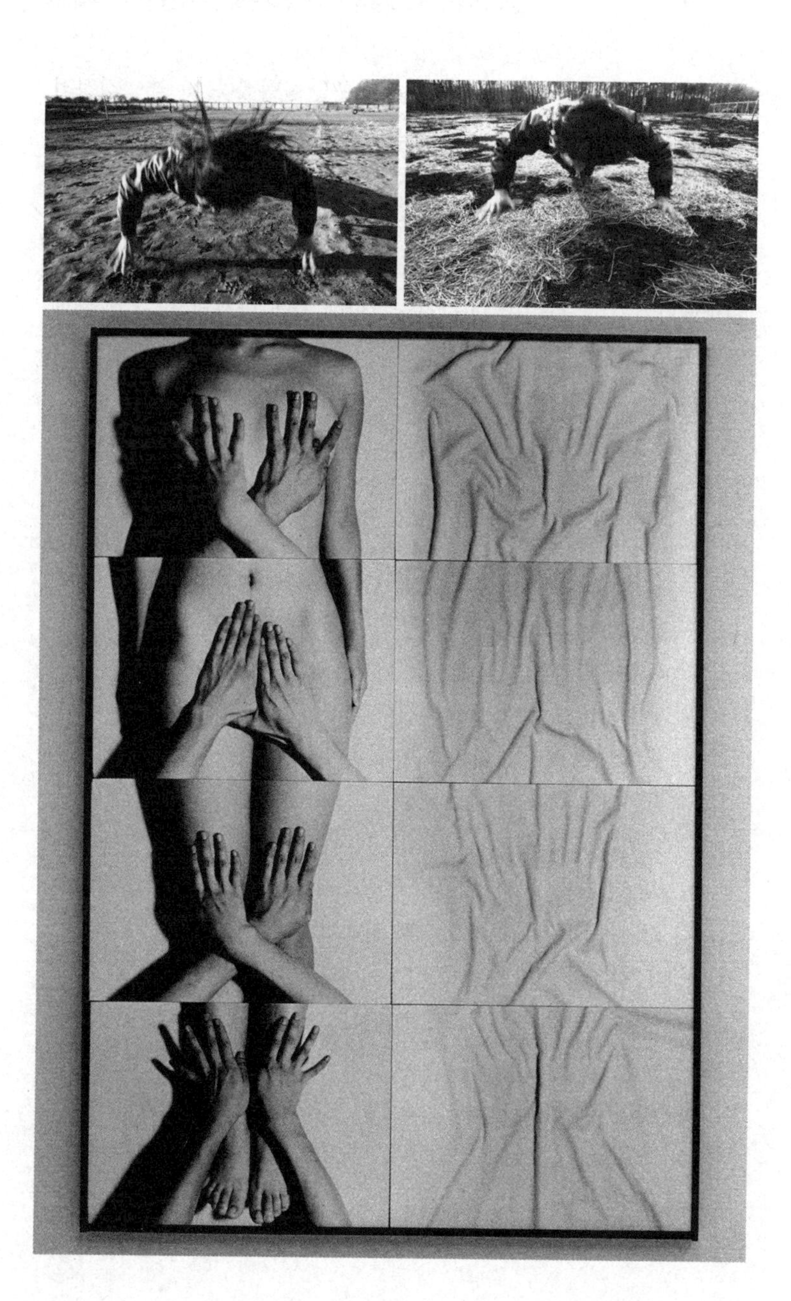

다. 어머니의 고향은 함경도였으니 친척이 서울에 있다는 보장도 없었다. 전시회를 함께한 한국 작가들의 도움으로 운 좋게도 서울에 계신 이모와 외삼촌을 기적적으로 찾았고 프라자호텔에서 처음 만났다. 상봉 장소에 어머니와 똑같이 생긴 사람이 나타나서 놀랐다. 그 이후 사이타마埼玉에 살고 있던 부모님과 서울의 이모와 외삼촌, 사촌 동생들이 서로 왕래하게 되었다. 그 무렵에 이모 댁에 한 달 정도 묵게 된 것이 기간은 짧았지만 본격적인 한국 체험의 시작이었다.

■ 두 번째 대학 시절

- 30세에 도쿄외국어대학 조선어학과에 입학했다. 언어학적으로 한국어를 배운 후, 한국으로 유학을 떠날 생각이었다. 『조선어 입문』이라는 책을 보고 감명을 받았는데 저자인 간노 히로오미菅野裕臣(1936-2022) 선생이 지도교수였다. 일반 언어학은 『산세이도三省堂 언어학대사전』의 편자 지노 에이이치千野栄一(1932-2002) 선생에게 배웠다.
- 대학 학부 시절의 지도교수이신 간노 히로오미 선생이 『코스모스조화사전(コスモス朝和辞典)』(하쿠스이샤)이라는 한일사전의 공편자 8명 중 한 명으로 뽑아 주셨다. 대학 졸업 논문을 개고해서 처음으로 학회지 『조선학보』에 투고했다. 73페이지의 긴 논문이었지만 게재해 주었다. 제목은 「〈하겠다〉의 연구」. '〈겠〉의 연구'와 같은 식의 기존의 형태소 위주의 서술이 아니라, 문장과 그 전후까지 관찰하면서 기술하는 스타일의 연구였다. 소설에서 3000개 정도의 예문을 수집하고 인용하면서 언어 사실을 살피는 방법론을 택했는데 당시 한국어학에서는 보기 드문 스타일의 연구였다.
- 스스로도 하나의 불가사의이니 아무도 믿어 주지 않을지도 모르지만, 논문을 집필하는 작업은 의외로 미술 작품을 만드는 작업과 너무나 닮았다는 생각을 하게 되었다. "아직도, 아직도…"라고 부족함을 느끼며 하나의 작품을 계속 추궁해 나가는 과정이라는 점에서 논문 집필과 작품 제

작은 뇌와 심성, 신체 모든 측면에서 사실 거의 다름이 없고 본질은 같은 두 가지 형태라 할 수 있다고 생각했다. 언어냐 언어가 아니냐, 라는 차이일 뿐. 그 양쪽에서 아주 가끔 기적과 같은 형태가 눈앞에 나타난다.

■ 대학원 시절

- 대학원 진학 시험의 전공은 한국어, 제2외국어는 독일어를 택했다. 대학원 때 『길: 조선어로 가는 길(길: 朝鮮語への道)』이라는 한국어 교과서를 만들어 아리아케학술출판사에서 간행했다. 한국어 입문부터 이육사, 조지훈, 신동집, 신경림, 서정주의 시, 이청준, 이효석 소설의 일부를 읽게끔 구성한 한국어 관련 첫 번째 저작이었다.
- 도쿄외국어대학에서는 2년마다 한국에서 객원교수를 초빙했는데 이때 김주원金周源 선생의 가르침을 받았다. 김주원 선생은 현재(2024년) 한글학회 회장이다.
- 대학원생 때 조치上智대학 커뮤니티 컬리지에서 시간강사를 시작했다. 다음 해에 학부 강의도 시작하여 조치대학이 인생에서 가장 오래 가르친 대학이 되었다. 가르친 햇수로는 그다음이 도쿄외국어대학, 도쿄대학, 메이지가쿠인明治學院대학 순서이다.
- 서울에서 일본으로 유학을 온 후 대학에서 한국어를 가르치던 여성과 결혼했다. 일어를 모어처럼 구사하는 사람이었다. 두 아들을 두었다.
- 간노 히로오미 선생님의 지도로 대학원에서 러시아어를 배웠다. 처음부터 러시아어 언어학 책을 읽어 나가는 무모한 방법이었으나 나중에 러시아의 한국어 학자 홀로도비치Холодович(1906-1977)의 『한국어 문법개요』 한 권을 끝낼 즈음에는 큰 도움이 되었다.
- 석사 논문 「〈할 것이다〉의 연구」를 요약, 보완해서 『조선학보』에 게재했다. 『조선학보』에 실린 「〈하겠다〉의 연구」와 「한국어의 명사 분류」라는 논문을 보고 언어학의 거두 고노 로쿠로河野六郎(1912-1998) 선생이 연락을 해 와 두 번 뵈었다. 도요문고東洋文庫 연구실에서 두 시간 이

상 논문을 중심으로 다양한 이야기를 들었다. 논문에 들었던 예문 하나하나까지 꼼꼼하게 검토하며 읽어 주셔서 놀랐고 칭찬해 주셔서 감격했다. 고노 로쿠로 선생에게는 특히 일반언어학과 문자론의 관점에서 아주 큰 영향을 받았다. 그는 세계 최대 언어학 사전인 『산세이도 언어학대사전』의 중심적인 편저자이다.

- 대학원 석사 과정을 마치자 "자네는 유학 같은 거 할 때가 아니야. 가르쳐야 돼."라는 지도교수의 말에 몇 군데 대학에서 시간강사로서 가르치기 시작했다.

■ **도쿄외국어대학 전임으로**

- 38세에 도쿄외국어대학 전임강사가 되었다. 이 무렵에도 미술 작품을 만들기는 했지만 시간적 제약으로 발표는 점점 하지 못하게 되었다. 강신항姜信沆(1930-), 우메다 히로유키梅田博之(1931-2019), 김예곤金禮坤(1933-), 후지모토 유키오藤本幸夫(1941-)선생을 비롯하여 많은 대가들을 알게 되어 가르침을 받은 것은 연구자로서 정말 행복한 일이었다.
- 도쿄외국어대학 조교수 때 서울대학교 한국문화연구소 특별연구원 자격으로 10개월간 한국에서 생활했다. 이때에 성백인成百仁(1933-2018), 권재일權在一(1953-) 교수를 비롯하여 서울대 언어학과 선생님들의 신세를 졌다. 연구실도 따로 마련해 주셨다. 이 시기 수업 청강을 요청하여 이기문李基文(1930-2020) 교수, 나중에 초대 국립국어연구원장이 되신 안병희安秉禧(1933-2006) 교수, 고영근高永根(1936-) 교수, 이현희李賢熙 교수의 강의를 청강했다. 당시 친분이 생긴 분들과 평생 교류하게 되었다. 정말 즐거운 시기였다. 책으로 배운 유럽과 미국의 학문 이외에 한국과 일본 양쪽의 학문을 직접 접할 수 있었던 것이 학문적인 토대를 만들어 주었다.
- 한국어 교육 현장에서 시는 물론 김민기와 양희은 등 한국가요, 민중가요를 다양하게 도입했다. 아직 K-POP이라는 명칭은 없던 시기였다. 개

인적으로 가사집을 만들어서 제본했을 정도였다. K-POP 시대가 되면서 가사에 영어가 섞이는 상황이 일어나고 열혈 팬들도 많이 생겨 특정 곡을 한국어 교육에 활용하기가 약간 어려워졌다. 하지만 K-POP은 문화적인 관심을 끄는 데 발군의 힘을 발휘해 주었다.

- 한국어 연구에 컴퓨터를 이용하는 연구자는 아직 아주 소수였으나 48개월 할부로 구입한 PC로 한국어 연구를 개시했다. PC는 아직 8인치 드라이브, 초기 OS인 CP/M과 MS-DOS가 등장할 무렵으로, 사람들이 OS라는 개념을 겨우 알던 시기였다. 그 후로 한국어와 일본어 텍스트 연구에 AWK, Perl 등의 프로그램을 이용하게 되었다. 이때 도쿄외국어대학 동료 중에는 나중에 연세대학교 교수로 한국어학의 언어코퍼스 연구=말뭉치 연구의 제1인자가 된 서상규徐尙揆 교수가 있었다.
- 『생활의 단어집 한국어(暮らしの単語集 韓国語)』(나쓰메샤, 1999)를 간행했다. 아직 Unicode 한글도 없고 한글 조판이 보급되지 않았었기 때문에 필자가 직접 PC상에서 엑셀로 조판하고 사진 제판으로 작성했다. 7-8년에 걸쳐 총 10만 부 가까이 판매되었다. 『지복의 한국어(至福の朝鮮語)』(아사히출판사, 2000)를 간행했다. 이 책 역시 직접 워드로 2색 인쇄용의 조판 원고를 작성했다. 일본어, 한국어, 발음기호라는 3가지 폰트를 혼용해야 하는 힘든 작업이었다. 제2판부터 조판은 출판사에서 외주 작업을 할 수 있게 되었다. 이 책은 초기의 대표적인 저작이다.
- 『한국어교육론강좌』(구로시오출판, 2007-2018)를 10년에 걸쳐 간행했다. 한 권이 700~800쪽 정도가 되는 책이다. 전 4권으로 한국어학, 한국어교육학의 총서로서는 세계에서도 규모가 큰 책이었다. 이 역시 엮은이였던 필자가 편집하고 직접 워드에서 PDF를 작성하면서 조판했다.
- 『한국어 어휘와 문법의 상관구조』(태학사, 2002)를 간행했다. 처음으로 한국어로 출판한 책이다. 이 책은 이듬해 대한민국학술원 우수학술도서에 선정되었다.
- 2002년 문부과학성과의 교섭을 통해 '대조언문강좌'라는 명칭의 대학

원 과정을 만들었다. 한국에서 온 유학생을 포함한 많은 대학원생을 지도하게 되었다. 한국에서 객원교수로 와 준 고동호高東昊 교수가 큰 힘을 주셨다. 직접 지도한 대학원생 가운데 일본에서 열 명의 전임교수를 배출했다. 첫 박사 학위를 받은 이가 김진아金珍娥 현 메이지가쿠인대학 교수이다.
- 2005년 대한민국 문화포장을 받았다.

■ 본격적인 집필 활동으로

- 2010년 도쿄외국어대학을 퇴직하고 최소한의 강의, 강연 활동을 제외하고는 집필에 전념하기 시작했다. 이 무렵 재즈 마누슈=집시 재즈에 빠졌다.
- 『한글의 탄생(ハングルの誕生)』(헤이본샤, 2010)을 간행했다. 이 책을 통해 한글을 지적 세계의 혁명으로 자리매김했다. 일본어권에서는 이전에는 한국어와 한글을 멸시하는 풍조가 학자들 사이에도 있었기 때문에 그것을 불식하는 것이 중요한 집필 동기가 되었다. 지금은 아주 고령층이나 이른바 넷우익 외에는 한국어와 한글을 우습게 보는 사람은 거의 없어졌다고 생각된다. 『한글의 탄생』은 아시아조사회와 마이니치신문사 주최인 아시아태평양상의 대상을 수상했다. 한국어판은 2011년, 『한글의 탄생 : 문자라는 기적』이라는 제목으로 돌베개에서 번역 출간되었고 2022년에는 『한글의 탄생 : 인간에게 문자란 무엇인가』라는 제목으로 개정판이 나왔다.
- 2011년 아키타秋田시에 있는 국제교양대학 객원교수로 취임했다. 나카지마 미네오中嶋嶺雄 총장이 이 대학의 총장이 되면서 초청해 주었다. 모든 강의를 영어로 하는 드문 대학이다. 일주일에 한 번 비행기로 아키타로 갔다. 한국어 강의에는 일본어, 영어, 러시아어 모어 화자도 있어 아주 재미있었다. 3년간 강의를 했다.
- 2012년, 한글학회가 주관하는 주시경학술상 수상했다.

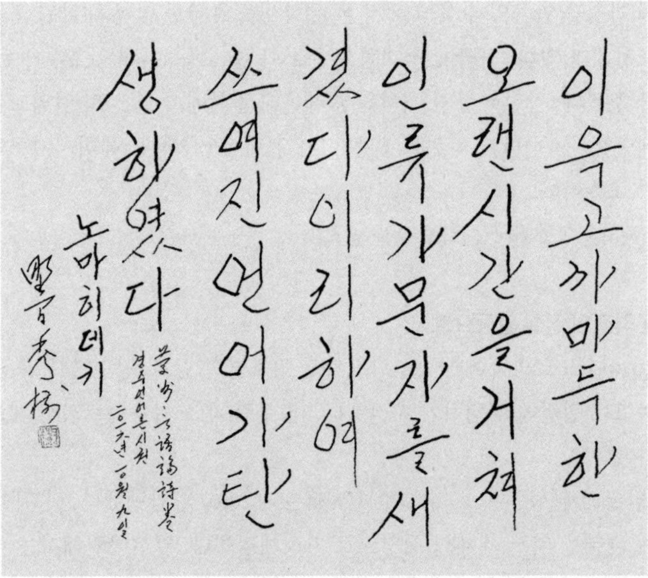

아득고 까마득한 오랜 시간을 거쳐 인류가 문자를 새겼다 이리하여 쓰여진 언어가 탄생하였다

學如 言語論詩卷
경주언어론시첫 二○一九년 一○월 九일

노마 히데키

野石 秀樹

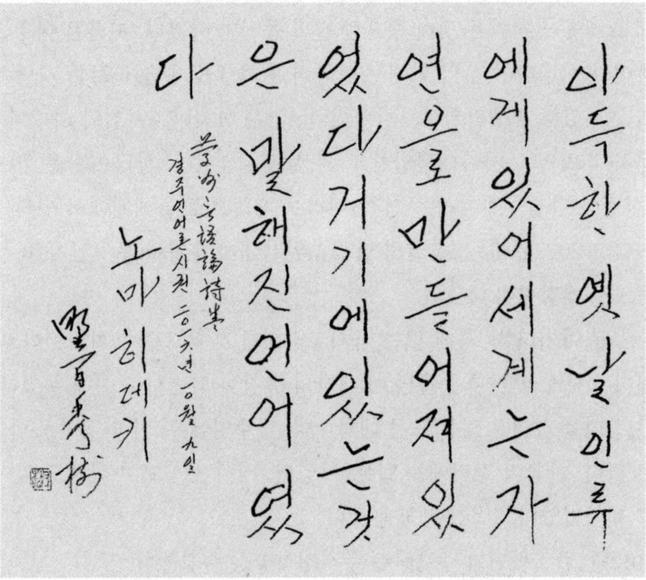

아득한 옛날 인류에게 있어 세계는 자연으로 만들어져 있었다 거기에 있는 것은 말해진 언어였다

學如 言語論詩卷
경주언어론시첫 二○一九년 一○월 九일

노마 히데키

野石 秀樹

- 출판사 쿠온CUON의 김승복金承福 대표의 권유로 『한국의 지知를 읽다』, 『한국의 미美를 읽다』, 『한국의 마음心을 읽다』라는 3부작을 기획하고 간행했다. 시인 다니카와 슌타로谷川俊太郎(1931-), 사상가 가라타니 고진柄谷行人(1941-)을 비롯하여 많은 지식인들이 협조해 주셨다. 연립서가에서 나온 『한국의 미를 읽다』(2023)를 비롯하여 모두 한국어판도 간행되었다. 『한국의 지知를 읽다』는 일본에서 파피루스상을 수상했다. 이 3부작 표지에는 화가 이상남 씨가 작품을 제공해 주었다.
- 『한국어를 어떻게 배울 것인가: 일본어화자를 위하여(韓国語をいかに学ぶか—日本語話者のために)』(헤이본샤, 2014)를, 『일본어와 한글(日本語とハングル)』(분게이슌주, 2014)을 간행했다.
- 2013년 무렵부터 K-POP, 특히 MV 작품에 감탄하고 크게 주목하게 되었다.
- 2014년 도쿄와 요코하마에 있는 메이지가쿠인대학 객원교수, 그 후로 특임교수를 역임했다.
- 2014년부터 와세다대학 엑스텐션센터에서 일반 시민을 대상으로 강의를 시작했다.
- 『언어존재론』(도쿄대학출판회, 2018)을 간행했다. 일반언어학-언어론의 저작이다. 일반언어학은 원래 유럽에서 태어난 학문이었기에 한국어나 일본어는 거의 취급되지 않았고 한자가 언급되는 것이 고작이었다. 이 책은 그러한 풍조를 깨뜨리면서 한국어나 일본어, 그리고 한글에도 기초를 둠으로써 새로운 것이 보인다는 사상을 대상화했다. 언어를 생각하는 원리론이라고 할 수 있는데 20세기는 이른바 '언어론 버블'의 시대였기에 이 책은 21세기를 위한 원리론이다. 이러한 언어의 원리론은 언어가 아닌 것, 예를 들면 미술이나 음악을 생각하는 데에도 큰 힘이 된다. 『언어존재론』 한국어판은 2025년에 연립서가에서 간행 예정이다.
- 2022년 출판사 Haza의 모체인 '코코펠리 121'이 교토에서 하루 열린 '1일전' 《닿는다는 것, 있다는 것, 있었다는 것》을 기획해 주었다. 판화

작품 몇십 점을 발표했다.

- 『언어 이 희망에 찬 것(言語この希望に満ちたもの)』(홋카이도대학출판회, 2021)을 간행했다. 『언어존재론』이 원리론이었다면 이 책은 그 실천론이다. 21세기에 우리가 언어를 둘러싸고 어떻게 살아야 하는가를 다양한 측면에서 그렸다. 조판 프로그램 InDesign으로 필자가 직접 조판과 장정을 했다.
- 『사상 최강의 한국어 연습장』(나쓰메샤, 2021-2022) 시리즈 2권을 간행했다(1권은 고근욱과 공저).
- 『언어존재론』과 『한글의 탄생』이 여러 대학의 입시와 고등전문학교 입시 문제로 여러 번 채택됐는데 2023년 교토부의 공립 고등학교 입시에 『언어존재론』이 출제되었을 때는 특히 놀랐다. 국어 문제 총 세 개의 지문 중 첫 번째는 미술가 이우환의 『양의의 표현』(한국어판: 현대문학, 2022)에서, 두 번째가 『언어존재론』이었기 때문이다(세 번째 지문은 고전문). 즉 문제 중 3분의 2가 한국과 관련 있는 사람이 쓴 글이었다. 인연이라고 느끼기는 했지만 송구스러운 마음도 들었다. 예를 들면 2024년 도쿄학예대학 입시에 출제되었을 때는 시험 대상이 고등학생이었으니 그렇다 치더라도, 아무리 알기 쉽게 썼다고는 하나 중학생을 대상으로 『언어존재론』을 지문으로 낸 데에는 수험생에게 미안할 따름이었다.
- 2022년, 출판사 Haza에서 『K-POP 원론』 일본어판을 간행했다. 총 426페이지에 QR코드를 150개 수록해 일본 출판계에서도 드문 서적이었다. 필자가 InDesign으로 직접 조판과 장정 디자인을 했다. 『그림으로 이해하는 한국어와 한글(図解でわかる ハングルと韓国語)』(헤이본샤, 2023)을 간행했다. 이 책 역시 삽화를 포함하여 InDesign으로 필자가 직접 조판과 디자인을 담당했다. 구로시오출판사에서 전 8권의 한국어 학습서를 김진아·노마 히데키 공저로 진행 중이다.

노마 히데키 野間秀樹

언어학자, 미술가. 한국과 일본 양쪽의 피를 이어받았다.
도쿄외국어대학 대학원 교수, 서울대학교 한국문화연구소 특별 연구원, 일본 국제교양대학 객원 교수, 메이지가쿠인대학 객원 교수·특명 교수 등을 역임했다.
미술가로서 도쿄 등지에서 여러 차례 개인전을 열고 《류블랴나 국제판화비엔날레》, 《브래드포드 국제판화비엔날레》를 비롯하여 프라하, 바르샤바, 서울, 대구 등에서 각종 단체전에 참가했다. 제13회 《일본현대미술전》 가작을 수상했다. 언어학자로서 2005년 대한민국 문화포장을 수장하고 2010년에는 『한글의 탄생』으로 마이니치신문사와 아시아조사회가 주최하는 제22회 아시아태평양상 대상을, 2012년 한글학회 주관 주시경학술상, 2014년에는 일본 파피루스상을 수상했다.

지은 책으로 『언어존재론』(도쿄대학출판회/연립서가 근간), 『한글의 탄생: 인간에게 문자란 무엇인가』(헤이본샤/돌베개), 『언어, 이 희망에 찬 것』 (홋카이도대학출판회), 『그림으로 이해하는 한글과 한국어: 역사부터 문화까지 한눈에 알아보기』(헤이본샤), 『한국어 어휘와 문법의 상관구조』(태학사, 대한민국학술원 2003년도 우수학술도서), 『한국어를 어떻게 배울 것인가』 (헤이본샤), 『사상 최강의 한국어 연습장 초입문편』(나쓰메샤), 『신新 지복至福의 한국어』(아사히출판사) 등이, 엮은 책으로 『한국어 교육론 강좌』(1~4권, 구로시오출판사), 『한국의 지知를 읽다』(쿠온/위즈덤하우스) 『한국의 미美를 읽다』(쿠온/연립서가), 『한국의 마음心을 읽다』(쿠온/독개비) 등이 있다.